Early Childhood Development

영유아 발달

신명희 · 강소연 · 김은경
김정민 · 노원경 · 서은희
송수지 · 원영실 · 임호용 공저

학지사

머리말

서가를 정리하던 중 낡은 카세트테이프를 발견하였습니다. 첨단매체가 발달한 요즘, 후미진 곳에 파묻혀 있다 드러난 카세트테이프는 추억을 끄집어내는 단초가 되었습니다. 덕분에 오랜 기간 멈춰 있던 오디오를 작동시켜 보니 아이들의 어린 시절 노래 녹음 모음이 흘러 나왔습니다. 지금은 스무 살이 넘은 큰아이의 생후 18개월부터 70개월 정도까지의 노래는 그 자체가 아이의 성장을 보여 주는 소중한 자료였습니다. 테이프 초반에 녹음된 부정확하고 서툰 18개월 무렵의 노래는 후반부로 갈수록 또렷한 음정과 발음, 씩씩하고 열정적인 음색의 노래로 변화했습니다. 단지 4, 5년에 걸쳐 인간이 저렇게 성장할 수 있다는 탄성과 함께 모처럼 딸아이와 더불어 가슴 뭉클한 시간을 보냈습니다.

이렇듯 영유아기는 수많은 변화가 이루어지는 중요한 시기입니다. 혼자 힘으로는 거의 아무것도 할 수 없었던 신생아가 영아기를 거치면서 걷고 뛰며 자신의 기분과 의도를 표현하게 됩니다. 유아기를 거치면서 또래들과 활발한 교류를 하고 인지 및 사회정서, 신체 발달을 합니다. 영유아기는 삶의 기초가 형성되는 시기이므로 그들을 양육하고 교육하는 부모나 교사는 아이의 발달을 최대한 이끌어 낼 수 있는 최적의 환경을 제공하기 위해 노력합니다. 부모나 교사가 겪을 수 있는 다양한 문제를 함께 고민하고 보다 현명한 선택을 위한 정보를 제공하기 위해 이 책을 집필하였습니다. 이 책은 영유아발달을 학습하는 학부생 및 대학원생, 나아가 어린 자녀를 둔 부모와 그들을 보육하는 교사 등 영유아발달 특성에 관심 있는 모든 사람들을 위한 책입니다.

2014년 상반기에 '영유아발달' 교재 집필을 구상하던 중 저자들은 출판사로부터 국내 '유아발달' 교재가 상당히 제한적임을 연락받고 영아기를 제외한 유아발달 교재를 먼저 집필하기로 하였습니다. 2년여만의 작업 끝에 2016년『유아발달』초판이 출간되었으나, 이후 대학 교육과정이 개편되고 그에 따라『영유아발달』로 통합됨으로써 집필진이 처음에 계획했던『영유아발달』교재로 내용을 재구성하였습니다.『유아발달』초판의 내용에 영아기의 발달 특성 및 다양한 사례들을 추가하고, 장의 구성을 변경하여 영유아기 발달이론을 먼저 다룬 후 개인차 이론 및 발달장애, 환경 요인에 관한 논의를 전개하였습니다.

이 책은 총 14개 장으로 구성됩니다. 1장 서론, 2장 연구 방법, 3장 신체 및 운동 발달, 4장 인지발달: Piaget, Vygotsky 이론 중심, 5장 인지발달: 정보처리접근 중심, 6장 언어발달, 7장 성격 및 정서 발달, 8장 자아, 사회성 및 성역할 발달, 9장 도덕성 발달, 10장 지능, 11장 창의성과 영재성, 12장 동기, 13장 발달장애, 14장 가족, 또래, 교사, 미디어의 내용으로 전개됩니다. 각 장의 주요 저자에 의해 작성된 원고는 지속적인 회의를 통해 수정·보완되었습니다. 1장은 신명희 교수님께서 집필하셨고, 2장과 12장은 임호용, 3장은 서은희, 4장과 6장은 송수지, 5장과 13장은 김정민, 7장과 9장은 김은경, 8장은 노원경, 10장과 11장은 원영실, 14장은 강소연이 집필하였습니다. 각자의 맡은 부분을 잘 감당해 주고 계속되는 윤독 및 윤문 과정에 기꺼이 참석해 준 동료들에게 고마운 마음을 전합니다. 더불어 이 책의 발간을 위하여 도움을 주신 학지사 김진환 사장님과 관계자 여러분께도 감사를 드립니다.

올해는 저자들이 집필 활동을 시작한 지 9년째 되는 해입니다. 2009년『교육심리학』집필을 시작으로 함께 해왔으니, 이제는 눈빛만 봐도 동료의 마음 상태를 헤아릴 만큼 친밀하고 의지하는 사이가 되었습니다. 다들 바쁜 와중에, 많게는 한 달에 두세 번씩 회의를 하면서도 갈등 한 번 없이 함께 할 수 있었던 것은 구심점이 되어주신 스승님 덕분입니다. 이제는 중년이 된 제자들에게 여전히 따뜻한 위로와 어머니 같은 보살핌을 주시는 은사님이신 신명희 교수님께 이 책을 바칩니다.

2018년 2월

저자 일동

차례

■ 머리말 _ 3

CHAPTER 01 서론 14

1. 발달의 성격 … 17

1) 발달의 정의와 개념 _ 17
2) 발달의 영역과 단계 _ 17
3) 발달과 관련된 문제들 _ 22
4) 영유아발달연구의 역사적 배경 _ 26

2. 발달의 이론 … 29

1) 정신분석적 관점 _ 30
2) 행동주의적 관점 _ 35
3) 인지주의적 관점 _ 41
4) 생물학적 관점 _ 48
5) 생태학적 관점 _ 50

CHAPTER 02

연구 방법 56

1. 연구 목적 … 58

2. 연구 방법 … 59

1) 일반 연구 설계 _ 60
2) 발달 연구 설계 _ 77

3. 연구 윤리 … 80

CHAPTER 03

신체 및 운동 발달 84

1. 신체발달 … 86

1) 신체 발육 _ 86
2) 외형과 신체 비율의 변화 _ 90
3) 골격의 발달 _ 93

2. 신경계와 뇌의 발달 … 94

1) 신경계의 발달 _ 94
2) 뇌의 발달 _ 97

3. 운동발달 … 103

1) 신생아의 반사행동 _ 103
2) 대근육 운동 _ 105
3) 소근육 운동 _ 111
4) 안전문제 _ 113

4. 지각발달 … 117

1) 시각 _ 117
2) 촉감 _ 120
3) 후각 _ 121
4) 미각 _ 121
5) 청각 _ 122

5. 생리발달 … 122

1) 영양 _ 122
2) 배변 _ 129
3) 질병 _ 131

CHAPTER 04

인지발달: Piaget, Vygotsky 이론 중심 134

1. Piaget의 인지발달이론 … 137

1) 감각운동기 _ 137
2) 전조작기 _ 141
3) Piaget 인지발달이론의 교육적 시사점 _ 151
4) Piaget 인지발달이론의 비판점 _ 154

2. Vygotsky의 인지발달이론 … 155

1) 근접발달영역과 비계설정 _ 155
2) 사적 언어 _ 160
3) Vygotsky 인지발달이론의 교육적 시사점 _ 162
4) Vygotsky 인지발달이론의 비판점 _ 165

3. Piaget와 Vygotsky 이론의 비교 … 165

1) 영유아와 발달에 대한 이해 _ 166
2) 인지발달과 학습 _ 166
3) 인지발달과 언어 _ 167
4) 유아교육에 대한 견해 및 시사점 _ 168

CHAPTER 05

인지발달: 정보처리접근 중심 170

1. 정보처리이론 … 173

2. 주의집중의 발달 … 176

3. 기억의 발달 … 178

1) 영아기 기억 _ 179
2) 기억의 기초능력 발달 _ 181
3) 기억 전략의 발달 _ 183
4) 지식 기반의 증가 _ 186
5) 상위기억의 발달 _ 191

CHAPTER 06 언어발달 194

1. 언어의 본질 … 197

1) 언어의 기능 _ 197
2) 언어의 구성 체계 _ 198

2. 언어발달이론 … 199

1) 행동주의 학습이론 _ 200
2) 생득이론 _ 201
3) 상호작용이론 _ 203

3. 언어발달과정 … 208

1) 수용언어 _ 208
2) 표현언어 _ 209
3) 문법의 발달 _ 214
4) 문해의 발달 _ 216
5) 의사소통능력의 발달 _ 220
6) 언어발달 지연 _ 221
7) 외국어 교육 _ 223

CHAPTER 07 성격 및 정서 발달 228

1. 성격 … 231

1) Freud의 심리성적 발달 _ 231
2) Erikson의 심리사회적 발달 _ 237

2. 기질 … 241

1) 기질의 유형 _ 242
2) 기질과 부모의 양육행동 _ 243
3) 기질과 영유아 교육기관 적응 _ 244

3. 애착 … 246

1) 애착형성의 단계 _ 247
2) 애착 유형 _ 250
3) 애착형성 관련 요인 _ 255

4. 정서 … 260

1) 정서 표현 _ 260
2) 정서 이해 _ 262
3) 정서 조절 _ 264

CHAPTER 08 자아, 사회성 및 성역할 발달 268

1. 자아발달 … 271
1) 자아의 출현 _ 272
2) 자아개념 _ 274
3) 자아존중감 _ 275

2. 사회성발달 … 279
1) 사회성발달에 영향을 주는 요인 _ 279
2) 사회성발달의 특징 _ 281
3) 타인의 관점에 대한 이해 _ 282
4) 놀이와 우정 _ 285

3. 성역할발달 … 292
1) 성차의 이해 _ 292
2) 성역할발달이론 _ 295
3) 성역할 고정관념 _ 298

CHAPTER 09 도덕성발달 304

1. 도덕적 추론 … 307
1) Piaget의 도덕성발달 _ 307
2) Kohlberg의 도덕성발달 _ 311

2. 자아통제 … 316

3. 친사회적 행동과 공격성 … 319
1) 친사회적 행동 _ 319
2) 공격성 _ 324
3) 친사회적 행동 및 공격성과 환경 _ 327

4. 도덕성발달을 위한 시사점 … 330

CHAPTER 10 지능 334

1. 지능의 의미와 지능이론 … 337

2. 지능의 측정 … 348

3. 지능 관련 쟁점 … 356

1) 유전 대 환경 _ 356
2) 플린 효과 _ 359
3) 지능지수에 대한 해석 _ 360
4) 지능검사의 문화적 편향 _ 360

CHAPTER 11 창의성과 영재성 362

1. 창의성 … 365

1) 창의성의 의미 _ 365
2) 창의성 연구에 대한 다면적 접근 _ 366
3) 창의성 검사도구 _ 374
4) 영유아의 창의성 발달 _ 378

2. 영재성 … 381

1) 영재와 영재성의 의미 _ 381
2) 영유아의 영재성 발달 _ 387

CHAPTER 12 동기 392

1. 동기의 의미와 유형 … 394

2. 동기이론 … 397

1) 강화이론 _ 398
2) Maslow의 욕구위계이론 _ 403
3) 자기결정성이론 _ 405
4) 목표지향성이론 _ 408

5) 귀인이론 _ 410

3. 동기의 발달과 특징 … 411

1) 동기의 발달 _ 412
2) 동기와 관련된 뇌 영역 _ 414
3) 동기의 특징 _ 416

4. 동기화 전략 … 418

CHAPTER 13

발달장애 422

1. 자폐 범주성 장애 … 425

1) 자폐 범주성 장애의 특성 _ 425
2) 자폐 범주성 장애의 원인과 치료 _ 427

2. 지적장애 … 428

1) 지적장애의 특성 _ 429
2) 지적장애의 원인과 치료 _ 431

3. 주의력결핍 과잉행동장애 … 434

1) 주의력결핍 과잉행동장애의 특성 _ 434
2) 주의력결핍 과잉행동장애의 원인과 치료 _ 436

4. 의사소통장애 … 437

1) 의사소통장애의 특성 _ 437
2) 의사소통장애의 원인과 치료 _ 439

5. 정서 · 행동장애 … 440

1) 정서 · 행동장애의 특성 _ 440
2) 정서 · 행동장애의 원인 _ 440
3) 정서 · 행동장애의 유형 및 치료 _ 441

6. 기초 신체 기능 장애 … 446

1) 배설장애 _ 446
2) 수면장애 _ 448
3) 섭식장애 _ 449

CHAPTER 14

가족, 또래, 교사, 미디어 452

1. 가족 … 454

1) 사회체계로서 가족 _ 454
2) 변화하는 가족 _ 455
3) 부모와 자녀의 상호작용 _ 457
4) 형제자매 관계 _ 466
5) 가족의 다양성 _ 467

2. 또래 … 471

1) 또래의 중요성 및 또래 사회성발달 _ 471
2) 또래의 역할 _ 473
3) 또래 수용 _ 474
4) 우정 _ 476

3. 유아교육기관과 교사 … 479

1) 좋은 유아교육기관 _ 479
2) 교사의 유아에 대한 영향 _ 482
3) 교사의 직무 만족 _ 483

4. 미디어 … 483

1) TV 시청과 영향 _ 484
2) 모바일 디바이스 및 인터넷 사용 _ 488
3) 바람직한 미디어 사용 _ 493

- 참고문헌 _ 495
- 찾아보기 _ 531

CHAPTER 01

서론

1. 발달의 성격
2. 발달의 이론

Chapter 01

서론

기초가 잘못되면 아무리 공들여 지은 건축물도 안전하지 못하고, 첫 단추가 잘못 끼워지면 나머지 단추들 모두 제자리를 찾기 어렵다. 사람의 일생도 이와 같다. 기초가 튼튼하지 못하고 그 시작이 잘못되면 일생의 삶이 바로서기 힘들다. 영유아기는 한 사람의 삶에서 바로 그 기초이자 시작의 단계이다. 한 사람이 그 자신으로 살아갈 일생의 바탕을 형성하는 시기이다. 영유아기의 발달을 이해하는 것은 바로 그 바탕을 바르고 튼튼하게 만들도록 이끌어 주는 핵심이 된다. 우리는 이제 그 작업을 시작한다. 영유아기의 발달을 제대로 이해하기 위한 기초 작업으로 먼저 발달의 성격과 발달현상을 설명하는 다양한 이론들을 알 필요가 있다.

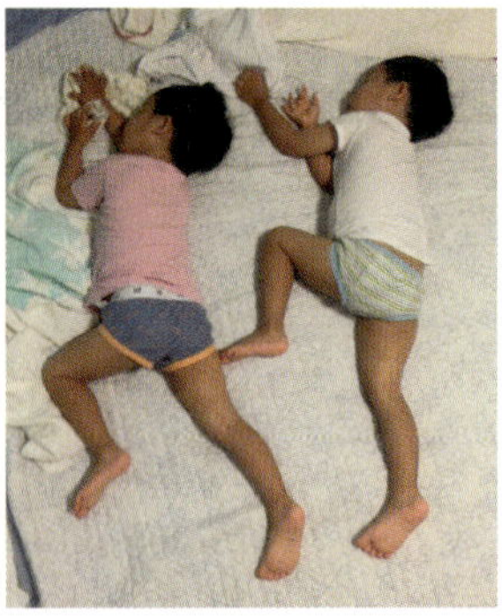

먹고, 자고 달리고…. 영유아기는 일생의 기초를 만드는 시기다.

1. 발달의 성격

1) 발달의 정의와 개념

시간이 지나고 세월이 흐르면서, 태어난 한 생명은 아기에서 어린이로, 청년으로, 중년에서 노인으로 변해 간다. 이렇게 유기체가 시간이 지남에 따라 변해 가는 것을 발달이라 한다. 그런가 하면, 시간이 지나도 변하지 않는 것이 있다. 피부와 눈동자의 색깔은 일생 동안 거의 변하지 않는다. “세 살 버릇 여든까지 간다”는 속담이 있듯이, 성격의 주요 부분도 특별한 계기나 노력이 없는 한 일생 동안 변하기 어렵다. 유기체의 이러한 불변성(constancy) 혹은 안정성(stability) 역시 발달의 속성에 포함된다.

발달은 생명체가 만들어지는 순간, 즉 수정(conception)에서 시작되어 그 생명체가 사라지는 죽음에서 끝이 난다. 따라서 발달의 정의는, 수정부터 죽음까지 일생을 통해 시간이 지남에 따라 일어나는 유기체의 체계적인 변화(change)와 안정(stability)의 과정이다.

발달
시간의 흐름에 따라 일어나는 유기체의 체계적인 변화와 안정

발달의 변화는 일련의 순서와 양식에 따라 체계적으로 진행된다. 그러므로 일시적인 상황에 따른 변화나 지속성이 없는 과도기적 변화는 발달의 변화라 할 수 없다. 발달은 일생을 통하여 일어나므로 성장과 쇠퇴, 노화의 변화를 모두 포함한다. 또한 전 생애 발달(lifespan development)의 연구는 발달의 방향이 일방적이지 않음을 제시하는데, 발달의 전기에는 언제나 성장이나 증가의 방향으로 변화하고, 후기에는 항상 쇠퇴와 감소의 방향으로만 변화가 일어나는 것은 아니다. 예를 들어, 뇌의 신경세포는 출생에서부터 꾸준히 선택적으로 감소한다. 지능은 중년기 이후에도 경험과 관련된 부분은 증가한다. 이렇듯 성장과 감소의 변화는 발달의 모든 단계에서 함께 일어난다.

전 생애 발달
인간의 일생을 통해 일어나는 변화와 안정의 과정을 연구하는 학문

2) 발달의 영역과 단계

태어난 생명체는 몸이 자라고 지능이 높아지고 사회생활의 기술이 늘어간다.

나이가 들면서 아이는 성인으로 자라고 노인이 된다. 발달은 그 주제에 따라 신체(physical)와 인지(cognitive), 심리사회(psychosocial)의 영역으로 구분되고, 생활연령의 시기에 따라 태내기와 영아기, 유아기, 아동기, 청소년기, 성인전기, 성인중기, 노년기로 단계를 구별한다. 이러한 분류는 다만 발달연구의 편의와 필요에 의한 임의적인 것일 뿐으로, 실제적인 발달의 현상은 각 영역과 단계들이 서로 밀접하게 상호 관련되어 통합적이고 연속적인 발달의 과정으로 진행된다.

신체발달
신체의 크기, 구조, 모양, 운동기능과 같은 특성의 변화

두미 방향
머리에서 발끝으로 진행되는 신체발달의 원리

근원 방향
중심부에서 말초로 진행되는 신체발달의 원리

전체-세분화 방향
전체에서 세분화되는 기능으로 진행되는 신체발달의 원리

신체발달은 신체의 크기, 구조, 모양, 운동기능과 같은 특성의 변화를 말한다. 신체발달은 일정한 방향으로 진행이 되는데, 머리 쪽에서 발끝 쪽으로 진행되는 두미(cephalo-caudal) 방향과 신체의 중심부에서 말초로 진행되는 근원(proximo-distal) 방향, 그리고 전체적 기능에서 세분화된 기능으로 진행되는 전체-세분화(mass-spcific) 방향으로 발달이 일어난다. 태내발달에서 뇌와 척수의 발달이 가장 먼저 이루어지고 몸통과 팔다리, 손과 발의 순서로 발달이 완성되는 것은 두미와 근원 방향 원리의 예라 할 수 있고, 운동기능의 발달이 몸통과 팔을 움직이는 운동에서 점차 손목과 손가락을 움직이는 운동으로 진행되고, 손 전체로 물건을 잡다가 점차 손가락으로 물건을 집을 수 있게 되는 것은 근원 방향과 세분화 방향의 원리가 적용된 예로 볼 수 있다.

인지발달
사고력, 학습능력, 문제해결력, 언어능력을 포함한 정신능력의 변화

심리사회적 발달
성격, 정서, 사회적 관계능력의 변화

인지발달 영역은 사고와 학습, 문제해결력, 창의력, 언어능력과 같은 정신능력의 변화이며, 성격과 정서, 사회적 관계능력의 변화는 심리사회적 발달 영역에 속한다.

특정 영역의 발달이 어떤 시기에 어떻게 이루어지는가를 밝히는 것은 발달연구의 핵심이다. 일반적으로 전 생애는 비교적 넓은 범위의 나이 단계로 구분되는데, 수정에서 출생까지의 시기인 태내기(prenatal period)를 시작으로 영아기(infancy: 출생~24개월), 유아기(early childhood: 2~6세), 아동기(middle childhood: 6~12세), 청소년기(adolescence: 12~20세), 성인전기(early adulthood: 20~40세), 성인중기(middle adulthood: 40~65세), 노년기(late adulthood: 65세 이후)로 나눠진다. 그러나 이러한 나이에 의한 시기의 구분은 여러 면에서 임의적이다. 나이에 의한 구분이 확실한 시기가 있는가 하면, 어떤 시기는 그 시작과 끝이 애매하여 분명하지 않다. 예를 들어, 신생아기는 출생에서 시작하고 유아

신체발달
신체 크기, 비율, 외형, 신체 기능, 지각능력, 운동능력, 신체 건강의 변화

인지발달
주의, 기억, 학업적 지식, 일상 지식, 문제해결 능력, 상상력, 창의력, 언어능력에서의 변화

심리사회적 발달
감정적인 의사소통, 자기이해, 다른 사람에 대한 이해, 대인관계기술, 우정, 친밀한 관계, 도덕추론, 행동에서의 변화

[그림 1-1] 발달의 세 영역(신명희, 2017)

기는 초등학교에 입학하면서 끝이 난다. 그러나 성적 성숙의 시기인 사춘기에서 시작하여 성인기의 진입으로 끝이 나는 청소년기의 끝은 문화와 시대, 개인의 차이에 따라 달라진다. 생물학적 성숙이 기준이 되는 초기 발달 단계보다 환경적 변인들의 영향이 더 크게 작용하는 후기 발달 단계일수록 나이 단계의 구분은 더욱 어려워진다. 더욱이 평균수명이 늘어나면서 노년기에 관한 개념과 단계설정에 변화가 필요하다는 주장이 활발하게 논의되고 있다. 그러므로 발달 연구자들은 나이에 의한 시기의 구분에 큰 의미를 두기보다는 특정 영역의 발달이 어떻게 이루어지는가에 관심을 둔다.

유아기의 신체, 인지, 심리사회적 발달

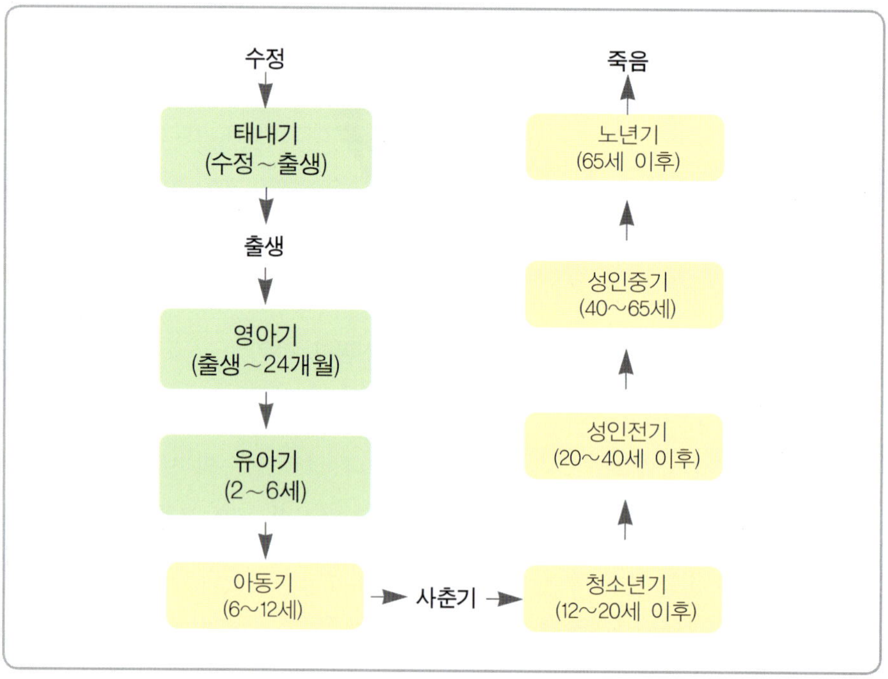

[그림 1-2] 전 생애 발달의 단계

<표 1-1> 영유아기의 발달 특징(McDevitt & Ormrod, 2013, p. 26)

	영아기	유아기
신체 발달	• 뒤집기, 앉기, 기기, 서기, 걷기 등의 운동기술과 뻗치기, 쥐기, 조작하기, 물건 놓기의 능력이 향상된다. • 영아기 말에는 초보적인 혼자 먹기가 가능하다.	• 달리기, 뛰뛰기, 공 던지기, 블록 쌓기, 가위질과 같은 운동기능이 증가한다. • 밥 먹기, 옷 입기, 씻기와 같은 자기 관리능력이 증가한다.
인지 발달	• 생후 1개월이면 얼굴 구별이 가능하다. • 울기, 얼굴표정과 몸짓, 옹알이, 한 단어 문장에서 점차 여러 단어 문장 구성을 통한 의사소통이 급속히 성장한다. • 눈에 보이는 모델의 단순한 행동 모방에서 기억을 통한 복합적 모방능력으로 발전한다. • 시야에서 없어진 물건과 사람들에 대한 기억능력이 증가한다.	• 또래와 함께 상상놀이를 한다. • 단순한 형태를 그릴 수 있다. • 색, 글자, 숫자에 관한 어느 정도의 지식이 있다. • 친숙한 이야기나 사건들을 자세하게 말할 수 있다.
심리사회 발달	• 애정과 반응을 보이는 양육자와 친밀한 유대를 형성한다. • 원하는 것, 필요한 것에 말을 사용하여 이름을 부른다. • 또래와 같이 앉아 놀며 가끔 상호작용도 한다. • 자기영역과 소유권에 대한 인식이 증가한다("나!" "내 거야!"). • 의지와 힘의 감각이 발달한다("아니야!").	• 성별(gender)과 민족성(ethnicity)의 특징을 이해한다. • 즉각적인 만족을 연기할 수 있고, 장난감을 나누고, 차례를 기다린다. • 다른 사람들이 그들 자신의 욕구, 신념, 지식이 있음을 인식한다. • 고통 받는 사람들에 대한 연민을 표현한다.

즐거워하는 영아들

다음은 내가 먹을 차례야

누가 빨리 달리나

3) 발달과 관련된 문제들

발달의 변화를 연구하는 학자들에게는 아직까지도 해결되지 못하고 논쟁의 대상이 되는 문제가 있다. 첫째는, 어떻게 유전 요인과 환경이 발달에 영향을 주는가 하는 것이고, 둘째는, 발달의 변화는 연속적이고 점진적인 흐름의 계열인지 아니면 주요 변형으로 결정지어지는 단계인지 하는 것이며, 셋째는, 발달의 변화에 결정적 시기가 있는가 하는 것이다. 이들은 곧 천성과 양육, 연속적 변화와 불연속적 변화, 결정적 시기의 논쟁이다.

(1) 천성과 양육

발달과 관련되어 가장 오래되고 많이 듣게 되는 질문 중 하나가 발달이 유전 혹은 환경의 결과인가 하는 것이다.

천성(nature)은 발달에 영향을 주는 부모로부터 물려받은 특성과 경향성을 말한다. 천성은 보편적인 특성과 개인차 모두에 관련이 있는데, 아이가 걷고, 말하는 것을 배우고, 사춘기의 초경과 갱년기의 폐경처럼 대부분의 모든 사람에게 나타나는 유전과 머리카락과 눈동자의 색깔, 피부색과 같이 사람들마다 다양하게 나타나는 유전이 있다. 또한 천성은 성염색체처럼 처음부터 영향력을 발휘하는 유전이 있는가 하면, 성숙(maturation)에 따라 발달의 전 과정에 걸쳐 점차적으로 나타나는 유전도 있다. 예를 들면, 사춘기는 뇌하수체에서 성선을 자극하는 호르몬을 배출하여 성적 성숙의 과정이 일어나면서 시작이 된다. 유전은 발달에 강한 영향을 주지만, 그러나 그 영향력은 아이들의 발달 수준, 건강, 노출된 환경적 조건에 의해 제약을 받는다. 예를 들어, 심한 다이어트나 지나친 운동은 사춘기를 지연시키고, 과잉 영양으로 오는 비만은 사춘기가 너무 빨리 오는 성조숙증을 일으킨다.

양육(nurture)은 발달에 영향을 주는 환경적 조건들이다. 임산부가 섭취한 약물이 태아에게 미치는 영향과 같은 생물학적 영향과, 부모의 훈육과 같은 사회적 영향이 있으며, 사회경제적(socioeconomic) 조건처럼 더 큰 사회적 수준의 영향도 있다. 그러나 아무리 좋은 환경이라도 모든 결합가능 유전자를 전부 다 제압할 수는 없는 것처럼, 양육의 영향은 결정적인 제한이 있다.

종래에는 많은 이론가들이 천성과 양육을 분리된 라이벌 요인으로 보았다. 생물학적 요인이 성장에 절대적 영향을 준다고 주장하는 많은 연구들이 발표되었고, 또 다른 학자들은 환경적 조건이 아이들을 만든다고 확신하였다. 그러나 인간의 행동이나 특질이 오로지 유전이나 혹은 환경의 영향만을 받는 경우는 거의 없다. 근래에 와서는 발달이론가들이 아이들의 발달에 천성과 양육이 역동적으로 맞물려 있음을 인정하고 있다(Spencer et al., 2009). 유전과 환경의 상대적 중요성에 관한 논쟁이 사라진 것은 아니지만, 발달학자들은 어느 쪽이 더 중요한가보다는 서로 어떻게 상호작용하는가를 설명하는 데에 좀 더 관심을 가진다.

(2) 연속적 변화와 불연속적 변화

발달과 관련된 주요 논점 중 하나는 발달이 연속적인 형태로 진전되는지 혹은 불연속적 형태로 진전되는지에 대한 것이다. 연속적 변화(continuous changes)의 관점에서는 발달을 지속적이고 점진적인 계열(series)로 이어지는 양적 변화(quantitative changes)의 과정으로 본다. 이전 경험 위에 새로운 사건이나 변화가 질서정연한 방식으로 덧붙여지는 연속적인 과정을 발달이라고 한다(Rutter, 1987; Wohlwill, 1973). 예를 들어, 키의 성장은 점차로 일어나고 같은 방식으로 진행되며 '키가 작다, 크다'로 표현된다. 이처럼 연속적 변화는 종류가 아니라 정도의 변화를 의미한다.

> **연속적 변화**
> 지속적이고 점진적인 계열로 이어지는 양적 변화

반면에, 불연속적 변화(discontinuous changes)의 관점에서는 발달을 구별되는 단계(stage)로 일어나는 질적 변화(qualitative changes)의 과정으로 본다. 이전 단계의 행동과는 질적으로 다른 행동이 만들어지는 방식으로 일련의 단계가 순차적으로 나타나는 것을 발달이라고 한다. 예를 들어, Piaget의 인지발달이론에서 영아기와 유아기의 사고는 질적으로 달라지며, 이는 '생각하는 능력이 많다, 적다'가 아니라 '생각하는 능력이 다르다'로 표현된다. 불연속적 변화로서의 단계의 개념은 몇 가지 특성을 지닌다. 첫째, 이전 발달단계와 그다음 단계는 질적으로 다르다. 예를 들어, 기는 행동과 걷는 행동은 질적으로 다른 것이다. 둘째, 각 발달단계는 그 단계 내의 모든 변화를 통합하는 지배적인 주제가 있다. 예를 들면, 한 발짝 한 발짝 간신히 걷기 시작하는 행동과 뛰듯이 빨리 걷는 행동은 '걷

> **불연속적 변화**
> 질적으로 구별되는 단계가 순차적으로 나타나는 질적 변화

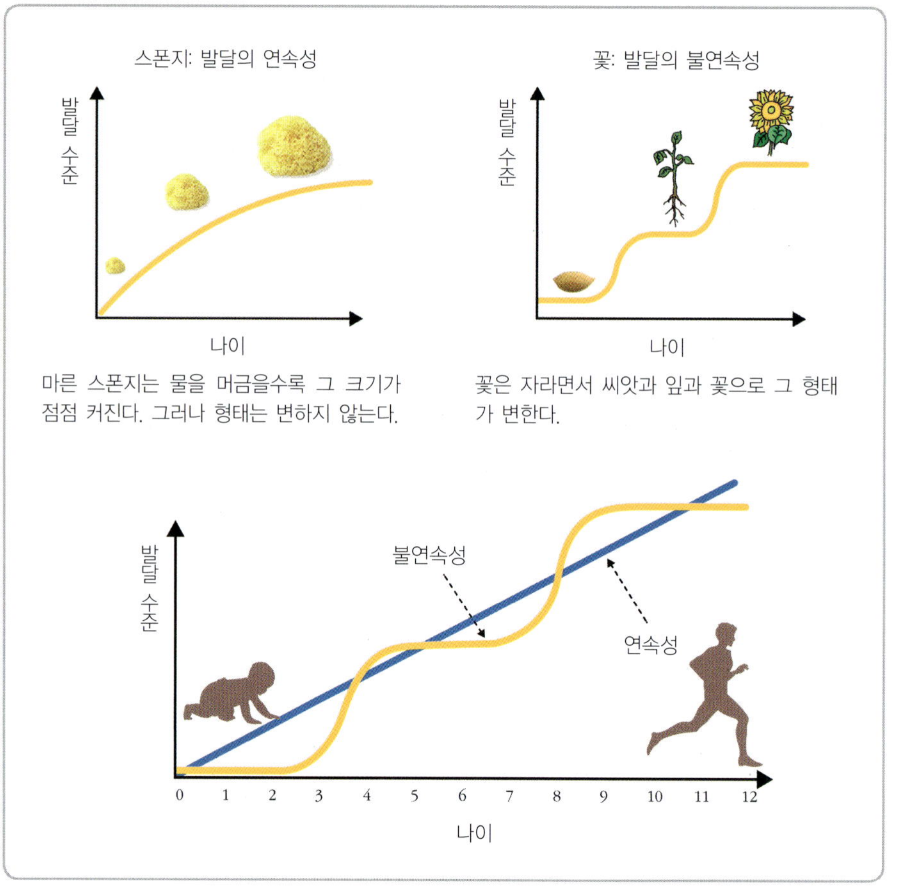

[그림 1-3] 발달의 연속성과 불연속성(Cole & Cole, 1993)

는다'는 주제로 한 단계에 귀속된다. 셋째, 발달단계는 모든 개인에게 동일한 순서로 진행된다. 그러나 진행속도에는 개인차가 있다. 예를 들어, 모든 아이는 기는 단계를 거쳐 걷게 되고, 그다음에 뛰게 된다. 그러나 기기 시작하거나 걷기 시작하는 시기는 아이들마다 개인차이가 있다.

연속적 혹은 불연속적 변화의 형태는 양자택일이라기보다는 관점에 따라 다르게 설명된다고 봐야 한다. 단기간의 발달 변화는 연속적이지만 장기간의 발달 변화는 질적으로 다른 단계로 분류할 수 있다. Siegler(1991)는 "멀리서 보면 아동의 사고는 단계적으로 변화하는 것 같다. 가까이서 보면 같은 변화라도 종종 점진적이고 연속적인 변화처럼 보인다."라고 하였다.

(3) 결정적 시기

오스트리아의 생태학자인 Konrad Lorenz(1957)는 갓 부화한 새끼오리들이 본능적으로 처음 보이는 움직이는 물체를 어미로 알고 따라다니는 것을 관찰하고, 이 현상을 각인(imprinting)이라 하였는데, 짧은 결정적 기간 동안에 특정 정보를 획득하려는 유기체의 신경체계의 준비도라고 하였다. 이 연구는 발달의 결정적 시기를 설명하는 좋은 예다.

각인
발달 초기의 결정적 시기에 새끼동물이 처음 보이는 움직이는 물체에 애착을 형성하는 학습의 본능적 형태

결정적 시기(critical periods)란, 어떤 주어진 사건 혹은 그 사건의 결여가 발달에 지대한 영향을 주는 특정한 시기를 말한다. 임신 초기에 임산부가 복용한 어떤 약은 태아의 신체기관과 사지형성에 치명적인 해를 끼칠 수 있지만, 출산 바로 전 시기의 태아에게는 동일한 약의 복용이 역으로 태아의 뇌에 영향을 준다. 이때는 태아의 신경연결망이 형성되는 시기이기 때문이다(Blakemore, 1976; Hubel & Wiesel, 1965; Stiles, 2008). 마찬가지로, 특정한 시기의 어떤 사건이나 자극의 결여도 발달에 심각한 영향을 끼친다. 출생 시에 뇌의 특정 영역은 선이나 모양, 깊이와 같은 시각적 형태를 위하여 일시적으로 남겨지는데, 영아기의 적절한 자극이 이 뇌의 회로를 보존한다. 그러나 백내장을 가지고 출생한 아기가 몇 년 동안 치료를 받지 못하면 이 아이의 시각은 차단되어 자극을 받지 못하게 되고, 그 뇌의 영역은 다른 목적으로 재배치되어 본래의 시각적 능력은 훼손되고 만다(McDevitt & Ormrod, 2013).

결정적 시기
어떤 사건의 출현 혹은 결여가 발달에 지대한 영향을 주는 특정한 시기

초기의 발달연구에서는 이 결정적 시기의 중요성이 크게 강조되었지만, 근래에 와서는 아이들이 종래의 생각보다 더 유연하다는 연구결과가 많아졌다. 예를 들어, 초기 사회경험에서 어떤 부분의 결핍에서 오는 손상이 비교적 영구적이라는 주장은, 그 초기의 장애를 후기의 경험으로 극복할 수 있다는 제안으로 대체되고 있다. 많은 발달학자들은 결정적 시기보다는 민감한 시기라는 개념을 선호한다. 민감한 시기(sensitive periods)란, 유기체가 환경의 특정 종류의 자극에 가장 민감해지는 시기를 말한다. 결정적 시기와는 달리 민감한 시기에는 그 시기 동안에 특정한 자극이 결여되더라도 그 결과는 회복될 수 없는 비가역적인 것이 아니라, 이 후에 어느 정도의 회복 가능성이 남아 있다(Thompson & Nelson, 2001). 결정적 시기보다 민감한 시기가 발달에서 더 일반적이라는 것은, 초기의 결손을 회복할 수 있는 두 번째의 기회가 있다는 점에서 다행한 일이 아

민감한 시기
특정한 종류의 경험에 특별히 민감한 발달의 시점

닐 수 없다.

4) 영유아발달연구의 역사적 배경

시대의 흐름에 따라 영유아에 대한 시각과 지위는 변해 갔지만 체계적인 영유아발달 연구에 대한 역사는 그리 오래되지 않았다. 영유아에 대한 시각과 교육관이 역사적으로 어떻게 변화되어 왔는지를 살펴보는 것은 영유아를 바르게 인식하고 영유아발달을 이해하는 바탕이 된다.

(1) 고대와 중세 시대

고대 그리스 · 로마 시대의 영유아에 대한 관점은 플라톤(Plato)이나 아리스토텔레스(Aristotle)를 통해 알 수 있다. 플라톤은 이성주의적 입장을 지닌 철학자로, 이성에 의한 국가 통치를 위해 아이를 가정에서 양육하는 것은 바람직하지 않으며 국가가 소유하고 양육하면서 이성을 기르는 교육을 해야 한다고 하였다. 어린 시절의 습관은 성격 형성의 기초가 되기 때문에 인생 초기의 경험을 중시하였다. 플라톤과는 달리 아리스토텔레스는 가정에서의 자녀 양육을 중요시하였다. 아리스토텔레스는 아이마다 개인차가 있기 때문에 가정에서 가족에 의해 양육되어야 아이의 잠재력이 최대한 발휘될 수 있다고 하였다. 7세까지의 아이에게는 가정에서 공부나 노동을 시키지 말고 놀이를 통해 아이가 많이 활동하면서 튼튼한 신체를 유지할 수 있도록 해야 한다고 하였다.

17세기 유럽 화가 디에고 벨라스케스의 <푸른 드레스를 입은 마르가리타 공주>(1659년 作)에서도 어린아이는 어른과 같은 방식의 옷을 입고 있다.

그러나 중세로 넘어오면서 영유아에 대한 관점은 많이 변화되어 퇴보하는 양상을 보였다. 영유아에 대한 관점은 전성설(前成說)로 변화되었다. 즉, 모든 형질은 이미 정자나 난자에 미니어처 형태로 갖추어져 있어 아이를 성인의 축소판(miniature adults)으로 인식하고 성인과 동일시함으로써 아이에 대한 올바른 이해가 어려웠다. 이 당시에는 영유아의 사망률이 높았기 때문에 부모는 언제 사망할지 모르는 아이에게 많은 관심과 애착을 보이지 않았고, 유아가 되면 성인의 대우를 받으며 살았다.

(2) 르네상스와 종교개혁 시대

르네상스 시대는 약 14~16세기에 걸쳐 이탈리아를 중심으로 일어난 학문과 예술의 부활 시대로서 그리스 · 로마 시대의 철학이 다시 되살아나고 인간의 존엄, 자유, 순수성을 되찾아가는 시기였다. 이로써 중세 시대의 아동관이 점차적으로 변화되기 시작했다. 즉, 아이는 순수하고 천진난만하며, 더 이상 성인의 축소판이 아니라는 인식이 퍼져나갔다. 이러한 관점의 변화로 인해 이제 아이는 성인과는 다른 옷을 입기 시작했고, 성인이 하는 일을 더 이상 수행하지 않았다. 아이에 대한 훈육이 강조되면서 도덕적이고 윤리적인 가치관을 가르치기 위해 학교의 필요성이 강조되었다.

또한 16~17세기에 일어난 종교개혁도 아동에 대한 관점을 변화시키기 시작했다. 청교도 교리에서 아이는 보호의 대상이고 연약한 신의 창조물이며 아이가 선악을 분별하고 이겨낼 수 있는 이성 교육, 도덕 교육을 강조하기 시작하였다.

(3) 근대 시대

17세기 무렵에는 인간의 존엄성과 존중을 강조하는 계몽주의 사상으로 인해 영유아에 대한 관점이 인도적으로 변하였다. 관점의 변화를 이끈 Comenius는 자연의 법칙과 질서에 따르는 '합자연의 원리'를 교육의 근본으로 삼았고 교육의 단계를 영유아기를 위한 어머니 무릎 학교(Mother's Knee School), 아동기를 위한 모국어 학교, 소년기를 위한 라틴어 학교, 청년기를 위한 대학으로 구분하였다. 이와 같이 Comenius는 가정교육은 어머니 무릎에서 이루어져야 함을 강조하여 어머니 역할의 중요성과 영유아교육에 대한 관심을 불러일으켰다. 이러한 Comenius의 교육 사상은 이후 Rousseau와 Pestalozzi, 그리고 19세기 Froebel의 유치원 교육에까지 영향을 미쳤다.

Comenius의 영향을 받은 Rousseau는 인간은 누구나 선하게 태어났기 때문에 아이의 흥미와 욕구에 따라 자유롭게 성장하도록 이들의 자연적인 경향성을 통제하거나 방해하지 않는다면 긍정적인 방향으로 발달한다고 주장하였다. 그는『에밀(Emile)』을 통해 아동 자신의 속도에 맞춰 스스로 경험할 수 있도록 하는 것이 최상의 학습이라 하였다.

반면, Hobbes는 인간은 누구나 악하게 태어났기 때문에 아이의 이기적이고 공격적인 것을 통제하기 위해 사회의 역할이 중요함을 강조하였다. Rousseau나 Hobbes와는 달리, Locke는 인간은 선하거나 악하게 태어난 것이 아니라 백지상태(tabula rasa)로 태어났기 때문에 부모가 아이에게 좋은 습관을 형성할 수 있도록 해 주어야 한다고 강조하였다.

영유아에 대한 과학적인 연구는 18세기 말~19세기 무렵에 유아전기(baby biography)로부터 시작되었다고 볼 수 있다. 유아전기는 매일 같이 아이를 관찰하여 일기 형식으로 쓰인 것으로 대부분 부모에 의해 작성되었다. 대표적으로 Pestalozzi는 3세 된 자신의 아들에 대해 유아전기를 작성하였고, Darwin은 자신의 아들을 주의 깊게 관찰하여 즐거움이나 분노 같은 정서적인 측면을 기록하였다. Darwin은 진화론을 주장하면서 인간은 타고난 유전 요인에 기초하여 환경에 적응해 가면서 발달한다고 강조하였다. 즉, 적자생존(survival of the fittest)과 자연선택(natural selection)이라는 두 가지 요인에 의해서 발달한다는 것이다. 생물 개체들은 생존경쟁을 하며 이들 중에서 환경에 가장 잘 적응한 것이 생존하여 자손을 남기게 되는 적자생존을 통하여 자연선택이 일어나고 이를 통해 진화가 일어난다. 그의 주장은 유전과 환경과의 관계에 대해 많은 사람들의 관심을 불러일으켰다.

(4) 현대 시대

20세기 초 무렵 영유아발달 연구에 지대한 영향력을 행사한 학자는 Hall과 Baldwin, 그리고 Gesell이다. Hall은 영유아발달 연구에 있어 객관적이고 과학적인 연구를 시도하였다. 그는 과학적인 연구를 위해 측정도구를 제작하는 데 노력을 많이 하였고 흥미, 공포, 친구, 꿈, 우성, 일상적 지식 등과 같은 것을 묻는 정교한 질문지를 만들어 영유아를 연구하였다. 또한 Hall은 영유아의 선천적인 경향성을 강조하여 양육과 교육은 아이의 자연적인 성장단계에 맞추어 실시되어야 한다고 하였다.

20세기 초의 또 다른 학자인 Baldwin은 Piaget와 마찬가지로 아이의 사고는 일련의 단계를 거쳐 가며 점진적으로 논리적이 되어간다고 주장하였다. 즉, 신생아의 단순한 행동에서부터 출발하여 성인의 추상적이고 반성적인 사고까지 일련의 단계를 가지고 있다고 보았다. 또한 그는 유전과 환경은 각각 별개의 것이 아니라 이 둘이 상호작용하여 인간 발달이 이루어진다고 하였다.

Hall의 제자인 Gesell은 유기체는 이미 유전적으로 성장의 방향이 결정되어 있는 성장모형(growth matrix)을 가지고 있으며, 이렇게 유전자에 의해 발달과정이 유도되는 기제를 성숙(maturation)이라 하였다. 그는 환경 요인은 발달을 도울 뿐, 유발하거나 방향을 바꿀 수는 없다는 성숙이론을 제시하였다.

2. 발달의 이론

발달학자들은 어떻게 인간이 자라고 변화하는지에 관해 추측하고, 질문하고, 그 답을 찾기 위한 연구를 한다. 그리고 많은 연구자들에 의해 반복되고 검증된 연구들은 이론으로 발전한다. 발달을 연구하는 학자들은 다양한 관점에서 발달의 현상에 접근하는데, 그 유형에 따라 정신분석학과 행동주의 그리고 인지주의 관점의 세 주요 범주로 분류할 수 있다. 이 외에도 발달의 생물학적 기초를 다루는 생물학적 이론과, 생물학적 요인들과 환경의 상호작용에 초점을 둔 생태학적 이론이 있다.

이제 우리는 발달의 주요 이론적 관점들인 정신분석, 행동주의, 인지주의, 생물학과 생태학적 이론들을 살펴볼 것이다. 각각의 관점은 다른 종류의 발달과정을 강조하고, 앞에서 설명한 발달과 관련된 문제에 대해 서로 다른 입장을 취한다.

여기에서는 각 이론들의 주요 관심현상과 원리들을 개관할 것이고, 앞으로 이 책의 전 부분에서 영유아기의 각 영역의 발달에 해당되는 상세한 내용을 설명할 것이다.

1) 정신분석적 관점

정신분석적 관점
개인의 내적 구조와 그 역동성을 강조하는 관점

오스트리아의 정신과 의사인 Sigmund Freud(1856~1939)에 의해 시작된 정신분석적 관점(the psychoanalytic perspective)은, 한 개인의 내적 구조와 그 역동성에 초점을 맞춘다. 인간의 행동은 자신이 거의 의식하지 못하고 통제하기 힘든 내부의 힘, 갈등, 기억들에 의해 유발된다고 믿는다. 어린 시절에 뿌리를 둔 이 내적 힘은 일생 동안 지속적으로 행동에 영향을 준다.

(1) Freud의 심리성적 이론

Freud는 무의식의 힘이 행동과 성격을 결정한다고 주장한다(Freud, 1964). 그의 심리성적 이론(psychosexual theory)에 의하면, 우리의 의식세계는 무의식(the unconscious)과 전의식(preconscious), 의식(conscious)의 수준이 있다. [그림 1-4]에서 보듯이 의식은 수면 위에 떠 있는 빙산의 작은 부분에 불과하다. 무의식의 기본은 리비도(libido)라고 불리는 신체적 쾌락을 추구하는 내적 충동인데, 대부분의 행동을 유발하는 힘이다.

원초아
본능적 성격의 부분

Freud에 의하면, 성격은 원초아(id), 자아(ego), 그리고 초자아(superego)의 세 개의 측면으로 구성되어 있다. 원초아는 성격의 가장 원초적인 부분으로, 출생 시에 나타나는 인간의 기본적인 생물학적 충동, 즉 성적 본능과 공격 본능으로 이루어져 있다. 원초아는 이러한 본능들에 대한 즉각적인 만족을 추구하며, 고통을 피하고 쾌락을 얻으려는 쾌락원칙(pleasure principle)에 따라 작용한다. 무

Sigmund Freud

Sigmund Freud(1856~1939)는 오스트리아의 신경학자로 1859년 가족이 비엔나로 이주한 후 평생을 오스트리아에서 보냈다. 의과대학에서 신경의학(neurology)을 공부하였고 이후 히스테리 증상에 대해 연구하였는데, 환자들이 최면(hypnosis)을 통해 무의식으로 억압된 감정을 드러내도록 함으로써 히스테리 증상 치료에 성공하였다. 그러나 최면이 모든 환자에게 효과적이지 않다는 것을 깨닫고, 마음속에 떠오르는 생각을 자유롭게 이야기함으로써 무의식 속의 사고와 감정에 도달하게 하는 자유연상법(free association)을 개발하여 환자들을 치료하였다. 1896년 이 치료법을 '정신분석'이라고 명명한다. 1900년 이후 꿈, 착각, 해학과 같은 정상심리도 연구하고 소아성욕론도 주장하였다. 주요 저서로는 『히스테리의 연구』(1895), 『꿈의 해석』(1900), 『성(性)이론에 관한 세 가지 논문』(1905), 『정신분석입문』(1917) 등 다수가 있다.

의식 수준에서 작동하며, 현실세계와 접촉이 전혀 없다. 2, 3세경에 발달하는 자아는 합리적이고 이성적인 성격의 의식부분으로, 원초아의 요구를 적절한 방식으로 충족시키는 성격의 집행자다. 자아는 현실원칙(reality principle)에 따라 작용하는데, 아이들은 자신의 충동이 항상 즉각적으로 충족될 수 없다는 것을 알게 되고 적절한 환경조건이 발견될 때까지 기다려야 하는 것을 배운다. 초자아는 성격의 도덕적 판단의 부분으로, 부모와 다른 사람들이 아동에게 가르쳐 준 사회의 가치와 도덕의 내면화된 표상이다. 유아기의 마지막 무렵, 6세경에 발달된다. 초자아의 발달로 자아의 과제는 더 복잡해진다. 원초아의 본능적 요구를 초자아의 규칙을 어기지 않고 적절한 현실적 방식으로 충족시켜야 한다.

자아
현실적이고 합리적인 성격의 부분

초자아
성격의 도덕적 판단 부분, 양심

Freud는 성격에 영향을 주는 일련의 심리성적 발달(psychosexual development) 단계를 제안하였다. 각 단계는 리비도가 신체의 어떤 부분에 집중되는가에 따라 구강기(oral stage), 항문기(anal stage), 남근기(phallic stage), 잠재기(latency period), 성기기(genital stage)로 구분하였다(<표 1-2>). 특히 남근기까지 초기의 세 단계는 성인의 성격형성에 중요한 단서가 된다고 하였다. 그에 따르면, 어떤 단계에서 특정 신체기관을 통한 충분한 신체적 쾌락의 만족을 얻지 못하거나 반대로, 너무 지나치게 과잉충족이 되면 그 단계에 고착되게 된다. 고착(fixation)은 해결되지 못한 갈등으로 인해 특정 발달단계를 반영하는 행동을 말한다. 예

심리성적 발달단계
Freud가 제안한 리비도가 특정 신체부분에 집중되는 일련의 발달단계

고착
해결되지 못한 갈등으로 특정 발달단계를 반영하는 행동

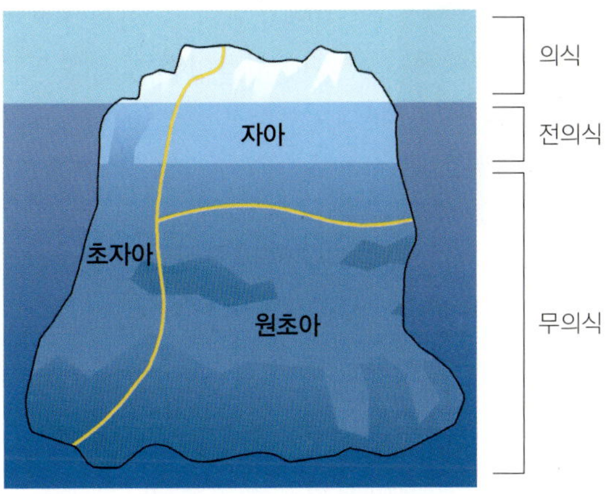

[그림 1-4] Freud의 성격구조

우리가 전혀 알아차리지 못하는 무의식의 모든 부분과, 노력을 하면 알 수도 있는 전의식의 대부분이, 물속에 잠겨 있는 빙산처럼 우리 의식의 더 큰 부분을 차지한다.

〈표 1-2〉 Freud의 심리성적 발달단계

단계	연령	리비도의 집중	주요 특징	주요 발달과업
구강기	0~18개월	입, 입술, 혀	• 구강활동을 통한 쾌를 추구 • 원초아가 지배함	• 이유(weaning)
항문기	18개월~2, 3세	항문	• 배설활동을 통한 쾌를 추구 • 자아와 원초아가 지배함	• 배변훈련
남근기	2, 3~6세	성기	• 성기를 통한 쾌를 추구 • 자아, 원초아, 초자아의 완성	• 오이디푸스(Oedipus)/엘렉트라(Electra) 콤플렉스 해결 • 같은 성(sex)의 부모와 동일시
잠재기	6~11세	없음	• 본능의 욕구에서 자유로움 • 탐색, 기술의 습득에 관심	• 방어기제 발달 • 같은 성(sex)의 또래들과 동일시
성기기	11세~	성기	• 이성에 대한 호기심	• 성숙한 성적 친밀감 성취

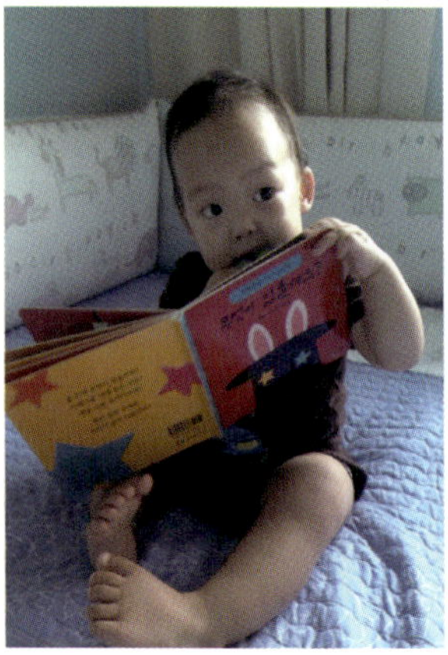

구강기 독서법

아빠처럼 됐어요

를 들어, 영아기에 구강을 통한 충분한 자극을 얻지 못한 성인은 구강의 행위, 즉 먹고, 말하고, 씹는 행동 등에 지나치게 탐닉하고, 빈정대고 비꼬는 행동을 잘한다. 발달단계에 대한 자세한 내용은 해당되는 장에서 설명될 것이다.

(2) Erikson의 심리사회적 이론

Freud의 심리성적 발달이론은 같은 정신분석학파의 학자들 사이에서조차 많은 논란을 불러왔다. 그들은 무의식적 힘이 발달에 영향을 주는 것에는 어느 정도 동의하지만, 본능적 충동을 지나치게 강조하고, 특히 어린 시절의 트라우마가 언제나 성인기의 정서적 불안정성으로 지속된다는 Freud의 주장에 반박을 하였다. 신프로이트학파(neo-Freudians)로 불리는 이들 중 한 사람인 Erik Erikson(1902~1994)은 Freud 이론의 기본 가정들 위에, 아이들이 해당 나이에

Erik Erikson

Erik Erikson(1902~1994)은 덴마크계 미국인 발달심리학자이자 정신분석학자다. 그는 독일 프랑크푸르트에서 덴마크인 부모(어머니는 유태인)에게서 태어났다. 3세 때 아버지가 사망한 후 어머니의 재혼으로 유태인 의부를 갖게 된다. 어린 시절 그는 주위의 유태계인과 구별되는 덴마크인 용모로 인해 정체성 문제를 심하게 겪었고, 이 때문에 자아정체감이 그의 이론에서 중심이 되었던 것으로 보인다. 오스트리아 빈(Wien)의 사립학교에서 교사를 하게 되면서 Sigmund Freud의 딸인 Anna Freud를 알게 되었고, 이후 정신분석학자가 되었다. 히틀러의 탄압으로 유럽을 떠나 미국에 정착한 후 아동분석가로 활동하고 인디언에 관한 문화인류학적 연구를 하였으며, 예일 대학교와 하버드 대학교에서 교수로 재직했다. Erikson이 Freud의 이론을 바탕으로 하여 사회 속에서의 개인의 성격발달에 대한 이론을 만들 수 있었던 것은 이민과 강제 이주, 인디언 문화 연구 등 그의 개인적인 체험에서 각 문화 사이의 비교 연구가 있었기 때문이다.

받게 되는 문화적 요구와, 그 과제의 성공적 수행을 도와줄 주위와의 사회적 관계의 영향을 강조한 심리사회이론(psychosocial theory)을 제안하였다. 즉, 2세 아동에게는 배변훈련이라는 문화적 요구가 주어지고, 이 과제를 성공적으로 수행하기 위해서는 부모의 도움이 필요하다는 것이다. 그의 이론에 따르면, 개인은 여덟 개의 심리사회적 발달(psychosocial developmet)단계를 거치는데, 각 단계는 개인과 사회적 환경 사이에서 일어나는 갈등 혹은 위기(crisis)로 정의된다. 이런 위기를 만족스럽게 해결해야 건강한 발달이 이루어진다. 이 단계들은 두 가지 기본 태도로 명명되는데, 각 단계에서 위기를 어떻게 극복하느냐에 따라 어느 한쪽 결과가 나타난다(Erikson, 1980).

심리사회이론
Erikson이 제안한, 사회에 의해 영향을 받는 자아의 발달과정

Erikson의 심리사회적 발달단계의 위기들과 사회적 관계 및 각 단계의 주요 발달 특징은 <표 1-3>에 간단하게 서술되어 있다.

Freud의 견해와는 달리, Erikson은 성장과 변화는 일생을 통하여 계속된다는 전 생애 발달단계를 제안하였다. 또한 특정 단계에서 위기극복에 실패했더라도 그다음 발달단계로 발달이 진행되며, 특정 위기에 언급된 시기는 그 위기를 해결하기에 가장 적절한 시기를 나타낸 것으로, 그때만 가능

유아기는 탐색의 경험을 통해 주도성이 발달한다.

한 것은 아니라는 점에서 Freud의 결정론적 견해와 차이를 보인다.

〈표 1-3〉 Erikson의 심리사회적 발달단계(신명희 외, 2017)

심리사회적 위기	연령	주요 사회적 관계	주요 특징	바람직한 결과
신뢰 대 불신	0~1세	어머니 (양육자)	양육자의 일관되고 적절한 돌봄과 사랑은 기본적인 신뢰감을 형성하고, 거부적이고 부적절한 돌봄은 불신을 야기한다.	신뢰, 희망
자율성 대 수치 및 의심	2세	부모	자기 능력으로 기능을 발휘하도록 허용, 격려할 때 자율성이 발달한다. 과잉보호나 도움의 결핍은 환경을 통제하는 능력에 의심을 갖게 하여 수치심이 형성된다.	의지
주도성 대 죄의식	3~5세	가족	탐색할 수 있는 자유를 허용하고 질문에 충실히 답해 줄 때 주도성이 발달한다. 활동을 제한하고 간섭하고 질문을 귀찮게 여기면 죄책감이 형성된다.	목적, 의도
근면성 대 열등감	6~11세	이웃, 학교	성취할 기회를 부여하고, 성취한 것을 인정, 격려하면 근면성이 발달한다. 성취할 기회를 갖지 못하거나 결과에 비난을 받고 귀찮은 존재로 취급되면 열등감이 형성된다.	기술, 유능감
정체감 대 역할혼미	청소년기	또래집단, 리더십 모델	자신의 존재, 가치에 대한 인식이 정체감을 발달시킨다. 신체적 불안감, 성역할과 직업선택의 불안정은 역할혼미를 초래한다.	성실, 충성
친밀성 대 고립	성인 전기	친구, 연인, 회사동료	타인과 친밀한 인간관계를 유지하는 능력을 발달시킨다. 친밀한 관계 형성에 실패하면 고립감을 느끼게 된다.	사랑
생산성 대 침체	성인 중기	노동의 분화와 가사의 분담	다음 세대의 지도과정에 참여하고 생산적 활동을 통해 타인과 사회를 위해 노력할 때 생산성이 발달한다. 이러한 활동에 참여하지 못할 때 침체감에 빠진다.	배려
통합성 대 절망	노년기	인류	자신의 인생이 만족스러웠다고 회상하고, 자신을 수용하고, 인생에 대한 관조를 할 수 있을 때 통합성이 형성된다. 인생을 후회하고 죽음을 두려워할 때 절망감에 빠진다.	지혜

(3) 정신분석적 관점의 평가

Freud의 행동에 미치는 무의식의 영향에 관한 제안은 서구 문화에 널리 퍼진 기념비적인 성취임에 틀림없다. 학습과 기억을 연구하는 많은 학자들이 우리의 행동에 중요한 영향을 주는, 그러나 우리가 인식하지 못하는 기억들에 관한 연구결과를 제시하였다. 무엇보다 무의식의 출현은 심리학의 연구영역을 확장시킨 업적으로 평가된다. Freud는 또한 인간의 성격이 단계를 거쳐 이루어짐을 처음으로 제안한 학자로 간주된다.

그러나 정신분석이론의 가장 큰 약점은 많은 개념들이 명확하지 못하다는 것이다. 예를 들어, 원초아, 자아, 초자아의 개념들은 과학적인 검증을 할 수 없다. Freud의 기본 원리의 많은 부분은 아직 의문에 싸여 있는데, 이는 뒤이은 연구들에 의해 검증받지 못하고 있기 때문이다. 특히 성인의 성격을 결정하는 영유아기의 발달단계 부분은 다른 연구들의 확정적인 지지를 거의 받지 못하고 있다. 예를 들어, 오이디푸스 콤플렉스의 부분은 이제는 진부한 개념이 되어버렸다. 뿐만 아니라 정상적인 성격발달에 관한 그의 연구표본이 평균적인 아동들이 아닌 그의 어른 환자들이었고, 그의 이론이 남자의 발달에 국한된 것이라는 점도 여성비하와 관련하여 성차별의 비판을 면치 못한다.

Erikson의 일생을 통한 발달의 견해는 비교적 충분한 지지를 받고 있는 매우 중요한 제안이다(Whitbourne et al., 1992; Hetherington & Weinberger, 1993; Zauszniewski & Martin, 1999). 그러나 이 이론도 Freud의 이론과 같이 여자보다는 남자의 발달에 초점을 두었다. 또한 다른 연구들이 검증하기 어려운 애매한 부분이 있음도 지적된다. 일반적으로 정신분석적 관점은, 이론을 적용하여 주어진 한 개인의 행동에 관한 확실한 예측을 하기가 어렵다. 결론적으로, 정신분석적 관점은 과거 행동은 잘 기술하지만 정확한 미래 행동의 예측은 제공하지 못한다(Feldman, 2003).

2) 행동주의적 관점

> 나에게 열두 명의 건강한 아이들과 그 아이들을 키울 나의 특수한 세계를 주면 그중 어떤 아이든 아무나 선택하여 그 아이의 재능, 기호, 능력, 적성, 인종

에 상관없이 내가 선택할 전문가, 의사, 변호사, 예술가, 사업가, 심지어 거지나 도둑으로도 만들 수 있음을 보장한다(Watson, 1924, 1970, p. 104).

행동주의적 관점
발달 이해의 핵심은 관찰할 수 있는 행동과 외부 환경에 있는 자극들이라는 주장

'행동주의'라는 용어를 만든 미국 최초의 심리학자 중 한 사람인 John B. Watson(1878~1958)은 이 말로 행동주의적 관점(the behavioral perspective)을 표현했다. 그는 환경을 구성하고 있는 자극들을 주의 깊게 연구하는 것으로 발달을 완전히 이해할 수 있으며, 환경을 효과적으로 조절하는 것으로 어떤 행동도 만들 수 있다고 주장하였다.

행동주의 심리학자들은 발달을 이해하기 위하여 유기체 내부의 무의식 과정을 들여다보기보다는, 관찰하고 측정할 수 있는 행동과 환경의 외부 자극들을 실마리로 삼을 것을 제안한다.

그들은 발달을 경험이 축적된 결과로 보고, 발달의 변화는 질적이기보다는 양적 개념으로 설명된다고 주장한다. 예를 들어, 아동의 진전된 문제해결능력은 문제에 관련된 사고의 질적 변화가 아니라 더 커진 정신능력의 결과라는 것이다(Feldman, 2003). 그러나 경험이 어떻게 발달을 형성하는가를 설명하는 방식은 학자들마다 다르다.

(1) 고전적 조건화이론

고전적 조건화이론
아무런 반응을 유발하지 않는 자극과 무조건 반응을 일으키는 자극의 결합이 바탕이 된 학습

러시아의 생리학자인 Ivan Pavlov(1849~1936)는 개의 타액분비실험 중에 개가 음식을 주는 실험자의 발자국소리에도 타액이 분비되는 현상에서 고전적 조건화이론(classical conditioning theory)을 설정하였다(Pavlov, 1927). 타액 분비를 유발하지 않는 발자국소리가 무조건 타액분비가 일어나는 음식물과 결합되어 발자국소리만으로도 타액이 분비되었던 것이다. 아무런 반응을 유발하지 않는 중성자극(발자국소리)이 무조건 반응(타액분비)을 일으키는 무조건자극(음식물)과 결합되어 유기체가 중성자극에도 특정한 반응을 보일 때 고전적 조건화는 일어난다. 이때 중성자극은 조건자극이 되고, 조건자극에 의한 반응을 조건반응이라 한다.

이유가 분명하지 않는 많은 종류의 특정 정서반응은 대부분 고전적 조건화의 과정으로 우리에게 학습된 것이다. 맛있는 음식을 이야기하는 것으로도 우리는

Ivan Petrovich Pavlov

Ivan Petrovich Pavlov(1849~1936)는 러시아 출생의 생리학자다. 상트페테르부르크 대학교에서 화학과 생리학을 공부하였고, 상트페테르부르크의 임피리얼 의학 아카데미에서 의사자격을 취득하였다. 1890년부터 1924년까지 임피리얼 의학 아카데미에서 생리학 교수로 재직하였다. Pavlov는 개의 타액분비 반응을 통해 소화 문제를 연구하다가 실험실의 개가 음식물이 제공되지 않은 상황에서도 타액을 분비하는 것을 우연히 발견하게 되었다. 그 후 Pavlov는 음식물이 제공되지 않아도 발소리만을 듣고 개의 타액이 분비될 수 있다는 조건형성을 설명하고자 일련의 실험을 실시하였다. 1904년 소화의 생리학에 관한 공로를 인정받아 노벨 생리의학상을 수상하였으며, 주요 저서로는 『동물의 고등신경계활성에 관한 객관적인 20년 연구경험』(1923), 『뇌의 커다란 반구에 관한 연구 강의』(1927), 『조건반사』(1927) 등이 있다.

입안에 침이 고인다. 실험실과 달리, 일상생활에서의 고전적 조건화는 단 한 번의 경험으로도 일어난다. 이러한 차이점은 '생태학적 관련성'이 있는 자극이 조건자극의 기능을 더 잘한다는 가정을 불러왔다(Domjan et al., 2004). 다시 말하면, 조건자극의 역할을 잘하기 위해서 중성자극은 무조건자극과 어떤 확실한 연결이 있어야 한다. 예를 들어, 냄새, 맛과 소화과정 사이에는 실제로 연결고리가 존재하고 치과의 드릴소리도 실제 고통을 일으킬 수 있다. 연구에 따르면, 생물학적으로 유효한 조건자극이 Pavlov가 사용했던 종소리와 같은 인위적 자극보다 쉽게 조건화되고, 조건화의 소거도 잘 일어나지 않는다. 소거는 조건화가 이루어진 후에 강화의 역할을 하는 무조건자극의 제시 없이 조건자극만 계속 제공할 때 조건반응이 약화되어 마침내 사라지는 현상을 말한다.

고전적 조건화가 이루어진 자극은 다른 비슷한 자극으로 전이가 되는 일반화의 현상이 일어나는데, 뱀에게 물렸던 끔찍한 기억은 뱀과 비슷한 물체에도 공포반응을 일으키는 것과 같은 경우다.

(2) 조작적 조건화이론

특정 자극에 대하여 일어나는 반응행동의 학습과는 달리, 자발적으로 일어난 어떤 행동이 그 결과에 따라 강화가 되거나 혹은 약화가 되는 과정이 조작적 조건화(operant conditioning)이다. 미국의 심리학자인 B. F. Skinner(1904~1990)는 특별히 고안된 Skinner 상자 안의 쥐가 지렛대를 누를 때마다 음식을 제공하는 실험을 통해 조작적 조건화이론(operant conditioning theory)을 정립하였다. 이 실

조작적 조건화이론
자발적인 행동과 그 결과의 결합이 바탕이 된 학습

Burrhus Frederic Skinner

Burrhus Frederic Skinner(1904~1990)는 미국의 심리학자다. 뉴욕 해밀턴 대학교에서 영문학을 공부하고, 하버드 대학교에서 심리학 박사학위를 취득하였다. 미네소타 대학교, 인디애나 대학교를 거쳐 1948년부터 1974년까지 하버드 대학교 교수로 재직하였다. 그는 Watson과 함께 행동주의 심리학을 이끈 주요 인물로서 20세기 가장 영향력 있는 심리학자로 손꼽힌다. 스키너 상자와 누적기록장치를 제작하여 유기체의 조작적 행동형성 과정을 설명하는 조작적 조건형성이론을 주창하였다. 그의 이론은 심리학을 비롯하여 여러 다른 분야에도 지대한 영향을 미쳤으며, 특히 오늘날 교육 현장에서도 조작적 조건형성이론에 근거한 교수방법이 사용되고 있다. 그중 교수기계(teaching machine)를 통해 프로그램 수업방법을 소개한 바 있다. 행동과학에 대한 공로를 높이 평가받아 1968년 미국 국립과학협회로부터 공로상을 받았으며, 1971년과 1990년에 미국심리학회로부터 각각 골든메달과 평생공로상을 받았다. 주요 저서로는 『유기체 행동론』(1938), 『월든 II』(1948), 『과학과 인간행동』(1953), 『강화계획』(1957), 『자유와 존엄을 넘어서』(1971) 등이 있으며, 총 21권의 저서와 180건의 논문이 있다.

험에서 쥐의 지렛대를 누르는 행동은 먹이라는 긍정적 결과를 통해 학습된 행동이 된 것이다(Skinner, 1953).

강화
바람직한 행동의 증가와 관련된 과정

처벌
특정 행동이 소거되거나 혹은 억제하는 과정

사람들이 어떤 행동을 계속하거나 하지 않게 되는 것은 그 행동의 결과가 강화되거나 처벌받기 때문이다. 예를 들어, 숙제를 잘해서 칭찬을 받은 아이는 계속해서 숙제를 잘하려고 하고, 음주운전으로 처벌을 받은 운전자는 이후로는 술을 마시면 운전을 하지 않으려고 한다. 강화는 조작적 조건화에서 핵심이 되는 개념으로, 특정 행동의 증가와 관련이 있다. 좋아하는 자극을 제공하였을 때 행동의 빈도가 증가하는 강화를 정적 강화라 하고, 혐오자극을 제거하였을 때 행동의 빈도가 증가하는 강화를 부적 강화라 한다. 정적 강화는 상의 개념과 비슷하다. 반면에 처벌은 특정 행동을 소거하거나 억제하는 것으로, 혐오자극을 제공하는 정적 처벌과 선호자극을 제거하는 부적 처벌이 있다.

조작적 조건화의 원리는 바람직한 새로운 행동을 만들거나, 반대로 바람직하지 못한 행동을 수정할 때도 사용된다. 행동조형(shaping)과 행동수정(behavior modification) 프로그램을 적용한 사례들은 일상생활에서 수도 없이 찾아볼 수 있는데, 서커스에서 동물의 행동을 훈련시키는 조련사는 먹이나 채찍을 사용하여 원하는 동물의 행동을 만들어 간다. 보험회사는 자동차 사고나 도난으로 인한 보험금을 줄이기 위해 에어백과 도난방지장치를 설치한 가입자에게 보험료를 할인해 준다. 교사나 부모들은 아이들이 잘못할 때 긍정적 강화를 차단하는 타임아웃을 사용한다(신명희 외, 2017).

(3) 사회인지학습이론

학습이론가인 Albert Bandura(1925~)는 학습이 항상 강화를 요구하는 것만은 아니고 다른 사람의 행동을 관찰하는 것으로도 학습된다는 관찰학습의 개념으로 사회인지학습이론(social-cognitive learning theory)을 주장하였다(Bandura, 1977, 1994). 그는 인간의 많은 행동은 강화와 처벌에 의한 직접 조건화로 학습되기보다는 다른 사람의 행동을 관찰하고 모방하거나 혹은 다른 사람이 수행한 행동의 결과에 제공되는 강화와 벌을 관찰하면서 다음 행동에 대한 기대와 신념을 가지게 되는 대리조건형성의 과정으로 학습된다고 하였다. 예를 들어, 과속으로 단속에 걸린 운전자를 보며 내 차의 속도를 줄이고, 연예인이 입은 옷이 백화점 판매대에서 매진되는 현상이다.

사회인지학습이론
모델의 행동을 관찰하고 모방하는 것으로 행동이 학습된다는 이론

행동을 보여 주는 사람 또는 그 행동에 대해 본보기가 되는 사람을 모델이라고 한다. 모델의 효과는 모델의 능력, 매력, 신분과 관련이 있고, 나이, 성별도 중요한 요인이 된다. 부모, 운동선수, 연예인들은 종종 아이들의 강력한 모델이 된다.

그러나 모델을 통한 학습은 자동적으로 일어나지는 않는다. 다른 사람을 관찰하고 배우는 것은 두 가지의 인지적 요소에 달려 있는데, 먼저 관찰자

Albert Bandura

Albert Bandura(1925~)는 심리학자로 캐나다 앨버타 먼데어에서 출생하였다. 브리티시컬럼비아 대학교에서 심리학을 전공하였으며, 아이오와 대학교에서 석사와 박사 학위를 취득하였다. 1953년부터 스탠퍼드 대학교에서 학생들을 가르치기 시작하여 지금까지 재직하고 있다. 인간의 행동과 사회모델의 역할과의 관계에 관심을 가지고 사회학습과 공격성에 대한 연구를 시작하였으며, 이후 인간의 사고와 동기, 행동이 사회적 상황의 영향과 밀접한 관계가 있다는 사회학습이론을 주창하였다. 또한 공포장애를 가지고 있는 환자의 신념이 환자 자신의 공포를 증가시키는 것과 연관이 있음을 발견함으로써 자아효능감이란 개념을 처음 소개하였다. 1986년 『사고와 행동의 사회적 기초: 사회인지이론』에서 인간은 대리적 조건형성, 자기조절, 자기반성을 통해 환경에 적응한다고 주장하였다. 1974년 미국심리학회(APA) 회장, 1981년 서부심리학회(WPA) 회장 등을 역임하였다. 미국심리학회로부터 1999년 Thorndike 상을 받았으며, 2004년 평생공로상, 2006년 골든메달을 받는 등 세 차례에 걸쳐 공로를 인정받았다. 주요 저서로는 『청소년의 공격성』(1959), 『공격성: 사회학습분석』(1973), 『사회학습과 성격발달』(1963), 『사회학습이론』(1977), 『사회인지이론』(1989) 등이 있다.

는 모델의 행동에 주의를 집중해야 하고(attention), 그 본 것을 기억해야 한다(retention). 뿐만 아니라, 관찰자는 그 행동을 신체적으로 모방할 수 있어야 하고, 무엇보다 관찰하고 수행하도록 동기유발이 되어야 한다. 이렇게 관찰학습은 주의집중(attention), 파지(retention), 재생(reproduction) 그리고 동기화(motivation)의 4단계로 일어난다. 학습된 행동이 실제 행동으로 연결되는가는 모델의 행동이 보상 또는 처벌을 받는지, 그리고 관찰자가 그 행동에 의해 보상받을 것을 기대하는지에 따라 크게 달라진다(Bandura, 1977).

Bandura에 의하면, 아이들은 모델을 통하여 행동뿐만 아니라 아이디어, 내적 기준, 기대, 자아개념도 배운다. 동시에, 자기가 무엇을 할 수 있는지에 대한 확신, 자아효능감(self-efficacy)도 획득한다. 자아효능감은 모델의 행동을 관찰하고 모방하는 과정에서 형성되어 행동에 지속적으로 영향을 준다(Bandura, 1986, 1977).

(4) 행동주의적 관점의 평가

조건화의 원리는 공포증, 불안과 같은 부정적 정서행동의 치료와, 바람직하지 못한 행동의 수정과 바람직한 행동의 조형 및 발달장애의 치료까지 광범위하게 적용되고 있다. 반면에, 조건화 이론은 많은 경우 동물과 인간의 차이를 간과하고 있다는 비난을 면치 못한다. 동물실험과는 달리, 인간행동의 경우에는 동일한 자극은 동일한 반응보다는 다양한 반응으로 나타나기 쉽다. 이는 외부적이고 관찰 가능한 환경의 자극과 반응만을 대상으로 하는 조건화 이론이 설명하지 못하는 유기체 내부의 조건이다. 사회인지학습이론은 같은 행동주의 관점으로 묶여 있지만, 조건화 이론의 몇 가지 기본 가정에는 동의하지 않는다. 사회인지학습이론은 인간발달의 완전한 이해는 외적 자극과 반응의 한계를 넘어서 인지적, 정서적 요인들을 더하지 않고는 이루어지지 않는다고 주장한다.

행동주의 관점은 많은 행동이 어떻게 학습되는지에 대한 정확한 그림을 보여준다는 점에서 발달심리학에 중대한 영향을 준다. 그러나 나이에 따른 변화를 말하는 것이 아니라는 점에서 발달적이지 않다(Boyd & Bee, 2013).

3) 인지주의적 관점

인지심리학은 극단적 행동주의에 대한 반발로 생겨나서 발전하였다(Robins, Gosling, & Craik, 1999). 인지주의 심리학자들은 인간은 환경적 힘에 의해 좌우되는 수동적 존재가 아니라, 경험을 찾고 그것을 수정하고 조성하는 능동적인 존재로 본다. 인지주의적 관점(the cognitive perspective)은 논리적 사고와 기억 같은 발달의 정신적 측면을 강조한다.

인지주의적 관점
발달의 정신적 측면에 초점을 두는 견해

그러나 인지주의 관점은 인지의 발달에 대한 견해가 서로 다른 이론들이 있다. 인지의 발달을 질적인 변화로 보는 Piaget의 단계이론과, 정보를 처리하는 능력과 지식의 점진적인 양적 증가로 인지발달을 보는 정보처리이론, 그리고 인지발달의 근원을 아동 내적이 아닌 문화와 사회 환경 안에서 찾는 Vygotsky의 사회문화적 이론이 있다.

(1) Piaget의 인지발달이론

스위스의 심리학자 Jean Piaget(1896~1980)의 인지발달이론(cognitive developmental theory)은 발달심리학의 연구에 가장 큰 영향을 준 이론들 중 하나다. Piaget는 모든 아이들이 일련의 동일한 방식의 단계를 거쳐 세상을 알아간다는 사실을 발견하고, 인지의 발달과정을 연구하였다.

Piaget는 인지는 조직화(organization), 적응(adaptation), 평형화(equilibration)라는 선천적 경향성을 통하여 발달된다고 하였다. 조직화는 지식을 일관성 있게 체계화하거나 범주를 만드는 경향성을 말한다. Piaget에 따르면, 우리는 보고, 만지고, 맛보고, 듣고, 잡는 것과 같은 작은 목록의 감각과 운동도식을 가지고 태어난다고 한다. 도식(scheme)이란 유사한 경우들의 반복에 의해 일반화된 행동의 조직 혹은 구조를 말한다(Piaget & Inhelder, 1969). 예를 들어, 공을 잡을 때 우리는 잡기 도식을 사용한다. 그리고 도식은 더 많은 정보를 획득할수록 더 복합적이 된다. 예를 들어, 갓난아기는 단순한 빨기의 도식을 가지고 있지만 곧 엄마의 젖과 젖병과 손가락을 빨 때 각각 달라지는 복합적인 도식으로 발전한다. 아동은 조직화를 통해 기존의 도식들을 하나의 통합된 체계로 만들어 간다.

조직화
지식을 일관성 있게 체계화하거나 범주를 만드는 경향성

적응
환경에 맞게 조정하려는 경향성

평형화
현재의 도식과 새로운 정보 간의 균형을 회복하려는 경향성

도식
유사한 경우들의 반복에 의해 일반화된 행동의 조직 혹은 구조

Piaget에 의하면, 모든 유기체는 환경에 적응하려는 경향성을 가지고 있는데,

Jean Piaget

스위스에서 태어난 Jean Piaget(1896~1980)는 어렸을 때부터 생물학에 관심이 많았다. 그는 11세의 나이에 공원에서 본 색소결핍증 참새를 관찰하여 논문을 발표하였고, 고등학교 시절에는 연체동물에 대한 논문을 발표하였으며, 22세에는 생물학 박사학위를 받았다. 그의 논문들은 과학자들로부터 큰 호평을 받았고, 대학도 들어가기 전에 자연사 박물관 관장을 맡아 달라는 제의를 받았다.

박사학위를 받은 후, Piaget는 취리히 대학교에서 새로운 학문 분야인 심리학에 관심을 가지기 시작하였고, 1920년 파리에 있는 Binet 연구소에서 지능검사를 표준화하는 작업에 참여하게 되었다. 그곳에서 Piaget는 비슷한 연령의 아동들이 어떤 문제에 같은 오답을 한다는 사실을 발견하였다. 즉, 아동의 오류가 연령집단에 따라 질적으로 다르다는 사실을 발견한 것이다. 이러한 발견을 통해 Piaget는 아동의 사고과정이 성인의 사고과정과 근본적으로 다르다는 결론을 내리고 아동의 사고 발달을 본격적으로 연구하기 시작하였다.

1923년 Piaget는 결혼하여 세 자녀를 두었는데, 세 자녀가 성장하는 과정을 주의 깊게 관찰함으로써 인지발달이론을 정립하였다. 발달심리학자이기 이전에 과학자였던 Piaget는 생물학적 원리와 방법을 인지발달 연구에 상당 부분 적용하였다. 그는 수백 편의 논문과 60권이 넘는 책을 집필하였고, 73세가 되던 1969년에 유럽인으로서는 최초로 '미국심리학회'로부터 '특별 과학 공헌상'을 수상하였다. 오늘날 그는 심리학 역사상 가장 영향력 있는 발달심리학자로 평가받는다.

동화

새로운 정보를 기존의 도식으로 이해하려는 과정

조절

새로운 정보를 수용하기 위해 기존의 도식을 수정하는 과정

적응은 동화(assimilation)와 조절(accommodation)이라는 두 개의 상호보완적인 과정을 통하여 이루어진다. 아동은 새로운 대상, 사건, 경험과 정보를 만나면 이미 가지고 있는 도식 안에 그것을 맞추어 넣으려고 하는데 이를 동화라고 한다. 그러나 모든 것이 이미 가지고 있는 도식 안에 동화되지는 않는다. 동화의 실패를 깨달으면서 아동은 조절이라는 과정을 사용하게 된다. 아동은 조절을 통해 새로운 정보를 처리하기 위해 기존의 도식을 수정하거나 새로운 도식을 만든다. 즉, 동화는 새로운 경험을 이해하고 인지하기 위하여 현재의 사고와 이해를 사용할 때 일어나고, 조절은 새로운 경험을 수용하기 위하여 현재의 도식을 변형하거나 새롭게 형성하는 과정이다. 위의 빨기 도식을 예로 들면, 젖병을 사용하던 아기는 유아용 컵을 주었을 때 젖병을 빠는 방식으로 컵을 사용하려는 동화의 과정을 보인다. 그러나 컵을 사용할 때는 혀와 입술의 동작이 달라져야 하는 것을 알아차리면서 자신의 빠는 방식을 수정하는 조절의 과정을 보인다.

평형화는 현재의 도식과 새로운 경험 간의 균형을 회복하려는 경향성을 말하는 것으로, 동화에서 조절로 넘어갈 것을 지시한다. 기존의 도식으로 새로운 경험을 이해할 수 없을 때(동화) 아동은 불평형의 불편한 상태를 경험한다. 이에

전조작기의 상징놀이, 역할놀이는 인지발달의 중요한 기제이다.

기존의 도식을 수정하거나 새로운 도식을 만들어 새로운 경험을 수용하면(조절) 다시 안정된 평형상태를 회복한다. 즉, 동화와 조절은 함께 평형을 만들어 안정적이고 새로운 도식이 발달하게 된다. 평형화는 일관성(조직화)과 안정성(적응)을 추구하는 자기조절 기제로, 유기체가 평형상태를 유지하기 위해 지속적으로 자신의 도식들을 변화시켜 나가는 것이다.

Piaget는 모든 사람들은 정해진 일련의 보편적인 인지발달 단계를 지난다고 제안했다. 그는 각 단계는 정보의 양적 증가뿐만 아니라 지식과 이해의 질적 변화도 같이 일어난다고 하였다. 그의 초점은 아이들이 한 단계에서 그다음 단계로 넘어갈 때 일어나는 인지의 변화였다(Piaget, 1952, 1962, 1983). <표 1-4>는 그가 제안한 인지발달의 4단계를 요약한 것이며, 이 내용은 앞으로 해당되는 장에서 상세하게 다룰 것이다.

〈표 1-4〉 Piaget의 인지발달단계(신명희 외, 2017)

단계	연령	주요 특징
감각운동기	출생~2세	• 감각과 운동을 통하여 세상을 이해 • 반사행동에서 목적을 가진 의도적 행동으로 발전 • 대상영속성 개념 습득
전조작기	2~7세	• 언어, 상징과 같은 표상적 사고능력의 발달 • 중심화: 자아중심적 언어와 사고 • 직관적 사고와 전인과성 사고
구체적 조작기	7~11세	• 구체적 경험중심의 논리적 사고 발달 • 보존개념의 획득 • 유목화와 서열화 가능
형식적 조작기	11세 이후	• 추상적 상황의 논리적 사고 가능 • 명제적, 가설연역적 추리 가능 • 조합적 추리 가능

(2) 정보처리이론

정보처리이론(information processing theory)은 Piaget식 접근의 중요한 대안으로 부상하였다. 단계를 강조하는 대신에 인지발달을 정보를 처리하는 능력과

정보처리이론

개인이 정보를 받아들이고, 사용하고, 저장하는 방법을 확인하는 데 초점을 둔 견해

지식의 점진적인 양적 증가로 보았다. 정보처리이론은 개인이 정보를 받아들이고, 사용하고, 저장, 인출하는 일련의 과정들로 인지발달을 설명한다.

정보처리이론은 전자식 정보처리의 발달, 특히 컴퓨터에 의한 정보처리의 발달에 기초하여 인간의 인지과정을 밝혔다. 컴퓨터가 정보를 입력, 저장, 인출하듯이 인간도 정보를 받아들이고 저장하고 인출한다. 즉, 인간의 감각기관으로 들어오는 외부의 모든 정보는 먼저 매우 짧은 시간 동안 감각기억(sensory memory)에 저장된다. 이들 정보 중 중요한 것은 주의집중과 지각과정을 거쳐 단기기억(short-term memory)으로 옮겨지는데, 여기서 모든 정보가 처리되므로 작업기억(working memory)이라고도 한다. 작업기억은 저장 용량과 저장 시간이 제한되어 있다. 작업기억의 정보는 부호화 과정을 거쳐 용량과 저장 시간의 제한이 없는 장기기억(long-term memory)에 저장되고, 필요에 따라 인출되어 작업기억을 통해 반응으로 나타난다.

지식과 경험의 한계로, 전조작기 유아의 설명과 대답은 자신 외에는 아무도 모른다.
출처: Singer & Revenson (1978).

나이가 들어감에 따라 아이의 사고가 질적으로 진전된다는 Piaget의 견해와는 달리, 정보처리이론은 발달은 양적인 진전에 의해 일어난다고 확신한다. 아동과 어른의 인지 차이는 곧 기억능력의 차이이며, 아동이 정보를 기억하고 조직하는 전략이 나이에 따라 어떻게 변하는지에 초점을 두었다. 많은 연구들이 나이에 따라 정보를 처리하는 속도와 효율성이 변하듯이, 정보를 조정하는 용량도 나이에 따라 변한다고 밝히고 있다(Kail, 1990). 이에 따라, 일군의 발달심리학자들은 정보처리이론으로 Piaget의 발달단계를 설명하고 있는데, 이들을 신피아제(neo-Piagetians)학파라 부른다. 신피아제학파의 학자들은 발달의 단계나 순차, 구조의 변화를 개인이 적극적으로 구성한다는 점에서 Piaget의 전통을 유지하면서, 정보처리 용량의 한계, 자동화 등의 개념을 더하여 단계이론을 확장시켰다(Case, 1985). 이들에 따르면, 성인은 아이보다 작업기억에서 더 많은 정보를 동시에 다룰 수 있기 때문에 복합적인 문제를 풀 수 있다. 그러므로 아동이 특정 과제를 해결하기 위해서 동시에 작용시킬 수 있는 도식의 수를 늘려가는 것이 아동기 인지발달의 주요 기제라고 보고 있다. 더구나 정보처리접근은, 나이가 많아짐에 따라서 처리의 특성을 더 잘 조정할 수 있고 정보를 처리하는 전략을 변화할 수 있다고 제시한다(Siegler, 1991).

(3) Vygotsky의 사회문화적 이론

러시아의 심리학자인 Lev Semenovich Vygotsky(1896~1934)는 인지발달은 아이들이 성장하는 문화와 사회관계 속에서 이루어진다고 주장하며 발달의 사회적이고 문화적인 측면을 강조하는 사회문화적 이론(sociocultural theory)을 제안하였다. Vygotsky의 사회문화적 이론은 인지발달에서 사회-문화적인 영향력을 강조한다. 즉, 인지발달은 한 문화 속에서 구성원들 간의 사회적 상호작용의 결과로서 진행되며, 그에 따라 개념, 태도, 전략, 기술 등의 개인의 심리적인 과정이 형성된다. 외부적인 상황이 개인에게 내면화(internalize)되면서 학습은 타자주도적(other-regulated) 학습에서 점차 자기주도적(self-regulated) 학습으로 전환된다(Vygotsky, 1926, 1979).

사회문화적 이론
인지발달이 문화구성원들 간의 상호작용의 결과로 진행된다는 견해

Vygotsky에 따르면, 사회적인 상호작용이 학습자 개인에게 내면화되는 과정에 있어서, 아동이 자기보다 앞선 아동이나 어른들의 도움 없이 스스로 문제를

Lev Semyonovich Vygotsky

러시아의 심리학자 Lev Semyonovich Vygotsky(1896~1934)는 유복한 유태인 가정에서 태어났다. 은행지점장인 아버지와 교사 교육을 받은 어머니는 따뜻하고 지적인 가정환경을 제공하였다. 특히 8남매의 둘째로 태어난 Vygotsky는 형제들과의 토론을 즐겼다. 어린 시절 Vygotsky는 가정교사에게서 소크라테스식 문답법에 기초한 교육방법으로 지도를 받았는데, 이 교육방법은 그의 사고를 일깨워 주는 데 중요한 역할을 하였다. 15세 때 그는 철학, 문학, 예술, 역사에 관한 지적 토론을 자주 이끌었기 때문에 '꼬마 교수'로 불리기도 했다. 이러한 그의 성장배경은 이후 그의 이론 정립에 영향을 미친다.

매우 영특했던 그는 유태인에게 대학입학 정원의 단 3%만을 허용하는 모스크바 대학교에 입학하였다. 모스크바 대학교와 Shaniavsky 인민 대학교에서 법학과 문학, 철학, 예술, 심리학을 공부한 Vygotsky는 1924년 Pavlov의 조건반사이론을 비판하는 논문을 발표하면서 관심을 끌기 시작하였다. 그는 아동의 인지발달에서 사회적 · 문화적 맥락의 중요성을 강조하였으며, 1934년에 결핵에 걸려 38세의 젊은 나이로 요절할 때까지 180편이 넘는 논문과 책을 출판하였다. 그는 심리학의 모차르트로 불릴 만큼 천재적인 심리학자로 평가받고 있으며, 만약 그가 Piaget처럼 장수하면서(Piaget는 Vygotsky와 같은 해에 출생하여 1980년에 사망하였다) 소련의 탄압을 받지 않고 자유롭게 연구활동을 할 수 있었다면 현대 심리학의 판도가 달라졌을 것이라는 평가까지 나오고 있다.

해결할 수 있는 현재의 발달 수준과, 도움을 받아서 문제를 해결할 수 있는 잠재적 발달 수준을 구분하였다. 그리고 그 두 수준의 차이를 근접발달영역(zone of proximal development: ZPD)이라 하였다. 즉, 근접발달영역은 혼자서는 해결할 수 없지만 성인이나 앞선 아동의 도움을 받으면 성공적으로 문제를 해결할 수 있는 영역을 말한다. 이런 맥락에서 Vygotsky는 수업이 발달에 선행하는 것이 바람직하다고 주장하였는데, 수업은 근접발달영역에 작용하여 아동들의 잠재적인 능력을 깨우친다. 아동들의 잠재능력을 최대한 개발하기 위해서 Wood와 동료들은 근접발달영역 내에서 성인들이 도움을 주는 발판, 즉 비계설정(scaffolding)이 이루어져야 한다고 하였다(Wood, 1980; Wood et al., 1976).

> **근접발달영역**
> 아동이 스스로 할 수 있는 현재의 발달 수준과 도움을 받아서 할 수 있는 잠재적 발달 수준의 차이

Vygotsky에 있어서 언어는 학습과 발달을 매개하는 중요한 요인이다. 처음에 언어는 다른 사람들과 상호작용하기 위해 필요하다. 언어는 다른 사람이 가지고 있는 지식에 접근하도록 해 준다. 또한 언어는 스스로 문제를 해결할 수 있도록 돕는다. 이때의 언어는 혼잣말의 형태로 나타나는데, 그는 이것을 사적 언어(private speech)라고 하였다. 사적 언어는 외부의 사회적 지식을 내부의 개인적 지식으로 변환시키는 기제이며, 자신의 생각을 조절하고 반영하는 수단이다. 사적 언어는 이후 내적인 언어로 전환되어 더 이상 소리 내어 말하지는 않으나

여전히 사고를 조직화하는 데 중요한 역할을 한다.

(4) 인지주의적 관점의 평가

발달심리학에서 Piaget의 인지발달 연구는 비견할 대상이 없는 독보적인 연구다. 실제로 거의 모든 문화권의 거의 모든 아동들에게 그의 연구결과들은 반복되고 검증되어 왔다. 그의 이론이 인지발달을 이해하는 데 핵심적인 역할을 하였고 폭넓은 지지를 받고 있지만, 그러나 이론의 구체적인 면에서 얼마간의 비판을 받고 있다. 첫째, Piaget는 각 발달단계는 상세하게 설명하고 있지만 이전 단계에서 다음 단계로의 발달이 왜, 어떻게 일어나는지 그 발달의 기제를 자세히 설명하지 않고 있다. 둘째, 시간에 따른 인지능력의 변화 부분에서 의문이 제기되었다. 어떤 인지기술은 그가 제시하는 시기보다 더 이른 시기에 아이들에게 나타났다. 또 실험의 상황이 아이들에게 익숙할 경우에도 결과는 다르게 나타났다. 그리고 그가 제시한 형식적 조작의 사고는 모든 문화권에서 얼마간의 사람들은 결코 도달하지 못하는 것으로 보였다. 고차원적 사고를 하지 못하는 것은 인지능력의 미성숙이라기보다는 경험적 지식의 부족 때문이라는 주장도 제기되었다. 셋째, 무엇보다도 가장 큰 비판은 단계 자체에 대한 것으로, 인지발달의 단계가 그가 주장한 것처럼 그렇게 명확하게 구분되는 것이 아니라는 것이다. 하나의 개념이 여러 단계에 걸쳐 습득될 수 있으므로 질적으로 확실하게 구분되는 인지발달단계가 있다고 단언하기 어렵다.

정보처리이론은 실용적인 적용성이 있다. 발달학자들은 정보처리모델을 학습문제의 검사와 진단, 처치에 사용한다. 반면에, 정보처리이론은 행동에 대한 완전한 설명은 제공하지 않는다. 예를 들어, 정보처리이론은 가장 심오한 아이디어들이 종종 비논리적이고 비직선적인 방식으로 발달되는 창의력과 같은 행동에는 거의 관심을 가지지 않는다.

Vygotsky의 사회문화적 이론은 점점 더 그 영향이 커지고 있다. 발달에 있어서 문화의 중요성에 대한 자각이 증가하기 때문이다. 아이들은 그들의 문화적 환경의 결과인 특정한 종류의 기술을 발달시킨다. 오늘날의 사회가 점점 다문화적으로 되어가는 것처럼, 사회문화적 이론은 발달을 형성하는 풍부하고 다양한 사회 문화적 영향을 이해하도록 도운다(Reis, Collins, & Berscheid, 2000;

Matusov & Hayes, 2000). 그러나 사회문화적 이론은 문화와 사회적 경험의 역할을 강조하는 반면에, 발달에 미치는 생물학적 요인을 무시한다는 비판을 받는다. 또한 그의 이론은 개인이 그 자신의 환경을 형성하는 데 있어서 할 수 있는 역할을 최소화하였다. 그의 관점에서 보면 개인이 자신의 발달을 위해 능동적으로 할 수 있는 일은 거의 없어 보인다(Wertsch & Tulviste, 1994).

4) 생물학적 관점

생물학적 관점

환경에서 생존하고 적응하도록 지지하는 선천적 기질, 신체적 구조, 유전적 요인에 초점을 맞추고 연구하는 이론

생물학적 관점(the biological perspective)은 발달에 영향을 주는 선천적인 생물학적 유전 요인의 중요성을 강조한다. 이 관점에서 연구하는 학자들은 아동이 그들의 환경에서 살아남고 적응하도록 도우는 선천적인 기질, 신체적 구조, 유전적 요인에 관심을 가진다. 한 예로, 밤에 비교적 잠을 많이 잘 자는 청소년들에 비해 잠을 잘 못자고 수면방해를 호소하는 같은 나이의 청소년들은 긍정적 정서와 보상감각과 결합된 뇌 영역의 활성화가 떨어진다는 연구(Holm et al., 2009)가 있다(McDevitt & Ormrod, 2013).

(1) 생물학적 이론

역사적으로 생물학적 이론(biological theory)들은 아동의 신체와 운동능력의 성숙을 강조하였다(Gesell, 1928). 초기의 이론들은 아이가 앉고, 기고, 물건을 잡는 것과 같은 행동이 일어나는 평균적인 나이를 상세하게 기록해 왔다. 이 견해에 따르면, 아이들은 신체적으로 준비되면 걷고, 생물학적 시계가 적절한 호르몬을 배출하면 사춘기가 시작된다(McDevitt & Ormrod, 2013). 또한 성숙은 특정 영역에서 학습의 민감한 시기를 수립한다. 이탈리아의 의사이자 교육자인 Maria Montessori(1870~1952)는 이를 민감기(sensitive periods)의 개념으로 발전시켰다(Montessori, 1949). 민감기는 아동이 특정 과제에 열중하고 숙달하려고 노력하게 되는, 유전적으로 프로그램이 된 기간을 뜻한다. 예를 들어, 1세에서 2세 사이에 영아는 걷기에 대한 민감기를 맞게 되는데, 이 시기에 영아는 선천적인 충동에 의해 걷기를 시도하고 꾸준한 연습을 통해 걷기에 숙달할 수 있게 된다. 그의 교육방법을 적용하는 몬테소리학교는 아동의 선천적 경향성을 주의

깊게 관찰하고, 아동이 곧 도달하게 될 능력에 적합한 교육적 활동에 참여하도록 아동을 유도하는 교구들을 제공한다. 그러나 이러한 교육방법은 아동의 인지발달에만 초점을 두고, 정서적 · 사회적 발달의 측면을 무시한다는 비판을 받기도 한다. 뿐만 아니라, 아동들이 제한된 용도 내에서만 교구를 사용하는 것으로 인식함으로써 아동의 자유와 창의성을 제한한다는 지적도 받는다.

생물학적 이론의 또 다른 흐름은 진화론적 관점(evolutionary perspectives)이다. Darwin의 진화 논쟁에서 시작된 진화적 접근은, 우리의 선천적인 유전적 특성은 피부와 머리카락의 색깔과 같은 신체적 특징뿐 아니라 다수의 성격특질과 사회적 행동도 결정한다고 주장한다. 예를 들어, 어떤 진화론적 발달학자들은 사람들의 수줍음의 수준 혹은 사회적 능력도 유전의 영향을 받는다고 제시한다 (Feldman, 2003; Plomin & McClearn, 1993).

진화론적 관점
행동을 선조로부터 내려오는 선천적 유전의 결과로 보는 이론

진화론적 관점은 생물학적 형질이 행동에 영향을 주는 방식을 탐구하는 동물행동학(ethology)과 행동유전학(behavior genetics)에서 더욱 활발하게 논의된다. 동물행동학자들은 유전적으로 결정된 동물들의 생존행동은 자연선택(natural selection)을 통해 진화되었음이 확실하다고 강조한다. 예를 들어, 어린 새들은 살아남기 위해 둥지가 필요하고, 따라서 둥지짓기 유전자가 진화되었다는 것이다(Boyd & Bee, 2010). Lorenz의 오리새끼들의 각인연구로 알려진 동물행동학은 행동양식에 영향을 주는 생물학적 결정인의 중요성을 보여줌으로써 발달학자들이 아동의 발달에 진화론적 원리들을 적용하도록 만들었다. 부모의 양육전략, 놀이와 또래관계에 나타나는 성의 차이와 같은 주제들이 다양하게 연구되었다. 아기와 양육자의 유대관계를 연구한 Bowlby의 애착이론은 동물행동학의 개념을 인간행동의 이해에 적용한 대표적인 연구이다.

동물행동학
행동의 생물학적이고 진화적 바탕에 초점을 둔 연구

행동유전학
행동의 유전적 역할에 초점을 둔 연구

행동유전학은 행동의 유전 영향을 연구한다. 우리가 어떻게 어떤 행동의 특질을 물려주고, 그 특질이 실제로 표현되는 것에 환경이 어떻게 영향을 주는지를 탐구한다. 개인 차이를 만드는 유전의 영향을 연구하여 지능과 공격성, 수줍음과 같은 넓은 범위의 행동과 특질에 미치는 유전의 영향을 보여 준다. 특히 개인 차이에 미치는 유전의 영향은 전 생애 발달을 통하여 증명되고 있다. 그 한 예로, 네덜란드의 학자들이 수십 년에 걸쳐 쌍둥이들의 여러 변인을 조사한 결과, 일란성 쌍둥이는 이란성 쌍둥이보다 5세에서 50세에 이르기까지 지능

지수의 점수 상관이 훨씬 더 강하게 나타났다. 흥미로운 발견은, 이란성 쌍둥이의 경우, 같이 생활하는 아동기의 지능지수상관이 따로 생활하는 성인기보다 높게 나타난 것인데, 이는 환경이 지능지수에 일시적인 영향을 줄 수 있음을 보여 준 것이다(Boyd & Bee, 2010). 행동유전학자들은 유전적 요인이 어떻게 조현병(schizophrenia)과 같은 정신장애를 일으키는지도 연구한다(Feldman, 2003; Freedman, Adler, & Leonard, 1999).

(2) 생물학적 관점의 평가

많은 생물학적 이론들의 한계는 발달에 미치는 경험의 영향을 간과했다는 것이다. 행동에 영향을 미치는 유전과 생물학적 측면에 지나치게 초점을 둠으로써, 아동과 성인의 행동을 형성하는 데 포함된 환경과 사회적 요인들은 무시했다는 비판을 받는다. 생물학적 관점의 또 다른 한계는 그 이론들을 실험적으로 검증하기가 어렵다는 점이다. 예를 들어, '영아와 양육자의 애착이 생존을 좌우하는 보편적 기제임을 어떻게 검증할 수 있는가?'와 같은 것이다(Boyd & Bee, 2010). 결정적(민감한) 시기 개념의 경직성과, 인간의 행동보다 동물행동에서 초래된 연구가 많다는 비판도 제기되었지만, 생물학적 접근은 적어도 부분적으로 우리의 행동과 특질에 선천적인 생물학적 요인들이 어떻게 영향을 주는가에 관심을 가지게 한다. 더욱이 초기의 생물학적 이론의 주장과 비교하여 현재의 연구자들은, 생물학적 유전 요인들은 환경적 경험과 어울려 아동에게 영향을 주는 유연한 규정인임을 인정한다. 생물학적 이론가들은 이제 더 균형 잡힌 유전과 환경에 대한 관점을 가지고 있다(Spencer et al., 2009).

생태학적 관점

환경의 다른 수준들이 동시에 개인에게 영향을 준다고 제안하는 관점

5) 생태학적 관점

발달의 과정을 신체, 인지, 심리사회적 요인으로 고려하는 것에는 장단점이 있다(Feldman, 2003). 발달의 영향을 깔끔하고 압축된 묶음으로 적절하게 나눌 수 있는 장점이 있는가 하면, 이런 범주화는 심각한 결점이 있다. 현실세계에서는 이 넓은 영향 중 어떤 것도 다른 것과 동떨어져서 일어나지는 않는다. 오히려 서로 다른 영향과 끊임없이 상호작용을 한다. 인지수준에서 일어나는 일은 신

체, 심리사회 발달에 반향되고, 신체수준에서 일어나는 일은 인지, 심리사회 발달에 영향을 준다. 예를 들어, 유아가 텔레비전을 많이 시청하면 신체활동과 사회적 관계가 줄어들고 이는 인지발달에 영향을 주어 지적 발달이 늦어진다.

발달의 역동성에 영향을 미치는 사회, 역사적 맥락이 고려되면서 발달심리학은 생태학적 관점(the ecological perspective)이라는 좀 더 넓은 틀을 갖게 된다.

(1) 생태학적 이론

발달의 전통적 접근방법 문제를 인식한 미국의 심리학자 Urie Bronfenbrenner (1917~2005)는 생태학적 이론(ecological theory)이라는 대안을 제시하였다 (Bronfenbrenner, 1979, 1989, 1994). 그는 생활과 분리된 실험실의 연구로서는 발달의 역동을 이해할 수 없으며, 발달은 사회적 맥락에서만 이해될 수 있다고 강조하였다. 생태학적 이론 이전의 대부분의 발달학자들은 환경을 매우 좁은 개념, 즉 개인에게 직접 관계된 주변의 사건과 조건으로 한정하였다. Bronfenbrenner는 이 기존의 견해를 확장시켜, 아동이 직접 접해 있는 가정을 포함하여 그 너머의 학교, 이웃, 사회까지 환경의 구조를 넓혔다. 그는 개인에게 동시에 영향을 주는 다섯 가지 수준의 환경체계를 제안하였는데, 미시체계, 중간체계, 외체계, 거시체계, 그리고 시간체계다. [그림 1-5]에서 볼 수 있듯이, 중앙에 위치한 아동을 중심으로 하여 그를 둘러싼 여러 겹의 원은 가정과 가족처럼 직접적으로 아동에게 영향을 주는 환경에서, 국가와 민족처럼 넓은 범위의 문화적 영향의 수준까지, 광범위하게 확대된 환경체계를 나타낸다. 이들은 서로 연결되어 동

Urie Bronfenbrenner

러시아계 미국 심리학자인 Urie Bronfenbrenner(1917~2005)는 1917년 러시아의 모스크바에서 출생하였고, 그가 6세 되던 해에 가족들이 미국으로 이주하였다. 1938년 코넬 대학에서 심리학과 음악을 이중 전공하여 학사학위를 마치고, 1942년 하버드 대학에서 발달심리학으로 석사학위 취득에 이어 미시간 대학에서 박사학위를 받았다. 그 후에 군대에 입대하여 심리학자로 복무하였다. 제2차 세계대전이 끝난 직후부터 미시간 대학의 심리학과 조교수로 일을 시작하기 전까지 짧은 기간 ARVA(Administration and Research for the Veterans' administration)의 임상심리수석보좌관으로 일했다. 1948년에 코넬 대학 교수로 임명받았고, 당뇨합병증으로 2005년 88세를 일기로 영면할 당시는 코넬 대학 심리학과의 명예교수였다. 그는 미국의 소외계층 취학전 아동을 위한 Head Start 프로그램의 공동창설자이기도 하다.

시에 아동에게 영향을 준다. 그러므로 발달에 미치는 복합적인 영향을 이해하기 위해서는 이러한 모든 수준의 환경이 고려되어야 한다.

생태학적 체계 모형의 가장 안쪽의 원은 미시체계(microsystem)로, 아동이 그의 일상에서 직접적으로 노출되어 있는 환경이다. 가정, 학교, 종교기관, 그리고 이웃들이 여기에 속한다. 이 수준에서 모든 관계는 양방향으로 이루어진다. 예를 들어, 부모의 양육행동이 아동에게 영향을 주는 것과 마찬가지로 아동의 성격, 신체적 특성, 능력도 부모의 태도에 영향을 준다.

중간체계(mesosystem)는 다양한 미시체계들 간의 상호연결 관계를 말한다. 마치 체인의 고리같이 아이들과 부모, 학생과 교사, 학부모와 교사, 친구와 친구

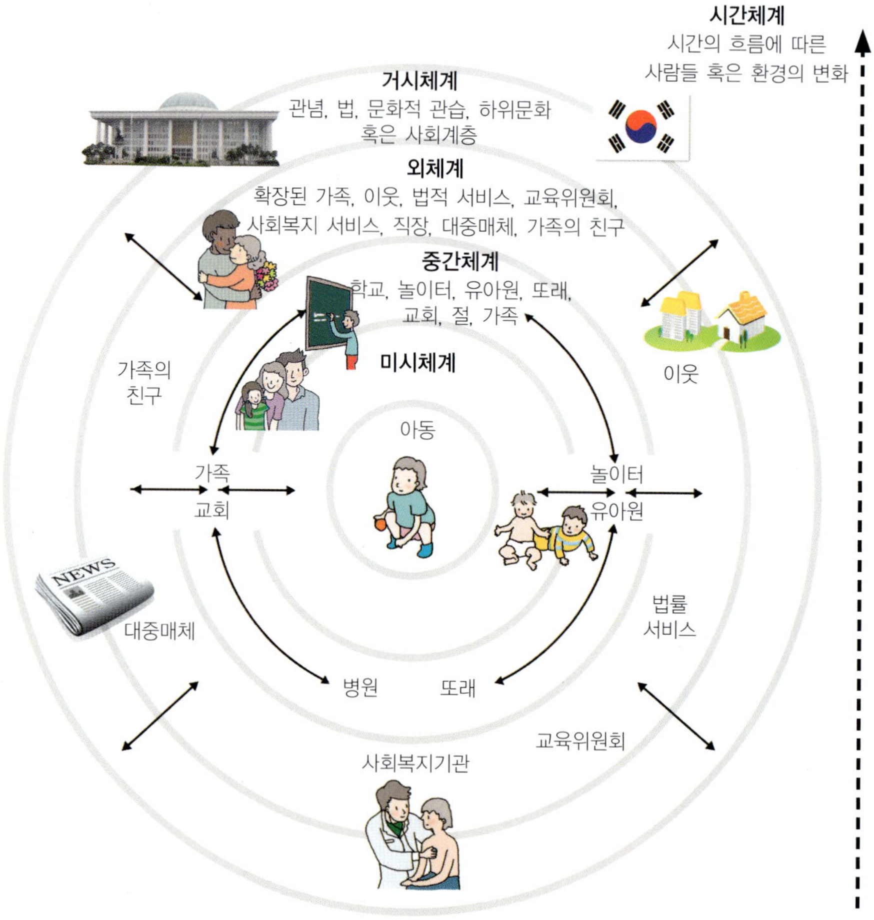

[그림 1-5] Bronfenbrenner의 생태학적 체계 모델(Shaffer, 1999)

를 연결한다. 이것은 직접 혹은 간접으로 서로를 묶는다. 예를 들어, 아동이 다니는 학교와 아동의 가족은 학부모의 학교에 대한 관여와 그에 대한 학교 측의 반응으로 연결된다.

외체계(exosystem)는 개인에게 간접적인 영향을 주는 외부체계 혹은 기관들과 미시체계 사이의 연결로 구성된다. 교육위원회, 종교시설, 미디어, 공동체, 지역정부기관과 같은 사회기관을 포함하는 더 넓은 영향을 말한다. 외체계는 미시체계와 중간체계가 어떻게 운영되는지에 각각 영향을 준다. 예를 들어, 폭력을 조장하는 텔레비전의 프로그램은 가정의 안전을 위협할 수 있다.

거시체계(macrosystem)는 한 개인의 더 큰 문화적 영향을 말한다. 법, 관습, 정부의 형태, 종교, 정치관과 같은 문화적 환경을 말한다. 대한민국과 조선인민민주주의공화국에 사는 아동들의 발달 차이를 예로 들 수 있다.

시간체계(chronosystem)는 시간의 차원으로, 시간의 흐름에 따른 사람과 환경의 변화를 말한다. 일생 동안 일어나는 변화와 사회역사적 환경의 변화를 포함한다. 가정의 구조, 직업, 주거지의 변화와 전쟁, 경제순환 같은 더 큰 문화적 변화가 포함된다.

(2) 생태학적 관점의 평가

Bronfenbrenner에 의하면, 개인은 단순히 발달의 결과일 뿐만 아니라, 발달을 만들어 가기도 한다. 사람들은 그들의 생물학적이고 심리적인 특질, 재능, 기술, 장애, 기질을 통하여 자신들의 발달에 영향을 준다. 사람은 그를 둘러싼 환경에 의해 만들어질 뿐만 아니라, 자신의 경험과 주위를 선택하고 수정하고 만듦으로써 자신의 환경을 스스로 만들어 간다. 그러므로 사람과 환경은 상호의존적 영향의 연결망을 형성한다.

생태학적 이론은 개인의 복합적인 특성과 상황의 다양성을 통해 발달을 이해하는 방식을 제공한다. 이 이론이 발달심리학에 끼친 가장 큰 공헌은 이러한 변인들 간의 상호작용을 탐색하는 연구의 필요성을 강조해 온 것이다(Thomas, 2001).

덧붙여, 생태학적 이론은 하나의 문화 혹은 한 집단 내의 문화(예를 들어, 백인 중류층 미국인)는 다른 사회나 문화집단의 사람에게 꼭 같이 적용될 수는 없음을 일러 준다.

지금까지 우리는 발달의 주요 이론들을 살펴보았다. 그러나 발달에 관한 모든 측면을 다 설명할 수 있는 보편적인 단일 이론은 없다. 이 이론들은 많은 면에서 서로 다르다.

먼저, 각각의 접근은 서로 다른 발달의 영역에 초점을 둔다. 예를 들어, 정신분석 접근은 정서와 행동의 무의식적 결정요소, 즉 사람의 머릿속에 무엇이 있는가를 강조한다. 반면에, 행동주의 접근은 외현적 행동, 즉 사람들이 무엇을 하는가에 초점을 둔다. 인지주의 접근은 반대적 입장으로, 무엇을 하는가보다는 무엇을 생각하는가를 더 고려한다. 생물학적 접근은 선천적인 유전 요인의 중요성을 주장하고, 마지막으로 생태학적 접근은 발달의 현상이 여러 사회체계와의 관계 속에서 이해되어야 함을 강조한다.

다음으로, 각각의 이론은 발달에 대한 견해가 다르다. 앞서 발달과 관련된 문제들에서 다루어진 것처럼, 발달이 연속적 혹은 불연속적 특성인지, 천성 혹은 양육이 지배적인지, 결정적 시기는 존재하는지에 대한 견해가 각각 다르다. 예를 들어, 정신분석이론과 Piaget는 발달을 불연속적 특성으로 보는 단계이론을 취하고 있고, 반면에 행동주의 이론, Vygotsky와 정보처리이론은 발달을 연속적 특성으로 본다. 이 부분은 각 이론의 설명에서 자세하게 찾아볼 수 있을 것이다.

마지막으로, 각 접근의 평가에서 설명되었듯이 각각의 이론의 강점과 제한점이 다르다.

이렇게 각 접근은 발달의 서로 다른 측면에 초점을 두고, 각자의 원칙을 기본으로 하며, 서로 다른 강점과 제한점이 있다.

그러나 같은 발달의 현상을 동시에 다른 접근의 방법으로 볼 수도 있다. 실제로 어떤 발달학자들은 절충적 접근을 사용하여 동시에 여러 접근으로 그려낸다. 네 개의 접근을 지도에 비유해 보면(Feldman, 2003), 같은 지리적 지역의 지도이지만 한 지도는 그 지역의 상세한 길의 정보를 담고 있고, 다른 지도는 그 지역의 행정구역을 보여 주고 또 다른 지도는 지리적 특색을 보여 준다. 또 그 지역의 경관이나 역사적 유적 같은 관광정보를 보여 주는 지도도 있다. 각각의 지도는 모두 정확하지만, 다른 견해와 다른 사고의 방식을 제공한다. 어떤 지도도 완전하지는 않고, 모두를 합친 것으로 그 지역을 완전하게 알 수 있다.

같은 이치로, 발달의 다양한 접근들은 발달을 보는 다른 방식을 제공한다. 그들을 모두 합쳐서 우리는 인간 일생의 변화와 성장의 무수한 길의 그림을 그릴 수 있다.

CHAPTER **02**

연구방법

1. 연구 목적
2. 연구 방법
3. 연구 윤리

Chapter 02

연구 방법

영유아발달 연구는 아이에게 나타나는 행동 및 발달 과정을 기술하고 설명하는 데 필요한 정보를 과학적인 연구 방법을 통해 체계적으로 탐구하는 것이다. 체계적인 탐구과정을 거쳐 도출된 정보나 지식은 향후 아이가 어떠한 행동이나 발달과정을 거치게 될 것인지를 예측할 수 있도록 해 주고 양육하는 과정에서 생기는 문제를 효과적으로 해결하고 부모나 교사가 바른 결정을 할 수 있도록 해 준다.

1. 연구 목적

영유아의 발달적 특성을 이해하기 위해서는 과학적 연구 방법을 활용한 연구가 수행되어야 한다. 즉, 영유아발달 연구의 목적은 발달적 특성을 기술하고 설명하며 예측하고 통제하여 영유아의 신체 · 인지 · 사회정서 발달을 이해하고 도움을 주는 데 있다.

기술
특정 현상을 있는 그대로 기록한 것

기술(description)이란 특정 현상을 있는 그대로 기록하는 것으로서 연령에 따른 발달의 변화를 진술하는 것을 말한다. 예를 들어, 18~24개월경의 영아는 선이나 곡선 등을 그리기 시작하고, 3세 무렵의 유아는 그림을 그릴 때 타인이 알아볼 수 있는 물체들을 그리려는 시도를 한다는 것은 발달의 변화를 기술한 것이다.

설명(explanation)은 특정 현상이 왜 생기고 원인은 무엇인지 등을 말하는 것으로서 발달의 변화가 왜 일어났는지에 대한 이유를 제시하는 것이다. 예를 들어, 유아는 보존개념을 이해하지 못하는데, 우리는 연구를 통하여 그 이유가 유아의 직관적 사고와 중심화 경향 그리고 가역성을 이해하지 못하는 특성 때문인 것을 안다. 이와 같이 연구는 특정 현상을 설명할 수 있도록 해 준다.

설명
특정 현상에 대한 원인이 무엇인지를 밝히는 것

예측(prediction)은 연구를 통해 밝혀진 사실이나 법칙, 정보를 이용해서 특정 현상이 일어나기 전에 앞으로 일어날 현상 또는 행동을 예언하는 것이다. 예를 들어, 아이가 부모나 성인의 대화에 자주 노출될수록 어휘 증가 속도는 빨라진다는 연구 결과가 있다. 이를 통해 부모가 아이의 어휘력 증대를 위해 부부간 혹은 부모와 자녀 간에 많은 대화를 한다면 향후 아이의 어휘가 많이 증대될 것으로 예측할 수 있다.

예측
연구에서 밝혀진 사실, 법칙, 정보를 이용해서 앞으로 일어날 현상을 예언하는 것

통제(control)는 특정 현상에 대한 원인이나 관련 변인들을 조작해서 특정 현상이 일어나도록 하거나 일어나지 않게 하는 것이다. 예를 들어, 비폭력적인 모델이 등장하는 비디오를 본 유아보다 폭력적인 모델이 등장하는 비디오를 본 유아가 인형에게 공격적인 행동을 하였다는 연구 결과가 있다. 이를 통해 부모는 자녀가 TV를 볼 때 폭력적인 장면이 나오는 프로그램은 제한하게 된다. 이와 같이 유아가 TV를 통해서 공격성을 배우지 않도록 하는 것은 연구를 통한 통제라 할 수 있다.

통제
관련 변인들을 조작해 특정 현상이 일어나도록 하거나 일어나지 않게 하는 것

2. 연구 방법

영유아발달 연구는 사회 및 자연과학의 범주에 속할 수 있으며, 과학적인 방법을 통해 특정 현상을 분석하고 이해한다. 연구 절차가 적법하고 특정 문제를 해결하는 데 가장 적합한 연구 설계를 해야 효과적이고 효율적인 연구 수행이 가능하다. 과학적 연구 절차는 특정 현상이나 기존 이론에 대한 문제 제기를 시작으로 가설을 설정하고, 그 가설을 검증 또는 문제를 해결하기 위한 연구 방법들을 채택하고 특정 현상과 관련한 다양한 변인들의 자료를 수집하며, 양적 방

법이나 질적 방법을 통해 분석한 후 결론을 도출하여 일반화하고, 이를 바탕으로 이론을 만들어 내거나 기존 이론의 한계점을 지적하여 또 다른 새로운 이론을 창출하는 것으로 마무리된다. 이와 같이 특정 문제를 해결하기 위해 연구자는 가설을 설정한다. 그러나 그 가설에 대한 유의미성 여부를 판단하기 위해서는 연구자의 노련한 연구 설계가 필요하다. 연구 설계가 특정 문제를 해결하는데 적합하지 않거나 자료 수집 방법이 잘못되어 있거나 분석 방법이 잘못되어 있다면 연구자의 결론은 신뢰할 수 없게 된다. 그렇기 때문에 연구자는 어떻게 연구 설계를 해야 최적의 답을 얻을 수 있을지를 신중하게 생각하고 연구해야 한다.

1) 일반 연구 설계

일반적으로 연구 설계는 연구의 청사진을 그리는 것으로 연구 문제를 어떤 방법으로 어떻게 해결해 나갈지를 결정하는 과정이다. 우선 연구자는 연구 문제를 효과적 · 효율적으로 해결하기 위해 어떤 방식으로 연구에 접근할 것인가를 결정해야 한다. 연구에 대한 접근 방식이 결정되면 연구자는 연구 문제나 가설을 효과적으로 해결 또는 검증하기 위해 어떤 연구 방법을 채택할 것인지, 자료 수집은 어떻게 할 것인지, 그리고 수집된 자료를 바탕으로 어떤 분석 방법들을 사용하여 연구 문제를 해결할지 등을 결정해야 한다.

(1) 연구의 접근 방식

연구자가 취할 수 있는 접근은 크게 두 가지로, 양적 접근과 질적 접근이 있다. 최근에는 양적 접근과 질적 접근의 장점만을 적용한 통합적 접근 방식의 연구를 진행하기도 한다.

양적 접근

특정 현상에 대한 원인과 결과를 수량화하여 현상을 이해 · 분석하려는 접근

양적 접근(quantitative approach)은 연구 문제와 관련된 현상에 대한 원인과 결과를 수량화하고 이를 통해 현상을 이해하고 분석하려는 것이다. 양적 접근 시 연구자가 주의해야 할 점은 연구자의 편견이나 가치 등이 포함되지 않도록 해야 한다는 것이다. 이러한 양적 접근의 특성으로 인해 연구자는 현상을 객관적으로 측정할 수 있는 척도를 활용하여 자료를 수량화하고 통계적 방법을 통해

결과를 처리한다. 예를 들어, 어머니의 양육태도가 유아의 지능에 어떤 영향을 미치는지를 알아보기 위해 연구자는 <표 2-1>과 같이 구성된 한국 Wechsler 유아지능검사 4판(Korean version of Wechsler Primary and Preschool Scale for Intelligence IV: K-WPPSI-IV) 도구를 활용하여 연구를 진행한다. 유아의 지능 검사 도구는 기본지표를 산출하는 소검사로 구성되어 있고, 2세 6개월~3세 11개월과 4세 0개월~7세 7개월의 연령군에 따라 소검사와 지표가 다르게 구성되어 있다. 2세 6개월~3세 11개월용 검사는 7개의 소검사로 구성되며, 전체 지능지수 외에 3개의 기본지표와 3개의 추가지표(어휘습득, 비언어, 일반능력)가 제공된다. 그리고 4세 0개월~7세 7개월용 검사는 15개의 소검사로 구성되며, 전체 지능지수 외에 5개의 기본지표와 4개의 추가지표(어휘습득, 비언어, 일반능력, 인지효율성)가 제공된다(박혜원, 이경옥, 이상희, 박민정, 2016; 박혜원, 이경옥, 2016; 이

<표 2-1> 한국 Wechsler 유아지능검사(4판)의 구성

기본지표	소검사	연령군에 따른 소검사 항목	
		2세 6개월~3세 11개월	4세 0개월 ~ 7세 7개월
시공간	토막짜기	○	○
	모양맞추기	○	○
작업기억	그림기억	○	○
	위치찾기	○	○
언어이해	그림명명	○	○
	수용어휘	○	○
	상식	○	○
	공통성		○
	어휘		○
	이해		○
유동추론	행렬추리		○
	공통그림찾기		○
처리속도	동형찾기		○
	선택하기		○
	동물짝짓기		○

경옥, 박혜원, 이상희, 2016). 연구자는 이 검사로부터 얻은 수치화된 점수를 통해 유아의 지능 지수를 산출하게 되며 어머니의 양육태도에 따라 유아의 지능에 얼마나 영향이 있는지를 결론 내리게 된다. 이와 같이 양적 접근의 목적은 결과를 일반화하는 것이지만 이로 인해 현상에 대한 특징이 단순화될 수 있다는 한계를 지니고 있다.

질적 접근
특정 현상에 대해 질문 혹은 관찰하여 수집된 정보를 통해 현상을 이해·분석하려는 접근

질적 접근(qualitative approach)은 연구자가 연구 대상에게 구조화된 질문(structured question) 혹은 비구조화된 질문(unstructured question)을 하거나 관찰하여 수집된 정보를 심층적으로 분석하고 결과를 도출하는 것이다. 질적 접근은 연구자 자신이 일차적 도구이며, 질문과 관찰을 통해 수집된 정보의 분석은 주로 연구자의 해석에 의존한다. 예를 들어, 연구자가 영아들의 실외놀이를 통한 다양한 경험에 대해 연구를 하고 싶다면 연구자는 참여관찰이나 교사와의 면담 그리고 원아 일일기록장, 보육일지, 영아관찰일지와 같은 문서 등을 활용할 수 있다. 연구자는 직접 그곳에 방문하여 영아들과 함께 생활하면서 참여관찰을 할 수 있고 영아들의 실외놀이를 사진으로 촬영할 수도 있다. 관찰이 끝나게 되면 연구자는 수집된 자료들을 읽고 분석하면서 주제별로 중심 어휘 및 내용들을 도출하고 공통적인 내용들을 범주화하여 그 속에서 의미를 도출하게 된다. 이와 같이 질적 접근은 양적 접근을 통해 연구 대상을 정확하게 파악하기 어렵거나 좀 더 심층적인 분석을 위해 사용되며, 질적 접근의 목적은 연구 대상의 상황에 대한 기술과 관점 이해, 그리고 이를 바탕으로 한 연구자의 해석이다. 질적 접근은 연구 자체의 독특성 때문에 일반화가 불가능하다. 또한 질적 접근에서 연구자의 역할은 매우 중요하다. 연구자는 연구 대상의 영역 내에 들어가서 질문하고 관찰해야 하기 때문에 연구 대상과의 신뢰 형성을 위해 친밀감(rapport)이 형성되어야 한다. 질적 접근은 소수를 연구 대상으로 하며 심층적인 자료 수집으로 인해 연구 기간이 상대적으로 길어질 수 있다.

통합적 접근
양적 접근과 질적 접근을 결합한 접근으로서 상호 보완적인 역할을 통해 현상을 이해·분석하려는 접근

통합적 접근(mixed approach)은 양적 접근과 질적 접근을 결합함으로써 연구의 질을 높이고 두 가지 접근의 장점이 서로 상호 보완적인 역할을 하게 되어 균형감 있고 깊이 있는 접근을 할 수 있다. 예를 들어, 유아가 직접 놀이를 계획하고 실행하는 것이 유아의 의사결정력에 얼마나 영향이 있는지를 알아보기 위해 연구자는 통합적 접근을 시도할 수 있다. 우선, 양적 접근을 위해 연구자는 의사

결정력 측정 도구를 사용하여 직접 놀이를 계획하고 실행한 집단과 그렇지 않은 집단 간에 실험 전·후의 유아의 의사결정력 정도를 측정할 수 있다. 다음으로, 질적 접근을 위해 연구자는 현장에서 직접 관찰과 면담을 하고 이를 노트와 녹음기에 기록할 수 있다. 양적 접근을 통해 수집된 자료는 수량화된 자료로서 통계 프로그램을 통해 분석된다. 질적 접근을 통해 수집된 자료인 노트와 녹음 자료는 전사한다. 연구자는 전사된 자료를 기본으로 하여 유아의 놀이와 의사결정력을 중심으로 단어와 문장들을 자세히 분석하고 범주화하여 서로의 연관성을 찾는다. 그 후 연구자는 양적 접근을 통한 결과와 질적 접근을 통한 결과를 종합하여 의미를 분석한다. 이와 같이 통합적 접근은 양적 접근 또는 질적 접근의 단일적 접근을 통한 연구에 비해 복잡한 특정 현상의 문제와 상황을 좀 더 효

<표 2-2> 연구의 접근 방식에 따른 특성

접근 방식	특성
양적 접근	• 객관적 실재를 전제 • 외부자적(etic) 관점 • 연역적으로 이론을 검증 • 표본이 많고 확률적 표집 방법을 주로 사용 • 연구자의 가치중립성을 강조 • 객관적 측정 도구 사용 • 연구 대상의 속성을 수량화하여 자료를 수집·분석 • 수량화된 것을 통계 분석하여 결과 해석 • 일반화 가능
질적 접근	• 구성된 실재를 전제 • 내부자적(emic) 관점 • 귀납적으로 이론을 개발하거나 참여자의 관점 이해 • 표본이 적고 비확률적 표집 방법을 주로 사용 • 연구자와 연구 대상자의 밀접한 관계 유지 • 연구자 자신이 중요한 연구 도구로 사용 • 질문과 관찰 등을 통해 비수량화된 자료를 수집·분석 • 단어나 행동 등의 유목화 또는 범주화를 통해 결과 해석 • 연구 자체의 독특성(맥락)으로 인해 일반화하기 어려움
통합적 접근	• 양적 접근과 질적 접근을 결합한 접근으로서 상호 보완적인 역할 • 복잡한 특정 현상의 문제와 상황을 효과적으로 분석 • 양적 접근과 질적 접근에 대한 비중은 연구자에 따라 상이

과적으로 분석하고 정리할 수 있다. 두 가지의 접근 방법에 대한 비중은 연구자에 따라 상이할 수 있다.

(2) 가설 설정

양적 접근에서는 연구자가 가설을 설정하고 이를 검증하기 위해 자료를 수집하고 분석한다. 그러나 질적 접근에서는 연구자의 가설이 연구 도중에 지속적으로 형성되고 수정되며 재해석되기 때문에 일반적으로 검증을 위한 가설은 설정하지 않는다.

가설

어떤 사실을 설명하거나 어떤 이론 체계를 이끌어 내기 위해 설정한 가정으로 연구를 유도하기 위한 잠정적 진술

가설(hypothesis)이란 어떤 사실을 설명하거나 어떤 이론 체계를 이끌어 내기 위해 설정한 가정으로서 연구를 유도하기 위한 잠정적 진술이다. 예를 들어, '부모와 유아의 대화 시간에 따라 유아의 어휘력에는 차이가 없다(있다).'라고 진술하는 것이 가설이다. 가설은 영가설과 대립가설로 나뉜다. 영가설은 심각한 오판의 내용으로 진술되며 이는 연구에서 검증하고자 하는 가설이다. 대립가설은 영가설과 반대되는 진술이다. 앞의 예시에서 연구자가 범할 수 있는 오판은 두 가지로, 한 가지는 부모와 유아의 대화 시간에 따라 유아의 어휘력에는 차이가 있는데 없다고 판단을 내린 경우이고 다른 한 가지는 부모와 유아의 대화 시간에 따라 유아의 어휘력에는 차이가 없는데 있다고 판단을 내린 경우다. 오판의 경중을 따져 보면, 부모와 유아의 대화 시간에 따라 유아의 어휘력에는 차이가 있는데 없다고 판단한 경우가 상대적으로 오판일 가능성이 크다. 이 경우 영가설은 '부모와 유아의 대화 시간에 따라 유아의 어휘력에는 차이가 없다.'가 되며, 대립가설은 '부모와 유아의 대화 시간에 따라 유아의 어휘력에는 차이가 있다.'가 된다. 이렇게 설정된 영가설은 통계적 방법에 기초하여 기각 여부를 결정하게 된다. 영가설이 기각되면 연구자는 대립가설을 채택하여 '부모와 유아의 대화 시간에 따라 유아의 어휘력에는 통계적으로 유의미한 차이가 있다.'라고 연구 결과를 해석하게 된다.

(3) 접근 방식에 따른 연구 방법

연구를 양적으로 접근할 것인지 혹은 질적으로 접근할 것인지에 따라 연구 방법도 달라진다. 양적 접근일 경우, 연구자는 설정된 가설을 효과적으로 검증

하기 위해 크게 실험 연구와 비실험 연구로 구분하여 연구를 수행한다. 질적 접근일 경우, 연구자는 연구 문제를 효과적으로 해결하기 위해 사례 연구, 생애사 연구, 문화기술지 연구 등을 수행한다.

① 양적 접근에 따른 연구 방법

양적으로 연구를 접근할 경우, 연구자는 연구 문제 혹은 가설과 관련된 변인(variable)을 의도적으로 조작하는지의 여부에 따라 실험 연구와 비실험 연구로 구분하여 연구를 수행할 수 있다.

실험 연구(experimental research)는 연구자가 연구 대상에 어떤 처치나 조작을 함으로써 궁극적으로 관심 갖는 특정 현상에 어떤 영향을 미치는지 혹은 어떻게 변화하는지를 연구하는 것이며 인과관계(causation)에 대한 정보를 얻을 수 있다. 연구자가 조작하는 변인을 독립 변인(independent variable)이라 하고 독립 변인에 의해 영향을 받는 변인을 종속 변인(dependent variable)이라 한다. 실험 연구에서의 관건은 연구 대상이 되는 변인 이외의 변인 통제 여부다. 변인 통제가 되지 않으면 독립 변인 이외의 변인이 종속 변인에 영향을 미쳐 실험 연구의 타당성을 해치는 결과를 낳는다. 그리고 실험 연구에서 연구자는 어떠한 처치나 조작을 가한 실험집단과 어떠한 처치나 조작을 가하지 않은 통제집단과의 비교에 관심을 갖는다. 예를 들어, 탐구학습을 통한 경제교육 활동이 유아의 경제 개념에 영향이 있는지를 알아보기 위해 연구자는 유아들을 실험집단(탐구학습을 통해 경제교육을 한 집단)과 통제집단(일반적인 교수방법을 통해 경제교육을 한 집단)으로 나누어 실험을 할 수 있다. 연구자는 두 집단 간에 유아의 월령 차이가 크게 되면 연구 결과에 영향을 줄 수 있기 때문에 두 집단 간 월령에 차이가 없도록 유아를 각각의 집단에 적절히 배치하는 노력을 기울여야 한다. 이와 같이 실험 연구는 인과관계를 밝히는 데 있어 유용하지만 인위적인 처치나 조작 그리고 통제로 인하여 자연적이고 실제적인 상황과는 다를 수 있다는 한계를 지니고 있다. 대표적인 실험 연구로는 실험이 시행되는 장소에 따라 실험실 실험(laboratory experiment) 연구와 현장 실험(field experiment) 연구로 구분된다. 실험실 실험은 연구자가 실험실 내에서 독립 변인을 인위적으로 조작하여 연구 대상에 어떠한 변화가 일어났고 어떤 영향을 미쳤는지 등을 규명하는 것이다. 이

실험 연구
특정 현상에 처치나 조작을 함으로써 어떤 변화가 있는지를 밝히는 연구

독립 변인
연구자가 조작하는 변인

종속 변인
독립 변인에 의해 영향을 받는 변인

러한 인위적인 조작으로 인해 실험실 실험의 연구 결과를 일반화하기에는 무리가 따른다. 현장 실험은 자연적인 상황에서 실험이 진행되기 때문에 독립 변인에 대한 연구자의 인위적인 조작이 어렵다. 그러므로 실험실 실험에 비해 연구자가 기대하는 결과를 얻기는 어렵지만 연구 결과에 대한 일반화는 상대적으로 쉬워진다.

비실험 연구
특정 현상에 처치나 조작을 하지 않고 변인들 간의 관계를 밝히는 연구

기술 연구
수집한 자료를 분석하여 그 자료의 속성만을 기술하는 연구

상관 연구
어떤 변인과 또 다른 변인과의 관계를 규명하는 연구

비실험 연구(non-experimental research)는 연구자가 연구 대상에 어떤 처치나 조작을 가하지 않는 자연 상황에서의 변인들 간의 관계를 연구하는 것이다. 대표적인 비실험 연구로는 특정 현상의 빈도, 평균, 표준편차 등으로 기술되는 기술 연구(descriptive research)와 변인들 간의 관계를 규명하는 상관 연구(correlational research) 등이 있다. 기술 연구는 연구자가 수집한 자료를 분석하여 그 자료의 속성만을 기술하는 것이다. 예를 들어, '3세 유아의 평균 신장은 95.7cm이고 표준편차는 4.4cm이며, 평균 체중은 15.08kg, 표준편차는 1.9kg이다.'와 같이 속성을 간단하고 편리하게 기술하는 것이다. 상관 연구에서 상관이란 어떤 변인과 또 다른 어떤 변인과의 관계를 말하며 상관 연구는 이 관계를 밝히는 것이다. 상관 연구는 관계를 규명하는 것이기 때문에 인과관계를 추론할 수 없다. 상관 연구도 실험 연구와 마찬가지로 변인을 연구하지만 변인의 조작이나 처치가 이루어지지 않는다. 변인 간에 상관이 높다 또는 낮다라는 판단은 상관계수(correlation coefficient)를 통해 알 수 있으며 상관계수의 값은 $-1 \leq r \leq +1$의 범위를 갖는다. [그림 2-1]과 같이 상관계수 값이 양수(+)이든 음수(-)이든 1에 가까울수록 변인 간의 강한 관계를 말한다. 상관계수 값이 0이면 변인 간의 관계는 없는 것이다. 계수값의 양수 혹은 음수는 관계의 방향성을 나타내는 것

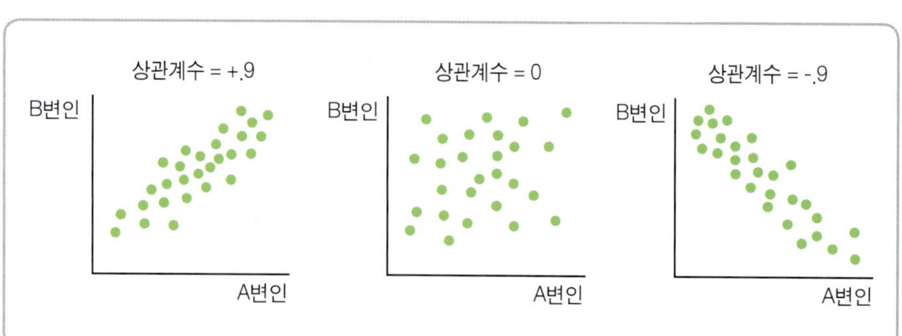

[그림 2-1] 상관관계와 산포도

으로 양수(+)는 한 변인이 증가하면 또 다른 한 변인도 증가한다는 것이고 음수(-)는 한 변인이 증가하면 다른 변인은 감소하는 것을 말한다.

② 질적 접근에 따른 연구 방법

질적 접근을 통한 연구 방법으로는 사례 연구, 생애사 연구, 문화기술지 연구 등이 있다.

사례 연구(case study)는 특정 개인, 개별적인 특수한 상황이나 사건 그리고 현상에서 나타나는 모든 과정 등을 집중적으로 연구하는 것으로 연구 대상과 관련된 모든 정보를 얻기 위해 관찰, 면접, 검사 등 다양한 방법을 사용하여 심층적으로 분석한다. 예를 들어, 유치원 유아들의 거친 신체 놀이에 대한 교사와의 상호작용을 알아보기 위해 연구자는 사례 연구를 실시할 수 있다. 왜냐하면 연구자는 유치원에서 유아의 거친 신체 놀이를 특수한 상황으로 볼 수 있고 해당 유치원만의 독특하고 맥락적인 상황과 유아의 놀이 행동 및 교사의 상호작용은 연구자가 통제할 수 없는 상황이기 때문이다. 이를 위해 연구자는 수차례 동안 유아의 하루 일과를 참여 관찰할 수 있고 면담이나 문서 수집 등을 할 수 있다. 연구자는 녹음기나 현장 기록 노트를 활용하여 수집된 자료를 전사하고 전사본을 읽으며 의미 있는 어휘, 행동, 유형, 사건들을 통해 범주화하고 적절한 내용들을 선정·분석한다. 이와 같이 사례 연구는 현재의 현상을 일상의 실생활 맥락 내에서 연구하는 것이기 때문에 맥락을 독립적으로 구분하여 분석하는 것이 아니라 맥락 속에서 현상을 이해·분석하는 것이다. 사례 연구는 현상에 대해 독자가 새로운 의미를 발견할 수 있도록 연구자의 느낌이나 생각과 같은 내부자적 관점과 객관적 조사와 같은 외부자적 관점 모두를 병행하여 진술한다. 그러나 사례 연구는 연구자의 이론적 선호에 따라 자료 해석 시 편향적일 수 있으며, 양적 연구와는 달리 연구 결과를 일반화하기에는 무리가 있다.

> **사례 연구**
> 특정 개인, 개별적인 특수한 상황이나 사건, 현상에서 나타나는 모든 과정 등을 집중적으로 밝히는 연구

생애사 연구(life history study)는 개인이 살아온 인생을 시간성을 통해 그 안에서 사회적인 구조를 파악하는 것이다. 즉, 사회학적으로 해석한 삶의 이야기다. 생애사 연구에서는 연구자와 참여자 간의 관계가 중요하기 때문에 초반에 친밀감 형성이 잘 되어 있어야 한다. 연구 도구는 구술면담으로서 이는 단순한 자료 수집을 넘어 연구자와 참여자 간에 상호작용하는 과정으로 최대한 일상적인 용

> **생애사 연구**
> 개인이 살아온 인생을 시간성을 통해 그 안에서 사회적인 구조를 파악하는 연구

어로 편안하게 면담을 해야 한다. 연구자는 개방형 질문, 구조적 질문, 대조적 질문과 같은 다양한 방법을 활용하여 참여자에게 생생하고 상세한 이야기를 끌어내야 한다. 예를 들어, 유치원 원장의 삶과 일을 통한 원장의 리더십을 연구하기 위해 연구자는 생애사 연구를 진행할 수 있다. 연구자는 원장을 심층면담하기 위해 원장의 삶을 이야기하도록 동기부여하고, 원장이 중요하다고 생각하는 것을 말하도록 반구조화된 질문을 준비할 수 있다. 연구자는 원장의 교직 생활 이야기, 갈등 극복 이야기, 개인적 가치관과 철학이 담긴 기억이나 사건 등 다양한 이야기를 수차례 대화하고 녹음한다. 연구자는 심층면담 직후 내용 전사본을 읽으면서 궁금하거나 내면적인 생각을 더 이끌어 내기 위해 추가 면담을 하면서 더욱 심층적인 자료가 도출될 수 있도록 한다. 그리고 연구자는 면담 전사본을 읽으면서 관련된 의미로 묶일 수 있는 것끼리 범주화한다. 연구 결과는 유치원 원장으로서의 교육적 고민이나 갈등 그리고 성취감 등을 사실적으로 담아내면서 원장의 삶의 경험을 원장의 리더십이라는 보다 큰 사회 구조적 과정으로 연결시켜 해석한다. 이와 같이 생애사 연구를 하는 연구자는 참여자와의 면담을 통해 과거의 흔적들을 재구성해서 삶의 경험을 해석해야 하기 때문에 이에 대한 충분한 역량을 지니고 있어야 한다. 그리고 연구의 신뢰성 확보를 위해 연구자는 다양한 방법으로 분석해야 하고 연구자의 자기 성찰도 반드시 필요하다(김영천, 2013).

문화기술지 연구
문화나 서로 다른 사회집단의 가치관과 사회적 과정을 밝히는 연구

문화기술지 연구(ethnographic study)는 특수한 상황이나 개인을 연구하는 사례연구나 생애사 연구와는 달리, 문화나 서로 다른 사회집단의 가치관과 사회적 과정을 연구하는 것이다. 연구자는 일정 기간 동안 그 문화 속에 들어가 원주민들과 함께 생활하면서 관찰하고 면접하면서 자료를 수집하여 그 문화의 생활과 특징을 기술하고 해석한다. 문화기술지는 현장에서의 상황을 있는 그대로 묘사하고 연구자의 주관이 상세히 설명된다. 그리고 제보자와의 관계가 잘 드러나고 일상생활의 모든 부분을 관찰하기 때문에 시시각각 변화하는 모든 것을 담을 수 있다. 또한 그 문화 집단이 사용하는 언어를 그대로 사용하며 집단의 갈등이나 문제점, 갈등 해소 방법 등의 파악이 가능하다. 예를 들어, 다문화가정 어머니들의 영아 양육에 대한 연구를 하기 위해 연구자는 문화기술지 연구를 진행할 수 있다. 주요 제보자는 몽골, 베트남, 중국 다문화가정의 어머니가 될 수 있으

며, 자료 수집은 장기간의 참여 관찰과 심층면담 그리고 비디오 촬영 자료를 활용할 수 있다. 연구자는 주요 제보자들에게 양해와 동의를 구한 뒤 모든 상황을 녹음이나 비디오 촬영, 그리고 노트에 기록한다. 연구자는 수집된 자료를 바탕으로 주요 제보자들에게서 나타난 반복적이고 공통적인 현상을 중심으로 자료를 '영아 양육 특성'과 '영아 양육 의미'로 분류 · 조직하여 범주화할 수 있다. 연구자는 자료 분석에 대한 타당성을 높이기 위해 질적 연구 전문가와 다문화 전문가에게 조언을 구할 수 있고, 주요 제보자로부터 내부자 검증을 받을 수 있다. 이러한 과정을 통해 연구자는 다문화가정 어머니들의 실제적인 양육 행동과 특성, 그리고 영아 양육이 지니는 의미를 탐색하게 된다. 예시와 같이 문화기술지는 연구자의 직관이 많은 부분을 차지하게 되고 연구자에게 많은 심적 부담을 주게 된다. 또한 문화기술지는 연구 자료에 대한 취사선택이 가능하기 때문에 연구 결과를 일반화하기에도 무리가 있다.

③ 통합적 접근에 따른 연구 방법

통합적 접근을 위한 연구 방법 유형으로는 크게 세 가지로 구분될 수 있다. 첫 번째는 삼각화(triangulation) 연구로, 양적 · 질적 자료를 동시에 수집하고 두 가지의 접근 방법으로 분석된 결과를 비교하는 것이다. 두 번째는 설명적(explanatory) 연구로, 우선 양적 자료를 수집 · 분석한 후에 이를 보완하는 방법으로 질적 자료를 활용하는 것이다. 세 번째는 탐색적(exploratory) 연구로, 우선 질적 자료를 수집 · 분석한 후에 질적 자료에서 발견된 관계를 양적 자료를 통해 설명하는 것이다(한국교육평가학회, 2004).

(4) 자료 수집 방법

연구를 효과적으로 수행하기 위해 연구자는 연구 문제에 적합한 자료들을 수집해야 한다. 그렇지 않을 경우 잘못된 결론에 이르게 되거나 연구로서의 가치를 상실하게 된다. 일반적으로 사용되는 자료 수집 방법으로는 관찰법, 자기보고식 방법의 일종인 질문지법 · 면접법 · 검사법이 있고, 심리생리적 방법 등이 있다.

① 관찰법

관찰법
눈에 보이는 그대로의 상황을 기록하는 방법

관찰법(observation method)은 가장 오래된 자료 수집 방법인 동시에 인간의 행동을 연구하는 데 가장 적합한 연구 방법이다. 특히 영유아처럼 발달이 미숙하여 신체 · 인지 · 사회정서적인 정보를 얻기 어려운 경우 가장 타당한 자료 수집 방법이 관찰법이다. 관찰법은 있는 그대로의 상황을 기록한 것으로 연구자는 연구 대상자의 어떤 행동을 언제, 어디서, 어떤 방식으로 관찰하여 기록할지를 사전에 결정해야 한다. 기록하는 방식으로는 일정한 양식 없이 일화처럼 기록하는 서술 형식과 특정 행동 목록을 정하여 연구 대상자의 특정 행동이 나타날 때마다 기록하는 행동목록 형식, 그리고 특정 행동에 대한 수준 또는 정도를 준비된 척도에 기록하는 평정척도 형식이 있다. 관찰법은 연구 대상자의 능력이나 교육 수준, 발달적 특징과 관계없이 사용할 수 있고, 관련 변인에 대한 조작이 불가능하거나 자연스러운 상황에서의 행동들을 연구할 때 유용하며, 특별한 측정 도구 없이 간단한 준비물만으로도 자료 수집이 가능하다.

이와 같이 관찰법은 다양한 측면에서 유용한 자료 수집 방법이지만 몇 가지 단점이 있다. 먼저, 관찰법은 인간이 실제로 어떻게 행동하는지에 대한 정보를 제공해 주지만 현장에 관찰자가 있기 때문에 이것이 연구 대상자의 행동에 영향을 미치고 결국 연구 결과에도 영향을 미칠 수 있다. 이러한 문제를 해결하기 위해 관찰자는 사전에 연구 대상자와의 친밀감을 형성하여 관찰자의 존재에 익숙해지도록 만들 필요가 있고, 이러한 방법이 어렵다면 연구자로부터 사전 교육을 받은 가족 구성원을 관찰자로 활용할 수도 있다. 그리고 관찰법은 관찰자의 편견(observer bias)에 대한 문제가 발생할 수 있다. 이는 연구 대상자의 실제 행동보다는 연구자가 기대하고 바라는 행동을 관찰할 가능성이 있다는 것이다. 이러한 문제를 해결하기 위해 연구자는 연구 목적이나 가설을 모르는 타인을 관찰자로 활용할 수 있다. 또한 관찰법만으로는 연구 문제가 쉽게 해결되지 않을 때가 많다. 왜냐하면 관찰만으로는 연구 대상자가 왜 그러한 행동을 했는지에 대한 이유를 알 수 없기 때문이다. 그렇기 때문에 연구자는 다른 자료 수집 방법과 병행하여 연구를 실시할 때 연구의 효율성을 높일 수 있다. 이 외에도 연구 대상자가 소수일 경우 많은 경비가 소요될 수도 있으며, 특정 행동이 나타날 때까지 기다려야 한다는 단점이 있다.

관찰법에는 자연 관찰(naturalistic observation), 통제 관찰(controlled observation) 그리고 구조화된 관찰(structured observation)이 있다. 자연 관찰은 연구자가 현장에 가서 인간의 행동을 직접 관찰하는 것으로 통제나 조작을 하지 않고 인간의 행동을 있는 그대로 기록하는 방법이다. 통제 관찰에서 사용되는 통제란 관찰할 때 시간이나 연구 대상의 행동을 사전에 정해 놓는 것을 의미한다. 사전에 정해진 시간대나 행동에 대해서만 관찰하기 때문에 연구자가 정해 놓은 방향이나 원하는 행동을 직접적으로 관찰할 수 있다. 그러나 연구 대상이 우연하게 연구자가 원하는 그 시간에 원하는 행동을 할 가능성이 있다. 이러한 문제를 해결하기 위해 연구자는 구조화된 관찰을 시행할 수 있다. 구조화된 관찰은 모든 연구 대상자들이 특정 행동이나 반응을 나타내도록

자연 관찰의 예

구조화된 관찰의 예(Bandura의 공격행동에 대한 모방학습 실험)

자연 관찰

통제나 조작을 하지 않고 인간의 행동을 있는 그대로 기록하는 방법

통제 관찰

사전에 정해진 시간대나 행동에 대해서만 기록하는 방법

구조화된 관찰

모든 연구 대상자들이 특정 행동이나 반응을 나타내도록 동일한 기회를 주어 이를 기록하는 방법

동일한 기회를 주는 상황을 설정한다. 이는 상황 자체를 연구 목적에 맞게 설정한 것으로 쉽게 관찰하기 어려운 행동을 연구하는 데 유용하다. 그러나 연구 대상자의 실제 행동과 설정된 상황에서의 행동이 동일하게 나타나지 않을 가능성이 존재한다.

② 자기보고식 방법

자기보고식 방법
연구 대상자 자신이 능력, 태도, 신념, 감정, 가치관 등의 질문에 대해 직접 대답하는 방법

자기보고식 방법(self report method)은 연구 대상자 자신이 능력, 태도, 신념, 감정, 가치관 등의 질문에 대해 직접 대답하는 방식으로서 질문지를 통한 방법과 면접을 통한 방법 그리고 검사법 등이 있다.

질문지법
일련의 질문에 대해 자신의 생각이나 느낌, 태도 등을 기입하여 자료를 수집하는 방법

질문지법(questionnaire method)은 일련의 질문에 대해 자신의 생각이나 느낌, 태도 등을 기입하여 자료를 수집하는 방법으로 가장 신속하게 정보를 얻을 수 있는 방법이다. 질문지법은 다른 자료 수집 방법에 비해 시간과 노력, 비용적인 측면에서 경제적이며 동시에 많은 정보를 얻을 수 있고 익명성 보장으로 개인의 특정 정보를 쉽게 얻을 수 있다. 그러나 질문지법은 질문이 대부분 언어로 표현되어 있기 때문에 문맹자나 발달이 미숙한 영유아, 노인에게 실시하기는 어려우며, 각 개인마다 처한 상황이 다르기 때문에 여러 개의 반응 범주에서 자신에게 적합한 응답을 찾기가 어려울 수도 있고 응답에 대한 진위 여부를 가리기가 어렵다. 이에 <표 2-3>과 같이 아이의 행동을 잘 파악하고 있는 부모나 교사가 질문에 대해 평정하는 경우가 많다. 질문지법을 통한 연구 수행 시 주의해야 할 점은 질문지에 대한 신뢰도와 타당도가 높아야 한다는 것이다. 높은 신뢰도와 타당도를 갖춘 질문지는 객관적이고 타당한 연구 결과를 이끌어 낼 수 있다. 신뢰도(reliability)란 측정하고자 하는 것을 얼마나 안정적으로 일관되게 측정하고 있는지를 의미한다. 예를 들어, 아이의 지능을 측정할 때마다 같은 점수를 얻었다면 이는 신뢰도가 높은 것이다. 타당도(validity)란 측정하고자 하는 것을 제대로 측정하고 있는지를 의미한다. 예를 들어, 아이의 기억력을 측정하려면 기억력을 측정해야지 추리력을 측정해서는 안 된다. 질문지의 유형은 보통 개방형 질문과 폐쇄형 질문으로 구분된다. 개방형 질문(open-ended question)은 주어진 질문에 응답자가 자유롭게 기술하는 것으로 응답자의 깊은 생각이나 창의적 표현 등을 살펴보는 데 유용하다. 그러나 폐쇄형 질문보다 응답에 걸리는 시간이

신뢰도
측정하고자 하는 것을 얼마나 안정적으로 일관되게 측정하고 있는지를 의미

타당도
측정하고자 하는 것을 제대로 측정하고 있는지를 의미

<표 2-3> 또래놀이 상호작용 평정 척도(Fantuzzo, Manz, & McDermott, 1998; 정현빈, 2010)

항 목	전혀 그렇지 않다	가끔 그렇다	자주 그렇다	항상 그렇다
<놀이 방해>				
유아는 싸움과 논쟁을 시작한다.				
유아는 친구의 물건을 빼앗는다.				
⋮				
유아는 친구들이 제안한 놀이 생각을 거부한다.				
<놀이 단절>				
유아는 친구에게 무시를 당한다.				
유아는 놀이집단 주변을 배회한다.				
⋮				
유아는 교사의 지시(안내)가 필요하다.				
<놀이 상호작용>				
유아는 다치거나 슬퍼하는 친구를 위로한다.				
유아는 친구를 돕는다.				
⋮				
유아는 놀이하는 동안 긍정적인 감정을 표현한다.				

많이 소요되기 때문에 무응답률이 높고, 응답자의 노력이 많이 필요하기 때문에 단답형으로 응답하거나 형식적으로 응답할 수 있으며, 분석 시 연구자의 주관성이 개입될 수 있다. 폐쇄형 질문(closed-ended question)은 질문마다 여러 개의 반응 범주를 제시하여 응답자가 그중에서 선택을 하거나 서열을 매기도록 한 방식이다. 폐쇄형 질문은 응답에 소요되는 시간이 짧고 객관적 분석이 가능하다. 그러나 폐쇄형 질문은 응답자가 왜 그러한 반응을 했는지를 구체적으로 알기 어렵고, 질문지를 제작하는 데 시간이 오래 걸린다.

면접법(interview method)은 관찰법이나 질문지법으로 알기 어려운 인간의 내면적인 심리 상태를 파악하는 데 유용한 자료 수집 방법이다. 그러나 연구자와 연구 대상자의 신뢰가 충분하지 않다면 올바른 자료 수집이 불가능하기 때문

면접법
연구자의 질문에 연구 대상자가 자신의 생각이나 느낌을 말하도록 하여 그 응답을 분석하는 방법

유아 대상 면접

에 친밀감 형성이 먼저 이루어져야 한다. 면접을 통한 방법은 연구자와 연구 대상자가 일대일로 만나서 연구자의 질문에 연구 대상자가 자신의 생각이나 느낌을 말하도록 하여 그 응답을 분석하는 방법으로 유아를 연구하는 데 적합할 수 있다. 면접을 통한 방법에는 구조화되지 않은 임상적 면접(clinical interview)과 구조화된 면접(structured interview)이 있다. 임상적 면접은 개방형 질문을 통해 연구 대상자의 생각이나 느낌을 탐색하는 것이다. 개방형 질문으로 되어 있기 때문에 연구 대상자의 최초 응답이 다음 질문의 기초가 되며 시간이 지날수록 많은 정보를 얻을 수 있고 풍부한 추론을 위해 연구자가 자극어를 제시할 수도 있다. 임상적 면접은 연구 대상자가 실제 생활에서 생각하는 방식에 가까운 용어로 말하기 때문에 연구 대상자의 생각을 쉽게 파악할 수 있고, 짧은 시간 동안에 많은 양의 정보를 수집할 수 있다. 그러나 임상적 면접은 연구 대상자가 그들의 생각이나 느낌을 얼마나 정확하고 진실되게 보고하느냐가 관건이다. 연구 대상자의 생각은 그렇지 않은데 연구자가 원하는 응답이기 때문에 연구 대상자가 그렇게 응답할 수도 있고, 과거의 기억을 정확하게 회상하지 못하는 경우도 있으며, 자신의 생각이나 느낌을 언어적으로 표현하는 데 어려움이 있는 연구 대상자의 경우는 과소평가될 수 있다. 구조화된 면접은 모든 연구 대상자들에게 동일한 질문에 대해 동일한 방식으로 응답할 수 있도록 설계된 면접이다. 이는 임상적 면접의 단점을 보완할 수 있는 면접 방법이다. 연구 대상자마다 질문이 다르거나 특정 연구 대상자에게만 더 많은 응답을 요구하지 않기 때문에 면접하는 방식에서 오는 차이는 차단될 수 있다. 그러나 구조화된 면접은 임상적 면접과는 달리 연구 대상자에게 깊이 있는 정보를 얻지 못하며 연구 대상자의 부정확한 보고도 있을 수 있다는 단점이 있다.

검사법

인간의 능력, 기술, 태도, 지식 등을 측정하여 자료를 수집하는 방법

검사법(test method)은 인간의 능력, 기술, 태도, 지식 등을 측정하여 자료를

수집하는 방법이다. 특히 표준화된 검사 도구를 활용할 경우 동일 연령의 타인과 비교가 가능하여 개인의 상대적인 수준을 가늠할 수 있다. 표준화 검사(standardized test)는 검사 조건이 모든 피검사자들에게 동일해야 하고 전국 규모의 많은 피검사자들은 정해진 절차에 따라 검사를 실시하며 객관성을 위해 동일한 절차 및 준거에 따라 채점된다. 부모나 교사는 표준화 검사의 결과 활용에 있어 신중히 접근해야 한다. 표준화 검사 결과는 동일 연령대의 사람들과 비교하여 각 개인의 상대적 수준이나 위치, 상태 등에 대한 정보를 알려 주기 때문에 이러한 정보들이 성공과 실패에 대한 기준점이 된다면 표준화 검사는 고위험 부담 검사(high-stakes testing)가 될 수 있다. 그리고 많은 사람들은 표준화 검사의 정교성 및 포괄성으로 인해 개인의 능력이나 성취에 대한 모든 것을 표준화 검사가 알려 줄 것이라고 과신하는 경향이 있다. 그러나 표준화 검사의 결과가 개인의 능력이나 특성을 모두 알려주는 것이 아니기 때문에 검사 결과를 신중하게 사용하고 해석해야 한다. 따라서 표준화 검사의 결과는 개인을 이해하기 위한 하나의 참고 자료이며, 한 가지의 표준화 검사뿐만 아니라 다양한 측정 도구를 함께 사용하여 의사결정을 하는 것이 바람직하다(신명희 외, 2014).

표준화 검사
검사 조건이 모든 피검사자들에게 동일하고 정해진 절차에 따라 실시되며 동일한 절차 및 준거에 따라 객관적으로 채점되는 검사

자아개념검사(유아용)

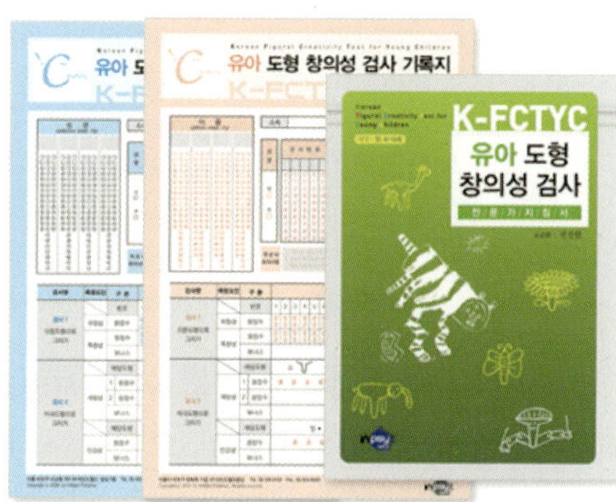

유아 도형 창의성 검사

표준화 검사의 예

③ 심리생리적 방법

심리생리적 방법(psychophysiological method)은 생리적 과정과 행동과의 관계를 알아보기 위한 방법으로 자신의 심리적 상황을 정확하게 보고할 수 없는 영유아에게 적합하다. 생리적 측정은 개인의 심리적 상태에 민감한 심장박동, 혈

심리생리적 방법
생리적 과정과 행동과의 관계를 알아보기 위한 방법

압, 호흡, 동공 등이 있다. 예를 들어, 주의 집중하는 동안에는 심장박동이 느려진다든가 괴로운 경험일 때는 심장박동이 증가한다든가 등 특정의 정서 표현을 연구하기 위해 사용된다. 그리고 뇌의 전기적 활동을 기록하는 뇌파기록장치(electroencephalogram: EEG)를 사용하여 개인의 각성 상태에 따라 뇌파의 움직임이 달라지는 것을 알 수 있다. 또한 뇌활동의 3차원 그림을 제공하는 기능적 자기공명영상(functional magnetic resonance imaging: fMRI)을 통해 생각이나 감정과 같은 특정 기능과 관련된 뇌 영역 등을 파악할 수 있다. 그러나 심리생리적 방법도 어떤 과정을 거쳐 결과가 나왔는지는 정확하게 알 수 없으며 피검사자의 피로도, 불안감, 건강 상태와 같은 개인의 신체 및 정서 상태에 따라 영향을 받을 수 있다는 단점이 있다.

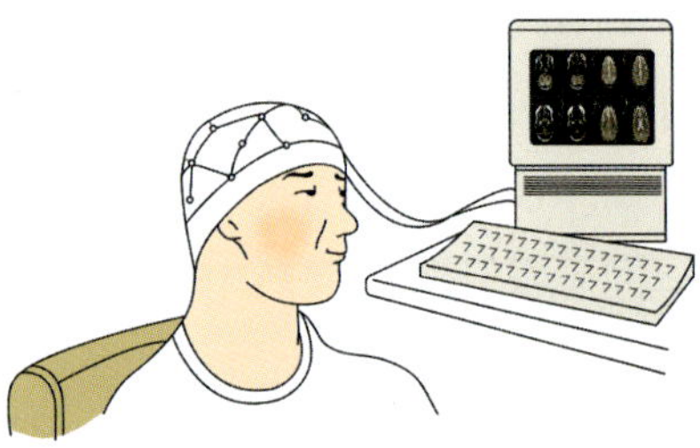

뇌파기록장치(EEG)

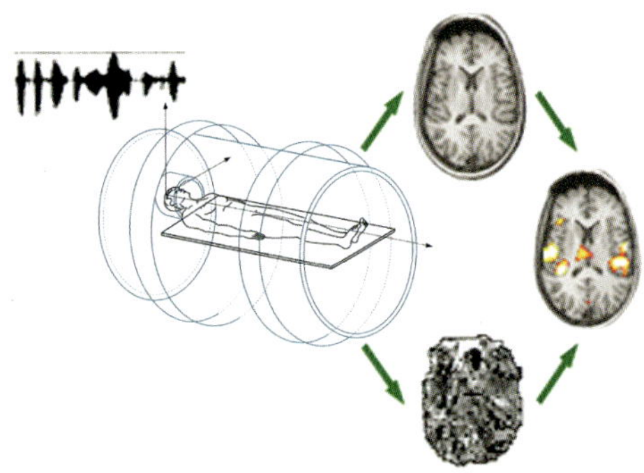

기능적 자기공명영상(fMRI)

(5) 자료 분석 방법

자료 분석은 자료 수집 방법을 통해 얻은 자료를 체계적으로 요약하고 정리하며 의미 있게 재조직하고 분석하는 과정이다. 양적 접근을 통해 얻은 자료는 대부분 수량화되어 있으므로 평균, 표준편차, 빈도 등과 같은 기술통계나 T-검정, F-검정, 회귀분석 등과 같은 추리통계를 활용한 통계 방법을 사용하여 분석한다. 질적 접근을 통해 얻은 자료는 맥락에 근거하여 해석하거나 본질이 무엇인지를 탐구하여 설명하는 등의 분석을 하게 된다.

2) 발달 연구 설계

발달학자는 연령에 따라 성장과 쇠퇴가 어떻게 일어나고 상이한 연령의 사람들은 어떠한지 비교·분석함으로써 인간발달을 연구한다. 즉, 발달학자의 주 관심은 연령에 따라 인간의 신체·인지·사회정서 발달이 어떻게 변화하는지를 알아보는 것이다. 이러한 연령에 따른 변화를 살펴보는 데 있어 유용한 연구 설계는 [그림 2-2]와 같은 종단 설계, 횡단 설계, 단기 종단 설계 또는 출생동시집단 계열 설계 등이 있다.

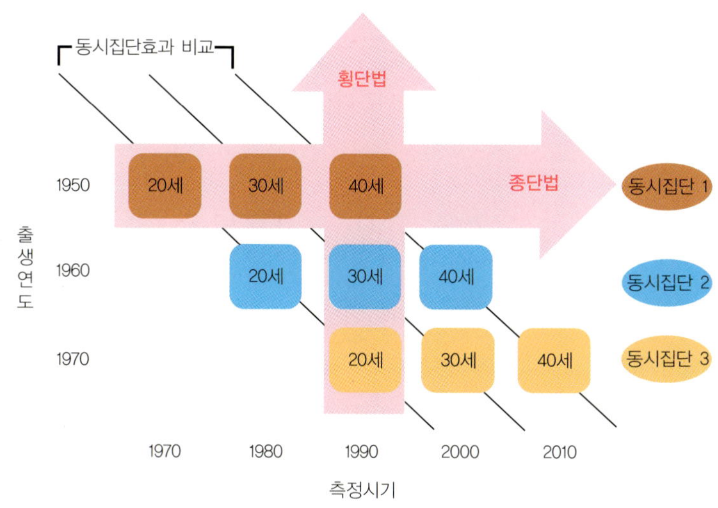

[그림 2-2] 발달 연구 설계의 예(신명희 외, 2017; Berk, 2001)

(1) 종단 설계

종단 설계(longitudinal design)는 동일한 연구 대상을 오랜 기간에 걸쳐 주기적이고 반복적으로 관찰하고 측정하는 연구 설계다. 즉, 동일한 개인을 같은 측정 도구를 사용하여 다른 연령 단계에서 연구하는 것이다. 예를 들어, 연구자는 같은 한 사람의 인지 능력을 1세부터 10세까지 1년 간격으로 측정하여 연령에 따른 인지 발달 양상을 밝혀낼 수 있다. 이러한 종단 설계는 동일한 개인을 주기적으로 관찰·측정하기 때문에 정확한 발달 변화를 볼 수 있고 행동 특성의 안

> **종단 설계**
> 동일한 연구 대상을 오랜 기간에 걸쳐 주기적이고 반복적으로 관찰하고 측정하는 연구 설계

정성을 유지할 수 있다. 그리고 어떤 특정 사건이 향후 개인의 행동에 미친 영향을 찾아낼 수 있으며 연구 대상과 관련된 변인 이외의 변인들을 쉽게 찾아낼 수 있고 통제가 용이하다. 그러나 시간과 비용이 많이 소요되며 장기간의 연구로 인해 연구 대상자의 사망이나 실종과 같은 중도 탈락이 생겨 연구의 타당성을 낮출 수 있다. 그리고 매번 반복되는 검사로 인해 연습 효과가 나타나 결과값이 높게 나타날 수 있고 연구가 매년 반복된다는 것을 알고 있는 부모들이 연구 대상 아이를 다른 아이들과 다르게 양육할 수 있다. 또한 동일한 출생동시집단(cohort: 같은 해에 태어난 사람들)을 연구 대상으로 할지라도 그것이 순수한 연령 효과라고 단정 짓기 어려울 수 있다. 왜냐하면 1994년에 출생한 1세의 영아를 대상으로 10년간 종단 연구 시, 사회적 환경이나 역사적 환경이 상이하기 때문에 이것은 순수한 연령 효과라기보다는 1998년의 IMF 사태와 같은 측정 시기로 인한 사회문화적 환경의 영향일 수 있다는 것이다.

(2) 횡단 설계

횡단 설계

동일한 시기에 서로 다른 연령 집단을 표집하여 상이한 연령 집단을 동시에 비교하는 연구 설계

횡단 설계(cross-sectional design)는 동일한 시기에 서로 다른 연령 집단을 표집하여 상이한 연령 집단을 동시에 비교 연구하는 것이다. 예를 들어, 지금 현재 시점에서의 1세부터 10세까지의 상이한 연령 집단을 표집하여 아이의 인지 능력을 동시에 비교하는 것이다. 횡단 설계는 연구 결과를 즉각 활용할 수 있으며 상대적으로 짧은 기간 동안 다수의 다양한 연령 범위의 행동 특징이나 차이를 파악할 수 있다. 그러나 종단 설계와는 달리 서로 다른 연령의 상이한 개인을 대상으로 하기 때문에 진정한 개인의 발달 곡선을 파악하기 어렵다. 그리고 어떤 특정 사건이 향후 개인의 행동에 미친 영향을 찾아내기 어려우며 대표할 수 있는 표집의 추출이 힘들다. 또한 각 연령 집단의 출생연도 및 성장 시기가 다르기 때문에 차이가 나타난다는 것은 순수한 연령 효과로 기인한 것이 아니라 출생연도로 기인한 출생동시집단 효과(cohort effect)에 의한 것일 수 있다. 예를 들어, 현재의 5세 유아는 3년 전의 5세 유아와는 연령상으로 동일하지만 상이한 출생동시집단이다.

출생동시집단 효과

동일한 시기에 태어난 사람들이 가진 독특한 특성 때문에 출생시기가 다른 사람들 사이에서 나타나는 차이

(3) 단기 종단 설계(출생동시집단 계열 설계)

단기 종단 설계(short-term longitudinal design)는 종단 설계와 횡단 설계의 장점을 최대화한 설계로서 출생동시집단 계열 설계(cohort sequential design)라고도 불리며 개인의 발달 변화를 연구하는 데 유용하다. 횡단 방법에 의해 여러 연령 집단을 선정하고 그 집단들을 다시 종단 방법에 의해 반복 측정하는 방법이다. 예를 들어, 2017년 현재 1, 3, 5세의 아이를 표본으로 추출하여 관찰 및 측정을 하고 2년 후인 2019년에 이 아이들이 각각 3, 5, 7세가 되었을 때 동일한 측정도구로 측정을 하며 또 다시 2년 후인 2021년에 이 아이들이 각각 5, 7, 9세가 되었을 때 측정을 하게 된다. 예시에서 볼 수 있듯이 1세부터 9세까지의 아이에

단기 종단 설계
횡단적 방법에 의해 여러 연령 집단을 선정하고 그 집단을 다시 종단적 방법에 의해 반복 측정하는 연구 설계

<표 2-4> 발달 연구 설계의 장단점

발달 연구 설계	장점	단점
종단 설계	• 정확한 발달적 변화 파악 가능 • 행동 특성의 안정성 유지 • 개인의 행동에 미친 특정 사건을 찾을 수 있음 • 관련된 변인 이외의 변인을 찾을 수 있음 • 통제 용이	• 시간과 비용이 많이 소요됨 • 연구 대상자의 중도 탈락 우려 • 연습 효과가 나타남 • 순수한 연령 효과라 단정 짓기 어려움
횡단 설계	• 연구 결과에 대한 즉각적인 활용도 높음 • 짧은 기간 동안 다양한 연령 범위의 행동적 특징 및 차이 파악 가능 • 시간과 비용이 적게 듦	• 정확한 발달적 변화 파악 어려움 • 개인의 행동에 미친 특정 사건을 찾기 어려움 • 대표할 수 있는 표집 추출 어려움 • 순수한 연령 효과보다는 출생동시집단 효과에 의한 것일 수 있음
단기 종단 설계	• 종단 설계에 비해 연구 기간의 단축 • 종단 설계에 비해 노력과 비용도 적게 듦 • 출생동시집단 효과를 볼 수 있음 • 개인의 발달적 양상을 알 수 있음 • 연구 대상 표집에 대한 편파성 줄어듦	• 횡단 설계에 비해 상대적으로 시간과 노력, 비용이 많이 듦 • 연구 대상자의 중도 탈락 우려

대한 연구를 4년 만에 끝마칠 수 있어 연구 기간의 단축뿐만 아니라 노력과 비용도 적게 들며, 한 개 이상의 출생동시집단을 포함하기 때문에 동일한 연령 집단을 비교할 수 있어 출생동시집단 효과를 볼 수 있고 시간의 흐름에 따라 개인의 발달 양상도 알 수 있다. 이 외에도 단기 종단 설계는 연구 대상의 표집에 따른 편파성도 줄일 수 있다. 그러나 횡단 설계에 비해 상대적으로 시간과 노력, 비용이 많이 들고 연구 대상자 중 일부가 중도 탈락될 수 있다는 한계점이 있다.

3. 연구 윤리

영유아를 대상으로 한 연구에서 아무리 연구 주제가 좋아도 아이에게 신체 및 정신적 고통을 주거나 존엄성을 손상시킨다면 그 연구는 더 이상 수행될 수 없다. 영유아는 성인이나 청소년에 비해 쉽게 상처를 받아 정상적인 발달에 손상을 줄 수 있으며, 성인에게는 사소한 문제일 수 있으나 아이에게는 큰 문제로 다가올 수 있다. 따라서 연구 대상자로 영유아가 연구에 참여할 때 조금이라도 상해가 있을 것으로 판단되면 그 연구를 수행해서는 안 되며 다른 가능한 방법을 찾아야 한다. 그리고 연구자는 아이의 부모나 교사에게 연구 과정을 자세히 알리고 동의를 받아야 한다. 또한 연구 수행 과정 중에 얻게 된 아이의 개인 관련 정보는 철저하게 비밀이 보장되어야 한다.

미국의 아동발달연구회(Society for Research in Child Development: SRCD)는 아이를 대상으로 연구할 때 연구자가 지켜야 할 16가지 원칙을 다음과 같이 제시하고 있다.

① 아이에게 신체 및 정서적으로 피해를 주는 연구는 수행되어서는 안 되며, 가능하면 아이의 스트레스가 최소화되도록 연구가 수행되어야 한다. 연구가 아이에게 피해를 준다고 생각되면 다른 방법을 찾거나 연구를 포기해야 한다.

② 연구자는 아이에게 연구 동의를 받기 전에 연구에 참여함으로써 미치게 되는 모든 영향들을 아이에게 알려 주어야 하며, 아이의 질문에 대해 아이

의 수준에 맞게 답해 주어야 한다. 연구자는 아이가 언제든지 연구 참여를 중단하거나 연구 참여 여부를 선택하도록 아이의 자유를 존중해야 한다. 연구자는 부모에게 연구 절차를 설명하여야 하며, 연구 진행 중에 아이가 불편함이 없는지를 지속적으로 살펴보아야 한다.

③ 연구자는 부모나 교사에게도 연구 동의를 받아야 한다. 아이가 연구에 참여함으로써 미치게 되는 모든 영향을 알려 주어야 하고 동의서를 받을 필요가 있다. 동의서에는 연구자의 직업과 직위, 기관 등의 정보가 포함되어야 한다. 부모나 교사도 연구 동의를 거부할 수 있는 권리가 존중되어야 할 뿐만 아니라 연구 참여를 거부하여도 아이에게 어떠한 불이익이 없음을 알려 주어야 한다.

④ 연구자는 아이와 관련 있는 사람이 연구에 포함될 경우 해당자에게 연구 동의를 받아야 한다. 연구자는 참여자에게 연구에 참여함으로써 미치는 모든 영향들을 알려 주고 질문에 대해 답해 주어야 하며, 참여자가 언제든지 참여를 중단할 수 있는 자유를 존중해 주어야 한다.

⑤ 연구 참여에 대한 보상은 공정해야 하고 통상적인 범위를 지나치게 초과해서는 안 된다.

⑥ 연구자는 연구의 특성상 특정 정보를 숨기거나 속일 수 있지만 이런 행위의 정당성에 대해서는 동료 연구자들과 상의해야 한다. 만약 이로 인해 아이가 부정적인 영향을 받는다면 연구자는 정보를 숨기거나 속인 이유를 설명하고 허락을 구한 후 연구를 수행해야 한다.

⑦ 참여자의 익명성은 보장되어야 하며, 어떠한 정보도 다른 곳에 사용되어서는 안 된다.

⑧ 연구 초기에 연구자와 부모, 아이 사이에는 명확한 합의가 있어야 한다. 연구자는 계약의 모든 약속을 존중해야 할 의무가 있다.

⑨ 연구 수행 중 아이에게 위험성이 있을 것으로 예상될 때 연구자는 부모와 함께 논의할 책임이 있고 아이에게 필요한 지원책을 모색해야 한다.

⑩ 연구 수행 중 아이에게 부정적인 영향이 있다면 연구자는 즉시 적절한 조치를 취해야 하며, 후속 연구를 포함한 연구 절차를 재설계해야 한다.

⑪ 연구자는 참여자로부터 얻은 모든 정보에 대해 비밀을 유지해야 한다.

⑫ 연구자는 참여자로부터 제기될 수 있는 오해에 대해 명확히 설명해 주고 참여자가 이해할 수 있는 수준에서 연구 결과를 알려 주어야 할 의무가 있다.

⑬ 연구자는 평가적 진술이나 조언 시 부모나 아이에게 부담되지 않게 신중을 기해야 한다.

⑭ 연구자는 연구에 대한 사회 · 정치, 그리고 인간적 측면에서의 의미를 고려해야 하며, 특히 연구로부터 도출된 결과를 제시할 때는 주의를 기울여야 한다.

⑮ 연구자의 위법 행위는 자료의 위조, 표절, 그리고 허위로 진술되거나 학문 공동체 내에서 일반적으로 허용된 범위를 벗어난 행위를 말한다. 의도적이지 않은 오류나 자료 해석에 대한 의견 차이는 위법 행위에 포함되지 않으며 진실성과 정직성을 기반으로 연구를 수행해야 한다.

⑯ 위법 행위를 한 연구자는 학문 공동체로부터 제명될 수 있다.

CHAPTER 03
신체 및 운동발달

1. 신체발달
2. 신경계와 뇌의 발달
3. 운동발달
4. 지각발달
5. 생리발달

Chapter 03

신체 및 운동발달

출생 후 첫 한 달 동안의 영아를 신생아라고 부른다. 이 짧은 기간 동안 신생아는 빠르게 성장하며 새로운 환경에 적응해 나간다. 갓 출생한 신생아는 무력해 보이지만, 이미 생존에 필요한 반사 능력을 모두 가지고 태어나며, 오감 또한 충분히 기능한다. 이후 아이는 제1성장 급등기인 영아기와 신체활동량이 많아지는 유아기를 거친다. 영아기에는 급속한 신체 성장과 더불어 뇌와 신경계의 발달이 빠르게 일어나고 운동 능력에서도 눈에 띄는 변화를 보인다. 만 2세에 이르러 유아기에 접어들게 되면 신체적 성장 속도는 둔화되지만 달리기와 점프 등의 운동 능력의 발달과 함께 신체 활동량이 크게 증가한다. 그래서 이 시기 아이는 잠시도 가만히 있지 못하고 끊임없이 움직이며 호기심도 많아져서 사고 위험이 높아진다. 이 장에서는 신생아, 영아, 유아의 신체발달, 신경계와 뇌의 발달, 대근육과 소근육의 운동발달, 지각발달, 그리고 생리발달을 살펴본다.

1. 신체발달

1) 신체 발육

신생아기에는 다른 어느 시기보다 빠른 속도로 키가 크고 몸무게가 늘어난다. 출생 시 남아의 평균 체중은 3.4kg이고 신장은 50.1cm, 여아의 평균 체중은 3.3kg이고 신장은 49.4cm이다. 신생아기가 끝날 무렵이 되면 체중은 1.6~1.7배로 늘어나며, 키는 약 7cm 큰다.

영아기에 접어들어 생후 2~3개월이 되면, 남아의 키는 60.9cm, 몸무게는 6.5kg, 여아의 키는 59.8cm, 몸무게는 6.1kg이 된다. 이후 매월 평균적으로 대략 0.5kg씩 몸무게가 늘어나고 2~3cm씩 키가 자라 생후 1년 즈음에는 출생 당시보다 몸무게는 약 3배, 키는 약 1.5배에 이른다. 만 2세가 되면, 영아의 몸무게는 성인 몸무게의 1/5 정도가 되고, 성인 키의 대략 1/2 수준이 된다.

만 2세경부터 취학 전까지의 유아는 영아기에 비해 신체적 성장 속도가 둔화되지만 꾸준히 성장한다. 2세부터 7세까지 신장은 매년 약 7cm, 체중은 대략 2kg 정도씩 증가한다. 영아기와 마찬가지로 남아가 여아보다 신체적으로 좀 더 큰 경향을 보인다.

신체적 성장은 영유아의 건강상태를 보여 주는 지표로, 소아청소년과 의사들은 신체발육 표준치를 사용하여 영유아의 발달정도를 확인한다. <표 3-1>은 우리나라 영유아의 체중과 신장의 성장도표 백분위수이다. 정상범주는 5~95 백분위수이며, 50백분위수는 평균치다.

<표 3-1> 영유아 체중과 신장의 성장도표 백분위수(질병관리본부, 2007)

연령	구분	남아					여아				
		5th	25th	50th	75th	95th	5th	25th	50th	75th	95th
출생시	체중	2.7	3.1	3.4	3.8	4.5	2.6	3.0	3.3	3.7	4.3
	신장	45.3	48.2	50.1	52.1	54.9	45.1	47.6	49.4	51.1	53.7
1~2개월	체중	4.6	5.2	5.7	6.2	6.9	4.3	4.9	5.4	5.8	6.5
	신장	53.4	56.0	57.7	59.4	61.9	52.5	54.9	56.7	58.3	60.8
2~3개월	체중	5.3	5.9	6.5	7.0	7.8	4.9	5.6	6.1	6.6	7.3
	신장	56.7	59.2	60.9	62.6	65.0	55.5	58.0	59.8	61.5	63.9
3~4개월	체중	5.8	6.5	7.0	7.6	8.5	5.4	6.1	6.6	7.2	7.9
	신장	59.2	61.8	63.5	65.2	67.6	58.0	60.5	62.3	64.0	66.4
4~5개월	체중	6.2	7.0	7.5	8.1	9.0	5.8	6.6	7.1	7.7	8.5
	신장	61.4	63.9	65.7	67.4	69.8	60.1	62.7	64.4	66.2	68.7

5~6개월	체중	6.6	7.4	8.0	8.6	9.5	6.1	6.9	7.5	8.1	9.0
	신장	63.2	65.8	67.6	69.3	71.8	61.9	64.5	66.3	68.1	70.6
6~7개월	체중	6.9	7.7	8.4	9.0	10.0	6.5	7.3	7.9	8.5	9.4
	신장	64.9	67.5	69.3	71.0	73.6	63.5	66.2	68.0	69.8	72.4
7~8개월	체중	7.2	8.1	8.7	9.4	10.4	6.7	7.6	8.2	8.9	9.8
	신장	66.4	69.0	70.8	72.6	75.2	65.0	67.7	69.6	71.4	74.1
8~9개월	체중	7.5	8.4	9.0	9.7	10.8	7.0	7.9	8.5	9.2	10.2
	신장	67.7	70.4	72.3	74.1	76.8	66.4	69.1	71.0	72.9	75.6
9~10 개월	체중	7.7	8.7	9.3	10.1	11.2	7.3	8.2	8.8	9.5	10.5
	신장	68.9	71.7	73.6	75.5	78.2	67.7	70.4	72.3	74.3	77.0
10~11 개월	체중	8.0	8.9	9.6	10.4	11.5	7.5	8.4	9.1	9.8	10.9
	신장	70.1	72.9	74.9	76.8	79.6	68.8	71.6	73.6	75.5	78.4
11~12 개월	체중	8.2	9.2	9.9	10.7	11.8	7.7	8.7	9.4	10.1	11.2
	신장	71.2	74.1	76.0	78.0	80.9	70.0	72.8	74.8	76.8	79.7
12~15 개월	체중	8.6	9.7	10.4	11.2	12.4	8.1	9.1	9.8	10.6	11.8
	신장	73.2	76.2	78.2	80.3	83.3	72.0	74.9	77.0	79.0	82.1
15~18 개월	체중	9.2	10.3	11.1	12.0	13.3	8.7	9.7	10.5	11.4	12.7
	신장	75.8	79.0	81.2	83.3	86.5	74.8	77.8	79.9	82.1	85.3
18~21 개월	체중	9.8	10.9	11.7	12.7	14.1	9.2	10.3	11.1	12.0	13.4
	신장	78.2	81.5	83.8	86.1	89.5	77.3	80.3	82.6	84.8	88.3
21~24 개월	체중	10.3	11.4	12.3	13.3	14.8	9.7	10.8	11.7	12.7	14.2
	신장	80.3	83.7	86.2	88.6	92.2	79.5	82.7	85.0	87.4	91.0
2~2.5세	체중	11.0	12.2	13.1	14.2	15.8	10.4	11.6	12.5	13.5	15.2
	신장	83.1	86.8	89.4	92.0	95.9	82.4	85.8	88.2	90.8	94.6
2.5~3세	체중	11.8	13.0	14.0	15.1	16.9	11.2	12.4	13.4	14.5	16.4
	신장	86.5	90.4	93.1	96.0	100.2	85.6	89.3	91.9	94.7	98.7
3~3.5세	체중	12.5	13.9	14.9	16.1	18.1	12.0	13.3	14.3	15.5	17.5
	신장	90.2	94.0	96.7	99.6	103.9	89.1	92.9	95.6	98.3	102.5
3.5~4세	체중	13.3	14.8	15.9	17.2	19.5	12.9	14.2	15.3	16.6	18.8
	신장	93.6	97.5	100.3	103.2	107.6	92.6	96.5	99.2	102.0	106.2

4~4.5세	체중	14.2	15.7	17.0	18.4	21.0	13.7	15.1	16.3	17.7	20.1
	신장	97.0	101.0	103.8	106.7	111.1	96.1	100.0	102.7	105.6	109.8
4.5~5세	체중	15.1	16.7	18.1	19.7	22.7	14.6	16.1	17.4	18.8	21.6
	신장	100.2	104.3	107.2	110.2	114.5	99.4	103.3	106.1	109.0	113.3
5~5.5세	체중	16.0	17.7	19.2	21.0	24.6	15.5	17.1	18.4	20.1	23.3
	신장	103.3	107.5	110.5	113.5	117.8	102.5	106.5	109.4	112.3	116.6
5.5~6세	체중	16.9	18.8	20.4	22.4	26.6	16.3	18.1	19.6	21.4	25.1
	신장	106.3	110.6	113.6	116.7	121.1	105.4	109.6	112.5	115.5	119.9
6~6.5세	체중	17.8	19.8	21.6	23.9	28.8	17.1	19.1	20.7	22.8	27.0
	신장	109.1	113.5	116.6	119.8	124.4	108.1	112.4	115.5	118.6	123.1
6.5~7세	체중	18.7	20.9	22.9	25.4	31.0	17.9	20.1	22.0	24.3	29.2
	신장	111.8	116.3	119.5	122.8	127.7	110.7	115.1	118.3	121.5	126.3

0~5세 한국 영유아의 신장 발달 곡선은 세계보건기구(WHO)와 전반적으로 비슷한 증가양상을 보이는데, 한국 영아의 신장은 WHO 기준보다 크나 연령이 증가하면서 WHO 기준보다 작아지고, 한국 영아의 체중은 WHO 기준보다 많이 나가나 연령이 증가하면서 기준치와 큰 차이를 보이지 않는다(질병관리본부, 2007). [그림 3-1]은 0~3세까지 연령별 여아의 신장 및 체중 발달 곡선이다. 그림에서 보는 바와 같이 생애 초기에 급격한 발달이 일어나며, 남아도 여아와 비슷한 발달 곡선을 그린다.

어떤 아이는 다른 아이보다 키가 더 크고 체중이 더 나간다. 이러한 개인차에 영향을 미치는 요인에는 유전적 요인과 환경적 요인이 있다. 유전적 요인은 영유아의 신체발달, 특히 키와 체형을 결정짓는데 주요한 역할을 한다. 일반적으로 키가 큰 부모의 자녀는 키가 크고, 키가 작은 부모의 자녀는 키가 작다. 이 외에도 골격구조, 근력, 감각기관의 예민도 등도 유전의 영향을 받는다. 한편, 체중은 키와 체형에 비해 유전의 영향을 적게 받는다.

양육 환경 또한 영유아의 성장에 영향을 미친다. 신체발달에 영향을 미치는 환경요인에는 영양과 수면 등이 있다. 신체 발육을 돕기 위해서는 영유아가 영양소를 골고루 섭취할 수 있도록 한다. 영유아기에 적절한 영양을 섭취하지 못

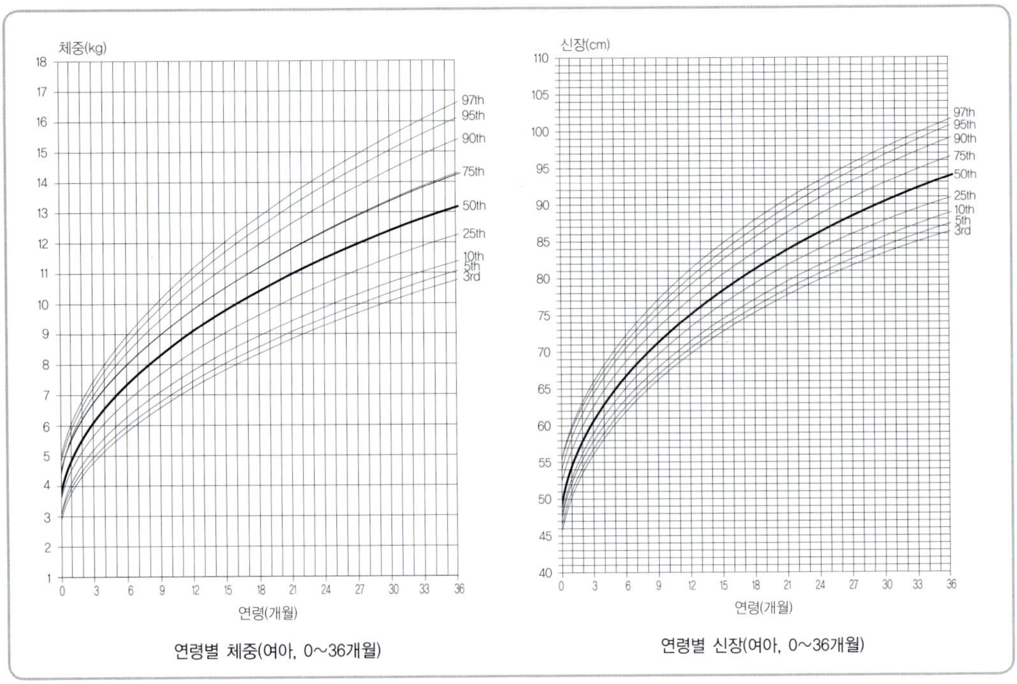

[그림 3-1] 여아의 체중과 신장 성장 곡선(질병관리본부, 2007)

하면 키가 충분히 자라지 못한다. 또한 이 시기에는 뇌와 신경체계, 호흡기와 순환계 등이 발달하므로 면역력을 강화하고 기초 체력을 형성할 수 있도록 영양 공급이 원활히 이루어져야 한다. 영유아의 위는 성인에 비해 신축성이 적고 크기 또한 작으므로 한 번에 많이 먹는 것보다 조금씩 자주 먹게 하는 것이 영양 섭취에 도움이 된다.

또한 수면 중에 성장 호르몬이 활성화되므로 영유아가 충분히 숙면을 취할 수 있게 한다. 방의 조명을 어둡게 하고, 대화소리나 텔레비전 소리와 같은 소음을 줄이고, 너무 덥거나 춥지 않게 방의 온도를 적절하게 유지해주면, 아이는 잘 잘 수 있다.

2) 외형과 신체 비율의 변화

갓 태어난 신생아의 외모는 뽀얗고 예쁜 아기의 모습과는 거리가 멀다. 산도를 지나면서 길쭉해진 머리, 두툼한 눈꺼풀, 납작하게 눌린 코, 온몸을 덮고 있는 두툼한 흰색 지방층인 태지와 혈액, 그리고 푸르스름한 손발과 길게 자란 손톱과 발톱은 신생아들이 보이는 공통된 모습이다. 특히 우리나라 영아의 등과 엉덩이에는 몽고반점 즉 멍이 든 것처럼 푸르스름한 반점이 있기도 하다. 이 몽고반점은 생후 1년 내에 사라진다. 신생아의 두개골은 분만 24~48시간 후에 정상적인 형태로 돌아가며, 탯줄은 생후 1~2주 내에 저절로 떨어지고, 손발의 푸르스름한 빛깔은 생후 며칠이 지나면 사라진다.

몽고반점
한국인 대다수 아이의 엉덩이 · 허리 · 등에 나타나는 크기가 고르지 않은 푸른 반점으로, 아반(兒斑)이라고도 함

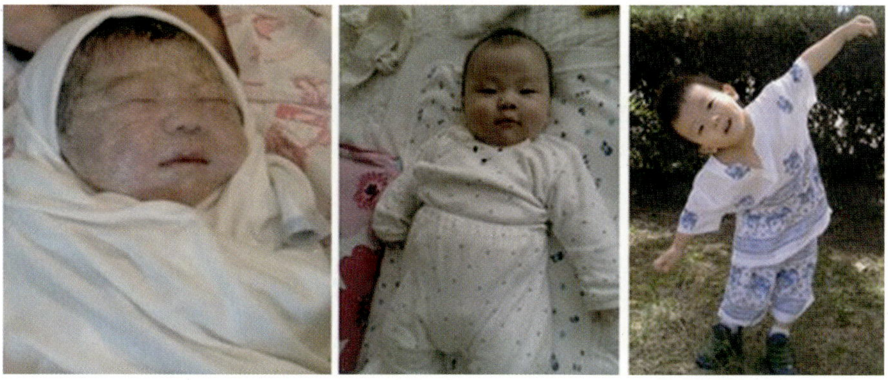

갓 태어난 신생아의 얼굴과 4개월 후의 모습, 만 2세 때의 모습(왼쪽부터)

영아기에 와서야 비로소 전형적인 '아기'의 외모를 보이는데, 큰 이마와 납작한 코, 볼록한 배, 짧고 굽은 다리, 그리고 전반적으로 통통한 체형을 갖는다. 하지만 유아가 되면, 팔과 다리가 길어지고 가늘어지면서 영아기에 가졌던 독특한 외모가 사라진다. 체지방에서도 차이가 나는데, 영아의 체지방은 약 23%에 이르지만, 유아기에 와서는 체지방이 전체 체중의 약 12% 정도로 줄어든다.

영유아기에는 신체비율에서 큰 변화가 나타난다. 태아기와 신생아기에는 신체에서 머리가 차지하는 비율이 커서 2개월 된 태아의 머리 크기는 신장의 1/2을 차지하고 신생아에 이르러서는 신장의 1/4을 차지한다. 생후 2년이 지나면 유아의 머리 크기는 신장의 1/5, 6세가 되면 1/6, 성인이 되면 1/8이 된다.

이러한 신체비율의 변화는 점차 머리 크기의 성장이 느려지고, 팔과 다리의 성장은 두드러지기 때문이다. 비록 머리 크기는 신체비율로 볼 때 여전히 큰 편이지만, 점차 성인과 같은 비율로 발전한다. 아래의 사진은 1세 영아와 5세 유아의 사진이다. 영아는 신체에서 머리의 비율이 크고 아기의 모습을 한 반면,

유아는 머리와 신체의 비율이 좀 더 균형 잡히고 아기의 외모에서 벗어난 모습이다.

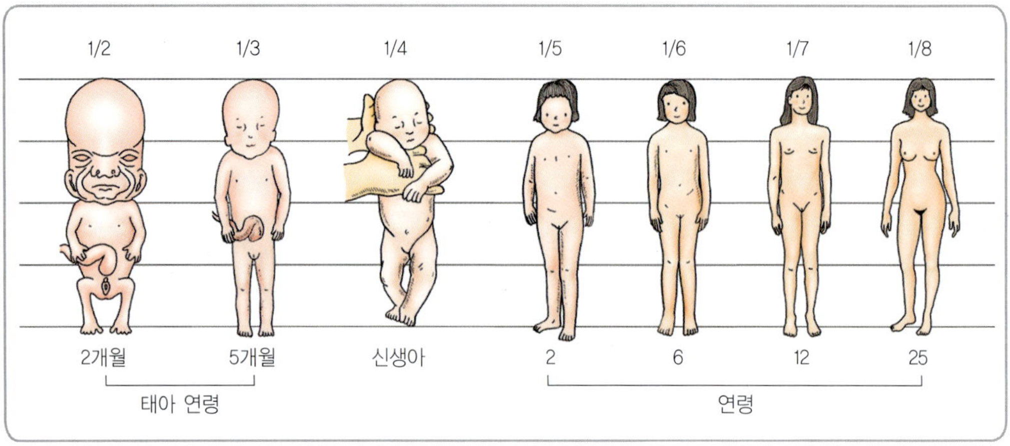

[그림 3-2] 신체 비율의 변화(신명희, 2017)

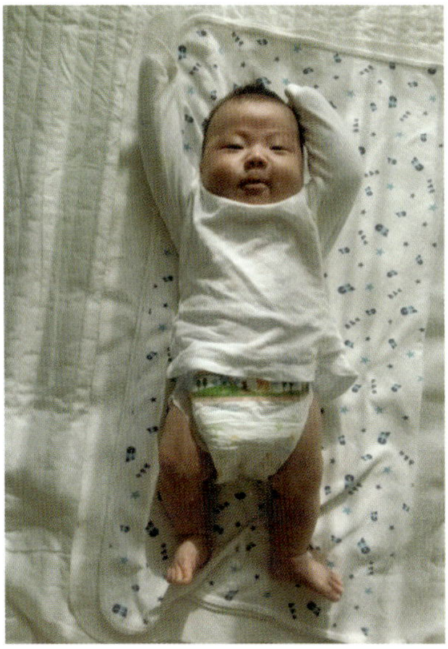

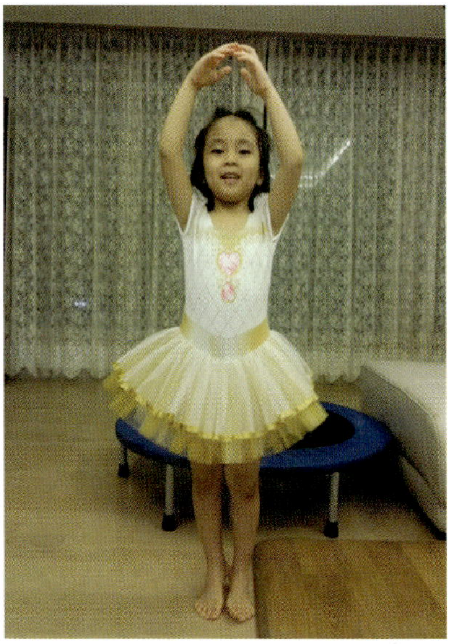

1세 영아(좌)와 5세 유아(우)의 신체 비율 비교

좌 · 우의 사진은 각각 1세 영아와 5세 유아의 모습이다. 1세에는 신체에서 머리의 비율이 크고 아기의 모습을 한 반면, 5세에는 머리와 신체의 비율이 좀 더 균형 잡히고 아기의 외모에서 벗어난 모습이다.

3) 골격의 발달

영아의 뼈는 물러서 쉽게 휘어진다. 영아의 부드러운 뼈는 이후 청소년기까지 점점 단단해지는데, 이를 경화(硬化)라고 한다. 경화의 과정도 두미 방향 발달의 원리와 근원 방향 발달의 원리에 따라 일어난다. 즉 두개골과 손이 가장 먼저 경화되며, 다리와 발가락의 뼈는 10대 후반이 되어서야 경화된다. 또한 유아의 뼈 구조는 청소년과 다른데, 다음의 사진과 같이 영아의 손목뼈와 손가락뼈 사이는 간격이 넓고 잘 연결되어 있지 않다. 유아기에 오면 이 간격들이 많이 채워지고, 청소년기에 이르면 손의 뼈들이 완전히 연결된다.

출생 시 남아의 골격 성숙은 여아보다 4~6주 늦고, 12세경에는 1~2년 정도까지 그 차이가 벌어진다. 골격발달 사진은 신체적 성숙을 예언하고 문제를 발견할 수 있도록 해준다. 최근 문제가 되고 있는 성조숙증을 진단하는 검사에서도 이러한 뼈 사진을 이용한다.

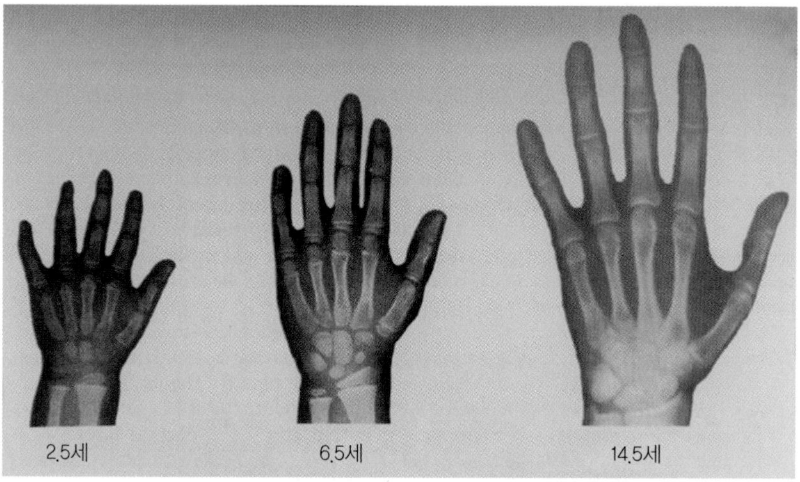

2.5세와 6.5세, 14.5세의 손 X-레이 촬영사진(Berk, 2009)

2.5세에는 손목뼈와 손가락뼈 사이의 간격들이 넓고 잘 연결되어 있지 못하다가, 6.5세에 이르러 이 간격들이 상당히 채워진다. 14.5세에는 손의 뼈들이 완전히 연결된다.

2. 신경계와 뇌의 발달

생후 몇 년 동안 인간의 뇌는 빠르게 발달한다. 생후 6개월 된 영아의 뇌 무게는 성인 뇌의 약 50%에 이르고, 2세경에는 75%가 된다. 5세경이 되면, 뇌의 크기는 성인의 90%에 이른다. 영아기는 뇌 성장 급등기(brain growth spurt)로, 뇌와 신경계가 빠르게 성장한다. 유아기에는 시냅스의 소멸과 수초화 작업이 활발히 일어난다. 뇌의 발달은 그 속도가 일정하지 않으며, 뇌의 각 부분이 성장하는 시기도 서로 다르다.

1) 신경계의 발달

뉴런
신경계를 구성하는 기본 단위로 신경세포체, 수상돌기, 축색돌기로 이루어짐

신경계는 신호전달의 가장 기본이 되는 뉴런(neuron)과 비신경성 세포인 신경아교세포(glial cell)로 구성된다. 신경아교세포는 뉴런을 기능적 · 구조적으로 지지하며 뉴런에 영양소를 제공한다. 뉴런은 크게 신경세포체(soma), 수상돌기(dendrite), 축색돌기(axon)로 구성된다. 수상돌기는 다른 세포에서 신호를 받아들이고 신경세포체는 그 신호들을 통합한다. 신경세포체로부터 나온 길고 가는 관인 축색돌기는 통합된 정보 신호를 다른 수상돌기에 전달한다. 축색돌기를 감싸고 있는 지방 세포층을 수초(myelin sheath)라고 하며, 축색돌기를 수초가 감싸는 과정을 수초화(myelination)라고 한다. 축색돌기를 감싸고 있는 수초는 절연체 구실을 하여 주위의 다른 자극을 막아주고, 정보전달이 빠르게 이루어지도록 한다. 축색돌기 끝에 있는 축색종말과 다른 뉴런의 수상돌기 사이에는 수백만 분의 일 밀리미터도 안 되는 아주 좁은 틈이 있는데, 이 틈을 시냅스(synapse)라고 한다. 시냅스 부분에서 축색돌기는 화학물질을 분비하여 다른 뉴런의 수상돌기에 자극을 전달한다. 대부분의 뉴런은 임신 5~26주에 만들어지며, 이 기간 동안 태아 뇌에서는 매분 25만개의 세포가 생성된다.

수초화
축색돌기를 지방 세포인 수초가 감싸는 과정

시냅스
뉴런들 사이에 존재하는 좁은 틈

영유아기 두뇌발달의 핵심변화는 시냅스의 형성과 소멸, 그리고 수초화이다. 영아기 동안 축색돌기와 수상돌기 간의 시냅스 연결망은 급격히 분화되어 점점 더 촘촘해진다. 생후 24개월까지 급격하게 형성되던 시냅스는 그 후 감소하는

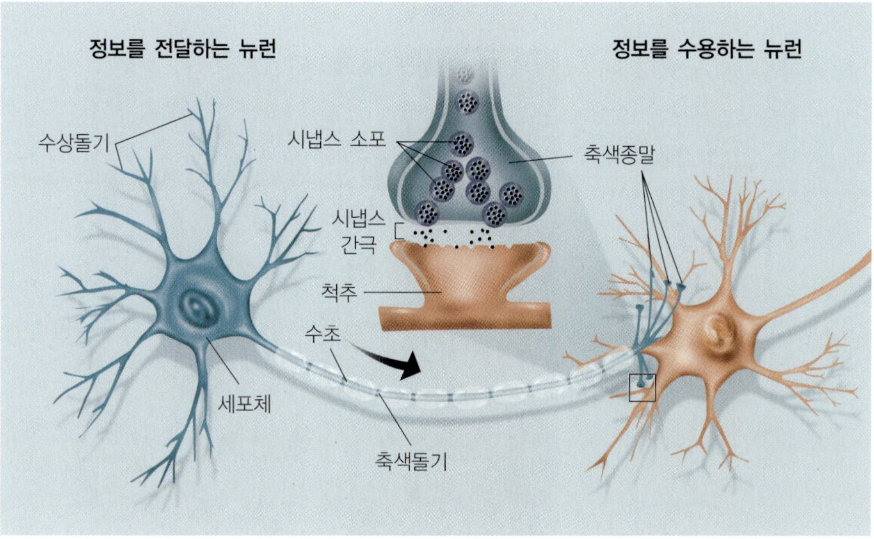

[그림 3-3] 뉴런(Fabes & Martin, 2003)

데, 자주 사용되는 시냅스는 보다 강화되어 계속 존재하게 되지만 사용되지 않는 시냅스는 소멸한다. 유아의 시냅스는 성인보다 50%정도 많은 것으로 추정된다. 이와 같이 영아기에 가장 많은 시냅스를 가지다가 이 후 필요한 시냅스만을 남기고 필요 없는 것은 버리는 과잉생성 후 선택적 소멸과정을 거친다. 이러한 과정을 통해 인간은 다양한 환경에 적응할 수 있는 잠재력을 극대화한다.

소멸과정
발달과정에서 필요한 만큼의 뉴런과 시냅스만 남기고 불필요한 것을 버리는 과정

뇌의 영역에 따라 시냅스가 형성되고 소멸되는 시기가 다르다. 청각과 시각 피질의 시냅스는 생후 첫 달 동안에 급격히 증가하여 생후 4개월에 최고점에 이른 후, 유아기가 끝날 무렵까지 차차 감소한다. 언어를 담당하는 영역에서는 시냅스의 생성과 선택적 소멸이 다소 늦게 나타나 생후 9~10개월이 되어서야 과잉생성이 정점에 이르고 유아기와 아동기 동안에 가지치기가 일어난다. 한편, 고등 수준의 사고와 자기 통제를 담당하는 전두엽 피질에서는 시냅스의 생성이 약 생후 1년경에 가장 많이 일어나며, 청소년 중반에 접어들어야 시냅스의 밀도가 성인 수준에 이른다.

영유아기 뇌 발달의 또 다른 특징은 수초화이다. 수초화는 영유아기 동안 급속도로 진행되지만, 뇌의 영역에 따라 속도와 완성 시기는 다르다. 시각, 청각 경로의 수초화는 출생 후 급격히 형성되어 생후 6개월 이내에 완성되고, 언어

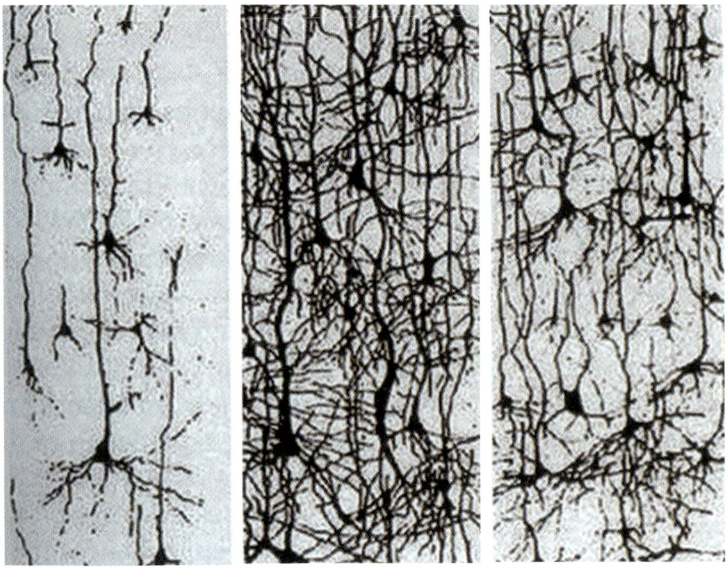

[그림 3-4] 연령별 시냅스의 변화(Purves et al., 2012, p. 539)

영역의 수초화는 만1세가 될 때까지도 지속된다. 전두엽과 같은 일부 영역에서의 수초화 과정은 사춘기 이후까지 진행되기도 한다. 수초화는 영유아기의 능력과 기술 발달에 큰 영향을 미친다. 예를 들어, 손과 눈의 협응과 관련된 영역의 수초화가 완성되는 4~5세가 되어야 유아는 수저질을 안정적으로 할 수 있게 된다.

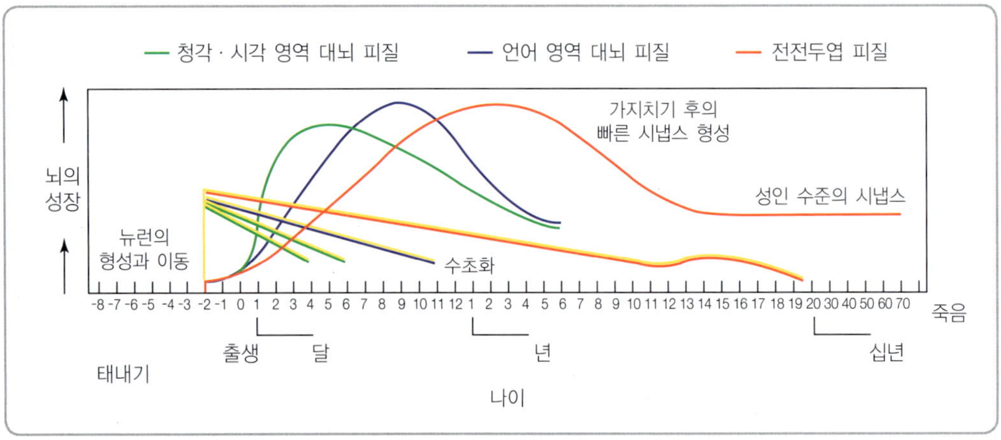

[그림 3-5] 뇌발달의 주요 시점(Berk, 2012, p. 165)

2) 뇌의 발달

(1) 뇌의 구조와 기능

뇌를 종단면으로 살펴보면, 크게 뇌간(brainstem), 변연계(limbic system), 대뇌피질(cerebral cortex)로 나누어진다. 뇌의 가장 아래쪽에 위치한 뇌간은 동공반사와 숨쉬기 등 생존에 필요한 기능을 담당한다. 뇌간은 뇌에서 가장 먼저 발달하는 하위 기관으로 수정에서 생후 15개월까지 발달하며, 뇌간의 수초화는 출생에서 1세까지 이루어진다.

뇌간과 대뇌피질 사이의 가운데 부분을 차지하는 변연계는 식욕, 성욕 등의 본능적 욕구와 감정, 공격행동 등을 조절한다. 변연계는 생후 15개월부터 4세까지 활발하게 발달한다.

뇌의 가장 바깥쪽에 위치한 대뇌피질은 문제해결, 언어, 학습과 같은 인간의 고차원적 지적기능에 결정적인 역할을 한다. 대뇌피질은 뇌 구조 중 가장 늦게까지 발달하여 유아기를 지나 청소년기까지 성장한다. 대뇌피질의 수초화는 청소년 후기까지 진행된다.

대뇌피질은 엽(lobe)이라고 하는 네 영역으로 구분되어 각기 세분화된 기능을 맡는다. 전두엽(frontal lobe)은 운동, 사고, 정서기능을, 측두엽(temporal lobe)은 청각과 감정조절을, 후두엽(occipital lobe)은 시각을, 두정엽(parietal lobe)은

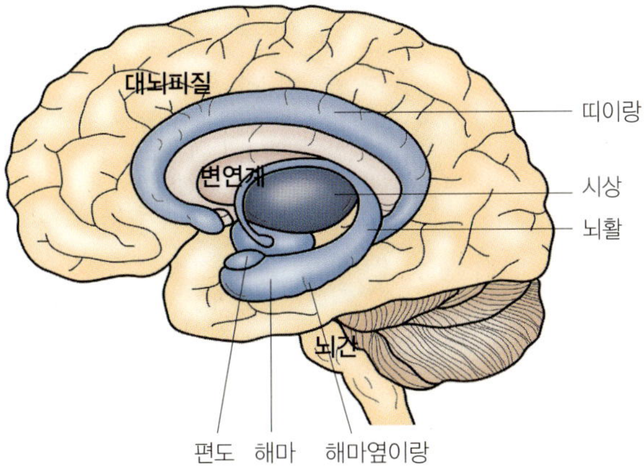

[그림 3-6] 뇌의 구조

신체감각에 대한 정보처리를 담당한다. 대뇌피질의 네 가지 엽은 신생아기에는 미숙한 상태이지만, 생후 1년 동안 뉴런이 수초화되고 시냅스가 증가하면서 발달한다. 유아기가 끝날 무렵 전두엽의 성장률은 60~80%에 이른다. 전두엽의 수초화 작업은 청소년 후기까지 지속된다.

뇌의 각 영역들 마다 1차적인 기능이 있으나 서로 협력하여 활동한다. 예를 들어, 영유아가 고양이를 보았을 때 고양이의 모습은 후두엽에서, 고양이의 소리는 측두엽에서, 고양이를 보았을 때의 느낌은 변연계에서 이루어진다. 또 고양이를 만지려고 다가가기 위한 계획은 전두엽에서, 고양이를 만지고 부드럽다고 느끼는 것은 두정엽에서 이루어진다. 이와 같이 고양이라는 하나의 대상을 폭넓게 이해하기 위해서는 동시적이고 협동적인 뇌의 기능이 요구된다.

뇌의 발달은 영유아기에 나타나는 여러 가지 능력과 맞아 떨어진다. 제일 먼저 생리 상태를 조절하는 능력이 발달함으로써 생존 가능성을 높이고, 점차 대뇌피질이 발달함에 따라 반사행동이 서서히 사라진다. 생후 8개월 무렵부터는 대뇌피질 중에서 정서 관련 부위가 발달하여 생후 1년 전후로 형성되는 부모와의 애착을 돕는다. 시각과 청각을 관장하는 피질의 시냅스의 성장과 수초화는 시각과 청각의 발달이 급속히 이루어지는 시기인 생후 1월에 시작해서 학령기 전까지 계속된다. 언어를 관장하는 전두엽 피질에서의 뇌파활동의 증가는 개념

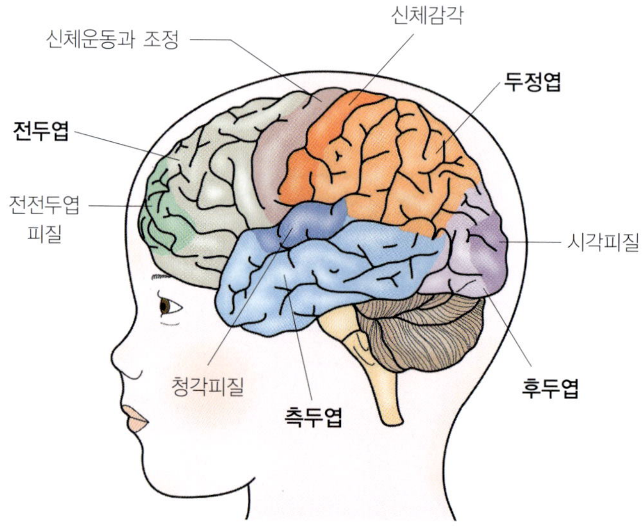

[그림 3-7] 대뇌피질의 구조와 기능(Berk, 2012, p. 168)

적 사고와 언어발달이 활발해지는 1.5~2세부터 시작하여 만 3~6세에 집중적으로 발달한다.

(2) 뇌의 편재화

뇌는 좌반구와 우반구로 나눠진다. 양 반구는 그 모양이 같지만, 서로 다른 기능을 한다. 좌반구는 언어능력, 언어기억, 의사결정, 긍정적 정서의 표현 등을 관장하고 신체의 오른쪽 부분을 통제하는 반면, 우반구는 공간지각력, 음악과 같은 비언어적 소리, 부정적 정서의 표현 등을 관장하며 신체의 왼쪽 부분을 통제한다. 이와 같이 특정 정신 기능이 양 반구 중 어느 한쪽에 치우쳐 있는 경향성을 뇌의 편재화(cerebral lateralization)라고 한다.

> **뇌의 편재화**
> 대뇌피질을 구성하는 각 반구가 분리되어 각기 다른 기능을 담당하고 있는 것

그러나 뇌의 기능이 분화되었다고 해서 좌반구와 우반구가 서로 완전히 독립된 것은 아니다. 예를 들어, 좌반구가 말하기와 문법 등 언어 관련 기능의 대부분을 담당하나, 맥락에 맞는 언어사용이나 은유 등은 우반구가 맡는다. 이는 좌반구만이 언어를 관장하는 것은 아니라는 것을 보여 준다. 양 반구의 상호작용이 가능한 것은 대뇌 반구 사이에 위치한 뇌량(corpus callosum)이 양 반구를 연결해주기 때문이다. 이를 통해 인간은 복잡한 사고를 할 수 있다.

좌뇌와 우뇌는 동일하게 발달하지 않는다. 좌뇌가 2세경에 빠르게 발달하는 반면, 우뇌는 4~5세에 이르러서야 빠르게 발달한다. 그리고 5세가 되어야 두 반구간의 연결이 완전해져서 뇌와 신체의 좌우의 기능을 더 잘 협응할 수 있게 된다.

(3) 뇌의 가소성과 초기경험

인간의 뇌는 가소성(plasticity), 즉 환경에 의해 변화할 수 있는 유연성이 있으며, 성인기에 비해 영아기의 뇌 가소성은 크다. 뇌 가소성에는 회복가소성(restoring plasticity)과 적응가소성(adaptive plasticity)이 있다. 회복가소성은 뇌 손상 후 뇌가 자체적인 변화와 적응을 통해 잃어버린 기능을 어느 정도 회복하는 것이다. 영아기에는 뇌의 한 영역이 손상되더라도 다른 영역에서 대신 수행하거나 연결을 재구성하는 등의 재구조화가 어느 정도 가능하다. 예를 들어, 어린 시절 언어영역을 담당하는 뇌 부위가 손상된 경우, 다른 뇌 부위가 언어기능

> **가소성**
> 환경에 의해 변화할 수 있는 가능성

> **회복가소성**
> 뇌 손상 후 뇌가 자체적인 변화와 적응을 통해 잃어버린 기능을 어느 정도 회복하는 것

을 대신 담당하여 언어능력을 어느 정도 회복할 수 있게 된다. 그러나 점차 중추 신경계의 가소성이 줄어듦에 따라 성인기에 일어난 뇌 손상은 쉽게 회복되지 않는다.

적응가소성

새로운 경험과 환경을 통해 뉴런의 시냅스가 강화되거나 약화되어 기능과 구조의 변화가 이루어지는 것

적응가소성은 환경과 경험의 영향으로 뉴런의 시냅스가 강화되거나 약화되어 기능과 구조가 변화되는 것을 말한다. 초기 뇌 과학자들은 뇌의 구조와 기능이 어린 시절에 완전히 결정된다고 생각했으나, 후천적 노력과 경험에 의해 변화되고 발달될 수 있다는 증거들이 많이 보고되고 있다. 뇌의 적응가소성은 지속적인 학습과 노력의 중요성을 보여 주는 것으로 성인기 이후에도 뇌의 보상이 부분적으로 가능한 이유를 설명해준다.

뇌 발달은 유전적 요인 뿐 아니라 초기경험의 영향을 많이 받는다. 시냅스의 선택적 소멸과 수초화 과정은 환경적 자극과 경험에 의해 결정되며, 궁핍한 환경에서 성장한 경우 뇌의 기능이 원활하게 작동하지 않을 수 있다. 다음의 MRI 영상에서 왼쪽은 일반 환경에서 성장한 영아의 뇌를 촬영한 것이고, 오른쪽은

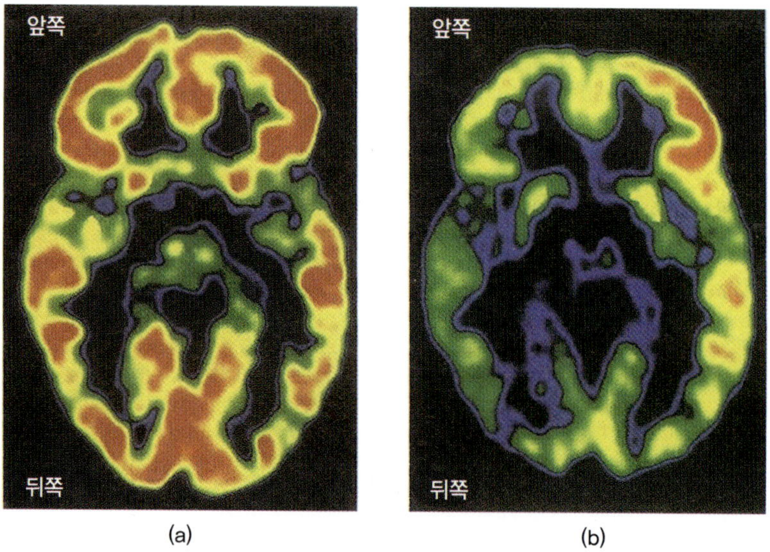

환경에 따른 초기 뇌 활동 비교 MRI 사진(신명희 외, 2017)

(a)는 보통 환경에서 성장한 아이의 뇌를, (b)는 출생 직후 고아원에서 자란 루마니아 고아의 뇌를 찍은 사진이다. 정상적인 아이의 두뇌 사진(a)을 보면, 여러 영역이 활동적으로 기능함(적색으로 표시됨)을 확인할 수 있다. 루마니아 고아 두뇌 사진(b)을 보면, 자극을 수용하고 감정조절 기능을 하는 측두엽을 포함하여 여러 영역이 거의 기능하지 않고 있다.

출생 직후 고아원에서 자란 루마니아 영아의 뇌를 촬영한 것이다. 왼쪽 사진의 뇌는 여러 영역이 활성화(적색으로 표시됨)되어 있는 반면, 오른쪽 사진의 뇌는 전두엽, 측두엽, 후두엽 등 여러 영역이 거의 기능하지 않고 있음(녹색과 청색으로 표시됨)을 확인할 수 있다.

이와 같이 영유아기의 경험은 뇌의 발달에 중요한 역할을 한다. 뇌 발달단계에 따른 적절한 학습 내용과 수준이 있으며, 단계에 맞는 학습 내용과 수준이 제공되면 뇌의 학습 효율을 높일 수 있다. 예를 들면, 영아기에는 학습보다는 정서적 유대감을 형성하고, 신체운동과 감각을 자극할 수 있는 활동이 뇌 발달에 적합한 경험이다. 유아기에도 뇌의 기본 골격과 회로가 여전히 발달하는 단계이므로 오감을 통한 고른 자극이 필수적이며, 특히 이 시기는 종합적 사고와 인성을 담당하는 전두엽이 빠르게 발달하는 시기이므로 예절교육과 인성교육 등이

뇌 발달에 기여하는 활동들

도형 끼우기, 요리하기, 블록 만들기, 실물을 직접 만져보는 체험 등은 뇌 발달에 기여한다.

뇌종합적으로 이루어지는 것이 좋다.

TIPS

뇌 발달에 근거한 교육(Sprenger, 2008, p. 16)

- 이 시기는 수초화가 진행되는 시기이므로 아이와 많은 대화를 하고 아이가 많은 경험을 할 수 있게 한다. 영아에게는 무엇을 하고 있으며 왜 하고 있는지를 정확하게 설명해준다. 초기에는 맘마, 까까와 같은 유아어(baby talk)를 사용하며, 영아가 발달함에 따라 점차 성인 언어 사용 시간을 늘린다. 영아가 말을 하기 시작하면 영아와 눈을 맞추고, 적절하게 반응하며, 영아가 말을 하도록 격려한다. 유아의 경우, 시냅스의 선택적 소멸이 이루어지는 시기이므로 끊임없는 질문에 진지하게 답하고, 다양한 영역에서의 발견과 탐색 활동을 격려하며, 유아에게 유의미한 내용, 실제 생활과 관련 깊은 내용을 제시한다.
- 매일 책을 읽어준다. 음성 파일이 내재된 펜이나 컴퓨터 기기 대신 부모가 직접 책을 읽어주는 것이 좋다. 이 과정에서 아이는 책을 잡는 법과 읽는 법을 자연스럽게 배우며 부모와 교감한다. 영아의 경우, 씹어도 되는 헝겊 책을 준다. 책을 씹는 것은 책과 상호작용하는 첫 단계이다. 이후 영아는 책 안의 그림과 글자에 관심을 가질 것이다. 유아의 경우, 책의 내용에 대한 심도 깊고 높은 수준의 질문을 한다. 예를 들어, '주인공의 이름이 무엇이니?'와 같은 질문은 낮은 수준의 질문이다. 이 대신에 '주인공은 어떤 기분이었을까?' '이야기를 듣고 어떤 생각이 들었니?' 등을 질문한다.
- 소뇌와 관련된 동작 학습은 창의성을 개선시키는 등 인지능력을 향상시키므로, 신체적 움직임을 적극적으로 격려한다. 특히 영아기 운동은 뉴런의 기능을 향상시켜 인지 기능을 발달시킨다. 영아가 뛰고, 점프하고, 던지고, 춤추고, 안고, 올라가고, 구르는 활동뿐 아니라, 딸랑이를 흔들고, 도형을 끼우고, 블록을 쌓는 모든 움직임을 격려한다. 유아도 줄넘기, 얼음땡 놀이와 같은 대근육 운동과 함께 블록 쌓기, 요리하기, 그림 그리기, 점토 놀이와 같은 사물과 신체 동작의 직접적인 조작활동을 장려한다.
- 부정적인 정서는 뇌의 학습을 방해하므로 지적으로 도전적이되 위협이나 스트레스가 없는 정서적으로 안정된 환경을 제공한다.

3. 운동발달

영유아기는 운동능력이 현저하게 발달하는 시기이다. 갓 태어난 신생아는 목도 잘 가누지 못하지만, 영아기를 거치면서 근육과 신경조직이 성숙해짐에 따라 앉기, 서기, 기기, 걷기를 비롯하여 기어오르기, 뛰기 등의 활동도 할 수 있게 된다. 이후 유아기에 이르러 신체 및 지각발달을 토대로 달리기와 점프가 완성되고, 공 던지기와 잡기 등 난이도가 높은 운동까지 할 수 있다.

운동기능은 두미 방향 발달의 원리에 따라 머리와 목을 먼저 가누고, 이후 가슴과 등의 근육이 발달하며, 다리 근육은 가장 늦게 발달한다. 그리고 전체-세분화 방향 원리에 따라 전체적이고 미분화된 운동에서 점차 특수하고 부분적인 운동으로 분화 발달된다. 하지만 그 발달 속도에는 개인차가 있다. 순조롭게 발달한 아이, 비만이 아닌 아이, 활달한 아이가 더 빨리 발달한다.

1) 신생아의 반사행동

신생아는 태어나면서부터 생존과 자기보호를 위해 외부의 자극에 자동적으로 반응하는 반사행동을 한다. 반사행동에는 생존 반사와 원시 반사가 있다.

생존 반사(survival reflexes)는 눈깜박임, 기침, 하품, 재채기, 토하기, 어두운 곳에서의 동공확장과 같이 인간이 살아가는데 필요한 반응으로, 대부분 평생 유지된다.

원시 반사(primitive reflex)에는 근원 반사, 빨기 반사, 잡기 반사, 모로 반사, 바빈스키 반사, 걷기 반사, 수영 반사 등이 있으며, 이들 대부분은 생후 12개월 안에 사라진다. 근원 반사(rooting reflex)는 뺨에 닿는 무언가를 향해 고개를 돌리는 행동으로, 생후 3주 경에 사라지며 자발적인 고개 돌림 행동으로 대체된다. 빨기 반사(sucking reflex)는 신생아가 입 속에 들어 온 것은 무엇이든 빨려고 하는 행동으로, 생후 4개월이 지나면 자발적인 빨기 행동으로 대체된다. 잡기 반사(grasping reflex)는 손바닥에 닿는 것을 꽉 잡는 행동으로, 그 힘이 매우 세서 영아가 매달릴 수 있을 정도다. 그리고 잡힌 손으로부터 빼내려고 하면 영아는 더

생존 반사
인간의 생존을 높이기 위하여 특정한 자극에 대해서 무의식적으로 반응하는 행동

원시 반사
생존과 자기 보호를 위한 본능적인 반응으로, 대부분 생후 6~12개월 안에 사라짐

근원 반사
뺨에 닿는 무언가를 향해 고개를 돌려 빨려고 하는 본능적인 반응

빨기 반사
입 속에 들어 온 것은 무엇이든 빨려고 하는 본능적인 반응

잡기 반사
파악반사라고도 하며, 손바닥에 자극이 닿으면 꼭 쥐는 본능적인 반응

모로 반사
큰소리에 놀랐을 때나 몸에 접촉물이 닿을 때 팔·다리를 쭉 펼친 상태에서 무엇을 안으려 하는 듯한 모습을 보이는 본능적인 반응

바빈스키 반사
신생아의 발바닥을 간질이면 발가락을 부채모양으로 발등 쪽으로 펴는 본능적인 반응

세게 잡는다. 이 반사 능력은 3~4개월에 사라진다. 신생아는 갑자기 큰 소리를 듣거나 몸의 위치가 바뀌면 양팔을 옆으로 뻗고 손가락을 펼친 상태에서 무엇을 안으려는 듯한 모양을 한다. 이것이 모로 반사(Moro reflex)다. 이 반사 능력은 6개월에 사라진다. 신생아의 발바닥을 간질이면 발가락들을 부채모양으로 쫙 펼치는데, 이것이 바빈스키 반사(Babinski reflex)다. 이 반사행동은 8~12개월에 사라진다. 신생아를 똑바로 세워 발을 평평한 바닥에 닿게 하면 자연스럽게 걷기 동작을 하며 앞으로 걸어 나가려고 한다. 이것이 걷기 반사(stepping or walking reflex)다. 이 반사 능력은 무거운 영아의 경우 2개월경에 사라지고 가벼운 영아는 좀 더 지속된다. 수영 반사(swimming reflex)는 신생아가 물속에서 헤엄을 치는 행동으로, 이때 영아의 폐는 자동으로 닫힌다. 이 반사 능력은 4~6개월경에 사라진다.

원시 반사행동은 생존과 양육자와의 초기 관계 형성에 도움을 준다. 예를 들어, 근원 반사는 영아가 엄마의 젖을 찾는데 도움이 되고, 빨기 반사는 수유가 가능하도록 하며, 잡기 반사와 모로 반사는 신생아에게 위험이 닥쳤을 때 양육

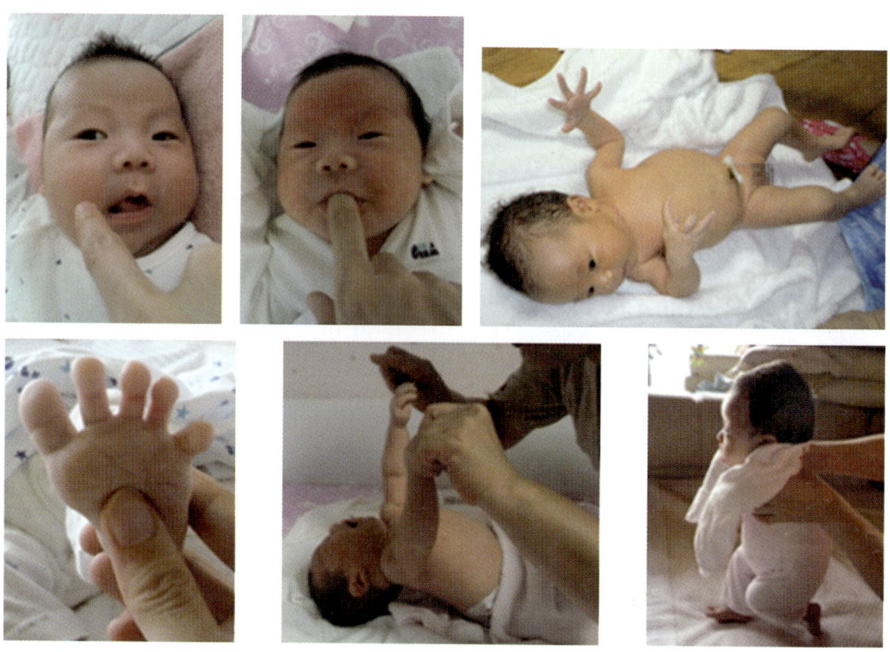

원시 반사의 대표적 유형

윗줄 왼쪽부터 근원 반사, 빨기 반사, 모로 반사, 아랫줄 왼쪽부터 바빈스키 반사, 잡기 반사, 걷기 반사

자에게 매달릴 수 있도록 해준다. 또한 영아가 잡기 반사로 부모의 손을 꼭 잡으면, 부모는 사랑스러움을 느끼고 양육자로서의 책임감을 가지게 된다.

2) 대근육 운동

(1) 영아의 대근육 운동

갓 태어난 신생아는 머리와 목을 가누지 못하지만, 일주일이 지나면 한쪽으로 머리를 돌릴 수 있게 되고, 생후 한 달이 되면 누군가가 목 아래를 지지해줄 때 머리를 가눌 수 있게 된다. 생후 6주경에는 엎드린 자세에서 턱을 들고, 생후 2개월경이 되면 엎드린 자세에서 가슴을 들 수 있다. 생후 5~6개월이 되면 지지를 받으며 앉을 수 있을 정도로 상체를 통제하는 능력이 생기고, 생후 7개월이 되면 하체까지 통제할 수 있게 되어 혼자서 똑바로 앉을 수 있게 된다.

누워만 있던 영아가 생후 5~6개월경에 이르면 체중을 좌우로 이동하는 법을 배워 몸을 뒤집는다. 이제 신체의 움직임이 시작된 것이다. 바로 누워 있는 상태에서 뒤집는 것은 생후 5~6개월이 되어야 할 수 있고, 엎드린 상태에서 바로 뒤집는 것은 생후 7~8개월이 되어야 할 수 있다. 생후 7개월경이 되면 바닥에 배를 대고 기기 시작하고, 생후 9개월경에는 더 이상 배를 바닥에 붙이지 않고 손과 무릎만으로 길 수 있게 된다. 생후 8개월경 영아는 도움을 받아 설 수 있게 되고 그 후 가구를 잡고 서다가 생후 11개월이 되면 혼자 설 수 있게 된다. 그리고 이제 혼자 걷게 된다. 걷기는 초기 운동 발달의 가장 놀라운 업적이다.

걷는 법을 배우는 것은 단계별로 진행된다. 영아가 무언가를 잡고 서기 시작한 후 오래지 않아 잡은 것에 의지한 채로 움직이기 시작한다. 생후 10~15개월경에 이르면 도움 없이 휘청거리며 걷기를 시도한다. 이때 영아가 걷는 모습을 살펴보면, 팔은 양 어깨 위로 올리고 좌 · 우 발은 바깥쪽을 향한 채 벌려져 있다. 이 첫 걸음은 영아가 한쪽 발에서 다른 쪽 발로 몸무게를 이동하며 앞으로 나감에 따라 기우뚱하게 움직이는 모습이다. 점차적으로 영아는 팔을 내리고 발도 앞을 향하게 하고 보폭도 좁아진다. 생후 2년째의 영아는 옆으로 걷기, 뒤로 걷기, 까치발로 걷기, 뛰뛰기 등 많은 변화를 시도한다.

영아가 걷게 되면, 영아와 양육자의 기대가 변한다. 일단 영아가 혼자 움직일 수 있게 되면, 영아는 목표물에 이를 수 없을 때 이전보다 더 크게 좌절하고 화를 낸다(Campos, Kermoian, & Zumbahlen, 1992). 이는 자신이 할 수 있는 것에 대한 아이의 기대가 변화했기 때문이다. 걷게 됨에 따라 더 많은 것을 할 수 있다고 기대하게 되고, 그 기대치에 미치지 못할 경우 더 크게 실망하고 부정적인 정서반응을 보인다. 이는 그 대상이 양육자일 때도 마찬가지이다. 걸을 수 있는 영아가 양육자와 분리될 때 더 크게 괴로워하고, 양육자가 나타날 때 더 크게 기뻐한다(Fabes & Martin, 2003).

부모의 정서적 반응 역시 영아가 걷기 시작함에 따라 달라지는데, 부모는 자녀가 걷게 됨에 따라 자녀에게 화를 더 많이 내게 된다. 실제로 일부 부모들은 아이가 걷기 시작한 시점과 아이에게 화를 냈던 시점이 같았다고 보고했다(Fabes & Martin, 2003). 이는 자녀가 독립성을 발달시킴에 따라 부모는 점점 더 자녀의 행동을 통제하려 하기 때문이다. 부모는 자녀에게 "안돼!"라고 말하는 횟수가 증가하고, 자녀가 이에 순응하길 기대한다.

이와 같이 고개도 가누지 못해 성인에게 전적으로 의지하던 영아는 생후 2년

영아의 대근육 운동발달

가슴 들기, 뒤집기, 앉기, 걷기(왼쪽 위부터)

동안 앉기, 기기, 서기, 걷기 등이 가능해지는 놀라운 변화를 보여 주며 기동성 있는 독립적 존재로 성장해 간다.

<표 3-2> 영아의 월령별 운동 기능 발달(Berk, 2012, p. 184)

운동 기술	평균 성취 연령	90%의 영아가 성취하는 나이
세워 잡았을 때 머리를 바로 세우고 유지할 수 있다.	6주	3주~4개월
엎드린 자세에서 팔을 대고 가슴을 들 수 있다.	2개월	3주~4개월
혼자 앉는다.	7개월	5~9개월
긴다.	7개월	5~11개월
잡고 선다.	8개월	5~12개월
혼자 선다.	11개월	9~16개월
혼자 걷는다.	11개월	9~17개월
도움을 받아 계단을 걸어 올라간다.	16개월	12~23개월
제자리 뛰기를 한다.	23개월	17~30개월
까치발로 걷는다.	25개월	16~30개월

기지 않는 영아

아이가 정상적으로 발달하고 있는지를 가늠하는 중요한 지표들이 있다. 그런데 이 발달적 지표들이 점점 변하고 있다. 과거에는 생후 6~8개월에 영아가 기기 시작해야 한다고 믿었었고, 이 시기에 기지 않으면 영아에게 발달적 문제가 있는 것으로 간주했다. 그러나 오늘날 많은 영아들이 전혀 기지 않거나, 과거의 영아들보다 훨씬 늦게 긴다. 뒤집기도 마찬가지이다. 특히 보행기를 일찍 사용하거나 영아의 체중이 많이 나가는 경우에 영아가 늦게 기거나 기지 않고 바로 섰다는 보고들이 많다.

늦게 기기 시작하는 영아들을 연구한 결과, 이 영아들은 모든 면에서 정상적이며, 적절한 시기에 앉고 걸었다. 따라서 오늘날에 와서는 기기와 뒤집기를 발달 상태를 나타내는 중요한 지표로 보지는 않는다.

영아에게 수영을 가르쳐야 할까?

익사는 가장 일반적인 사고 중 하나이다. 이에 일부 부모들은 자녀에게 익사방지부유법(drownproof)을 가르치기 위해, 또 다른 부모들은 영아기를 수영을 배울 결정적 시기라고 믿어 아기 수영 교실에 등록한다.

하지만 아기 수영 교실을 신청할 때에는 주의할 필요가 있다. 그 이유는 첫째, 나이와 기술에 상관없이 어느 누구도 물에서 완전하게 안전할 수는 없기 때문이다. 영아가 익사방지부유법을 배웠다고 해서 물에 빠졌을 때 이를 적절하게 사용할 것이라고 기대할 수 없다. 둘째, 수영을 배울 결정적 시기를 지지해 줄 연구들은 없다. 셋째, 영아가 심각한 설사를 유발하는 장내 기생충인 편모충에 감염될 수 있다. 그리고 비록 드문 경우지만, 만약 영아가 수영을 하는 도중 많은 양의 물을 삼키면 저나트륨혈증(hyponatremia)에 걸릴 위험이 있다. 저나트륨혈증의 증상은 무기력증, 구토, 발작 등이며, 사망의 위험도 있다. 이러한 우려 때문에 YMCA와 미국 소아학회는 만 3세 이후에 수영을 가르치라고 조언한다.

(2) 유아의 대근육 운동

유아기에 이르면, 아이들은 영아기 때보다 더 빠르게 달리고 높이 뛰는 등 활발하게 움직인다. 이 시기에는 훈련을 거의 받지 않아도 달리고, 공을 던지고, 기어오르고, 자전거를 타고, 계단을 오르내리고, 점프하는 법을 금세 배운다. 이러한 운동 발달이 가능한 이유는 유아의 신체 발달, 즉 뼈와 근육이 단단해지고 폐 기능이 성숙해졌기 때문이다. 유아의 시각 체제의 발달 또한 운동 발달에 중요한 역할을 한다. 시각 능력과 관련된 뇌의 영역은 유아기 동안 지속적으로 발달한다. 좌, 우 반구의 연결 강화와 관련된 시각경로의 발달은 눈과 손의 협응을 발달시킨다. 균형성도 이 시기 운동 발달을 가능하게 하는 중요한 요인이다. 균형성은 공차기와 던지기와 같은 복잡한 기술을 수행하는데 필요한 안정성을 부여한다. 연습, 모방, 타인의 기대, 그리고 격려도 운동 발달에 중요한 역할을 한다. 예를 들어, 나이 많은 형제가 있는 유아는 그렇지 않은 유아보다 운동 능력이 더 빨리 발달한다.

영아들도 달리기를 하지만 진짜 달리기는 2~3세가 되어야만 가능하다. 진짜 달리기는 달리는 동안 양발이 모두 땅에 닿지 않는 순간이 있어야 한다. 2~3세라 할지라도 이들은 멈추거나 빨리 출발하지 못하며 달리는 도중 방향을 바꾸지 못한다. 4~5세에 이르러서야 이러한 능력들이 완성되고 2세 때보다 두 배 빠르게 달릴 수 있게 된다.

점프(Jumping)는 처음에 한 발만 땅에서 떼는 것에서 시작한다. 이는 일반적으로 생후 18개월에 나타난다. 2세가 되면 대부분의 유아들이 양발을 떼어서 멀리 뛰기를 할 수 있게 되지만, 점프에 도움이 되도록 팔을 효과적으로 사용하지는 못한다. 4세에 이르러야 평평한 땅에서 팔을 적절히 사용해서 멀리까지 점프를 할 수 있게 된다. 그리고 5세가 되면 대부분의 아이들이 1m의 거리까지 멀리 뛸 수 있다.

공을 던지고 잡는 것은 유아기의 전 시기에 걸쳐 발달하는 복잡한 운동 기술이다. 성숙한 아이는 신체의 중심축을 회전하여 자신의 무게를 앞으로 옮겨 공

계단 내려오기 달리기 점프

유아의 대근육 운동발달

을 던지지만, 2~3세의 유아는 신체를 움직이지 않은 채 위에서 아래로 공을 툭 던진다. 3.5세의 유아는 팔을 좀 더 높이 들고 몸을 약간 회전하여 공을 던질 수 있으나 발을 움직일 줄 모른다. 4세경에는 발을 움직이기 시작하지만 공을 던지는 팔과 같은 쪽의 발을 앞으로 빼서 공을 던진다. 5~6세에 이르러야 반대편 발을 앞으로 빼고 몸의 무게를 이동하여 공을 던질 수 있게 된다. 나이를 먹을수록 공을 던지는 속도와 정확도가 향상된다.

[그림 3-8] 공 던지는 모습(Schickedanz, Schickenanz, Forsyth, & Forsyth, 2001)

공을 잡는 능력도 유아기 동안 발달한다. 공을 잡는 능력은 공을 추적하는 시각 능력, 공을 잡는 팔의 융통적인 움직임, 그리고 빠른 반응능력의 발달의 영향을 받는다. 어린 유아는 공을 잡을 때 앞으로 뻣뻣하게 팔을 펴며, 가끔씩은 눈을 감거나 공을 피하기 위해 머리를 돌린다. 대부분의 4세 유아는 오는 공을 보고 공을 잡을 수 있게 손을 펴고 팔을 든다.

3) 소근육 운동

(1) 영아의 소근육 운동

신생아는 잡기반사 행동을 보이지만, 이는 무조건적인 행동으로 스스로의 의지가 반영된 것이 아니다. 생후 6개월경이 되어야 자신의 의지에 따라 물체를 잡을 수 있다. 1세의 영아는 눈과 손을 협응하여 크레파스로 무엇인가를 그릴 수 있고, 2세 정도가 되면 그림을 따라 그리거나 숟가락으로 음식을 먹을 수 있게 된다. 이러한 소근육 운동은 눈과 손의 협응 기능이 발달해 감에 따라 가능해지고 더 완전해진다.

영아의 소근육 운동발달

영아는 엄지와 검지를 이용하여 귤을 까고 있다.

이러한 소근육 운동도 전체-세분화 방향 원리를 따른다. 작은 물체를 잡기 위해 처음에는 손바닥 전체를 사용하지만, 생후 10개월경이 되면 엄지와 집게손가락을 이용하여 작은 물체를 잡을 수 있게 된다.

(2) 유아의 소근육 운동

유아기 동안 아이의 소근육 운동은 놀랍게 발달한다. 이 시기 동안 유아는 옷의 단추를 채우거나, 가위질을 하거나, 종이를 접거나, 크레파스로 그림을 그릴 수 있게 된다. 이러한 정교하고 세밀한 활동들은 시각과 손의 협응과 같은 지각과 근육의 협응 능력이 발달함에 따라 가능해진다.

2세의 유아는 직선이나 지그재그 선과 같은 형태가 있는 낙서(scribble)를 하고, 6~8개의 블록으로 구성된 건물을 짓고, 책장을 넘길 수 있다. 3세의 유아는 동그라미나 십자가와 같은 형태를 그리는 단계(shape stage)를 거쳐 이러한 형태를 복잡하게 결합하는 디자인 단계(design stage)의 그림을 그리고, 숟가락으로 밥을 잘 먹을 수 있고, 물주전자에서 물을 따르는 것과 같이 좀 더 세밀한 운동 기술을 보인다. 이 시기에는 너무 가느다란 연필보다는 유아가 잡기 쉬운 굵은 크레파스를 주는 것이 좋다. 4세의 유아는 그림의 단계(pictorial stage)에 도달하게 되는데 올챙이 같은 사람모습을 그리고, 혼자 옷을 입고, 선을 따라 가위로 자를 수 있다. 대부분의 5세 유아는 단추를 잠글 수 있고, 글자를 쓸 수 있고, 지퍼를 내릴 수 있고, 구슬을 뀔 수 있다. 7세에는 사각형 안에 대각선을 그려 넣는 것이 가능해질 정도로 눈과 손의 협응이 이루어진다. 이러한 협응 능력의 발달에 따라 유아는 점차 자신이 의도하는 그림을 그리고 행동할 수 있게 된다.

3세, 4세, 5세 그림(왼쪽부터)

유아가 그림을 그릴 때 필기도구를 이상하게 쥔 모습을 종종 볼 수 있다. 유아가 연필을 제대로 쥐기까지 다음의 그림과 같은 4단계의 발달과정을 거친다(Keogh & Sugden, 1985). 글씨쓰기나 그림그리기도 전체-세분화 방향 원리에 따라 팔의 큰 근육을 이용한 전체적이고 미분화된 운동에서 손과 손가락의 작은 근육들을 이용한 특수하고 부분적인 운동으로 전환된다. 가위와 다른 도구들을 사용할 때에도 비슷한 발달과정을 거친다.

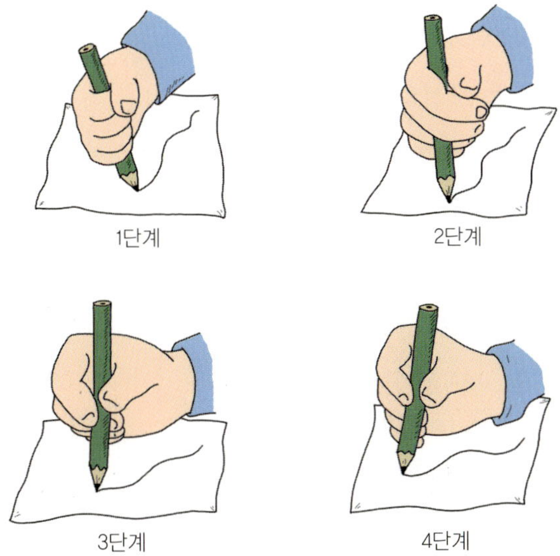

[그림 3-9] 연필 잡기의 4단계(Cook & Cook, 2007)

1단계: 손바닥으로 잡기; 2단계: 손가락들로 잡기; 3단계: 손목을 움직이며 엄지와 손가락으로 잡기; 4단계: 손가락들을 움직이면서 엄지와 손가락으로 잡기

유아는 크레파스나 연필로 그림을 그리거나 찰흙놀이 등을 할 때 왼손이나 오른손 중에 한쪽 손을 더 많이 사용하기 시작한다. 5세경 약 90%의 유아가 오른손을 선호하고, 10%의 유아가 왼손을 선호한다(신명희 외, 2017). 그리고 여아보다 남아에게서 왼손잡이가 더 많이 나타난다(Feldman, 2004).

소근육은 연습을 통해 발달한다. 따라서 유아에게 그리기, 색칠하기, 자르기, 끈 묶기, 지퍼와 단추 잠그기, 구슬 꿰기 등의 활동을 많이 할 수 있는 환경을 조성해줄 필요가 있다.

4) 안전문제

운동 능력의 향상과 함께 호기심도 많아진 영유아는 주변에 대한 활발한 탐색을 시작한다. 그러나 이들은 아직 위험 상황에 대한 판단능력과 대처능력이 부족하여 여러 사고나 위험에 쉽게 노출된다. 아주 어린 시기에는 베개나 푹신한 침대에서 질식사할 수 있고, 침대에 끼거나 떨어질 수 있다. 혼자 움직일 수 있을 정도로 발달하게 되면, 그 위험성은 더 커진다. 영유아가 양육자의 감독 없이 기거나 걸을 경우, 탁자나 의자에서 떨어지거나, 계단에서 굴러 떨어질 수 있으며, 가구의 날카로운 모서리에 상처를 입을 수 있다. 세제 등의 화학약품들을 섭취할 수도 있고, 주방에서 가스레인지, 오븐 등에 의해 화상을 당할 수 있으며, 전기제품을 잘못 만져서 감전사고를 당하기도 한다.

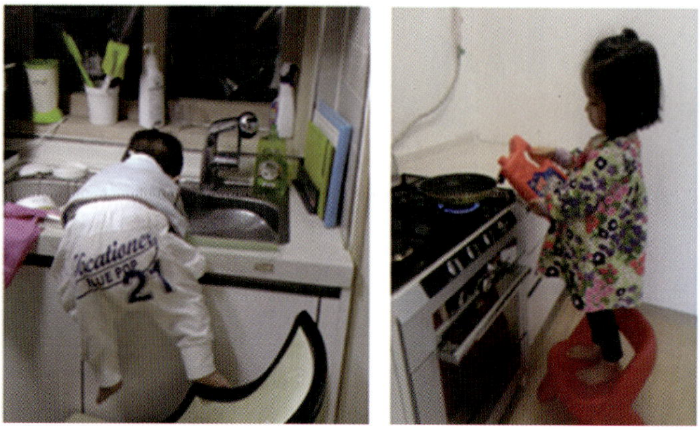

주방은 영유아에게 가장 흥미로운 놀이터이자 가장 위험한 장소다.

우리나라 소비자안전국 위해정보팀(2015) 자료에 따르면, 우리나라 전체 안전사고 대비 어린이 안전사고 비율이 증가하고 있으며, 지속적으로 전체 안전사고의 37~41%를 차지하고 있다. 성별로는 남아의 안전사고가 여아보다 1.5배 많으며, 연령별로는 1~3세에 발생하는 사고비율이 가장 높고 그 다음으로는 4~6세로 나타났다. 특히, 사망 또는 장애와 같은 심각한 위해를 유발하는 사고의 대부분이 1~3세에 발생한다. 이 시기는 걸음마 단계로, 이동 능력이 발달하고 움직임이 많아지면서 다양한 안전사고가 발생하는 것으로 보인다.

영유아 안전사고가 가장 많이 발생하는 장소는 가정이다. 특히 1세 미만 영아기 안전사고의 90.7%가 가정에서 일어났으며, 침대나 의자 등에서 추락하는 사고가 43.3%로 가장 많았다(소비자안전국, 2015). 1~3세에는 활동 범위가 점차 넓어지면서 안전사고 또한 유모차 추락, 놀이터 사고 등 가정 밖에서의 사고가 늘어난다. 4~6세에서도 여전히 가정에서 안전사고가 제일 많이 발생하나 외부 활동이 활발해지면서 놀이터와 놀이기구에서의 사고 발생이 급증하는 것으로 나타났다. 사고로 인해 다친 부위는 얼굴 부위가 가장 많았으며, 그 다음으로 머리였다. 특히 머리가 하체에 비해 무거운 1세 미만의 영아기에 머리 부위를 다치는 사고 건수는 약 47.7%로 다른 연령층에 비해 월등히 높다(소비자안전국, 2015).

따라서 1세 미만 영아의 경우 보호대가 있는 침대를 사용하고 성인용 침대에 혼자두지 말아야 한다. 영유아도 가구 등 높은 곳에 올라가지 않도록 하며, 가정 내 미끄러움을 방지하는 바닥재를 사용하거나 맨발로 생활하도록 하고 바닥의 물기를 제거한다. 영아기 뿐 아니라 유아기에도 삼키는 사고가 많이 발생하므로 삼킬 수 있는 작은 물건이나 날카로운 물건을 아이들의 손에 닿지 않는 곳에 보관한다. 특히, 강력 자석이나 단추형 전지는 장내 손상 또는 사망에 이르게 만들 수 있으니 특별한 주의가 요구된다. 또한 다리미, 온수 정수기 등의 제품으로 인한 화상사고가 급격히 늘어나고 있으므로 이들 제품에 대한 어른의 철저한 관리가 필요하다. 창문 또는 방문 끼임 사고도 종종 일어나므로 방문과 창문 등에는 손 끼임 방지 보호대나 경첩 끼임 방지장치 등을 설치한다. 놀이기구나 스포츠를 즐기기 전에 안전 교육을 하고, 유모차로 이동 시 반드시 안전벨트를 채우며, 자전거, 퀵보드 등의 이동기구를 사용할 경우 안전모와 팔꿈치 보호대, 무릎 보호대 등의 보호 장구를 착용하도록 지도한다. 자동차에 앉힐 때에는 꼭 영유아용 안전 시트에 앉히되, 앞좌석의 에어백이 작동할 경우 오히려 영유아를 다치게 할 수 있으므로 뒷좌석에 앉힌다.

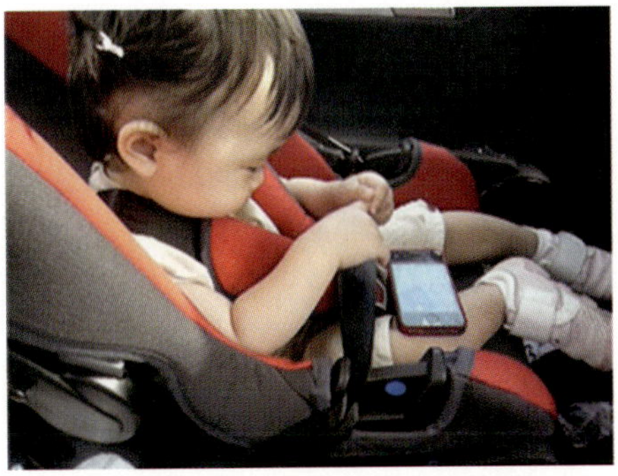

자동차에 태울 때에는 꼭 뒷좌석의 카시트에 앉혀야 한다.

TIPS

안전사고 예방을 위한 보호자 교육

• 보행 중 안전사고 예방 지침

- 영유아가 길거리와 골목길을 다닐 때는 항상 양육자가 동행한다.
- 길을 건널 때에는 보도 경계석에 멈추고, 차가 오는지 살펴보고, 길을 건너는 3원칙을 가르친다.
- 신호등이 초록불로 바뀌어도 차가 멈추었는지 반드시 확인한 후 건너게 지도한다.

• 교통수단 이용 안전사고 예방 지침

- 차가 움직이는 동안에 영유아를 항상 앉아 있게 한다.
- 영유아가 차창 밖으로 팔다리 같은 신체의 일부를 내밀지 않게 한다.
- 영유아는 항상 뒷자리에 앉히고 안전띠를 꼭 착용시킨다.
- 짧은 시간이라도 차 안에 자녀만 남겨 두고 내리지 않는다.
- 7세 미만의 영유아를 차에 태울 때에는 영유아용 보호장구를 꼭 사용한다.

• 물놀이 안전사고 예방 지침

- 아이들끼리만 물속 또는 물가에 있지 않게 한다.
- 영유아가 수영하기에 적당한 깊이는 영유아의 배꼽 높이 정도이다.
- 영유아가 음식을 먹은 직후 또는 공복 시에는 물속에 들어가지 않도록 한다.
- 아이의 몸이 떨릴 때, 얼굴과 피부가 창백해질 때, 피부에 소름이 돋고 차가울 때, 손발이 저리고 마비 증상이 올 때 휴식을 취하도록 한다.

• 집 안에서의 안전사고 예방 지침

- 무거운 물건(다리미, 프라이팬, 꽃병 등), 유독성 물질(술, 세제류, 화장품 등), 날카로운 물건(칼, 가위, 조리도구, 랩 박스, 면도기, 유리컵이나 병), 라이터와 성냥, 비닐봉투는 아이의 손이 닿지 않는 곳에 보관한다.
- 아이에게 올라가도 안전한 곳과 안전하지 않은 곳을 가르친다.
- 모든 장난감에 아이가 삼킬 수 있는 작은 부품은 없는지 확인한다.
- 콘센트는 안전덮개를 끼워 둔다.
- 욕조나 기타 물이 있는 곳에 아이를 혼자 두지 않는다.

출처: 한국소비자원 어린이안전넷(http://isafe.go.kr).

4. 지각발달

신생아의 감각은 완전하지는 않지만 상당히 발달되어 있다. 즉 태어날 때부터 들을 수 있고, 맛볼 수 있고, 촉감을 느끼고, 냄새를 맡을 수 있다. 그리고 흐릿하지만 볼 수 있다. 이후 영아기에 이르러 모든 감각능력은 완전해진다.

1) 시각

시각은 가장 늦게 성숙하는 감각기관이다. 이는 캄캄한 자궁 속에서는 볼 수 있는 것이 거의 없기 때문으로 보인다. 신생아의 눈은 성인의 눈에 비해 작으며 시신경도 충분히 발달하지 않았고 망막 구조도 불완전하다. 시각발달의 결정적 시기는 출생 후 첫 몇 개월이며, 생후 7~8개월까지 시각에서 놀라운 변화가 일어난다.

출생 직후의 신생아는 동공반사행동만 보이다가 서서히 빛의 밝기를 구별할 수 있게 된다.신생아는 멀리 떨어진 작은 물체를 잘 볼 수 없고, 대상도 흐릿하게 보인다. 신생아가 가장 잘 볼 수 있는 거리는 약 20~30cm 정도인데, 이 거리는 어머니가 영아를 안고 수유할 때 어머니와 영아 얼굴의 거리이다. 이는 어머니와 영아 간의 유대관계를 향상시키기 위한 진화의 산물로 보여 진다.

출생 후 1개월이 지나면 물체에 초점을 맞추고 응시하는 것이 가능해지고, 생

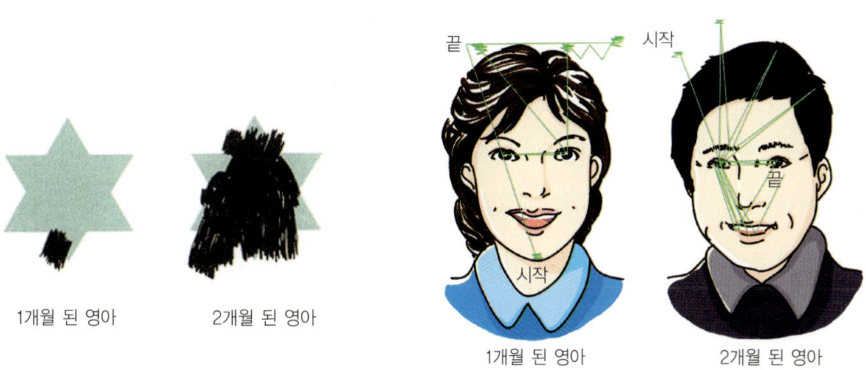

[그림 3-10] 1개월 된 영아와 2개월 된 영아가 사람의 얼굴을 훑어보는 경로(신명희 외, 2017)

후 2개월이 되면 어른만큼 사물을 집중하여 바라볼 수 있다. 생후 1개월 된 영아는 얼굴의 가장자리나 경계선을 주로 쳐다보는 반면, 2개월 된 영아는 얼굴 내부의 특성에 더 집중하고 사람의 얼굴 중에서 눈을 가장 오래 응시함으로써 눈에 대한 분명한 선호를 보인다.

4개월이 되면 성인과 비슷한 수준의 색깔인식이 가능해진다. 이후 움직이는 대상을 좇아 시선을 이동할 수 있게 된다. 시력은 생후 1년 동안 차근차근 향상되어 약 6개월이 되면 거의 성인 수준에 도달한다. 생후 6개월에 이르러 더 명확하게 보고 눈의 움직임을 더 잘 통제할 수 있게 됨에 따라 영아는 주위환경을 살피고 움직이는 물체를 추적하는 것 또한 가능해진다.

30cm 거리에서 영아는 얼마나 잘 볼 수 있는가?(Sprenger, 2008, p. 16)

태어나면서부터 영아는 사람의 얼굴에 관심을 보이기 시작한다. Fantz(1961)는 다음 [그림 3-11]과 같이 사람의 얼굴, 얼굴의 특징들이 뒤섞인 타원형, 단순한 흑백대비의 타원형을 신생아에게 제시하였다. 그 결과, 신생아는 정상적인 얼굴을 가장 오래 응시했고 단순한 흑백대비 타원형에는 관심을 크게 보이지 않았다. Fantz(1961)의 실험에서 재밌는 사실은 신생아가 정상적인 사람의 얼굴만큼 얼굴의 특징들이 뒤섞인 타원형에도 흥미를 보였다는 것이다. 이는 신생아가 사람의 얼굴을 복잡한 요소들로 구성된 타원형으로 인식했다는 것을 의미한다. 또한 이 결과는 신생아가 직선보다 곡선을, 단순한 형태보다 적당하게 복잡한 형태를 더 선호한다는 사실을 알려준다. 이 외에도 신생아는 규칙적인 형태보다는 불규칙적인 형태를, 비대칭형보다 대칭형을, 정지된 것보다는 움직이는 물체를, 윤곽이 열려 있는 형태보다 닫힌 형태를 더 좋아한다.

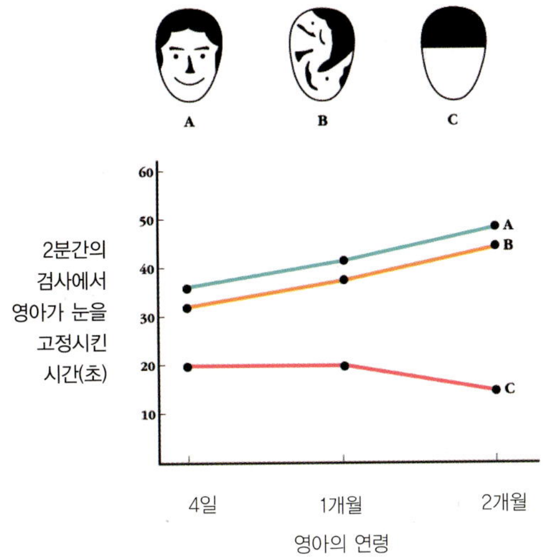

[그림 3-11] 신생아의 형태 선호도

시지각 능력의 발달과 함께 깊이지각 능력도 영아기에 발달한다. Gibson과 Walk(1960)은 시각벼랑(Visual cliff) 실험을 통해 영아의 깊이지각능력이 기기 시작하는 생후 6개월경에 나타난다는 사실을 발견하였다. 한편, Campos와 그의 동료들(1970)은 기지 못하는 영아에게도 깊이지각능력이 있다는 사실을 알아냈는데, 그들은 시각벼랑 위에 2개월 된 영아를 눕혀 놓고 심장 박동수의 변화를 확인하였다. 그 결과, 영아의 심장 박동수는 시각벼랑 위에서 감소하는 것으로 나타났다. 이는 2개월 된 영아도 깊이를 지각할 수 있음을 의미한다. 하지만 심장 박동수가 감소하는 것으로 보아 이 상황을 공포로 받아들이지는 않는 것으로 해석된다. 다른 연구에서도 기는 영아가 기지 못하는 영아보다 시각벼랑을 더 무서워하였다. 이로 보았을 때 시각벼랑에 대한 공포는 기기 시작할 무렵에 나타나서 영아의 생존가능성을 더 높인다.

시각벼랑 실험

Eleanor Gibson과 Richard Walk(1960)은 영아의 깊이지각능력 발달을 연구하기 위해 시각벼랑 실험장치를 고안하였다. 이들은 바닥과 탁자 위에 무늬가 있는 천을 깔았다. 그리고 탁자 위에 탁자보다 긴 유리판을 깔아서 작은 절벽을 만들었다. 즉 바닥이 낭떠러지처럼 보이지만 실제로는 그 위를 안전하게 기어갈 수 있다.

장치가 완성된 후, Gibson과 Walk는 막 기기 시작한 영아를 탁자 위에 놓고, 엄마가 탁자 맞은 편 벼랑 끝에 서서 영아에게 기어오도록 손짓 할 것을 부탁하였다. 그 결과, 6개월 된 영아는 엄마에게 기어오다가 벼랑이 시작되는 지점에서 머뭇거리며 더 이상을 건너가려 하지 않았다.

2) 촉감

촉감은 태아기부터 발달하며 출생 초기 가장 성숙한 감각 기능이다. 임신 32주가 되면 태아는 몸의 모든 부분에서 촉감을 느낄 수 있고, 생후 5일 동안 촉감의 예민함은 더 발달된다. 촉감의 발달은 신생아의 근원 반사와 잡기 반사 등에서도 확인할 수 있다. 촉감은 영아기 신체성장뿐 아니라, 애착형성과 정서발달에도 중요한 역할을 한다.

캥거루 케어

신생아를 어머니의 가슴에 눕혀 서로 피부를 맞대고 있도록 하는 방법으로, 신생아의 생존율을 높이고 심각한 질환에 걸릴 확률을 낮춤

1978년 콜롬비아의 신생아학과 교수인 Sanabria가 도입한 캥거루 케어(Kangaroo care)는 이러한 촉감을 이용한 미숙아 치료방법이다. 그 당시 콜롬비아에는 인큐베이터가 부족하였다. 그는 열악한 병원 환경에 대한 대안책으로

미숙아를 어머니의 가슴에 눕혀 피부가 서로 맞닿게 하였고 필요할 때마다 모유 수유를 하도록 하였다. 그 결과, 미숙아의 생존율은 높아졌고 병원감염과 기도 질환의 위험은 낮아졌다(Conde-Agudelo, Diaz-Rossello, & Belizan, 2003). 놀라운 사실은 어머니와의 신체접촉이 인큐베이터보다 신생아의 체온조절에 더 효과적이었다는 것이다. 캥거루 케어는 또한 신생아의 자기조절능력을 향상시키고 스트레스를 줄이는 데 기여하는 것으로 나타났다(Ferber & Makhoul, 2004).

과거 신생아는 통증을 느끼지 못하거나 아주 조금만 느낀다고 믿어 마취제를 사용하지 않고 포경수술을 한 적이 있다. 그러나 임신 3개월이 지나면 태아도 통증을 느낄 수 있으며, 신생아기부터 통증에 예민하게 반응한다.

3) 후각

후각도 이미 출생 초기부터 발달되어 있어 다른 여성의 젖 냄새와 어머니의 젖 냄새를 구분할 수 있으며, 어머니의 젖 냄새를 더 선호한다. 다른 여성의 젖을 묻힌 수건과 어머니의 젖을 묻힌 수건을 신생아의 양 뺨에 대면, 신생아는 어머니 젖을 묻힌 수건 쪽으로 고개를 돌려 빨려고 한다. 그리고 신생아는 어머니의 젖 냄새를 통해 어머니가 가까이 왔음을 알아차린다. 이러한 능력은 엄마와 영아가 서로를 알아보게 하고 수유를 유도하여 영아의 생존율을 높인다.

4) 미각

미각 또한 태내에서부터 발달되어 신생아기에도 맛을 구분할 수 있다. 신생아는 얼굴 표정을 통해 맛을 지각한다는 것을 알려주는데, 단맛에는 얼굴 근육이 이완되고, 신맛에는 혀를 오므리며, 쓴맛에는 인상을 쓴다. 그리고 신맛, 쓴맛, 짠맛보다 단맛을 선호하며, 단물을 통해 우는 조산아들을 달랠 수 있다. 단맛에 대한 영아의 선호는 성장에 도움이 되는데, 아이 성장의 필수 식품인 모유가 달다. 영아가 4개월이 되어서야 맹물보다 짠맛을 선호하게 되는데, 이러한 변화는 이유식을 받아들일 준비로 보인다.

5) 청각

청각 또한 태내에서부터 기능한다. 태아는 소리에 반응하고 이를 기억할 수 있다. 그래서 태어난 후 뱃속에서 들었던 목소리를 더 선호한다. 특히 톤이 높은 소리를 좋아하는데, 이는 어머니의 목소리가 대체로 톤이 높은 것과 관련이 있어 보인다. 갓 출생한 신생아는 작은 소리를 잘 듣지 못하는데, 이는 출산과정에서 귀로 스며든 양수 때문인 것으로 보인다. 양수가 제거되면 신생아도 소리가 나는 방향, 소리의 크기, 음조 등을 구별할 수 있다. 생후 6개월이 되면 소리의 근원을 찾아낼 수 있게 되고, 이러한 청각 능력은 생후 2년까지 계속 발달한다. 청각의 결정적 시기는 출생 후 6~12개월 사이로, 6~8개월 사이 영아는 모국어가 아닌 소리를 차단하기 시작하며, 7~9개월 영아는 이러한 예민성을 언어 구조로까지 확대한다.

5. 생리발달

아이들은 생후 첫 몇 년 동안 빠르게 자라므로, 이 시기 동안에 영양 섭취를 적절히 하는 것이 중요하다. 만약 충분한 영양공급이 이루어지지 않으면 성장장애를 겪을 수 있고, 지나치게 많은 칼로리를 섭취하면 비만이 될 수 있다. 또한 유아기는 배변훈련이 완성되는 시기이다. 기저귀에 의존하던 영아가 유아기에 이르면 대소변을 스스로 가릴 수 있게 된다. 대부분의 영유아가 건강하나, 환경에 적응하는 과정에서 다양한 질병에 노출되기도 한다.

1) 영양

영유아기의 영양은 평생 건강의 기초가 된다. 이 시기의 영양 불균형은 사회적 건강 불균형의 중요한 척도로 알려져 있으며 적절한 개입 없이 방치될 경우에는 결국 전체 사회의 건강을 무너트리는 요인이 된다. 이에 해외 선진국과 WHO에서는 영유아 시기부터 건강한 식생활 습관을 형성할 수 있도록 영양교육을 강조하고 있다.

(1) 수유

탯줄을 통해 모든 영양분을 공급받던 태아가 세상에 태어나면 모유를 통해 적절한 영양을 섭취한다. 모유는 영아에게 필요한 모든 단백질과 아미노산과 미네랄이 균형 잡혀 있는 영양학적으로 우수한 음식이다. 모유에는 영아의 빠른 뇌성장에 필요한 젖당(lactose)이 농축되어 있고, 뇌의 수초화에 필요한 콜레스테롤이 분유나 우유보다 많이 함유되어 있다. 심지어 산모가 영양결핍이더라도 모유는 영아에게 필요한 모든 영양소를 충분히 갖추고 있다. 비록 모유의 철분 함량은 낮으나, 철분 흡수율이 높아 영아에게 철 부족이 일어나지는 않는다.

모유
분만 후 모체의 유선(乳腺)에서 분비되는 유즙

그리고 모유는 면역성분이 풍부하다. 모유를 먹은 영아는 분유를 먹은 영아보다 호흡기 간염, 설사, 중이염, 요로감염, 천식, 소아 백혈병 등의 질병에 덜 걸리는 것으로 나타났다. 이는 모유에 면역성분이 많이 포함되어 있기 때문이기도 하지만 모유수유가 더 청결하기 때문이기도 하다. 우유병에 오염물질이 더 많으며, 특히 물이 오염되었거나 기후가 더운 나라에서 그러하다. 모유는 손으로 인한 감염도 예방할 수 있다.

또한 모유는 우유보다 소화가 더 잘 되며, 소아비만을 예방하는 데에도 도움을 준다. 외부 변인들을 통제한 상황에서 분유를 먹고 자란 어린이가 모유를 먹고 자란 어린이보다 과체중인 경우가 더 많았다(Gillman et al., 2001). 이뿐 아니라, 모유수유는 아이의 지능발달에도 긍정적인 영향을 주는 것으로 나타났으며, 8개월 이상 길게 모유수유를 한 경우 8~18세에 이르러 지능과 읽기 이해력 검사에서 더 높은 점수를 얻었다(Fergusson, Beautrais, & Silva, 1982). 그러나 이것이 모유만의 효과인지, 어머니와 영아의 상호작용이 복합적으로 작용한 것인지는 확실치 않다(Doyle, Rickards, Kelly, Ford, & Callana, 1992).

모유는 산모에게도 좋다. 모유수유는 산모의 빠른 산후 회복을 돕고, 유방암과 난소암의 위험을 줄여주며, 산후출혈을 예방하고, 산후 우울증을 예방하며, 피임에도 효과적이다. 또한 경제적이며, 편리하다.

이에 세계보건기구(WHO)와 미국 소아과학회는 최소 6개월간은 영아에게 모유만을 먹이고 24개월까지 모유수유를 지속할 것을 권고한다. 특히, 산후 2~3

초유

임신 후반에 유방을 누르면 조금 나오는 유즙이나 분만 후 3~4일까지 나오는 것으로, 황색을 띠고 양은 적으나 영양가가 높으며, 특히 단백질이나 칼슘이 많음

성숙유

분만 후 3~4일 지나서 나오며, 초유의 황색은 없어지고 유백색을 띠고, 초유보다 지방과 젖당이 많음

일 동안 나오는 황금빛의 초유(colostrum)만큼은 영아에게 꼭 먹여야 하는데, 초유에는 성숙유보다 더 풍부한 단백질을 함유하고 있으며, 생후 첫 며칠 동안 영아에게 필요한 모든 비타민, 지방, 미네랄 등의 영양소와 면역성분이 들어 있다. 모유의 영양 성분은 수유를 하는 중에 변화하여 영아는 자라면서 필요한 모든 영양분을 모유를 통해 충분히 섭취할 수 있다.

초유(왼쪽)와 성숙유(오른쪽) 비교

그러나 모유를 먹이는 것은 생각보다 쉽지 않다. 한국보건사회연구원 자료에 따르면, 출산 후 한 번이라도 모유수유를 한 산모는 96.6%이었으나, 생후 1주간 신생아에게 모유수유만 한 산모는 59.5%에 불과하였으며, 생후 3개월까지의 모유수유율은 47.5%, 6개월까지는 18.3%로 급격히 낮아지는 것으로 나타났다(최은진, 2016). 2015년 유니세프가 발표한 완전모유수유율은 국제 평균 38%이었다. 이와 같이 모유수유는 산모의 엄청난 노력을 필요로 하며, 교육 없이 성공하기 어렵다. 이에 유니세프와 세계보건기구는 '성공적인 모유먹이기 10단계(1989)'를 공동 발표하였다.

성공적인 모유 먹이기 10단계

첫째, 모든 병원은 의료요원을 위한 모유수유방침을 갖는다.
둘째, 이 방침을 실행하기 위하여 모든 의료요원에게 기술을 훈련시킨다.
셋째, 모유의 장점을 산모에게 교육시킨다.
넷째, 태어난 지 30분 이내에 모유를 물린다.
다섯째, 산모에게 모유를 먹이는 방법을 자세히 가르친다.
여섯째, 신생아에게 모유 이외의 다른 음식물을 주지 않는다.
일곱째, 산모와 영아는 한 방을 쓴다.
여덟째, 모유는 영아가 원할 때마다 먹인다.
아홉째, 영아에게 산모의 젖 이외에 인공젖꼭지 등 다른 것을 물리지 않는다.
열째, 모유 먹이는 모임을 만들도록 한다.

그러나 산모가 AIDS에 감염되었거나, 방사능에 노출되었거나, 약을 복용하고 있을 때, 폐결핵 또는 전염병에 걸렸을 때에는 모유수유를 하지 않는 것이 좋다. 이 외에도 모유수유가 어려울 때에는 우유를 기반으로 철분이 강화된 분유로 모유를 대체한다.

수유간격에 대해서 과거에는 엄격하게 4시간마다 수유를 하라고 권장하였지만, 오늘날 많은 소아청소년과 의사들은 영아가 배고파 할 때마다 먹이라고 조언한다. 요구할 때마다 수유하는 것이 영아에게 스스로 영양 섭취와 만족감을 통제할 수 있도록 돕기 때문이다. 한편, 신생아의 위의 모양은 I자형이고(성인은 J자형이다) 위장과 식도 사이의 근육이 잘 조절되지 않으므로 젖을 먹고 나서 잘 토한다. 그러므로 수유 후 트림을 시켜야 한다.

(2) 고형식

생후 6개월이 되면, 모유나 분유만으로는 필요한 영양을 제대로 섭취하기 힘들다. 그리고 같은 영양가의 음식을 먹을 때 고체로 된 음식보다 액체로 된 음식이 부피가 커서 위에 부담을 주므로 음식섭취를 액체식에서 고형식으로 바꿀 필요가 있다. 고형식(solid food) 또는 이유식은 액체 음식에서 고체 음식으로 바꾸어가는 단계의 음식을 말한다.

과거에는 생후 6주부터 영아에게 곡물을 주기 시작하라고 했지만, 오늘날 소아청소년과 의사들은 영아가 적어도 6kg, 즉 출생 때의 몸무게의 2배가 되는 시점에 이르거나, 생후 4~6개월 사이에 고형식을 시작하라고 권한다. 왜냐하면, 이 시기가 되어야 영아의 소화계가 탄수화물이 많은 음식을 소화할 수 있을 정도로 발달하기 때문이다. 소화가 안 된 고형식은 음식 알레르기를 유발하고 신장 기능에 문제를 일으킬 수 있다. 따라서 아토피성 피부염이 있는 영아는 만 6개월부터 고형식을 시작하는 것이 좋다. 영아의 행동으로도 고형식을 먹일 시기를 확인할 수 있다. 영아가 마시는 우유의 양이 평소보다 크게 늘거나 2시간 간격보다 더 짧게 먹을 것을 달라고 보채는 것은 고형식을 먹을 준비가 되었다는 신호다.

비록 유치가 있지만, 생후 2년까지는 영아가 잘 씹을 수 없으므로 음식이 부드러워야 한다. 고형식은 쉽게 소화되고 음식 알레르기를 거의 일으키지 않는 쌀죽 등의 곡물로 시작한다. 그 다음에 이파리 채소, 노란 채소, 과일 순서로 첨가한다. 여러 종류의 내용물을 한꺼번에 섞여 먹이면 알레르기가 생겼을 때 무엇 때문인지 알 수 없으므로, 한 가지씩 4~7일 간격으로 첨가한다. 생우유와 더 단단한 음식은 생후 1년 즈음에 시작한다.

이유식 하는 영아

이유식을 눕혀서 먹이면 기도가 막힐 수 있으므로 앉혀서 먹여야 한다. 그리고 바른 식습관을 형성하고 소화에 도움을 주며 과식으로 인한 비만을 방지하기 위해 숟가락을 사용한다.

생후 7개월 이전에 덩어리로 된 음식을 하루 2회 먹는 연습을 시작해야 하며, 생후 8개월쯤부터는 손으로 집어 먹을 수 있을 정도로 고형식에 익숙해져야 한다(하정훈, 2006). 모유나 분유의 양은 이유식이 늘어감에 따라 서서히 줄여간다. 만 2세가 될 때까지는 간을 하지 않고 먹는 것이 중요하며, 김치와 된장같이 짠 음식은 가능한 한 피하는 것이 좋다(하정훈, 2006).

(3) 성장장애

영유아기는 급격하게 성장하고 활발하게 활동하는 시기이므로 많은 에너지를 필요로 한다. 따라서 더 자주 먹을 필요가 있고, 필요한 영양과 칼로리를 충분히 갖춘 식사를 해야 한다. 만약 지방과 콜레스테롤, 고칼로리 음식을 지나치게 제한하고 간식을 주지 않으면, 성장장애(failure to thrive: FTT)를 겪을 수 있다. 성장장애는 아프거나 기형은 아니지만 발달 수준이 정상치에 많이 미치지 못하거나 성장속도가 매우 늦은 질환을 지칭하는 용어다. 성장장애아는 그렇지 않은 영유아보다 일반적으로 더 작고 가볍다. 이러한 신체적 문제뿐 아니라, 이상행동을 보이기도 하고, 수동적이고, 소극적이며, 내성적이고, 감정을 거의 표현하지 않고, 포옹과 신체적 접촉을 피하고, 비정상적인 식습관 등의 문제를 보인다(Powell et al., 1987). 심지어 치료를 받은 후에라도 성장장애아의 언어발달 능력과 사회적 성숙도는 또래에 비해 떨어진다.

성장장애
발달 수준이 정상치에 크게 미치지 못하거나 성장 속도가 매우 늦은 질환

성장장애를 유발하는 가장 일반적인 원인은 영양결핍과 영양실조다. 영양결핍(undernutrition)은 아이가 음식을 충분히 먹지 않는 것을 말하고, 영양실조(malnutrition)는 적절한 영양소를 섭취하지 않는 것을 말한다. 영양결핍인 경우, 영유아의 신체는 또래 친구들에 비해 왜소하고 운동능력 발달이 늦다. 주의력결핍, 학습장애, 낮은 학업 성취도 등의 인지적 문제도 발생할 위험이 있다. 음식이 부족할 때, 아이들의 식단은 원조를 받는 아프리카의 아이들처럼 주로 곡물과 콩류로 구성되며 과일, 야채, 육류 섭취가 적다. 그래서 영양결핍인 영유아는 충분한 단백질, 비타민, 미네랄 섭취를 하지 못해 종종 영양실조가 되기도 한다.

가난으로 인해 음식을 살 수 없어 영양분을 충분히 섭취하지 못하는 경우도 있으나, 음식이 풍부해도 영양이 부족한 음식을 섭취하여 영양실조가 되는 경우도 많다. 많은 아이들이 충분한 칼로리의 음식을 섭취하지만 영양실조에 걸리기도 하는데, 이는 패스트푸드, 과자, 감자칩과 같은 영양이 없는 고칼로리 음식으로 배를 채우기 때문이다.

고기와 채소를 충분히 먹지 않는 영유아의 일반적인 문제는 철분이 부족하다는 것이다. 철분 부족은 뇌 발달을 지연시킬 수 있다. 심각한 철분 부족은 철 결핍성 빈혈(iron-deficiency anemia)을 유발한다. 따라서 영유아가 철분을 충분히

섭취할 수 있도록 쇠고기, 닭고기, 새우, 계란노른자, 브로콜리, 당근, 사과 등의 철분이 많은 음식을 제공해 주어야 하며, 칼슘과 지방의 주요 공급원인 우유를 충분히 섭취할 수 있게 한다. 지방을 줄인 우유제품들은 영유아에게 적절치 않다. 충분한 영양소와 열량을 섭취하면, 성장장애아도 신체적으로 정상수준으로 돌아갈 수 있다.

(4) 비만

영유아 비만은 세계적으로 심각한 문제다. 국민건강보험공단 자료(2016)에 따르면, 멕시코에서 영유아의 9.8%가 과체중이고, 23.8%가 비만이었으며, 미국의 경우 유아의 23%가 과체중이고, 8%가 비만인 것으로 나타났다. 우리나라에서도 적지 않은 수의 영유아가 비만인 것으로 조사되었는데, 2015년 우리나라 영유아의 8.6%가 과체중이며, 2.8%가 비만인 것으로 나타났다. 성별 차이는 크지 않았고, 소득수준이 높을수록 영유아 비만율은 낮아지는 경향을 보였다.

영아에 대한 비만도는 세계보건기구(WHO), 한국 질병관리본부, 미국 질병통제예방센터(CDC) 모두 신장별 체중 지표(weight-for-length/height)를 사용하며, 신장별 체중이 95백분위 수 이상인 경우 과체중으로 판정한다. 유아의 경우에는 일반적으로 체질량지수(body mass index: BMI)를 사용하여 비만을 진단한다. 체질량지수는 체중을 신장으로 두 번 나눈 값(kg/m^2)이다. 체질량지수가 20 미만일 때는 저체중, 20~24는 정상 체중, 25~30은 경도 비만, 30 이상은 비만으로 본다.

영유아 비만은 단기적으로도 문제이지만, 이 시기 비만의 80~85%가 성인비만으로 이행된다는 점이 더 큰 문제다. 그리고 이러한 과도한 체중증가는 고혈압, 혈중 중성지방의 증가, 비정상적인 당 대사, 인슐린 저항, 염증, 심혈관 질환 및 제2형 당뇨병 등의 대사성질환을 조기에 발생시킨다. 또한 소아비만이었던 사람은 성장기에 과도하게 축적된 지방으로 인해 성장 호르몬이 제 역할을 하지 못한다. 과도하게 축적된 지방은 혈액순환에 장애를 일으키고, 성장 호르몬이 필요한 곳으로 배달되지 못하게 하여 성장을 방해하며, 사춘기를 빨리 오게 하는 성조숙증을 유발한다. 따라서 어린 시기에 비만을 예방하는 것이 중요하다.

비만은 유전, 환경, 음식 섭취 등 여러 요인에 의해 발생한다. 부모 중 한쪽이 비만인 영유아가 비만해질 가능성은 40%이며, 부모 모두 비만인 영유아가 비만해질 가능성은 80%다. 특히 가족의 식습관에 크게 영향을 미치는 어머니가 비만인 경우는 그렇지 않은 영유아보다 비만 위험이 2.5배 이상 증가한다고 알려져 있다. 이는 가족의 생활 습관도 영유아의 비만에 영향을 미친다는 것을 의미한다.

최근에 지적되고 있는 비만의 또 다른 주된 원인은 환경과 음식 섭취다. 즉석식품(fast food)의 섭취가 늘고 전통 식단이 줄어들면서 과일과 야채의 섭취는 줄어들고, 육류 등의 고지방 음식 소비가 늘고 있다(보건복지부 보건사회연구원, 2006). 그리고 TV나 컴퓨터에의 접근성이 높아져서 영유아의 신체 활동이 많이 줄어들고 있다. 연구 결과, 하루 4시간 이상 TV를 시청하는 유아는 적은 활동량으로 인해 비만해지는 것으로 나타났다(Cho, Park, & Seo, 2009).

영유아기의 비만은 현재의 체중을 유지하면서 키가 성장하도록 돕는다면 상태가 쉽게 호전될 수 있다. 부모와 선생님은 유아에 대한 강화물로 초콜릿이나 젤리 등의 사탕류나 과자를 사용하지 말아야 하고, 시중에 판매하는 어린이 음료나 콜라 등의 탄산음료의 섭취를 제한하며, 햄버거와 감자칩 등의 패스트푸드, 라면 등의 인스턴트 음식, 과자와 같은 영양이 없는 고칼로리 음식 대신 신선한 과일과 야채를 섭취하도록 한다. 매일 30분 이상 바깥놀이 활동을 하도록 하고, TV를 시청하며 식사하지 않도록 하며, 간식을 자주, 많이 먹지 않도록 한다.

2) 배변

신생아는 태어난 이후 2~3일 동안 냄새가 없는 암녹색의 변을 본다. 이를 태변이라 하는데, 이 태변은 태아로 있는 동안 창자에 쌓인 노폐물로, 섬유질이 많이 포함되어 있다. 태변이 배출되고 몸의 수분이 증발됨에 따라 체중이 일시적으로 약 5% 정도 감소되지만, 수유를 시작하면서 다시 늘어난다.

태변
신생아가 태어난 후 2~3일 동안에 배출하는 점조하고 냄새가 없는 암녹색 변

영아기에는 괄약근 조절 능력이 덜 발달하여 아직 대소변을 조절하지 못한다. 즉 창자와 방광이 차면 괄약근이 자동적으로 열려서 배설물을 배출하므로

비록 위험한 질병은 많이 사라졌지만, 여전히 많은 영유아들이 다양한 질환으로 병원을 찾는다. 영유아기에 가장 흔히 걸리는 질환은 감기다. 주로 바이러스 때문에 코와 목구멍 근처인 인두에 염증이 생기는 병으로, 생후 6개월까지는 잘 발병하지 않다가 생후 6개월부터 유아기까지 가장 빈번히 발병한다. 이는 모체로부터 받은 면역성이 생후 6개월쯤에 거의 소진되기 때문이며, 유아기에 단체생활을 시작함에 따라 감기 바이러스가 쉽게 전염되기 때문이다. 감기에 걸린 경우, 편안하게 휴식을 취하게 하고, 충분한 수분과 영양을 섭취하도록 하며, 실내의 습도를 적절하게 유지시키는 것이 좋다. 감기는 중이염, 기관지염, 폐렴과 같은 합병증이 잘 생기며 감기처럼 보이나 다른 심각한 질병일 수도 있으므로 소아청소년과에 방문하여 의사의 진찰을 받을 필요가 있다.

황달
원인은 분명하지 않으나 대체로 간의 기능이 불완전하여 생후 3~4일경에 얼굴에 누른빛이 나타나는 현상. 누른빛이 점차 가슴과 손발까지 번지는 수가 있으나 7~10일 무렵에는 없어짐

신생아기에 가장 흔하게 겪는 증세는 황달이다. 황달은 간의 미성숙으로 눈동자와 피부가 노랗게 보이는 증세로, 출생 후 3~4일 후 절반가량의 신생아들(조산아의 경우에는 더 많은 신생아들)이 신생아 황달을 겪을 만큼 흔하게 나타난다(Papalia et al., 2009). 그 자체가 크게 위험하지 않으며, 특별한 치료가 필요하진 않다. 일반적으로 출생 후 1주일 정도가 지나 간기능이 원활해지면 황달은 자연스럽게 사라진다. 그러나 질병에 의한 병적 황달을 생리적 황달로 오인하여 방치하면 아이의 청력이 손상될 수 있고, 더 심한 경우에는 핵황달로 진행되어 뇌성마비가 나타나거나 사망할 수 있다. 따라서 배와 다리까지 노랗게 보일 경우 병원에서 치료를 받아야 한다.

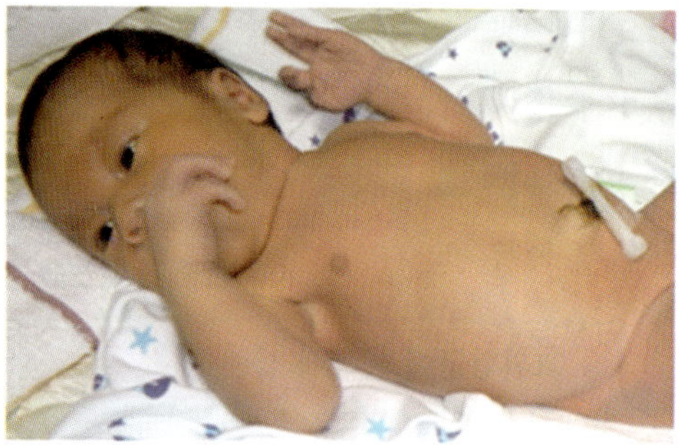

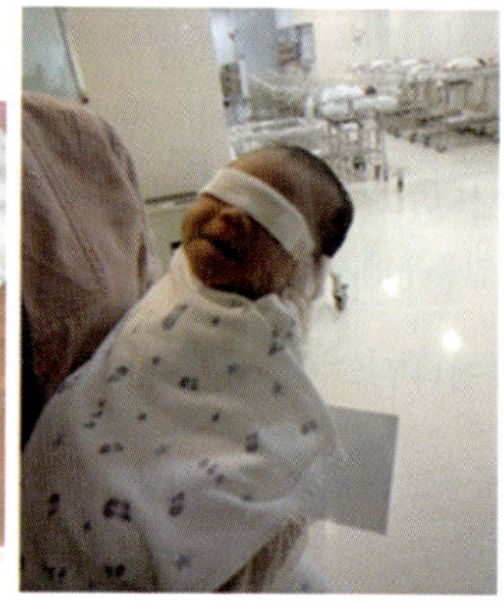

황달 증세가 있는 신생아와 황달 치료 사진

황달 치료에는 광선 치료가 포함되므로 신생아의 눈을 가린 채 치료한다.

이 외에도 영아기와 유아기에 가장 흔히 나타나는 피부질환으로 아토피 피부염이 있다. 만성적인 가려움증과 반복되는 피부 염증이 주요한 증상이며, 최근 전세계적으로 유병률이 증가하고 있다. 국민건강영양조사(2016) 결과, 우리나라 1~11세 아이들의 아토피 피부염 유병률이 14.9%인 것으로 보고되었다. 아토피 피부염이 나타나는 부위는 연령에 따라 차이가 있는데, 영아기에는 주로 얼굴, 특히 뺨에 나타나며, 유아기에는 목과 팔꿈치 안쪽 등의 피부가 접히는 부분에서 자주 관찰된다. 아토피 피부염은 영유아기에 증상이 심하고 만성화되다가 연령이 증가하면서 호전되는 경향이 있다. 이 질환은 유전적 요인과 환경적 요인의 복합적인 상호작용에 의해 발생하는데, 환경적 요인을 살펴보면 실내에서 더 많은 시간을 보내게 됨에 따라 집 먼지 진드기에 대한 노출이 증가하였고, 깨끗한 위생 생활과 항생제 사용으로 면역기능이 떨어졌으며, 소아 비만이 증가하였고, 식습관이 첨가제가 많이 들어간 가공식품 위주로 변화되었다는 점을 들 수 있다. 이를 예방하기 위해 가급적 생후 6개월간 모유수유를 하는 것이 좋고, 생후 6개월 이후에 이유식을 시작하며, 피부 보습을 충분히 해주고, 집 먼지 진드기와 동물 등에 노출되지 않는 것이 좋다.

이 외에도 열이 나고 귀가 아픈 중이염, 토하거나 설사를 하는 장염, 갑자기 소변을 자주 누고 소변 눌 때 아프고 열이 나는 요로감염, 눈이 붉어지고 눈물이 많이 나며 눈이 거북하고 가려워 자주 비비는 유행성 결막염, 손, 발 그리고 입안에 물집이 잡히는 전염병인 수족구병 등이 영유아기에 쉽게 걸리는 질병이다. 이러한 질병으로 의심될 경우, 개인적 상식으로 영유아를 치료하지 말고 소아청소년과의 전문의에게 치료를 받는 것이 바람직하다.

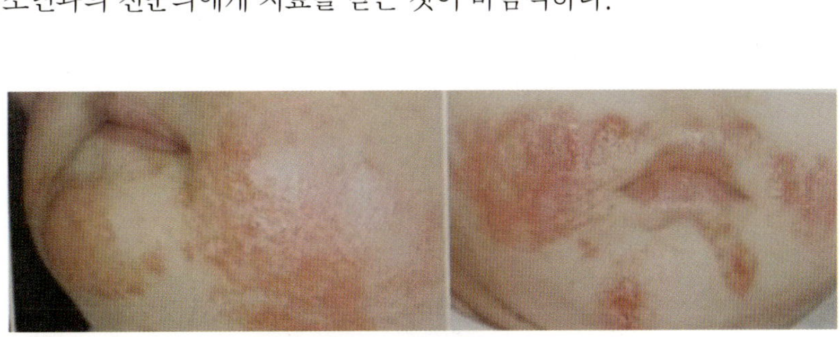

아토피 피부염이 있는 아이(하정훈, 2006)

CHAPTER **04**

인지발달: Piaget, Vygotsky 이론 중심

1. Piaget의 인지발달이론
2. Vygotsky의 인지발달이론
3. Piaget와 Vygotsky 이론의 비교

Chapter 04

인지발달: Piaget, Vygotsky 이론 중심

인지발달(cognitive development)은 개인이 정보를 지각하고 이해하며 평가할 수 있는 지적인 능력을 습득하는 과정이다.

영유아의 체중은 성인의 30% 정도이지만, 아이의 뇌는 2세 때 이미 성인 무게의 75%에 이르고 5세 때 성인의 90% 정도까지 성장한다. 뇌의 발달과 함께 영유아는 신체적 협응 능력, 지각, 주의, 기억, 언어, 논리적 사고, 상상력 등 다양한 능력이 발달한다.

영아들은 왜 무엇이든 입으로 가져가는 것일까? 유아들은 왜 묘지를 겁내고, 엄마가 아프면 자신이 오늘 엄마 말을 듣지 않았기 때문이라고 생각하는 것일까? 이러한 영유아기의 인지적 특징과 인지과정은 어떻게 설명될 수 있을까?

아이는 인지가 발달하면서 세상을 이해하고 환경에 적응할 수 있게 된다. 학자들은 영유아의 인지능력이 시간의 흐름에 따른 성숙과 환경의 상호작용을 통해 발달한다고 보았으나, 그 세부적인 발달과정과 상호작용의 내용에 대해서는 서로 의견을 달리한다. Piaget는 인지발달에서 생물적 성숙과 물리적 환경의 중요성을 강조하며 아이의 지적 능력이 어떻게 변화하는지를 설명하였다. 반면 언어와 문화 등 사회문화적 환경의 영향력을 강조한 Vygotsky의 인지발달이론은 성인 또는 또래와의 상호작용 속에서 영유아의 인지가 어떻게 발달해 가는지를 설명하였다.

1. Piaget의 인지발달이론

1) 감각운동기

영아는 주로 감각 운동기관을 통해 정보를 받아들이기 때문에 Piaget는 이 시기를 감각운동기(sensorimotor stage)라고 명명하였다. 감각운동기는 출생 후부터 대략 2년 동안 지속되며, 영아들은 이 시기에 주로 보고, 듣고, 느끼는 감각기관과 행동하는 운동 활동을 통해서 환경을 경험한다.

바닥에 떨어진 흙에도 관심을 보이며 만져보려 하고, 물속의 돌멩이를 직접 만져보며 주변 환경을 탐색하고 있다.

감각운동기가 시작되는 시점에는 선천적으로 타고난 반사 활동만을 보이지만, 감각운동기가 끝나는 생후 2년 정도가 되면 다양하고 복잡한 감각 운동적 도식(schema)이 가능해지며, 목적이 있는 행동을 보이게 된다. 이러한 감각운동기의 변화는 반사운동기, 일차순환반응기, 이차순환반응기, 이차순환반응의 협응기, 삼차순환반응기, 정신적 표상기 등 6개의 하위단계로 분류되며 각각의 하위단계는 감각-운동 구성에서의 질적 변화를 수반한다.

(1) 감각운동기의 하위 6단계

① 반사운동기

반사운동기(reflex activity)는 감각운동기 중 하위 1단계로 출생 후 한 달 정도

의 기간에 해당한다. 이때 영아가 보여 주는 행동은 반사적이다. 영아는 젖 찾기, 빨기, 잡기 등 선천적으로 가지고 태어난 다양한 반사도식을 사용하여 외부세계에 적응해 나간다. 대표적인 반사가 빨기 반사인데, 영아는 입에 닿는 것은 무엇이든지 빠는 행동을 보여 준다. 빨기 반사, 잡기 반사 등은 외부 세계에 적응해 가는 과정을 통해 계속적으로 수정되고 발달하며, 이후의 인지발달의 토대가 된다.

② 일차순환반응기

일차순환반응기(primary circular reactions)는 감각운동기 중 하위 2단계로 생후 1~4개월의 기간에 해당한다. 이때 영아의 관심은 외부 대상보다는 자신의 신체에 있으며, 자신이 한 우연한 행동이 재미있고 만족스러우면, 그 행동을 계속 반복한다. 즉, 영아는 자신의 신체에 관심을 가지고 빨기, 잡기와 같은 감각운동을 반복해서 보여 준다. 이와 같이 이 시기 영아의 행동은 외부보다 자신을 향해 있으므로 1차적이라고 하며, 같은 행동을 반복하기 때문에 순환반응이라고 한다. 예를 들어, 영아는 손가락을 빠는 것이 만족스러우면, 손가락을 계속 입 속에 넣어 빠는 행동을 하게 된다. 이러한 행동은 행위자체의 즐거움을 위해 반복되는 것이다.

③ 이차순환반응기

이차순환반응기(secondary circular reactions)는 감각운동기 하위 3단계로 생후 4~8개월의 기간에 해당한다. 이 시기의 영아는 앉을 수 있고 손을 뻗쳐 사물을 잡을 수 있는 운동능력이 생긴다. 그리고 영아는 이러한 능력을 바탕으로 자신의 신체보다는 주변 세계에 대해 관심을 가지고 집중하게 된다. 이와 같이 인지의 범위가 외부세상으로 확대되고 행동이 일으키는 변화에 흥미를 가지고 행동

을 반복하기 때문에 2차 순환반응이라고 한다. 예를 들어, 딸랑이를 건드려 본 영아는 이 놀라움과 재미를 계속 즐기기 위해서 계속 딸랑이를 반복해서 건드린다. 그리고 잠시 멈추었다가 다시 한 번 그 소리를 듣기 위해 딸랑이를 흔드는 행위를 반복하게 된다. 이는 의도성(intentionality)의 표출로 영아의 행동에서 의도적 행위가 나타나기 시작하는 것이다.

④ 이차순환반응의 협응기

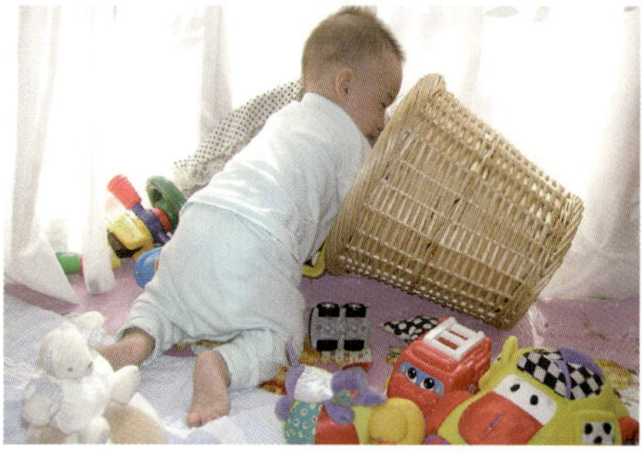

이 시기는 감각운동기 중 하위 4단계로 생후 8~12개월의 기간에 해당한다. 이 시기의 영아는 자신의 신체보다는 주위환경에 관심을 가지고 있으며, 자신의 목표를 달성하기 위해 이전에 획득한 도식을 새로운 상황에 사용한다. 이렇게 두 가지 행동들이 협응되기 때문에 이 단계를 이차순환반응의 협응기(coordination of secondary circular reactions)라고 한다.

영아는 기존의 도식을 목표성취를 위해 협응시킨다. 이때 영아의 행동은 보다 의도적이고 목표 지향적이다. 예를 들어, 영아가 원하는 곰 인형이 토끼 인형 아래에 있으면 이를 가지고 놀기 위해, 토끼 인형을 치워버리는 행동을 보여 준다. 이는 장난감(곰 인형) 집기와 방해물(토끼 인형) 치우기라는 두 가지 도식의 협응을 보여 주는 것이다. 이때 방해물 치우기라는 행동은 장난감을 잡는 행동 목표 달성을 위한 수단이 된다.

또 다른 주요 특성은 대상영속성이라는 개념을 획득하기 시작하는 것이다. 대상영속성(object permanence)이란 대상이 시야에서 사라지더라도 계속 존재한다는 것을 인식하는 능력이다. 즉, 이전 단계까지의 영아는 흥미로운 물체가 사라졌을 때, 더 이상 그 물체가 존재하지 않는다고 생각하여 아무런 반응도 나타내지 않는다. 그러나 대상영속성을 획득한 영아는 눈앞에서 물체가 보이지 않더라도 그 물체가 존재한다고 생각하며 그 물체를 찾으려고 한다.

대상영속성
대상이 시야에서 사라지더라도 계속 존재한다는 것을 인식하는 능력

이러한 대상영속성 개념의 획득을 돕는 대표적인 놀이가 바로 까꿍놀이다. 이 시기의 영아들은 부모와의 까꿍놀이를 통해 정서적 유대감을 느끼고 대상영속성을 습득하게 된다.

⑤ 삼차순환반응기

삼차순환반응기(tertiary circular reactions)는 감각운동기 중 하위 5단계로서 생후 12~18개월의 기간에 해당한다. 이때 영아는 단순한 목적을 지닌 반복이 아니라, 다양한 시도를 하게 된다. 의도적으로 새로운 가능성을 탐색해 봄으로써 자신의 행동이 어떤 결과를 가져올지를 알아보기 위한 실험을 한다. 걸음마를 하게 되면서 대상과의 접촉이 용이해지고 새로운 경험을 할 수 있는 가능성이 늘어나기 때문에 영아는 보다 더 적극적이 된다. 예를 들어, 이 시기의 영아는 다양한 소리를 듣기 위해 소리 나는 장난감을 눌러 연주하기도 하고 숟가락, 연필, 막대기 등 여러 가지 물체를 이용해 두드리는 시도를 해본다. 또한 여러 가지 위치에서 물건을 떨어뜨려 그 떨어지는 상황을 관찰해 보기도 한다.

⑥ 정신적 표상기

정신적 표상기(Mental representation)는 감각 운동기 중 하위 6단계로서 생후 18~24개월의 기간에 해당한다. 이 단계는 감각운동기에서 전조작기로 넘어가는 시기로, 이 하위단계에서의 영아의 인지능력은 크게 성장한다. 5단계까지는 신체를 이용한 실제 경험을 통해서만 인지작용이 가능했지만 이제 영아는 눈앞에 없는 사물이나 사건들을 정신적으로 그려내는 정신적 표상을 사용할 수 있다. 문제해결을 위해서도 시행착오적 시도보다 행동하기 전에 머릿속에서 먼저 생각을 한 이후에 행동을 한다. 이와 같이 정신적 표상(mental representation)이

가능해지면서 이제까지는 불가능했던 지연모방(deferred imitation)도 가능해진다. 지연모방이란 어떤 특정 행동을 목격한 후 일정 시간이 지난 후에 그 행동을 재현하는 것을 말한다. 예를 들어, 엄마가 자신을 돌봐준 것처럼 인형을 돌봐주거나 병원에서 의사선생님이 환자를 치료하는 것을 목격한 영아가 다음날 인형을 가지고 의사놀이를 하는 것, 친구들이 욕하고 싸우는 것을 듣고, 며칠 후 화가 났을 때 똑같은 행동을 보이는 경우 등이다. 지연모방이 가능한 것은 영아가 기억 속에 저장하고, 후에 인출해 낼 수 있는 심상을 구성할 수 있기 때문이다.

인형에게 이불 덮어주는 영아

지연모방
특정 행동을 목격한 후 일정 시간이 지난 후에 그 행동을 재현하는 것

2) 전조작기

Piaget는 유아기를 인지발달의 전조작기(preoperational stage)라고 하였다. 이 시기 유아의 사고는 비논리적이며, 아동기가 되어야 논리적 조작이 가능하다. 전조작기는 대략 2세에서 6세까지 지속되며, 전조작기 유아의 개념 획득에 가장 결정적인 역할을 하는 것은 다양한 언어활동과 신체활동을 통한 경험이다.

전조작기는 상징 도식이 활발하게 발달하는 시기다. 유아기로 넘어오면서 이들은 상징(symbol)을 사용하기 시작한다. 이제 유아는 '사탕'이라는 단어를 들으면 머릿속으로 사탕을 떠올리며 침을 꿀꺽 삼킬 수 있다. 유아의 사고는 정신적 표상기에 시작된 이러한 표상적 사고(representational thought) 능력이 생기면서

표상적 사고
상징을 사용하는 대상을 마음 속에 그릴 수 있는 정신 능력

전조작기 유아는 다양한 언어활동과 신체활동을 통해 정보를 습득한다.

이전과는 질적으로 다른 도약을 하게 된다. 이전까지는 신체를 이용한 실제 경험을 통해서만 인지작용이 가능했지만 이제 유아는 눈앞에 없는 사물이나 사건들을 정신적으로 그려 내는 정신적 표상(mental representation)을 사용할 수 있다. 유아는 냉동실 문을 열지 않고도 아이스크림을 말하면서 차갑고 맛있는 아이스크림의 특징을 생각할 수 있다. 유아는 감각을 통해 알고 있는 개념들을 단어, 숫자, 심상의 상징을 사용하여 표현할 수 있는데, 이러한 상징의 사용은 유아가 실제 눈앞에 없는 것들도 기억하고 생각할 수 있도록 돕는다. 이러한 능력은 이전에 관찰했던 것을 모방하거나, 인형이나 물건을 사람으로 상상하고 가상의 상황을 만들어 노는 가상놀이(pretend play)를 통하여 발달한다. 유아는 병원놀이, 시장놀이 등 가상놀이를 할 수 있게 되고, 돌멩이를 음식이라고 하며 상을 차리고 먹는 시늉을 하기도 한다. 가상놀이는 연령이 증가하면서 더 자주 더 발전된 형태로 나타난다. 이제 유아는 문제해결을 위해서도 행동하기 전에 머릿속에서 먼저 생각을 한 후에 행동을 한다.

하지만 유아는 단순한 수준의 정신적인 조작을 할 수 있으며, 모호한 인상이나 지각적인 판단에 의존하기 때문에 논리적인 추리보다는 비논리적인 추리를 한다.

중심화
사물의 한 가지 차원에만 초점을 두고 다른 중요한 특성은 인지하지 못하는 경향

전조작기의 유아는 중심화 경향을 보인다. 중심화(centration)는 사물의 한 가지 차원에만 초점을 두고 다른 중요한 특성들을 간과하는 경향성을 의미한다. 유아는 어느 상황을 동시에 다양한 관점으로 생각하지 못하므로 비논리적인 결론을 내린다. 중심화는 직관적 사고, 자아중심성의 특징을 통해 잘 나타난다.

직관적 사고
현재 지각되는 어느 한 사실에만 주의를 기울여 그 대상을 규정짓는 사고 특성

직관적 사고(intuitive thinking)는 사물의

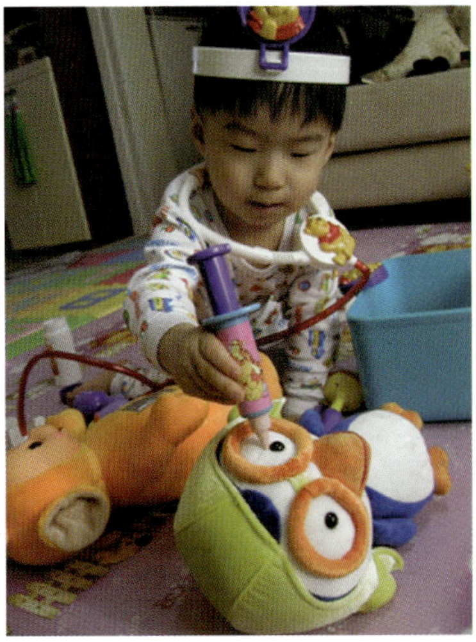

가상놀이를 하고 있는 유아

여러 측면에 주의를 기울일 줄 모르고 현재 지각되는 어느 한 사실에만 주의를 기울임으로써 현저한 지각적 특성으로 대상을 파악하는 사고를 말한다. 즉, 이 시기의 유아는 귀신 가면을 쓴 엄마를 보고 귀신이라 생각하여 무서워한다. 이는 겉모습(appearance)과 실재(reality)를 구별하지 못하고 겉모습이 곧 실재라고 생각하기 때문에 나타나는 현상이다. De Vries(1969)는 유아들에게 먼저 고양이를 보여 준 후, 개의 탈을 쓴 고양이를 보여 주고 이것이 무슨 동물인지 물었다. 3세 유아는 모두 겉모습에만 초점을 두어 이 동물이 개라고 하였고, 4~5세 유아는 고양이가 개로 변한 것은 믿지 못하지만 이 동물이 무슨 동물인지 정확하게 설명하지 못했다. 6세가 되어서야 유아는 개처럼 보이는 고양이라고 대답할 수 있었다. 크리스마스에 산타클로스 복장의 선생님이 나타나 선물을 주면 5세 이하의 유아는 정말 산타클로스가 와서 선물을 주었다고 생각한다.

유아는 겉모습과 실재를 구분하지 못하고 겉모습이 곧 실재라고 생각한다. 유아는 사람이 인형 탈을 쓰거나 분장을 하면 이를 실재라고 생각한다.

직관적 사고는 분류나 보존 개념의 실험에서 잘 나타난다. 보존 개념(conservation)을 획득한다는 것은 한 사물의 겉모습이 변해도 더하거나 빼지 않으면 그것의 길이, 양, 무게, 면적, 부피 등은 변화하지 않는다는 사실을 이해하는 것이다.

보존 개념
물질의 모양이나 위치가 변하여도 물질의 속성은 동일하다는 개념

[사진 4-1]에서 유아는 짧고 넓은 두 개의 컵에 같은 양의 우유가 채워지는 것

(a) (b) (c)

[사진 4-1] Piaget의 액체보존 실험(신명희 외, 2017)

을 지켜본 후(a), 한쪽 컵의 우유를 길고 좁은 컵으로 옮겨 부으면(b), 이제 유아는 길고 좁은 컵의 우유가 더 많다고 대답한다(c). 이는 우유의 높이라는 시각적인 인상에 의해 좁고 긴 컵의 우유 높이가 올라가서 더 많아 보이는 직관적 사고 때문에 나타나는 현상이다. 또한 우유의 높이에만 주목하고 넓이의 변화를 고려하지 못하는 중심화의 특징도 함께 나타났다고 볼 수 있다.

동일성

모양이 변해도 변화되기 이전과 동일한 대상이라는 생각

가역성

어떠한 문제를 처음의 상태로 되돌려 거꾸로 생각할 수 있는 것

상보성

동시에 여러 차원을 볼 수 있어서 한 가지 차원에서의 변화를 다른 차원에서의 변화로 상쇄할 수 있다는 생각

전조작기 유아가 보존 개념을 획득하지 못하는 것은 동일성, 가역성, 상보성이라는 개념에 대한 이해가 부족하기 때문이다. 어떠한 물체의 모양이 변해도 그 물체는 모양이 변하기 이전과 같은 대상이기 때문에 더하거나 빼지 않으면 결국 질량의 변화는 없다는 개념이 동일성(identity)이다. [사진 4-1]에서 짧고 넓은 컵의 우유를 길고 좁은 컵으로 옮겨 부어도 우유의 양은 변하지 않는다는 것을 이해하는 것이 동일성이다. 가역성(reversibility)은 머릿속에서 처음의 상태로 돌아가도록 거꾸로 생각할 수 있어서 결국 양의 변화가 없다는 것을 알게 되는 것이다. [사진 4-1]에서 길고 좁은 컵으로 옮겨 부은 우유를 다시 거꾸로 짧고 넓은 컵으로 옮겨 부을 수 있으므로 결국 같은 양의 우유라는 것을 이해하게 되면 가역성 개념을 습득한 것으로 볼 수 있다. 상보성(compensation)은 한 가지 차원에서 잃어버린 것은 다른 차원에 의하여 보상될 수 있다는 개념이다. 즉, 상보성 개념을 획득하면 동시에 여러 차원을 볼 수 있어서 한 가지 차원에서의 변화를 다른 차원에서의 변화로 상쇄할 수 있다는 생각을 하게 된다. [사진 4-1]에서 컵의 넓이가 넓은 것에서 좁은 것으로 변화했지만 컵의 높이도 동시에 짧은 것에서 높은 것으로 변화했으므로 컵의 넓이의 변화가 높이의 변화로 보상되었다는 것이 상보성이다.

[사진 4-2]에서 같은 길이의 젓가락 두 개를 보여 주고 한 개를 왼쪽이나 오른쪽으로 밀어 배열을 변화시키자 유아는 위에 있는 젓가락이 더 길다고 대답한다. [사진 4-3]에서 같은 수의 그림카드를 두 줄로 늘어놓고, 한 줄의 그림카드 간격을 넓혀 배열을 달리하면 유아는 간격이 넓은 배열의 그림카드가 더 많다고 대답한다. 배열이 변화해도 길이나 수에 변화가 없다는 보존 개념을 전조작기 유아는 아직 획득하지 못하였다.

[그림 4-1]에서 제시된 것처럼 보존 개념의 습득은 연령에 따라 다르다. 보존 개념의 획득은 앞에서 제시된 양에 대한 보존 실험 이외에도 길이나 부피 등의

[사진 4-2] Piaget의 길이 보존과제 실험(신명희 외, 2017)

여러 영역에서 이루어지며, 과제의 형태에 따라 습득되는 시기가 다르다. [그림 4-1]에서 보듯이 처음에는 수에 대한 보존 개념을 습득하고, 그다음에는 질량, 길이, 면적, 무게, 마지막으로 부피 순으로 보존 개념을 습득한다. Piaget는 이렇게 동일한 개념이 과제의 형태에 따라 습득되는 시기가 달라지는 현상을 수평적 격차(horizontal decalage)라고 하였다. 질량, 면적, 무게, 부피 등의 보존 개념은 아동기에 획득되고 청소년기에 이르러 보존 개념은 완성된다.

[사진 4-3] Piaget의 수 보존과제 실험(신명희 외, 2017)

보존 과제	획득 연령	최초 배열	변형	변형된 배열	원리
수	6~7세	A줄과 B줄에 같은 수의 바둑알이 있는가? 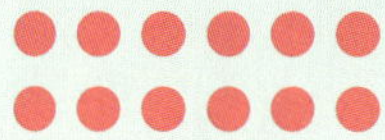	한 줄을 길게 늘린다. 	A줄과 B줄에 바둑알 수가 같은가?	재배열 후에도 수는 동일하다.
질량	6~8세	찰흙으로 만든 A공은 B공과 같은 양인가? 	B공을 눌러서 납작하게 바꾼다. 	A와 B는 같은 양인가?	모양이 변해도 찰흙의 양은 동일하다.
길이	7~8세	막대 A와 B의 길이는 같은가? 	막대 하나를 왼쪽이나 오른쪽으로 움직여 배열을 변화시킨다. 	A와 B는 같은 길이인가?	배열이 변화해도 길이는 변하지 않는다.
용액	7~8세	A컵과 B컵의 물은 같은 양인가? 	A컵의 물을 넓고 얕은 컵에 붓는다. 	A와 B의 물은 같은 양인가?	물을 담은 컵의 모양이 변하더라도 물의 실제 양은 동일하다.
면적	8~9세	두 농장이 있는데 각 농장에는 풀들이 있다. 소가 농장에서 풀을 뜯어 먹는다. 소는 A와 B에서 같은 양의 먹을 풀을 갖고 있는가? 	한 농장의 풀들의 간격을 벌려 놓는다. 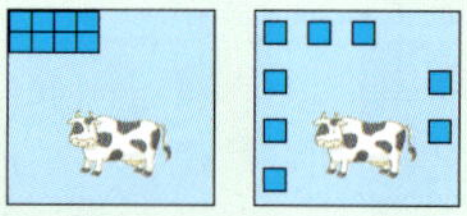	A와 B에서 같은 양의 먹을 풀을 갖고 있는가? 아니면 왜 그렇지 않은가?	면적을 덮고 있는 물체의 위치를 옮겨도 덮이지 않은 전체 면적은 변함이 없다.
무게	9~10세	A와 B는 공 모양의 찰흙덩어리인데 둘 다 같은 무게인가? 	질량의 보존에서와 같이 A나 B 찰흙공 하나를 눌러서 납작하게 만든다. 	저울에 올려놓으면 A와 B는 같은 무게일까?	모양이나 부피가 변해도 무게는 동일하다.
부피	10~15세	같은 모양의 찰흙공 A와 B를 물에 넣으면 올라오는 높이가 같은가? 	찰흙공 하나의 모양을 눌러서 변형시킨다. 	A와 B가 용기 속의 물을 똑같은 높이로 올릴 것인가?	모양이 변해도 부피는 변하지 않으므로 물 높이는 동일하다.

[그림 4-1] 보존 개념(신명희 외, 2017)

분류
유사점과 차이점을 구별하여 한 가지 범주에 포함된 것을 몇 개의 하위 항목으로 나누는 것

분류(classification)란 유아가 유사점과 차이점을 구별하는 것이며, 사물이나 사건을 일정한 규칙에 의해 분류할 수 있는 이러한 능력은 논리적 사고의 기초가 된다. 유아에게 크기와 색깔이 다른 삼각형, 원형, 사각형 등의 도형을 제시해 주고 분류해 보라는 과제를 주면 유아는 정확하게 분류하지 못한다. 사물을 분류하기 위해서는 모양, 색깔, 크기 등 여러 기준이 있을 수 있는데, 이 시기 유아는 분류 기준에 혼돈을 일으키기 때문에 부분적으로 분류를 할 수 있지만, 그 기준이 분명하지 않다. 예를 들어, 유아는 색깔에 따른 분류, 모양에 따른 분류 등 단일 속성을 기준으로 한 단순 분류는 가능하지만, 빨간 원, 파란 삼각형 등 두 가지 속성을 동시에 고려하는 복합 분류는 7~8세 이후에야 가능하다. 그러나 자신의 장난감을 분류하는 일과 같은 자신에게 친숙한 사물에 대한 분류는 비교적 일찍부터 가능하다.

범주화(class-inclusion)는 전체는 부분보다 크며, 상위 범주는 하위 범위를 포함한다는 것을 이해하는 것이다. 유목화 개념이 없는 전조작기 유아는 5명의 남자아이와 2명의 여자아이로 구성된 놀이 반에서 "아이들이 많니, 남자아이들이 많니?"라고 물으면, 남자아이들이 많다고 대답한다. 하지만 이후 아동기가 되면 아이들이 남자아이들의 상위 개념임을 이해하고 아이들이 더 많다고 대답할 수 있게 된다. Piaget는 이 시기의 유아에게 파란 꽃 4송이와 노란 꽃 12송이가 그려진 카드([그림 4-2] 참조)를 제시하고 꽃이 많은지 노란 꽃이 많은지 질문하였다. 전조작기의 유아는 노란 꽃이 많다고 대답하였다. 이 실험에서 5~7세 아동의 50% 이상이 색깔이나 형태의 지각적 속성에 의한 직관적 사고에 의하여 범주화 조작에 실패하였다. Piaget는 7, 8세경에 직관적 사고에서 벗어나 분류와 범주화가 가능해지기 시작한다고 주장하였다. 그러나 Piaget 이후 이론가들은 친숙한 물체나 과제로 항목의 수나 질문 형태 등을 최적화하여 제시하면 범주화할 수 있는 능력이 4~6세경에 획득된다고 하였다(Smith, 1979).

유아가 다양한 모양과 색깔의 블록을 분류하고 있다.

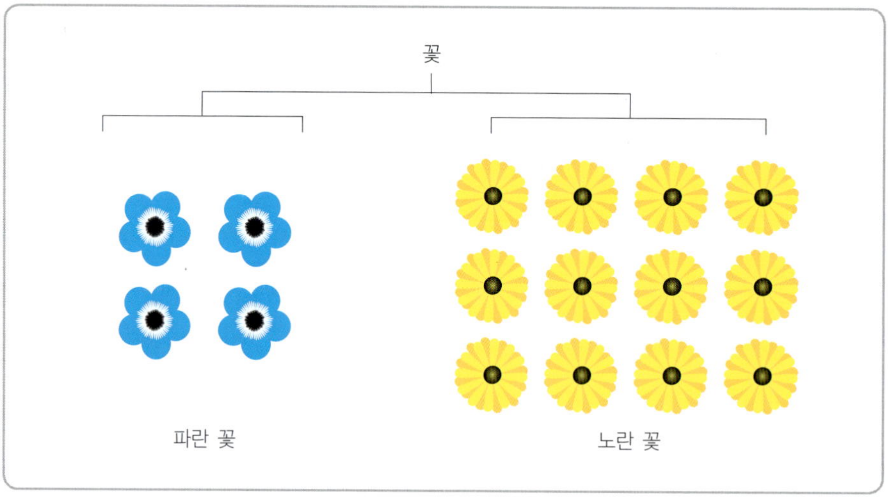

[그림 4-2] 꽃 그림 카드

> **자아중심성**
> 타인의 생각, 감정 등이 자신과 동일하다고 믿고 타인의 관점을 이해하지 못하는 경향

전조작기의 또 다른 특성인 자아중심성(egocentrism)은 타인의 생각, 감정 등이 자신과 동일하다고 믿고 타인의 관점을 이해하지 못하는 경향을 말한다. 이는 중심화의 한 현상으로, 내가 중심이 되는 것이다. 예를 들어, 이 시기의 유아는 자신이 제일 아끼는 장난감을 엄마도 제일 좋아할 것이라고 믿으며, 엄마의 생신 선물로 이 장난감을 주기로 결심한다.

Piaget는 전조작기 유아의 자아중심성을 밝히기 위해 세 개의 산 모형 실험을 하였다([그림 4-3] 참조). Piaget는 전조작기 유아를 A 위치에 앉히고 인형을 C에 앉힌 후, 유아에게 산들의 모습이 어떻게 보이는지 물었다. 그리고 유아에게 세 산의 여러 가지 측면 사진을 보여 주고 인형이 보는 쪽의 산 모양을 사진에서 찾아보도록 하였다. 5세는 자신이 보는 쪽의 사진을 집었고, 6~7세는 자신이 보는 쪽의 산 모양과 인형이 보는 쪽의 산 모양이 다르다는 것은 알지만 정확한 산 모향을 집어내지는 못하였다. 이는 전조작기의 유아들이 자신의 조망과 타인의 조망을 구별하지 못하고 타인의 위치에서 보이는 사물의 모습을 추론하지 못한다는 것을 나타낸다. 연령이 증가하면서 유아는 다른 자리에서 보는 산 모양이 자신이 보는 산 모양과 다르다는 사실을 이해하게 되는데 이를 탈중심화라고 한다. 탈중심화가 된 유아도 타인의 위치에서 보는 산의 모습을 정확하게 추론하는 데는 시간이 걸린다.

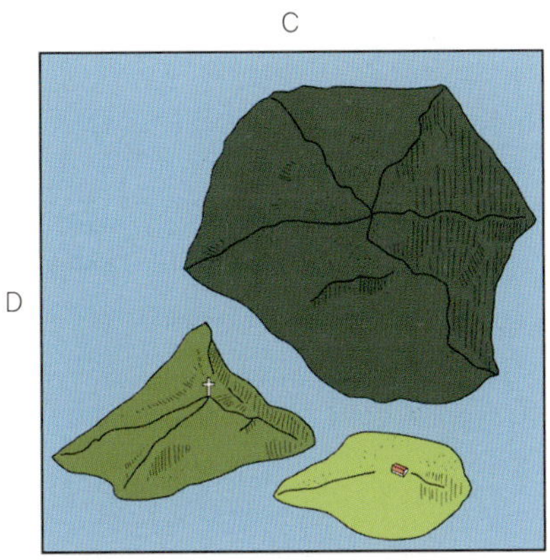

<위에서 내려다본 산 모형>

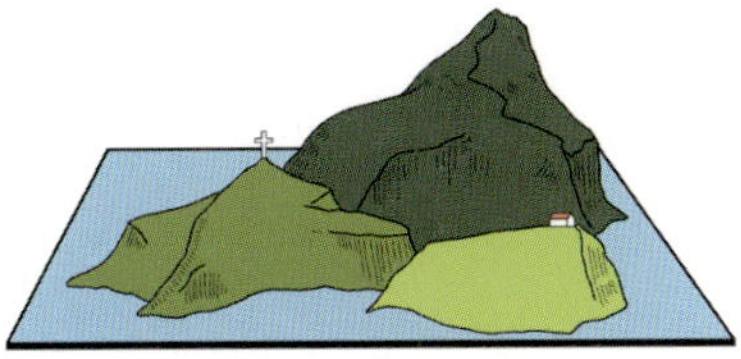

<A 위치의 유아가 본 그림>

[그림 4-3] Piaget의 세 개의 산 모형 실험

자아중심성은 유아의 언어에서도 명백히 나타난다. 유아는 자신의 말을 다른 사람들이 듣고 있는지, 이해하는지에 관계없이 자신이 하고 싶은 말을 하는 자기중심적 언어(egocentric speech)를 사용하게 되는데, 이렇게 의미 전달은 안 되면서 자기중심적으로 이야기하는 것을 집단적 독백(collective monologue)이라고 한다. 유아가 모여 노는 모습을 멀리서 지켜보면 같이 잘 노는 것처럼 보인다. 하지만 가까이 다가가서 대화 내용을 들으면 실제적인 상호작용이나 대화 없이 각자 자신의 말을 일방적으로 하고 있는 경우가 많다.

집단적 독백
의미 전달은 안 되면서 자기중심적으로 이야기하는 것

집단적 독백을 하며 노는 유아

유아들은 같이 노는 것처럼 보여도 자신이 하고 싶은 말만 일방적으로 하는 경우가 많다.

전인과적 사고
논리적으로 원인과 결과를 연결짓지 못하는 사고

이 외에도 유아는 전인과적 사고, 인공론, 물활론의 사고 특성을 보인다. 전인과적 사고(precausal thinking)란 원인과 결과에 대한 논리적 추론능력이 부족하여 나타나는 비논리적이고 주관적인 인과적 사고를 말한다. 유아는 아무 관계가 없음에도 불구하고 시간적으로 가깝게 일어난 사건들을 관련짓거나 전혀 관련성이 없는 사건들을 연결한다. 예를 들면, 유아는 동생이 아프거나 부모가 이혼을 하는 것이 자신이 나쁜 생각을 했기 때문이라고 믿는다. 또한 유아는 묘지에 가면 죽는다고 생각하여 묘지에 가는 것을 두려워한다. 이는 묘지가 죽음을 결정짓는 원인이라고 추론하기 때문에 나타나는 현상이다. 그러나 유아는 늘 반복되어 잘 알고 있는 일상적인 상황과 주제에 대해서는 부모와 대화할 때 인과성 사고를 보여 주었다고 보고된다(Hickling & Wellman, 2001). 예를 들어, 항상 이 닦고 손 씻으라는 이야기를 들은 유아는 이를 닦지 않으면 이가 썩고 손을 안 씻으면 감기에 걸리기 쉽다고 생각한다. 인공론(artificialism)은 세상의 모든 것이 사람을 위해, 사람의 필요에 의해 만들어졌다고 믿는 사고다. 예를 들어, 유아는 사람들이 길을 찾을 수 있도록 해와 달이 만들어졌다고 믿으며, 꽃은 사람들이 보라고 예쁘게 피어 있다고 생각한다. 물활론(animism)은 생명이 없는 대상에게 생명과 감정을 부여하는 사고로, 유아는 인형을 때리면 인형도 아프다고 생각한다. 이들은 자신과 마찬가지로 사물도 감정을 가질 것이라고 생각한다. 물활론은 연령에 따라 달라지는데 처음에는 모든 사물에 생명을 부여하다가 4세 이후에는 인간에게 영향을 주는 것은 모두 살아

인공론
세상의 모든 것이 사람을 위해, 사람의 필요에 의해 만들어졌다고 믿는 사고

물활론
생명이 없는 대상에게 생명과 감정을 부여하는 사고

토끼 인형을 자전거에 태우고 대화하는 유아

인형에게 자신이 좋아하는 자동차 책을 보여 주고 있는 유아

있다고 믿는다. 6세 정도에는 자동차, 태양 등 움직이는 것에만 생명을 부여하고, 점차 스스로 움직이는 것에만 생명을 부여한다. 이후 학령기인 구체적 조작기가 되면 과학적이고 생물학적인 지식을 근거로 생물과 무생물을 구분한다.

3) Piaget 인지발달이론의 교육적 시사점

Piaget는 발달심리학 분야의 거장이자 인지발달이론의 창시자였다. 동화, 조절, 평형, 대상영속성, 자아중심적 사고, 보존 개념 등 Piaget가 설명한 개념들은 인지발달을 이해하는 데 핵심적인 역할을 하였다. 또한 Piaget는 아이를 잠재력을 가지고 있는 과학자로 보며, 생물학적 기초에 근거하여 조작능력의 발달에 따라 인지발달과정을 단계별로 설명하였다. Piaget의 이론에서 영유아는 능동적인 존재로 환경과의 상호작용을 통해 스스로 발견하고, 내적 지식을 구성해 나간다. 현대 심리학에서 아이를 능동적인 사고가로 인식하게 된 것도 Piaget의 공헌이다.

Piaget의 인지발달이론은 유아교육에 다음과 같은 시사점을 준다.

첫째, 아이의 사고능력을 키워 주는 교육이어야 한다. Piaget는 교육목표가 지식의 양을 증가시키는 것에 있는 것이 아니라 아이 스스로 발견하고 발명할 수 있는 가능성을 창조하는 데 있다고 하였다. 아이는 능동적인 학습자다. 따라서 부모나 교사는 주입식 교육 대신, 아이가 직접 실험하고 탐구하며 스스로 발견할 수 있는 환경을 조성해 주는 것이 중요하다. 영유아의 흥미를 자극하고 문제를 탐색할 수 있는 물리적 환경을 제공해 줌으로써 아이 스스로 지식을 구성할 수 있도록 도와주어야 한다. 즉, 부모나 교사는 꽃을 꺾어 주는 것이 아니고 꽃을 키우는 방법을 알려 주어야 한다. 예를 들어, 장난감을 주고 부모가 설명하며 다그치기보다는 아이 스스로 장난감을 가지고 노는 방법을 배울 수 있도록 해 주어야 한다. 인지발달을 촉진시킨다는 명목하에 지나치게 많은 자극 또한 오히려 영유아 인지발달에 나쁜 영향을 미칠 수 있음을 기억해야 한다.

둘째, 아이가 직접 만져보고 느낄 수 있는 체험학습의 경험이 필요하다. 예를 들어, 동물에 대해 배운다면 교사가 동물들에 대해 책을 읽어 주거나 설명해 주는 활동뿐 아니라 동물원에 가서 동물을 직접 보고 만져보는 것이 좋다. 말에 대

자연체험농장에서 직접 동물을 보거나 딸기를 따고 있는 유아

체험학습은 유아에게 스스로 탐구할 수 있는 기회를 제공한다.

해 배운다면 말의 사진을 보는 것만으로는 말의 크기나 냄새, 울음소리, 하는 일 등에 대해 아이는 배울 수 없는 것이다.

이때 부모나 교사는 주어진 과제를 빨리 해결하지 못한다고 아이를 다그치기보다는 어느 정도의 시간을 두고 아이가 스스로 문제를 해결할 수 있도록 기회를 주며 기다려 줄 수 있는 인내가 무엇보다 필요하다. 또한 아이가 자신의 놀이에 빠져 있을 때 그 시간을 존중해 주어야 한다. 예를 들어, 동물을 보러 동물원에 갔는데 아이가 동물이 아닌 기어가는 개미에 관심을 보이며 개미굴을 찾는 데 시간을 보낸다면 부모나 교사는 아이의 그 시간을 존중해 주어야 한다. 아이가 자신만의 놀이에 빠져 자유롭게 세상을 탐색하는 시간은 매우 중요하다.

셋째, 눈높이 교육을 실시한다. 아이는 나름의 사고 틀을 가지고 있는 적극적인 사고가이지만 그 틀이 성인의 사고 틀과는 동일하지 않다. 교사는 영유아의 인지발달단계를 이해하는 지적 공감(intellectual empathy)을 갖추어야 한다. 지적 공감이란 교사가 가르치는 아이의 인지 수준에서 그 입장을 이해하는 것을 의미한다. 예를 들어, 아이에게 교사가 오른손을 들게 하고 싶다면, "오른손을 드세요." 하면서 왼손을 들어야 한다. 아이들은 선생님이 든 손이 보이는 대로 동일한 방향의 손을 들기 때문이다. 또한 교사는 영유아의 발달단계에 맞는 적합한 활동을 제시함으로써 영유아의 인지발달을 도와야 한다. 감각운동기 영아의 경우 직접 보고, 듣고, 느끼는 활동을 통해 세상을 배워간다. 전조작기 유아의 경우 가상놀이는 상징적 도식을 확장시키는 최고의 활동이 될 수 있다. 아이의 인지적 발달 수준을 고려하여 놀잇감과 놀이 방법을 차별화하여 제시하면 영유아의 흥미를 자극할 수 있고, 인지적 발달을 촉진시킬 수 있다.

직접 마트에 가 보는 유치원 체험수업

마트는 유치원 유아들에게 교육 공간이자 놀이터가 된다.

동물원에서 흙놀이에 빠져 있는 유아

부모나 교사가 보기에는 의미없어 보이는 활동일지라도 유아에게는 세상을 탐색하는 중요한 시간이다.

넷째, 발달단계를 훌쩍 뛰어넘는 선행학습은 지양한다. Piaget는 발달에 기초하여 학습이 이루어진다고 하였다. 최근 우리의 교육 현실은 더 빨리, 더 많이 가르치는 것에 초점이 맞추어진 경우가 많다. 영유아기부터 한글을 익히고, 영어 공부를 위해 학습지를 푼다. 심지어 구구단을 암기시키는 부모도 있다. 하지만 Piaget의 이론에 따르면, 영유아에게 이러한 공부를 가르치는 것은 무의미하다. 이들이 설사 초등학교 수준의 문제를 풀었다고 하더라도, 이는 암기에 의한 것이지 이해하고 푼 것이라고 보기는 어렵다. 즉, 수업 내용은 아이의 인지 수준에 맞는 것이어야 한다. 교사가 아무리 훌륭한 수업 계획을 설계하였다고 해도 아이가 그 학습을 받아들일 수 있는 인지적 구조체계나 조작능력을 획득하지 못하였다면 그 수업은 무의미한 활동에 불과하다. 단순한 반복에 의한 암기는 진정한 이해가 되지 못하며, 오히려 학습에 대한 흥미와 즐거움을 앗아갈 수 있다.

다섯째, 영유아 학습에 대립전략(confrontation strategy)을 활용한다. Piaget는 영유아가 새로운 자극으로 인지적 불평형 상태에 놓이면 동화와 조절을 통해 평형상태를 이루려 하고, 이 과정에서 인지발달이 이루어진다고 하였다. 따라서 부모나 교사는 아이가 이미 알고 있는 것에 대해 의문을 가질 수 있는 정보를 제시함으로써 이들로 하여금 동화와 조절의 인지활동을 활발히 할 수 있도록 유도해야 한다. 개방적 활동과 개방적 질문은 아이에게 사물의 다양한 측면을 생각할 수 있게 함으로써 새로운 정보를 조절하도록 돕는다. 예를 들어, '쇠는 물에 뜨지 않고 가라앉는다.'는 내용을 배웠다면, 교사는 "그런데, 왜 쇠로 만든 배는 물에 뜰까?"라는 질문을 던져 줌으로써 아이의 인지적 불평등을 경험하게 해 줄 수 있다. 하지만 이때 제시되는 새로운 정보는 영유아의 인지발달단계를 훌쩍 뛰어넘는 것이 되지 않도록 주의해야 한다.

4) Piaget 인지발달이론의 비판점

Piaget의 이론은 다음과 같은 점에서 비판을 받는다.

첫째, Piaget의 이론은 감각운동기와 전조작기 영유아의 인지능력에 대해서 과소평가하였다. 아이의 실제 능력은 Piaget가 생각했던 것보다 더 뛰어나다는 것이다. 최근 연구들(Gelman, 2000; Siegler, 2006)은 전조작기 유아가 보존 과제 실험과 세 개 산 모형 실험에서 실패했던 이유는 과제가 친숙하지 않았기 때문이라고 주장한다. 만약 유아에게 세 개 산 모형 대신 친숙한 장난감 자동차를 가지고 실험을 하면 많은 유아가 다른 위치에서 보이는 모습을 말할 수 있다는 것이다. 보존 과제 수행에서도 과제의 수를 줄이거나 질문을 쉽게 하고, 유아에게 친숙한 재료나 상황을 활용하면 더 어린 유아도 보존 개념에 관한 과제 수행을 성공적으로 해낼 수 있다는 것이다.

둘째, 최근 연구자들은 Piaget가 제안한 것처럼 모든 유형의 인지과제에 적용되는 광범위한 발달단계가 실제로 존재하는지에 대해 의구심을 갖는다. 이들은 과제 유형에 따라 영유아의 인지능력이 다르게 나타날 수 있다고 지적하였다. 즉, 보존 과제에서 질량에 관한 과제는 구체적 조작기 아동이 해결할 수 있으나, 수에 대한 과제는 전조작기 유아도 성공할 수 있고, 부피에 관한 과제는 형식적 조작기에 이르러야 해결할 수 있다는 것이다.

또한 사람들의 사전지식과 경험이 Piaget가 제안한 것보다 그들의 논리적인 능력에 더 큰 영향을 미칠 수 있음을 지적하였다(Alexander, 2006; Cole, Cole, & Lightfoot, 2005). 예를 들어, 아버지가 과학자여서 항상 실험을 접했던 아이와 농촌에서 자란 아이에게 보존 개념 실험을 한다면 그 결과가 다를 수 있을 것이다. 이와 같이 인지발달은 영유아의 선행 경험과 주위 환경의 영향을 많이 받지만, Piaget는 발달에 있어 사회문화적 환경보다 생물적 성숙이 더 크게 영향을 미친다고 주장하였다(Cole et al., 2005). 즉, Piaget는 사회문화적 환경이 아이의 발달에 미치는 영향력을 간과하였다. 그러나 사회와 문화는 영유아의 경험, 가치, 언어, 상호작용에 지대한 영향을 미친다.

2. Vygotsky의 인지발달이론

1) 근접발달영역과 비계설정

Vygotsky는 인지발달이론에서의 사회문화적 영향력을 중시하며, 영유아의 지적 발달이 부모, 친구, 교사와의 사회관계 속에서 이루어진다고 보고 영유아의 지적 능력을 근접발달영역(zone of proximal development: ZPD)으로 설명하였다. Vygotsky는 발달 수준을 실제적 발달 수준과 잠재적 발달 수준으로 구분하였는데, 실제적 발달 수준(level of actual development)은 아이가 현재 스스로 문제를 해결할 수 있는 수준이며, 잠재적 발달 수준(level of potential development)은 성인이나 또래의 도움을 받아 과제를 해결하는 수준을 말한다. 이러한 두 수준 사이의 격차가 근접발달영역이다. 즉, 근접발달영역은 아이가 혼자서는 문제를 해결할 수 없지만 다른 사람의 도움을 받으면 해결할 수 있는 영역이다.

근접발달영역
혼자서는 문제를 해결할 수 없지만 성인이나 친구의 도움을 받아 문제를 해결할 수 있는 영역

[그림 4-4] 근접발달영역

Vygotsky는 현재의 발달 수준이 같더라도 근접발달영역은 개인에 따라 다를 수 있음을 강조하였다. [그림 4-5]에서와 같이 A 유아와 B 유아는 도움이 없는 상황에서 비슷한 수준의 성취를 보이나, 도움이 주어지는 상황에서는 B 유아가 A 유아보다 더 높은 수준의 성취를 보인다. 즉, B 유아가 더 큰 근접발달영역을 가진다.

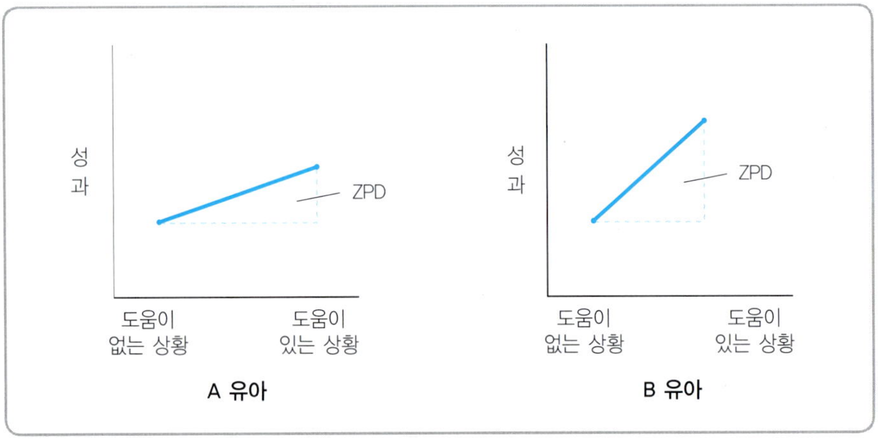

[그림 4-5] 두 유아의 근접발달영역의 예

지능검사에서 정신연령이 7세로 나온 두 유아에게 답을 유도하는 질문을 던지거나, 예를 들어 주거나, 시범을 보여 주는 등의 도움을 주면 이 두 유아 중 한 유아는 자신의 실제 발달 수준보다 2세 높은 문제까지 해결할 수 있고, 다른 유아는 자신의 발달 수준보다 6개월 앞선 문제까지만 푼다. 스스로 문제를 푸는 활동에서는 두 유아가 같은 수준이나, 그들의 잠재적 수준은 다르다. 이런 식으로 유아를 평가한다면 완성된 과정, 성숙이 완료된 상태뿐 아니라, 이제 시작되는 상태, 성숙해 가는 상태, 혹은 발달 중인 과정도 측정할 수 있다(Vygotsky, 1956, pp. 446-448).

근접발달영역은 또한 학습이 일어나야 할 수준을 알려 준다. 아이가 이미 모두 알고 있는 내용이어서 학습에 지루함을 느끼는 상황에 놓여서도 안 되고, 아직 학습할 준비가 되어 있지 않거나 학습할 수 없는 내용이어서 좌절감을 느끼는 상황에 놓여서도 안 된다. 아이는 자신의 현재 인지발달 수준을 조금 넘어서는 수준에서 학습해야 하고, 교사 또는 친구의 도움이 제공될 수 있어야 한다. 가끔은 자신보다 좀 더 뛰어난 친구가 성인인 교사보다 더 나은 교수자일 수 있다. 왜냐하면 지금 자신이 풀지 못한 문제의 해결 방법을 방금 알아챈 친구의 실제적 인지발달 수준이 나의 근접발달영역에 해당하기 때문이다. 따라서 교사가 설명할 때는 이해할 수 없었던 것을 친구가 설명하면 더 쉽게 이해하곤 한다. 이러한 상호작용을 통해 근접발달영역은 고정되지 않고 역동적으로 변해 간다.

Vygotsky는 아이가 홀로 인지적 조작의 원리를 발견하지는 않는다고 생각하였고, 이 발견은 가족, 교사, 친구 등의 중재나 도움을 통해 이루어진다고 하였다. 그리고 이러한 중재나 도움을 Wood, Bruner와 Ross(1976)는 비계설정(scaffolding)이라고 명명하였다. 비계설정은 근접발달영역에서 아이가 스스로 문제를 해결하는 수준에 도달하도록 제공되는 더 뛰어난 친구나 성인의 도움을 뜻한다. Wood 등(1976)은 Vygotsky의 근접발달영역에서 학생이 어떻게 발달할 수 있는가를 연구하였고, 근접발달영역 내에서 비계설정이 이루어져야 한다고 주장하였다.

비계설정
개인의 잠재적 발달 수준에 제공되는 지원체계

비계는 건물을 지을 때 높은 곳에서 공사를 할 수 있도록 임시로 설치하는 안전 가설물을 칭한다. 비계는 건물을 조금 더 빨리 그리고 효율적으로 건설할 수 있도록 돕는다. 학습에서도 마찬가지다. 가령, 6세 여아가 오빠와 찰흙으로 동

두 명씩 짝을 지어 신체활동을 하고 있는 유아

오빠와 함께 그림을 그리고 있는 유아

엄마와 책을 읽고 있는 유아

Vygotsky는 인지발달은 부모와 친구, 교사 등 사람들 간의 상호작용을 통해 이루어진다고 주장하였다.

물들을 만들기로 했다. 그런데 찰흙으로 만든 동물의 얼굴이 자꾸만 몸통과 연결되지 않고 떨어졌다. 동물의 얼굴을 몸통에 붙이기 위해 애쓰던 중 오빠는 이쑤시개를 가져와 연결하는 방법을 보여 주었다. 오빠의 도움으로 여아는 이쑤시개를 이용하여 동물의 얼굴과 몸통을 연결시키고 찰흙을 덧붙여 동물들을 완성하였다.

문제해결을 위한 교사의 힌트나 시범 또는 친구들과의 협동학습은 영유아의 인지발달을 앞당길 수 있다. 이러한 도움과 지원이 제공되지 않는다면, 인지발달이 늦어지거나 불완전해질 수 있다. 소꿉놀이, 병원놀이 등의 사회적 상호작용 과정에서 또래친구나 부모의 도움과 지원이 영유아의 언어와 인지발달을 촉진한다. 부모나 돌보는 사람이 아이가 흥미를 느낄 수 있도록 풍부한 경험과 정보를 제공하고 격려하는 것은 영유아의 인지발달에 매우 효과적이다. 그러나 효과적인 비계설정은 아이 스스로 할 수 있도록 지원해 주는 것으로 국한해야 한다. 학습에서의 비계설정은 초기 단계에는 많은 도움을 제공하다가 점점 지원을 줄여서 스스로 할 수 있는 단계까지 이끌어 나가야 한다. 자전거를 처음 배울 때를 기억해 보면 처음에는 어른이 뒤에서 양손으로 잡아 주지만 우리가 중심을 잡을 수 있게 되면 한 손을 놓았다가 결국에는 모든 손을 놓는다. 이처럼 끝까지 양손으로 잡아 주기만 하면 발달이 완성되지 않으므로 어느 단계에서는 스스로 타도록 해야 한다. 교사와 부모는 도움을 줄 수 있을 뿐, 실제로 학습하는 주체는 아이 자신이어야 한다. 아이가 혼자서 과제를 해결하지 못할 때 성인은 도움을 주어야 하며, 아이가 문제해결을 잘 해결해 나가게 되면 성인은 도움을 점차 줄여야 한다. 아이가 혼자서 문제를 해결할 수 있을 때는 성인은 간섭하

오빠의 도움을 받으며 수영을 하는 여아

선생님의 시범을 보며 발레를 배우는 유아들

교사의 설명을 들으며 화분에 삽으로 흙을 담고 있는 유아

지 않는 것이 좋다. 더 이상 비계설정이 필요하지 않은 것이다. 유치원에 다니기 전에 이러한 비계설정을 받은 영유아들은 유치원에 들어가서 더 학습을 잘 해내는 것으로 밝혀졌다(Neitzel & Stright, 2003).

2) 사적 언어

타인과의 상호작용에 필수적인 언어 습득은 인지발달에서 매우 중요한 역할을 한다. Vygotsky는 Piaget와 달리 언어를 중심으로 한 사고발달에 주목하였고, 언어가 인지발달에 중요한 역할을 한다고 하였다. 즉, Piaget는 언어를 현재의 생물적 인지발달 수준을 보여 주는 통로쯤으로 간주하였으며, 유아의 사고과정에서 언어가 중요한 역할을 하지 않는다고 생각했다. 그러나 Vygotsky는 대부분의 사회적 상호작용이 언어를 통해 이루어지며 언어는 아이로 하여금 다른 사람이 이미 가지고 있는 지식에 접근하도록 해 준다고 하였다. 그는 영유아와 부모의 언어적 상호작용이 인지발달의 기초가 된다고 보았다.

또한 언어는 스스로 문제를 해결할 수 있도록 돕는다. 그는 유아가 목표를 달성하기 위해서 행동뿐 아니라 언어를 사용한다는 사실을 발견하였다. Levina(1938)는 손이 닿지 않는 곳에 사탕을 놓아서 4~5세의 유아들이 직접 꺼낼 수 없게 하였다. 그러자 4세의 한 여아가 사탕을 꺼내려고 적극적으로 노력하는 과정에서 다음과 같은 말을 사용하였다.

> (의자 위에 서서, 조용히 선반을 쳐다보고, 막대기로 선반을 더듬는다. 실험자를 쳐다보고, 막대기를 다른 손으로 옮겨 잡는다.) "저기 있는 것이 정말 사탕인가요?" (망설인다.) "나는 다른 의자에 올라가면 사탕을 꺼낼 수 있어. 의자에 올라가서 사탕을 꺼내." (두 번째 의자에 올라간다.) "아니야, 꺼낼 수 없어. 나는 막대기를 사용할 수 있어." (막대기를 잡고서, 사탕을 두드린다.) "이제 사탕이 움직일 거야." (사탕을 두드린다.) "사탕이 움직였어. 의자 위에서는 사탕을 꺼낼 수 없었지만, 하지만, 막대기는 쓸모 있었어."(Levina, 1938)

이와 같은 실험을 통해 Vygotsky는 유아가 눈과 손뿐 아니라, 말하기의 도움을 받아 과제를 해결한다는 결론을 내렸다. 즉, 목표를 달성하는 데 있어 언어가 행동만큼이나 중요한 역할을 한다는 것이다. 유아는 언어를 사용함으로써 더 큰 유연성과 다양한 가능성을 만들어 낸다. 첫째, 유아는 과제를 해결하는 과정에서 눈앞에 놓여 있지 않은 도구들을 찾고, 준비하고, 미래의 행동을 계획할 수 있다. 둘째, 문제를 해결하기 위해 유아는 말하기를 통해 문제를 해결하는 과정을 계획하고 이를 따른다. 셋째, 유아는 언어를 통해 자신의 행동을 통제할 수 있다.

Vygotsky는 유아의 그림 그리기를 통해 이를 설명하였다. 어린 유아들은 그림을 다 그린 뒤에야 자신의 그림에 제목을 붙일 수 있다. 이들은 무슨 그림인지 결정하기 전에 자신이 그린 그림을 봐야 한다. 하지만 나이가 더 들면 무엇을 그릴 것인지 미리 결정할 수 있다. 즉 처음에는 언어가 행동을 따르지만, 이후에 언어는 행동을 안내하고, 결정하고, 지배한다. 따라서 언어와 도구 사용이 통합되면, 행동 자체를 새로이 조직할 수 있을 뿐 아니라, 환경과의 새로운 관계들을 만들 수 있다.

예를 들어, 5세 유아가 혼잣말로 소리내어 "이건 파란색으로 칠해야지. 이렇게 색칠하면 더 예쁘겠지?"라고 혼자 말하는 것은 사적 언어라고 한다. 사적 언어(Private speech)는 외부의 사회적 지식을 내부의 개인적 지식으로 바꾸어 주는 기제이며, 자기 자신의 생각을 조절하고 반영하는 수단이다. 또래와 함께 있을 때나 혼자 있을 때 자신에게 소리내어 말하

사적 언어
혼잣말의 형태로 자신의 사고를 조절하고 반영하는 수단

혼잣말로 자신의 그림을 설명하며 그림을 그리고 있는 유아

혼잣말을 하며 자동차 놀이를 즐기는 유아

는 사적 언어는 주로 4~10세 아동에게서 흔히 나타난다. 사적 언어는 주로 유아기에 증가하다가 5~7세경에 절정을 이루고 자신의 행동을 조절하고 통제할 수 있게 되면서 9세경에는 내면화되므로 겉으로 소리내어 말하는 것은 서서히 사라진다. Piaget는 이러한 유아의 언어를 '자기중심적 언어'라고 하며, 자기중심적 언어는 유아가 타인의 관점을 이해하지 못하기 때문에 나오는 미성숙한 언어로 규정하였다. 그러나 Vygotsky는 이러한 Piaget의 입장에 반박하고, 이러한 사적 언어를 자기 자신과 대화하는 것으로 보았으며 유아는 사적 언어를 통해서 자신의 사고를 정리하고 촉진한다고 하였다. 유아는 어려운 과제에 직면했을 때 자신의 문제해결에 도움이 되도록 사적 언어를 많이 사용하는데, 어른의 도움이 없는 경우에 사적 언어는 증가한다(Berk, 1992). 여러 연구에 따르면, 사적 언어를 열심히 사용한 아동이 그렇지 않은 아동보다 복잡한 과제를 더 효과적으로 학습하는 것으로 나타났다(Emerson & Miyake, 2003; Schneider, 2002).

사적 언어를 사용하며 퍼즐을 하는 유아

3) Vygotsky 인지발달이론의 교육적 시사점

Vygotsky의 이론은 Piaget의 이론보다는 늦게 그리고 덜 알려졌으나, 교육현장에서 많은 교사들에 의해 성공적으로 적용되고 있다. Vygotsky의 주된 관심영역은 영유아의 발달과 학습, 사고와 언어에 관한 것이었다. 그의 이론은 사회문화적 맥락이 유아의 발달에 미치는 영향력을 강조함으로써 유아발달에 있어 생물학적 측면을 간과한다는 평가를 받고 있다.

Vygotsky의 인지발달이론은 유아교육에 다음과 같은 시사점을 준다.

첫째, 교육장면에서 교사의 지도는 실제 발달 수준보다 발달 가능한 잠재력을 고려해야 한다. Vygotsky는 아이가 혼자서 공부하도록 하는 것은 인지발달을 늦출 수 있기 때문에, 교사는 아이의 근접발달영역을 찾아낸 후 근접발달영역 내에서 수업을 이끌어 나가야 한다고 하였다. 아이 스스로 할 수 있는 영역과 성인의 도움을 필요로 하는 영역에 대한 평가가 이루어져야 한다. 유아교육 장면에서 교사의 지도는 실제 발달 수준보다 발달 가능한 잠재력을 고려해야 한다. 즉, 교육현장에서 같은 지능 지수나 성취를 보이는 영유아라 할지라도 그 둘의 잠재적 발달 수준은 다를 수 있다. 이에 성공적인 비계설정을 위해서 교사는 무엇보다 예리한 관찰자가 되어야 한다. 교사는 세심한 관찰을 통해 아이 간 차이를 발견하고 각각의 수준에 맞는 교육의 내용과 방법을 찾아주어야 한다. 교사는 아이에게 도전적인 과제를 제공해야 하지만 재촉하기 전에 주의 깊은 관찰과 숙고를 통해 영유아의 개인별 발달적 준비도를 확인해야 한다.

둘째, 또래와의 협동학습을 적극적으로 활용한다. Vygotsky는 또래와의 상호작용이 영유아의 사고를 발전시키는 데 매우 가치가 있음을 인정하였다. 사회적 상호작용은 유아교육에서 필수적인 교수-학습과정이며, 부모나 교사와 같은 성인의 도움뿐 아니라 또래와의 상호작용도 영유아 인지발달에 중요한 역할을 한다. Vygotsky의 이론은 함께 과제를 수행하면서 서로 배울 수 있는 협동학습의 활용을 지지한다. 또래와의 상호작용은 근접발달영역 내에서 이루어지며, 서로에게 좀 더 발전된 모델을 제공해 준다. 또한 협동학습은 유아의 내적 언어를 소리 내어 말하도록 이끌어 주며, 이러한 언어의 활성화는 친구들의 각기 다른 추론과정에 대한 통찰을 얻을 수 있게 해 준다. 이때 주의할 점은 집단 구성을 할 때 영유아의 능력 수준이 서로 다르도록 해야 한다는 것이다. 더 뛰어난 친구가 가르쳐 줌으로써 근접발달영역 안에서의 성장을 촉진할 수 있다. 교사는 아이들 간에 서로 도울 수 있는 기회를 주고, 스스로 선택한 프로젝트나 모둠과제에서 함께 작업할 수 있는 기회를 많이 제공해야 한다. 이러한 과정 속에서 때때로 아이들은 논쟁이나 말싸움을 하기도 한다. 하지만 이러한 대화 속에서 유아는 학습 내용뿐 아니라 학습하는 과정을 배우게 된다.

소집단 협동놀이 중인 유아들

유아는 또래와의 상호작용을 통해 인지를 발달시킨다.

셋째, 문제해결을 위해 사적 언어를 활용하도록 지도해야 한다. 아이들은 지속적으로 혼잣말을 사용하며, 혼잣말을 통해 자신의 인지적 · 정서적 행동을 계획 · 통제 · 조절해 나간다. 부모나 교사는 아이들의 혼잣말을 미성숙함에서 나오는 부적절한 행동으로만 간주해서는 안 되며, 혼잣말이 아이에게 주는 의미와 역할에 대해 이해해야 한다. 어떤 유치원 교사는 수업시간은 항상 조용해야 한다고 생각한다. 하지만 아이로 하여금 사적 언어 사용을 부끄러워하지 않고 적극적으로 활용하도록 지도해야 한다. 그리고 조금 소란스러운 교실 환경을 감내해야 한다.

넷째, 비계설정을 활용한다. 아이에게 다양한 비계설정을 제공해 주면, 아이가 해결할 수 있는 문제의 범위는 넓어진다. 하지만 이것이 지나친 도움을 제공해야 한다는 것을 뜻하지는 않는다. 우리는 종종 부모가 아이를 대신하여 과제를 수행하는 것을 본다. 이러한 행동은 아이를 돕는 것이 아닌 아이의 인지발달을 지연시키는 결과를 초래할 뿐이다. 교수의 속도와 양을 조절해 나가는 적절한 비계를 설정하고, 아이의 발달 수준이 높아질수록 점진적으로 도움의 양을 줄여 결국 아이 스스로 문제를 해결할 수 있도록 도와주어야 한다. 부모나 교사의 지나친 개입과 선행을 주의해야 한다.

Vygotsky 이론은 일반 유아교육 현장뿐 아니라 장애 영유아를 교육하는 데도 포괄적이고 실질적인 접근 방법을 제시해 준다(Stephan & Hopper, 2011). 그는 일반 유아와 마찬가지로 장애 유아를 평가할 때에도 아이가 현재 가지고 있는 능력은 물론이고 교육을 통해 변화할 수 있는 잠재적 가능성을 고려해야 한다고 하였다. 또한 장애는 신체적 · 심리적 영역뿐 아니라 사회적 상호작용에 한계를 가져온다는 사실에 주목하고, 장애의 유형과 무관하게 의사소통과 사회성 발달 측면에 부정적인 영향을 미칠 수 있다고 하였다. 따라서 그는 장애 영유아에 대해서 장애 문제에만 초점을 맞추지 말고 상호작용의 어려움에 더 큰 관심을 가지라고 하였다. 일반 아이와 장애 아이가 함께하는 통합교육(mainstream) 현장은 단순히 물리적으로 함께 모여 학습하는 공간이 아니라 함께 소통하는 공간으로서의 의미를 갖는다(Routledge, 2009). 장애를 가진 영유아의 경우, 같은 장애를 가진 친구뿐 아니라 일반 영유아와도 함께 어울릴 수 있는 기회를 마련하는 것이 좋다. 장애 영유아를 지도하는 교사의 경우 그들의 사회적 상호작용에 관심을 가지고, 이를 촉진할 수 있는 환경과 기회, 교육방법을 모색해야 한다.

4) Vygotsky 인지발달이론의 비판점

Vygotsky의 이론은 다음의 이유로 비판을 받는다(Wertsch & Tulviste, 1994).

첫째, Vygotsky의 이론은 유럽 중심적이라는 비판을 받는다. 그 당시 러시아인들은 유럽의 문화, 특히 프랑스의 문화가 러시아를 비롯한 다른 나라에 비해 우월하다고 평가하고, 유럽의 문화를 동경하는 경향이 있었다. 이러한 영향을 받은 Vygotsky 또한 다른 문화에 비해 우월한 문화가 존재한다고 생각하였고, 유럽의 문화적 도구와 정신기능이 다른 민족의 문화보다 우월하다고 생각하였다. 그는 당시 유럽에서 행해지는 교육방식인 토론이 인지발달에 영향력이 크다고 생각하였으며, 다른 문화와 다른 교수법 등이 있을 수 있다는 점을 간과하였다.

둘째, 그는 생물학적 측면을 간과했다는 비판을 받는다. Vygotsky는 문화적 영향력이 생물학적 인지발달에 미치는 과정에 초점을 맞추었을 뿐, 유전이나 뇌의 성장 등 생물학적 성장이 문화에 영향을 받은 인지발달에 미치는 영향에 대해서는 거의 언급하지 않았다.

셋째, Vygotsky는 아이의 발달이 환경의 산물이므로 개체의 능동적인 발달이 일어나기 어렵다고 주장하였다. Vygotsky는 환경이 발달의 원천이므로 발달의 일차적인 힘이 개인 밖에서 온다고 설명하는데, 이러한 관점에서 보면 아이가 능동적으로 할 수 있는 것은 매우 제한적이다. 이에 그의 이론이 인간의 창의성이나 개혁성을 설명하기에는 충분하지 못하다는 비판을 받는다.

3. Piaget와 Vygotsky 이론의 비교

Piaget와 Vygotsky의 인지발달이론 모두 아이를 적극적으로 지식을 구성해 나가는 존재로 파악하고, 발달이 환경과의 역동적인 상호작용을 통해 이루어진다는 점에서 견해를 같이 한다. 특히 두 학자 모두 강의와 설명식 교수법 대신 영유아의 인지적 활동을 활발히 할 수 있는 학습활동을 제공해 주어야 한다고 주장한다. 따라서 두 이론 모두 구성주의적 견해를 취하고 있다. 그러나 두 학자는 영유아와 발달에 대한 이해, 인지발달과 학습 간의 관계, 인지발달과 언어의 관계에 대해 서로 다른 견해를 가진다.

1) 영유아와 발달에 대한 이해

Piaget는 아이를 잠재력을 가진 능동적 학습자, 꼬마 과학자로 보았다. 그리고 평형과 불평형을 거쳐 개인 내적 지식이 사회적 지식으로 확대, 외면화되면서 지식이 형성되어 간다고 하였다. 따라서 과학자로서 갖추어야 할 조작능력의 발달에 따라 인지발달단계를 구분하였으며, 과학자로서의 성장 가능성을 극대화하고 내적 지식을 쌓을 수 있는 풍부한 물리적 환경의 조성을 중요시하였다.

반면 Vygotsky는 아이를 사회적 존재로 보았다. 그의 이론에 따르면 인간은 혼자 행동할지라도 본질적으로 사회문화적이다. 지식 형성과정 또한 사회 지식이 개인 내적 지식으로 내면화되는 것이다. 즉, 인간은 외부의 간섭으로부터 자유로울 수 없고 사회 문화의 영향을 받으며 성장하는 존재다. 따라서 그는 영유아의 인지발달을 위하여 사회적 · 문화적 · 역사적 환경이 잘 조성되어야 한다고 주장하였다. 즉, Vygotsky는 학습의 사회적 맥락을 강조하고 지식이 상호작용을 통해 축적되고 구성된다고 보았다.

두 이론 모두 구성주의적 견해를 취하고 있으나, Piaget는 생물학적 견해를 바탕으로 아이가 자기 스스로 지식을 만든다고 주장한 반면, Vygotsky는 상호작용을 통해 아이가 스스로 지식을 구성해 간다고 하였다.

2) 인지발달과 학습

Piaget는 발달이 학습에 선행한다고 보았다. 즉, 발달에 기초하여 학습이 이루어진다고 주장하였다. 개인의 발달 수준이 사고의 질을 결정하며, 현재의 발달 수준을 넘어선 교육을 제시하면 학습이 일어나지 못한다.

Vygotsky는 학습이 발달에 선행하는 것이며, 학습이 발달을 주도한다고 주장하였다. 발달의 과정은 학습과정에 뒤처지는 것으로 보며 아이가 혼자 할 수 없어도 부모나 교사의 도움으로 문제를 해결할 수 있다고 보았다.

3) 인지발달과 언어

Piaget는 아이의 사고과정에서 언어가 중요한 역할을 한다고 보지 않았고, 의사소통의 기능을 강조하지도 않았다. Piaget는 언어를 현재의 생물학적 인지발달 수준을 보여 주는 통로쯤으로 간주하고, 언어를 인지발달의 부산물로 보았다. 즉, 인지발달의 수준에 따라 그에 맞는 언어발달이 자연스럽게 뒤따른다는 것이다. 반면, Vygotsky는 인지발달과 언어발달이 상호 독립적이며, 언어는 학습과 발달을 매개하는 중요한 요인이라고 하였다.

언어와 인지의 관계

유전적 질병인 윌리엄스 증후군은 1961년 발견되었고, 약 2만 명 중 한 명 꼴로 발견되는 특이한 질환이다. 이 증후군의 가장 큰 특징은 매우 낮은 지능 지수, 제한된 운동능력에도 불구하고 온전한 언어표현능력을 지니고 있다는 것이다. 이러한 윌리엄스 증후군은 사고와 언어에 대한 시사점을 제공해 준다. 윌리엄스 증후군의 유전자 결함은 읽기나 다른 인지능력, 운동능력에는 손상을 미치지만 표현언어능력에는 영향을 미치지 않는다(Schultz, Grelotti, & Pober, 2001). 이는 언어능력에 의존하고 있는 기존의 지능검사가 과연 타당한가라는 의문을 제기하게 하고, 사고와 언어의 관계에 대해 다시금 생각해 보게 한다(Santrock, 2004).

언어와 인지의 관계에 대한 연구의 첫 번째 쟁점은 '인지가 언어발달에 필수적인 요소인가'다. 몇몇 연구가들은 인지능력 습득이 특정 영역의 언어발달에 선행되어야 함을 발견하였지만 인지능력의 모든 측면이 언어발달에 영향을 미치는지는 확실하지 않다(Lenneberg, 1967). 어떤 연구가들은 언어와 인지발달은 병행하지만 그 발달과정은 서로 독립적이라고 주장한다. 또 다른 쟁점은 '언어가 인지발달에 필수적인 요소인가'다. 이 문제는 청각장애아에 대한 연구에서 많이 논의되어 왔다. 청각장애아들은 음성언어나 문자언어를 구사할 수 없음에도 불구하고 같은 또래와 유사한 사고능력 발달을 보여 주었다. 즉, 청각장애아에 대한 연구는 언어가 인지발달의 필수적인 요소는 아님을 밝혀냈다(Gopnik & Meltzoff, 1997).

결론적으로, 사고와 언어는 서로 영향을 줄 수 있지만, 이 둘은 하나의 자동화된 인지체계 구성이라기보다는 개별구성 체계라는 주장에 힘이 실리고 있다.

혼잣말에 대해서도 Piaget와 Vygotsky는 서로 견해를 달리한다. Piaget는 혼잣말을 자기중심적 언어(egocentric speech)로 표현하며, 혼잣말을 가장 많이 하는 시기인 전조작기 유아의 미성숙하고 자기중심적 성향을 보여 주는 것이라고 하였다. 반면, Vygotsky는 혼잣말을 사적 언어라고 표현하며, 자신의 사고와 행동을 지도하기 위한 수단, 문제해결을 위한 사고의 도구로서 기능한다고 하였다. Vygotsky의 이론에 따르면, 처음에는 언어가 다른 사람과의 상호작용을 하기 위해서 필요하지만 나중에는 내적인 언어로 전환되어 아이의 사고를 조직화하는 데 중요한 역할을 한다.

4) 유아교육에 대한 견해 및 시사점

유아교육에 대해서도 Piaget와 Vygotsky는 서로 견해를 달리한다. Piaget는 교육은 아이에게 이미 발현된 아이의 인지능력을 단순히 정교화시켜 주는 역할을 한다고 보았으나, Vygotsky는 교육은 아이에게 문화적 도구를 사용하는 방법을 가르쳐 주는 중추적인 역할을 담당한다고 보았다. Piaget와 Vygotsky 이론 모두에서 교사는 지시를 내리고 학습을 통제하는 역할보다는 조력자와 안내자로서의 역할을 한다. 다만 Piaget 이론이 유아교육에 주는 시사점은 아이가 스스로 주변 세계를 탐색하고 지식을 발견하기 위해서 도움이 필요하다는 것이다. 그러나 Vygotsky 이론은 아이가 학습하는 데 있어 교사 또는 보다 유능한 또래와의 상호작용이 빈번하게 요구된다는 점이다.

TIPS

영유아기 인지발달을 도와주는 교육

- 아이가 스스로 주변 세계를 탐색할 수 있는 기회를 제공해 주어야 한다. 바깥놀이나 자유놀이에 충분한 시간을 할애함으로써 아이가 자신이 속한 세상에 대해 배울 수 있게 한다.
- 아이에게 언어적 · 비언어적으로 끊임없이 반응을 보여 주어야 한다. 아이와 이야기하고, 질문하고, 그들의 반응에 귀를 기울이는 상호작용이 중요하다.
- 실제 세계의 경험을 제공해야 한다. 현장학습이나 체험학습을 통한 실제 세계

의 경험을 통해 아이는 새로운 정보를 획득한다.

- 개방적 활동과 개방적 질문으로 아이들에게 생각할 수 있는 기회를 제공해야 한다. 개방적 질문은 영유아의 탐구심을 자극하고 아이 스스로 지식을 구성할 수 있게 만든다.
- 너무 많은 자극을 주는 것은 오히려 아이에게 학습하는 즐거움과 호기심을 뺏을 수 있음을 유의해야 한다.

현장학습시간에 사과농장에서 트랙터를 타기 위해 기다리고 있는 유아들

CHAPTER 05
인지발달: 정보처리접근 중심

1. 정보처리이론
2. 주의집중의 발달
3. 기억의 발달

Chapter 05

인지발달: 정보처리접근 중심

아이들은 만화에 등장하는 다양한 동물과 자동차, 로봇의 이름을 기억하고, 만화 주제가를 기억해서 부른다. 길을 기억해서 마트나 어린이집이 어느 쪽으로 가야 하는지 알려 주기도 하고, 여행을 다녀온 지 한참 지난 후에 그곳에서 보거나 했던 것을 상세하게 말해서 어른들을 놀라게 하기도 한다. 영유아는 성인에 비해 지능검사에서 측정되는 기억 과제에서 낮은 수행을 보이지만, 특정한 장면에 대한 기억은 성인보다 더 구체적이기도 하다. 그러나 성인에 비해 자신의 상상과 실제 일어난 일을 잘 구별하지 못하는 경우가 많고, 질문에 의해 기억을 왜곡하게 되는 일도 많다.

인간의 인지발달에 대해 정보처리이론(information processing theory)은 성장함에 따라 주의집중능력이 향상되는지, 기억을 더 효과적으로 하게 되는지, 지식이 어떤 방식으로 변화하게 되는지에 대해 설명한다. 정보처리 이론가들은 아동이 적극적인 탐색가라고 보는 측면에서 Piaget와 동일하지만, 인지발달에 관한 하나의 통일된 이론을 제공하기보다는 주의, 기억, 범주화 기술부터 복잡한 문제해결에 이르기까지 사고의 여러 가지 단면들에 중점을 둔다(Berk, 2009).

1. 정보처리이론

Piaget 이론에 대한 비판 중의 하나는 동화, 조절 및 평형화와 같은 인지 변화의 기제가 모호하고 이를 과학적으로 연구하는 것에 어려움이 있다는 것이다. 결과적으로 인지 변화의 기제를 규명하는 것이 발달심리학자들의 최우선 과제였고, 이러한 노력은 인간의 사고과정을 이해하는 데 컴퓨터의 작동 방식으로 비유하는 형태로 1960년대부터 시작되었다(Kail, 2008).

정보처리이론은 인간의 정신 과정을 컴퓨터에 비유하여 정보를 받아들이고, 저장하고, 사용하는 방법에 대해 연구한다. 컴퓨터 작업을 할 때 키보드에 타자를 쳐서 정보를 입력하고 디스크에 저장하며 정보가 필요할 때 저장된 문서를 여는 것처럼, 사람들은 기억을 할 때 부호화(encoding)를 통해 정보를 기억 속에 넣고, 저장(storage)을 통해 정보를 유지하고, 인출(retrieval)을 통해 저장고에서 정보를 꺼낸다.

부호화
정보를 기억 속에 넣는 과정

저장
정보를 기억 속에 유지하는 과정

인출
기억 저장고에서 정보를 꺼내는 과정

컴퓨터의 하드웨어는 키보드, 저장 용량과 같은 기계이고, 인간 마음의 하드웨어는 뇌를 포함하는 신경계와 감각 수용기 등이다. 컴퓨터의 소프트웨어는 정보를 저장하고 조작하는 데 사용되는 프로그램들이고, 인간 마음의 소프트웨

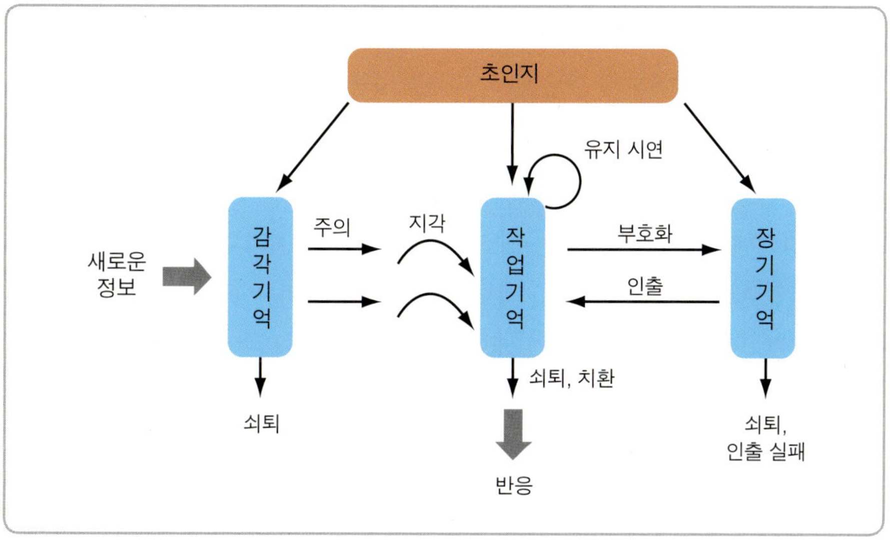

[그림 5-1] 정보처리 모형(신명희 외, 2014)

어는 정보를 등록하고 해석하고 저장하고 인출하는 데 사용되는 규칙과 전략 등이다. 뇌와 신경계가 성숙해지고, 정보에 주의집중하고, 정보를 해석하고, 경험한 것을 기억하고, 자신의 정신활동을 모니터링하기 위해 새로운 전략을 사용하면서 아이는 점점 더 복잡한 인지과제를 좀 더 빠르고 정확하게 수행할 수 있게 된다.

정보처리 모형은 기억과정에 감각기억, 작업기억(혹은 단기기억), 장기기억의 세 단계가 있다고 본다(Atkinson & Shiffrin, 1968).

감각기억

환경으로부터 들어온 정보를 원래의 형태 그대로 잠시 보존하는 저장고

감각기억(sensory memory)은 환경으로부터 들어온 자극 또는 정보를 원래의 형태 그대로 잠시 보존하는 저장고다. 감각기억에서는 우리가 감지한 원래의 감각 입력이 단순히 잔상 혹은 잔향의 형태로 저장된다. 감각기억은 아주 많은 양의 정보를 유지할 수 있지만 아주 짧은 시간 동안만 유지되며, 감각기억의 내용은 후속되는 처리가 없다면 쇠퇴되어 사라진다.

작업기억

단기 저장고에서 정보가 능동적으로 유지되는 것

감각기관에 수용된 자극 중 주의집중을 한 자극은 다음 단계인 작업기억(working memory) 혹은 단기기억(short-term memory)으로 옮겨진다. 단기기억이라는 용어는 저장이라는 측면이 강조되는 데 비해 작업기억은 주어진 정보를 처리한다는 측면이 강조된다.

작업기억에 들어온 정보는 기억전략을 쓰지 않을 경우 약 10~20초 동안만 유지되고, 용량도 7±2개(item)로 제한된다. 정보를 묶어서 조직화하면 주의를 기울여야 하는 항목의 수를 줄이고 작업기억을 위한 공간을 좀 더 마련할 수 있다. 또한 정보를 철저하게 학습해서 그것을 자동적으로 처리할 수 있게 되면 다른 정보에 동시에 주목하는 것이 가능해짐으로써 작업기억의 용량 한계를 극복할 수 있다.

장기기억

영구적으로 정보를 저장하는 곳

작업기억에서 처리된 정보는 세 번째 저장고인 장기기억(long-term memory)으로 넘어간다. 장기기억은 영구적으로 정보를 저장하는 곳으로 용량이 무제한이다. 장기기억의 인출은 회상과 재인을 통해 이루어지는데, 회상(recall)은 단서 없이 학습한 정보를 인출하는 것이고, 재인(recognition)은 학습한 항목을 확인만 하면 되는 인출 방법이다. 예를 들어, 아이에게 동물원에 다녀온 후 어떤 동물을 보았는지 말하도록 하는 것은 회상을 통한 인출이고, 동물 그림을 보여 주면서 봤던 동물을 고르도록 하는 것은 재인을 통한 인출이다.

동물원에서 낙타를 보고 있는 유아

장기기억은 사람들이 자기가 기억하고 있다는 것을 자각하는 외현기억(explicit memory)과 기억하고 있다는 것을 자각하지 못하는 암묵기억(implicit memory)으로 구분된다. Newcombe과 Fox(1994)는 9~10세 아동에게 5년 전 같은 유치원에 다녔던 아이들의 사진과 다른 유치원에 다녔던 아이들의 사진을 보여 주었다. 절반 정도의 아동은 같은 유치원에 다녔던 친구들을 기억했는데 이것은 외현기억이다. 그러나 나머지 아동은 친구들을 구분해 내지 못했지만 그들의 생리적 반응은 친숙한 얼굴과 그렇지 않은 얼굴에 다르게 나타났는데 이것이 암묵기억에 해당한다.

외현기억은 다시 의미기억과 일화기억으로 나뉘는데, 의미기억(semantic memory)은 사실 또는 세상의 일반적 지식에 관한 기억이고, 일화기억(episodic memory)은 특정한 시간과 장소에서 발생했던 개인의 과거 경험에 관한 기억이다. 암묵기억은 절차기억과 점화 등이 있는데 절차기억(procedural memory)은 자전거 타기와 같이 연습의 결과로 점진적으로 습득하는 기술 또는 행하는 방법을 아는 것이다. 점화(priming)는 먼저 제시된 자극이 이후에 제시되는 자극에 대

외현기억
기억하고 있다는 것을 자각하는 기억

암묵기억
기억하고 있다는 것을 자각하지 못하는 기억

의미기억
사실 또는 세상의 일반적 지식에 관한 기억

일화기억
특정한 시간과 장소에서 발생했던 개인의 과거 경험에 관한 기억

절차기억
행하는 방법을 아는것

점화
기억에서 특별한 연합의 무의식적 활성화

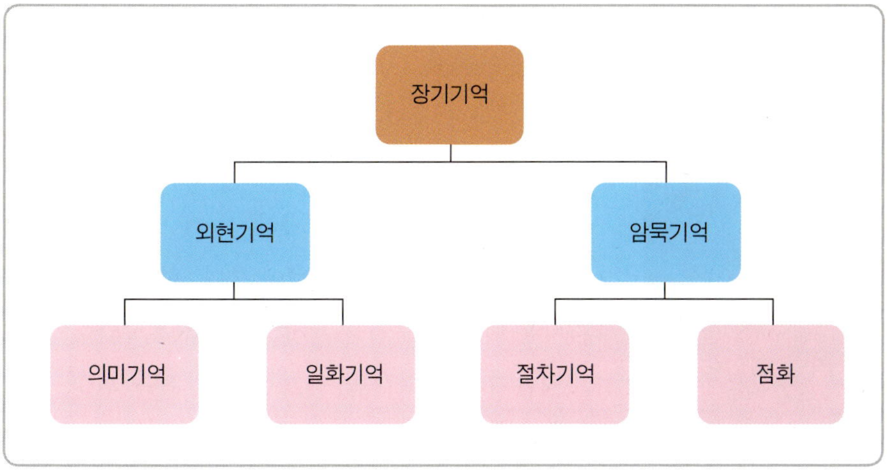

[그림 5-2] 장기기억의 종류

한 반응에 영향을 주는 것으로 기억에서 특별한 연합의 무의식적 활성화 현상이다. 예를 들어, 병원이라는 단어를 보면 의사나 간호사라는 단어도 활성화되는 것이다.

2. 주의집중의 발달

선택적 주의
관련 없는 정보는 무시하고 관련 있는 정보에 집중하는 것

분할된 주의
동시에 하나 이상의 활동에 집중하는 것

지속적 주의
오랜 시간 동안 선택된 자극에 주의집중을 유지하는 것

집행적 주의
계획하고 주의를 할당하고 과제 진행을 감독하는 것

공동관심
같은 사물이나 사건에 집중하는 것

정보를 부호화하고, 유지하고, 문제해결을 위해 사용하려면 제일 먼저 정보를 탐지하고 이에 주의를 집중해야 한다. 주의집중(attention)은 선택적 주의, 분할된 주의, 지속적 주의, 집행적 주의가 있다(Santrock, 2010). 선택적 주의(selective attention)는 시끄러운 곳에서 하나의 목소리에 집중하는 것처럼 관련 없는 정보는 무시하고 관련 있는 정보에 집중하는 것이다. 분할된 주의(divided attention)는 책을 읽으면서 음악을 듣는 것처럼 동시에 하나 이상의 활동에 집중하는 것이다. 지속적 주의(sustained attention)는 오랜 시간 동안 선택된 자극에 주의집중을 유지하는 것이다. 집행적 주의(executive attention)는 계획하고 주의를 할당하고 과제 진행을 감독하는 등의 행동을 포함한다.

주의집중은 영아기에도 관찰된다. 큰 소리가 나면 신생아는 움찔하는 반응을 보이는데, 이와 같이 강하거나 새로운 자극이 주어지면 깜짝 놀라는 반응과 함께 자극을 응시하며 심박수와 뇌파 패턴의 변화를 보이게 되는 것을 정향 반응(orienting response)이라고 한다. 이러한 반응은 영아가 이 자극에 주의를 기울이고 있음을 의미한다. 자극을 반복하여 제시하면 그 자극에 익숙해지므로 정향 반응은 감소하고 결국 사라지는데, 이러한 습관화는 주의력이 선택적임을 보여 준다. 한 번 주의를 끈 자극은 더 이상 주의를 끌지 못한다(Kail, 2008).

관심 있는 대상을 보라고 손가락으로 가리키고 있는 유아

영아기에 나타나는 중요한 주의집중 현상 중의 하나는 공동관심(joint attention)인데, 같은 사물이나 사건에 집중하는 것이다. 공동관심은 타인의 행동

을 따라가는 능력, 타인의 관심을 유도하는 것, 상호작용 능력을 필요로 한다(Butterworth, 2004). Brooks와 Meltzoff(2005)의 실험에 따르면, 타인이 바라보는 곳을 보는 시선 따르기가 10~11개월 영아에게 나타났다. 돌 정도가 되면 영아는 그들의 관심을 사로잡은 물건에 타인이 관심을 갖도록 할 수 있다. 양육자와 영아가 공동관심 행동을 빈번하게 할수록 영아가 첫 단어를 더 빨리 말하고, 풍부한 어휘력을 발달시키는 것으로 나타났다(Flom & Pick, 2003).

영유아의 주의집중 발달은 우연학습 과제를 통한 연구로 살펴볼 수 있다. Hagen과 Stanovich(1977)는 두 개의 사물이 한 쌍을 이루고 있는 그림을 아이에게 보여 주었다. 그런 뒤 두 개의 사물 중에 하나를 지적해 주고, 이후에 그 사물을 기억하도록 하였으며 다른 하나의 사물은 무시해도 좋다고 알려 주었다. 자극 제시 후 아이에게 기억하도록 지적한 사물을 회상하도록 했을 때 연령이 높아질수록 더 많이 회상하였다. 무시하라고 했던 다른 사물을 아이에게 회상하라고 하는 과제에서는 연령 차이가 매우 적었다. 이러한 결과는 높은 연령의 아동이 낮은 연령의 아동에 비해서 과제 요구에 부합되게 주의를 더 잘 배분할 수 있으며 정보를 좀 더 효율적으로 저장할 수 있음을 보여 준다.

연령의 증가와 더불어 아동의 주의집중 시간이 길어진다. Yendovitskaya(1971)는 아이들의 지속적인 주의력을 측정하기 위해서 가늘고 긴 색종이를 색에 따라 상자 속에 넣도록 하고 이 활동을 얼마나 계속할 수 있는지 측정하였다. 그 결과 2~3세 아이들은 평균 18분 정도, 5~6세 아이들은 1시간 이상을 지속할 수 있었다. TV를 보는 경우에도 높은 연령의 아이들은 TV에 좀 더 오래 집중하며, 쉽게 산만해지지 않았다(Richard & Anderson, 2004).

동영상에 집중하고 있는 유아들

주의집중능력의 발달은 부분적으로는 중추신경계의 변화에서 기인하는데, 뇌에서 주의집중에 관여하는 망상체(reticular formation)는 사춘기가 되어야 수초화가 완전하게 진행된다. 또한 주의집중능력의 발달은 주의를 조절하는 데 효과적인 전략의 발달에도 기인한다. 나이가 들면서 아동은 보다 체계적이고

[그림 5-3] 연령에 따른 주의집중 책략 변화(Vurpillot, 1968)

계획적으로 정보를 수집한다. Vurpillot(1968)의 연구에서 4~10세 아이에게 [그림 5-3]과 같이 두 집의 유리창 속에 있는 내용물이 같은지 다른지를 판단하도록 지시했다. 4~5세는 몇 개의 창문만을 확인해 보고 틀린 답을 말하는 경우가 많았으나 6~8세는 계획적으로 한 집의 창문과 다른 집의 창문을 짝지어 순서대로 확인하고 정답을 말하였다.

3. 기억의 발달

아동의 기억 발달은 더 좋은 기억 전략의 사용, 작업기억 용량의 증가, 효율적인 억제과정과 집행기능, 자동처리능력의 향상, 처리 속도의 효율성 등에 기인한다. 아동이 성장하면서 문제해결을 할 때 더 좋은 전략을 사용하며, 조작과 저장에 더 많은 용량을 갖게 된다. 억제과정(inhibition process)은 불필요한 정보가 작업기억으로 못 들어가게 하는 것이다. 아동기에 꾸준히 향상되어 아동기 후기 혹은 청소년기에 관계없는 자극으로부터 오는 방해에 더 효율적으로 대처하게 된다. 집행기능(executive functioning)은 계획하고, 유연성 있게 반응하고, 상관없는 반응을 억제할 수 있는 능력이다. 연령이 증가함에 따라 아동은 관계없는 반응을 억제하고, 효율적으로 계획하며, 필요에 따라 계획을 조절할 수 있게 된다. 자동처리능력(automatic processes)은 아무런 의식적 노력 없이 수행 가능

억제과정
불필요한 정보가 작업기억으로 들어가지 못하도록 하는 것

집행기능
계획하고, 유연성 있게 반응하고, 상관없는 반응을 억제할 수 있는 능력

자동처리능력
아무런 의식적 노력 없이 수행 가능한 인지적 활동

한 인지적 활동을 말한다. 특정 기술을 배우는 초기 단계에서 그 기술에 요구되는 각각의 단계는 작업기억에 저장되어야 한다. 익숙하지 않은 기술을 수행하는 데 있어서 필요한 모든 과정은 작업기억의 용량을 많이 차지한다. 그러나 기술이 습득되면 필요한 각 단계는 더 이상 작업기억에 저장될 필요가 없으며, 이는 다른 활동을 위한 여분의 작업기억이 확보되는 것을 의미한다. 아동은 성장하면서 지적 활동에 소요되는 시간을 상당히 단축한다(Kail, 2008).

1) 영아기 기억

기억이 없다면 매 순간 새로운 것을 배워야 하고 자신이 누구인지도 모르며 삶이 매우 혼란스러울 것이다. 영아에게도 기억이 중요한데 과거 경험이 사라진다면 지식을 습득해 나가는 데 어려움을 겪을 것이다. 그러나 오랫동안 영아의 기억 능력에 대해서는 회의적이어서, Piaget(1954)는 전조작기가 되어야 상징적인 사고 능력이 생기면서 외부세계를 표상하기 위해 상징(symbol)을 사용하는 표상적 사고가 가능하기 때문에 그 전까지는 무엇인가를 기억하기 어렵다고 보았다. 그러나 최근 연구에서는 Piaget 연구 결과와 달리 감각운동기의 영아도 기억능력이 있음을 보고하고 있다.

영아기 기억은 습관화(habituation)와 지연모방(deferred imitation)에서 확인할 수 있다. 습관화는 어떤 자극을 계속 보면 그에 대한 반응이 감소하는 것이다. 습관화가 일어나기 위해서는 특정 자극을 본 기억이 있어야 하기 때문에 이를 통해 영아의 기억을 연구할 수 있다. 영아를 자극에 대해 익숙하게 하고 바로 다음에 같은 자극을 검사함으로써 단기기억을 연구할 수 있고, 습관화와 후속 검사 사이에 시간 차이를 두면 장기기억을 연구할 수 있다. 지연모방은 성인이 낯선 물건으로 하는 일련의 행동들을 영아에게 시범을 보이고 난 후 그 물건을 영아에게 제시했을 때 영아가 그 행동을 따라하는지 관찰하는 방법이다.

Werner와 Perlmutter(1979)의 연구에 따르면 신생아들도 시각적 자극에 대한 기억이 가능한 것으로 보인다. 신생아에게 한 그림을 반복해서 제시했더니 응시 시간이 점차 감소하였고, 새로운 그림을 보여 주면 응시 시간이 증가하였다. Little, Lipsitt와 Rovee-Collier(1984)의 연구에서 20일 된 영아가 특정 소리가 나면 눈으로 바람이 불어온다는 것을 학습하고 난 후 10일까지 특정 소리가 나자마자 눈을 깜빡여서 바람을 피하는 모습을 보였다. Fagan(1973)의 실험에서는 5개월 된 영아가 2분간 얼굴 사진을 보고 2주일 지난 후에도 그 얼굴을 재인하는 것이 가능했다.

Rovee-Collier(1987)의 연구에 따르면 2~3개월 된 아기의 발에 모빌을 연결시키면 몇 분이 안 되어 자신의 발길질이 모빌을 움직인다는 것을 학습한다. 3주가 되어 같은 상황에 놓였을 때 단서가 제시되자 발차기 행동으로 모빌을 움직이고자 하는 반응을 보였다.

Bauer(2002)는 성인이 물건을 가지고 하는 3단계의 행동을 순서대로 영아에게 시범을 보이고 1~12개월의 지연기간 후 지연모방을 측정했는데, 그 결과 13개월, 16개월, 20개월로 연령이 증가하면서 지연모방이 증가하였고, 한 연령 내에서는 지연기간이 길어질수록 지연모방이 감소하였다. 이러한 지연모방은 눈앞에 있는 어떤 것을 그냥 재인하는 것이 아니라 이전의 경험을 회상하는 능력을 필요로 한다.

영아들은 기억을 잘 할 수 있음에도 불구하고 우리는 3세 이전의 일들을 거의 회상하지 못한다. 이러한 현상을 영아기 기억상실증(infantile amnesia)이라고 한다. Usher와 Neisser(1993)의 연구에서는 대학생들에게 동생의 탄생, 병원에 입원, 이사와 같은 질문을 했을 때, 대답할 수 있었던 질문의 비율은 그것을 경험한 연령이 높을수록 증가하였다.

영아기 기억상실증이 발생하는 원인에 대해 Freud는 영아기와 아동 초기의 사건들이 이성 부모를 향한 성적 욕구를 함축하고 있어서 억압되기 때문이라고 설명하였다. 그러나 억압이라는 개념은 정서적으로 고통스러운 사건들의 경우 이 사건들에 대한 기억이 의식적으로 들어오지 못하도록 적극적으로 거부한다고 설명할 수 있지만, 즐거운 사건들에 대한 기억에도 접근할 수 없는 이유는 설명하지 못한다(Goswami, 2008). 인지적 해석에 따르면, 영아는 언어를 사용하지 못하고 성인은 언어를 사용하기 때문에 초기 기억들이 우리가 언어 사용자가 되고 난 이후에는 인출할 수 없는 비언어적인 형태로 저장되어 있을 수 있다(Sheingold & Tenney, 1982). 자서전적 기억(autobiographical memory)이 후에 인출되려면 자신에 대한 개인적 기억이기 때문에 자아(self)개념을 필요로 한다(Howe & Courage, 1993). 영아기에는 자아개념이 아직 발달하지 않아서 이 때의 경험이 자아와 관련되지 않으므로 이후에 인출이 어렵다. Leichtman과 Ceci(1993)는 영유아가 상세기억표상(verbatim representations)을 하고 높은 연령의 아동은 핵심기억(gist)에 의해 표상을 하기 때문에 영아기 기억상실증이 생긴다고 설명한다. 상세기억표상은 상황에 대한 세부 정보를 그대로 기억하는 것이고, 핵심기억표상은 일어난 사건에 대한 의미나 본질을 기억하는 것이다. 부호화를 할 때 이 두 표상을 모두 이용하는데, 상세기억표상보다는 핵심기억의 표상이 더 오래 지속되므로 상세기억표상에 의존하는 영유아가 그 시기의 경험을 기억할 수 없다고 한다. 일반적 지식의 부족으로 인해 영아기 기억상실증이 발생한다고 보기도 한다.

2) 기억의 기초능력 발달

기억의 기초능력 발달의 전제는 신경계 발달에 의해 기억이 발달한다는 것이다. 신경계의 발달이 작업기억에서 보유할 수 있는 정보의 양을 증가시키고 기억처리의 효율성과 속도를 향상시키며 관련 없는 정보의 억제능력과 간섭에 대한 저항능력을 증가시킨다고 본다.

작업기억 용량은 숫자를 제시하여 몇 개까지 정확한 순서로 기억할 수 있는지 보는 기억 폭(memory span) 과제로 측정한다. 작업기억에 보유할 수 있는 정보의 양은 제한되어 있어 있으나, [그림 5-4]에서 볼 수 있는 것처럼 발달에 따라 기억 폭이 증가한다. 5세 유아는 4개 정도를 기억할 수 있지만 성인의 경우 대부분 7개의 숫자를 기억할 수 있다. 이러한 현상이 나타나는 것에 대해 몇몇 연구자들은 발달에 따른 용량의 변화를 나타내는 것이라고 말하고(Pascual-Leone, 1989), 다른 연구자들은 같은 용량이지만 더 많은 정보를 저장할 수 있게 하는 전략이나 사전지식 때문이라고 말한다(Chi, 1976). 성인들은 관련된 여러 자극을 하나의 묶음으로 인식하는 묶기(chunking)와 같은 기억전략을 사용하여

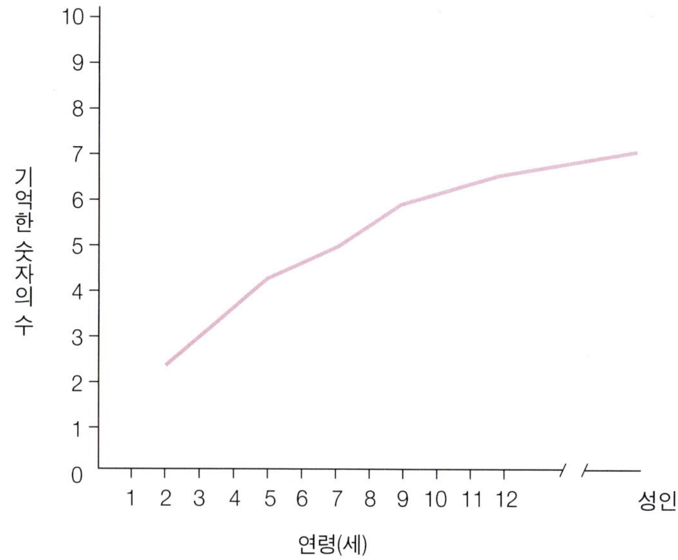

[그림 5-4] 기억 폭 실험(Dempster, 1981)

정보를 보다 쉽게 기억할 수 있다. 또한 숫자에 대해 더 많이 알고 있고, 숫자에 대해 더 잘 알기 때문에 숫자를 더 효과적으로 기억할 수 있다.

처리 속도는 자극을 인식하거나 단어를 읽는 것과 같은 정신 활동을 할 때 걸리는 시간으로, 기억 내에 저장할 수 있는 정보의 수처럼 연령에 따라 발달한다. [그림 5-5]에서 볼 수 있는 것처럼 처리 속도는 유아기와 아동기에 빠르게 증가하다가 차츰 그 속도가 느려지지만 청소년기까지는 꾸준히 증가한다(Kail, 1991). 처리 속도가 성숙과 더불어 변화한다고 하는데, 특정 시기에 급격한 신체 성장을 한 아이들은 정보처리도 더 빨리 한다(Eaton & Ritchot, 1995). 연습도 정보처리를 빠르게 촉진시키지만, 연령과 처리 속도 사이의 상관관계는 높은 연령의 아이가 더 많은 연습을 한 것만으로는 설명하기 어렵다(Siegler & Alibali, 2007).

자동처리능력은 의식적인 노력 없이 빠르고 효율적으로 과제를 수행하는 능력이다. 아이가 처음으로 묶기와 같은 기억전략을 사용할 때 그것은 작업기억의 많은 공간을 차지한다. 그러나 연습을 통해 기억과정이 자동화되면 결과적으로 작업기억의 공간을 다른 문제나 전략 사용을 위해 활용할 수 있게 된다.

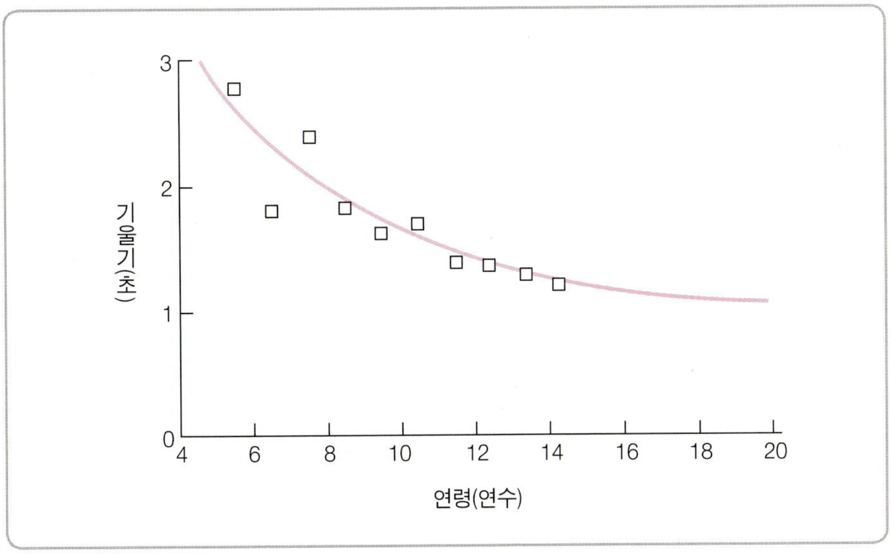

[그림 5-5] 연령에 따른 기억 처리 속도 변화(Kail, 1991)

기초 처리를 수행하는 데 걸리는 시간을 가리킨다. 5세 유아는 각 처리당 약 3초 정도 소요하는 반면, 14세 청소년은 처리당 1초 조금 넘게 소요한다. 산정치는 30년에 걸쳐 출판된 72개의 실험에서 측정한 아동과 대학생들의 수행을 바탕으로 하였다.

3) 기억 전략의 발달

사람은 기억을 잘하기 위해서 들은 내용을 기록하거나 다이어리에 약속 날짜를 표시하는 것과 같은 방법을 쓰기도 하고, 처음 만난 사람의 이름을 기억하기 위해서 마음속으로 몇 번 암송하는 등 다양한 방법을 사용한다. 이와 같이 기억과 관련한 과제를 효율적으로 수행하도록 돕는 모든 활동을 기억 전략이라고 부른다. 작업기억의 용량 제한이나 시간적 제한을 극복하기 위해서 전략을 활용하고, 장기기억에 효율적으로 정보를 저장하고 인출하기 위해서 전략을 활용하는데, 대표적인 기억 전략으로는 시연, 조직화, 정교화 등이 있다.

그림을 외우기 위해 암송하고 있는 유아

시연
정보를 언어적으로 되뇌거나 머릿속에서 반복하는 것

시연(rehearsal)은 정보를 언어적으로 되뇌거나 머릿속에서 반복하는 것을 말한다. 시연을 통해 작업기억에 정보를 머무르게 하며, 작업기억에 오랫동안 유지되는 정보는 장기기억으로 넘어갈 가능성이 커진다. Flavell, Beach와 Chinsky(1966)는 5~10세 아동에게 일곱 개의 그림을 제시하고 실험자가 그중 세 개를 손으로 가리킨 후 눈을 가리고 15초 동안 기다렸다가 세 개 그림의 이름을 차례로 말해야 하는 과제를 제시했다. 눈을 가리고 있을 때 그림의 이름을 암송하고 있는지 입술의 움직임을 통해 관찰했는데, 5세 유아는 10%, 7세 아동은 60%, 10세 아동은 85%가 눈에 띄는 언어적 암송을 하였고 암송을 한 아동이 암송을 안 한 아동보다 더 많이 기억할 수 있었다. 시연 전략을 가르치면 5세 유아들도 이전보다 더 많이 전략을 쓰고 회상도 더 잘하게 된다. 그러나 회상 수준이 10세 아동 수준으로 향상되지는 않고, 새로운 상황을 접하면 시연 전략 사용을 중단하는 모습을 보인다(Hagen, Hargrove, & Ross, 1973).

조직화
정보를 범주로 묶는 것이나 위계 관계를 만드는 것

조직화(organization)는 '수박, 축구, 고양이, 수영, 말, 딸기, 사자, 귤, 야구'와 같은 단어 목록을 기억할 때 '과일, 운동, 동물'로 묶어서 기억하는 것처럼 정보를 범주로 묶는 것이나 위계 관계를 만드는 것을 의미한다. Hasselhorn(1992)의 연구에 따르면 9~10세 이전까지는 범주화할 수 있는 단어 목록이라고 해서 범주화할 수 없는 단어 목록보다 더 잘 회상하는 것이 아니기 때문에 9~10세 이전의 아동은 회상을 위해서 정보를 조직화하지 않는 것으로 보인다. 조직화 전략을 사용할 수 있기 위해서는 유목포함 조작을 할 수 있어야 하는데, Piaget에 따르면 유목포함 조작은 구체적 조작기가 되어야 가능하다. 그러나 Waxman, Shipley와 Shepperson(1991)의 연구에서는 2~3세 아이도 기억을 잘하기 위해서 기초적인 범주명을 사용하는 것으로 나타났다. 4~5세 유아도 조직화 전략을 배울 수 있고, 전략을 학습하는 것은 기억을 향상시킨다(Lange & Pierce, 1992). 그러나 새로운 상황에 학습한 전략을 적용하지 못하고, 학습 상황과 아주 유사한 상황이라도 새로운 것이면 전략을 적용하는 데 실패하는 경우가 많다(Williams & Goulet, 1975).

정교화
기억하려는 항목에 무엇인가를 덧붙이거나 의미 있는 관계를 만들어서 기억을 쉽게 하려는 전략

정교화(elaboration)는 기억하려는 항목에 무엇인가를 덧붙이거나 의미 있는 관계를 만들어서 기억을 쉽게 하려는 전략이다. 예를 들어, 토끼와 피아노를 짝지어 암기하고자 할 때 피아노를 치고 있는 토끼의 모습으로 심상을 만들어 기억하는 것이다. 정교화는 아주 효과적인 전략으로 상당한 노력과 작업기

억 용량을 요구하기 때문에 청소년기가 되어서야 보편적으로 사용하게 된다(Schneider & Pressley, 1997).

아동이 기억전략을 왜 사용하지 않는지에 대한 몇 가지 설명이 있다. 발달 초기에는 유아가 과제를 푸는 데 도움이 되는 전략을 스스로 산출하지 못하며 전략을 가르쳐 주어도 그것을 사용하지 못한다. 예를 들면, 시연 전략을 사용하거나 반대로 사용하지 않을 때, 기억에 있어 차이가 없기 때문에 시연 전략을 사용하지 않는 것이다. 아동에게 전략을 가르쳐 주면 기억 수행이 향상되나 아직 전략을 산출하지는 못하기도 한다. 아이가 전략을 사용할 정신적 능력을 가지고 있으나 촉발 자극 없이는 전략을 산출하지 못하기 때문이다(Flavell, 1970).

아동이 전략을 산출하였음에도 불구하고 기억이 향상되지 않는 경우가 있는데 이는 친숙하지 않은 전략을 수행할 때 처리 용량에 상당한 부담이 되기 때문에 발생하는 현상이다(Bjorklund & Coyle, 1995). 또한 유아는 새로운 전략이 흥미롭기 때문에 전략을 사용할 수도 있다(Siegler, 1996). 성인은 기억 전략을 과제 수행을 향상시키기 위해 쓰지만 유아는 새로운 것을 시도해 보는 것 자체가 목적이 될 수 있으며 과제 수행을 향상시키는 것이 중요하지 않을 수 있다. 유아는 인지과정을 잘 조절하지 못하기 때문에 자신이 새로운 전략을 비효율적으로 사용하고 있다는 것을 모를 수 있다.

Siegler(1996)는 아동의 다중전략 사용과 전략이 시간에 따라 어떻게 변화하는가를 기술하는 적응적 전략선택 모델(adaptive strategy choice model)을 제안하였다. Siegler는 모든 연령의 아동에게는 해결해야 하는 문제와 관련 있는 다양한 전략이 존재한다고 생각하며 이러한 전략들이 서로 사용되기 위해 경쟁하고 있다고 본다. [그림 5-6]과 같이 전략이 단계적으로 발달하는 것이 아니며 중복되는 일련의 파동이라고 보았다. 좋은 결과를 가져오지 못할 것으로 예상되는 전략은 선택하지 않으며 선택한 전략이 성공적인 결과를 가져오지 못하면 다른 전략을 사용한다. 아동은 다양한 전략들을 지속적으로 사용하게 되는데, 사용되지 않는 전략들은 사라지는 것이 아니라 주된 전략을 활용하지 않을 때 사용된다.

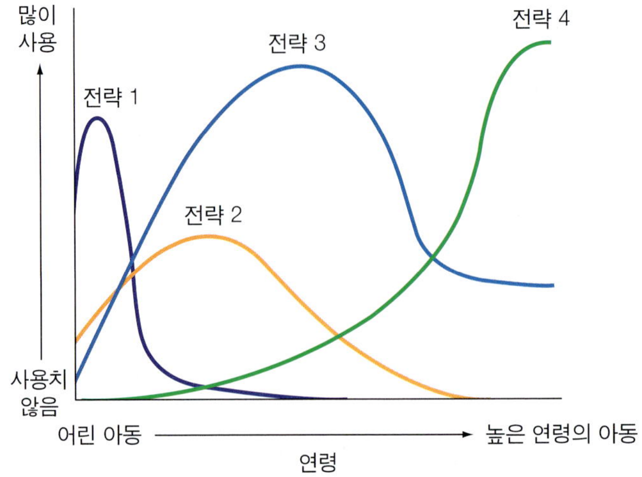

[그림 5-6] 적응적 전략선택 모델(Siegler, 1996: Shaffer, 2005 재인용)

전략 사용의 변화를 일련의 중복되는 파동으로 보았는데 연령별로 더 자주 사용되는 전략이 다르다.

4) 지식 기반의 증가

연령이 증가할수록 아이들은 더 많은 것을 알게 된다. 보편적으로 무언가를 더 잘 알수록 그와 관련된 새로운 정보를 더 잘 배우고 기억할 수 있다. 관련 내용에 대한 사전 지식은 기억에 다각적인 영향을 끼친다. 아동이 얼마나 많이 또 무엇을 회상할 수 있는지에 영향을 미치고, 기초처리능력이나 전략 사용, 상위 인지 지식, 새로운 전략 습득을 수행하는 데에도 영향력을 행사한다(Siegler & Alibali, 2007).

사전 지식이 인지발달에 미치는 영향을 연구하는 방법 중의 하나는 어떤 영역에 대한 사전 지식이 전혀 없는 초보자의 수행과 사전 지식이 아주 많은 전문가의 수행을 비교하는 것이다. 그러나 그런 비교에는 초보자가 전문가보다 나이가 어린 경우가 많으므로 발달적으로 가장 타당한 정보를 얻을 수 있는 비교는 전문가가 초보자보다 더 어린 경우다(Goswami, 2010). Chi(1978)는 체스 전문가 아동과 체스 초보자인 성인에게 체스 위치를 기억하는 과제를 실시하였다. 연구 결과 [그림 5-7]과 같이 체스 전문가 아동이 숫자를 외우는 기억 폭 과제에서는 성인보다 유의하게 수행능력이 낮았으나, 체스 위치를 기억하는 과제에서는 성인보다 유의하게 높은 수행을 보였다. Schneider, Korkel과 Weinert(1989)는 아동들에게 축구시합에 관한 이야기를 들려주었을 때 3학년 축구 전문가들이 7학년 축구 초보자들보다 더 많은 정보를 회상하였으며, 연령에 관계없이 특정 영역에 대한 전문성이 지능보다 기억수행을 더 잘 예측한다고 하였다. 유아 TV 프로그램 이름이나 유아 도서의 제목은 보통 유아가 성인들보다 더 잘 알고 더 잘 기억한다(Schneider & Bjourklund, 1998). 이를 보면 내용 지식의 차이가 성인 기억에 도움이 되는 다른 요소들보다 더 중요한 부분을 차지함을 알 수 있다.

지식의 증가는 여러 기제를 통해서 기억을 돕는데, 그중 하나는 독특한 특징을 부호화하는 것이다. 체스 전문가들이 체스판의 말 배열을 정확히 기억할 수 있는 것은 무엇보다 말들을 각 기능에 따라 부호화 전체 상황과 연결 짓기 때문이다. 또한 지식이 활성화 확산(spread activation)에 영향을 미치는데, 어떤 주제에 대해 생각하면 그 주제와 관련된 정보를 빠르게 인출하도록 주제를 활성화한다. 활성화는 이미 활성화한 주제와 관련된 다른 주제로 자동적으로 확산되어 이런 정보가 인출되는 것도 촉진한다. 활성화 확산은 지식이 많은 아동들이 전략을 더 자주 사용하고 기억을 향상시키도록 돕는다(Siegler & Alibali, 2007).

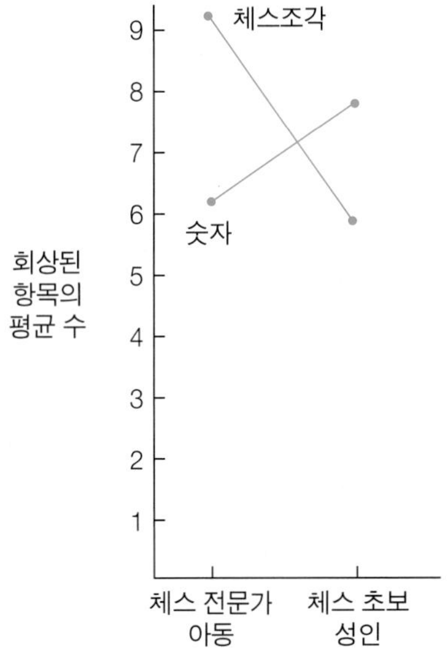

[그림 5-7] 체스 전문가 아동과 체스 초보 성인의 기억(Chi, 1978)

(1) 스크립트

대부분의 일은 비슷한 형태로 반복되는데, 식당에 가서 밥을 먹는 것은 매번 조금씩 달라지는 부분이 있기는 하지만, 식당으로 들어가서 음식을 시켜서 먹고 돈을 낸다와 같이 반복적인 일들로 구성된다. 아이는 이처럼 정기적이고 규칙적인 일들을 스크립트의 형태로 표상한다. 스크립트(script)는 경험에 대한 도식으로 사건이 진행되는 순서와 인과관계를 포함하고 있다. Nelson(1986)은 3~5세 유아들에게 생일파티 참석, 식료품 쇼핑과 같은 사건들에서 무슨 일이 일어나는지 말해 보도록 하였는데, 유아들은 이런 사건들에서 전형적으로 일어나는 일들에 대해 말하였다. 예를 들어, '식료품을 사러 가면 쇼핑카트를 가져오고, 먹을 것을 고르고, 계산대에 가서 계산을 하고, 자동차에 짐을 싣고 출발한다.'와 같이 답을 하였다.

스크립트
경험에 대한 도식으로 사건이 진행되는 순서와 인과관계를 포함

스크립트는 아이들이 일상 경험을 조직하고 해석하는 기본 수단이기 때문에 한 번 형성되면, 미래에 유사한 상황에서 발생할 일을 예측하는 데 사용할 수 있다. 예를 들어, 스크립트는 유아에게 저녁식사–목욕시간–취침시간의 순서에서 다음에는 무슨 일이 일어날지 예측하게 해 줌으로써 매일의 생활에 안정성을 제공한다(Flavell, Miller, & Miller, 2003). 그러나 사건을 스크립트로 조직화할 때는 희생 또한 따르는데 아이는 스크립트에 맞지 않는 정보를 기억하지 않는 경향이 있다.

Fivush와 Hammond의 연구(1990)에서 2.5세 아이에게 해변으로 놀러 가거나 비행기를 타 본 경험과 같이 기억할 만한 최근의 사건에 대해 질문하였다. 아이들은 이 특별한 사건의 새로운 측면을 회상하기보다 성인들이 보기에는 일상적인 정보라고 생각되는 것에 더 초점을 두었다. 한 아이는 캠핑 여행에 대해 얘기하면서 첫 번째로 밖에서 잔 것을 기술하였는데 이는 특별한 일이었지만 그다음에 기억한 것의 대부분은 밥을 먹었거나 밤에 잔 것과 같은 일상적인 활동이었다. 이러한 모습을 보이는 것은 아이들이 기억할 때 새로운 사건의 독특한 측면보다는 전형적인 측면에 주의를 기울이기 때문이다.

유아들은 '생일파티에서 생일축하 노래를 부르고, 케이크의 촛불을 끄고, 선물을 준다.'와 같이 생일파티에 대한 스크립트를 가지고 있다.

(2) 자서전적 기억

자서전적 기억
자신이 과거에 했던 경험을 기억하는 것

자서전적 기억(autobiographical memory)은 자신이 과거에 했던 경험을 기억하는 것이다. 새로운 사건에 대한 아이들의 자서전적 기억은 상당히 뛰어난 경우가 많다. 3~4세 무렵에 디즈니월드를 방문했던 아이들은 시간이 지난 후에도 갔던 것에 대해 많은 것을 회상했다(Hammond & Fivush, 1991).

아이의 자서전적 기억의 발달에 있어서 부모의 역할은 중요하다(Farrant & Reese, 2000). 부모는 자녀에게 "우리 어제 어디 갔었지?"와 같은 질문을 하면서 경험한 일에 대해 이야기를 시작하고, 아이가 답을 하면 "같이 갔던 사람이 누구지?" "가서 뭐 했지?"와 같은 질문을 통해 자녀가 상세한 사실들을 기억해 내도록 돕는다. 부모와의 이러한 대화를 통해 아이는 사건의 중요한 측면들을 기억해야 하는 것을 배우고, 사건들 간의 시간적 순서나 인과적 관계를 재구성할 수 있게 된다.

경험한 일에 대해 자녀와 대화할 때 어떤 부모는 정교화 양식(elaboration style)을 사용하고 어떤 부모는 반복적 양식(repetitive style)을 사용한다. 정교화 양식을 사용하는 어머니들은 아이의 기억을 이끌어 내기 위해 다양한 질문을 하고, 아이의 진술에 정보를 추가하고, 필요할 때는 아이의 기억을 교정해 주기도 한다. 반복적 양식을 사용하는 어머니들은 같은 질문을 반복해서 하고, 주제를 자주 바꾸며 정교화를 거의 하지 않는다. 예를 들어, 여행 갔던 일에 대해 이야기할 때 "뭘 봤지? 또 다른 건? 또 다른 건?"과 같이 동일한 질문을 반복한다. 반복적 양식을 사용하는 부모의 자녀는 정교화 양식을 사용하는 부모의 자녀에 비해 회상을 더 적게 하고 기억이 덜 조직되어 있는 경향이 있다(Reese, Haden, & Fivush, 1993). 이러한 차이는 부모-자녀 정서적 관계의 차이일 수 있는데, 안정된 애착 관계의 부모와 아이는 더 정교한 회상을 하며, 반면에 불안정한 관계의 부모와 아이는 일반적으로 반복적 양식을 사용한다(Fivush & Reese, 2002).

여행지에서 즐거운 시간을 보내고 있는 유아

(3) 목격자 기억

아동이 범죄의 희생자나 목격자로 법정증언을 해야 하는 경우가 많아지면서 아이들이 얼마나 정확하게 기억하는지 그리고 그들의 기억이 암시에 의해 얼마나 영향을 받는지가 중요한 연구 주제가 되었다(Ceci & Bruck, 1995).

기억이 사진이나 비디오 기록 같다면 목격자는 일어난 일을 정확하게 회상할 수 있기 때문에 목격자 기억은 별 문제가 되지 않을 것이다. 그러나 기억은 완전하고 정확한 것이 아니라 일어난 일을 기억하지 못하기도 하고, 일어나지 않은 일을 일어났던 것처럼 기억하기도 하며, 각기 다른 사건을 하나의 사건처럼 결합해서 기억하기도 한다.

Loftus와 Palmer(1974)는 대학생들에게 비디오 영상으로 자동차 사고가 나는 장면을 보여 준 후 본 것에 대하여 질문을 했다. '두 차가 충돌했을 때(smash) 얼마나 빠르게 달리고 있었는가?'라고 질문 받은 사람들이 '두 차가 부딪쳤을 때(hit) 얼마나 빠르게 달리고 있었는가?'라고 질문 받은 사람들에 비해 차의 속도가 더 빨랐던 것으로 추정하였다. 일주일 후에 깨진 유리를 보았는지 참가자들에게 물어봤을 때 영상에는 깨진 유리가 없었음에도 불구하고 충돌이라고 질문을 받았던 참가자들이 부딪쳤다고 질문을 받았던 참가자들에 비해 깨진 유리를 봤다고 대답한 비율이 두 배나 높았다. 성인의 목격자 기억에 이런 문제가 있다면 아이의 목격자 기억은 아마도 문제가 더 클 것이다. 신체적이거나 성적 학대와 관련한 조사에서 아이의 증언이 정확한 것인지가 문제가 되는데, 학대가 실제로 일어난 것일 수도 있지만 학대에 관한 기억이 성인들이 하는 질문에 의해서 만들어진 것일 수도 있다.

유아의 피암시성은 성인보다 더 높게 나타난다. 대부분의 암시성 연구에서 유아는 한 사건을 목격하고 난 후에 사실과 다른 잘못된 대답으로 이끄는 질문을 받는다. 성인이 반복적으로 특정 질문을 하면서 부정확한 사실을 말하거나 아이에게 원하는 답을 하도록 강요하면 아이들의 부정확한 보고가 증가된다(Bruck & Ceci, 2004). Cassell, Roebers와 Bjorklund(1996)는 자전거 도둑에 관한 비디오를 6세 유아, 8세 아동과 성인에게 보여 주고 일주일 후에 회상하게 하였고, 점점 더 암시성이 강한 질문을 하였다. 자전거 주인이 누구였는지와 같은 사건의 주요 내용에 관한 회상 수준은 아동과 성인이 비슷하게 나타났으나 반복되는 암시적 질문의 영향을 비교한 결과 6, 8세가 성인보다 허위 기억을 하는 경우가 더 많았다.

유아의 목격자 기억과 관련한 문제를 다루고 있는 영화 <더 헌트>

유아의 목격자 기억에 관한 연구는 그들의 증언이 믿을 만한 것인지에 대해 아직 분명한 답을 주지 못하지만, 아이들의 기억이 잘못되기 쉬운 부분들을 찾아냈다(Flavell, Miller, & Miller, 2003). 아이의 기억은 성인에 비해 부호화할 때 핵심 정보보다는 상세한 정보를 표상하는 데 중점을 두기 때문에 빨리 잊혀진다.(Brainerd & Poole, 1997). 따라서 아이가 암시적 질문을 받을 때는 기억이 희미해지거나 사라졌을 수 있다. 실제로 일어난 일에 대한 기억이 희미해지면 아이는 전형적으로 일어나는 내용을 반영한 스크립트로 기억의 내용을 대체할 수도 있으므로 원래 상황과 일관성이 있으나 실제 상황은 아닌 내용을 말할 수도 있다. 아이를 면담하는 성인은 기억을 불러일으킬 수 있는 단서를 제공하기는 하되 잘못된 기억으로 이끌지 않도록 유의해야 한다. 예를 들어, 성학대가 의심되는 유아에게 '○○가 너를 만졌니?'와 같은 암시적인 질문을 사용하는 것은 아이에게 잘못된 기억을 만들 수도 있다.

5) 상위기억의 발달

상위기억(metamemory)은 기억에 관한 지식으로 상위기억이 발달하면서 자신의 기억과정을 관찰하고 조절할 수 있게 된다. 상위기억이 발달하면서 아동은 자신이 기억할 수 있는 것에 한계가 있음을 알고, 기억 과제를 위해 필요한 기억 전략을 사용하며, 사용한 기억 전략이 효과적인지 평가하게 된다.

상위기억
기억에 관한 지식

사람의 기억능력에 대해 정확한 판단과 예측을 할 수 있게 되는 것은 중요한 기억발달과정으로 아이는 성장하면서 자신의 기억능력과 한계에 대해 보다 현실적이고 정확한 판단능력을 갖게 된다. 기억해야 할 과제가 요구하는 작업량이나 과제의 난이도를 정확하게 판단하는 것은 일상의 학습이나 작업에 필요한 시간을 결정하거나 과제 수행을 효율적으로 계획하기 위해 요구되는 중요한 상위기억 능력이다. 아이들도 기억해야 할 항목의 수가 늘어나면 기억과제가 더 어려워진다는 것을 안다. 또한 기억 항목들 간의 의미 있는 관계를 발견하거나 만들어 내면 그 항목들을 기억하기가 더 쉬워진다는 것을 학습한다. 아이가 어떤 전략을 사용하면 기억하기에 도움이 되는지를 아는 것도 상위기억능력에 포함된다. 아동의 연령이 증가함에 따라 생각해 내는 전략의 수가 많으며, 더욱 체계적이고 계획적이며, 성인의 전략에 가까워진다.

O'Sullivan(1997)의 연구에 따르면 3~4세 유아도 기억이 한정된 용량을 가지며 어떤 내용이 다른 내용보다 더 잘 학습될 것이라는 점을 안다. Justice(1985)의 연구에서는 4~5세 유아들이 보물찾기 놀이를 할 때 보물을 숨겨둔 곳을 유심히 보아 두거나 어떤 표시를 해 두면 나중에 찾기 쉽다는 것을 충분히 이해하는 것으로 나타났다. 그러나 일반적으로 유아는 자신의 기억능력을 과대평가하고, 학습하는 데 필요한 시간을 과소평가하기도 한다(Schneider & Pressley, 1997). Flavell, Friedrichs와 Hoyt(1970)의 연구에서 실험자는 친숙한 물건의 그림을 수를 늘려 가면서 보여 주고, 제시된 그림을 얼마나 기억할 수 있는지 물었다. 유아들은 실제로는 4개를 기억하면서도 10개 모두를 기억할 수 있다고 낙관적으로 답했다. 반면 초등학생들은 자신의 기억능력의 한계에 대해 더 현실적으로 알고 있었다. 7세 이전에는 조직화가 쉬운 내용이 조직화가 어려운 내용보다 기억하기 쉽다는 것을 이해하지 못한다(Kreutzer, Leonard, & Flavell, 1975). 5~7세 유아는 장기기억에서 정보를 인출하는 데 메모 같은 인출단서가 기억하는 것에 도움을 줄 수 있음을 알지만 그것을 효율적으로 사용하지는 못한다(Flavell, Miller, & Miller, 2002). 기억에 대한 지식은 아동기에 크게 발달하여 청소년기가 되면 학습자 특성 · 과제 · 전략이 기억에 미치는 영향에 대해 많은 지식을 갖게 된다(Schneider & Bjorklund, 1998).

<표 5-1> 기억 발달의 기여 요인(Shaffer, 2005)

기여 요인	발달적 경향
기억의 기초 능력	높은 연령의 유아는 정보처리 속도가 빠르고 더 효과적이다. 따라서 작업기억에 정보를 저장하고 다른 인지적 과정을 실행할 공간적인 여유를 더 가진다는 의미에서 어린 유아에 비해 작업기억 용량이 더 크다.
기억 전략	높은 연령의 유아는 정보의 부호화, 저장, 인출을 위해 더 효과적인 기억 전략을 사용한다.
지식 기반	높은 연령의 유아는 일반적으로 더 많은 것을 알고 있고 그들이 가진 더 큰 지식 기반은 학습하고 기억하는 능력을 향상시킨다.
상위기억	높은 연령의 유아는 기억과정에 대해 더 많이 알고 그들의 상위인지는 즉각적으로 가장 적절한 전략을 선택하고 주의 깊게 감찰할 수 있도록 돕는다.

TIPS

영유아의 기초 인지 과정 촉진(McDevitt & Ormrod, 2013)

- **아이에게 다양한 감각 경험을 제공한다.** 영유아기는 보고, 듣고, 느끼면서 배우는 시기이므로, 아이가 조작하고 놀 수 있는 다양한 놀잇감을 제공하는 풍부한 환경을 제공해야 한다.
- **지각에 있어서 문제가 있는 것은 아닌지 관찰하고 보고한다.** 아이가 보고 듣는 것에 문제가 없는지, 맛 · 냄새 · 촉감 등의 자극에 비정상적인 민감성을 가지고 있는 것은 아닌지 관찰하고, 문제가 있다면 알리고 치료를 받는다.
- **학습하고 기억하는 데 있어 중요한 것들에 주의를 기울이도록 돕는다.** 주의집중은 학습에 중요한 요소다. 아이가 활동할 때 관계없는 자극에 의해 쉽게 주의가 분산될 수 있으므로 흥미를 끌 수 있는 색이나 소리를 이용하는 것과 같은 방법으로 주의를 유지하도록 한다.
- **아이가 알고 있는 것과 새로운 정보를 연결한다.** 새로운 정보는 이미 알고 있는 것과 연결될 때 효율적으로 학습된다.
- **아이가 한 번에 적은 양의 정보만을 생각할 수 있다는 것을 기억한다.** 영유아에게 새로운 것을 가르칠 때 아이가 그것을 처리할 수 있는 시간을 갖도록 천천히 제시한다.
- **아이가 기초적인 정보와 기술을 계속해서 연습하도록 한다.** 어떤 정보나 기술은 기초적이기 때문에 아이는 그것을 빠르고 쉽게 사용할 수 있어야 한다. 아이가 반복적으로 그러한 기술을 사용하고 연습함으로써 자동화할 수 있다.

CHAPTER 06

언어발달

1. 언어의 본질
2. 언어발달이론
3. 언어발달과정

Chapter 06

언어발달

사회적 존재인 인간은 다른 사람과 관계를 맺고 서로 도움을 주고받으며 삶을 유지하고 발전시켜 나간다. 언어는 이러한 인간의 사회적 상호작용을 매개해 주는 중요한 수단이다. 언어를 통해 인간은 자신의 생각과 감정 등을 다른 사람에게 전달하는 동시에 타인의 생각과 감정을 이해한다. 태어나면서부터 인간은 듣기를 통해 말을 배우기 시작하고, 언어를 통한 의사소통 과정 속에서 다른 사람과 관계를 맺으며 점차 사회적 존재로 성장한다. 언어의 사용은 영유아의 사회성 발달에 영향을 미치고 아이가 사회의 구성원으로 살아가는 데 중요한 매개 역할을 한다.

언어습득은 아이의 생존과 성장에 영향을 주고, 사회성과 사고의 발달에 주요한 역할을 하며, 정보를 처리하고 문제를 해결하는 데 효율적인 수단이 된다. 아이는 언어를 통해 새로운 현상을 이해하고, 지식을 습득한다. 이러한 언어능력은 영아기, 유아기를 거쳐 놀라운 어휘의 습득과 언어 이해능력의 성장을 보여 주며 급속도로 발달한다.

영유아 언어발달의 특징을 아는 것은 아이가 보여 주는 말과 행동에 대한 이해를 높여 주며, 영유아의 언어발달을 촉진할 수 있는 방안을 모색할 수 있게 해 준다.

1. 언어의 본질

1) 언어의 기능

언어는 인간의 삶에서 다양한 기능을 한다. 인간은 언어로 의사소통하고, 정보를 교환하고, 사고하며, 학습한다. 영국의 언어학자인 Halliday(1975)는 언어의 기능을 다음의 일곱 가지로 제시하였다.

첫째, 도구적 기능(instrumental function)은 가장 단순한 형태의 언어의 기능으로, 인간의 욕구를 표현하고 충족시키기 위한 수단으로 사용되는 것이다. 예를 들어, 아이는 "엄마, 우유." "지금 미끄럼틀을 타고 싶어." 등의 말을 사용하며 자신이 원하는 것을 얻는다.

둘째, 통제적 기능(regulatory function)은 언어를 통해 다른 사람의 행동과 감정을 통제하는 것을 말한다. 예를 들어, 아이는 "색종이로 비행기 이렇게 접어주세요." "너도 내가 말한 대로 이렇게 해 봐."와 같은 언어를 사용하여 다른 사람의 행동에 영향을 주거나 다른 사람의 행동을 조정하기도 한다.

셋째, 상호작용적 기능(interactional function)은 언어를 통해 다른 사람과 사회적 관계를 형성하고 유지하는 데 사용되는 것이다. 예를 들어, 아이는 "얘들아, 안녕." "나랑 같이 놀래?" 등의 말을 사용하며 사회적 상호작용을 한다.

넷째, 개인적 기능(personal function)은 언어를 통해 자신의 생각이나 감정, 태도 등을 표현함으로써 자신만의 독특성과 정체감을 인식하고 형성해 나가는 것을 말한다. 예를 들어, 아이는 "나는요, 강아지 좋아해요." "민이는 빠방 좋아." 등 자신의 생각, 감정, 의도 등을 말로 표현함으로써 자신의 개성이나 존재감을 드러낸다.

다섯째, 발견적 기능(heuristic function)은 언어를 통해 인간이 자기 주변의 환경을 탐색하고 이해하며 학습하기 위한 수단으로 사용하는 것을 말한다. 예를 들어, 아이는 "이건 뭐야?" "엄마, 왜 하늘은 파래?" 등과 같이 끊임없는 질문과 답을 통해 호기심을 충족하고 세상을 배워 나간다.

여섯째, 상상적 기능(imaginative function)은 언어를 통해 인간이 상상의 세계에 몰입하고, 창의적 활동을 할 수 있도록 도와주는 수단이 되는 것이다. 예를 들어, 아이는 "내가 의사선생님이야." "우리 토끼처럼 뛰어 보자." 등의 언어를 사용하여 자신이 만들어 낸 세계와 가상적인 역할에 몰입한다.

일곱째, 표상적 기능(representational function)은 언어를 통해 다른 사람에게 정보를 전달하고 교환하는 기능을 말한다. 예를 들어, 아이는 "고양이는 야옹 하고 강아지는 멍멍 해." "내가 알려 줄게. 틀리면 지우개로 지우면 돼." 등의 언어를 사용하여 개념을 설명하고 표현한다.

2) 언어의 구성 체계

의사소통을 잘하기 위해서는 먼저 사용하는 언어의 다양한 규칙을 이해해야 한다. 언어는 소리와 의미를 연합시킨 규칙적이고 조직화된 일련의 체계다. 언어는 소리, 글 등 다양한 형태로 표현되며, 음운론, 형태론, 통사론, 의미론, 화용론 등 다섯 가지 구성 체계로 나누어진다. 언어발달은 이러한 구성 체계의 규칙에 따라 언어를 적절히 사용하게 되는 과정을 의미한다.

첫째, 음운론(phonology)은 언어의 소리를 의미한다. 언어는 기본적인 소리, 즉 음소(phoneme)로 구성되어 있다. 음운론적 체계는 어떤 소리의 배열이 가능하고, 가능하지 않은지를 알려준다. 음성 체계는 자음과 모음으로 구성되고, 음소가 결합하여 소리가 되며, 이 소리들이 모여서 말이 된다. 예를 들어, 우리말에서 'ㅇ'과 'ㅁ'은 다른 음소다. 'ㅇ'과 'ㅁ'이 다른 음소이기 때문에 '알'과 '말'은 다른 의미로 구별되는 것이다. 유아의 신체적 성숙은 음소의 발달에 영향을 주게 되는데, 영아가 소리를 내기 시작하면서 음소의 급속한 발달이 일어난다.

둘째, 형태론(morphology)은 단어의 구성을 의미하는 단위를 뜻한다. 형태소는 의미를 전달하는 소리의 단위로, 모든 단어는 하나 혹은 여러 개의 형태소로 이루어져 있다. 예를 들어, '유아'는 하나의 형태소로 구성되어 있으며, '유아와'는 '유아'와 '와'의 두 개의 형태소로 구성된 단어다.

셋째, 통사론(syntax)은 단어가 구절과 문장으로 구성되기 위해 배열되는 방식을 말한다. 우리말은 주어, 목적어, 서술어 순으로 배열되는데, 영어의 경우는 주어, 서술어, 목적어 순으로 배열된다. 즉, 유아가 문장을 이해하기 위해서는 문장의 구조와 배열을 이해해야 한다. 예를 들어, 영어는 "I eat an apple."과 같은 순으로 배열되지만, 우리말은 "나는 사과를 먹는다."와 같은 배열을 가진다. 문법은 형태 체계와 통사 체계의 규칙이 결합된 것이다.

넷째, 의미론(semantics)은 단어와 문장의 의미를 뜻한다. 모든 단어들은 의미론적 특성을 가지고 있다. 예를 들어, 소년과 남자는 남성이라는 공통적인 의미를 가지고 있지만 소년은 어린 남자, 남성은 어른 남자로 의미가 달라진다. 문장에서도 통사적으로는 틀리지 않으나 의미적으로는 제한을 가지고 있는 경우가 있다. 예를 들어, "고양이가 알을 낳는다."는 통사 체계로는 문제가 없는 문장이지만 의미론적 지식에 맞지 않는 부정확한 문장이 된다.

다섯째, 화용론(pragmatics)은 적절한 의사소통 방식과 맥락에 맞는 언어 사용에 대한 지식을 말한다. 언어를 사용할 때에는 음운이나 문법 규칙 이외에도 사회적 상황에 맞는 화용론적 규칙을 적절하게 구사할 줄 알아야 한다. 예를 들어, 대화를 할 때 여러 명이 한꺼번에 말하지 않고 서로 순서를 바꾸어 이야기하고, 성인에게 이야기할 때는 높임말을 사용한다. 또 명령을 할 때와 부탁을 할 때는 언어를 사용하는 방법에 차이가 있다. 예를 들어, "우리 같이 놀자."라는 말은 문법적으로 오류가 없는 문장이다. 하지만 운동장에서 같이 놀던 유아가 다른 유아에게 이런 말을 한다면 이는 시간과 장소, 상황에 맞는 적절한 문장이 되지만, 선생님이 말씀하시고 있는 수업시간 중에 이러한 말을 한다면 적절하다고 보기 어렵다. 화용론의 규칙은 복잡하고 문화적 차이가 있어 언어마다 다르다. 아이는 화용론을 통해 단어, 구, 문장을 적절히 사용하여 의미를 전달하는 법을 배우고, 다른 사람들과 의사소통을 원활하게 할 수 있게 된다.

2. 언어발달이론

인간의 언어습득능력이 선천적인 것인지 혹은 학습되는 것인지에 대한 논쟁은 여전히 지속되고 있다. 환경의 영향에 의해 언어가 학습된다고 보는 학습이론, 선천적인 언어획득기제에 의해 이루어진다고 주장하는 생득이론, 그리고 유전과 환경의 상호작용에 의해서 이루어진다고 보는 상호작용이론 등이 대표적인 언어발달이론이다.

1) 행동주의 학습이론

언어발달에 있어 환경의 영향을 강조하는 학습이론에서 언어는 저절로 습득되는 것이 아니라 강화와 모방이라는 학습 기제를 통해 이루어진다.

대표적인 행동주의 심리학자인 Skinner(1957)는 다른 모든 행동들과 마찬가지로 언어도 조작적 조건형성에 따른 강화원리에 의해 획득된다고 보았다. 영아가 무심코 어떤 소리를 낼 때, 부모는 성인의 언어와 비슷한 소리에 더 주의를 기울이며 이에 대해 반응을 보이게 된다. 이러한 부모의 긍정적 반응이 강화자극이 되어 영아는 자극받은 소리를 더 자주 내면서 발전해 가게 되고, 그렇지 않은 소리는 소멸하게 됨으로써 언어를 학습하게 된다는 것이다.

사회학습이론가인 Bandura(1977)는 언어발달이 강화에 의해 이루어진다고 주장하는 Skinner와 달리, 강화 없이도 관찰을 통한 모방에 의해 언어발달이 가능하다고 보았다. 즉, 인간은 어려서부터 주변 사람들의 언어행동을 관찰하고 그들이 내는 소리를 그대로 모방함으로써 언어를 습득해 간다는 것이다.

이와 같이 학습이론에서는 인간의 언어발달은 선천적인 것이 아니라 환경의 영향을 받으며, 훈련과 반복, 강화와 모방을 통해 후천적으로 발달한다고 본다. 이에 영유아의 언어발달을 촉진하기 위해서 체계적인 교수-학습방법과 반복적 훈련, 강화, 모방 등을 강조한다. 그러나 학습이론은 인간의 언어습득과정을 지

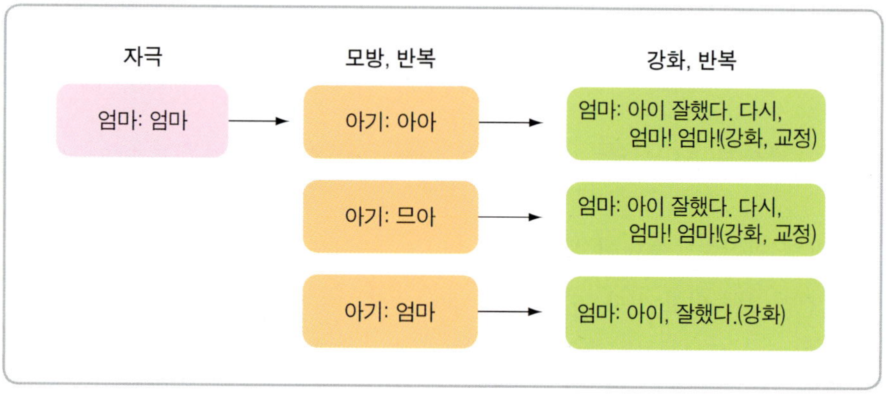

[그림 6-1] 언어습득에 대한 행동주의 관점의 예

나치게 수동적으로 접근함으로써 영유아의 자발적 학습능력이나 내면적 사고과정을 간과하였다는 비판을 받는다.

강화나 모방에 의해 언어발달을 설명하는 학습이론은 인간의 언어습득과정을 부분적으로 설명해 줄 수는 있지만, 유아가 점차 성장하면서 보이는 언어발달과정 모두를 강화와 모방으로만 설명하기에는 한계가 있다.

2) 생득이론

행동주의 이론의 한계점이 발견되면서 학자들은 인간의 언어발달을 보다 능동적이고 선척적인 관점에서 접근하였다. 생득이론은 인간의 타고난 언어능력에 초점을 맞추고 선천적인 기제에 의해 언어발달이 이루어진다고 보았다. 생득이론은 환경적 요인보다 선천적인 생물학적 요인을 더 강조하고, 인간이 환경에 의해 언어를 습득하기보다는 선천적으로 배울 수 있는 가능성을 타고난다고 주장한다.

Chomsky(1957)는 학습이론에서 주장하는 것처럼 강화와 모방만으로는 언어발달이 설명될 수는 없다고 하였다. 그의 이론에 따르면, 인간은 선천적으로 언어습득장치(language acquisition device: LAD)를 가지고 태어나는데, 여기에는 모든 언어에 필요한 보편적인 규칙이 담겨 있다. 따라서 인간은 굳이 배우지 않아도 언어습득장치에 의해 저절로 언어를 습득하게 된다. 이러한 언어습득장치는 어린 연령에만 작동되며, 사춘기 이후가 되면 이러한 능력이 급격히 저하된다.

언어습득장치
인간이 선천적으로 가지고 태어나는 보편적 문법지식 체계로 문법적인 변형규칙을 적용 가능하게 하는 장치

각기 다른 문화권에서 아동이 범하는 문법적 오류의 유사함이나 언어발달과정의 보편성 등은 언어습득장치를 지지해 주는 증거가 될 수 있다. 어느 언어권에 있든지 영유아의 언어발달 시기와 양상은 유사하며, 인종에 상관없이 5~6세의 연령이 되면 유아는 모국어를 자연스럽게 습득하고 사용한다. Chomsky는 이러한 보편적 언어발달 양상은 선천적으로 가지고 태어난 언어습득장치 때문이라고 설명하였다. 또한 소리를 듣지 못하는 청각장애아동도 자기 나름의 언어 신호를 만든다는 사실도 Chomsky의 이론을 뒷받침해 준다(Hoff-Ginsberg & Shatz, 1982).

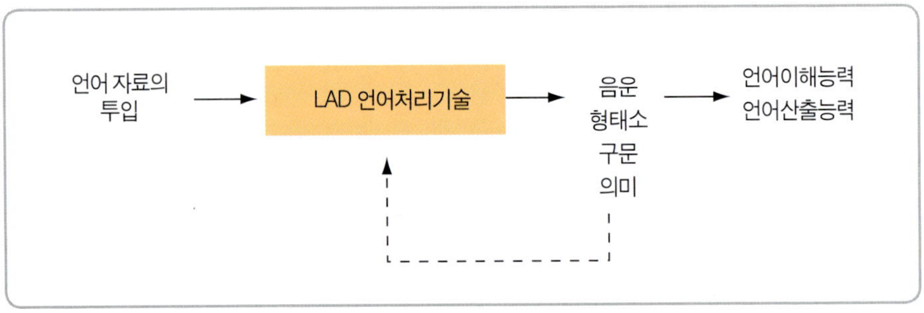

[그림 6-2] 언어습득에 대한 생득이론(Shaffer & Kipper, 2010)

Lenneberg(1967)는 언어발달의 생득설을 주장하는 또 다른 학자로, 인간은 언어를 습득하고, 이해하고 산출해 내는 특별한 능력을 가지고 태어난다고 보았다. 즉, 언어습득은 선천적으로 타고난 능력으로 뇌의 발달과 상관이 있다고 보았다. 그렇기 때문에 각기 다른 문화 언어권의 영아의 언어발달이 비슷한 시기에 비슷한 순서로 이루어진다고 주장하였다.

인간의 언어 기능을 주로 담당하는 좌반구에 뇌손상을 입은 영유아의 경우 중추신경계의 가소성으로 인해 우반구가 그 결손을 회복시키지만, 사춘기 이후에는 회복이 어렵다는 연구결과 역시 언어발달과 신경계발달 간의 관련성을 입증해 준다.

결정적 시기
유기체의 발달과정에서 특정 종류의 행동을 습득할 가능성이 특별히 높은 시기

또한 그는 언어발달에 있어 결정적 시기(critical period)의 중요성을 제시하였다. 그에 따르면, 언어가 습득되는 시기인 18개월부터 사춘기 사이에 언어의 결정적 시기가 존재하며, 특히 취학 전 약 5세까지가 언어를 매우 빠르고 쉽게 습득하는 시기다.

인공 와우
청각신경에 전기적 자극을 주어 손상되거나 상실된 청각기능을 대행하는 전기적 장치

청각장애인을 위한 인공 와우 이식 수술이 성인들보다 언어습득기 이전 영유아에게 효과적이라는 연구결과(Chin, 2003)도 언어발달에 있어서의 결정적 시기가 있음을 보여 주는 예다. 우리나라에서도 2~3세 이전에 수술을 받는 청각장애 영유아를 대상으로 한 인공 와우 수술이 점차 증가하고 있으며 그 수술 시기가 점차 앞당겨지고 있는 추세다. 이렇게 초기에 인공 와우 수술을 받는 경우, 수술 후 초기 3년 동안 언어발달과 관련된 뇌신경의 언어처리능력이 향상되고 점차 조음 정확도 등이 증가하게 된다(김정서, 2006; 전현주, 2011).

생득이론은 보편적으로 이루어지는 인간의 언어발달 양상을 설명해 줄 수 있

고, 영유아를 능동적 존재로 인식하며 언어발달의 내적 과정을 설명하였다는 점에서 높이 평가받는다. 그러나 언어 학습에서 환경적 측면인 자극과 경험의 역할을 지나치게 과소평가한 점, 언어발달에 있어 유창성 등의 개인차를 설명하기 어렵다는 점, 선천적인 언어 기제를 구체적으로 설명할 수 없는 점 등의 한계점을 가지고 있다.

현대판 야생아 Genie

1970년 미국에서 발견된 현대판 야생아 Genie의 사례연구는 언어에 있어 결정적 시기가 있음을 지지한다.

Genie라는 소녀는 부모에 의한 아동학대 피해자로, 출생 후 20개월부터 13세가 넘을 때까지 부모에 의해 작은 구석방에 격리되어 살아왔다. 이 소녀는 하루 종일 묶인 채 움직일 수도 없었고, 격리되어 그녀에게 말을 거는 사람은 아무도 없었다. 철저하게 학대받고 격리되어 온 Genie가 발견된 것은 13세인 사춘기 나이였지만 그녀는 똑바로 서지도 말하지도 못하는 상태였다(Rymer, 1992). 그 후 집중적인 언어치료, 물리치료 등을 통한 재활 프로그램을 받으며 수년간을 보낸 후, 그녀는 결국 자연스럽게 걷고 용변을 처리하는 등의 능력을 획득하게 되었다. 그러나 언어발달은 2세 정도의 수준에 머물러 끝까지 정상적인 수준의 언어 획득은 하지 못하였다.

3) 상호작용이론

상호작용이론은 학습이론과 생득이론만으로는 언어발달을 설명하기에 충분하지 못하다고 보고, 생득적 기반과 언어 경험 두 가지의 중요성을 모두 강조한다. 상호작용이론은 언어발달에 있어 타고나는 선천적 요인도 중요하지만, 언어는 사회적 환경에 따라 발달한다고 주장하는 입장이다. 즉, 타고난 언어능력은 언어적 노출이 풍부한 사회적 상황에서 발전된다는 것이다.

언어습득에 대한 상호작용이론을 주장하는 대표적인 학자는 Piaget와 Vygotsky로 이들의 언어습득에 대한 설명에는 차이가 있다.

Piaget(1954)는 인지적 상호작용이론을 주장한 학자로, 언어습득을 가능하게

박물관에서 오빠의 설명에 따라 책 만들기를 하고 있는 유아

하는 데 아이의 내적 능력이 중요하다는 것에는 생득이론과 같은 입장을 취하지만, 언어습득을 위한 선천적 장치가 있다는 데는 동의하지 않았다. 그는 언어발달에 있어 아이의 능동적 참여를 강조하였으며, 언어는 인지적 성숙의 결과로 나타나는 능력으로서 인지가 발달함에 따라 언어가 발달한다고 보았다.

사회적 상호작용이론을 주장한 대표적 학자인 Vygotsky(1956)는 사회적 상호작용은 언어발달을 돕고 언어발달로 인해 인간은 더욱 고차원적인 사고를 발달시킨다고 본다. 그는 언어발달을 사회적 경험이 내면화되어 이루어지는 것으로 보고, 사회적 경험 속에서 적절한 언어 경험을 아이에게 제공해 주는 타인의 역할을 강조한다. 풍부한 언어적 환경 안에서 성인이나 또래의 적극적인 상호작용은 영유아의 언어발달을 촉진한다.

사회적 상호작용이론은 언어발달에 있어 사회적 경험 속에서 타인의 역할을 강조한다. 사회적 상호작용을 통한 언어발달을 강조한 Vygotsky의 견해를 지지하는 Bruner(1983)는 사회문화적 맥락이 인간의 언어발달에 있어 핵심적이라고

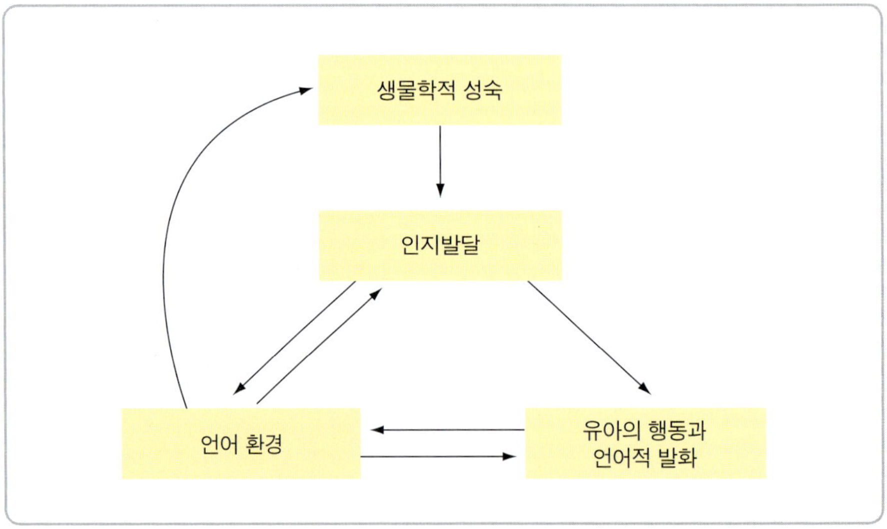

[그림 6-3] 언어발달에 대한 상호작용적 관점(Shaffer & Kipper, 2010)

아동대상화법으로 이야기하고 있는 어머니와 유아

보고, 부모와 교사의 역할을 강조한다. 그는 언어발달을 도울 수 있는 부모의 역할을 언어습득 지원체계라는 개념을 통해 설명한다. 언어습득 지원체계(language acquisition support system: LASS)란 아이가 빠른 속도로 새로운 언어를 습득하고 사용하는 과정에 있어 부모나 교사 등 타인과의 상호작용이 필수적이라고 보는 입장이다. 부모는 영아가 옹알이를 시작할 때부터 반응을 보이게 되는데 부모와의 이러한 상호작용을 통해 영유아의 언어는 발달하게 된다. 부모가 아이의 말에 반응을 보이고 대화를 시도하는 사회적 상호작용이 아이의 언어습득을 지원하는 체계가 작동하게 되고, 아이는 언어를 더욱 정교하게 발전시켜 나간다.

언어습득 지원체계
언어를 습득하는 데 있어 타인과의 상호작용이 필수적이라는 문화체계

부모가 영유아의 언어발달을 지원하는 방식으로는 아동대상화법(child-directed speech)이 있다. 이는 부모가 아이에게 말을 할 때, 유아가 쓰는 말로 바꾸어 이야기하는 방식을 말한다. 예를 들어, 엄마가 아이에게 "맘마 먹자." "어이야 가자." "빠방 타자." 등의 언어를 사용해서 말한다. 아기식 말투(motherese)를 사용하는 아동대상화법은 아이의 주의를 끌어서 의사소통이 지속적으로 이루어지도록 돕는 기능을 한다.

아동대상화법
부모가 유아의 언어로 바꾸어 이야기하는 방식

청각장애를 가진 부모를 둔 자녀의 언어습득과정에서도 상호작용을 통한 언어습득의 중요성이 발견된다. 청각장애부모를 둔 영유아의 경우, TV나 라디오 등을 통해서는 효과적인 언어를 습득하지 못한다. 이는 일방적으로 듣는 것만으로는 영유아의 효과적인 언어습득이 이루어지지 못함을 보여 주는 것이다. 오히려 청각장애부모가 수화, 구화 등을 통해 자녀와 의사소통을 시도한 경우, 자극을 주고받으며 자연스럽게 의사소통 능력이 발전하였다. 이러한 연구결과는 언어가 상호작용 속에서 습득된다는 것을 보여 주는 사례다.

또한 전문직 부모와 생활보호대상자 부모들의 영유아를 대상으로 가정에서의 언어학습 환경을 비교한 Hart와 Risley(1995)의 연구는 부모 지원과 개입이 영유아의 언어발달에 도움을 준다는 것을 보여 준다. 전문직 부모들은 생활보

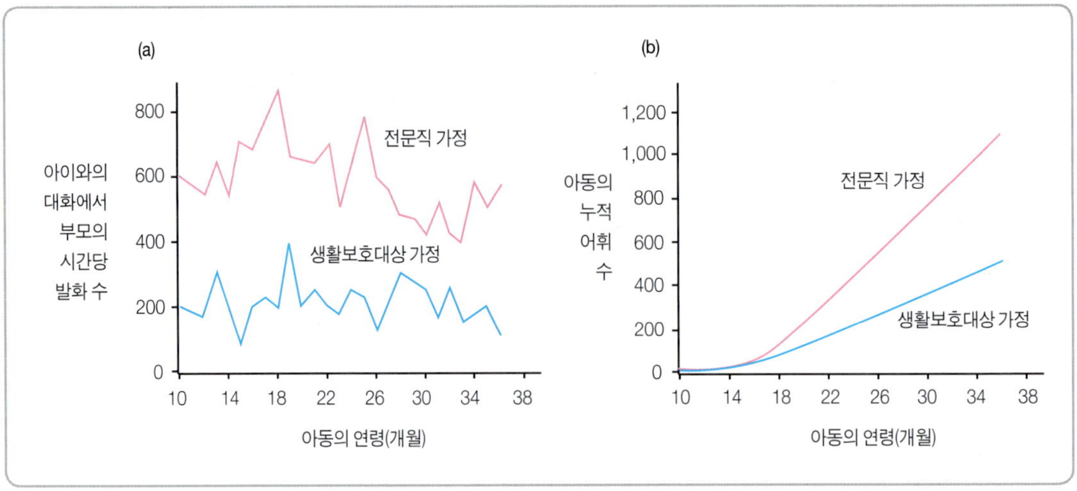

[그림 6-4] 전문직 가정과 생활보호대상 가정에서의 언어환경과 언어발달(Santrock, 2007)

호대상자 부모들보다 영유아에게 더 많은 말을 하였으며, 이는 영유아의 어휘발달과도 관련성을 보였다. 또한 말하는 방식에서도 두 부모 집단은 차이가 있었는데, 생활보호대상자 가정의 부모는 자세하게 상황 기술을 하는 경우가 드물고, 필요한 말만을 하였다.

이와 같이 언어발달은 가정의 소득 수준, 부모와의 상호작용 등 가정환경의 영향에 따라 개인차가 크게 나타난다. 즉, 부모가 어떠한 언어적 환경을 제공하는가는 영유아의 언어발달 수준을 결정하는 중요한 요소다. 옹알이 때부터 부모의 반응은 아이의 언어발달을 강화시켜 주는 역할을 한다. 아이의 반응을 민감하게 알아채고 다양한 몸짓과 풍부한 표현으로 대화해 주는 부모와의 상호작용을 통해 영유아의 언어는 발달한다.

최근 우리나라의 영유아기 언어발달 연구에서도 가정의 사회경제적 지위뿐 아니라 부모-영유아 간의 상호작용이 영유아의 언어발달에 미치는 영향에 대한 내용들이 많이 보고되고 있다. 또한 취업모의 증가로 인해 보육시설에서 시간을 보내는 영유아가 늘어나면서, 부모-영유아 간 상호작용뿐 아니라 보육시설의 교사-영유아 간의 상호작용이 영유아의 언어발달에 미치는 영향에 대해서도 관심을 가지고 연구가 진행되고 있는 추세다.

영유아의 TV 시청

2007년 미국 워싱턴 대학교 소아연구 팀이 생후 2~24개월 영아를 둔 부모 1,009명을 대상으로 한 조사에서는 만 2세 이하 영아의 90%가 하루 90분 이상 TV를 시청하는 것으로 나타났다. 부모가 영아에게 TV 시청을 하도록 하는 주요인은 두뇌발달 등 교육에 도움이 될 것으로 생각하기 때문인 것으로 조사되었다.

우리나라의 경우도 조기교육의 붐을 타고 영아를 대상으로 한 한글, 영어 등 학습 영상 자료와 교재가 넘쳐나고 있다. 우리나라 1~2세 영아의 경우 하루 평균 26분씩, 심지어 1세 미만의 영아도 하루 10분씩은 비디오를 시청하는 것으로 조사되었다(한국아동학회, 2001).

부모들이 영유아용 영상 자료를 교육 도구로 확신하고 있는 것은 우려할 만한 일이다. TV나 비디오 등을 많이 보는 것은 발달에 도움이 되지 않고 오히려 언어발달 지연, 정서 조절 문제, 과잉언어증 등 발달적 문제를 초래할 수 있다. 과잉언어증(hyperlexia)은 문자로 읽는 능력은 발달해 있지만 이를 이해하지 못하는 발달장애를 말하는 것으로, 세밀한 것에만 집중하게 되고 타인에게 전혀 관심을 보이지 않는 등 사회성 결여를 보이는 것이 특징이다. 과잉언어증을 앓고 있는 아동 대부분은 2세 이전부터 과도한 시각적 환경 자극이 제공되었고, 한글이나 영어 학습용 비디오나 프로그램, 선전 등에 하루 3시간 이상 노출된 것으로 알려져 있다.

최근 미국소아과학회(American Academy of Pediatrics)는 2세 미만의 영아는 TV를 봐서는 안 된다고 강력히 권고하며, 언어발달, 두뇌발달은 사람들과의 밀접한 상호작용 속에서 이루어지는 것임을 강조하고 있다.

상호작용이론은 아이가 사회적 관계 속에서 언어적 상호작용을 통해 언어를 습득하고, 언어발달을 촉진시키는 부모, 교사, 또래 등의 역할을 강조했다는 점에서 높이 평가받는다. 그러나 상호작용이론만으로 언어 구조 획득이 이루어지는 과정을 구체적으로 설명하는 데에는 한계가 있다(Owens, 2005).

3. 언어발달과정

수용언어

다른 사람의 말을 인지할 수 있는 언어

표현언어

소리내어 말할 수 있는 언어

영유아는 환경 속에서 자연스럽게 언어를 배워 나가는데, 크게 수용언어와 표현언어로 나누어진다. 수용언어란 다른 사람의 말을 인지할 수 있는 언어를 뜻하며, 표현언어는 소리내어 말할 수 있는 언어다.

1) 수용언어

아직 말을 할 수 없는 영아도 다른 사람이 말하는 단어들을 기억할 수 있고, 간단한 지시, 자신의 이름 등 익숙한 단어를 들으면 이해하고 반응한다.

일반적으로 2개월경에는 어휘 속의 음소들을 구별하여 들을 수 있고, 4개월경에는 말소리에서 자신의 이름을 변별하며, 7개월경에는 반복되는 음절의 일반적인 패턴을 발견할 수 있게 된다. 9개월경이 되면 친근한 어휘를 분절하여 들을 수 있으며 비로소 단어를 인식하기 시작한다. 그러나 초기 영아의 언어발달은 자신이 경험한 것에 국한된다. 예를 들면, 영아는 자신이 가지고 노는 자동차만을 자동차라고 이해하는 것이다. 일반적으로 영아는 10개월경에 자신의 경험에서 벗어나 단어의 의미를 이해할 수 있게 되는데, 평균 12~14개월 정도가 되면 경험과 관계없이 초기 단어의 이해가 가능해진다. 그러나 부모들의 보고에 따르면, 이보다 훨씬 이른 약 8개월 정도에 영아가 단어를 이해하고 심지어 말로 표현하기도 한다고 하였다.

초기 수용단어는 주로 가족, 신체, 장난감, 동물, 영아가 즐겨하는 놀이 이름 등 사람 이름이나 사물 이름이 대부분이다. 이는 초기에 습득된 어휘들이 주로 영아의 경험과 주위 환경과의 상호작용을 통해 획득되기 때문이다.

16개월경이 되면 영아는 92~321개의 어휘를 이해할 수 있다(Fenson et al., 1994). 영아가 16~18개월에 이르면 점차 여러 단어로 이루어진 문장을 이해할 수 있게 되어 간단한 지시를 듣고 수용할 수 있으며 문장에 나타나는 의미들의 관계를 이해할 수 있게 된다. 우리나라 영아를 대상으로 한 연구에서도 14개월 영아는 주변의 친숙한 사물과 관련된 질문이나 지시를 50% 정도 이해하고, 18개월에는 70% 이상의 영아들이 지시를 이해하였다는 결과가 보고된 바 있다(곽금주 외, 2005).

그러나 이 시기의 영아는 대부분 자신이 들은 문장을 구문구조보다는 문장에 포함된 일부 단어나 경험을 통해 이해한다. 예를 들면, 이 시기의 영아들은 "기저귀 갈아야지?"라고 말했을 때와 "이제 기저귀 다 갈았다."라고 말했을 때 모두 새 기저귀를 들고 오는 행동을 보인다.

2) 표현언어

수용언어와 표현언어는 발달 속도에 있어 차이를 보이는데 일반적으로 수용언어는 표현언어보다 앞서 발달한다. 또한 수용언어는 꾸준한 성장을 보여 주는 반면, 표현언어는 2세 전후에 빠른 성장을 보인다. 이러한 차이는 영아가 이해는 하지만 발음이 어렵거나 의사소통의 가치가 적은 단어는 말하지 않기 때문이다.

표현언어 발달은 울음, 옹알이 등의 초기언어단계에 속하는 전 언어 단계(prelinguistic period, 출생에서 10~13개월)와 한 단어 단계(one word stage, 12~18개월), 두 단어 단계(two words stage, 18~24개월) 그리고 세 단어 단계(three words stage, 만 2세 이후)를 거치게 된다.

(1) 전 언어 단계

출생에서 10~13개월경까지를 전 언어 단계(prelinguistic period)라고 한다. 신생아가 태어나면서 처음 내는 소리는 울음으로, 언어발달의 첫 단계는 울음에서 시작하게 된다. 출생 후 1개월까지의 초기 울음은 미분화된 울음으로 그 이유를 정확하게 알기 어렵다. 그러나 생후 1개월이 지나면서 영아의 울음은 분화되기 시작한다. 즉, 배고플 때, 졸릴 때, 아플 때, 기저귀가 젖었을 때 등 영아의 울음소리는 상황에 따라 다른 양상을 띠게 된다. 아기의 첫 울음은 숨을 내쉼으로써 일어나는 순수한 반사활동의 결과이지만, 점차 상황에 따라 각기 다른 패턴, 고저와 강도를 띠면서 분화되고 특수화되면서 울음은 영아가 자신의 욕구를 표현하는 의사소통 수단으로 발전하게 된다.

옹알이

언어와 유사한 최초의 말소리로 단어 이전 시기의 영아가 내는 혼잣말 소리

생후 1개월이 지나면서 울음 이외의 발성인 "구구……" "우우……" 등과 같은 모음으로 구성된 소리 내기를 시작하다가 생후 2개월 이후부터는 이러한 구구 소리내기(cooing)가 옹알이(babbling)로 바뀌게 된다.

영아는 옹알이를 통해 음소를 획득함으로써 언어발달의 기반을 형성하게 되는 것이다. 일반적으로 옹알이는 영아가 만족스러운 상태일 때 가장 많이 나타나며, 처음에는 옹알이 자체가 주는 기쁨을 느끼기 위한 놀이기능으로 옹알이를 사용한다. 그러나 차츰 엄마를 비롯한 주위 사람들과의 접촉과 그들의 반응을 통해서 그 소리가 변화되고 다양화된다. 이러한 과정을 통해 옹알이는 인간이 내는 거의 모든 소리를 낼 수 있을 정도의 음소 확장 현상이 나타난다. 이때 영아는 옹알이 가운데 모국어의 음소와 유사한 것만 강화받게 됨으로써 음소 축소 현상도 함께 일어나게 된다. 이러한 과정을 통해 영아의 옹알이가 자신이 소속된 집단에서 자주 쓰이는 모국어와 유사한 소리로 점차 바뀌어가게 되는 것이다.

이때, 어머니나 영아를 돌보는 가족들은 영아의 옹알이에 반응하며 자극을 줌으로써 영아의 발성을 자극하는 역할을 한다. 이처럼 옹알이는 언어발달을 촉진뿐 아니라 부모와의 상호 의사소통의 매개체 역할로 사용된다.

6개월경의 영아는 옹알이를 하다가 자신의 발성한 소리에 자극이 되어 '마마' '바바' 등 의미 없이 스스로 소리를 만들어 반복하는 자기 소리 모방을 보이고, 9개월경이 되면, 의식적으로 주변 사람의 말을 모방하기 시작한다. 이때 영아가 보이는 타인 소리 모방은 단어의 의미를 알지 못한 채 메아리처럼 따라서 말하는 것이라고 해서 반향어(echolalia)라고도 한다.

또한 8~12개월이 되면, 영아는 보조언어로 몸짓을 사용하기 시작한다. 잘 가라는 의미로 손을 흔들거나, 우유를 달라고 우유를 가리키는 등의 행동을 보이는 것이 그 예다.

(2) 한 단어 단계

영아는 생후 1년을 전후하여 첫 단어를 말하기 시작하는데, 이때부터 18개월경까지가 언어발달에 있어 한 단어 단계(one word stage)다. 영아의 초기 어휘습득은 느리게 진행되다가, 영아가 첫 단어를 말하기 시작하면 어휘가 급격하게

발달한다. 영아는 하나의 단어를 사용하여 자신의 의사를 표현한다. 이때 영아가 처음 사용하는 단어들은 초기 수용언어발달과 마찬가지로 '엄마, 맘마' 등 사람이나 동물, 음식, 신체부위와 같이 일반적으로 영아에게 친숙한 사물이나 대상의 이름이다. 이는 영아가 자주 접하는 상황이나 경험을 토대로 하여 첫 단어를 습득하기 때문이다.

우리나라 8~17개월 영아가 가장 많이 표현하는 언어는 일상생활용어로는 까꿍, 네/응, 빠이빠이(일상용어), 엄마, 아빠(사람이름), 맘마, 물, 과자/까까(음식이름), 멍멍이(동물이름) 인 것으로 조사되었다(장유경, 2004).

한 단어 단계에 영아가 사용하는 이러한 하나의 단어는 단순히 하나의 대상을 지칭하는 단어가 아니라, 문장의 의미를 담고 있다. 예를 들면, 이 시기의 영아가 "엄마"라고 말하는 것은 "엄마, 물 주세요." "엄마, 저기로 가자." 등을 뜻하며, "맘마"라고 말하는 것은 "배고파요." "우유 주세요." 등의 다양한 의미를 내포하고 있는 것이다.

(3) 두 단어 단계

일반적으로 18~24개월이 되면 영아는 두 개의 단어들을 연결하여 간단한 문장을 만들기 시작한다. 이 시기가 언어발달에 있어 두 단어 단계(two words stage)다. 영아는 "엄마, 과자." "우유, 더."와 같이 가장 핵심적인 단어만으로 문장을 구성하게 된다. 그러나 그 의미전달을 위해 단어를 나열할 뿐 문법 규칙에 의해 문장을 형성하지는 못한다. 이 단계에서 영아가 사용하는 언어는 마치 전보문처럼 조사나 접속사가 생략된 채 명사, 동사, 형용사 같은 중요한 내용들만 포함하고 있기 때문에, 이 단계의 언어를 전보식 언어(telegraphic speech)라고도 한다. 영아는 자신이 듣는 수많은 단어들로부터, 동작을 지칭하는 단어와 대상을 지칭하는 데 사용되는 단어의 차이를 깨닫기 시작하고, 나름의 규칙적인 배열을 통해 이를 표현하게 된다.

전보식 언어
조사나 접속사 등이 생략된 채 몇 개의 핵심 단어들만으로 구성된 문장으로 말하는 것

영유아가 사용하는 문법적 형태소인 품사발달에 대해서는 국내외 연구들은 서로 일치하지 않는 결과를 보고하였다. 미국의 경우, 동사보다 명사를 더 일찍 더 많이 습득한다는 비교적 일관된 연구결과에 비해 아시아권의 언어에 대해서는 불일치한 결과를 제시하고 있다. 술어를 문장 끝에서 강조하는 한국어 구조

특성상 동사를 먼저 습득한다는 연구결과(Gopnik & Choi, 1995; Kim, McGregor, & Thompson, 2000)가 있기도 하고, 우리나라 유아도 미국의 경우와 마찬가지로 명사를 더 빨리 습득한다는 연구결과(장유경, 2004; 최은희 외, 2001; Dapretto & Song, 1994)도 있다.

영유아의 초기 어휘습득은 느리게 진행되다가 16~24개월 정도에 이르면 단어습득의 속도가 급속하게 빨라져서 어휘가 폭발적으로 늘어나게 된다. 이러한 어휘의 급격한 발달을 어휘급증(vocabulary spurt)이라고 한다. Fenson(1994)은 15개월에는 평균 10개 정도의 단어를 사용하다가 20개월이 되면 50개 단어를 표현하고, 24개월에는 5배 이상인 250~300개 정도의 단어를 표현할 수 있다고 하였다. 그 후 30개월에 접어들면 여아는 대략 600개, 남아는 540개로 남아보다 여아의 언어발달이 더 빨리 이루어진다는 것을 보여 주었다. 우리나라의 8~36개월 중산층 유아를 대상으로 실시한 장유경(2004)의 연구에서도 18개월경에는 하루 평균 3~4개의 새로운 어휘를 습득하는 것으로 나타났다. 최은희(2000)는 18개월에는 약 74개, 24개월에 약 311개, 29개월일 때는 대략 482개의 단어를 표현한다고 하였다. 이러한 어휘 급증은 단어가 사물, 사람 혹은 상황 등을 지칭한다는 것을 유아가 이해하기 시작하고, 인지적으로도 사물을 범주화함에 따라 단어 이름을 보다 많이 산출하게 되기 때문이다.

(4) 세 단어 단계

만 2세경부터 유아의 어휘, 문법, 문장 체계는 급속도로 빠르게 발전해 나간다. 유아들의 어휘는 급속히 증가하면서 세 단어 이상의 문장을 말하기 시작한다. 이 시기를 세 단어 단계(three words stage)라고 한다. 어휘는 사용어휘와 이해어휘로 나뉘는데, 이해어휘는 사용어휘보다 빨리 발달하며, 이해어휘가 사용어휘의 약 2배 정도 된다. 2~3세의 영유아는 450단어 정도의 어휘를 사용하여 표현하며, 그보다 더 많은 단어를 이해할 수 있다. 3세경의 유아는 3개 이상의 낱말을 연결하여 문장을 만들어 사용할 수 있으며 900~1,000단어 정도의 어휘력과 문법의 초보적 지식을 갖추게 된다. 4세경이면 과잉축소, 과잉확대, 과잉규칙화 등 어린이 문법이 사라지고 복잡한 문법을 이해할 수 있게 되고, 주소와 생년월일을 이야기하는 것이 가능하다. 5, 6세경이면 2,600단어를 사용하여 말할 수 있고, 20,000단어 이상을 이해할 수 있어서(Owens, 2005) 모국어가 기본적으로 완성된다고 볼 수 있다. 5세경의 대부분의 유아는 모국어의 발음을 모두 습득하지만 어려운 몇 개의 발음에서는 여전히 어려움을 겪는다. 유아는 자신이 발음하기 쉬운 단어들을 많이 사용하는 경향이 있다.

이러한 폭발적인 언어습득은 영유아가 대화에서 한 번 또는 두 번 들은 새로운 단어의 적절한 의미를 이해하고 받아들이는 신속표상대응(fast mapping)을 통해서 일어난다. 언어학자들도 신속표상대응이 어떻게 일어나는가를 설명하지는 못하지만, 신속표상대응이 단어 형성의 규칙, 비슷한 단어들, 상황과 맥락, 대화에서의 주제 등에 기초하여 이루어지는 것으로 알려져 있다. 3세 미만의 아이들도 새로운 단어를 유사한 다른 상황에 적용할 수 있는 것으로 나타났다(Golinkoff, Jacquet, Hirsh-Pasek, & Nandakumar, 1996). 영유아는 특히 사물에 많은 주의를 기울이며, 가리키는 사물의 이름과 그 의미를 빠른 대응과정을 통해 학습하게 된다. 영유아는 한두 번 들은 사물의 이름과 그 의미를 이해하고 기억하지만, 주어진 상황에서 유사성을 추출하여 이를 근거로 단어의 의미를 추론하는 과정에서 과잉확대와 과잉축소의 오류를 범하는 모습을 흔히 보여 준다. 과잉확대(overextension)란 특정 대상을 가리키는 단어를 다른 대상에게까지 일반화하여 확대해서 사용하는 것을 의미한다. 예를 들어, 개를 '멍멍이'라고 부르는 아이가 고양이나 송아지 등 네 발의 털 달린 짐승을 모두 '멍멍이'라고 부르는 경우가 과잉확대 오류다. 이러한 과잉확대 현상은 지각적으로 유사하거나 같은 범주에 속해 기능 면에서 공통성이 있는 대상에 대해서 나타나게 된다. 반대로, 일반적이고 포괄적인 단어를 특정 대상에게만 사용하는 경향성도 나타나는데 이를 과잉축소(underextension) 현상이라고 한다. 예를 들어, 우리 집 진돗개는 멍멍이라고 하지만, 이웃 집 개 치와와는 멍멍이라고 하지 않는 경우다.

과잉확대
특정 대상을 가리키는 단어를 다른 대상에게까지 일반화하여 확대해서 사용하는 것

과잉축소
일반적이고 포괄적인 단어를 특정 대상에게만 사용하는 것

또한 유아는 표현이 다양해지면서 점차 은유나 비유적 표현을 사용하여 말할 수 있게 된다. 가령, 빗방울이 땅 위에 떨어지는 모습을 보며 '빗방울이 춤을 춘다'라고 하거나 한밤중에 고양이 울음소리를 듣고 '고양이가 아기처럼 운다.'고 말한다.

3) 문법의 발달

영유아기에는 음절, 단어, 문장을 결합시키는 문법적 지식도 급속하게 발전한다. 3세경까지는 일반적으로 문장이 짧고 간결하며 선언적이다. "나 우유 줘." "언니들 미웠어." 등 조사가 생략되지만 복수 형태나 과거형 등의 시제를 사용하기도 한다. 유아의 언어발달 수준을 알아보기 위하여 한 문장 내에서 기본 의미 단위인 형태소(morpheme)의 수를 통해 문장의 길이를 살펴보는 평균발화길이(mean length of utterance: MLU)가 사용된다. 평균발화길이는 문법적으로 정교화되는 것과 관련이 있다. 예를 들어, '고양이 있다.'는 두 개의 형태소가 연결된 문장에서 '들'이라는 복수를 나타내는 형태소가 더해지면 '고양이들이 있다.'는 세 개의 형태소가 연결된 문장이 되므로 형태소가 늘어나고 평균발화길이가 늘어난다. 우리나라 유아는 만 3세경이 되어 우리말의 기본 구문구조를 산출하기 시작하며, 일부 격조사나 문장 어미 등 형태소도 적절하게 산출하기 시작한다(배소영 외, 2001). 3세가 되면 유아들은 말의 모든 요소가 통합된 더 긴 문장을 말하고 문법적 원리를 갖춘 언어를 구사한다. 조사, 시제, 수동태, 의문문, 부정문 등의 문법적 특성이 유아의 언어에 점차 나타난다. "신발 신어 줘."하던 유아가 "신발 신겨 줘."라는 말을 하게 되고, "내가 줄 거야."와 같은 미래형도 사용한다. 그러나 유아의 언어에 동사의 시제가 나타나긴 하지만, "내일 먹었어."와 같이 시간에 대한 관련 어휘의 올바른 사용은 아직 부족하다.

4~5세경이 되면 "엄마 공."에서 "엄마 공이 어디 있어?"라고 문장을 표현하게 된다. 보통 4, 5개의 단어를 사용하여 문장을 만들고 "나 배 안 고파."와 같은 부정형을 사용하거나 "배고파서 밥 먹어."와 같이 부모들이 종종 사용하는 원인과 결과 등 단어 간의 상호관계를 표현하는 복잡한 문장들을 사용하기도 한다. "그리고…… 그래서…… 그리고……"와 같이 접속어를 반복적으로 사용하는 경향이 있다.

과잉규칙화
전보문 단계 이후의 유아가 문법적 지식을 발달시키면서 보여 주는 현상으로 유아가 문법규칙을 지나치게 적용하여 나타나는 실수를 말함

유아기 언어발달은 문장이 길어지고 복잡해지고 표현도 잘하지만 문장의 이해나 문법은 완전하지 못하다. 3~4세경에 나타나는 과잉규칙화(overregularization)는 전보문 단계 이후의 유아가 문법적 지식을 발달시키면서 보여 주는 현상으로 유아가 문법규칙을 지나치게 적용하여 나타나는 실수를 말한다. 배가

고프지 않거나 밥을 안 먹었다는 것을 "안 배고파."나 "안 밥 먹었어."라고 한다든지 높임말을 사용해야 할 때 "내가 갔다요." "밥 먹었다요." 등으로 말하는 것을 유아에게서 자주 발견할 수 있다. 이러한 비문법적인 말은 유아가 과거에 들었던 언어로부터 시제, 조사, 어미 등에 대한 일반적인 규칙을 도출해 내고 그 규칙을 과도하게 사용한 것이다. 또한 5~7세경에 주격조사를 과잉규칙화하여 '엄마이가' '선생님이가'로 사용하는 것도 예다. 미국 유아는 동사의 과거형을 나타낼 때 어미 -ed를 붙인다고 처음으로 배우게 되면 이러한 현상이 모든 과거형 어미에 적용된다고 생각하여 go의 과거형을 went가 아닌 goed라고 표기한다거나, run의 과거를 runned로 표현하기도 한다. 미국에 이민 간 6세의 한국 유아는 형이 이를 닦는 중이라는 것을 표현하기 위해 "형아 is 이빨 닦어ing"이라고 영어 문장 속에 우리말을 변형시켜 넣는 과잉규칙화 현상을 보여 주었다. 유아는 만 7세경이 되어야 문법 규칙을 정확하게 판단한다.

5~7세의 유아는 거의 어른처럼 말한다. 유아는 상호관계나 비교에 의해 의미를 이해하는 관계어(relational words)의 이해능력이 발달하게 되는데, 특히 '크다-작다' '많다-적다' '높다-낮다' 등과 같이 상대적 의미를 보여 주는 대립관계어(relational contrasts) 이해능력의 발달이 이루어진다.

<표 6-1> 우리나라 유아의 언어발달 과정

출생 후	소리(말) 반응
만 2~3세경	• 상대방의 말에 관심을 갖고 간단한 대화를 주고받을 수 있다. • 2개의 단어로 문장을 만들 수 있다. • '안돼' '싫어' 등의 부정문을 사용할 수 있다. • 450여 개의 어휘를 사용하여 표현할 수 있다.
만 3~4세경	• 3개 이상의 낱말을 연결하여 문장을 만들어 사용할 수 있다. • 900~1,000단어 정도의 어휘를 사용한다. • 문법의 초보적 지식을 갖추게 된다.
만 4~5세경	• 3~7개 단어로 문장을 만들 수 있다. • 1,600여 개의 단어를 사용한다. • 평서문, 부정문, 의문문, 명령문 등의 다양한 문장을 사용한다.
만 5~6세경	• 6~12개의 단어로 문장을 만들 수 있다. • 20,000단어 이상을 이해하고, 2,500여 개의 단어를 사용한다. • 완벽하지는 않지만 대부분의 문법 규칙을 터득한다.

4) 문해의 발달

문해(literacy)능력이란 읽기, 쓰기에 대한 능력을 지칭한다. 아이는 어려서부터 일상생활에서 자연스럽게 말과 글 속에서 문해능력을 발달시켜 간다.

읽기능력의 발달은 글자에 관심을 보이고 단순히 글을 음독하는 것으로 시작하여 점차 글 속에 담긴 의미를 이해하는 것으로 발전해 간다. 2~3세경이 되면, 영유아는 주위의 글자에 관심을 갖기 시작하며, 글자가 읽는 것임을 깨닫기 시작한다. 아이는 문자언어의 상징성, 즉 의미가 있다는 것을 인식하면서부터 활자를 보고 "여기에 뭐라고 쓰여 있어?"라는 질문을 던지기 시작한다. 또 알 수 없는 그림이나 낙서를 하고는 "이건 엄마한테 주는 편지야."라고 건네기도 한다. 4~5세경이 되면 책을 읽는 방법과 방향, 페이지, 제목 등을 인식하고, 소리와 글자 간의 일대일 대응을 할 수 있으며 아는 글자를 읽어 보려는 시도를 한다. 5~6세경에는 주변에서 자주 볼 수 있는 글자나 가족, 친구들의 이름을 읽을 수 있게 되고, 자신에게 친숙한 글자는 다른 상황에서도 읽을 수 있다. 우리는 유아가 버스를 타고 가면서 창밖의 간판에 관심을 보이며, 자신이 아는 글자들을 읽기 시작하는 모습을 종종 볼 수 있다.

부모나 교사는 영유아의 문해 활동의 의미를 이해하고 이를 촉진할 수 있는 환경을 마련해 주거나 이런 문해 활동을 하는 영유아를 격려함으로써 영유아의 문해와 관련된 정신적 표상능력의 발달을 도울 수 있다.

사진 속 유아는 아직 글을 읽지 못하지만 글자를 짚으며 설명서를 읽는 시늉을 하고 있다.

유아는 자신이 좋아하는 인형에게 책을 읽어 주고 있다.

유아는 자신이 쓴 낙서를 편지라며
우체통에 넣고 있다.

영아는 어른과 함께 책을 읽으며 즐거워하고 있다.

최근 영유아의 언어발달을 촉진시키는 교구나 영상매체들이 많이 소개되고 있다. 그러나 교육 목적으로 개발된 놀잇감, TV나 컴퓨터 프로그램이라고 할지라도 영유아의 언어교육을 이러한 교구와 영상에만 의존하는 것은 바람직하지 않다. 어린 시기부터 TV, 컴퓨터 등 영상매체에 노출되면서, 유아의 문해능력 발달에 대한 우려도 높아지고 있다. 미국소아학회(American Academy of Pediatrics)는 2세 이하의 영아들은 TV 시청을 하지 않을 것을 권장하고 있다. 그 이유 중 하나는 TV 시청을 많이 할수록 부모와 함께 책을 읽는 시간은 줄어들기 때문이다.

영유아기에 부모와 함께 책을 읽는 시간은 왜 중요한 것일까? 부모가 아이와 함께하는 일상생활의 활동 중 이야기책 읽어 주기 활동은 부모와 아이의 상호작용을 촉진하고 아이가 언어를 배울 수 있는 가장 좋은 기회가 된다. 부모가 아이에게 책을 읽어 주는 동안 일어나는 언어적 상호작용은 놀잇감을 가지고 놀 때보다 더 길고 복잡하며 정교하다. 부모와 책 읽기는 부모-자녀 간 공동관심(joint attention)을 하게 하며 같은 주제에 대한 대화를 공동으로 구성하게 한다. 공동관심은 다른 사람과 경험을 공유하기 위한 행동으로 아이와 성인이 하나의 사물이나 현상에 함께 주의를 기울이는 것을 뜻하며, 언어발달을 위한 상호작용의 첫걸음이라고 할 수 있다.

유아와 유아의 어머니가 하나의 사물에 주의를 기울이며 대화하고 있다.
이러한 공동관심은 언어발달을 위한 상호작용의 출발점이 된다.

이야기책 읽어 주기는 아이에게 지식과 정보를 전해 주고, 주변 환경의 기호와 상징에 대한 이해를 발달시키며, 어휘력을 향상시켜 준다. 또한 아이는 책을 다루는 기술을 획득하고 책 읽는 습관을 기르게 된다.

최근에는 부모와 영유아 간 책 읽기를 통한 영유아의 어휘 습득 및 문해능력의 발달뿐 아니라 상호작용 시 부모의 매개적 역할의 중요성을 강조하고 있다. 부모는 이야기책을 읽어 주면서 아이에게 확산적 질문을 하고 적절한 피드백을 제공하며, 아이의 연령과 언어발달 수준에 맞추어 적절한 상호작용을 진행하는 것이 좋다. 예를 들어, 책 속에 나오는 사실을 아이가 기억하는지 단순한 기억을 확인하는 질문보다는 "앞으로 주인공이 어떻게 될까?" "나라면 어떻게 했을까?" 등을 질문하고 함께 나누는 것이 아이에게 더 도움이 된다.

즉, 이야기 책 자체가 언어발달에 영향을 미칠 수 있으나 책 읽기를 통한 부모와의 언어적 상호작용이 영유아의 언어발달을 촉진하는 기본 조건이 된다. 언어적 상호작용의 과정에서 아이의 언어적 참여는 촉진되고 언어능력은 발달한다.

창작 글자

유아들이 표준적 글자 쓰기를 습득하기 이전에 유아 나름대로의 음운규칙을 구성해 내고 이에 따라 음소와 형태소를 대응시켜 글자를 만들어 내는 것

한편 영유아는 어려서부터 줄긋기, 끄적이기 등 다양한 형태의 쓰기를 시도하며, 이후 자기 나름대로의 글자를 창작하다가 점차 표준화된 쓰기를 발달해 나간다. 창작 글자란 유아들이 표준 글자 쓰기를 습득하기 이전에 유아 나름대로

의 음운규칙을 구성해 내고 이에 따라 음소와 형태소를 대응시켜 글자를 만들어 내는 것을 말한다. Schickedanz(1990)는 유아의 연령별 쓰기 발달의 경향성을 연구한 결과, 3.5~4.5세에는 여러 글자 형태가 나타나다가 점차 실제 단어를 사용하게 되고, 5.5~6세에는 소리 나는 대로 글자를 쓴다고 하였다. 이후 글자를 바르게 쓸 수 없음에 쓰기를 거부하다가 6.5세경부터 표준 글자가 나타난다고 하였다.

끄적이기 단계의 글쓰기(18개월)

글자의 형태가 나타나지 않으나 가로와 세로 선이 나타나는 끄적이기 단계의 글쓰기다.

한두 개의 자형이 나타나는 단계의 글쓰기(29개월)

유아가 엄마에게 주는 편지에는 몇 개의 자형이 나타나 있다.

글자의 형태가 나타나는 단계의 글쓰기(3세)

유아의 오늘 있었던 일 쓰기에 글자의 형태가 나타나고 자음과 모음이 부분적으로 나타난다.

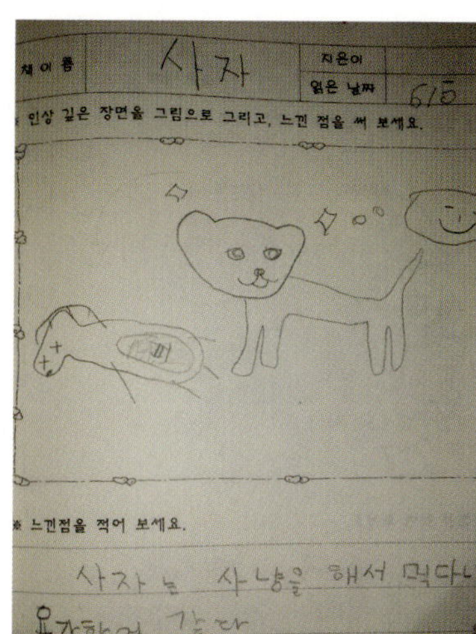

틀린 글자 없이 문장 쓰기(6세)

그림책을 읽고 느낀 점을 그림과 함께 문장으로 표현하였다.

쓰기발달도 읽기발달과 마찬가지로 책에 관심을 가지고 책 읽기를 즐기는 것이 도움이 된다. 책 읽기 과정을 통해 유아는 글자의 기능에 대해 이해하게 되고, 글자를 쓸 수 있게 된다. 유아는 일상생활에서 자연스럽게 글자를 접하며 쓰기 활동을 경험할 수 있어야 한다. 너무 높은 기준을 가지고 엄격한 형식으로 조기에 읽기 · 쓰기 교육을 하는 것은 유아에게 스트레스의 원인이 될 수 있다. 부모나 교사는 유아들의 끄적이기, 일시적 쓰기 거부나 창작 글자 쓰기 현상 등을 자연스러운 쓰기발달의 과정으로 받아들이고 존중해 줄 필요가 있다. 부모나 교사의 격려와 존중이 있는 지지적인 환경에서 유아는 읽기와 쓰기에 자신감을 갖고 배움의 즐거움을 느낄 수 있다.

5) 의사소통능력의 발달

영아는 10개월경부터 다른 사람과 의사소통을 시도하기 시작한다. 이 시기 영아는 다른 사람을 쳐다보면서 사물을 만지거나 가리키는데, 이는 상대방과 사물에 대한 것을 말하고자 하는 의도로 해석된다(Golinkoff, 1993). 12개월 이후부터는 언어를 사용하여 대화를 시도하고, 자신에 대한 것에서 점차 자신을 둘러싼 환경에 대해 이야기를 확장한다. 2.5~3.5세 정도의 아이는 자신이 겪었던 경험에 대해서 이야기할 수 있으며, 4세경에는 이야기를 시간적 순서에 맞추어 말하려고 노력한다. 이후 성장하면서 이미 지나간 경험이나 아직 일어나지 않은 미래의 상황에 대한 것 등 추상적인 것까지 이야기하게 된다(Kail, 2007).

사회적 언어
다른 사람의 이야기를 듣고 적절하게 반응하는 것

언어발달이 이루어지면서 아이는 실제 생활에서 언어를 어떻게 사용해야 하는가에 대한 자신감이 생기게 된다. 점차 아이의 언어는 어떻게 이야기를 시작하고, 어떻게 대화를 이끌어 가는지 알게 되며, 다른 사람의 이야기를 듣고 적절하게 반응하는 사회적 언어(social speech)로 발전한다.

쌍둥이 유아가 장난감 놀이를 하며 대화하고 있다.

아이는 모든 것을 자기중심적으로 사고하는 특성을 가지고 있기 때문에, 상대방의 입장을 생각하지 못하고 자신의 관점에서

만 이야기하는 경향이 있다. 의사소통이 발달하기 위해서는 자기중심적 사고에서 벗어나 다른 사람의 입장을 이해할 수 있어야 한다. 영유아의 의사소통능력은 다양한 어휘의 습득이나 문법적 지식의 획득만으로 발달되는 것이 아니라 언어적 상호작용이 일어나는 맥락에 대한 이해를 포함한다.

의사소통능력이 점차 발달하면서, 아이는 의사소통을 하는 상대나 장소, 시간 등 사회적 맥락에 보다 적합한 언어를 사용할 수 있게 된다. 예를 들어, 선생님과 엄마는 같은 어른이지만 엄마에게는 반말로 이야기하고, 선생님에게는 높임말을 쓰기도 한다. 또한 동생에게 이야기할 때와 엄마에게 이야기할 때 다른 언어 표현을 사용한다. 엄마에게 이야기할 때보다 동생에게 이야기할 때는 더 쉬운 용어로 동생이 이해하기 쉽게끔 표현할 줄 아는 것이다. 그러나 아이의 의사소통능력은 아직까지 한계가 있어서, 상대방에 대한 고려 없이 일방적으로 자신의 이야기만 하기도 하고, 다른 사람의 말을 잘 듣는 경청이나 기다려 주기, 적절한 질문하기 등에 어려움을 겪는 경우도 많다. 가정이나 기관에서는 아이에게 대화할 수 있는 기회를 충분히 제공하고, 부모나 교사가 좋은 의사소통의 모델링 역할을 보여 주는 것이 중요하다. 바르게 언어를 사용하고, 아이의 이야기를 잘 들으며 적절한 반응과 질문을 해 주면서 아이가 따라 배울 수 있는 모델을 제시해 주어야 한다. 유아교육기관의 교수활동 대부분은 교사의 언어와 행동을 통해 이루어진다. 유아교사는 자신의 언어 행동, 발음, 단어와 어휘의 선택은 영유아 언어학습의 중요한 모델이 됨을 잊지 말아야 한다.

6) 언어발달 지연

말을 늦게 배우는 것을 언어발달 지연(speech delay)이라고 한다. 언어발달 지연이 왜 일어나는가에 대해서는 명확히 설명되지 않고 있지만, 유전적 요인, 사회경제적 요인, 발달 지연, 듣기 능력의 문제, 신속표상의 문제 등이 언급되고 있다. 대개 남아들이 여아보다 말이 늦는 경향이 있다. 아인슈타인(Albert Einstein)도 3세에 말을 더듬더듬하기 시작했고, 7세가 되어서야 읽을 수 있었다고 한다. 말이 늦다고 해서 무조건 도움이 필요하다고 판단할 수는 없지만, 언어치료가 효과적인 역할을 하는 경우도 많다.

언어발달 지연
말을 늦게 배우는 것

언어발달장애

또래 유아와 비교하여 언어발달 과정이 현저하게 지체되거나 1년 이상 차이를 나타내는 것

언어발달장애(speech disorder)는 또래 유아와 비교하여 언어발달 과정이 현저하게 지체되거나 1년 이상 차이를 나타내는 경우를 말한다. 언어발달장애를 보이는 유아는 자신의 의사를 말로 표현하는 데 어려움을 느낀다. 언어발달장애가 있는 유아는 사용하는 단어가 낱말 구조나 문장 구조에 맞지 않거나 부적절한 어휘를 사용하여 의미 전달에 어려움을 가지며, 의사소통이 잘 안 되는 경우에 떼를 쓰거나 울고 소리를 지르는 등의 행동을 보이기도 한다. 다른 발달에는 문제가 없으나 언어발달에서만 어려움을 보이는 단순언어장애가 있고, 지적장애, 청각장애, 자폐, 뇌성마비 등의 장애로 인해 언어발달장애를 보이는 경우가 있다. 언어발달장애의 원인으로 뇌의 구조적인 문제, 환경호르몬, 중금속, 예방접종 부작용 등이 지적되고 있다. 언어발달장애를 가진 유아에게는 공통적으로 뇌의 불균형적인 발달이 나타난다. 따라서 유아가 크면 나아질 것이라 생각하고 언어발달장애 유아를 방치한다면 뇌의 발달 상태가 많이 지연되고 불균형이 심화되어 언어발달이 더욱 어려워진다. 언어발달장애를 가진 영유아는 전문가의 정확한 진단을 통해 적절한 치료를 진행하는 것이 좋다.

TIPS

언어발달 문제 발견을 위한 체크리스트

1. 만 2세가 되었는데 엄마, 맘마 등 낱말을 말하지 않는다.
2. 만 3세가 지난 유아의 말을 거의 알아들을 수 없다.
3. 만 3세가 되었는데도 아직 두세 낱말로 구성된 문장을 사용하지 않는다.
4. 만 5세가 지났는데 받침을 생략하여 말하거나 문장 구조에 문제가 있다.
5. 만 5세가 지났는데 비정상적인 말의 속도, 억양이 나타난다.
6. 만 6세가 지났는데 말이 유창하지 못하다.

영유아의 언어발달을 평가하기 위해서는 표준화된 심리검사도구를 활용할 수 있다. 표준화 언어검사는 일정한 시간에 객관적 형식과 절차를 통해 다양한 측면의 언어발달을 평가하는 방법이다. 영유아의 언어발달 과정을 표준화된 검사도구로만 평가하는 것은 무리가 있으므로 다양한 평가 방법과 병행하여 사용하는 것이 바람직하다.

<표> 영유아 언어발달 검사도구

검사도구명	대상	내용
영유아 언어발달 검사(김영태, 김경희, 윤혜련, 김희수, 2003)	생후 5~36개월	수용언어와 표현언어 측정
그림 어휘력 검사 (김영태, 장혜성, 임선숙, 백현정, 2003)	2세~8세 11개월	수용어휘력 평가
문장 이해력 검사(장혜성, 임선숙, 백현정, 1994)	4~6세	수용언어 평가
언어발달 검사(이은화, 이상금, 이정환, 이경우, 이기숙, 1995)	4세	내용이해 및 표현, 형태이해, 및 표현 평가
취학 전 아동의 수용언어 및 표현언어 발달 척도(김영태, 성태제, 이윤경, 2003)	2~6세	수용언어와 표현언어 평가
우리말 조음 음운 평가(김영태, 신문자, 2004)	조음문제가 있는 2~12세, 성인	조음장애 유무 평가
아동용 한국판 보스톤 이름대기 검사 (김향희, 나덕필, 2007)	3~14세	대면이름 능력 및 표현언어장애 선별
구문의미 이해력 검사(배소영, 임선숙, 이지희, 장혜성, 2000)	4~9세	이해언어 평가
언어문제 해결력 검사(배소영, 임선숙, 이지희, 2000)	5~12세	언어장애 유무 및 정도 판별

7) 외국어 교육

최근 영유아의 외국어 교육에 대한 부모들의 관심이 많아지면서, 외국어 교육의 시작연령이 점점 더 낮아지고 있다. 우리나라에서는 1997년부터 초등학교에서 정식으로 영어 교육을 시작하게 되었고, 그 이전에 이루어지는 영어 교육을 조기 영어 교육이라고 볼 수 있다. 일부 부모들은 6세 이전에 영어 교육을 시키는 것이 효과가 있다고 믿고 있으며, 전일제 영어 유치원이나 학원, 주 1 · 2회 가정방문 학습지를 통한 영어 교육, 기타 영어 이야기책, 오디오, 인터넷, 비디오 등 다양한 매체와 방식을 통한 조기 영어 교육을 시키는 경우도 있다.

유아는 영어유치원에서
영어공부를 하고 있다.

두 가지 언어를 동시에 배우는 유아는 한 가지 언어만을 배우는 유아에 비해 각각의 언어에서의 어휘력이 부족하다. 두 언어를 배우는 유아가 두 가지 언어에서 아는 단어의 수를 합치면 한 가지 언어를 배우는 유아의 단어 수와 거의 같다(Pearson, Fernandez, Lewedeg, & Oller, 1997). 그러나 지속적으로 두 가지 언어에 노출시키는 경우에는 이러한 어휘력이 점차 더 발달하게 된다.

조기 영어 교육이 타당하다고 믿는 사람들은 유아기가 언어습득에 결정적 시기여서 두뇌가 외국어 학습에 유리하고 원어민과 같은 발음을 배우기에 적절하다고 하며 사춘기 이후에 외국어를 배울 때는 모국어의 억양 없이 발음하는 것이 매우 어렵다고 주장한다(Anderson & Graham, 1994). Lenneberg(1967)는 사춘기 이전이 언어학습의 민감기로 2개 이상의 언어를 동시에 쉽게 획득할 수 있다고 보았고, Asher와 Garcia(1969), Oyama(1976)는 사춘기 이전에 미국에 이민 온 사람은 보다 확실한 미국식 영어를 구사한다고 하였다.

그러나 Moyer(1999), Bongaerts, Planken, Schils와 Bialystok(1997), Birdsong과 Molis(2001) 등은 이러한 결정적 시기가 없다는 주장을 하고 있다. 최근의 연구는 유아기 이후의 언어학습이 더 효과적이라고 주장한다(Kagan & Herschkowitz, 2005). 인지적 학습능력이 어느 수준에 도달하여 자신의 학습 상황을 인지하고 통제할 수 있는 아동기 이후에 단어나 문법을 더 빨리 잘 배운다는 것이다. 따라서 단어를 외우도록 하거나 문법을 배우는 의식적으로 이루어지는 언어학습은 유아기에 제대로 이루어지기 어렵다.

이러한 결정적 시기에 대한 연구들은 우리나라와 같은 외국어 교육 환경에서 이루어진 것이 아니라 이민 온 사람들을 대상으로 이루어졌으므로 외국어 교육 환경에서 결정적 시기라는 이유로 조기 영어 교육의 효과를 논하기는 어렵다.

결정적 시기에 대한 논의 이외에도 유아는 또래의 친구들과 잘 사귀고, 낯선 문화에도 적응을 잘하므로 조기 영어 교육이 효과적이라고 주장하기도 한다.

유아는 환경에 직접적으로 노출되고 경험을 통해 학습하는 것에 강하다. 따라서 영어를 사용하여 자연스럽게 이루어지는 놀이를 한다거나 일상 상황에서 영어로 대화를 많이 하는 등 유아를 영어에 많이 노출시키면 유아가 빠르게 영어를 배울 수 있다.

그러나 조기 영어 교육은 정서적 측면에서 심리적 부담감을 주게 되며 쉽게 배우는 대신 쉽게 잊어버릴 수 있어서 바람직하지 않다고 보기도 한다. 또한 모국어 발달이 제대로 이루어지지 않은 상태에서의 조기 영어 교육은 심리적·인지적 부작용을 일으킬 수 있다. Tabors(1997)는 미국에 이민 간 유아들이 유치원에 입학했을 때 몇 주에서부터 일 년이 지나도록 영어를 말하지 않는 침묵의 시기를 보였다고 보고하였다. 나이가 어릴수록 침묵의 시기가 길어지는 경향이 있었다는 연구결과는 조기 영어 교육이 유아에게 스트레스를 줄 수 있음을 시사한다. 미국에서 제작된 TV 프로그램 <세서미 스트리트(Sesame Street)>는 유아의 읽기 학습을 도와주는 것으로 알려져 영어 유치원에서 많이 활용되고 있는데, 이러한 프로그램에서 자료가 제시되는 속도는 유아의 정보처리속도에 비해 너무 빨라서 영어를 모국어로 사용하는 유아에게도 주의력결핍 현상을 가져올 수 있다고 지적된다(Elkind, 1986). 또한 이러한 조기 영어 교육은 장기적으로 영어 학습에 대한 동기를 저하시킬 수 있으며, 유아가 주어진 영어 학습 자료를 기억하고 암기하도록 요구하는 것은 자기 주도적으로 학습하는 능력을 방해할 수 있다.

이처럼 조기 영어 교육은 찬반론이 다양하며, 세계적으로 외국어 교육은 아동기부터 이루어지는 추세다. 많은 심리학자들은 외국어 교육에 있어서 민감한 시기(sensitive periods)는 스스로 학습할 수 있는 아동기라고 주장한다(Woolfolk, 2010). 유아기의 영어 교육이 문법이나 단어 획득이 제한적이어서 효율적이지 못하고 영어 학습에 대한 동기를 저하시키고 스트레스로 인한 정서적 부담 등의 부작용이 있음을 간과해서는 안 된다. 현재 우리나라 영유아를 대상으로 행해지고 있는 조기 영어 교육의 효과에 대한 연구(우남희, 백혜정, 김현신, 2005)에서도 영유아를 대상으로 한 영어 교육의 효과는 적었고, 강압적인 외국어 교육은 스트레스를 유발하여 결국 뇌 발달에 악영향을 미칠 수 있다고 경고하였다. 언어교육은 언어 환경에의 노출이라 할 수 있다. 언어는 강압적 노출이 아닌 자

민감한 시기
특정한 경험에 반응하거나 준비가 되어 있는 시기

연스러운 노출을 통해 자발적으로 이루어질 때 효과적이다. 그러나 우리나라의 조기 영어 교육은 강압적 학습인 경우가 많아 문제가 되고 있다. 조기 영어 교육을 시키고자 하는 경우에는 영유아의 언어적 능력을 고려하여 모국어와의 언어적 혼란이 일어나지 않고, 심리적 부담감을 최소화하는 범위에서 이루어지는 것이 바람직하다.

TIPS

영유아의 언어발달을 도와주는 교육

- 아이의 말을 경청하고, 언어적·비언어적으로 계속해서 반응을 보여 준다. 아이와 끊임없이 이야기하고, 질문하고, 답하며 그들의 반응에 귀를 기울인다.
- 아이의 적극적 대화 상대가 되어 준다. 언어발달을 촉진하는 가장 중요한 요소는 아이가 다른 사람과 대화에 참여할 수 있는 기회를 많이 갖는 것이다.
- 아이가 말한 것에 대해 평가하고 비판하는 것을 삼간다. 아이가 하는 말을 판단하고 충고하는 것을 피한다. 아이가 말하는 것을 통해 스스로 자신의 문제를 파악하고 해결책을 발견할 수 있도록 기회를 준다.
- 아이에게 책을 많이 읽어 준다. 비록 아이가 아직 그 뜻을 모두 이해하지 못하더라도 아이는 책 읽어 주는 목소리에서 느낄 수 있는 친밀감에 반응한다. 또한 책 읽기 습관을 들이는 데도 도움이 된다.
- 책 읽어주기를 통해 아이의 상상력을 자극한다. 책을 읽어주면 아이는 이야기를 들으며 그 장면을 머릿속에 상상하게 된다. 언어와 심상을 연결할 수 있는 기회는 아이의 뇌 발달에 도움이 된다.

CHAPTER 07

성격 및 정서 발달

1. 성격
2. 기질
3. 애착
4. 정서

Chapter 07

성격 및 정서 발달

영유아는 기억, 언어 등의 인지발달에서 많은 변화를 겪는 것과 함께 성격, 애착형성, 정서, 기질, 자신의 감정을 표현하고 조절하는 능력 등의 사회정서 영역에서 다양한 변화를 겪는다. 주로 어머니와의 관계를 통해 이루어지는 영아의 초기 사회적 경험은 이후 타인과의 관계 형성과 사회정서 발달에 중요한 역할을 한다. 출생 후 따뜻하고 섬세한 양육자와의 첫 관계는 영아가 양육자를 신뢰하고 자신의 능력에 대해 자신감을 갖도록 한다. 양육자와 좋은 관계를 맺는 영아는 자신의 정서를 잘 표현하고 조절하며 건강한 성격을 갖게 된다.

의사소통이 가능해지고 걷고 뛰는 활동이 자유로워지면서 유아는 말끝마다 "싫어!"를 외치고, 제 고집대로만 하려고 하며 아무 데나 드러눕는 등 말썽을 부린다. 서양에서도 이 시기를 '끔찍한 두 살(terrible twos)'이라고 표현한다. 유아는 자신의 자율감을 표현하기 위해 주어지는 거의 모든 것들에 저항하므로 부모의 말을 안 듣는 고집불통의 미운 아이로 변하며 이러한 상태는 학교에 가기 전까지 지속된다. 이렇게 말썽만 부리는 것 같은 유아는 양육자와 주변 사람들과 얼마나 상호작용을 잘하는가에 따라 정서적 영역에서 다양한 변화를 겪는다. 유아는 영아기보다 대인관계의 폭이 넓어지면서 사회성 발달이 더욱 활발하게 이루어지고 행복, 슬픔, 두려움, 분노, 혐오감 등의 다양한 정서가 발달하면서 자신의 정서를 표현하고 조절하게 된다.

1. 성격

영유아의 성격발달은 여러 이론 중에서 성격발달에 대한 초기의 이론인 Freud와 Erikson의 이론을 중심으로 설명할 수 있다. Freud의 심리성적 발달이론은 인간은 타고난 생물학적 본능에 의해 점차 성숙해지고 앞으로 어떤 특성을 가진 인간으로 성장하게 되는지 결정된다고 본다. Freud의 이론은 Erikson에 의해 수정되어 성적 욕구보다 사회, 문화 영향을 더 많이 강조하는 심리사회적 발달이론으로 발전된다.

1) Freud의 심리성적 발달

Freud는 성격이 생의 초기 몇 년 동안에 생물학적, 성적으로 관련된 욕구와 사회의 요구 사이에서 갈등을 처리하면서 형성된다고 믿었다. Freud는 5세까지의 영유아기 경험이 성격발달에서 가장 중요함을 강조함으로써 영유아교육의 중요성을 일깨워 주었다. 성적 에너지인 리비도(libido)가 일생 동안 정해진 순서에 따라 구강, 항문 및 성기와 같은 다른 신체 부위에 집중된다고 보고 일련의 발달단계를 기술하고 있어서 그의 이론을 심리성적 이론(psychosexual theory)이라고 한다. 발달과정에서 해결되지 못한 성격의 문제는 무의식 가운데서 계속 활동하다가 수년 후에 신경증의 원인이 되기도 한다. Freud의 성격발달단계에서 영유아는 구강기, 항문기, 남근기를 경험한다.

장난감을 입으로 빠는 영아

(1) 구강기

구강기(oral stage)는 출생부터 약 18개월까지로, 성적 욕구가 입으로 집중되는 시기다. 영아는 리비도가 입으로 집중되어 입, 혀, 입술을 통해 젖을 빠는 데서 쾌감을 느끼며 성욕을 충족한다. 이 시기의 먹는 활동은 성격형성에 매우 중요하며, 영아는 자아 중심적이고 자신의 욕구 중심적이다. 다른 대상에 대한 개념이 없어서 자기애와 자아도취가 특징적이다. 영아는 전적으로 다른 사람에게 의존하여 성장하다가 젖을 떼고 이유식을 먹어야 하는 상황에서 갈등을 경험한다. 구강기 욕구가 만족되지 못하거나 과잉충족을 하게 되어 구강기 성격 결함이 생긴 사람은 구강과 관련된 문제 행동이 나타난다. 과잉충족되면 타인에게 의존적 성격이 될 수 있고, 너무 갑자기 또는 일찍 젖을 떼어 욕구가 충족되지 못한 영아는 성장하면서 손가락 빨기, 손톱 물어뜯기, 과식과 과음, 지나친 음주, 흡연, 약물남용 등 입과 관련된 활동의 특성이 나타난다. 화가 나면 언어적 공격을 할 수도 있다. 구강기 욕구가 적절히 충족되면 낙천적이고 먹는 것을 즐기는 성격이 된다. Freud는 성격발달에 있어 생애 초기의 경험을 중요시하며, 특히 이 시기 어머니의 수유를 통한 영아의 욕구충족을 강조하였다.

(2) 항문기

항문기(anal stage)는 약 3세까지로, 성적인 욕구가 항문으로 이동하여 배설물을 참고 보유하거나 배출하는 데에서 쾌감을 얻는다. 배변훈련 시기이므로 유아는 본능을 충족하고 싶지만 배변 훈련자(부모)에 의해 자기 본능을 마음대로 충족할 수 없다. 배변훈련이 시작되면 이제 유아는 아무 장소, 아무 시간에서나 배설할 수 없고 적당한 때와 장소에서 배변하도록 하는 외적 제약이 부과된다. 따라서 자신의 욕구를 통제하는 배변 훈련자에 대해 적대감이 생기고, 이러한 적대감과 부모의 사랑을 받으려고 하는 욕구 간의 갈등을 해결해야 한다.

배변훈련은 유아가 바람직한 시간과 장소에서 배설하도록 하고 성공했을 때 칭찬하는 방법이 적절하다. 칭찬은 바람직한 배설에 대해 보상하는 방법으로 부모가 대소변 통제를 적절하게 훈련시키면 성장해서 생산적이고 창의적인 사람이 된다. 배변 실패에 대한 처벌과 수치심을 강조하는 방법으로 대소변 가리기를 엄격하게 시키거나 아예 배변훈련을 시키지 않고 방치한다면 이 시기에 고착 현상을 보이게 되어 두 가지 유형의 항문기적 성격의 성인이 된다. 유아가 부모가 원치 않을 때 배설하는 반항적 태도를 선택하면 무질서하며, 적대감을 겉으로 표출하고, 물건을 낭비하는 항문 배출적(anal expulsive) 특성이 발달한다. 그러나 유아가 배변을 참으면서 보유하려 하면 완고하고 강박적인 항문 보유적(anal retentive) 특성이 발달한다. 항문 보유적 특성은 지나치게 깨끗한 것과 완전한 것을 찾는 결벽성 또는 완벽주의자와 같은 특성을 나타낸다. 또한 배설 활동을 통해 어머니를 조종하려고 함으로써 다른 사람을 지배 또는 조종하려는 성격이나 규칙에 대한 맹종형, 구두쇠와 같은 인색한 성격 등 양극적인 성격의 소유자가 된다.

(3) 남근기

남근기(phallic stage)는 성적인 욕구가 성기에 머무르는 시기다. 초자아(super ego)가 발달하면서 유아 스스로가 자신의 사고와 행동을 살피고 감시하기 시작한다. 남근기에는 자신에 대해 엄격하고, 나쁜 행동을 했을 때는 죄책감이나 수치심 혹은 자존심의 저하를 느낌으로써 자아(ego)를 벌하는 경향이 있다. 이 시기는 유아가 성기에 관심을 가지게 되는 시기로서, 유아는 순진무구하지 않다는 Freud의 가설을 가장 단적으로 나타내는 단계다.

남근기에는 가족의 로맨스가 생기는데, 남아는 오이디푸스 콤플렉스(odipus complex)를 갖는다. 오이디푸스 콤플렉스는 남아가 어머니에게 성적인 애정을 가지고 아버지를 애정의 경쟁자로 생각하여 적대감과 혐오감을 갖게 된다는 것이다. 남아는 아버지에 대한 질투와 경쟁심이 커지고, 아버지가 없어지거나 죽어 버리기를 원할 수 있다. 그런 생각은 남아에게 죄책감을 유발하고 우세한 아버지가 복수할 것이라는 두려움을 느끼게 된다. 남아는 아버지가 성적 욕망의 원천을 없애려고 자신의 성기를 제거할 것이라는 거세불안(castration anxiety)을 가지게 된다. 거세불안은 어머니에 대한 성적 욕망을 무의식으로 밀어 넣게 하고 남아가 자신과 성이 같은 아버지의 남성다움을 갖기 위해서 아버지와 자신을 동일시(identification)하도록 한다. 동일시는 누군가와 유사하고 관련된다는 느낌을 발달시키는 것으로 남아가 아버지처럼 됨으로써 아버지가 자신을 해칠 가능성을 줄이는 것이다. 또한 동일시를 통하여 아버지의 가치를 내재화하여 초자아가 발달하게 되며, 어머니를 향한 성적 충동을 대리적으로 충족한다. 아버지를 닮을수록 더 쉽게 아버지를 대신할 수 있다는 환상을 만들 수 있다.

오이디푸스 콤플렉스
Freud의 심리성적 발달이론에서 아들이 어머니에 대해 애정을 가지고 아버지를 성적인 경쟁자로 생각하여 적대감을 가지는 경향

거세불안
아버지가 경쟁적 행동에 대한 처벌로 남근을 제거할 것이라는 남아의 불안

엘렉트라 콤플렉스

딸이 남근을 가진 아버지를 부러워하고 성적 대상으로 여기는 경향

여아는 아버지에 대한 성적 애착을 갖게 되는데, 이를 엘렉트라 콤플렉스(Electra complex)라 부른다. 여아는 아버지와의 애정을 위해 어머니와의 애정관계를 포기한다. 여아는 자신이 남근이 없다는 것이 어머니 때문이므로 어머니를 비난하고 남근을 가진 아버지에게 애정을 가진다. 여아는 아버지와의 성적인 결합을 통해 남근을 공유하거나 남근에 상응하는 아기를 제공해 주기 바라는 남근선망(penis envy)을 갖는다. 남근선망은 남아의 거세불안에 상응하는 것이다. 이러한 정서적 갈등은 어머니와의 동일시를 통해 아버지에게 대리적 접근을 하면서 해결되고 아버지 같은 사람과 결혼할 가능성을 높인다.

유아는 자신과 다른 성의 부모를 자신이 소유하고 싶어 하고 이러한 감정이 처벌받을 것이며 부모의 사랑을 잃어버릴지도 모른다는 강한 불안을 갖게 된다. 처벌을 피하고 이러한 불안을 없애기 위해서 유아는 자신과 같은 성의 부모를 동일시함으로써 이러한 불안을 극복하고 부모의 남성적·여성적인 성격적 특성을 닮아간다. 자아가 약하여 원초아, 자아 및 초자아의 조절을 잘 이루지 못하는 유아는 성격문제가 유발될 수 있다. 이 시기에 고착되면 성인이 되어 남근기적 성격 소유자가 된다. 남근기적 성격의 남자는 과장하고 야심적, 공격적일 수도 있다. 그러나 어머니를 두고 아버지와 경쟁한 것에 대해 죄책감을 가지므로 경쟁적 관계를 조절하는 능력이 부족하여 성적·직업적으로 성공적이지 못할 수도 있다. 남근기적 성격의 여자는 남자를 유혹하지만 내부의 성욕을 부인하여 성적 접촉은 거부한다. 남녀 모두 성불능이나 불감증 등의 성적 문제를 갖게 되기도 한다. 유아가 남근기의 갈등을 잘 극복하는 것은 성인이 되어서의 성과 대인관계에서의 경쟁력 등 기본 태도를 결정한다고 한다.

아버지와 결혼하고 싶은 여아

TIPS

자위하는 유아

남근기의 유아는 자신의 성기에 관심을 가지고 성기를 만지는 데서 오는 감각적 쾌락을 자각함에 따라 자위를 시작한다. 이때의 성기에 대한 관심은 성인의 성욕과는 다르며, 성별에 대한 신체적 차이를 인식하는 발달과정에서 자연스러운 현상이다. 유치원 교사나 부모는 유아가 책상 모서리 등에 성기 부분을 대고 비비는 행위를 하거나 성기를 만지면서 땀을 흘리며 끙끙대는 모습을 보게 될 수도 있다. 유아가 성인의 성행위 장면이나 음란 비디오물을 본 것이 아닌지 걱정할 수도 있지만, 실제로 그런 장면을 본 경우에는 오히려 자위를 두려워하는 일이 많다. 자위하는 유아가 잘못된 것이 아니며 누구나 유아기에 자위할 수 있다.

자위하는 유아를 지적하고 야단치는 것은 오히려 유아에게 죄책감을 갖게 하고 어른 몰래 자위행위를 하도록 만들 수 있다. 따라서 부모는 아이와 더 많은 시간을 보내도록 노력하고, 자주 손을 깨끗이 닦게 하여 성기를 만졌을 때 감염되지 않도록 한다. 그리고 유아가 흥미로워할 만한 재미있는 놀이를 제안하고 밖에 나가 뛰어 놀거나 운동을 하도록 하는 등 자연스럽게 관심을 다른 곳으로 돌리도록 하는 것이 바람직하다. 대부분의 유아는 일정 시기가 지나면 더 이상 자위를 하지 않게 되지만, 사회성이나 정서적 문제가 있는 경우의 유아는 자위행위에 몰두할 수 있으므로 이런 경우에는 전문가의 도움을 받는 것이 좋다.

(4) 시사점과 비판점

Freud의 이론은 성격발달에 관한 중요한 기초 가설을 제공한다는 것과 건전한 성격의 유아를 키우기 위해 생리적 본능의 충족을 적절한 시기에 잘 얻도록 도와야 함을 시사했다는 점에서 의미를 갖는다. 유아의 본능적 욕구를 이해하고 이를 만족시킬 수 있을 만한 기회를 제공하며, 이러한 욕구 충족이 너무 지나치지 않아야 한다는 것이다. 항상 무엇인가를 빨고 있는 영아는 그 단계에 고착되지 않도록 적절한 지도를 해야 하며, 아이의 발달 상황에 따라 배변훈련이 이루어져야 한다.

그러나 Freud의 발달이론은 다음과 같은 비판을 받는다. 첫째, 가설적 실험 검증보다는 성인 정신병 환자의 치료과정에서 얻어진 자료에 근거하여 추론된 것이어서 비과학적이다. 둘째, 성격이 생물학적 성숙 요인에 의해서 형성되며 학령 전에 모든 중요한 성격이 형성된다고 주장하는 점에서 비판 받는다. 인간의 성격은 생물학적 성숙 요인의 영향을 받긴 하지만 성장과정에서의 환경적 영향을 크게 받는다. Vaillant(2002)는『행복의 조건(Aging well)』에서 하버드 대학교 연구 팀이 1930년대 말에 대학에 입학한 하버드대 2학년 268명의 삶을 72년 동안 추적 연구한 결과를 소개하고 있는데, 유아기의 경험이 성인이 된 이후의 성공 및 행복과 관련되지 못하였다고 밝히고 있다. 정서적으로 안정된 유아기를 보낸 사람이 성인기 이후 행복하고 만족스러운 삶을 살게 될 확률이 높긴 했으나 Freud가 주장한 것처럼 유아기까지의 초기 경험이 성인의 성격에 직접적으로 영향을 미치는 것은 아니다. 셋째, 성적인 면을 지나치게 강조하고 있고 이에 대한 설명이 타당하지 못하다. 성적 본능인 리비도가 인간 행동을 설명하기에 충분한가에 대해 논란이 있으며, 리비도가 어디에서 만들어지고, 어떻게 측정할 수 있는가에 대해 설명하지 못한다. 또한 남아의 성역할 발달에 대한 이해를 확대하여 여아의 성역할 발달을 설명하고 있어서 여아의 성역할 발달을 제대로 설명하지 못하고 있다.

이러한 Freud 이론에 대한 비판점을 고려하여 Erikson은 심리사회적 발달이론을 발전시켰다. 두 이론은 성격발달의 단계가 미리 예정되어 있고 그 순서가 불변한다고 보았으며, 생후 초기 경험이 중요하다는 점에서는 유사하다. 그러나 Freud와 Erikson 이론은 몇 가지 점에서 차이가 있다. 첫째, Freud가 발달 초기의 경험이 성인의 정신 병리를 일으키는 것을 설명하려 했다면 Erikson은 인간이 발달 시기에 따라 겪게 되는 중요한 인생 문제를 어떻게 극복하며, 이를 제대로 극복하지 못했을 때 성장한 후 어떤 어려움을 갖게 하였는가를 설명함으로써 우리의 삶을 이해하는 데 초점을 두었다. 둘째, Freud는 초기 아동기 경험을 중시하고 남근기 이후에는 성격이 변화되기 어렵다고 보고 있지만, Erikson은 사회적 경험의 영향을 강조하며 전 생애에 걸친 성격발달을 설명하며 성인도 발달과정에 있음을 설명한다. 셋째, Freud가 성적인 욕구를 중심으로 한 원초아가 인간 행동의 기초가 된다고 하였으나, Erikson은 인간 행동의 기초로서 자아를 더 강조하였다. 생후 어머니와의 초기 경험은 Freud 이론에서는 성적 욕구에 의해 유발되는 욕구의 충족이라고 설명하는 반면, Erikson은 영아의 자아가 어머니와의 관계에서 형성하는 신뢰감이 성격발달의 기초가 된다고 주장하고 있다.

2) Erikson의 심리사회적 발달

Erikson(1963, 1968)은 자아의 중요성과 인간발달의 사회적 측면을 강조하였고, Freud의 이론을 사회·환경적 상황과 연계하여 확대하였다. 즉, 인간의 발달은 신체적·심리적으로 성장하는 유기체와 사회적 영향과의 상호작용에 의해 이루어진다고 하며, 생애주기를 통한 발달적 변화, 사회적·역사적인 요인을 배경으로 성격을 이해하는 것이 중요함을 강조하였다. 인간관계를 가족, 사회, 문화와의 관련성 속에서 보다 포괄적으로 설명했기 때문에 심리사회적 발달이론(psycho-social development theory)이라고 한다. 성격의 단계는 미리 예정되어 있고 그 순서가 불변한다고 가정한 것은 Freud의 이론과 유사하다. Erikson은 각 단계마다 해결해야 하는 심리사회적 위기가 있고 발달적 위기를 잘 해결하지 못한 사람들도 다음 단계로 발달하게 되지만 이후에도 계속 그 문제와 부딪치게 된다고 하였다.

(1) 1단계(0개월~18개월): 신뢰 대 불신

신뢰 대 불신(trust vs mistrust) 단계에서 영아는 최초의 사회적 관계인 어머니를 통해 신뢰감을 형성하게 된다. 어머니는 영아에게 있어 가장 중요한 존재로서, 음식이나 애정을 통해 영아의 욕구를 만족시켜 주어야 하며, 영아는 이를 통해 어머니를 신뢰하게 되면서 인간과 세상에 대한 기본적 신뢰감을 형성하게 된다. 하지만 이때 어머니가 영아의 욕구에 적절하게 대응하지 못하거나 일관성 없는 양육행동을 보여 주면 영아는 좌절하고 불신감을 가지게 된다. 이 시기에

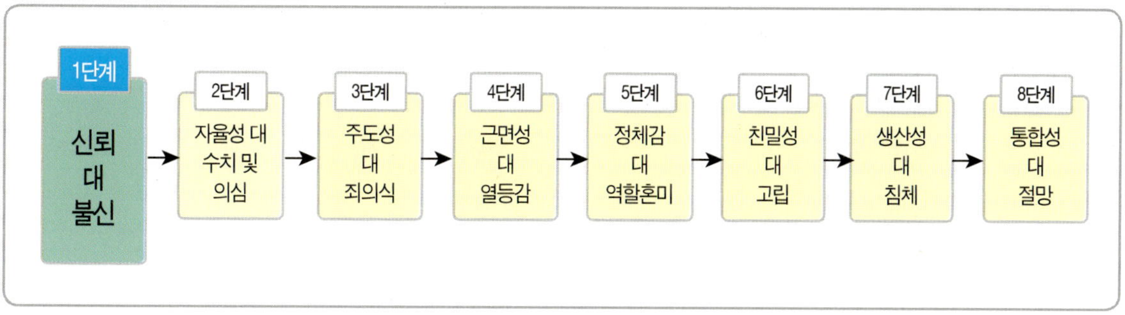

[그림 7-1] Erikson의 심리사회적 발달 1단계

부모는 영아가 배가 고프거나 기저귀가 젖었을 때 민감하게 영아의 요구를 알아차려 반응해 주어야 한다. 영아는 어머니의 민감한 반응으로 인해 어머니가 곧 자신의 필요를 충족시켜 주거나 고통을 덜어줄 것이라고 기대한다. 영아는 뽀송뽀송한 기저귀, 따뜻하고, 잘 먹고, 안아주고, 잘 놀아주는 것과 같은 감각적 즐거움에 기초해 앞으로 맺게 되는 사회적 관계 형성의 바탕이 되는 기본적 신뢰감을 형성한다.

(2) 2단계(18개월~3세): 자율성 대 수치 및 의심

자율성 대 수치 및 의심(autonomy vs shame and doubt) 단계에서 2세의 유아는 혼자서 걷고 물건을 잡는 등의 신체적 기술이 발달하면서 주위를 활발하게 탐색하고 남의 도움을 받지 않고 행동하고자 한다. 유아는 괄약근의 발달로 대소변의 통제가 가능해지고, 부모의 배변훈련을 통해 사회의 기대와 사회적으로 적합한 행동을 알게 된다. 그런데 너무 배변훈련을 엄격하게 시키거나 유아가 스스로 행동할 수 있는 기회를 주지 않으면 유아는 사회적 기대에 부합되는 행동을 원활하게 하지 못하는 자신의 능력에 대해 의심을 하게 되고, 타인의 눈에 좋게 보이지 않는 자신의 모습에 대해 수치심을 느끼게 된다. 부모의 도움이 부족하거나 과잉보호하는 것은 유아가 자신의 능력에 의심을 갖게 하여 수치심이 형성된다. 유아가 옷에 오줌을 싼다거나, 언제나 부모가 떠먹이는 음식을 받아먹기만 하는 모습을 다른 사람들에게 보이는 것을 부끄러워하면서 수치심이 생긴다. 수치심은 자신이 강한 존재가 아니며, 결국은 타인에 의해서 자기가 통제받는다는 것을 느끼게 되면서 나타난다.

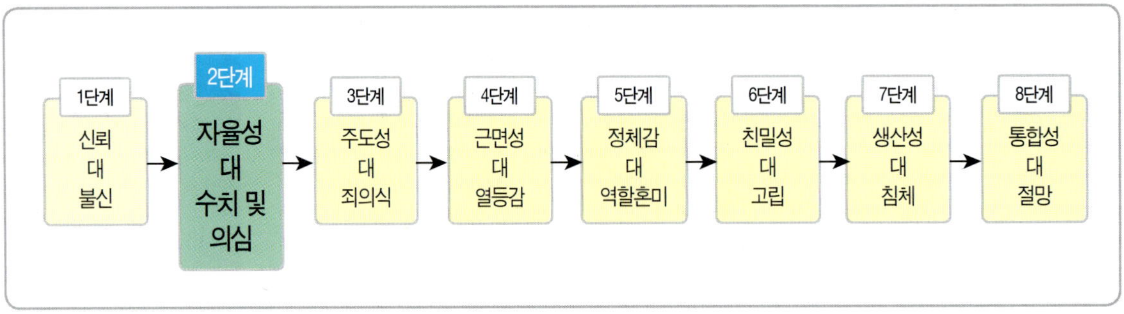

[그림 7-2] Erikson의 심리사회적 발달 2단계

혼자서 밥을 먹는 유아

이 시기의 유아는 어떤 것을 스스로 선택하고자 하고 이를 통해 자신의 의지를 나타내려는 자율성을 갖는다. 자기 발로 서서 걷게 되면서부터 주위를 혼자서 열심히 탐색하게 되고, 음식도 남의 도움을 받지 않고 자신의 힘으로 먹으려고 한다.

이러한 자율성은 그들의 언어에서도 나타나는데, 예를 들어 '나' '내 것' 등의 말을 자주 반복하여 사용하며, 특히 "안 해!" "싫어!"라는 말을 씀으로써 자기주장을 한다. 부모들이 아이가 자율적으로 무엇인가를 할 수 있도록 언제라도 잘 이끌어 주는 태도를 보일 때 아이들은 자율성을 획득할 수 있다. 너무 엄격한 부모는 아이들에게 무능감을 주게 되고 이를 통해 아이들은 사회가 기대하는 만큼 행동을 적절하게 수행하지 못하는 자신의 능력에 대해 의심을 가지고 수치심을 느끼게 된다. 부모는 유아가 스스로 선택하고 행동하도록 함으로써 유아가 자신의 의지를 나타내는 자율성을 갖도록 허용하고 격려해야 한다.

(3) 3단계(3~6세) : 주도성 대 죄의식

주도성 대 죄의식(initiative vs guilt) 단계는 유아가 자신감 있는 자아상을 발달시키고 자신의 정서를 효과적으로 조절하며 도덕성에 대한 개념을 형성하고 새로운 사회적 기술을 습득하는 시기다. 3단계는 Freud의 남근기에 해당된다. 이 단계의 유아는 언어능력과 운동기능이 성숙하면서 호기심을 가지고 매우 공격적으로 환경을 탐색하고, 어른들이 하는 일에 열정을 보이고 어른들이 하는 일에서 자기의 능력을 평가해 보려 한다. 유아가 자율성을 획득하고 부모와 떨어져서도 안전하다는 것을 느끼게 되면 이 단계에서는 좀 더 진취적으로 목적의식을 가지고 행동하게 된다. 새로운 과제를 가지고 씨름하고, 또래 친구와의 활동에 참여하며 그들이 어른들을 도울 수 있는 일들이 무엇인지 알게 된다. 아빠의 생일파티를 자신이 계획한 대로 해 보려고 하는 것, 친구들과의 놀이를 자신이 생각한 방향으로 준비해서 실행하는 것 등이 유아가 주도성을 발휘하는 것이

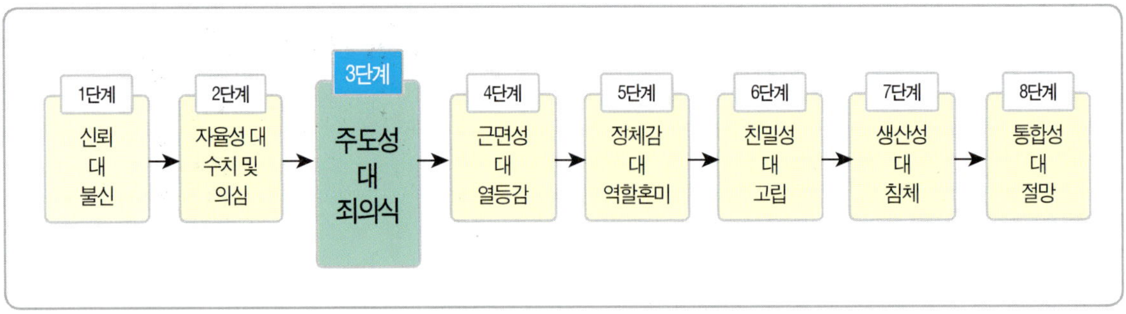

[그림 7-3] Erikson의 심리사회적 발달 3단계

다. 부모와 가족들이 아이들에게 자유롭게 움직이고 탐구하고 실험할 수 있는 자유를 부여해 주면 아이들은 주도성을 가지게 되고 목표 지향적이 된다.

Erikson은 유아가 놀이를 통해서 자신과 사회적 관계에 대해 알게 된다고 하였다. 유아에게 놀이란 어른의 생각 혹은 계획과 유사한 것이다. 유아는 놀이를 통해 작은 실패 경험을 하고 새로운 기술을 익히게 된다. 또한 공동의 목적을 달성해야 하는 그들만의 작은 사회적 관계를 조직하는 경험을 하게 된다. 영아기에 형성된 애착이 가까이 있고 싶고 신체적 접촉을 원하는 것이었다면, 유아기에는 다른 사람들로부터 도움을 받거나 인정받고 사랑받고 싶어 한다. 유아는 가족의 범위를 넘어서서 경찰관, 의사, 간호사, 소방관 등 다양한 직업을 가진 사람들을 알게 되는데, 이를 통해 자신과 사회와의 관계를 이해하기 시작한다.

Erikson은 어른이 유아의 활기 넘치는 놀이와 새로운 과제를 습득하려는 노력을 막는 것은 유아가 어른에 의해 위협받고, 혼나고 있다고 느끼기 때문에 죄

호기심을 가지고 땅바닥에 있는
작은 벌레들을 들여다보고 있는 유아

각자 원하는 기찻길을 만들어 놀고 있는 유아

의식을 갖게 된다고 하였다. 어른에 의해 제재를 당하는 것은 자신감을 저하시키고 외부 세계에 대해 두려움을 갖게 한다. 유아의 활동을 제한하고, 유아의 질문을 귀찮게 여기거나 질문에 대한 대답이 일관성이 없으며, 유아가 무언가를 주도적으로 하려 할 때 부모가 심하게 꾸짖으면 유아는 계획이나 목표를 이루지 못하고 새로운 활동을 나쁜 것이라고 느끼며 자연적인 추진력에 대한 죄의식을 가지게 된다. 부모와 교사는 유아가 새로운 활동을 시도할 때 방해하지 않으면서 다치지 않도록 감독해야 한다.

TIPS

성격발달을 도와주는 방법

- 영아가 감각적으로 즐거운 경험을 할 수 있도록 도와준다.
- 유아의 행동을 방해하지 말고 스스로 해 보도록 느긋하게 기다려 주어야 한다.
- 강압적으로 유아의 기를 꺾어서는 안 된다.
- 유아가 스스로 선택하는 상황을 만들어 준다.
- '~하지 말라'는 명령조나 윽박지르기보다는 대안을 제안하는 것이 현명하다.
- 같은 상황에서 일관성 있게 대처해야 한다.
- 주 양육자의 원칙과 의견을 존중한다.
- 유아의 다양한 질문에 성의껏 대답한다.

2. 기질

기질(temperament)은 중요한 심리사회적 발달 특성으로 성격발달에 기초가 된다. 기질이란 개인이 환경적 자극에 정서적으로 반응하고 이러한 반응을 조절하는 양식으로(Kagan & Fox, 2006) 영유아가 가진 여러 행동 특성들의 조합이라고 볼 수 있다. 어떤 영아는 조용하고 느리게 행동하고, 어떤 영아는 잘 울고 보채며, 어떤 영아는 활동적이고 민첩하다. 아이는 태어나면서부터 다른 기질적 특성을 보여 주며, 기질은 정서 반응, 관계 형성, 유치원에서의 활동 등에서

기질
개인이 환경적 자극에 정서적으로 반응하고 이러한 반응을 조절하는 양식

유아가 어떠한 개인차를 보이는지를 이해하는 데 바탕이 된다. 기질 연구가들은 영아의 기질을 타고나는 것으로 보고, 이러한 기질이 환경에 영향을 받으며 아동기나 성인기의 성격으로 나타난다고 본다.

1) 기질의 유형

영유아의 모습을 관찰해 보면, 활동적으로 몸을 움직이는 아이가 있는가 하면, 조용하고 잘 움직이지 않는 아이도 있다. 또한 외부의 자극에 쉽게 울음을 터뜨리며 흥분하는 아이가 있는 반면, 쉽게 만족하며 잘 흥분하지 않는 아이가 있다.

대표적인 기질 연구가인 Thomas와 Chess(1986)는 1956년부터 시작된 뉴욕종단연구(New York Longitudinal Study: NYLS)에서 영아기부터 아동기까지 기질을 연구하였고 아홉 가지 특성을 발견하였다. 아홉 가지 특성은 활동성, 수유, 배설, 수면 주기 등의 규칙성, 낯선 사물이나 사람에 대한 반응정도, 환경의 변화에 대한 적응력, 자극에 대한 민감성, 에너지 강도, 기쁘거나 슬플 때의 일반적 정서상태, 주의산만성, 활동에 대한 주의력과 지속력이다. 영아의 기질은 아홉 가지 특성을 바탕으로 순한 영아, 까다로운 영아, 반응이 느린 영아 등 세 가지 유형으로 분류된다.

혼자서 잘 노는 순한 영아

순한 영아(easy child)는 수면, 식사, 배변습관 등의 생리적 리듬이 규칙적이다. 이러한 유형은 행복하게 잠에서 깨고 장난감을 가지고 혼자서도 잘 놀며, 잘 먹는다. 또한 새로운 상황에 잘 적응하고, 사람들에게 미소를 띠며 쉽게 접근하고, 긍정적이며 명랑하다. 행복하고 우호적이며 예측 가능한 영아가 대부분이다.

까다로운 영아(difficult child)는 식사, 수면, 배변습관 등의 생리적 리듬이 불규칙하고 조금만 불편해도 강한 반응을 보인다. 또한 새로운 상황이나 낯선 사람에 대한 적응이 쉽지 않아 적응하는 데 많은 시간이 소요된다. 이러한 유형은 크게 오랫동안 웃거나 자주 울고, 짜증을 내며 적대적인 반응을 많이 보인다. 행동을 예측하기 어렵고 화를 잘 내며 매우 활동적이다.

반응이 느린 영아(slow to warm up child)는 새로운 상황을 접할 때 불안해하며 위축된다. 환경적 자극에 대해 활발한 반응을 보이지 않으며, 변화에 적응하는 데 오랜 시간이 걸린다. 그러나 다시 기회가 주어지면 결국에는 적응하는 모습을 보인다.

영아 중 40%는 순한 영아, 10%는 까다로운 영아, 그리고 약 15% 정도의 영아는 반응이 느린 영아로 분류되었으며, 나머지 약 35%는 이 세 유형으로 분류될 수 없는 기질을 가지고 있었다. 이 뉴욕종단연구에서 초기의 기질은 이후에도 어느 정도 지속되는 것으로 나타났다. 까다로운 영아의 약 70%가 자라면서 문제행동을 보인 반면, 순한 영아는 약 18%만이 자란 후에 문제행동을 나타냈다. 또한 까다로운 영아는 이후 학교생활이나 또래관계 등에서 문제를 보이는 경우가 많고, 반응이 느린 영아는 새로운 환경에 빨리 적응해야 하는 학령기에 어려움을 겪는 경우가 많았다(Thomas & Chess, 1986). 떼쓰고 활동적인 영아가 매우 활동적인 아동이 되고, 위축되어 있고 새로운 상황에서 주저하는 영아는 수줍어하는 청소년이 된다(Kagan, 1997). 그러나 기질은 유전적 요소뿐 아니라 성장하면서 겪게 되는 경험에 의해 영향을 받으며 수정되고 변화되기 때문에 영아기에 기질 유형이 완전하게 고정되는 것이 아니며 유아기에도 지속적으로 변화된다.

2) 기질과 부모의 양육행동

영유아의 기질과 부모의 양육행동은 서로 영향을 주고받는다. 일반적으로 까다로운 기질의 아이는 부모들을 혼란스럽고 좌절하게 하며, 우울하고 화가 나게 만든다. 결과적으로 까다로운 영유아의 부모들은 아이를 부정적으로 대하고 기대도 덜 하는 양육태도를 갖게 된다. 반면, 일반적으로 순한 아이의 부모들은 그들의 자녀에게 웃음, 애정 등 긍정적인 반응과 양육행동을 보이는 경우가 많다.

그러나 까다로운 영유아의 부모 중에도 자신의 아이를 씩씩하고 도전적이라고 긍정적으로 여기며 민감하게 반응해 주는 부모가 있다. Miner와 Clarke-

Stewart(2008)은 까다로운 기질을 가진 아이라고 하더라도 어머니의 훈육이 엄격하지 않을 경우 문제행동이 나타나지 않음을 주장하였다. 또한, 순한 영유아의 부모 중에도 이들이 다루기 쉽기 때문에 내버려 두거나 무시하는 경우가 있다. 이러한 부모의 양육행동은 영유아의 기질에 영향을 미쳐서 까다로운 아이라도 긍정적인 아동으로 성장하게 하기도 하고, 순한 영유아임에도 불구하고 문제행동을 유발하게 하기도 한다.

이와 같이 영유아의 기질과 부모의 양육행동은 쌍방적 원칙에 근거해 상호작용을 일으킨다. 에너지가 많은 영유아는 주변을 안전하게 탐색할 기회를 더 많이 얻을 것이고, 에너지가 적은 영유아는 부모가 자신의 속도를 늦추고 아이에 맞게 상호작용할 것이다. 부모-자녀 간 상호작용을 통해 영유아의 유전적 기질은 변화를 겪으며 발달해 간다. 따라서 영유아의 기질과 부모의 양육행동이 맞지 않을 때에는 문제행동이 일어날 가능성이 커지고, 영유아의 기질과 환경이 조화를 이루게 되면 바람직한 결과를 도출하게 된다. 이를 조화의 적합성(goodness of fit)이라고 한다(Chess & Thomas, 1992). 즉, 조화의 적합성이란 영유아의 기질과 사회적 환경이 조화를 이룰 때, 가장 적절한 발달이 이루어질 수 있다는 개념이다. 부모와 자녀가 같은 기질을 가지고 있어야 조화의 적합성이 이루어지는 것은 아니며, 부모가 영유아의 기질적 개인차를 이해하고 그들의 특성에 맞게 민감하고 융통성 있게 반응해야 함을 의미한다. 또한 부모가 애정을 표현하는 것과 자녀의 정서 표현에 반응하는 정도에 따라 영유아의 기질이 변화하기도 한다. 부모가 애정 표현이 적고 자녀에 대한 지지가 부족한 경우 영유아는 불안정하고 공격적으로 성장하는 경향이 있다(Fanti & Henrich, 2010). 반대로 애정과 사랑이 있는 가족에서 성장하는 영유아는 쾌활하고 어떤 상황에도 잘 적응한다. 영유아의 기질에 따라 부모의 양육 반응이 달라지고, 그 반응은 다시 아동의 발달을 달라지게 하는 것으로 볼 수 있다.

조화의 적합성
영유아의 기질과 사회적 환경이 조화를 이룰 때 가장 적절한 발달이 이루어질 수 있다는 개념

3) 기질과 영유아 교육기관 적응

핵가족이 많아지고 어머니의 맞벌이 등으로 인하여 어려서부터 영유아 교육기관에 취원해야 하는 영유아가 많아지고 있다. 부모와 집에서 자유롭게 활동

하던 영유아가 장시간을 교육기관의 대리 양육자 및 또래 친구와 생활하는 새로운 환경에 적응하는 것은 쉽지 않은 일이다. 영유아 교육기관에 적응하는 것은 영유아가 기관의 규칙을 잘 지키고 교사 및 또래와 상호작용하는 과정에서 인정받으며 기관의 환경에 적응하는 것을 의미한다.

교육기관에 잘 적응한 영아

영유아 교육기관에 잘 적응하는 영유아도 있지만 그렇지 못한 영유아도 있는데 이러한 적응에 영유아의 기질이 영향을 미친다. 영유아는 타고난 기질에 따라 사회적 환경에 대처하는 방식이 달라지며 영유아의 성격과 행동에 개인차가 생긴다. 영유아의 기질 유형에 따라 사회적 관심과 능력에서 차이가 나타나는데(천희영, 1993), 사회적으로 유능한 영아는 교사의 관심을 끌어내어 교사와의 상호작용을 일으키며(Vallotton, 2009) 적응성이 낮거나 소극적 반응을 보이는 유아는 또래에게 수용적이지 못하고 따돌림을 당한다(Parker-Cohen & Bell, 1988).

기질 중에서도 활동성이 지나치게 높은 기질의 유아는 유치원 적응에 어려움을 보였고(김영희, 1996), 다른 또래의 활동을 방해하거나 산만하여 또래와 갈등을 자주 겪는다(홍계옥, 2001). 유아의 적응성을 높이기 위해서는 모든 유아에게 관심을 가지고 관찰하여 유아의 기질에 따라 긍정적인 상호작용을 하는 양육태

TIPS

기질에 따른 양육

- 영유아가 세상에 반응하는 방식을 따뜻하게 받아들여 주어야 한다.
- 활동성이 강한 기질의 영유아에게는 환경에서 소음과 산만함을 최소화한다.
- 놀이 집단을 편성할 때 유아의 기질을 고려한다.
- 사회적으로 지켜야 하는 바람직한 행동에 대해 부모가 유아와 대화한다.
- 유아가 지킬 수 있는 규칙을 만든다.

도가 필요하다. 보육시설에서의 아이의 적응은 부모와의 관계보다 보육교사와의 관계가 더 영향력이 크다(Howes, Hamilton, & Philipsen, 1998). 영유아교육기관의 교사는 순한 기질, 느린 기질의 유아에게도 관심을 가져야 하며, 교실 내 행동에 대한 요구와 환경이 아이의 기질과 적절히 조화될 수 있도록 하는 것이 중요하다.

3. 애착

사람은 누구나 관계성의 욕구(need for relatedness)를 가진다(Moller, Deci, & Elliot, 2010; Pavey, Greitemeyer, & Sparks, 2011). 관계성의 욕구는 인간의 가장 기본적인 욕구로서 다른 사람들과 사회적으로 연결되고 사랑받고 존중받는 것을 느끼는 것이라고 할 수 있다. 일생 동안 관계성의 욕구는 다양한 형태의 사회적 관계를 갖는 것에 의해 충족되는데, 관계성 욕구를 충족시키는 첫 번째 관계는 애착이다.

애착

영아와 어머니 또는 자신을 돌보아 주는 양육자 간에 맺는 강한 정서적 유대

애착(attachment)이란 영아가 어머니 또는 자신을 돌보아 주는 양육자와 강한 정서적 유대를 맺는 것을 의미한다(Ainsworth, 1973). 애착은 초기 보호의 영향을 이해하려는 시도에서 연구되었다. 동물행동학 이론에서 Lorenz는 어미에 대한 애착은 본능적으로 생후 초기에 결정된다고 하였고 이를 각인(imprinting)현상으로 설명한다. 각인현상은 태어나자마자 결정적 시기에 특정 대상에 노출되었을 때 그 대상을 향해 보이는 선천적 행동특성으로 오리들이 생존을 위해 어미를 따라다니는 행동을 하는 것을 의미한다.

Bowlby(1951)는 이러한 초기 경험의 영향을 바탕으로 영아와 어머니의 유대관계에 근거하여 애착형성을 설명하였다. 영아는 성인의 보호 없이 생존할 수 없으므로 미소짓기, 매달리기, 울기 등의 행동을 통해 양육자의 보살핌과 보호를 이끌어내고 영아와 양육자간의 사회적 상호작용을 통해 애착을 형성한다. 영아는 다른 사람과의 감정적 연결을 경험하고, 그 관계에 대해 정신적 표상(mental representation)을 형성하는데 Bowlby는 이러한 정신적 표상을 작동모델(working model)이라고 하였다. 영아기에 형성된 애착은 개인의 작동모델이 되

고 성장하면서 사회적 상호작용에서 경험이 축적되면서 발달한다.

영아기에 형성된 애착의 질은 유아기의 애착 발달로 이어진다. 영아는 소수의 특정 인물과 애착을 형성하고, 애착 인물과 가까이 있고 위안 받고 싶어 한다. 영아는 애착이 형성된 인물을 세상을 탐색하는 안전기지(secure base)로 삼는다(Ainsworth, 1973). 안전기지란 영아가 호기심으로 세상을 탐색하다가 위험을 느낄 때 쉴 수 있는 곳으로 애착 대상이 제자리에 있을 것임을 확신하는 것을 의미한다. 스트레스 상황이나 불확실한 위험 상황에 직면했을 때 애착 인물로부터 느끼는 안정감은 영아가 외부 환경을 탐색하고 이해하도록 하는 원동력으로 작용한다. 영아는 양육자에게 단순히 의존하는 것이 아니라 영아가 독립적으로 행동할 수 있기 위해 안전기지로 삼을 애착 인물이 필요하다. 안정된 애착이 형성되지 못하면 신뢰감과 자신감을 발달시킬 수 없게 될 뿐만 아니라 사회적 관계 형성도 어렵게 된다.

최근에는 개인이 전 생애 동안 어머니 외의 어떤 다른 사람과도 형성할 수 있는 긍정적 유대로 애착의 의미가 확장되었다. 애착은 영아와 어머니의 유대관계를 설명하면서 처음 사용되었지만 유아기, 아동기뿐 아니라 성인기의 사회적 관계를 설명하기도 한다. 영유아기에 주로 형성되는 애착은 전 생애에 걸쳐 비교적 안정적으로 유지되고 부모의 애착이 다음 세대의 애착형성에 전이된다(장휘숙, 1997; Ainsworth, 1985).

1) 애착형성의 단계

Bowlby(1969)는 4단계를 거쳐 애착이 발달된다고 하였다. 애착이 제대로 형성되기 위해서는 양육자의 민감성을 바탕으로 한 양육자와 아이의 상호작용이 중요하다.

(1) 전 애착형성 단계(Preattachment Phase: 출생 후-6~12주)

신생아는 사람을 구분하고 알아보는 능력은 없지만 신체접촉에 대해서 민감하게 반응한다. 이 시기에 신생아를 자주 안아주고 쳐다보는 것은 가장 중요하다. 영아는 어머니의 냄새나 목소리에 반응을 보임으로써 어머니를 인식하기 시작하지만 아직 애착 대상이 고정되어 있지 않다. 영아는 미소짓기, 울기, 눈맞춤하기, 매달리기 등을 통해 모든 성인에게 사회적 신호를 보내며 자신을 편안하게 해주는 사람들에게는 만지거나 안기는 것을 허용한다. 그러나 아직까지 애착이 형성되지 않아 낯선 사람과 혼자 남겨져도 크게 두려워하지 않는 모습을 보인다. 서서히 얼굴, 목소리, 냄새, 특징적인 행동에 의해 친숙한 사람들을 인식하기 시작한다.

(2) 애착형성 단계(Attachment in the Making Phase: 6~12주-6~8개월)

애착 관계가 시작되는 이 시기에 영아는 자신에게 친숙한 사람과 낯선 사람을 구분하여 다르게 반응하기 시작한다. 영아는 친숙한 사람에게 초점을 맞추며 낯선 사람은 경계함으로써 어머니와 자신을 돌보는 사람들을 익숙하지 않은 사람들보다 선호하는 반응을 보인다. 영아는 어머니 목소리에 특별한 반응을 보이며 어머니가 떠날 때 우는 소리가 다르다. 다른 사람보다 어머니를 보고 더 많이 웃거나 지속적으로 바라보고, 옹알이도 더 자주 하는 등 영아와 엄마의 상호작용이 확고해진다. 이 시기에서는 엄마의 반응이 애착의 질을 결정한다.

그러나 이 시기의 영아는 낯선 사람과 친숙한 사람을 구분할 수 있음에도 불구하고 낯선 사람과 혼자 남겨져도 어머니와 떨어지는 것에 대한 분리불안을 보이지 않는다. 즉, 아직까지도 분명한 애착관계는 형성되지 않았음을 보여 준다.

낯선 환경에서 엄마에게 매달리는 영아

(3) 애착 단계(Phase of Clearcut Attachment: 6~8개월-12~18개월)

영아는 어머니나 주양육자에 대한 애착을 근접성 추구, 안전기지 효과, 분리저항으로 분명히 나타낸다. 기기와 걷기가 가능해진 영아는 어머니에게 적극적으로 접근하고 매달리고 따라다니며 함께 있으려고 한다. 한편 영아는 세상을 탐험하기 시작하면서 잘 모르는 것들에 대해 강한 두려움을 나타낸다. 세심하게 반응하면서 양육하는 부모의 영아는 두려울 때 부모가 안심시켜주는 것에 의해 안정된다

(Hutman & Dapretto, 2009). 영아의 지적발달에서 일반적인 대상영속성은 8-9개월에 확립되는데 대상영속성의 발달은 애착형성에 있어서 필수적이다. 대상영속성의 개념이 획득되지 않는 영아는 애착대상이 시야에서 사라지고 없으면 그 대상이 더 이상 존재하지 않는 것으로 생각하기 때문에 애착대상과 안정된 관계를 형성할 수 없다. 영아는 낯선 사람에 대해 불안을 보이고, 어머니와 떨어지게 되면 매우 불안해하는 하는 분리불안(separation anxiety)을 보임으로써 어머니에 대한 애착을 분명하게 나타낸다. 이러한 분리불안은 모든 문화권에서 보여 주는 영아기의 보편적 행동양상이며, 12개월 전후부터 나타나기 시작해 14~16개월에 급증하며, 18개월 정도까지 지속되다 점차 사라진다. 분리불안은 영아가 대상영속성을 획득했음을 보여 주는 것으로 대상영속성을 빨리 획득한 영아일수록 분리불안은 빨리 시작된다.

분리불안
영아가 어머니에게서 처음으로 떨어질 때 나타내는 흥분, 울음 등의 정서적 반응

(4) 상호적 관계 형성 단계(Formation of reciprocal relationship, 12~18개월-2세)

4번째 단계는 유아기에 해당하며 양육자와 협력적인 상호관계를 형성한다. 2세 정도가 되면 유아는 신체, 인지, 언어 발달이 이루어지면서 어머니가 자신과 분리된 사람임을 이해한다. 외출했던 어머니가 다시 돌아온다는 것을 인지하고 결과적으로 분리불안이 급격히 감소하게 된다. 그러나 아직 자신을 스스로의 힘으로 보호할 준비가 되지 않은 유아는 양육자와 공통의 계획을 세우고 협력하는 관계를 설정한다. 유아는 부모로부터 사랑받고 있음을 인식하고 적극적으로 부모와 상호 애정표현을 한다. 유아가 아프거나 두려움을 느낄 때, 2세 이전처럼 친숙한 양육자에게 의존한다. 안정된 애착을 형성한 유아는 바람직한 사회적 적응능력을 가지며 자신에 대한 통제능력과 모든 일에 대해 높은 수준의 호기심을 가진다. 분리불안은 거의 나타나지 않으며, 낯선 사람에 대한 경계심도 줄어든다. 어머니와 일시적으로 분리되었을 때 어머니의 사진을 보면서 어머니가 없는 것을 극복할 수

유치원에서 친구들과 즐겁게 놀고 있는 유아

있고, 저녁에 돌아올 어머니를 기다릴 수 있다. 이는 유아가 하루 일과가 끝나면 부모가 반드시 돌아온다는 것을 확신하고 있으며, 주변에 따뜻하고 믿을 만한 교사나 친척들이 있기 때문이다(Waters et al., 2010). 점차 또래 친구들이 일상에서 중요한 역할을 하게 되는데, 특히 부모와 친밀한 관계를 가진 유아는 부모가 없을 때에도 친구들과 즐겁게 논다(Hughes & Dunn, 2007). 지나치게 불안해하고 통제하는 부모는 아이의 탐색활동을 제한하게 되므로 아이를 답답하게 만들고 아이에게 소홀한 부모는 아이가 부모를 안전기지로 느끼지 못한다. 따라서 부모는 아이와 적절한 거리를 유지하면서 밀접한 상호작용을 지속해야 한다.

2) 애착 유형

유아들은 두렵거나 기분이 좋지 않을 때 다양한 반응을 나타낸다. 어떤 유아는 양육자의 팔에 안겨 편안함을 느끼려고 하고, 어떤 유아는 매달리거나 조바심을 내고, 또 다른 유아는 혼자 있기를 원한다. Ainsworth와 동료들(1978)은 영아의 애착의 질을 측정하기 위해 8가지 에피소드로 구성된 낯선 상황(strange situation) 실험을 실시하였다(<표 7-1> 참조). 낯선 상황에서 어머니를 안전기지로 여기는지, 부모와 분리되었을 때 분리불안을 나타내는지, 재회할 때 얼마나 빨리 안정을 되찾는지 등 영아가 보여 주는 행동을 바탕으로 애착유형을 안정애착과 불안정애착인 회피애착, 저항애착으로 분류했다. 이후 Main과 Solomon(1990)은 세 가지 애착유형에 포함되지 않는 불안정애착인 혼란애착을 발견하여 추가하였다. 이러한 애착은 종단연구를 통해서 유아기에도 지속되는 것으로 알려져 있다(Main & Cassidy, 1988).

〈표 7-1〉 Ainsworth의 낯선 상황(Ainsworth, Blechar, Waters, & Wall, 1978)

에피소드	등장 인물	행동기술	애착행동
1	어머니, 영아	관찰자가 어머니와 영아를 장난감이 있는 실험실로 인도한 후 떠난다.	
2	어머니, 영아	어머니는 아기가 장난감을 가지고 놀면서 탐색하도록 하고 가만히 앉아 있는다.	안전기지로서의 양육자

3	낯선이, 어머니, 영아	낯선 이가 들어와 어머니가 대화를 나눈다.	낯선 이에 대한 반응
4	낯선이, 영아	첫 번째 격리장면. 어머니가 나가고 낯선 이가 영아와 상호작용을 하고 아이가 당황하면 진정시킨다.	분리불안
5	어머니, 영아	첫 번째 재결합장면. 어머니가 돌아와 영아를 반기거나 달랜 후 영아가 다시 놀이를 하도록 한다. 그 사이에 낯선 이는 방을 나간다.	재결합 반응
6	영아	두 번째 분리장면. 어머니가 영아를 혼자 두고 방을 나간다.	분리불안
7	낯선이, 영아	두 번째 분리의 연속. 낯선 이가 들어와 영아를 진정시킨다.	낯선 이에 의해 진정되는 정도
8	어머니, 영아	두 번째 재결합 장면. 어머니가 들어와 영아를 반기고 안아준다. 그 사이에 낯선이는 가만히 방을 나간다.	재결합 반응

(1) 안정애착

안정애착(secure attachment) 유형의 영아는 어머니를 안전 기반으로 삼아 환경을 탐색한다. 안정애착 유형은 낯선 사람보다 어머니를 뚜렷하게 선호하고 주위의 환경을 탐색하기 위해서 어머니로부터 쉽게 분리된다. 어머니와 함께 놀 때 밀접한 관계를 유지하고, 어머니가 밖으로 나가면 울기도 하지만 대안적인 위안을 찾고 능동적으로 탐색을 시도한다. 어머니가 돌아오면 영아는 즉각 울음을 멈추고 어머니를 반기며 적극적으로 접촉하고 쉽게 편안해한다. 부모가 영아의 요구에 즉각적으로 반응해 주고 안정적이고 일관성 있게 상호작용을 해 주는 경우, 영아는 안정애착을 형성할 수 있다. Thompson(2006)에 따르면, 약 60%의 영아가 안정애착을 나타낸다.

영아기에 안정애착을 형성한 유아는 부모가 어린이집에 유아를 데려다주고 떠난 후 잠시 울지만 곧 익숙하고 자신을 사랑해 주는 교사에게 다가가서 안정을 찾는다. 유아가 부모와 떨어질 때 저항하는 것은 자연스러운 행동이다. 부모와 양육자는 헤어질 때 "다녀오겠습니다." "안녕." 등의 인사를 규칙적으로 하고 유아가 좋아하는 활동을 이야기하는 등 안심시키도록 해야 한다.

안정애착을 형성한 6세 유아의 가족 그림

불안정애착을 형성한 유아의 가족 그림

위의 그림에서 보듯이 안정애착을 형성한 유아의 가족 그림을 보면 가족 구성원들이 적당한 크기로 좋은 표정을 지으며 함께 그려져 있다. 불안정애착을 형성한 유아의 가족 그림은 신체 부분이 없이 얼굴만 그리거나 가족 구성원 중 누군가가 빠져 있거나 표정이 밝지 않거나 특정 구성원이 화를 내는 그림을 그리는 경향이 있다.

(2) 회피애착

회피애착(insecure-avoidant attachment) 유형은 불안정애착의 한 유형으로 어머니에게 별 반응을 보이지 않는다. 회피애착 유형은 어머니가 외출해도 불안해하거나 울지 않고 어머니가 돌아왔을 때에도 안기려 하지 않는 등 무시하거나 회피한다. 이러한 영아의 부모는 영아의 요구를 거절하거나 회피하는 등의 양육태도를 보이고 영아에 관심이 없고 교류가 적다. 자기중심적이어서 강압적이며, 지나친 자극을 주는 등 영아의 반응에 민감하지 못하고, 영아가 원하는 바에 상관없이 부모 자신의 생각에 따라 행동하는 경우가 많다. 회피애착을 형성한 영아의 어머니들은 다른 곳을 바라보거나 졸린 영아에게 오히려 말을 걸고 귀찮게 하는 경향이 있었다. 지속적으로 원치 않는 자극을 받거나 강제적인 보살핌을 받는 영아는 결국 부모와 있는 것이 즐겁지 않고, 자신이 반응할 수 없는 수많은 자극을 주는 부모를 피하거나 무시하는 행동을 보이게 된다. 약 15%의 영아가 회피애착 유형으로 분류된다.

회피애착을 형성한 유아는 어린이집에서 부모와 헤어질 때 비교적 쉽게 헤어지고, 하루 일과가 끝나고 부모가 데리러 왔을 때 그렇게 기뻐하지도 않는다. 주변 환경에 대해 열정이나 관심 없이 피상적으로만 탐색한다. 부모와 너무 쉽게 떨어지고 부모에게 무관심한 유아는 교사가 관심을 가지고 애정적인 관계를 형성하도록 노력해야 한다. 교사와의 관계가 그 유아에게 첫 번째 안정애착 관계일 수도 있다.

(3) 저항애착

저항애착(insecure-resistant attachment)은 불안정애착의 또 다른 유형이다. 어머니가 방을 떠나기 전부터 매우 불안해하며 어머니의 곁에서 떨어지지 않으며 탐색도 거의 하지 않는다. 어머니가 방을 나가면 매우 당황하며 분리불안 증세를 보이고 어머니가 돌아온 후에는 어머니와 접촉하려고 시도하지만, 안아 주어도 안정감을 느끼지 못해 화를 내며 밀쳐 내는 등 이중적인 감정을 표현한다. 저항애착 유형의 아이들이 부모를 갈망하는 한편 거부하는 양면성을 보이는 것은 부모의 일관되지 못한 변덕스러운 양육으로 인한 경우가 많다. 기분이 좋을 땐 영아에게 과도하게 애정표현을 하다가 기분이 좋지 않을 때는 무관심하게 대하거나 짜증을 내는 등 기분에 따라 다르게 반응하는 부모의 일관성 없는 양육태도는 영아를 불안하게 만든다. 저항애착을 형성한 영아의 어머니는 영아의 신호에 반응을 보이지 않고 양육에 거의 참여하지 않는 경향이 있다. 결국 영아는 부모에게 떼쓰고 울면서 애정을 갈구하는 모습을 보이게 된다. 약 10%의 영아가 저항애착 유형을 보인다.

저항애착을 형성한 유아는 부모가 어린이집에 데려다줄 때 심하게 속상해하고 하루 일과가 끝나고 부모가 돌아왔을 때에도 오랫동안 우울한 태도를 보인다. 유아가 부모와 헤어질 때 불안해하면 충분한 시간을 할애하여 헤어지도록 한다. 때로는 집에서 유아가 좋아하는 인형이나 담요 같은 것을 가져오도록 하는 것도 좋다. 교사가 인내심을 가지고 상호작용한다면 보육교사와 안정애착을 형성할 수도 있다.

(4) 혼란애착

혼란애착(disorganized attachment) 유형은 불안정애착의 가장 심한 형태로 회피애착과 저항애착이 결합된 형태인데, 주로 학대받거나 무시당하는 극단적으로 부적절하게 양육된 영아들에게 나타난다. 혼란애착 영아는 극단적인 혼돈 상태로 양육자에게 접근해야 할지 회피해야 할지 갈피를 잡지 못하는 것처럼 보인다. 이 유형의 영아는 어머니와 재결합했을 때 어머니가 안아 주어도 얼어붙은 표정으로 있거나 먼 곳을 응시한다. 또 양육자에게 접근하다가도 양육자가 다가오면 멀리 도망가고 피한다. 학대받은 영아의 경우, 부모가 자신의 안전기지가 되어 줄 수 있는 존재인지 아니면 자신의 안전을 위협하는 존재인지를 혼란스러워한다. 이러한 양육환경에 처한 영아는 부모에게 다가가다가 막상 부모가 자신에게 다가오면 피하거나 얼어붙은 듯 멍한 표정을 짓기도 한다. 영아의 15%가 혼란애착에 속하거나 애착이 없거나 애착에 심각한 문제가 있는 경우들로 알려져 있다.

혼란애착을 형성한 유아는 목적 없이 일정 시간 동안 걸어다니고 또래 친구들에게 공격적인 경향이 있다. 교사는 이러한 유아를 주시하여 관찰해야 하며, 팔에 멍이 들어 있는 등의 부모로부터 학대받은 징후가 발견될 경우 신고해야 한다. 지속적으로 긍정적이고 신뢰하는 관계를 형성하기 위해 노력해야 하며, 때로는 전문가의 개입이 필요한 경우도 있다.

애착형성은 양육 문화에 따라 차이를 보인다. 상호 의존성과 집단 협력을 중시하는 문화에서는 유아가 요구할 때마다 보살피고 늘 가까이에서 유아를 두며 함께 잠을 자기도 하는데, 이런 문화의 유아는 불안정 회피애착을 나타내는 유아의 비율이 낮은 경향이 있었다(True, Pisani, & Oumar, 2001; Van IJzendorn & Sagi-Schwartz, 2008). 어머니와 떨어져 있는 경험이 적은 일본 영아들은 안정애착이 형성된 영아라고 하더라도 낯선 상황 자체가 스트레스로 작용하여 낯가림과 분리불안을 심하게 보였다(Takahashi, 1990). 그러나 독립적이고 개인적인 가치를 강조하는 서구 문화에서는 일찍 모유 수유를 중단하고 영아가 혼자서 잘 놀기를 기대하며 신체 접촉을 덜하는 경향이 있다. 이런 문화의 유아는 회피애착의 비율이 높게 나타나기도 한다(Van IJzendorn & Sagi-Schwartz, 2008). 독립성을 강조하는 독일 영아들은 낯선 상황에서 어머니와 재결합할 때, 미국 영아들보다도 회피애착을 많이 보였다(Grossmann et al., 1985). 독일 부모는 집안일을 하려고 잠깐씩 영아를 혼자 두는 경우가 많고 유아는 잠깐 혼자 있는 상황에 익숙한 것으로 보인다. 우리나라 영아들의 경우는 애착유형에 있어 미국 영아와 유사한 비율을 보인다(홍계옥, 정옥분, 1995). 이러한 문화적 다양성과 차이에도 불구하고 대부분의 문화권에서 이 네 가지 애착 유형이 발견되었으며, 안정애착을 보이는 영아들이 불안정애착을 보이는 영아들보다 많았다(Van IJzendorn & Kroonenberg, 1998).

3) 애착형성 관련 요인

영유아가 부모와 형성하는 애착의 질은 아동기의 인지발달과 사회정서발달에 영향을 미친다. 안정애착을 형성한 영유아는 다른 사람에 대해 긍정적인 기대를 형성한다. 영유아의 관계에 대한 이해는 대부분 무의식에 기반하고 다른 사람들과 관계를 맺을 때 영향을 미친다(Johnson et al., 2010). 안정애착을 형성한 아이는 다른 사람을 신뢰하고 건강한 관계를 유지하고자 한다. 애착형성은 양육자와 영유아의 상호작용, 영유아 자신의 특성의 영향을 받는다.

(1) 양육자와 영유아의 상호작용

양육자와 영유아의 관계는 안정애착의 가장 중요한 기반이 된다. Bowlby는 안정된 애착형성을 위해서는 영아와 양육자 모두 적절하게 반응하는 것을 학습해야 한다고 한다. Harlow와 Zimmerman(1959)은 애착발달에 있어 수유와 접촉의 중요성을 비교하였다. 새끼 원숭이들을 태어나자마자 어미 원숭이와 격리시키고 대신 부드러운 천으로 된 대리모와 우유를 제공하는 철사 줄로 된 대리

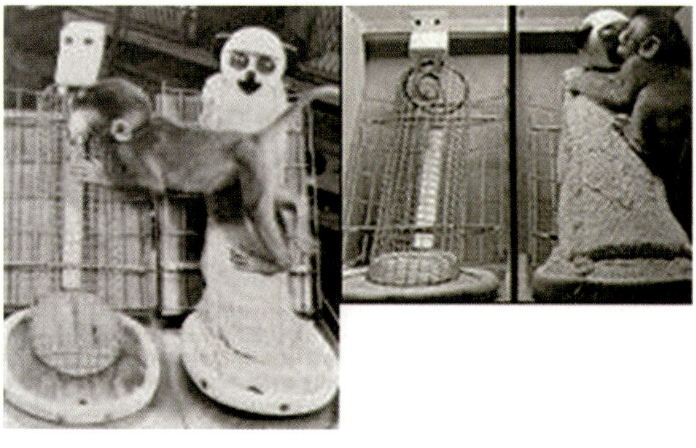

모에서 키웠다. 어린 원숭이는 우유를 제공하는 철사 대리모보다 접촉을 통해 안정감을 주는 천으로 된 대리모를 뚜렷이 선호하였다. 이는 애착형성에 있어 배고픔을 해결하는 수유보다 정서적 유대와 신체적 접촉 등 사회적 상호작용이 중요함을 보여 준다.

양육자가 영아에 대해 민감하게 반응하고, 보호하며, 영아의 욕구를 충족시키고자 할 때 영아는 안정애착을 발달시킨다(Nievar & Becker, 2008; Thompson, 2006). 안정애착을 형성한 영아의 어머니는 불안정애착 영아의 어머니들보다 영아의 신호에 빠르게 반응하고 민감한 상호작용을 보여 준다. 어머니의 자녀를 양육하는 능력에 대한 자신의 신념인 양육효능감이 높을수록 애착이 안정적으로 형성되며(Donovan & Leavitt, 1989), 영아가 원하는 것이 있을 때 부모가 적절한 반응을 보여 주면 영아는 부모를 신뢰하게 되고 안정된 애착을 형성한다. 안정애착은 부모를 신뢰하는 것처럼 다른 사람을 신뢰하게 만들며, 후에 긍정적인 대인관계를 형성할 수 있는 토대가 된다.

영아기에 안정애착을 형성한 유아는 불안정애착을 형성한 유아보다 독립적이고 공감적이며 사회적으로 유능하다(Stroufe, Egeland, Carlson, & Collins, 2005). 그리고 아동기와 청소년기에 자신감이 있고 학교 환경에 쉽게 적응하며 교사나 또래 친구들과 관계 형성을 잘하고 학업에도 유능하다(Wargo Aikins, Howes, & Hamilton, 2009). 안정애착을 형성한 초등학생이 불안정애착 유형의 아동보다 또래관계에서도 인기가 있고, 리더십이 있었다. 뿐만 아니라, 안정애착은 호기심, 탐색 욕구가 많고, 학교생활에 있어서도 적극적이고 자신감이 있다. 이러한 태도는 결국 학업에도 긍정적인 영향을 미치게 된다.

안정애착 형성은 유아가 성장하여 부모의 역할을 할 때에도 영향을 주는데, 자신이 안정애착을 형성했던 부모는 그들의 자녀를 반응적이고 민감하게 돌본다(Berlin, Cassidy, & Appleyard, 2008). 그러나 초기에 안정애착을 형성했었지만 부모의 이혼, 가족의 죽음, 질병으로 인한 고통, 신체적 · 성적 폭력을 당하는 등의 충격적 경험을 하는 경우, 청소년이나 성인이 되어 좋은 대인관계를 형성하는 데 어려움을 겪기도 한다(Lewis, Feiring, & Rosenthal, 2000).

TIPS

손가락을 빠는 아이

손가락을 빠는 행동은 만 두 돌이 될 때까지의 어린 영아들에게 보편적으로 나타나며 세 살이 되기 전에 사라진다. 유아가 손가락을 빠는 경우 애착의 문제가 손가락을 빠는 것으로 나타나는 것이 아닐까 걱정하지만 만 4~5세 이전의 손가락 빨기는 그리 큰 영향을 주지 않기 때문에 걱정할 일이 아니다. 그러나 5세 이후에도 손가락을 빠는 행동이 지속된다면 개선을 위한 노력을 기울여야 한다. 손가락 빨기는 고치는 것보다 예방하는 편이 훨씬 효과적이다. 어린 영아의 경우 본능적으로 주먹을 입으로 가져갈 때마다 손을 슬그머니 떼어 내면서 노리개젖꼭지나 젖병을 물려주는 것도 빠는 욕구를 충족시켜 주는 방법이다. 좀 더 자라서 손가락을 빨 때는 손가락을 빠는 일보다 더 흥미로운 활동들을 마련해 주어 바쁘게 하는 것도 손가락 빨기를 잊게 해 주는 좋은 방법이다.

(2) 영유아의 특성에 따른 양육

영유아는 양육자에게 그들의 욕구를 알리고 애정을 가지고 상호작용하면서 양육자와 관계를 형성한다. 이러한 과정에서 영유아의 특성과 양육자의 행동이 조화를 이루는 '조화의 적합성(goodness of fit)'을 형성하면 긍정적인 애착관계가 형성된다. 아이가 매우 까다롭고 불안정적인 경우 양육자는 아이를 다루기 어렵고, 아이가 사교적이고 좋은 기질을 가지고 있는 경우에는 긍정적인 상호관계가 형성된다. 대부분의 부모는 영유아의 다양한 특성에 따라서 적응하는데, 아이의 특성에 맞는 적절한 양육이 제공될 때 아이가 안정애착을 형성할 수 있다. 아이가 무반응적이거나 매우 요구가 심한 경우에도 부모는 아이를 안심시키도록 응대할 수 있지만, 이러한 힘들었던 경험이 부모의 삶에 축적되어 부모가 참을성이 없어지거나 무감각해지는 결과를 초래할 수도 있다(Gervai, 2009). 부모가 부부관계에 문제가 있거나, 선천적 질병이 있거나, 정서적으로 우울하거나, 경제적으로 어려운 경우 까다로운 아이를 편안하게 대하는 것에 어려움을 느낀다. 반대로 부모가 사회적으로 도움을 받고, 부모 역할에 충실한 경우 까다로운 아이도 잘 다룰 수 있다(Wong et al., 2009). 영유아의 특성에 따라 적절한 양육이 이루어져 안정애착을 형성한 영유아는 이후 대인관계에 신뢰적인 사람이 된다(Thompson, 2006).

(3) 다중애착

첫 번째 애착의 대상은 어머니인 경우가 많지만 영아에게 일관성 있는 반응을 보이는 어떤 양육자도 애착의 대상이 될 수 있다. 어머니와 영아의 애착 관계만을 중시했던 초기 애착연구와 달리, 최근 어머니가 아닌 타인으로부터 양육되는 영유아가 늘어나면서 다중애착 관계에 대한 연구가 부각되고 있다. 다중애착(multiple attachment)이란 영유아가 두 사람 이상에게 동시에 애착을 형성하는 것으로, 어머니 한 사람과만 애착을 형성하는 것이 아니라 아버지, 조부모, 형제자매, 육아도우미, 보육교사 등 타인 양육자인 여러 이차적 인물에 대해서도 애착을 형성하는 것을 말한다.

어머니가 아닌 양육자에 의해 양육을 받는 경우, 어머니와 함께 있는 시간보다 양육자와 함께 보내는 시간이 더 많기 때문에 어머니와의 애착과 타인 양육자와의 애착은 모두 영유아에게 매우 중요하다. 영유아는 타인 양육자와도 어머니와 형성하는 애착과 유사한 강도의 애착을 형성할 수 있으며, 어머니와의 애착 안정성과는 별개로 타인 양육자와 독립적인 애착을 형성할 수 있다. 어머니와 안정된 애착을 형성하게 되면, 타인 양육자와도 안정된 애착을 형성하기

아버지와 안정애착을 형성하여 편안하게 안겨 있는 유아

할아버지와 산책하고 있는 유아

쉽다. 영아가 어머니와 안정애착을 형성하지 못했다고 해도 가족 외의 양육자와 안정애착을 형성할 수 있다(Thompson, 2006; Zilberstein & Messer, 2010). 유치원과 같은 교육적 환경에서 보육교사가 애정으로 유아를 대하고 유아가 안정감을 느끼는 경우 보육교사와 쉽게 친밀한 관계를 형성할 수 있다. 타인 양육자와 안정된 애착을 형성하게 되면 어머니와 안정애착을 형성하지 못한 것을 보완할 수 있다. 이와 같이 어머니와의 애착과 양육자에 대한 애착은 서로 영향을 미치며, 영유아의 발달에 영향을 미치게 된다. 애착형성에 있어 어느 한 쪽의 애착관계만이 아닌 어머니와 타인 양육자에 대한 다중적인 애착을 고려해야 한다.

TIPS

안정애착 형성을 도와주는 방법

- 잦은 신체적 접촉과 표현으로 아이에게 부모의 사랑을 전달해야 한다. 안정애착 형성에 있어 부모와의 접촉과 애정은 무엇보다 중요하다.
- 부모의 욕심으로 인해 아이의 요구와 상관없이 지나친 자극을 주는 일이 없어야 한다. 원치 않는 자극을 계속 경험하게 되면, 아이는 어머니와 함께하기를 회피하게 되고 결국 안정된 애착을 형성하기 어렵게 된다.
- 일관성 있는 양육태도가 중요하다. 일관된 양육태도는 아이로 하여금 부모의 반응을 예측할 수 있게 하고, 안정감을 느끼게 한다.
- 반드시 24시간을 아이와 함께 있어야만 좋은 양육은 아니다. 함께 있는 시간 동안 아이에게 집중하고 상호작용하는 것이 더 중요하다.
- 부모의 문제나 태도는 아이에게 그대로 전해진다. 부모가 안정되고 긍정적인 마음을 가져야 아이에게도 긍정적인 영향을 미칠 수 있음을 기억해야 한다.
- 애착문제는 세대 간 전이가 일어나는 특성이 있어서 어린 시절 자신의 부모와의 관계가 부모가 된 후 자신과 자녀와의 관계에 영향을 미친다. 부모는 자신의 애착 경험과 양육태도를 점검해 보고, 자신의 애착문제가 아이에게 전이되지 않도록 노력해야 한다.

4. 정서

정서

개인의 욕구나 목적과 관련된 사건에 대한 신체적, 심리적 반응으로 나타나는 감정 또는 느낌

정서(emotion)란 개인의 욕구나 목적과 관련된 사건에 대한 신체적 · 심리적 반응으로 나타나는 감정 또는 느낌이다(Campos, Frankel, & Camras, 2004). 이러한 정서는 자극에 대해 나타나는 혈압, 맥박, 호흡 등의 생리적 변화 또는 미소, 찡그림 등의 얼굴표정이나 행동의 반응으로 나타나며, 영유아의 행동과 사고에 영향을 준다. 정서는 처음에는 기분이 좋거나 나쁜 상태가 구분되는 정도이지만 점차 두려움, 기쁨, 분노 등의 감정으로 분화되면서 발달한다.

정서는 크게 두 가지 기능을 한다. 첫째, 영유아 자신이 경험하고 있는 정서적 상태를 양육자나 타인에게 알려 주는 의사 전달 기능을 한다. 또한 이러한 정서 표현을 통해 양육자가 자신을 보살피는 행동을 하도록 하고, 영유아와 양육자 간의 상호적 의사소통 기능을 한다. 예를 들어, 괴로운 표정이나 울음은 양육자로 하여금 아이를 돌보게 하고, 영유아의 미소는 아이와 양육자 간의 상호작용을 지속시킨다. 둘째, 특정 자극에 대해 특정 행동을 하도록 하는 동기를 부여함으로써 사회적 거리 조절 및 사회 환경을 통제하는 역할을 한다. 예를 들어, 공포는 회피행동의 동기를 부여함으로써 낯선 사람과 일정한 거리를 유지할 수 있도록 해 준다. 정서의 이러한 기능은 영유아가 환경에 적응하기 위한 것이다.

1) 정서 표현

신생아는 몇 가지 기본적인 정서를 가지고 태어나며, 출생 직후부터 큰 소리에 두려움을 표현하고 배고프거나 졸릴 때 운다. 단맛, 신맛, 쓴맛에 각각 다른 얼굴표정으로 반응하고 울음소리를 달리하는 등 고통, 혐오, 만족 등의 선천적인 정서를 나타낸다. 그리고 영아는 점차 원하는 행동이 제지받거나 부모가 빨리 반응하지 않을 때 단순한 두려움에서 구체적인 분노의 표현으로 운다. 선천적으로 보이는 분노, 기쁨, 슬픔, 놀라움, 공포 등의 정서를 일차적 정서 또는 기본정서라고 한다. 생후 4주경이 되면 신생아는 움직이는 물체나 어머니 음성 등의 외부 자극에 대한 미소를 보이고, 2개월경이 되면 사람의 얼굴에 대해 사회적

미소(social smile)를 보인다. 사회적 미소는 양육자와의 친밀감을 강화시키고 사회적 상호작용의 토대가 된다. 7~9개월경이 되면 영아는 애착이 형성된 부모와 격리되거나 낯설고 새로운 것에 대한 두려움을 나타내기 시작한다.

사회적 미소
어머니 등 친숙한 사람에 대해 반응을 보이며 미소를 보이는 것

영아의 정서표현(미소 짓기)
사진의 영아는 엄마를 보며 미소를 짓고 있다.

영아의 정서표현(울음)
영아는 낯선 사람이 다가오자 극도로 불안해하며 울음을 터뜨리고 있다.

18개월경이 되면, 영아는 자신과 타인이 다른 개체임을 아는 자아인식(self-cognition)이 생기며 수치, 부러움, 죄책감, 자긍심 등의 정서가 나타난다. 이를 이차정서 또는 복합정서라고 한다. 이러한 정서들은 자아인식이 형성된 후 수반되는 정서이며, 인지발달에 의존하여 발달한다.

유아는 자신의 느낌을 인식하고 표현하는 것에 어려움을 겪지만 점차 감정을 표현하는 횟수가 늘어난다. 유아는 타인의 정서를 이해할 수 있고, 자신의 감정

을 조절하는 능력이 발달한다. 감정 조절 능력이 발달하는 것은 자신의 행동을 통제하는 데 도움이 되며 다른 사람들과 잘 어울려서 지낼 수 있는 능력이 발달함을 의미한다. 유아는 다른 사람의 정서를 이해함으로써, 다른 사람의 행동을 예측하며, 다른 사람의 부정적인 감정을 완화시킬 수 있는 전략을 사용할 수 있다. 유아의 정서는 사회적 발달뿐 아니라 인지, 학습 및 신체 발달과 긴밀하게 관련된다.

2) 정서 이해

인간이 언제부터 정서를 이해하기 시작하는지 정확하게 파악하기는 어렵지만 상당히 일찍부터 정서를 이해할 수 있다고 한다. 즉, 생후 6주가 되면 웃는 얼굴과 화난 얼굴을 구별할 수 있으며, 2~3세의 유아는 행복한 정서를 분노, 슬픔 등의 부정적 정서보다 더 잘 이해한다(Harter & Buddin, 1987; Stein & Jewett, 1986). 신생아는 정서전이(emotional contagion)라는 다른 사람의 정서를 알아채는 능력을 가지고 있다(Hutman & Depretto, 2009). 정서전이는 타인이 정서를 표현하는 목소리, 울음, 동작 등을 자동적으로 흉내 내고 따라 함으로써 타인과 동일한 정서를 경험하는 것이다. 한 아기가 울기 시작하면 다른 아기들이 곧 따라서 우는 것이 정서전이의 예다. 생후 몇 달 만에 영아는 주 양육자의 정서 표현에 의미 있게 반응한다. 영아는 6개월경이 되면 미소 짓는 얼굴과 찡그린 얼굴 등 정서와 관련된 얼굴표정을 구분할 수 있게 되고, 차츰 타인의 정서에 의해서 영향을 받기 시작한다. 영아가 타인의 정서 표현을 인식하고 파악하는 능력은 8~10개월 정도에 두드러지는데, 이러한 능력은 영아가 어떤 상황에서 어떤 행동을 해야 좋을지에 대한 추론을 가능하게 해 준다. 이 시기가 지나면 영아는 낯설고 모호한 상황에서 그 상황을 해석하고 자신이 행동하는 데 있어 양육자의 반응을 정보로 사용하기 위해 양육자를 주시하는 사회적 참조(social reference) 현상을 보인다. 사회적 참조란 낯선 상황에서 어떻게 행동해야 할지를 결정하기 위해 타인의 정서적 표현을 참조하는 것이다. 예를 들어, 시각벼랑 실험에서 1세 영아를 테이블의 얕은 쪽에 놓고 어머니는 반대편 깊은 쪽에 장난감과 함께 서 있을 때, 영아는 어찌할 바를 몰라 어머니를 바라본다. 이때 어머니가 기쁘고

> **사회적 참조**
> 낯선 상황에서 어떻게 행동해야 할지를 결정하기 위해 타인의 정서적 표현을 참조하는 것

호기심 어린 표정을 지으면 영아들은 어머니 쪽으로 기어가는 반면, 어머니가 분노나 공포스러운 표정을 표출하면 영아는 건너가지 않았다. 이는 영아가 어머니의 얼굴표정을 단서로 이용하여 행동하는 사회적 참조과정을 보여 주는 예다. 또한 3세의 유아가 동생을 때리거나 친구의 장난감을 빼앗으면 엄마의 반응을 보려고 눈치를 살핀다. 유아는 사회적 참조를 보다 잘하게 되며, 처음에는 주로 부모의 얼굴표정을 통해 행동을 선택하지만 연령이 증가하면서 낯선 사람의 행동까지 참조하게 된다.

공포, 분노, 기쁨과 같은 영아기의 단순한 정서는 유아기에 자기의식 정서(self-conscious emotion)와 결합된다. 이는 사회적으로 옳은 또는 유능한 기준을 인식하고 있음을 정서적으로 표현하는 것이다(Thompson & Newton, 2010). 자기의식 정서는 죄의식, 자부심, 어색함 등을 포함한다. 유아는 종종 자신이 잘못된 행동을 해서 부모로부터 벌을 받게 되면 화를 내지만 얼마 후 사과의 표현으로 엄마의 팔에 안기거나 슬픈 표정으로 엄마를 바라보기도 한다.

2, 3세경의 유아는 언어가 발달함에 따라 "민서가 화가 나서 나를 밀었어요."라는 방식으로 자신이나 다른 사람의 정서에 대해 이야기한다. 그들은 정서가 다른 사람들의 욕구와 관련된다는 것을 알게 되지만 아직 유아는 종종 다른 사람의 감정을 이해하지 못하거나 자신과 다른 사람의 감정이 다르다는 것을 구별하지 못한다. 4, 5세경이면 여러 가지 정서를 유발하는 원인에 대해 판단하기 시작하는데 주로 외적 요인에 근거하여 이해하는 경향이 있다. 예를 들면, "윤희는 오늘 행복해요. 왜냐하면 새로 산 바지를 입었거든요."라고 자신의 정서를 표현하는 유아는 외적 요인인 새로 산 바지에 자신의 행복감의 원인을 돌리고 있다. 연령이 증가하면서 내적 요인이 정서를 유발하는 것에 대해 이해의 폭이 넓어진다.

그러나 Piaget의 중심화(centration)에서 살펴볼 수 있는 것처럼, 유아는 정서를 유발하는 다양한 원인들을 동시에 고려하지 못하며 가장 확실한 한 가지 원인에 초점을 두어 생각한다. 고장 난 자전거와 함께 행복한 얼굴을 한 아이가 있는 모순된 상황이 있는 사진에서 4, 5세 유아는 "아이가 자전거 타는 것을 좋아하니까 행복하다."와 같이 고장난 자전거는 고려하지 못하고 아이의 행복한 얼굴에만 초점을 두어 이해한다.

중심화
사물의 한 가지 차원에만 초점을 두고 다른 중요한 특성은 간과하는 경향성

또한 유아는 감정이 욕구에 관련되어 있어서 사람들이 자신이 원하는 것을 가지면 행복하고 원하는 것을 가지지 못하면 슬플 것이라고 생각한다. 유아는 성장하면서 감정적인 이해가 더욱 복잡해지는데, 이러한 이해는 5~7세의 자아 개념의 변화와도 관련이 있다. 가지고 놀던 공이 차도로 굴러갔을 때 4세 유아는 차도에 들어가면 안 된다는 규칙을 어기더라도 공을 갖게 된다면 행복할 것이라고 하였고, 5세 이상의 유아는 규칙을 지키면 기분이 좋아지고 규칙을 어기는 것은 기분이 나빠질 것이라고 이야기하였다(Lagattuta, 2005).

3) 정서 조절

사회에서의 정서 표현에는 일종의 규칙이 있어서, 정서를 표출할 수 있는 상황과 정서 표현을 조절하고 억제해야만 하는 상황이 있다. 정서 조절(emotional regulation)이란 자기 조절(self-regulation)의 중요한 단면으로 정서 상태를 관리하는 것을 의미한다(Campos, Frankel, & Camras, 2004). 자신의 감정을 건강하게 조절하는 것은 생활에서의 만족감, 환경에의 적응을 증진시키므로 통합된 성격 형성을 돕는다.

정서 조절은 일찍부터 습득되는데, 신생아는 배고프거나 두려움을 느낄 때 부드러운 말과 행동으로 신생아의 긴장을 풀어 주는 양육자의 도움을 받아 안정을 찾는다. 생후 12개월경이 되면 영아는 불쾌한 자극에 대해 몸을 앞뒤로 흔들거나, 입술을 깨물고, 손가락을 빨거나 낯선 타인으로부터 시선을 돌리기도 하고, 스스로 장난감으로 관심을 돌리는 등으로 부정적 정서 유발을 감소시키는 나름의 책략을 발달시킨다. 18개월경이 되면 영아는 슬픔이나 분노를 숨길 줄 알게 되고, 이를 억제하기 위해서 눈살을 찌푸리거나 입술을 굳게 닫고 이를 악무는 모습을 보인다. 이 시기의 영아들이 넘어졌을 때, 보는 사람이 있을 때는 울지만 아무도 없는 경우에는 울음을 참는 모습을 보이는 것이 그 예다.

정서 조절은 유아기에 더욱 발달한다. 유아는 가정을 벗어나 사회적 경험을 폭넓게 가지게 되면서 자신과 타인의 정서, 정서 관련 지식을 이해하고 정서를 조절하고 표현하는 능력을 3~5세에 급격하게 발달시킨다(Cole et al., 2008). 유아는 불쾌한 장면이나 경험에 직면했을 때 관심을 다른 곳으로 돌리거나 즐거운 생각을 하려고 노력함으로써 부정적 정서를 조절한다. 유아는 "실망했어."와 같은 특정한 단어를 사용해서 자신의 느낌을 표현하는데, 점차 자신의 감정에 대해 편안하게 이야기하고 실망을 표현할 때 다른 사람의 관점을 고려하는 것을 배운다. 유아는 3, 4세쯤이면 불쾌한 소리를 듣지 않기 위해 눈이나 귀를 막는 등의 전략을 사용한다. 스스로 관심을 다른 곳으로 돌리는 것을 할 수 있는 3세 유아는 학령기에 협동적이고 문제행동을 적게 일으키는 아동이 된다(Gilliom et al., 2002).

부모와의 상호작용은 영유아의 정서 조절 발달에 매우 중요하다. 어머니와 안정애착이 형성되고 감정에 대해 자주 대화를 나누는 유아는 정서를 잘 이해하며, 부모가 사용하는 정서 조절 전략과 비슷한 정서 조절 전략을 사용한다. 유아는 부모가 특정 상황에서 정서를 조절하고 반응하는 것을 보고 모델링한다. 부모가 감정을 조절하는 전략을 설명해 주고, 참을성 있게 긍정적인 정서를 표현해 주면 유아는 스트레스 관리 능력을 강화한다(Gottman, Katz, & Hooven, 1997). 예를 들어, 유아가 블록놀이를 하다 집어 던지는 경우 "블록 쌓는 것이 마음대로 안 돼서 화가 났구나."라고 말하면 유아는 자신의 미숙한 감정을 명확하게 인식하고 어떤 감정에서 블록을 던졌는지 알게 된다. 그리고 왜 그런 행동을 했는지 질문하면 유아는 자신의 감정을 표현하고 이유를 설명하면서 자신의 행동에 대해 생각해 볼 수 있다. 그러나 스스로 분노를 통제하지 못하거나, 부정적인 정서를 계속해서 경험하는 부모의 유아는 감정을 억제시키는 데 어려움을 가지며 힘든 상황에서 화를 내고 공격적으로 반응하기 쉽다. 정서 조절 능력이 낮은 유아는 친사회적 행동을 덜 보인다(Bengtsson, 2003). 부모의 지나친 간섭과 기대는 유아의 자율성과 호기심을 잃게 하므로 정서적 불안 상태를 유발할 수 있다. 부모가 권위주의적 양육태도를 가지면 유아는 과민하고 비협조적이며 정서적으로 불안정한 것으로 나타났고(Kochamska, 1990), 부부관계에서 갈등이 높을수록 어머니는 통제적이고 유아는 문제행동이 많았다(이정순, 2010). 정서 조절 능력의 발달은 영유아의 어린이집과 유치원 적응에 영향을 미친다(Shields et al., 2001). 예술성이 높고 정서가 풍부한 동화책을 많이 읽도록 하고, 부모와 안정적인 애정을 교류하는 것은 영유아의 정서발달에 도움이 된다.

TIPS

정서발달을 도와주는 방법

- 아이는 놀이에서 두려움과 분노 등의 정서를 표현하는 안정적인 출구를 찾는다. 부모나 보육교사는 영유아들이 화가 날 때 친구를 때리거나 미는 것이 아니라 그림이나 말로 표현하도록 하여 부정적 정서를 표출하고 조절할 수 있는 방법을 제공해야 한다.
- 아이가 자기 감정을 조절하고 관리할 수 있도록 위로하고 도와준다.
- 아이의 감정은 수용하되 부적절한 행동은 제한한다.
- 감정을 친구들과 공유하는 기회를 제공한다. 동화 속의 인물들의 정서 상태는 어떠한지, 현실에서 아이가 그런 기분이 들었던 경험이 있는지에 대해 이야기한다.
- 양육자 자신의 정서를 점검한다. 교사나 양육자는 유아가 까다롭거나, 학부모가 계속 질문과 부탁을 하는 경우에 화가 나거나 부정적 정서를 조절하지 못할 수 있다. 부정적 정서를 조절하는 모습은 아이에게 모델링이 되므로 심호흡을 하거나 전문가와 상담을 하는 등 자신의 부정적 정서를 조절할 수 있는 방법을 찾아야 한다.

CHAPTER 08

자아, 사회성 및 성역할 발달

1. 자아발달
2. 사회성발달
3. 성역할발달

Chapter 08

자아, 사회성 및 성역할 발달

태어나서 몇 달이 지나면 영아는 거울 속에 있는 자기 모습을 보고 미소 짓는다. 언제쯤 영아는 자신을 응시하고 웃는 거울 속의 아기가 자신이라는 것을 알게 될까? 영아는 자신을 타인, 주변 환경 등과 구분하면서 점차 '자아'라는 인식이 발달한다. 영아가 처음 자아를 인식하는 것은 엄마와 자신이 신체적으로 분리됨을 느끼는 것으로 가장 친숙한 양육자인 엄마가 자신과 다른 존재라는 것을 인식하는 것에서부터 출발한다.

자신의 존재에 대한 인식은 자아개념 형성의 토대가 된다. 즉, 영아기의 자아인식은 이후 유아기의 사회성 발달과 자아존중감 등에 영향을 미치기 때문에 발달에 있어서 중요하다. 자아에 대한 인식은 한 번에 이루어지는 것이 아니라 자기 스스로를 인식하는 '주관적 자아인식'에서 출발하여 다른 사람과의 관계나 주변 환경 속에서 자신을 발견하는 '객관적 자아인식' 단계를 거쳐 완전한 자아인식이 이루어진다.

자아개념과 자아존중감은 유아기 이전부터 발달하기 시작하지만 타인이 자신을 어떻게 평가하는가에 영향을 받기 때문에 유아기 동안 타인과 사회적 관계를 맺으면서 구체적으로 형성된다. 유아는 대개 자신을 긍정적으로 평가하고 성인들의 피드백을 그대로 받아들이는 경향이 있다. 따라서 부모나 주양육자, 교사는 유아의 긍정적인 자아존중감 형성을 위해서 잘못된 행동만을 지적하기보다 유아의 구체적인 행동에 대해 긍정적인 피드백을 해 주는 것이 필요하다.

유아기는 사회성 발달에 최적의 시기라 할 수 있다. 유아는 성장하면서 가정을 벗어나 교육기관에 입학하고 사회적 접촉의 범위가 또래 집단으로 확대된다. 또래 집단 속에서 배우고 노는 가운데 유아는 또래들과 관계 맺는 법을 배워 나가고, 타인의 생각과 요구도 이해하는 사회적 존재로 성장한다.

유아는 가정생활이나 또래 관계를 하면서 점차 성에 대한 인지가 발달한다. 이 시기의 유아가 성역할에 대해 정체성을 확립하는 것은 이후 자아정체성을 확립하는 데 기초가 되기 때문에 중요하다. 이때 부모나 교사가 가진 남녀 역할에 대한 고정 관념으로 인해 특정 성에 대한 특정 역할만을 고집하는 성역할 고정관념을 강요하는 것은 유아의 성역할 정체성 확립에 부정적인 영향을 줄 수 있다. 반대의 경우로 부모나 교사가 성역할에 대한 고정관념에서 벗어나야 한다는 강박관념으로 인해 인형을 좋아하는 여아에게 억지로 로봇 장난감을 주는 것도 바람직하지는 않다. 이것은 오히려 유아에게 성역할 인지에 대해 부담을 주는 일이므로 자녀와의 자연스러운 대화를 통해 유아의 자율성을 존중해 주는 것이 좋다.

1. 자아발달

자아는 주관적 자아와 객관적 자아로 구분할 수 있다. 주관적 자아(subjective self)란 행위자 또는 의식하는 주체로서 자기 스스로를 인식하고 생각할 수 있는 자아를 의미한다. 객관적 자아(objective self)는 타인과의 관계 속에서 타인에게 인식되는 외현적인 자아를 의미한다. 유아의 자아인식 과정은 주관적 자아인식 단계를 시작으로 객관적 자아인식 단계를 거쳐 마지막으로 통합된 자아인식(self-recognition)이 완성된다. 유아는 자아에 대한 인식이 가능해짐에 따라 자아개념 형성의 기초를 마련하고 자신에 대해 스스로 긍정적 또는 부정적으로 평가내리는 자아존중감이 발달한다.

주관적 자아

의식하는 주체로서 자기 스스로를 인식하고 생각할 수 있는 자아

객관적 자아

타인과의 관계에서 타인으로부터 의식되는 외현적 자아

1) 자아의 출현

(1) 주관적 자아의 출현

출생 후 첫 해 동안 영아는 자신의 존재에 대한 주관적 감각을 형성해 간다. 영아는 태어나면서부터 자신이 주변 환경과 다른 존재임을 느낄 수 있다. 영아는 자신의 손과 발 등을 만지거나 움직이며 놀이를 즐기는데 이와 같이 자신의 신체에 많은 관심을 보이며 다양한 방법으로 신체를 활용하여 노는 것을 즐긴다. 예를 들어, 영아가 보이는 여러 반사 운동 가운데 근원 반사(rooting reflex)가 있는데, 영아의 입 주변에 자극을 주면 그 방향으로 고개를 돌리는 것을 말한다. 이때 영아는 자기 손이 우연히 자신의 입 주변에 갔을 때보다 타인의 손이 영아의 입 주변에 닿았을 때 더 강한 근원 반사를 보인다(Rochat & Hespos, 1997).

감각 간 지각
하나의 감각 양식을 통해 친숙해진 특정 물체를 또 다른 감각 양식으로 인식하는 능력

영아가 자신의 손과 타인의 손이 다르다는 것을 지각하는 것을 감각 간 지각(intermodal perception)이라고 한다. 이는 자신과 타인 또는 주변환경 등을 구분하여 반응한다는 의미이며 이것은 주관적 자아인식의 출발이라 할 수 있다. 영아는 까꿍놀이, 공 주고받기 등 다른 사람들과 함께하는 놀이를 통해 자신의 역할을 하면서 자신의 존재에 대한 주관적 경험을 하게 된다.

(2) 객관적 자아의 발달

자신의 특징에 대한 객관적인 인식은 생후 18~24개월 정도에 나타난다. 거울 속에 비친 자신의 모습을 바라보며 처음에는 무관심하다가 점차 관심을 보이기 시작하여 나중에는 그 모습이 자신임을 알고 즐거워하는 과정을 통해 자아를 인식하기 시작한다.

거울에 비친 자신의 모습을 보고 자신을 찾아내는 행동을 통해서 자신을 한 사람의 개체로 인식하고 자신의 이미지를 형성하게 되는 것이다. 즉, 자신이 타인과 별개의 존재임을 알게 되면서 객관적 자아인식이 나타나게 되는 것이다.

Lewis와 Brooks-Gunn(1979)은 9~24개월 된 영아들의 코에 빨간 립스틱을 묻히고 거울을 보여 주었다. 이때 영아들의 반응을 살폈는데, 약 15개월이 지나지 않은 영아들은 거울 안의 자기 모습에 대해 무관심했으나 15~17개월 영아들 중 몇몇은 자신의 코가 변했다는 것을 알아차리고 관심을 보이기 시작했고,

18~24개월 영아들은 대부분이 자신의 코를 만지는 반응을 보였다. 이러한 연구 결과를 통해 연구자들은 약 2세까지 자아인식 발달이 완성된다고 주장했다.

그러나 Priel과 de Schonen(1986)은 빨간 립스틱 실험을 통해 보여 준 영아의 행동이 객관적 자아의 발달을 의미한다고 완전히 확신할 수 없었다. 자아인식보다는 단순히 거울에 대한 이해를 보여 주는 결과로 볼 수 있기 때문이다. 이러한 가능성을 검증하기 위해 그들은 이전에 한 번도 거울이나 그와 유사한 것을 접해 본 적이 없는 이스라엘 사막 공동체에 사는 영아들을 대상으로 동일한 실험을 하였다. 그 결과, 거울을 접해 본 적이 없는 사막 공동체에 사는 영아들은 거울을 접해 본 도시의 영아들과 비슷한 발달 양상을 보였다. 6~12개월의 영아들은 아무도 자신의 코를 만지지 않았고, 13~19개월의 영아들은 몇 명만 직접 자신의 코를 만졌으며, 20~26개월의 영유아들은 대부분 자신의 코를 만지는 반응을 보였다.

18~24개월의 영아들에게서 자아인식이 출현한다는 것을 보여 주는 사례들은 일상에서도 찾아볼 수 있다. 이 시기의 영아

7개월 된 영아

14개월 된 영아

24개월 된 영아

7, 14, 24개월 된 영아들의 코에 묻은 빨간 표시에 대한 반응을 나타낸 것이다. 7, 14개월 된 영아는 거울 속 자신의 모습만 쳐다보았지만, 24개월 된 영아는 거울 속 자신의 코에 묻은 빨간 표시를 보고는 그 빨간 표시를 직접 지우려고 하였다.

들은 다른 영아의 사진보다 자신의 사진을 더 많이 들여다보고, 자신의 이름이나 자신을 지칭하는 '나'와 같은 대명사를 사용하기 시작한다(Lewis & Ramsey, 2004).

소유권 주장이 강해지는 것도 영유아의 자아인식 발달을 보여 주는 것이다. 만 2세 전후의 영유아는 자기가 좋아하는 장난감에 대해 "내 거야!"라고 우기면서 또래들과 공유하려고 하지 않는다. 이것은 영유아가 이기적이거나 공격적이어서가 아니라 '내가 가지고 놀던 것'이라는 주장을 하는 것으로 자신의 물건을 정의하는 과정으로 볼 수 있다. 즉, 다른 친구에게 장난감을 주기 싫다기보다는 그 장난감을 가지고 노는 것을 자신의 중요한 측면으로 인식하는 것이다.

한편, 또 다른 실험에서는 유아가 제3자로서 자신의 모습을 완전히 객관화하는 데는 시간이 좀 더 필요하다는 것을 발견하였다(Povinelli, 2001). 실험에서 유아의 머리에 종이를 붙인 후 실시간으로 비디오를 찍어 보여 주자 2~3세 유아는 화면 속 자신의 모습을 본 후 머리에 붙은 종이를 떼어 냈다. 다음에는 같은 모습을 녹화하여 몇 분이 지난 후 화면을 다시 보여 주자 2~3세 유아는 자신의 머리에 붙은 종이를 떼어 내지 못한 반면, 4세 유아는 자신의 머리에 붙은 종이를 떼어 내고 TV 속에 있는 사람이 누구인지 물어보면 '나'라고 분명히 대답하였다. 이 실험을 통해 유아가 거울에 비친 자신의 모습을 인식하는 것보다 TV 화면 속이나 사진 속 어린 시절 모습이 자신이라고 인식하는 데 비교적 더 오랜 시간이 걸린다는 것을 알 수 있었다.

2) 자아개념

자아개념
생각, 느낌, 태도, 기대 등을 포함하는 자신에 대한 지식과 믿음

자아개념(self-concept)은 생각, 느낌, 태도, 기대 등을 포함하는 자신에 대한 지식과 믿음이다. 자기 자신에 대해 가지는 지각의 총체인 자아개념은 행동에 영향을 미치는 중요한 개념이다. 자아개념은 다양한 상황에서의 지속적인 자신에 대한 평가에 의해 형성되고 변화한다(신명희 외, 2014).

4세 이전까지 유아는 자신에 대해 구체적이고 외부에서 관찰 가능한 행동으로 묘사한다. 예를 들면, "나는 엄마, 아빠와 산다." "나는 국수를 좋아한다."와 같이 말할 수 있다. 그러나 5~7세의 유아는 자신에 대해 완전히 다르게 표현하는데, "난 똑똑해." "친구들은 나를 좋아해."와 같이 자신의 내재적 특성을 고려

한 일반화된 자아개념을 표현한다.

신피아제 학파들(Case, 1985; Fisher, 1980)에 따르면, 자아개념의 변화는 3단계로 이루어진다. 1단계는 4세경의 유아가 자신에 대해 한 가지 차원에서 진술하는 단계다(single representations). "나는 강아지를 좋아해. 나는 힘이 세다."와 같이 논리적인 연결 없이 각각의 특징들을 나열하는 수준이다. 이 시기 유아의 사고는 현실 속의 실제 자아(real self)와 자신이 되고 싶어 하는 이상적인 자아(ideal self)가 다르다는 것을 인식하지 못한다. 예를 들면, 유치원에서 자기 집에 강아지가 있다고 늘 자랑하던 아이는 친구의 엄마가 집에 강아지가 없음을 확인하는 질문을 했을 때 당황해한다. 아이는 강아지를 집에서 기르고 싶은 것을 실제와 구분하지 못하여 집에 없는 강아지를 기르고 있다고 자랑한 것이다. 아이는 실제 자아와 이상적인 자아가 다르다는 것을 인식하지 못하여 자신이 가지고 싶은 것을 가지고 있다고 표현하는 경우가 많으므로 이러한 행동을 거짓말이라고 야단쳐서는 안 된다. 거짓말을 하지 말라고 야단치더라도 아이의 이러한 거짓말은 계속되는데 이는 아이 스스로 이것이 나쁜 것이라고 인식하지 못하기 때문이다. 이러한 현상은 유아가 성장하면서 점차 사라지게 된다.

2단계는 5~6세경의 유아가 몇 개의 자아개념을 논리적으로 연결하기 시작하는 단계다(representational mapping). 유아는 자신을 신체, 연령, 성별 등 전체적인 범위에서 구체적으로 설명할 수 있지만 여전히 긍정적인 자아개념을 가지고 있고 어떤 영역에서는 부정적인 자아개념을 가질 수 있다는 것을 의식하지 못한다.

3단계는 자신에 대해 통합된 구체적인 자아개념을 갖게 되는 단계다(representational systems). "나는 축구는 잘하지만, 노래는 못해."와 같이 자신을 보다 현실적인 관점에서 묘사하기도 한다. 이와 같이 자아개념은 유아가 성장함에 따라 점차 안정적이 되며 다양한 차원에서 표현된다.

3) 자아존중감

자아존중감(self-esteem)은 자기 자신의 가치에 대한 평가로 정서적인 반응을 의미한다. 높은 자아존중감을 지닌 아이는 자신이 사랑받을 만한 가치가 있는

자아존중감
자기 자신의 가치에 대한 평가로 정서적인 반응

소중한 존재임을 믿고 자신의 장점 및 약점을 잘 이해한다. 낮은 자아존중감을 지닌 아이는 자신의 장점보다는 약점에 주의를 더 기울이며 그만큼 자신에 대하여 부정적인 느낌을 지닌다(신명희 외, 2017).

7~12개월은 서서히 자아존중감이 발달하는 시기로서 영아는 주위 칭찬과 비난에 민감하며 타인의 주의를 끄는 데 관심이 많다. 13~18개월의 영아는 '나, 너, 내 것' 등과 같은 자신과 타인을 식별하는 단어 등을 사용하면서 타인과의 관계를 확장시키며 자아존중감을 계속 발달시켜 나간다. 영아는 어른들의 시선에서 애정과 격려, 금지 등 많은 것을 배운다. 이렇게 어른의 시선에서 느껴지는 메시지로 영아는 여러 가지 행동을 한다. 때로는 동정을 일으키기도 하고 착한 행동을 하기도 하고 말썽을 부리기도 한다.

2세경의 영아는 퍼즐 맞추기를 완성하고 성취감을 느끼면서 부모의 주의를 끄는 행동을 한다. 이 시기의 영아는 어떤 일을 성공 또는 실패하면 과장되게 웃거나 찡그리는데, 이는 자아인식의 기초가 되고 이러한 경험을 통해 자아존중감이 형성된다(Berk, 1996).

아이의 자아존중감을 높이기 위해서는 자신에게 소중한 사람인 부모와 교사에게서 꾸준한 관심과 긍정적인 피드백을 받는 것이 중요하다. 아이의 잘못을 지적하기보다는 작은 성과와 시도한 것에 대해서 긍정적인 반응을 보이고 격려하는 것이 좋다(신명희 외, 2017). 특히, 아이에게 있어 부모는 태어나서 최초의 관계를 형성하여 가장 많은 접촉을 하게 되는 의미 있는 타인이므로, 부모의 지원은 자녀의 자아존중감을 형성하고 발달시키는 데 중요한 요인이다.

또한 아이가 성장하면서 가정을 떠나 생활하는 교육환경도 자아존중감 발달에 영향을 미치는데, 아이가 많은 시간을 보내는 교육기관의 교사도 중요한 역할을 한다. 교사와의 상호작용을 통해 아이가 자신에 대한 긍정적인 마음을 갖게 하는 것이 중요하다. 아이가 자신을 긍정적으로 생각하면 정서적으로 안정감을 느끼고, 다른 사람과의 관계나 놀이 활동에도 흥미를 보이며 적극적으로 다가갈 수 있다. 아이의 자아존중감을 높이기 위해서 부모나 교사들은 잘못을 지적하기보다는 구체적인 행동에 대한 피드백을 주는 것이 좋다. 예를 들어, "신발을 거꾸로 신었잖아! 언제 똑바로 신을래?"라고 다그치기보다 "신발을 한 번 봐. 왼쪽 신발이 오른쪽 발에 있네."라고 아이가 바꿀 행동에 대해 구체적으로 이야기해 주는 것이 도움이 된다.

Harter와 Pike(1984)는 4~7세 유아를 대상으로 [그림 8-1]과 같이 24쌍의 그림을 이용하여 자아존중감을 측정할 수 있는 도구를 개발하였다. 자아존중감의 하위 요인은 인지적 능력(cognitive competence), 신체적 능력(physical competence), 또래 수용(peer acceptance), 어머니 수용(maternal acceptance)으로 구분하였다.

[그림 8-1] 자아존중감 검사 예시

인지적 능력에 대한 자아존중감을 측정하는 문항으로, 유아에게 그림 검사지를 보여 주면서 "이 어린이(오른편)는 퍼즐 맞추기를 잘하는데, 이 어린이(왼편)는 잘하지 못한대요. ○○와 비슷한 어린이는 이 둘 중 어느 어린이인가요?"라고 묻는다. 먼저 유아가 그림 속의 아이와 자신이 가장 비슷하다고 생각되는 그림을 선택하도록 하고, 그 다음에는 그 그림이 자신과 많이 비슷하면 검사지 하단의 큰 동그라미를, 별로 비슷하지 않은 경우에는 작은 동그라미를 선택하도록 한다.

첫째, 인지적 능력에 대한 자아존중감이란 그림 조각 맞추기, 숫자놀이, 간단한 수세기, 글자 알기, 색깔 이름 알기, 만들기와 같이 기본적인 학습 활동의 수행능력에 대하여 유아 자신이 지각하는 것을 의미한다. 둘째, 신체적 능력에 대한 자아존중감은 달리기, 한 발로 뛰기, 오르기, 혼자 그네 타기와 같은 대근육 활동과 단추 채우기, 가위로 오리기와 같은 소근육 활동에 대한 수행능력을 유아 자신이 지각하는 것을 의미한다. 셋째, 또래 수용에 대한 자아존중감은 친구가 많고, 친구들이 장난감을 빌려 주며 게임에 넣어 주는 것, 놀이터에서 놀 친구가 많은 것, 친구들이 자신의 옆에 앉으려고 하는 것, 친구들과 사이좋게 노는 것과 같이 유아가 또래로부터 수용되고 인정되고 있는지에 대한 자신의 사회적 수용을 유아 자신이 지각하는 것을 의미한다. 넷째, 어머니 수용에 대한 자아존중감은 어머니가 친구를 집에 놀러오게 하는 것, 어머니가 함께 이야기를 나누고 놀아 주는 것, 어머니가 예쁘다고 쓰다듬어 주고 안아 주는 것, 어머니가 맛있는 음식을 만들어 주는 것과 같이 어머니와의 관계에서 얼마나 수용되는지에 대해 유아 자신이 지각하는 것을 의미한다.

TIPS

건강한 자아상을 형성하는 방법(Berk, 2001)

- **긍정적 관계 형성하기**: 부모는 아이와 함께 있는 시간에 집중한다. 이때 아이의 행동을 판단하려 하지 말고, 아이가 스스로 자신의 생각과 감정을 표현하도록 아이의 말에 귀 기울여준다. 아이는 타인과의 감정을 공유하면서 자신에 대해 스스로 가치 있게 느끼게 된다.
- **성취경험 제공하기**: 아이에게 현재 능력 이상의 요구를 할 때 부모는 아이가 성취감을 느낄 수 있을 정도의 도움을 제공한다. 그리고 아이의 행동에서 긍정적인 면을 강조하고, 구체적인 행동에 대해 언어적인 지지로 강화해 준다. 예를 들어 "참 잘했어."라고 말하기보다 "장난감을 제자리에 가져다 놓았네. 참 잘했어."라고 특정 행동과 노력을 구체적으로 언급하면서 칭찬해준다.
- **스스로 선택하는 기회 제공하기**: 부모는 아이가 스스로 선택하게 함으로써 책임감과 자신의 행동을 조절할 수 있다는 느낌을 갖도록 한다. 아이가 아직 혼자서 무엇인가를 결정할 수 없다면 아이와 함께 언제, 어떤 순서로 할 것인지를 결정해 본다.
- **감정조절 도와주기**: 부모는 아이의 감정을 받아들이고, 감정을 조절할 수 있는 방법들을 알려준다. 부모는 아이가 화가 난 이유를 이야기해주면서 우선 그 감정을 부모가 이해한다는 것을 충분히 알려준다. 예를 들어, "엄마가, 사탕을 주지 않아서 화가 났구나. 사탕을 먹고 싶은데 못 먹어서 정말 속상했겠다."와 같이 아이의 감정을 일단 이해해 준 다음, 모든 일이 항상 자기 뜻대로 되지 않는다는 현실적인 설명을 해 주는 것이 중요하다. "사탕을 너무 많이 먹으면 이에 까만 벌레가 생기고, 그러면 병원에 가서 주사 맞고 이를 뽑아야 될 수도 있어."라고 아이의 수준에 맞춰 논리정연하게 설명해준다. 그런 다음 화가 났을 경우 해야 할 행동과 하지 말아야 행동을 이야기해준다. "화가 났을 때는 울고 소리치는 게 아니야. 왜 화가 났는지, 어떻게 하면 좋은지 엄마에게 똑똑히 이야기해야 해, 그래야 엄마가 도와줄 수 있거든. 아무리 화가 나도 물건을 던지고, 다른 사람을 때려서는 안 돼."

2. 사회성발달

사회성은 사회에서 타인과의 공동생활을 원만히 해내고 잘 적응할 수 있는 인성적 특성이다. 인간은 출생과 더불어 성장 발달해 가는 과정에서 많은 사람과 관계를 맺게 되며 이를 통하여 타인의 존재를 확인하고 타인의 관점, 역할 등을 이해하게 된다.

사회성
사회에 적응하는 개인의 소질이나 능력

출생 후 1년 동안 영아는 신체와 사물을 자신의 부분으로 이해하지만, 대상영속성이 발달함에 따라 점차 자신과 타인, 사물 등을 구별할 수 있는 능력이 형성된다. 이러한 능력의 발달은 자신과 타인의 상호작용의 기초가 된다.

18~24개월 영아는 사회적 관계 속에서 자신에게 요구되는 것이 무엇인지 조금씩 알게 된다. 즉, 자신에게 허락된 것은 무엇이고, 안 되는 것은 무엇인지에 대해 이해하기 시작한다. 영아는 해서는 안 되는 것을 한 후 성인의 눈치를 보는 행동이 나타나기도 한다. 이 시기는 영아가 자신이 하고 싶은 행동을 사회적으로 용납되는 범위에 맞추기 위해 자신의 행동을 바꾸거나 보류하는 것을 배우는 사회성의 초기 단계라 할 수 있다.

타인을 자신의 요구를 받아주는 존재로 타인을 인식하는 한편 타인으로부터 독립적인 존재가 되기를 원하기도 한다. 아이는 보호자의 도움 없이 무엇이든 자신이 의욕적으로 해 보려고 하고 보호자의 지시에 대해 '내가', '안 해' 등의 표현이 많아진다. 이후로 아이는 점차 사회적 관계를 통하여 사회적 판단과 자기통제 등의 사회적 행동을 습득하게 된다.

1) 사회성발달에 영향을 주는 요인

가정은 영아가 출생하여 최초로 맞이하는 사회이며, 가족은 영아가 최초로 접하는 사회 구성원이다. 부모는 자녀의 사회관계에 영향을 미치는 가장 중요한 가족 구성원이며, 생리적 요구를 채워 주는 절대적인 보호자다. 영아의 사회관계 중 가장 중요한 것은 특정인, 특히 일차적 양육자에 대한 강력한 정서적 애착을 형성하는 것이다. 영유아는 애착관계를 통해 '내가 부르면 엄마가 온다.'

'나는 다른 사람에게 영향을 미칠 수 있다.' '내가 울면 엄마가 달래 준다.' 등 자신과 타인의 관계에 대한 기본적인 개념을 배울 수 있다. 그리고 이러한 개념을 갖게 되면 영유아는 사회 환경에 잘 적응할 수 있게 된다.

가정은 영유아 삶의 기반을 확립해 가는 곳으로 아이가 성장하면서도 앞으로의 삶에 중요한 영향을 주는 곳이다. 건강한 부모-자녀 관계를 중심으로 가족 구성원 간에 사랑과 이해가 넘치는 가정이 될 때 영유아는 건강한 사회성을 기르고 안정적인 사회관계를 형성할 수 있다.

Harlow의 원숭이 대리모 실험

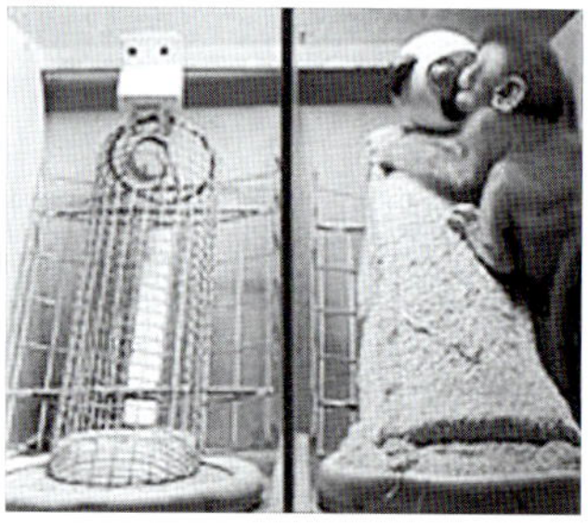

Harlow와 Zimmerman(1959)은 아기 원숭이를 엄마 원숭이에게서 출생 직후 분리하여 6개월간 두 가지 형태의 대리모에서 양육하였다. 한 원숭이 대리모는 따뜻하고 부드러운 천으로 옷을 입히고, 다른 원숭이 대리모는 차갑고 딱딱한 철사로 만들었다. 아기 원숭이 절반은 철사 원숭이 대리모에게서, 나머지 절반은 천 원숭이 대리모에게서 우유를 제공받았다. 아기 원숭이가 어느 원숭이 대리모와 더 많은 시간을 보내는가를 측정한 결과, 어떤 대리모에게서 우유를 제공받는가에 관계없이 아기 원숭이들은 천 원숭이 대리모와 더 많은 시간을 보냈다. 이 실험은 먹이가 아닌 접촉위안(contact comfort)이 애착형성에 더 중요하게 작용하고 있음을 보여 준다.

영유아는 성장함에 따라 어린이집, 유치원에 입학하게 되고, 사회적 상호작용과 접촉의 범위가 가정의 틀을 벗어나 점차 확대되어 간다. 아이는 또래와 놀이를 통하여 자유롭게 상호작용을 하면서 또래 집단을 형성한다. 아이는 공동 작업이 필요한 과제를 수행하면서 협동심을 기르고, 다른 사람과 상호작용할 때 필요한 규칙에 대한 개념도 형성한다. 이러한 가운데 또래 간의 사회적 관계에서 또래의 지지를 받는 아이는 건강한 자아개념을 형성하게 되고 스스로도 만족스러운 생활을 하게 된다.

아이는 또래의 행동, 태도, 말투 등을 모방해 가면서 또래 집단에 동조한다.

또래 집단에서 영유아는 각자에게 적합한 사회적 행동에 대한 피드백을 제공받게 되며 서로 협력하거나 경쟁하는 법을 배운다.

즉, 아이는 또래와 비슷하게 옷을 입고, 이야기를 하고, 행동을 따라 한다. 아이는 또래 집단을 통해 자신의 행동에 대한 피드백을 받으며 서로 협력하고 경쟁하는 법을 배운다. 아이는 또래와 공동의 관심사와 욕구 등을 공유하고 때로는 어른들 몰래 어떤 일을 도모함으로써 강한 정서적 유대감을 공유하기도 한다.

오늘날 다수의 아이들이 가정을 떠나 최초로 접하는 새로운 환경이 어린이집과 유치원이다. 익숙한 환경인 가정을 벗어나 낯선 세상을 경험하는 것은 아이들에게 새로운 자극이 되며, 동시에 처음 맞이하는 환경과 관계에 적응해야 하는 어려움도 있다. 낯선 세상에 대한 호기심과 긍정적인 정서는 향후 사회적 관계를 시작하기 위한 기초가 된다. 교사는 아이의 사회화에 중요한 영향력을 행사할 수 있다. 아이가 어릴수록 아이는 교사를 절대적인 존재로 생각하기 때문에 교사는 아이의 역할 모델이 되고 동일시 대상이 된다. 그러므로 교사의 말투, 걸음걸이, 태도 등은 아이의 모방 대상이 될 수 있다. 아이는 교사의 가르치는 내용보다 자신들을 대하는 태도에 더 영향을 받고 이는 아이의 사회성 발달에 중요한 영향을 미친다. 교사들은 아이의 특성, 성격, 기질 등을 고려하여 대응하고 관계를 맺을 때 아이의 신뢰, 믿음 등 안정적인 사회성발달에 도움이 될 수 있다.

2) 사회성발달의 특징

사회성발달은 아이가 한 개인으로서 행복한 삶을 살기 위해 갖추어야 하는 기본적인 발달의 측면이다.

아이가 또래 친구를 대하는 자연스러운 경향성은 생후 6개월 이전에도 나타나지만, 일반적으로 또래들과 함께 사회적 상호작용에 참여하는 시기는 4~5세경으로 대부분 어린이집 또는 유치원 시기다. 이 시기 유아는 또래들과 함께 다양한 집단 활동을 함으로써 자연스럽게 사회성을 발달시켜 나간다. 유아의 사회적 경험이 점점 다양해지면서 사회성발달에서 나타나는 주요 특징은 다음과 같다.

첫째, 유아는 주도성이 강해지면서 점차 독립심과 자신감을 가진다. 나이가 어린 유아는 신체적으로나 정신적으로 부모에게 절대적으로 의존한다. 그러나 6, 7세에 접어들면서 사회적 능력이나 기술의 향상과 더불어 자의식이 강해지고 자신의 능력에 대한 자신감도 커짐에 따라 자기 스스로 결정하고 행동하려는 경향성도 증가한다.

둘째, 유아의 관심 대상이 가족에서 또래로 바뀌면서 경험의 폭을 넓혀간다. 이러한 경험은 유아가 자기중심적인 사고에서 벗어날 수 있도록 해 줄 뿐만 아니라 인지적인 성장을 촉진시켜 준다.

셋째, 유아는 사회관계 속에서의 나를 인식함으로써 자아개념 확립의 기초를 형성한다. 또래와의 생활에서 자신을 객관적으로 보게 된다. 가정에서 자신의 위치와는 다른 자신을 보게 됨으로써 미처 알지 못했던 자기의 좋은 점을 발견하기도 하고, 반대로 부족한 부분을 알고 실망할 수도 있다.

넷째, 유아는 성역할을 인식한다. 자신의 성을 의식하기 시작하면서 여자아이는 여자다운 것을, 남자아이는 남자다운 것을 선택하고 행동한다. 특히 색깔, 놀이 종류, 관심사 등에서 남녀 차이가 나고, 또래 집단의 형성도 남자 아이는 남자 아이끼리, 여자 아이는 여자 아이끼리 이루어진다.

이와 같이 아이들은 가족에서 또래, 교사로의 사회적 접촉의 범위가 넓어지고 사회적 상호작용을 위해 다양한 기술을 습득해 가며 성공적인 사회관계 맺기의 기초를 확립해 간다.

3) 타인의 관점에 대한 이해

유아는 타인의 관점으로 세상을 보는 데 아직 어려움이 있다. Piaget는 이를 전조작기 단계의 특성 중 하나인 자아중심성이라고 하였다. 그러나 점차 유아는 타인의 관점이 자신과 다르다는 것을 깨닫는다. 유아는 아동기와 청소년기를 거치면서 타인에 대해 좀 더 정교한 이해를 하게 된다. 타인에 대한 이해란 곧 사회인지(social cognition)의 발달을 의미하는데, 사회인지란 사회관계를 인지하는 것으로 타인의 사고와 의도, 정서를 생각할 수 있는 사회적 조망수용능력(social perspective taking ability)이라고 할 수 있다. 사회적 조망수용능력의 발달은 타인과 잘 지낼 수 있는 성숙한 사회행동을 가능하게 한다.

사회인지
사회관계를 인지하는 것으로 타인의 사고, 의도, 정서 등을 생각할 수 있는 것

사회적 조망수용능력
자신의 관점과 타인의 관점을 구별하는 능력과 다른 관점들 간의 관계를 파악할 수 있는 능력

Selman(1980)은 유아가 자신의 관점과 타인의 관점을 구별하는 능력과 다른 관점들 간의 관계를 파악할 수 있는 능력을 발달시키면서 자신과 타인을 이해하게 된다고 하였다. 사회적 조망수용능력은 자신과 타인을 객체로 이해하고, 타인의 관점에서 자신의 행동을 이해함으로써 타인의 의도, 태도, 감정을 추론할 수 있게 해 준다. Selman은 대인관계에서 갈등을 겪는 사례에서 자료 속에 나타난 행위자의 동기와 다른 행위자의 관계에 대한 반응을 분석하여 사회적 조망수용능력의 발달단계를 <표 8-1>과 같이 다섯 단계로 구분하였다.

<표 8-1> Selman(1980)의 사회적 조망수용능력의 발달단계

단계		연령	특징
0	자기중심적 관점수용 (egocentric viewpoint taking)	3~6	타인을 자기중심적으로 보기 때문에 타인이 자신과 다른 관점(생각, 느낌)을 가지고 있다는 것을 전혀 이해하지 못한다. 즉, 다른 사람도 자신의 견해와 동일한 견해를 갖는다고 지각한다.
1	주관적 조망수용 (social-information subjec-tive perspective taking)	6~8	동일한 상황에 대한 타인의 조망이 자신의 조망과 다를 수 있다는 것까지는 이해하지만 아직도 자기의 입장에서 이해하려고 한다. 자신의 행동을 다른 사람의 조망을 통해 평가하기 어렵다.
2	자기반성적 조망수용 (self-reflective perspective taking)	8~10	타인의 조망을 고려할 수도 있고 타인도 자기의 조망을 고려할 수 있다는 것을 인식한다. 다른 사람이 자신의 행동에 대해 어떻게 생각하는지 알 수 있으며, 다른 사람이 서로 다르게 생각하고 느낀다는 것을 안다. 다른 사람의 입장이 되어서 그 사람의 의도와 목적, 행동을 이해할 수 있다.
3	상호적 조망수용 (mutual perspective taking)	10~12	동시 상호적으로 자기와 타인의 조망을 각각 이해할 수 있다. 다른 사람과의 관계 혹은 상호작용 속에서 발생하는 문제에 대해 제3자의 입장에서 객관적으로 생각하게 된다.

4	사회적 조망수용 (social and conventional system perspective taking)	12~15	동일한 상황에 대해 다른 생각을 한다고 해서 그 조망이 틀렸다고 인식하지 않으며, 자신이 다른 사람의 조망을 완전하게 이해하지 못한다는 것을 인식한다. 즉, 제3자의 입장을 확장하여 사회 구성원이 갖는 일반화된 관점에서 이해한다.

이 다섯 단계에서 유아기는 자기중심적 관점수용(egocentric viewpoint taking) 단계(3~6세)와 주관적 조망수용(social-information subjective perspective taking) 단계(6~8세)에 해당한다. 자기중심적 관점수용 단계는 타인을 자기중심적으로 보기 때문에 타인이 자신과 다른 관점, 생각, 느낌 등을 가지고 있다는 것을 이해하지 못한다. 즉, 다른 사람도 자신의 견해와 동일한 견해를 갖는다고 지각한다. 주관적 조망수용 단계는 조금 발전하여 동일한 상황에 대한 타인의 조망이 자신의 조망과 다를 수 있다는 것까지는 이해하지만 아직도 자기의 입장에서 이해하려고 한다.

이와 같이 유아는 아직 초보적인 단계이지만 다른 사람의 생각이나 의도가 자신과 다를 수 있다는 사고가 발달해 가면서 자신에 대한 이해도 견고해지고 타인의 관점에 대한 이해도 점차 넓어진다.

유아의 사회성발달은 개인적인 변인과 함께 여러 가지 외적 변인, 즉 부모, 교사, 교육 프로그램, 또래와의 상호작용 및 경험들의 영향을 받는다. 사회성발달에 관한 연구에 의하면 사회적으로 유능한 유아는 그렇지 못한 유아보다 더 행복하게 느끼며 타인과 긍정적인 상호작용을 하고, 인기가 많다(Berndt & Keefe, 1995; Pellegrini & Glickman, 1990). 반면 사회적으로 유능하지 않은 유아는 분노와 좌절, 외로움을 자주 경험하고, 또래와 긍정적인 관계를 형성하지 못하여 낮은 자아존중감을 가진다(Crockenberg, Jackson, & Langrock, 1996).

사회성발달의 중요성이 강조되면서 유아의 사회성발달 증진 프로그램이 개발되고 있다. 유아를 대상으로 한 사회성발달 증진 프로그램은 여러 가지 활동이나 교육 프로그램을 적용하여 사회적 기술과 행동 또는 인지를 증진시키도록 고안되어 있다. 프로그램은 신체 운동이나 놀이, 그림책 읽기나 독서, 동화나 동화연극, 원예, 음악 및 미술 활동 등을 통하여 유아의 다양한 사회적 상호작용을 위한 기회를 제공한다. 이러한 사회성발달 증진 프로그램은 유아의 긍정적인 자아개념, 타인의 관점 수용 능력, 사회적 능력 등을 향상시키는 데 효과적인 것으로 나타났다.

4) 놀이와 우정

놀이는 영유아의 자연스러운 성장과 발달을 위해 중요한 부분이다. 영유아들은 주양육자가 곁에 없다는 것을 서서히 받아들이게 되며 타인과 상호작용하는 기술을 익히게 된다. 상호작용의 범위도 그동안의 부모, 조부모, 친척 등에서 점차적으로 확대된다. 교육기관을 다니면서 또래 영유아와 함께 생활하면서 사회적 상호작용의 기술이 점차 발달해 간다. 영유아기에 나타나는 또래들과의 상호작용은 아동기에 비해 초보적인 수준이지만, 이러한 상호작용을 통해서 영유아는 자기중심적인 행동과 태도를 상황에 맞게 조절하게 된다.

영유아는 또래와 자주 접촉하면서 상호작용이 활발히 일어나기도 하지만 놀잇감이나 자신의 영역을 확보하기 위해 또래와 다투기도 한다. 영유아기의 놀이는 신체, 언어, 인지, 사회 · 정서 등의 발달 정도를 나타내기 때문에 영유아발달의 중요한 측정 기준이 될 수 있다. 영유아는 놀이를 통해 자연스럽게 감각운동적인 능력과 기능을 발달시키며, 놀이 기술이나 규칙에 친숙해지고 놀이의 내용을 알게 되면서 새로운 놀이를 고안하거나 창작할 수도 있다.

놀이는 영유아의 지적 발달에 도움을 주는 동시에 영유아가 기쁨, 즐거움과 같은 긍정적 정서를 바탕으로 활동적이고 적극적으로 놀이에 참여함으로써 사회 · 정서적 발달의 기회를 제공해 준다. 영유아는 놀이의 결과로 지적 발달 외에도 또래들과 나눠 가지기, 도와주기, 감정이입 등 사회적 성장에 절대적으로 필요한 우정을 경험한다.

(1) 놀이의 유형

영유아의 놀이를 효과적으로 관찰하기 위해 많은 연구자들에 의해 놀이 유형이 제시되어 왔다. 그중에서 유아의 인지발달에 기초한 Smilansky(1968)의 분류와 사회적 발달에 기초한 Parten(1932)의 분류가 대표적이다.

① 인지놀이

인지놀이

Piaget의 인지발달이론에 따라 유아의 놀이 형태도 낮은 수준에서 높은 수준으로 발달해 가는데, 대체적으로 기능놀이, 구성놀이, 상징놀이, 규칙이 있는 게임으로 발전해 감

Piaget의 인지이론에 따르면, 놀이는 그 자체로서 인지발달을 의미한다. 그는 인지가 감각운동기, 전조작기, 구체적 조작기, 형식적 조작기로 질적인 변화를 계속하는데, 놀이도 감각적이고 기능적인 연습의 수준에서 전조작기 특유의 상징적인 놀이 시기를 거쳐 점차 규칙이 포함되는 높은 수준의 놀이로 변화한다고 하였다.

놀이가 유아의 창의력 및 지적 발달에 중요한 역할을 담당한다고 한 Smilansky (1968)는 Piaget 이론을 근거로 놀이의 형태를 4가지로 구분하였다.

첫째, 기능놀이(functional play)는 감각운동기의 영아가 기능적인 즐거움을 위해 반복적으로 되풀이하는 단순한 신체의 움직임을 나타내는 행동으로 특별한 놀이 기술이나 상징이 포함되지 않아서 연습놀이라고 부르기도 한다. 물건을 갖고 놀든, 갖지 않고 놀든 단순하고 반복적인 근육운동 놀이로 영아가 자신의 신체능력을 연습하고 익히게 하며, 자신이 직면한 환경을 탐색하고 경험하게 한다. 자동차 굴리기, 상자에 모래담기 등의 기능놀이는 4세부터 감소되는 경향이 있다.

둘째, 구성놀이(constructive play)는 기능적 활동으로부터 창조적 활동으로의 전환을 의미한다. 생후 22~24개월이 된 영아는 다양한 놀잇감을 활용하여 무엇인가를 창조하는 놀이를 시작한다. 구성놀이를 통해 영아는 주의집중 시간이 증가되며 놀이에 대한 구체적인 주제를 선정하고 놀이의 내용을 조작할 수 있다. 성 쌓기, 터널이나 블록을 이용하여 구조물 만들기, 블록 쌓기, 그림 오리기 등 사물을 조작하여 구성하거나 무엇인가를 창조하는 놀이인 구성놀이의 발달은 영아의 행동 유형이 조작에서 구성으로의 발전됨을 의미한다. 구성놀이는 4세경부터 점점 증가하여 어린이집의 자유놀이 시간 중 대부분은 구성놀이로 이루어진다.

셋째, 상징놀이(symbolic play)는 유아 자신의 요구나 희망을 만족시키기 위해 상상적인 상황으로 대치하는 놀이다. 엄마, 아빠 역할 등의 가정생활과 관련된 역할놀이가 대표적이다. 또한 의사, 간호사, 요리사, 경찰 등과 같이 다른 사람의 역할을 가정하는 역할모방 놀이와 베개를 등에 업고 아기를 달래는 흉내를 내는 것과 같은 가상전환 활동이 있다.

넷째, 규칙이 있는 게임(games with rules)은 미리 협의된 규칙을 수용하거나 이러한 규칙을 조정하는 놀이로 이러한 놀이를 통해 주어진 규칙 내에서 유아는 자신의 행동, 활동 및 반응을 조절하는 것을 습득하게 된다.

② 사회놀이

사회놀이 발달과정을 분석한 대표적 학자인 Parten(1932)은 미네소타 대학교 부속 유아원의 2~5세 유아들을 대상으로 자유놀이 시간 동안 사회놀이 행동을 관찰 분석하여, 사회적 상호작용에 따라 6가지 단계, 즉 몰입되지 않은 놀이, 방관자놀이, 혼자놀이, 평행놀이, 연합놀이, 협동놀이로 분류하였다.

사회놀이
유아의 사회적 상호작용 형태에 따라 몰입되지 않은 놀이, 방관자놀이, 혼자놀이, 평행놀이, 연합놀이, 협동놀이로 구분됨

첫째, 몰입되지 않은 놀이는 엄밀하게 말하면 놀이라고 볼 수는 없는데, 아이가 직접 놀이에 참여하는 것이 아니기 때문이다. 자신의 신체를 가지고 놀거나 흥미를 끄는 무언가에 몰두하여 관찰하고 지켜보는 것이다.

둘째, 방관자놀이(onlooker play)는 유아가 관찰하고, 질문하고, 다른 유아들에게 말을 걸지만 놀이 자체에 참여하지는 않는다. 유아는 보거나 들을 수 있는 거리에 위치하고 있으며, 지금 진행 중인 놀이에 언제 참여할지를 결정하거나 어떤 활동을 할지 선택하기 위해 방관자적 태도를 취한다.

셋째, 혼자놀이(solitary play)는 2세 유아에게 전형적으로 나타나는 가장 낮은 단계의 사회적 놀이다. 유아는 다른 아이들 속에서도 자기만의 세계에서 혼자 논다. Parten 연구에 따르면, 2세 유아 놀이 중 절반 정도는 혼자놀이였다. 주변에 있는 유아들과 이야기를 나눌 수 있는 위치에서 친구가 사용하는 놀잇감과는 다른 놀잇감을 가지고 혼자서 독립적으로 놀이하는 형태다.

넷째, 평행놀이(parallel play)는 Parten 연구의 모든 연령 집단에서 관찰된 놀이 유형이다. 가까운 거리 안에서 다른 친구들이 갖고 노는 놀잇감과 유사한 놀잇감을 가지고 놀이를 하지만 친구와 접촉하거나 간섭하지 않고 혼자서 놀이하는 형태다. 친구들과 같이 놀이에 참여하기보다 다른 친구 곁에서 논다고 할 수 있다.

다섯째, 연합놀이(associative play)는 다른 친구와 함께 노는 집단놀이의 일종으로 놀이 내용에 대해 이야기를 주고받거나 놀잇감을 빌려주기도 한다. 그러나 역할을 서로 분담하거나 놀이 내용을 조직하지 못하고 노는 유형이다.

여섯째, 협동놀이(cooperative play)는 조직적인 집단을 만들어 노는 유형으로 한두 명의 유아가 지휘권을 갖고 역할을 서로 분담하여 공동의 목표 달성을 위해 진행되는 놀이다. 예를 들어, 모래상자 놀이를 하고 있는 몇몇 유아들이 마을을 만들자고 결정한 후, 한 아이는 길을 만들고 다른 두 아이는 다리를 세우고 나머지 아이들은 터널을 만드는 등의 놀이 형태다.

한편, Smilansky와 Parten 두 학자의 놀이 행동 유형이 위계적인 단계라는 제한점이 지적되기도 한다. 인지놀이, 사회놀이의 행동 유형은 놀이 개념과 마찬가지로 절대적이지 않으며 계속 연구가 이루어지고 있다. 영유아는 연령이 증가하면서 자연스럽게 사회성이 발달해 감으로 비사회적 놀이 형태보다는 사회적 놀이를 많이 즐기게 되지만, 이와 같은 놀이 유형이 모든 연령층의 영유아에게서 발견되는 것은 아니며 개인차가 있다는 점을 유의하여 영유아의 놀이 행동을 관찰하는 것이 중요하다.

(2) 우정의 발달

사회적 상호작용을 강조하는 Vygotsky의 이론에서는 근접발달영역 내에서의 또래와의 활발한 상호작용을 사회인지를 촉진하는 중요한 요인으로 들고 있다. 특히 또래의 역할을 강조하는 이유는 아이가 또래 집단 속에서 구성원으로서의 자신의 역할을 배우고 자신이 사회적 존재임을 이해하게 되며 놀이를 통해 협동심을 배우기 때문이다.

이때 또래 중에서 가장 친한 친구와 갖게 되는 우정 관계는 또래 관계의 긍정적 지표라고 할 수 있다. 우정 관계를 통해서 아이는 수평적인 관계를 경험하고 상호작용을 통해 감정적으로 유대 관계를 발달시키면서 친구와의 관계를 유지하기 위한 노력을 하는 가운데 인지적 · 사회적 발달을 성취한다. 또한 또래 집단에서 우정 관계의 경험은 아이에게 사회적 상호작용을 통해 타인 이해뿐만 아니라 자기 이해에 대한 새로운 시각을 제공한다.

유아는 3~6세에 첫 우정을 형성하게 되는데 이것은 초보적인 수준이라고 할 수 있다. 그보다 빠른 2세경에도 유아는 또래와의 사회적인 상호작용을 나타내지만 일관성 있는 우정을 유지하는지에 대해서 명확하게 밝혀진 바는 없다. Youniss(1978)는 6세, 10세, 13세 유아 및 아동을 대상으로 연령 증가에 따른 우정 개념의 변화를 연구하였다. 6세 유아는 우정 관계를 함께 노는 것, 장난감이나 먹을 것을 나누는 것 등의 물리적 근거에 따라 이해하지만, 연령이 증가할수록 감정이나 생각을 나누며 서로를 이해하는 것이라는 심리적 근거에 의해 우정 관계를 이해하는 것으로 나타났다. 즉, 우정 개념이 물리적이고 구체적인 행동에 따른 준거에서 연령이 증가함에 따라 추상적이고 심리적인 준거로 변화하는 것이다. 또한 유아는 또래 집단에서 다른 또래와 구별되는 가장 친한 친구라는 특별한 관계를 맺게 된다. Youniss는 우정 개념 발달과정을 다음과 같이 제시하였다.

첫째, 우정 개념은 물건을 나누어 갖는 것이나 함께 노는 활동 등의 물리적 근거에 입각한 이해에서 보다 고차적인 우정의 이해, 즉 개인적인 생각과 관심 및 감정을 나누는 수준으로 발달해 간다.

둘째, 우정의 형성과 유지에 있어서도 어린 시기에는 함께 놀고 나누는 것을 통해 이루어지지만 연령이 높아짐에 따라 서로에게 필요한 도움을 주고받는 것에 의미를 둔다.

셋째, 연령이 증가함에 따라 우정의 역할에 대해 부적절한 상태보다는 바람직한 상황으로 전환시키는 것에 의미를 둔다. 우정의 바람직한 역할이 우정을 나누는 또래 간의 책임과 의무라고 생각한다.

Selman(1981)은 사회적 조망능력의 발달을 중심으로 우정 발달의 5단계를 제시하고 있다. 사회적 조망능력 발달 초기 단계에서는 자신이 중심이 되지만, 점차 타인의 요구와 관심에 보다 민감해지는 단계로 발달해 간다.

1단계는 일시적인 물리적 놀이(momentary physicalistic playment)의 단계로서 가장 초보적인 사회적 관점수용을 반영하기 때문에 우정 관계는 일시적이며 신체적인 상호작용을 중심으로 이루어져 있다. 이때의 우정 관계는 쉽게 변하며 순간적이고 즉흥적이다.

2단계는 일방적인 도움(one-way assistance)의 단계로서 한쪽 편에서 보이는 사회적 행동을 상대편에서 주관적으로 평가하는 단계다. 즉, 상대방이 얼마나 자신의 욕구를 충족시켜 줄 수 있느냐에 따라 친구 관계의 유지가 결정되므로 순간적으로 놀이 친구가 형성된다.

3단계는 공평한 협력(fair-weather cooperation)의 단계로서 우정은 상호 간 협

유아는 우정 관계를 함께 노는 것, 장난감이나 먹을 것을 서로 나누는 것 등의 물리적 근거에 따라 이해하지만, 연령이 증가할수록 감정이나 생각을 나누며 서로를 이해하는 것이라는 심리적 근거에 의해 이해하는 것으로 나타났다.

동적이고 공평한 상호성으로 정의하게 된다. 이전의 단계보다는 상호 간의 협력 관계가 다소 진전되기는 하지만, 아직도 불안정한 상태로서 서로 간의 상호작용이 안정된 원칙에 의존하기보다는 서로 간의 좋고 싫음에 따라 유지되기도 하고 깨어지기도 한다.

4단계는 친밀하고 상호적으로 공유된 관계(intimate and mutually shared relationships)의 단계로서 이 단계에 들어서면서 제3자의 관점을 받아들이는 진보가 나타나게 된다. 따라서 친밀감이 두터워짐으로써 작은 갈등을 초월하여 서로 주고받는 우정을 지속적으로 유지하려는 노력을 보이기도 한다. 그러나 상호 간에 자기편이나 소유를 과도하게 주장하는 경우에는 서로 간에 유지되었던 친밀한 관계가 깨어지기도 한다.

5단계는 자율적이고 상호 의존적 우정(autonomous interdependent friendship)의 단계로서 서로의 감정이 독립적, 자율적이라는 것을 존중하고 심리적 상호 의존적인 관계로 통합되어 가면서 우정 관계가 성장해 간다.

이와 같이 사회인지의 한 영역으로서 우정 관계는 또래 간의 가장 중심적인 사회 관계이다. 우정 개념의 발달연구들은 질적인 차이가 나타나는 시기 및 구체적인 변화과정을 명확하게 밝히고 있지 않은 상태다. 그럼에도 불구하고 우정 개념은 영유아의 연령이 증가함에 따라 변화하고, 변화의 양상은 위계적 순서나 수준을 갖고 있으면서 개인차가 있다.

TIPS

아이의 또래 관계를 도와주는 방법(Kostelnik, Whiren, Soderman, Stein, & Gregory, 2002)

- **친구와 함께 있을 수 있는 자유로운 시간과 기회들을 제공한다.**
  아이가 또래와 보내는 시간은 낭비되거나 비교육적인 시간이 아니며, 오히려 사회적 기술을 연습하고 아이 스스로 많은 것을 배우게 되는 기회가 될 수 있다.

- **아이들을 몇 명씩 짝짓는 방법을 계획하여 시도함으로써 상호작용을 촉진할 수 있다.**

  가능한 한 유아의 특성을 고려하여 다양한 방법을 사용하는 것이 좋다. 예를 들어, 같은 색깔의 옷을 입은 친구, 레고를 좋아하는 친구, 토끼를 좋아하는 친구 등 관심과 흥미가 같거나 비슷한 친구들끼리 짝지어 주는 것, 평상시에 좋아하는 친구, 성향이 비슷한 친구까리 짝지어 주는 것 등의 방법이 효과적이다.
- **수줍어하거나 행동이 느린 아이의 경우는 더 어린 아이와 짝지어 준다.**

  처음에는 자신보다 어린 친구와 짝지어 준 다음, 점차 동일 연령의 동성이나 이성의 아이와도 짝을 지어준다. 이러한 방법은 아이가 비교적 두려움을 덜 가지고 사회적 기술을 연습할 수 있는 데 도움이 된다.
- **아이가 또래와의 유사성을 스스로 발견하고 표현할 수 있는 기회를 제공한다.**

  예를 들어, "안나는 풍선을 좋아하는데, 나현이도 풍선을 좋아해?" "나는 ~를 좋아하는데 나현이도 ~를 좋아해."와 같이 아이가 친구와 비슷한 점을 발견하고 이야기하는 기회를 제공한다.
- **또래의 우호적인 제안을 알아차릴 수 있도록 아이 옆에서 다시 한 번 말해 주는 등 즉각적으로 정보를 제공한다.**

  아이는 자신이 하고 있는 것에 몰두해 있을 때 또래가 긍정적으로 접근하는 것을 알아차리지 못할 수도 있고, 잘못 해석할 수 있다. 이럴 때 부모나 교사는 아이가 알아차리지 못한 상황을 다시 설명해 주는 말을 한다. 예를 들어, "지은이는 너랑 같이 놀고 싶다고 말하는 거야. 지은이는 너랑 자전거를 함께 타 보고 싶어해."라고 부모나 교사가 제공해 준 정보는 아이가 그 상황을 새롭게 보도록 해 주고 또래 관계를 긍정적으로 만든다.
- **가능하면 놀이가 시작되는 시점부터 아이를 놀이에 참여시키도록 한다.**

  아이가 어린이집이나 유치원에 다닐 경우 등원 시간에 늦지 않도록 하여 놀이의 시작을 함께 할 수 있도록 하는 것도 또래 관계 형성에 도움이 된다.
- **아이가 또래와의 대화 기술을 발달시키도록 도와준다.**

  다른 아이의 말을 잘 이해하지 못하거나 상황을 인식하지 못하는 경우에는 차근차근 구체적으로 아이의 행동에 대해 설명해 준다.
  - 적절한 예: "누군가와 친구가 되고 싶을 때, 그 친구의 생각을 잘 듣는 것이 중요해. 그렇게 하려면 그 친구의 얼굴을 쳐다보고, 그 친구가 너에게 말하고 있는 동안에는 너는 말을 하면 안 되겠지."
  - 부적절한 예: "누군가와 친구가 되고 싶을 때는 그 친구에게 관심이 있는 것처럼 행동해야 돼."

3. 성역할발달

1960년대 이전까지 대부분의 심리학자는 성역할 특징들이 유전자, 성호르몬 등과 같은 선천적·생물학적 요인에 의해 이미 결정되어 있다고 믿었다. 남녀의 해부학적 신체 구조가 선천적으로 결정되듯이 성격, 태도, 행동 등 모든 남녀 간의 심리적 특성의 차이도 생물학적 요인에 의해 선천적으로 결정된다고 생각하는 경우가 많았다. 그러나 1960년대 이후 성역할과 성차가 사회적·문화적 요인에도 기인한다는 주장이 제기되면서 선천적 요인도 성차의 요인이긴 하지만, 실제 성차를 결정하는 중요한 요인으로 환경적인 요인이 강조되었다. 따라서 생물학적 요인과 사회적 요인의 상호작용이 성역할발달을 가져온다는 주장이 힘을 얻게 되었다. 영유아기는 남녀의 구분에 대한 인지가 발달함에 따라 성역할 학습에 있어서 중요한 시기다. 이때 부모는 특정의 성역할을 무조건 강요하기보다 영유아가 자신의 성에 맞는 놀이와 경험을 할 수 있도록 하여 자연스러운 성역할을 인지할 수 있는 환경을 만들어 주는 것이 중요하다.

1) 성차의 이해

생물학적 성차는 생리적·신체적인 남녀 특성의 차이를 의미하고, 사회적 성차는 사회적·문화적으로 적합하다고 간주되어 온 남녀 특성의 차이를 의미한다.

생물학적 성차 중 특히 뇌의 남녀 차이는 향후 영유아의 신체, 정서, 학습 능력 등에 영향을 미치는 중요한 요인이다. 남자와 여자의 뇌는 생김새만 다른 것이 아니라 같은 일을 할 때 뇌의 서로 다른 부분을 사용하거나, 같은 부분을 사용하더라도 그 패턴에서 차이를 보이기도 한다. Gur 등(2012)의 연구에서 뇌의 연령별 차이에 비해 성별 차이는 분명히 나타났다. 여자는 주의집중, 언어, 얼굴 기억, 추론 속도 면에서 남자보다 더 나은 수행을 보였으며, 남자는 공간 처리, 감각 운동, 운동 속도 면에서 여자보다 더 나은 수행을 보였다. 또한 남자와 여자는 성차로 인해 뇌의 모양과 크기, 세포 수, 뇌가 상호 연결된 범위에 있어서 다른 양상을 나타내기도 한다. 예를 들면, 남자의 뇌는 일반적으로 여자의 뇌보다 약 15~20% 정도 더 크다. 그러나 여자는 언어 및 음악과 음조를 구분하는 기능이 있는 뇌의 특정 부분에서 남자보다 약 11% 정도 더 많은 신경 세포를 가지고 있다. 또한 여자의 뇌는 뉴런 간의 연결, 뇌의 양쪽 반구 간의 연결이 남자보다 더 긴밀하게 되어 있다. 그러나 이러한 뇌의 구조적 차이가 남녀의 행동, 적성, 인지 능력 등의 차이로 나타나는지 여부에 대해서는 현재도 연구가 진행 중이다(김지은, 진건, 2005).

뇌 영상[확산텐서영상(diffusion tensor imaging: DTI)] 방법을 통해 남녀 대뇌 연결구조 차이에 대해 분석한 결과(Ingalhalikara et al., 2013), [그림 8-2]와 같이 남자의 뇌신경 흐름은 한쪽 반구 내에서 앞뒤로 이루어지는 경우가 많다. 이는 인지와 통합 활동을 가능하게 하는 것인데, 주어진 정보를 순간적으로 활용하는 주차나 집중력을 필요로 하는 지도로 길 찾기 같은 한 가지의 임무를 수행하는 데에서 남자가 여자보다 더 나은 능력을 보여 준다. 또한 운동능력과 관련된 소뇌 활동이 뛰어나기 때문에 스포츠에서도 남자는 여자보다 높은 능력을 보인다. 반면, 여자의 뇌신경 흐름은 분석력과 직관력에 도움이 되는 좌뇌, 우뇌 간

확산텐서영상

일종의 물 분자의 운동을 활용해 뇌의 신경세포 줄기의 지도를 만들어 내는 방법

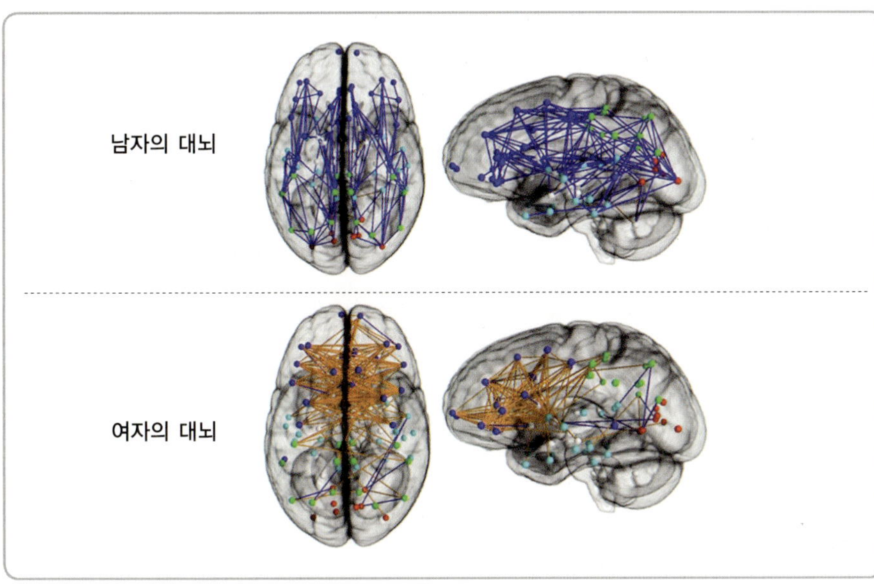

[그림 8-2] 대뇌 연결 구조의 성차(Ingalhalikara et al., 2013)

남자 대뇌(위)에서는 앞뒤쪽의 연결 그리고 뇌반구 내부의 연결이 두드러졌으며, 여자 대뇌(아래)에서는 좌우 뇌반구 간의 연결이 두드러졌다.

연결이 많기 때문에 남자에 비해 사회적인 지각력과 기억력이 뛰어나다. 따라서 여자는 사람의 얼굴을 기억하거나 전화를 하면서 요리를 하는 등 여러 일을 동시에 하는 멀티태스킹에 남자보다 뛰어나다. 연구에서는 이와 같은 대뇌 연결 구조의 남녀 차이는 13세 이하의 아동보다 14세 이상의 청소년이나 성인에게서 더 두드러지게 나타난다고 하였다.

신체발달 측면에서 영유아기 남아는 여아보다 더 활동적인 편이다. 이러한 성차는 영유아의 연령이 증가함에 따라 더욱 커진다. 학급에서 일반적으로 남아는 여아보다 오랜 시간 앉아 있는 데 어려움을 느낀다. 여아는 여러 명이 모여 이야기하는 것을 좋아하는 반면, 남아는 운동이나 신체를 움직이는 활동을 더 좋아한다. [그림 8-3]과 같이 남아는 여아보다 던지기와 멀리뛰기에서 뛰어난 반면, 여아는 보다 정교한 운동 협응이 요구되는 과제, 즉 선 그리기나 그림 그리기에서 뛰어나다(Thomas & French, 1985). 이와 같은 결과가 나타나는 일차적 원인은 남아와 여아의 신체적 발달 차이도 있지만, 여아 스스로 운동과 신체적 건강 등이 덜 중요하다고 믿는 인식의 차이도 영향을 미치는 것으로 나타났다.

지적 발달 측면에서 남녀 간 큰 차이가 없으나 특정 능력 및 재능에 남녀 차이는 작지만 존재한다. 예를 들어, 여자의 경우 남자에 비해 언어능력이 뛰어나

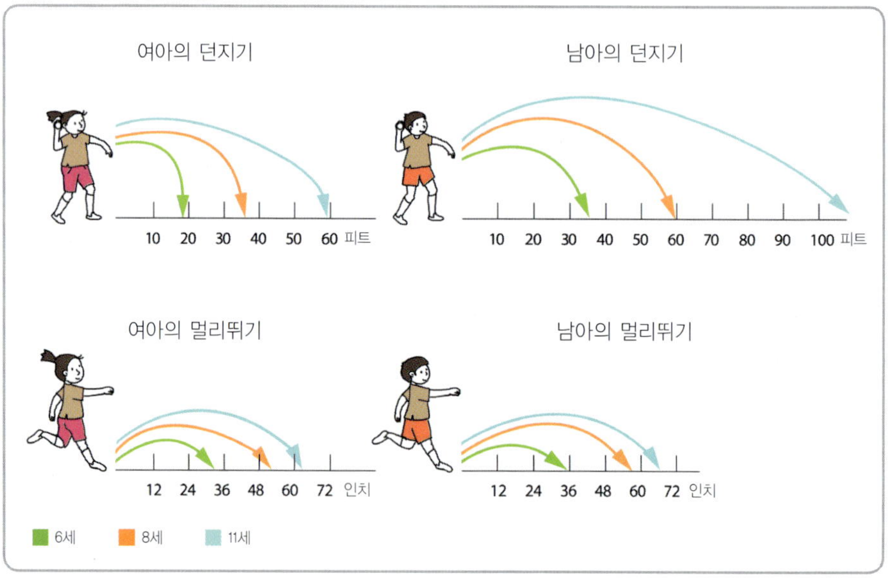

[그림 8-3] 운동 기술의 성차(Kail, 2009)

고, 기억력이 더 좋다. 또한 미세하게 조절되는 움직임을 수행하는 능력이 뛰어나 텅 트위스터(tongue twister, 혀가 잘 돌아가지 않는 문장 말하기)를 더 정확하고 유창하게 할 수 있다. 한편, 남자는 여자에 비해 수학 능력에 우세하고 삼차원적 물체의 움직임을 더 잘 이해하는 편이다. 한 가지 흥미로운 사실은 여자가 공간 지각 관련 문제를 해결하는 능력이 월경 주기에 따라 변한다는 것이다. 즉, 여성 호르몬인 에스트로겐 농도가 가장 낮은 생리 기간에 이러한 능력은 향상된다. 또한 선천적으로 남성 호르몬인 테스토스테론 수치가 높은 여성은 이러한 능력이 상대적으로 뛰어나며, 남성이라도 테스토스테론 수치가 낮은 경우는 공간 지각 능력이 부족하다는 견해도 있다(김지은, 진건, 2005).

2) 성역할발달이론

성역할발달을 설명하는 이론에는 타인에 대한 동일시를 통해 성역할이 발달한다고 보는 정신분석이론, 강화와 모방에 의해 성역할이 발달한다고 주장하는 사회학습이론, 개인의 인지능력의 발달과 함께 성역할 발달이 이루어진다고 보는 인지발달이론, 성유형화가 성도식화 과정을 통해 형성된다고 보는 성도식이론 등이 있다.

정신분석이론에서의 성역할

부모라는 모델의 행동, 태도, 신념 등을 동일시하는 과정에서 성역할을 습득함

정신분석이론(psycho-analytical theory)에서는 타인을 동일시(identification)하는 과정을 통해 성역할 학습을 설명한다. 동일시란 아이가 부모라는 모델에 대한 행동, 태도, 신념 및 사고방식에 따라 무의식적으로 자신의 자아상을 형성하는 것을 말한다. 동일시 과정을 보면 아이는 직접적인 훈련과 학습하려는 의도 없이도 자신의 성역할을 배워 나간다.

정신분석이론에서 3~6세 남근기의 남아는 오이디푸스 콤플렉스(oedipus complex)를 경험하는데 아버지에 대한 두려움과 경쟁이 생기면서 거세불안과 동일시를 통해 남성성을 습득한다. 여아의 경우 엘렉트라 콤플렉스(electra complex)를 경험하면서 남근선망을 갖고 아버지 애정의 대상인 어머니를 동일시하게 된다. 여아의 경우 거세불안이 없으므로 어머니에 대한 두려움과 경쟁심이 상대적으로 남아에 비해 적은 편이다. 여아는 아버지의 애정을 유지하고 기쁘게 하기 위해 여성화하려는 과정에서 성역할이 형성된다고 볼 수 있다.

성역할 동일시의 과정은 의존적 동일시와 공격적 동일시 두 가지로 구분한다. 의존적 동일시는 정서적인 지지를 위해 다른 사람에게 의존하는 것으로 아이는 부모의 애정 상실이 두려워 강한 의존성과 애착으로 부모의 행동을 모방한다. 보통 남아보다 여아에게 많이 나타난다. 공격적 동일시는 벌의 두려움으로 인해 부모의 행동을 따르는 것으로 주로 남성성 발달과정에서 나타난다.

사회학습이론에서의 성역할

강화, 벌, 조건화 등에 의해 성역할을 학습함

사회학습이론(social learning theory)에서는 성역할을 부모, 또래, 지역사회, 대중매체 등 다양한 사회적 요인을 통해 학습된 후천적인 행동양식으로 설명한다. 아이는 사회적 환경을 통해 남성은 남성, 여성은 여성으로 적합하게 행동하도록 관찰학습, 모방학습이 이루어지고 이에 상응하는 보상에 의해 성역할 개념을 습득한다. 즉, 아이는 자신의 성에 적합한 행동을 할 때 긍정적 강화를 받고, 적합하지 못한 행동을 할 때 제재를 받음으로써 성역할이 더욱 강화된다.

Mischel(1970)은 성역할이 직접적인 학습과 관찰 학습에 의해 발달한다고 하였다. 부모가 몸담고 있는 사회나 문화가 기대하는 역할 특성과 일치하는 행동을 했을 때는 강화되고, 일치하지 않는 행동의 경우에는 제재하는 사회화 과정을 통해 성역할이 학습된다. 아이들은 2세경부터 자신의 성과 맞지 않는 놀이를 하는 아이를 놀리는 등의 부정적인 반응을 보이는 또래 압력을 행사하는데, 예를 들어 인형놀이를 남아가 하면 놀림을 받지만 여아는 긍정적 반응을 받는다는 것을 관찰한 아이는 같은 행동을 하더라도 성별에 따라 다르게 평가받는다는 것을 스스로 알게 된다.

아이는 같은 성을 가진 모델이나 유사점이 많은 모델을 잘 모방한다. 특히 이성의 부모보다는 동성의 부모를 모방하는 것이 더 좋은 평가를 받는다는 것을 알기 때문에 동성의 부모를 더욱 모방하게 된다. Bandura(1989)는 직접적인 학습과 관찰 학습을 통해서 성정체성을 획득하게 되며, 동성의 모델에게 주의를 집중하고 동성의 행동을 모방하게 된다고 하였다. 대중매체의 모델은 아이에게 큰 영향을 미치는데 대중매체에서 남성은 전문적인 일을 하고 주도적인 성격으로 묘사되지만, 여성은 가사를 돌보거나 의존적이고 감정적인 존재로 설명되어 성역할 고정관념을 강화시키는 부정적 영향을 주기도 한다고 보았다.

인지발달이론에서의 성역할

유아의 인지적 능력 발달에 따라 성역할이 발달함

인지발달이론(cognitive-developmental theory)에서는 성역할발달이 개인의 인지적 능력 발달과 관련 있다고 주장하였다. Kohlberg(1966)는 아이의 인지적 능력의 발달이 성역할을 발달시킨다고 보았다. 아이가 자신이 남자 또는 여자라는 성별 자아개념을 인지하는 것은 성역할 동일시에 가장 중요한 요인이다. 먼저 자신의 성정체성을 형성한 후에 자신의 성에 적합한 특성이나 행동을 배우기 위해 적극적으로 필요한 정보를 찾음으로써 능동적으로 성역할 발달을 이룬다는 것이다.

Kohlberg는 3단계를 거쳐 남성과 여성이 되는 것의 의미를 이해하게 된다고 하였다. 첫 단계는 자신을 남자 또는 여자로 범주화하는 능력을 갖게 되는 단계로 성정체감 단계(gender identity, 0~2세)라고 한다. 둘째 단계는 성안정성 단계(gender stability, 3~4세)로, 성이 시간이 지나도 안정적이라는 것을 이해하는 단계다. 이 단계에서 남아는 자라서 남자 어른이 되고 여아는 자라서 여자 어른이 된다는 것을 알게 된다. 셋째 단계는 성일관성 단계(gender constancy, 5~6세)로 성은 옷, 머리모양, 행동이 달라지더라도 어느 상황에서든 결코 변하지 않는다는 것을 이해하게 된다. 성유형 개념들은 초등학교 입학 무렵 구체적 조작기와 더불어 완성된다.

성도식이론에서의 성역할
유아의 성에 대한 인지구조(성도식)와 성에 대해 학습한 정보가 결합하여 성역할 발달이 이루어짐

성도식이론(gender-schema theory)에서는 성역할발달이 성도식화(gender schematization) 과정을 통해 형성된다고 한다(Bem, 1981, 1985). 도식이란 우리의 머릿속에 저장된 외부 세계에 대한 정신적 표상, 지식 또는 행동유형을 말한다(신명희 외, 2014). 따라서 성도식이란 성에 관한 인지구조로서 성에 관련되는 정보에 주의를 기울이고 조직화하며 관련 정보를 기억하는 데 사용하는 신념과 기대 체계를 의미한다. 아이가 기본적인 성정체성이 확립되면 이를 바탕으로 성에 관한 여러 가지 정보를 학습하게 되며, 학습한 정보를 자신의 성도식에 통합하게 된다. 아이는 자신이 가지고 있는 성도식과 일치하고 잘 알고 있는 정보는 선호하는 반면, 자신의 성도식에 맞지 않을 경우 회피하는 경향이 있다.

[그림 8-4]는 성도식화된 아이와 성도식화가 이루어지지 않은 아이 간의 인지적 경로가 다르다는 것을 보여 준다(Liben & Bigler, 2002). 성도식화가 이루어지지 않은 경우는 단지 자신의 흥미에 기초하여 반응하지만, 성도식화된 경우는 성도식이 아이의 행동 선택에 중요한 요인이 된다. 예를 들어, 민수는 인형을 보고 '나는 남자야. 내가 인형을 갖고 놀아도 될까?'라고 생각한다. 만약 민수가 아직 성도식화가 이루어지기 전이라면 "인형 놀이는 재미있어. 인형을 가지고 놀

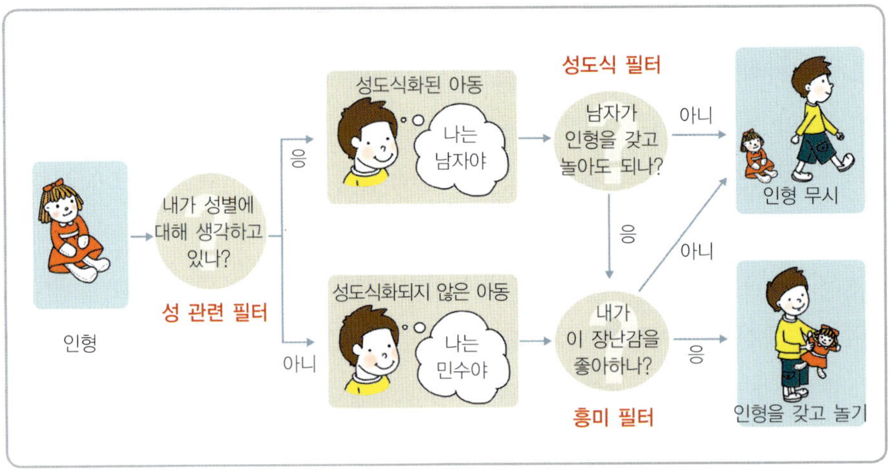

[그림 8-4] 성도식화된 유아와 성도식화되지 않은 유아의 인지 경로

거야."라고 할 수 있다. 반대로 성도식화가 이루어진 이후라면 인형은 남자라는 자신의 성과 맞지 않는 장난감이라서 인형 놀이를 하기 싫다고 반응할 수 있다.

3) 성역할 고정관념

성역할은 개인이 속한 문화 내에서 성별에 따라 다르게 구분되어지는 신념, 행동, 태도 등을 의미한다. 성역할의 개념은 신체적 · 생리적 차이에 의해 규정되지만 현대사회로 오면서 생리적 요인보다는 사회적 · 문화적 요인에 따라서 형성된다는 견해가 지배적이다. 즉, 개인은 사회화 과정을 통하여 그가 속한 문화에서 자신의 성에 적합하다고 규정된 신념, 행동, 태도, 성격 특성, 정서적 반응 등을 습득해 간다.

성역할 고정관념

남녀 역할 구분에 대해 사람들이 일반적으로 받아들이는 신념

성역할 고정관념(sex-role stereotypes)은 어떤 문화에서 성에 따라 형성된 외모, 행동 양식, 감정 표현 양식 등 여러 가지 특성에 대한 개념이다(Hurlock, 1981). 성역할 고정관념은 대체로 남녀 역할을 일반화하여 각 개인의 행동을 규정하고 남녀 간의 차이를 왜곡하는 경향이 있다.

아이가 자신의 성을 인식할 수 있는 능력을 갖추게 되면 성역할 고정관념이 증가한다. 성차, 연령, 착함/나쁨 등을 기준으로 자신과 타인을 분류하기 시작하며 전형적으로 성유형적인 놀잇감을 선호한다. 19개월이 지나면서 여아들은

인형, 소꿉놀이를, 남자아이들은 자동차, 로봇과 같이 자신의 성에 대한 고정화된 장난감을 선택하고 더욱 몰입하여 논다. 부모도 자녀가 자신의 성에 맞는 장난감을 가지고 놀 때 더욱 긍정적으로 반응함으로써 이러한 성역할 고정관념을 형성한다(Berk, 2004).

성역할 고정관념은 [그림 8-5]와 같이 연령이 증가할수록 융통성을 가진다. 나이가 어릴수록 양육환경과 관계없이 보편적으로 성역할 고정관념을 지닌다. 즉, 나이가 어릴수록 자신의 성으로 양육되었든, 자신과 반대 성으로 양육되었든 성역할 고정관념이 강하다. 그러나 초등학교 입학 시기인 약 9세부터는 성역할 고정관념에 대한 반응 정도가 이전 보다 줄어든다(Serbin, Powlishta, & Gulko, 1993). 이와 같이 성역할 고정관념은 2세부터 발달하기 시작하여 유아기 동안 강한 경향을 보이다가 아동기로 갈수록 성역할에 대한 융통성 있는 사고를 하게 된다.

성역할 사회화는 성역할 고정관념에 기초하여 이루어진다. 자녀는 부모의 양육태도나 교사, 또래, 책, TV, 비디오 등을 통해 성역할을 배우고 그에 맞는 행동을 하게 된다. 대부분의 부모, 친구, 교사, 형제는 아이의 성에 따라 다르게 반

성역할 사회화
사회 구성원으로서 필요한 성역할을 학습하는 과정

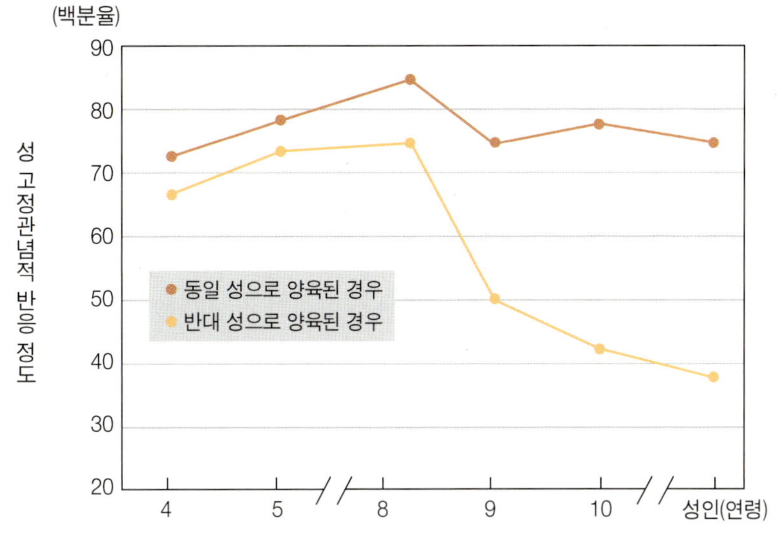

[그림 8-5] 동성 또는 반대 성으로 양육된 4~10세 아동 및 성인의 성 고정관념적 반응 정도 (Serbin, Powlishta, & Gulko, 1993)

성역할 고정관념을 학습하면서 남아는 자동차, 로봇, 총 등의 장난감을 선호하며,
여아는 인형놀이를 하거나 드레스 입기 등을 좋아한다.

응한다. 아이가 성역할 고정관념에 맞는 행동을 하거나, 장난감을 가지고 놀 때 더 긍정적인 반응을 해 준다(Fagot, 1978).

(1) 가족

자녀의 성역할 학습은 부모의 영향을 받는다. 부모는 자녀에게 성역할의 모델이며 동시에 강화를 통해 유아의 성고정화된 행동을 촉진한다.

부모는 자녀가 자신의 선호를 표현하기 이전에 옷, 침실의 색깔을 정해 주고 성고정적인 장난감을 제공한다. 부모는 남아에게는 자기주장과 탐색, 신체적 활동 참여 등을 격려하는 반면, 여아에게는 타인에 대한 의존성, 정서적 민감성 등을 격려하는 경험들을 풍부하게 제공한다. 예를 들어, 남아는 자동차와 트럭을 가지고 놀며, 뛰고 기어오르고, 다른 아이의 장난감을 뺏는 행동을 보여도 부모는 긍정적으로 반응하기도 한다. 반면, 여아에게는 지시를 자주 하려 하고 놀이과정에서도 도움을 주려고 한다. 특히, 어머니는 여아에게는 자신의 감정을 표현함으로써 여아가 타인의 감정을 잘 이해하도록 사회화시키지만, 남아에게는 감정의 이유와 그 결과를 설명하여 왜 감정의 통제가 중요한지 가르친다(Cervantes & Callanan, 1998; Fivush, 1989).

성역할 학습에 있어서 형제자매 관계는 중요하다. 형제자매 중 서열이 성역할 발달 및 선호에 영향을 주며, 특히 성별, 터울 등과 밀접한 관련이 있다. 동성의 형제자매의 경우에는 일반적으로 자신의 성에 적합한 행동을 하는 반면, 이성의 형제자매의 경우에는 다른 성에 동화되는 특성이 많다. 즉, 오빠를 둔 여아는 남성적인 성향으로, 누나를 둔 남아는 여성적인 행동을 보이기도 한다. [그림 8-6]과 같이 5,000명의 어머니를 대상으로 형제 유무에 따라 3세 자녀의 놀이와 행동을 조사한 연구에 따르면, 남성성 점수가 가장 높은 남아들은 형이 있는 경우였으며, 남성성 점수가 가장 낮은 남아들은 누나가 있는 경우였다. 반면, 남성성 점수가 가장 높은 여아는 오빠가 있는 경우였으며, 남성성 점수가 가장 낮은 여아는 언니가 있는 경우로 나타났다(Rust et al., 2000).

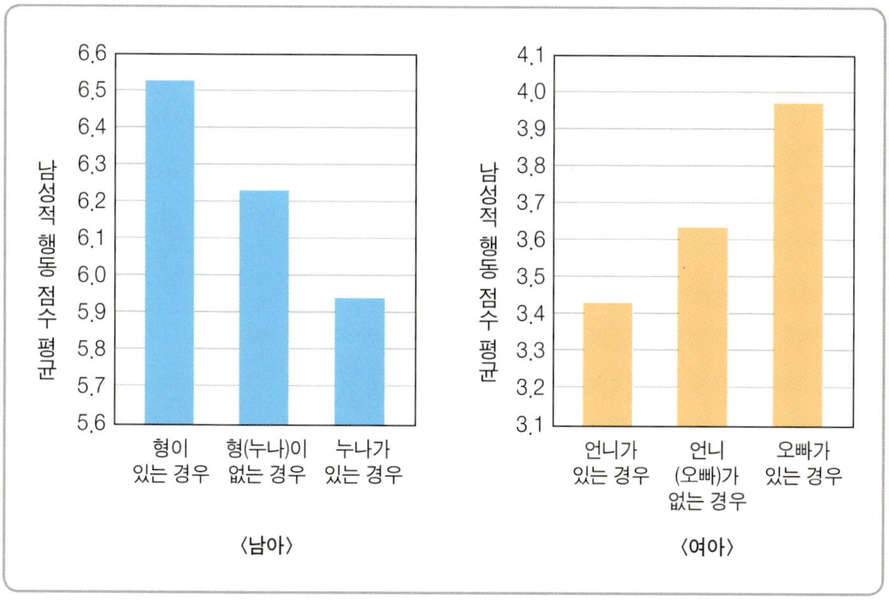

[그림 8-6] 형제 유무에 따른 남아와 여아의 남성적 행동 점수 비교(Rust et al., 2000)

(2) 교사

맞벌이 가정이 증가하면서 최근에는 교육기관에 다니는 아이의 수도 증가하고 있다. 아이는 교사와 함께 생활하면서 교사의 가치관, 행동, 태도, 성역할 고정관념 등에 많은 영향을 받는다. 전통적인 성역할 고정관념을 가진 교사라면 아이에게 전통적인 남녀의 성역할을 학습시킬 것이다. 이러한 경우 남아가 여아의 장난감을 좋아하거나 여아가 남아의 장난감을 좋아하면 교사는 자신도 모르게 말이나 행동으로 유아에게 죄의식이나 수치심 등을 줄 수 있다. 따라서 교사는 아이의 성역할 선호 특성을 파악은 하되, 편향된 성역할 고정관념은 피하고 아이의 자율성을 인정해 주는 범위 내에서 성역할 학습을 지도해야 할 것이다.

(3) 또래 집단

아이는 연령이 증가할수록 점차 또래 간에 상호작용이 다양하고 활발히 일어난다. 이 시기 아이는 또래의 행동을 모방하거나 동일시하면서 성역할을 배우기 때문에 또래는 성역할 학습에 중요한 영향을 미친다.

6세 반경의 아이는 이성 친구와 지내는 시간의 10배 이상을 동성 친구들과 지내며 이성 놀이 친구에 대한 편견을 나타낸다(Powlishta, Serbin, Dolye, & White, 1994). 어린이집부터 유치원, 학령기까지 추적하여 조사한 연구(Martin & Fabes, 2001)에 따르면, 동성의 또래와 놀이를 하며 지낸 시간이 많은 아이일수록 장난감 선택, 공격성 등에서 성유형화 경향을 더 많이 보였다. 동성의 또래는 서로 성에 적합한 놀이를 모방하고 지지하면서 긍정적으로 성역할을 강화한다. 반면, 자신의 성에 맞지 않는 놀이를 하는 경우 동성의 또래로부터 비난을 받기도 한다. 특히 남아의 경우가 심한데, 남아가 여성적인 놀이를 좋아할 경우 동성의 또래로부터 비난받는 경우가 더 많기 때문이다(Fagot, 1984).

(4) 대중매체

아이가 좋아하는 TV 프로그램과 동화책이 성역할 고정관념적인 내용들을 담고 있다면 그 영향력은 크다. 드라마에서 아빠는 회사원, 엄마는 주부로 묘사되는 경향이 많으며 세탁기, 냉장고, 청소기 광고에서는 주부의 역할을 강조하는 장면을 많이 볼 수 있다. 또한 대부분의 디즈니 만화에서는 여성이 위기에 처했을 때 남성이 구해 주는 신데렐라 스토리를 각색하고 있는 것을 볼 수 있다. 실제로 TV를 많이 본 아이가 성역할 고정관념이 높은 것으로 알려져 있다.

TIPS

아이의 성역할 고정관념을 감소시키는 지도 방법

- **다양한 장난감과 활동을 제공한다.**
  무조건 성에 맞는 것만 고집하기보다는 아이의 흥미에 따라서 장난감과 활동을 선택하도록 격려한다.
- **아이의 목표에 부모의 고정관념이 전달되지 않도록 한다.**
  남자와 여자가 각각 잘하는 일에 대해 말해 주기보다 누구나 열심히 노력하면 성에 관계없이 성취하려는 어떤 영역에서든지 능력을 키울 수 있음을 설명해 준다.
- **상투적인 성 고정관념을 표현하는 말을 피한다.**
  "남자 아이들은 집중력이 부족해." "여자 아이들은 음악을 잘해."라고 말하기보다는 "민호는 집중을 잘 안 해." 또는 "지혜는 음악을 좋아해." 등으로 표현한다.
- **성 고정관념에서 벗어난 다양한 역할 모델을 제시한다.**
  아이에게 성 고정관념에서 벗어난 활동 또는 직업에 종사하는 역할 모델을 제시해 준다. 이는 성적으로 고정된 선택이 아닌 자신을 위해 스스로 선택할 수 있는 다양한 분야가 있음을 알게 한다.
- **동성이라도 개인적인 다양성과 차이가 있음을 강조한다.**
  "남자 아이들은 운동을 좋아해."라고 말하는 대신 "어떤 남자 아이들은 운동을 좋아하고, 어떤 남자 아이들은 운동을 싫어할 수도 있어."라고 표현한다.
- **이성의 아이들이 상호 교류하는 기회를 가지도록 한다.**
  남녀 아이들이 같이 집단 활동에 참여할 수 있는 기회를 자주 가질수록 아이들은 자신과 다른 성에 대한 고정관념과 편견을 적게 가진다.

CHAPTER **09**

도덕성발달

1. 도덕적 추론
2. 자아통제
3. 친사회적 행동과 공격성
4. 도덕성발달을 위한 시사점

Chapter 09

도덕성발달

영유아는 다른 사람을 의식하고 다른 사람의 의도를 이해하는 것과 함께 도덕성을 발달시킨다. 타인의 생각, 감정과 행동을 이해하는 것은 편견을 감소시키고 바람직한 사회적 행동을 하게 하므로 다른 사람과의 협력과 도덕성발달에 중요하다(Gehlbach, 2004). 영유아는 처음에는 성인에 의해 도덕성이 통제되는 단계(external social control)를 거쳐 점차 자신의 내적 기준에 의해 옳고 그름을 판단하고 스스로 자신의 행동을 조절할 수 있게 된다. 외부적 요인에서부터 자신의 느낌과 윤리적 신념이 도덕적 행동의 기반이 되는 것으로 변화하는 것을 내면화(internalization)라고 하며, 이러한 내면화가 도덕성발달의 기본적인 과정이다.

모든 문화는 바람직하다고 여겨지는 가치와 행동을 규칙으로 가지고 있다. 영유아는 성장하면서 이러한 규칙을 배우게 되고 이를 어겼을 때 불편함을 느끼고 규칙을 따랐을 때 편안함을 느낀다. 도덕성은 유아로 하여금 옳고 그름을 구별하고, 그에 따라 행동하고, 바람직한 행동에 대해 자부심을 가지며, 기준을 위반하는 행동에 대해 수치심을 느끼도록 만든다. 그동안 도덕성발달 이론에서는 윤리적 규칙에 대한 지식을 습득하고 다양한 행동에 대한 옳고 그른 판단에 초점을 두는 도덕적 추론을 주로 설명했다. 유아는 도덕적 추론에 따라 갈등이 느껴지는 다양한 상황에서 실제 도덕적 행동을 한다. 거짓말, 공격 등의 비도덕적인 행동이나 공유, 협동, 다른 사람을 돕는 것과 같은 친사회적인 행동을 하는

데, 비도덕적인 행동에 대해서는 수치심, 죄책감과 같은 감정이 수반되고 친사회적인 행동들은 이타심(altruism), 공감, 동정 등의 정서를 불러일으킨다. 유아가 도덕적 행동을 실제로 하기 위해서는 도덕적 판단과 정서가 함께 작용하므로 이러한 요소들의 상호작용을 고려하여 영유아의 도덕성발달을 이해해야 한다.

1. 도덕적 추론

인지발달학자들은 도덕에 대한 유아의 사고방식이 성숙하면서 도덕적 발달이 이루어진다고 보고, 도덕의 인지적 측면 또는 도덕적 추론(moral reasoning)을 강조하였다. 인지발달이론에서는 도덕을 도덕적인 갈등 상황에서 옳고 그름을 판단할 수 있는 능력이라고 보았다. Piaget는 도덕에 대한 인지발달이론을 최초로 제시했으며, Kohlberg가 Piaget의 이론을 확대하여 발전시켰다. Piaget와 Kohlberg에 의해서 대표되는 인지발달 관점은 도덕적 행동보다는 주로 도덕적 사고와 사회적 인지과정에 관심을 두고 있다. Piaget는 도덕성 개념 발달이 또래의 상호작용을 통해서 이루어진다고 보았고, Kohlberg는 도덕성발달이 다양한 사회적 역할을 경험하게 되면서 도덕 판단이 성숙한 수준으로 변화해 가는 과정이라고 설명하였다. 그는 도덕성에서 인지, 특히 관점 이해를 강조하였다.

1) Piaget의 도덕성발달

Piaget(1932)는 인지발달이 일련의 단계에 따라 이루어지므로 도덕성발달은 인지발달과 병행하여 단계적으로 발달한다고 하였다. 도덕성의 발달을 가져오는 중요한 요인은 인지적 성숙과 사회적 경험이다. 도덕적으로 성숙한다는 것은 규칙을 존중하고, 만인이 사회적으로 정의된 질서의 규칙 아래서 정당하고 공평하게 대우받아야만 한다는 사회 정의감에 대한 관심이 생기는 것을 의미한다.

Piaget는 5~13세에 해당되는 스위스 아동들을 대상으로 실험을 하였다. 우선 게임의 규칙에 대하여 이해하는지를 질문하였고, 나아가 아동에게 선과 악

존이 자기 방에 있는데 저녁 먹으라는 말을 듣고 내려와서 식당 문을 열었다. 문 바로 뒤에 의자가 있었고, 의자 위에는 쟁반과 컵 15개가 있었는데, 존은 그것을 알지 못했다. 존이 문을 열자, 문이 쟁반에 맞으면서 컵이 모두 산산조각 나 버렸다.

어머니가 외출하고 없을 때, 헨리는 어머니 허락 없이 과자 통에서 과자를 꺼내 먹으려고 의자에 올라서 과자 통에 손을 대다가 그 옆에 있는 컵 1개를 깼다. 존과 헨리 중 누가 더 나쁜가(Piaget, 1965)?

[그림 9-1] Piaget의 도덕성 실험 질문

의 행동을 하는 주인공의 의도와 그 행동의 결과가 달라지는 이야기를 제시하였다. 제시한 이야기는 [그림 9-1]과 같다.

질문에 대한 답변의 수준, 즉 규칙이나 정의, 의도성에 대한 이해, 벌에 대한 태도 관련 질문 및 답변을 근거로 하여 Piaget는 아동의 도덕성발달 단계를 전 도덕성 단계, 타율적 도덕성 단계, 자율적 도덕성 단계의 3단계로 구분하였다. 아동의 도덕적 판단은 여러 단계가 혼재하여 나타나지만 일정한 방향성을 가지고 점차 성숙한 국면으로 나아간다.

첫 번째는 '전 도덕성 단계(pre-moral stage)'로서 인지발달이 미성숙해서 규칙을 이해하지 못하며 도덕적인 판단을 할 수가 없다. 이 시기의 유아는 규칙에 대한 관심이 없다. 구슬 게임과 같은 놀이에서 이기기 위한 의도를 가지고 놀이하지 않으며 다양한 방법으로 구슬놀이를 해 보는 것에서 만족감을 느낀다.

두 번째 단계는 '타율적 도덕성(heteronomous morality)'으로 아동은 외부의 규율과 법칙, 권위에 의존하여 행동의 결과에 따라 선악을 판단하는 구속의 도덕성(morality of constraint)을 발달시킨다. Piaget의 인지발달단계에서 전조작기에 해당하는 이 단계는 아직 다양한 정보를 바탕으로 도덕적 판단을 하지 못하므로 두드러진 특성이나 결과적으로 드러난 사실에 기초하여 판단하는 경향이 있다. 이 시기의 유아는 놀이의 규칙을 학습하면서 도덕적 규칙을 인식하게 된다. 유아는 규칙과 질서가 원래부터 존재했던 것으로 인식하므로 이를 바꿀 수 없는 절대적인 것으로 생각하는 도덕적 사실주의(moral realism)를 따른다. 따라서 유아는 존과 헨리의 사례에서 의도적으로 나쁜 행동을 했던 헨리보다 결과적으로 더 많은 컵을 깨뜨린 존이 더 나쁘다고 대답하는데, 이것은 외부의 규칙에 의한 행동의 결과에 따라 옳고 그름을 판단하는 타율적 도덕성 단계이기 때문이다. 이 시기의 유아는 컵은 깨뜨려서는 안 되는 물건이라는 외부의 법칙에 의하여 선과 악을 판단한다. 또한 의도보다는 객관적인 결과에 근거해 행동이 나쁘다고 판단하기 때문에 더 많은 컵을 깬 존이 더욱 나쁜 것이다. 생명이 위급한 환자를 태운 구급차가 신호위반을 하는 것을 본 유아는 구급차가 도로규칙을 위반하였음에 주목하고 벌 받아야 하는 나쁜 행동이라고 생각한다. 이는 신호를 위반한 이유인 생명이 위급한 환자에 대한 고려를 할 정도로 인지발달이 이루어지지 않았기 때문이다.

구속의 도덕성
외부의 규칙, 권위에 의존하여 행동의 결과에 따라 선악을 판단

도덕적 사실주의
규칙을 절대적이라고 인식

유아는 규칙을 위반하는 행동은 반드시 처벌을 받으며 정의가 존재한다고 믿는다. 유아가 길에서 넘어진다면 이를 자신이 전에 엄마에게 거짓말을 했기 때문에 받는 벌이라고 생각할 수 있다. 또한 유아는 규칙 위반과는 관계없이 처벌이 이루어져야 한다고 믿는데, 예를 들면 유리컵을 깬 유아는 유리컵의 값을 변상하는 것이 아니라 엉덩이를 맞아야 한다고 생각한다.

유아는 거짓말이나 속임수는 항상 옳지 않다고 말하지만 죄의식 없이 그런 행동을 하기도 한다. 유아는 거짓말이나 속임수가 옳지 않은 것이라는 어른이 정한 외부의 규칙을 따르므로 거짓말이 나쁘다고 생각하지만 자아중심적 욕구가 좀 더 두드러지게 나타나서 양심의 가책 없이 거짓말을 한다.

세 번째 단계는 '자율적 도덕성(autonomous morality)'이다. 이 단계의 유아는 서로 다른 사람이 각각 다른 규칙을 갖는다는 것을 알게 된다. 이 단계에 도달한 유아는 규칙은 사람이 만들고, 사람에 의해 바뀔 수 있는 것으로 이해하는 협력

협력의 도덕성

규칙은 사람이 만들고 사람이 바꿀 수도 있다는 것을 이해함

의 도덕성(morality of cooperation)을 지니게 된다. 규칙이나 질서가 다른 사람과의 협의에 의해 결정된다는 것을 이해하고 다른 사람과의 상호작용을 고려하며 행동의 결과보다는 의도를 파악하여 옳고 그름을 판단한다. 위급한 환자를 태운 구급차는 신호위반을 할 수 있다고 생각하며, 어머니의 허락 없이 과자를 꺼내 먹으려다가 한 개의 컵을 깬 나쁜 의도의 헨리가 15개의 컵을 깬 존보다 더 나쁘다고 말한다.

자율적 도덕성 단계의 유아는 규칙을 위반하는 행동이 들키지 않거나 처벌받지 않을 수도 있다는 것을 알게 된다. 유아는 규칙을 위반했을 때 규칙의 의미를 이해하고 다시 그러한 위반을 반복하지 않도록 하는 처벌이 이루어지는 것이 옳다고 생각한다. 유리컵을 깬 유아는 컵과는 관련 없이 엉덩이를 맞는 게 아니라 유리컵 값을 돈으로 변상해야 한다고 생각한다.

타율적 도덕성 단계에서 자율적 도덕성 단계로 발달하기 위해서는 아동의 인지적 성숙과 사회적 경험이 중요한 역할을 한다. Piaget가 강조한 사회적 경험이란 또래와의 대등한 위치에서의 상호작용을 의미한다. 유아는 또래와의 관계 속에서 어떠한 목표의 달성을 위하여 상대방의 입장이 되어 보기도 하고 갈등이 생기면 그 해결방안에 대하여 생각하기도 한다. 이러한 상호작용은 또래의 다양한 조망을 인식함으로써 어떠한 행동에 대해 한 가지의 절대적인 관점만 있는 것이 아님을 이해하고, 유아가 스스로 갈등을 해결하고 자신의 행동을 조절할 수 있다는 것을 알도록 돕는다. 유아는 자신이 대접받기를 원하는 대로 다른 사람을 대접하려고 하므로 거짓말이나 속임수를 덜 쓰게 된다. 동등한 위치에서의 또래와의 관계는 좀 더 융통성 있고 자율적인 도덕성을 발달시키는 데 도움을 준다.

유아는 도덕적 규칙을 단순히 적용하는 것뿐 아니라 도덕적 행동에 대한 생각을 스스로 또는 어른과 또래와의 대화를 통해서 구성한다(Hoffman, 2000; Kohlberg, 1984). 심지어 어른이 적합한 행동이라고 설명한다 하더라도 친구를 밀거나 다른 친구의 장난감을 망가뜨리는 것 등의 행동을 나쁜 행동이라고 인식하였다(Nucci, 2009; Tisak, 1993).

2) Kohlberg의 도덕성발달

Kohlberg(1963)는 도덕성발달을 자율적 도덕성과 타율적 도덕성으로 양분하여 설명하는 Piaget의 이론이 지나치게 단순하다고 보았다. Piaget가 사용한 도덕적 갈등 상황은 단지 두 가지 요소인 의도와 결과만을 결합한 것으로서, 나쁜 의도와 적은 양의 손해가 있는 경우와 좋은 의도와 많은 양의 손해가 있는 경우로 대별된다. 그러나 이러한 상황에서 유아는 의도와 결과를 혼동하므로 의도와 결과를 분리하여 판단할 수 없다. 결과가 긍정적이거나 부정적인 경우, 결과의 손해가 크고 작은 경우, 의도가 나쁘고 좋은 경우, 결과의 대상이 사물 · 사람 · 동물인 경우 등 도덕적 판단을 설명하기 위해서는 보다 복잡하고 다양한 요소들이 결합된 상황이 고려되어야 한다. Kohlberg는 여러 갈등 상황을 통해 분석한 도덕성발달 단계의 전체적인 양상을 바탕으로 Piaget의 도덕성발달 단계를 성인으로까지 확대하여 6단계로 나누어 설명한다. Kohlberg는 Piaget와 같이 도덕성 발달이 인지발달 단계에 따라 단계적으로 이루어진다고 보았고, 이전 단계의 도덕적 개념의 성취가 다음 단계의 형성에 영향을 미치게 된다고 하였다.

Kohlberg는 도덕적 딜레마(moral dilemmas)나 어려운 결정을 해야 하는 가설적 갈등 상황을 제시하고 "어떻게 하겠는가?" "왜 그렇게 해야 하는가?"를 질문하였다. 그리고 이러한 질문에 대하여 '예/아니요'라는 응답에 관심을 둔 것이 아니라 왜 그렇게 생각하는지의 이유를 분석함으로써 옳고 그름에 대한 도덕적 추론(moral reasoning)의 발달 순서를 인습 이전 수준(pre-conventional level), 인습 수준(conventional level), 인습 이후 수준(post-conventional level)의 세 가지 수준으로 구분하였고, 각 수준을 하위 단계로 나누어 설명하였다(<표 9-1> 참조). 인습 이전 수준에서 좋은 행동은 자신에게 보상을 가져다주는 것이고, 나쁜 행동은 처벌을 가져오는 것이다. 인습 수준에서 좋거나 나쁜 행동은 개인적으로 또는 사회적으로 권위 있는 사람의 모습과 일치하는 정도에 달려 있고, 인습 이후 수준에서는 사회 계약과 보편적인 윤리라고 하는 보다 높은 수준의 원칙에 근거한다.

> **도덕적 딜레마**
> 어떤 선택도 명확하게 절대적으로 옳다고 할 수 없는 상황

> **도덕적 추론**
> 옳고 그름에 대한 판단과 그러한 결정을 하는 사고과정

Kohlberg는 도덕적 성숙과 나이는 관계가 없다고 설명했으나, 유아는 대부분 인습 이전 수준과 인습 수준에 머무른다. 대부분의 유아는 주로 인습 이전 수

준인 1단계 복종과 처벌 지향, 2단계 개인적 쾌락주의 단계에 있다. 유아기 후반에 인습 수준인 3단계 착한 소년/소녀 지향 단계로 발달하는 유아가 있을 수 있다.

<표 9-1> Kohlberg의 도덕성발달 단계

수준	단계	내용
인습 이전 수준	1단계: 복종과 처벌 지향	어떻게 처벌을 면할 수 있을까? 아동의 행위 결과가 벌인가 칭찬인가 또는 행위를 강요하는 사람이 누구인가에 의해 선악이 판별된다.
	2단계: 개인적 쾌락주의	나에게 뭐가 좋아? 아동 자신의 욕구 충족이 도덕 판단의 기준이며, 다른 사람의 욕구 충족을 고려하지만 자신의 욕구 충족을 우선 생각한다.
인습 수준	3단계: 착한 소년/소녀 지향	다른 사람을 기쁘게 하고, 도와주는 행위 여부가 선악을 결정하며 타인의 승인을 중요하게 생각한다.
	4단계: 사회질서와 권위 지향	법은 절대적이고 사회질서는 유지되어야 한다. 개인적인 문제보다 전체를 위한 의무감을 더욱 중요하게 여긴다. 즉, 주어진 사회질서를 유지하려는 행동이 나타난다.
인습 이후 수준	5단계: 사회적 계약 지향	법의 사회적 유용성에 대해 합리적 고려에 따라 법이 바뀔 수도 있다고 생각한다. 인간으로서의 기본 원리에 따라 행동한다.
	6단계: 보편적 원리 지향	스스로 선택한 도덕 원리에 따른 양심적인 행위가 곧 올바른 행위가 된다.

(1) 수준 1(인습 이전 수준)

도덕적 가치는 외적이고 물리적인 결과에 의존하며 자아중심성의 특징을 보인다. 인습 이전 수준은 사회에서 통용되는 가치를 아직 받아들이지 못하는 수준이다. 어떤 행동의 의미를 생각하지 못하며, 다른 사람의 규칙을 완전히 이해하지 못한다. 인습 이전 수준은 1, 2단계로 구성된다.

■ **1단계(복종과 처벌 지향)**

1단계 복종과 처벌에 의한 도덕성(obedience and punishment orientation)은 유아가 자신의 행동 결과를 주변 어른이나 권위자에 의해 벌받을 행동인가 칭찬받을 행동인가에 따라 옳고 그름을 판단하는 단계다. 처벌을 피하기 위하여 규칙에 순종하는 단계로 권위자의 벌을 피하고, 권위에 순종한다. 누군가에게 혼이 난다면 유아는 무엇을 잘못했는지 몰라도 잘못을 인정한다. 유치원에서 피자를 먹는데 피자 조각 크기가 다 다르게 잘라졌을 때 누가 제일 큰 조각을 먹어야 하는가에 대한 질문에 대해 유아는 '선생님' 또는 '선생님이 정해 주는 대로 먹어야 한다.'고 대답하여 권위에 순종하는 모습을 보인다.

이 단계의 유아는 Piaget의 타율적 도덕성과 같이 물리적 결과에 근거해서 판단하므로 앞서 제시한 사례에서 많은 컵을 깬 존이 잘못했다고 생각한다. 결과적으로 유아의 행동이 적발되고 처벌받는다면 그 행동은 도덕적으로 나쁜 행동이고, 들키거나 처벌받지 않는다면 그 행동은 옳은 것으로 판단될 수 있다. 나쁜 행동을 한 놀이 친구를 고자질할 것인가 말 것인가 하는 질문을 받는다면, 이 나이 또래의 유아는 "○○이가 나쁜 행동을 했다고 말하겠어. 그렇지 않으면 선생님한테 혼날 거야."라고 말한다.

유아는 자아중심적 관점을 가지므로 타인의 이익을 고려하지 못하며 자신과 타인의 관점을 관련지어 이해하지 못한다. 유아는 자신이 친구를 때리면 친구가 아플 것이라는 사실을 고려할 수 없다. 또한, 유아는 자신에게 벌을 줄 권위자의 관점과 자신의 관점이 혼재되어 있다. 유치원에서 줄을 서라는 교사의 지시를 따르지 않는 친구를 본 유아는 "선생님, ○○이는 줄 안 섰어요."라고 교사에게 말한다. 자신은 벌을 받지 않는 옳은 행동을 했고, 선생님은 줄을 서지 않은 친구를 벌주어야 한다고 생각한다.

■ **2단계(개인적 쾌락주의)**

2단계는 욕구 충족 수단으로서의 도덕성(self-interest orientation) 단계로 유아 자신의 필요나 욕구, 다른 사람의 필요나 욕구를 충족시켜 주는 행위이면 옳다고 판단한다. 유아는 보상을 얻거나 개인적인 목적을 위하여 규칙을 따르는 순진한 도구적 상대주의(instrumental relativism)에 있게 된다. 자신의 욕구 충족이 도

도구적 상대주의
개인적이고 주관적인 관점에서 도덕성을 판단하는 것

덕 판단의 기준이므로 나에게 무엇이 좋은가에 따라 도덕적 판단을 한다. 이 단계의 유아는 도덕적 판단에 타인을 고려하기는 하지만 여전히 자신에게 미치는 행동의 결과에 초점을 둔다. 유아는 개인주의적인 관점을 가지므로 자신을 가장 행복하게 해 주는 행동이 옳은 행동이라는 관점을 가지며 다른 사람도 각자의 이익에 따라 행동한다는 것을 인식한다. 우선 자신의 욕구가 충족되고 나면 다른 사람의 욕구도 고려하게 된다. 그러나 타인을 고려하는 행동은 결국 자신에게 이익이 될 것이라고 생각해서 하는 것이다. 앞서 제시한 피자를 먹는 질문에 대해 이 단계의 유아는 '내가 제일 피자를 좋아하니까 내가 먹어야 한다.'고 하거나 '배가 고픈 친구' '엄마가 피자를 자주 안 사주는 친구' '간식을 많이 먹고 싶은 친구' 등 자신과 타인의 욕구를 고려하는 행위가 옳다고 생각하는 경향을 보인다.

유아는 어떤 환경에서든지 모든 사람이 동등한 대우를 받도록 공명정대함을 요구한다. 옳은 것은 공정하고 동등한 교환이 이루어지는 것이다. 예를 들면, 유아는 자신은 일찍 잠을 자야 되는데 왜 어른들은 더 늦게까지 자지 않아도 되는가를 이해하기가 어렵다. 유아는 간식이나 장난감을 받을 때 똑같은 양으로 나누어 받아야 한다고 생각하므로 "미진이가 나보다 더 많은 것을 받았어요. 나에게 조금 더 주어야 해요."라는 불평을 한다. 피자를 먹는 질문에 대해 '다 똑같이 먹을 수 있도록 조각을 더 나누어야 한다.'고 대답하기도 한다. '눈에는 눈, 이에는 이'와 같이 상대방이 나에게 무엇인가를 해 준다면 나도 그 사람에게 무엇인가 해 주겠다는 생각을 갖는다.

(2) 수준 2(인습 수준)

인습 수준에서는 자신의 가족이나 자신이 속한 집단, 국가의 기준과 기대에 근거하여 도덕적 가치를 판단한다. 사회규칙과 사회계약을 유지하려고 노력하는 단계다. 인습 수준은 3, 4단계로 구성되는데, 유아는 3단계 착한 소년/소녀 지향 단계로 발달할 수 있다.

■ 3단계(착한 소년/소녀 지향)

3단계는 착한 소년/소녀 지향 도덕성(good boy-nice girl orientation)으로 다른

사람, 특히 권위 있는 사람에게서 칭찬을 받는 행위가 도덕적인 행위라고 생각한다. 대인 간의 조화가 가장 중요한 관심사로 올바른 행동이란 다른 사람을 기쁘게 하고 도와주는 것이며, 이를 다른 사람이 착한 행동으로 인정하는 것이다. '착한 사람'이 되는 것은 중요한 일이며 선한 동기를 가지고 다른 사람에게 관심을 보이는 것이다. 이 단계의 유아는 타인의 관점과 의도를 이해할 수 있으므로 타인의 기대에 부응하는 것을 중시한다. 신뢰, 충성, 의리가 대인관계를 유지하는 데 매우 중요하다고 생각한다. 행동은 그 이면에 있는 동기나 의도에 의하여 판단되기 시작하고 보다 넓은 공동체의 가치를 고려하기 시작한다. 3단계부터는 더 확장된 다양한 사회적 상호작용이 유아의 도덕성발달을 촉진한다. 보다 많은 사람들과의 상호작용은 다른 사람의 관점을 고려하도록 하는 데 도움이 된다.

Kohlberg의 도덕성발달이론에 따르면, 유아는 자신의 인지발달 수준보다 더 높은 도덕적 판단을 할 수 없다. 또한 유아의 현재 발달 수준보다 너무 높은 수준의 도덕적 추론을 접하게 되면 유아는 그 입장을 이해하기 어렵고 발달은 일어나지 않는다. 따라서 유아의 연령과 인지적 수준을 고려하여 그들의 도덕적 판단을 이해해야 한다. 대부분의 유아는 1, 2단계의 도덕 판단 수준을 가지므로 부모와 교사는 유아가 해야 할 행동과 하지 말아야 할 행동을 구분해 주고, 자신의 행동이 어떠한 결과를 가져올 수 있는지 설명해 주는 것이 좋다. 예를 들면, "이건 유리니까 만지지 마. 만지다가 유리가 깨지면 네가 다칠 거야."라고 하지 말아야 할 행동과 이유를 설명하는 것은 유아가 규칙을 이해하는 데 도움이 된다.

유아의 도덕성발달은 인지발달을 바탕으로 이루어지지만 성인 및 또래 집단과 도덕적 문제에 대해 이야기하고 이들이 그러한 문제를 다루는 방식을 관찰하는 사회적 경험을 통해서 도덕적 사고가 인습 수준으로 발달한다. 형제 또는 또래와의 권리, 소유에 대한 논쟁을 벌이는 것은 공정함에 대한 개념을 형성하는 데 도움을 준다(Killen & Nucci, 1995).

도덕적 추론은 인지발달과 함께 정서발달과도 깊이 관련되어 있다. 많은 도덕적 선택들이 정서, 관계, 경쟁하는 상황 등의 영향을 받는다. 따라서 도덕적 사고의 발달도 중요하지만 인성, 다른 사람들에 대한 배려 등도 함께 성숙해야 한다. Gilligan(1982)은 여성이 도덕적 문제에 대해 정의 지향적(justice orientation)이기보다는 배려 지향적(care orientation)임을 주장하면서 도덕적 사고가 다른 사람의 권리를 존중하는 배려 지향을 중심으로 이루어질 수 있음을 제안하였다. 최근에는 도덕적 추론에 있어서 성차는 거의 없으며, 정의와 배려를 동시에 고려하는 도덕적 사고가 남녀 모두에게 이루어진다고 알려져 있어서(Brown, Tappan, & Gilligan, 1995; Gilligan & Attanucci, 1988) 배려의 성숙이 도덕적 사고의 발달에 기여함을 알 수 있다.

2. 자아통제

도덕적 행동을 하기 위해서는 유아가 스스로를 통제할 수 있어야 한다. 유아는 자신이 하고 싶은 것을 참고 사회의 행동규칙을 따라야 도덕적 행동을 할 수 있으므로 유아의 자아통제능력은 도덕적 행동을 하는 데 있어서 중요하다. 자아통제(self-control)는 목표를 달성하기 위해 순간적인 충동, 욕구나 행동을 억제할 수 있는 능력으로 유혹에 대한 저항, 만족 지연 능력, 충동 억제 등의 능력이다. 자아통제능력은 비교적 일찍부터 나타나기 시작하고 2~3세에 상당히 발전하는데, 부모와 형제 그리고 그 밖의 어른들에 의해서 제시되는 지시와 같은 외적 통제와 유아 자신의 인지발달에 따른 내적 통제가 함께 상호작용하면서 발달한다. 자아통제능력이 발달하면서 사회적으로 옳고 그른 도덕적 규칙도 배우게 된다.

> **자아통제**
> 순간적인 충동, 욕구나 행동을 억제할 수 있는 능력

Kopp(1982, 1987)에 따르면, 유아의 자아통제는 세 개의 단계를 거쳐 발달한다.

첫 번째 통제 단계(control phase)는 영아가 자신이 하고 싶은 대로 무엇이든 할 수 있는 것이 아니며, "뜨거운 거야, 만지지 마." "친구 장난감을 뺏으면 안 되지." 등 어른의 요구에 따라 적절히 반응해야 한다는 것을 배우는 시기이다. 이 시기의 자아통제는 타인의 지시나 요구에 순종하는 것으로 부모나 양육자가 제시한 행동 기준에 따르는 것이다.

두 번째는 자아통제(self-control) 단계다. 이 시기의 유아는 타인의 지시나 통

제를 내면화하고 부모가 없을 때에도 자신을 통제할 수 있다. 유아는 표상적 사고와 회상 능력의 발달로 가족의 규칙과 먹고, 놀고, 옷을 입는 등의 일상생활에서의 규칙들을 기억하고 혼자서도 그러한 규칙을 지킨다. 유아는 다른 유아의 장난감을 뺏고 싶지만 부모님의 말씀을 기억하고 자신을 억제한다.

장난감을 양보하는 유아

세 번째 단계는 자기조절(self-regulation) 단계로 유아는 상황에 따라 변화하는 주변의 요구를 유연하게 통제하는 자기조절이 가능하다. 다른 유아의 장난감을 뺏고 싶은 유아는 자기 자신에게 그 장난감을 갖고 놀고 싶지 않다고 혼잣말을 하거나 다른 놀이를 하는 전략을 사용함으로써 다른 유아의 장난감에 대한 유혹을 잊어버리려고 한다.

표상적 사고
마음속의 어떤 것을 그릴 수 있는 정신능력

회상
과거의 경험이 필요에 의해 다시 의식으로 떠오르는 것

18개월, 24개월, 30개월의 유아들을 대상으로 흥미로운 물건을 보여 주고 만지지 않도록 하였을 때 물건을 만지기까지 18개월은 20초를, 24개월은 70초를, 30개월의 유아는 100초를 기다렸다(Vaughn, Kopp, & Krakow, 1984). 이는 유아의 성장에 따라서 자아통제능력이 발달하고 있음을 보여 준다. 자아통제는 유아기에 상당히 발전하고 인지발달과 더불어 아동기 후기까지 지속적으로 발달하며 전 일생에 걸쳐 삶에 영향을 미친다(Mischel, Shoda, & Peake, 1988; Shoda, Mischel, & Peake, 1990). 자아통제능력의 발달은 정서조절능력과도 관련된다. 자아통제를 잘하는 유아는 분노를 잘 통제하는 정서조절능력이 더 발달한 경향이 있었다(Kochanska, Murray, & Harlan, 2000).

Mischel과 동료들(1972)은 3~5세 유아를 대상으로 자아통제능력의 하나인 만족 지연 실험을 했다. 만족지연(delay of gratification)능력은 보다 큰 만족과 보상을 얻기 위해 순간의 즐거움을 가져다주는 욕구를 억제하거나 자신이 하기를 원하는 행동을 통제하고 지연시키는 능력이다. 유아에게 마시멜로 사탕을 하나 보여 주고 언제든 원할 때 마시멜로를 먹을 수는 있지만 선생님이 다시 돌아올 때까지 먹지 않고 기다리면 마시멜로를 하나 더 얻을 수 있다고 이야기하고 난 후 유아가 방에 혼자 기다리도록 했다. 어떤 유아는 교사가 나가자마자 그 자리

만족지연능력
보다 큰 만족을 얻기 위해 자신의 욕구나 행동을 통제하고 지연시키는 능력

에서 마시멜로를 먹어 버렸지만, 어떤 유아는 눈앞에 보이는 마시멜로의 유혹을 이겨 내기 위해 손으로 눈을 가리거나 노래를 부르면서 딴청을 부리는 등 자신만의 방법으로 끝까지 참아내어 마시멜로를 하나 더 받았다. Mischel, Shoda와 Peake(1988)는 종단연구를 통해 이 실험에 참가했던 3~5세 아동이 15~18세의 청소년이 된 이후를 추적한 결과 끝까지 기다린 유아는 기다리지 못했던 유아에 비해 청소년이 된 후 미국 대학수학능력시험(SAT)에서 더 높은 점수를 받았고, 친구나 선생님들에게 인기 있는 사람으로 성장해 사회성이나 대인관계가 좋았던 것을 밝혀냈다. 이들은 여전히 자아통제를 잘하고 집중력이 좋으며 과체중도 없었고 마약 남용 등의 문제를 일으킬 가능성도 더 낮은 것으로 나타났다. 20대 후반에 검사한 종단연구의 결과도 자아통제를 잘했던 유아가 성인이 되어서 교육도 더 잘 받고 자존감도 높았다(Ayduk et al., 2000).

더 많은 보상을 위해 눈앞의 과일과 과자를 먹지 않고 참고 있는 유아

그렇다면 왜 어떤 유아는 다른 유아보다 자아통제를 더 잘하는 것인가? 유아는 스스로 자아통제능력을 발달시키기도 하고 부모나 양육자의 행동에 의해 영향을 받기도 한다. 미리 예고된 규칙을 일관성 있게 활용하는 훈육은 유아의 자아통제능력을 향상시킨다(Kuczynski, 1983; Parke, 1977). 또한 유아가 자신을 통제하는 효과적이고 구체적인 방법을 잘 알고 활용할 수 있도록 도와주는 것이 중요하다. 유혹을 잘 견디고 대안으로 수용될 수 있는 행동을 보여 주는 모델을 가진 유아는 매우 효과적으로 자신을 통제할 수 있었다(Bussey & Perry, 1977). Kopp(1982, 1987)가 제시한 자아통제 발달의 세 번째 단계에서 유아는 자기조절능력을 발달시키면서 전략을 활용하게 된다고 하였다. Mischel, Shoda와 Peake(1989)의 만족 지연 후속 실험에서도 마시멜로를 보이지 않게 덮개로 덮어 둔 경우와 기다리는 동안에 재미있는 다른 생각을 하는 자아통제 전략을 알려준 경우 유아는 더 오랫동안 유혹을 참아 낼 수 있었다. 자아통제 전략을 알려 주고 활용하도록 돕는 것은 유아의 자아통제능력의 발달을 돕는다.

3. 친사회적 행동과 공격성

친사회적 행동은 다른 사람을 도우려 하는 행동으로 자신이 가진 것을 나누고 타인을 편안하게 해 주려는 것이다. 반대로 공격성은 의도적으로 다른 사람에게 해를 입히는 것으로 신체적으로 때리거나 싸우는 것, 심리적으로 모욕을 주거나 당황스럽게 하는 것 등이 포함된다.

1) 친사회적 행동

유아는 친구가 울고 있거나, 엄마가 다쳐서 아파하는 모습을 보면 안아 주거나 달래 주려고 노력한다. 인간은 다른 사람을 도와주고, 나누어 주고, 관심을 가지는 친사회적 행동(prosocial behavior)을 하는 존재이기 때문이다. 친사회적 행동은 다른 사람과의 관계에서 돕기, 나누기, 협동하기, 관용, 협력, 친절, 자선행동, 이타행동(altruism) 등 사회적으로 바람직한 행동을 하는 것을 말한다.

울적한 기분을 달래 주려고 하는 유아

(1) 친사회적 행동의 발달

친사회적 행동은 일찍부터 발달하기 시작한다. 1세도 안 된 영아는 흥미로운 광경이나 물건을 손으로 가리켜서 다른 사람들과 그것을 나누려고 하고, 엄마, 아빠와 낯선 여러 어른들에게 자신의 장난감을 나누어 주는 행동을 한다(Rheingold, Hay, & West, 1976). 이러한 나누고 보여 주는 행동들은 어떠한 지시나 칭찬 없이 자발적으로 이루어진다. 다른 사람을 도와주고, 엄마의 집안일을 도우려 하며, 다른 사람을 편안하게 해주려고 하는 친사회적 행동도 시작된다. 최근 영아의 이타심에 대한 연구에서는 어린 영아도 행위자의 행동이 긍정적인지 또는 부정적인지 구별할 수 있고 타인의 의

친사회적 행동
다른 사람을 도와주고, 나누어 주고, 관심을 가지는 행동

도를 고려하여 사회적 평가를 내릴 수 있는 능력이 존재함을 알 수 있다. 12개월 영아들에게 한 도형이 다른 도형을 돕는 긍정적인 상호작용과 한 도형이 다른 도형을 방해하는 부정적인 상호작용을 보여 주었을 때 영아는 긍정적인 상호작용을 선호하였다(Premack & Premack, 1997). 또한 긍정적, 부정적 과거 상호작용을 보여 준 후 도형들이 서로 접근했을 때, 도움 받은 도형이 이전에 도움을 주었던 도형을 선호할 것이라는 도형들 간의 사회적 선호를 추론할 수 있었다(Kuhlmeier, Wynn, & Bloom 2003). 생후 8개월 영아(Hamlin, 2013), 생후 6개월 영아(이영은, 송현주, 2014)도 이러한 능력을 가지고 있음이 밝혀져서 어린 영아부터 친사회적 행동의 기초적인 능력이 발달하고 있음을 보여 준다.

1세 무렵이면 다른 사람의 고통이나 괴로움에 대해서 반응한다. 엄마가 다쳐서 고통스러워하는 것을 본 영아는 슬퍼하거나 울기도 하고 다친 부분을 만져주거나 자신의 발이나 머리를 부딪쳐서 고통을 느끼려고 한다. 기침을 하거나 목에 무엇이 걸린 것같이 소리를 내기도 하지만 아직은 다른 사람을 도우려는 시도는 없다. 영아는 성장하면서 점차 다른 사람을 도우려 한다. 손가락을 다친 엄마에게 일회용 밴드를 가져다주기도 하고, 부러진 장난감을 가진 아이에게 다른 장난감을 가져다주기도 한다. 2세 이후의 유아는 보다 다양한 친사회적 행동을 한다. "조심해."라고 언어적 조언을 하거나 떨어뜨린 물건을 주워 주기도 하고, 엄마가 TV에서 슬픈 영상을 보면서 울면 엄마가 보는 TV를 꺼 버림으로써 엄마의 슬픔을 멈추도록 하려 한다. 슬퍼하며 울고 있는 친구에게 자신의 장난감을 가져다주면서 달래려고 한다.

어린 유아의 시소놀이를 도와주는 유아들

Eisenberg(1983)는 4~11세의 유아 및 아동에게 친사회적 딜레마를 제시하고 친사회적 행동에 대한 도덕적 추론에 근거하여 친사회적 행동이 어떻게 발달하는지 제시하였다.

어느 날 민선이는 친구의 생일파티에 가는 길에 다리를 다쳐 넘어져 있는 소녀를 발견하였다. 소녀는 민선이에게 자신의 집에 가서 부모님께 자신이 다쳤음을 알려서 부모님이 자신을 병원에 데리고 갈 수 있도록 해 달라고 부탁하였다. 그러나 만약 민선이가 그 소녀의 부모님께 다녀온다면 민선이는 생일파티에 늦을 것이고, 아이스크림과 케이크를 못 먹고 게임도 못하게 될 것이다. 민선이는 어떻게 해야 할까? 그렇게 해야 하는 이유는?

Eisenberg의 친사회적 행동 발달 5단계 중에서 유아의 친사회적 행동은 주로 자기중심적 쾌락(hedonistic, self-focused) 단계와 요구 지향(needs of others) 단계에 있다. 쾌락 단계는 유아가 자신의 욕구에만 관심을 가지는 단계로 자신에게 이익이 된다면 도움을 준다. 앞서 제시한 상황에서 민선이는 '나는 생일파티를 놓치게 될 것이니까 도울 수 없어.'라고 생각한다. 유아가 성장하면서 자기중심적인 쾌락 단계의 사고는 감소하고 다른 사람의 요구를 더 고려하는 단계로 발전한다. 요구 지향 단계에서 유아는 다른 사람의 요구가 자신의 요구와 충돌한다고 하더라도 다른 사람의 요구를 타당한 근거가 있는 것으로 고려한다. 그러나 입장을 바꾸어 생각하지 못하며 동정심의 표현이 없고, 돕지 않는다고 해도 죄책감이 없다. 앞의 상황에서 민선이는 '그 소녀가 도움을 필요로 하니까 나는 도울 것이다.'라고 생각한다. 유아의 친사회적 행동은 자기중심적인 것은 점차 감소하고 다른 사람의 요구를 더 고려하는 단계로 발달한다.

아동기에 친사회적 행동은 타인으로부터 칭찬받는 것을 목적으로 하는 안전 지향단계를 거치고 사춘기에 친사회적 행동에 따른 기쁨, 죄의식에 의해 행동하는 공감적 단계, 청년기에는 내재적으로 친사회적 행동에 대한 원리, 가치관, 책임감에 근거하여 친사회적 행동을 하는 단계로 발달한다.

(2) 공감, 죄책감, 수치심

친사회적 행동을 위한 필수적인 전제조건으로 알려져 있는 것이 공감이다. 친사회적 행동은 타인의 경험에 대하여 공감한 결과로 오는 행동이다(Cohen, 1972). 유아는 다른 사람에게 문제나 고통이 있을 때 같은 감정을 경험하는 능력인 공감(empathy)과 동정심(sympathy)을 발달시키면서 친사회적 행동도 더욱 적극적으로 하게 된다. 공감능력은 유아기에 출현하기 시작하여 아동 · 청소년기에 걸쳐 지속적으로 발달하는 정서다(Lamb & Feeny, 1995; Zahn-Waxler,

Radke-Yarrow, Wagner, & Chapman, 1992). 유아는 초기에 다른 사람의 느낌을 이해하지 못하고 자기 자신의 필요에 의해 친사회적 행동을 하지만, 점차 공감과 동정심의 결과로 다른 사람을 돕는 행동을 한다. 유아는 친구, 친근한 어른들과 같이 아는 사람들에 대한 공감을 보여 주기 시작해서 아동기 · 청소년기에 이르면 전혀 알지 못하는 가난한 사람, 노숙자 등에 대해서도 공감할 수 있다(Eisenberg, 1982). 유아는 다른 사람의 불행이 그 사람에 의해서 만들어진 것이 아니라 사고거나 어쩔 수 없는 상황에서 일어난 결과일 때 더욱 친사회적 행동을 하였고(Eisenberg & Fabes, 1998; Graham, 1997), 자신의 행동이 결과적으로 자신에게 이득이 되어 돌아올 것이라고 생각할 때 더욱 친사회적 행동을 하는 경향이 있었다(Eisenberg, Fabes, Schaller, Carlo, & Miller, 1991).

정서조절 역시 친사회적 행동에 중요한 영향을 미친다. 정서조절을 잘하는 유아는 공격적 행동을 적게 하고 친사회적 행동을 많이 한다(Hubbard & Coie, 1994). 유아가 자신의 감정을 적절하게 처리하는 자기정서 조절능력과 타인의 정서를 잘 파악해서 위로할 줄 아는 타인정서 조절능력은 모두 친사회적 행동을 포함한 또래 유능성과 밀접하게 관련된다(이지희, 문혁준, 2008).

또한 유아는 자신이 다른 사람에게 고통을 주고 괴롭게 했음을 인식할 때 더욱 다른 사람을 도와주려는 행동을 많이 하였다(Eisenberg, 1995). 유아는 자신이 다른 사람의 도덕적 행동의 기준에 맞지 않는 행동을 했을 때 수치심을 느낀다. 어떤 잘못된 행동을 했을 때 나타나는 죄책감(guilt)과 수치심(shame)도 친사회적 행동을 유발하는 정서다. 유아는 22개월 정도면 다른 사람에게 피해나 고통을 주면 불편한 감정을 느끼는 죄책감을 먼저 표현하기 시작한다(Kochanska, Gross, Lin, & Nichols, 2002). 유아의 죄책감은 양심을 형성하는 데 필수적인 역할을 한다. 그러나 수치심은 죄책감만큼 잘못된 행동을 억제하지는 않는다. 수치심을 느끼는 유아가 여전히 파괴적이고 공격적인 행동을 하는 경향이 있었다(MacDermott, Gullone, Allen, King, & Tonge, 2010).

Freud의 정신분석이론에서 유아는 자부심과 같은 긍정적 정서를 경험하고 수치심, 불안, 죄책감 같은 부정적 정서를 피하기 위해 공정하고 윤리적인 행동을 한다. Freud의 성격 구조에서 자아는 원초아를 억제하는 일을 하므로 긍정적 요소로 보일 수 있으나 자아는 현실적 제약을 헤쳐 나가는 데 관여할 뿐 도덕성을 가지지 않으므로 위험하지 않다면 속이거나 훔치는 것을 개의치 않는다.

도덕성은 초자아에 있다. Freud는 유아가 이기적인 충동에 따라 행동한다고 하였는데 이는 초자아가 미성숙하기 때문이라고 보았다. 초자아가 발달하면서 자신의 바람직한 행동에 자부심을 느끼고 도덕적 위반에 대해 죄책감과 수치심을 느끼게 된다. 초자아는 남근기에 자신의 욕망과 충동을 억누르고 부모의 행동이나 가치 기준을 내면화하면서 발달한다. 유아는 자신의 적대적이고 성적인 충동과 부모의 적대감이나 애정의 상실에 관한 두려움 사이의 갈등을 해소하는 과정에서 초자아를 발전시킨다. 초자아는 유아가 동성 부모의 가치관을 내면화한 동일시의 결과다. 오이디푸스 콤플렉스를 해결하기 위해 남아는 아버지를 동일시하는데, 이때 아버지의 남성적 역할을 학습하면서 도덕 기준도 습득한다. 유아는 부모의 사랑을 얻기 위해 부모가 옳다고 생각하는 것을 하고 옳지 않다고 생각하는 것을 회피하면서 부모의 가치를 받아들인다. 동일한 맥락에서 여아도 어머니와 동일시 과정을 통해 어머니의 도덕 기준을 받아들이는데 Freud는 여아가 남아만큼 강력한 거세불안을 느끼지 않으므로 초자아가 남아보다 약하게 발달한다고 하였다.

초자아는 바람직하지 않은 행동에 대한 규칙을 구성하는 양심(conscious)과 바람직한 행동에 대한 규칙으로 구성되는 자아 이상(ego-ideal)의 두 부분으로 나뉜다. 양심은 부모가 처벌하는 바람직하지 않은 행동을 하면 죄책감을 느끼도록 해서 유아를 벌하고 그러한 행동을 하려는 원초아의 충동을 금지하려 한다. 자아 이상은 유아가 사고, 말, 행동에서 완벽성을 지향하도록 안내한다. 초자아는 자아가 도덕적으로 행동하도록 강요하려 한다. 초자아가 발달한 유아는 친사회적 행동을 하지 않는 데 따른 양심에 가해진 죄책감을 피하려고, 또는 내면화된 가치에 입각하여 친사회적 행동을 한다.

Freud의 이론은 자부심, 수치심, 죄책감과 같은 도덕적 정서들이 도덕적 행동을 위한 중요한 요인이라고 주장한 점에서 설득력이 있다. 또한 1960~1970년대의 사회학습 이론가들은 긍정적인 부모-자녀 관계의 결과로 부모의 규준이나 가치관을 아동이 내면화하는 데 동일시의 개념을 적용하였다. Freud의 이론은 이타심의 사회화에 관한 초기 연구에 중요한 영향을 미쳤다.

그러나 Freud의 이론은 여러 비판점을 가진다. 그는 아버지가 위협적인 존재일수록 더욱 강하게 아버지를 동일시한다고 하였는데, 위협적이고 처벌적인 부모는 자주 잘못된 행동을 하고 죄책감, 수치심, 자기비난과 같은 부정적 정서를 거의 표현하지 않는 자녀를 만든다(Brody & Shaffer, 1982; Kochanska et al., 2002). 또한 3~5세 여아가 남아에 비해 규칙 위반 가능성이 더 적고, 위반했을 때 더 죄책감을 느낄 가능성이 많다는 연구결과(Kochanska et al., 2002; Laible & Thompson, 2002)는 남아가 여아보다 초자아가 더 강하다는 주장이 근거가 없음을 보여 준다. 오이디푸스 콤플렉스 이전에 도덕적 정서를 보이는 연구들도 도덕성 발달이 남근기에 이루어진다는 Freud의 주장과 일치하지 않는다. 13~15개월의 영아가 외부 감시 없이 몇 가지 원칙을 따르기도 하며(Kochanska, Tjebkes, & Forman, 1998), 3세 유아가 규칙을 따랐을 때 자부심과 유사한 정서를 보이고, 위반 시에 수치심과 같은 부정적 정서를 나타내기도 한다(Lewis, Alessandri, & Sullivan, 1992). 이런 연구결과에 따라 도덕적 정서는 오이디푸스 콤플렉스를 경험하기 전에 이미 발달되기 시작하였음을 알 수 있다.

2) 공격성

모든 유아가 항상 친사회적 행동을 하는 것은 아니다. 다른 사람에 대해 공격적 행동을 하는 것이 친사회적 행동보다 자신에게 이득이 된다고 생각하는 유아도 있고, 다른 사람의 고통에 대해 재미있어 하거나 공격적으로 행동하는 유아도 있다.

누군가에게 해를 끼치고 상처를 입히려는 의도된 행동인 공격성(aggression)은 다양한 형태로 나타난다. 즉, 타인 밀치기, 때리기, 발로 차기, 깨물기, 꼬집기, 장난감 던지기, 주먹으로 때리기, 타인의 소유물 망가뜨리기와 같이 물리적 손상을 통해 타인에게 해 입히기 등의 신체적 공격성(physical aggression)과 별명 부르기, 다른 유아 놀리기, 나쁜 소문 퍼뜨리기, 특정한 유아 따돌리기 등의 관계적 공격성(relational aggression)이 대표적인 유형이다. 신체적 공격과 관계적 공격은 직접적일 수도 있고 간접적일 수도 있다. 예를 들면, 소유물을 훼손시키는 것은 간접적으로 물리적인 피해를 줄 수 있지만 때리는 것은 직접적으로 사람을 다치게 한다. 이와 유사하게 누군가의 뒤에서 "쟤랑 놀지마. 쟤는 바보야."라고 말함으로써 소문을 퍼뜨리거나 친구와 갑자기 말하지 않는 것은 간접적인 반면에, "내가 말하는 대로 해. 안 그러면 너랑은 친구 안 할 거야."라고 말하는 것은 관계적 공격을 직접적으로 전달하는 것이다.

공격적 행동은 도구적 공격(instrumental aggression)과 적대적 공격(hostile aggression)으로 구분되기도 한다. 도구적 공격은 가해자가 사물이나 공간을 소유하기 위해 행하는 공격이고, 적대적 공격은 피해자를 해치려 하는 것이 목적인 행위를 의미한다. 유아의 공격적 행동은 대부분 장난감이나 어떤 것을 소유하려는 다툼에서 발생하며 대부분 도구적 공격성의 특징을 가진다(Goodenough, 1931). 4~7세경의 유아도 장난감의 소유를 가지고 다투며, 경쟁자를 해치려는 적대적 공격을 한다(Hartup, 1974). 이후 적대적 공격이 점차 증가하는데, 그 이유는 상대방의 공격적 의도나 동기를 이해하게 되면서 이에 대한 보복을 할 수 있기 때문이다. 두 종류의 공격적 행동은 그 구분이 명확하지 않으나 다른 시기에 발달하며 개인적 · 사회적 적응에 영향을 미친다(Coie & Dodge, 1998).

도구적 공격
물건, 공간 등을 얻기 위한 목적으로 공격하는 행동

적대적 공격
타인에게 해를 끼치는 것이 목적인 공격행동

(1) 공격성의 발달

인간의 공격성은 일찍부터 나타나기 시작한다. 1세가 아직 안 된 영아는 자신이 집으려고 하는 물건을 치워 버리거나 행동을 제지하는 양육자를 향해 화를 낸다(Hay et al., 2003; Sternberg & Campos, 1990). 1세 정도 된 영아도 다른 영아가 가지고 노는 장난감을 빼앗으려고 또래에게 힘을 행사하고(Dodge, Coie, & Lynam, 2006), 18개월 무렵의 영아는 발로 차거나 밀거나 깨무는 등의 행동을 지속적으로 한다. 영아기 후기에 들어서면서 모든 아이들은 때때로 공격성을 나타낸다. 형제, 또래와의 상호작용이 증가하는 만큼 공격적 행동도 증가한다(Tremblay et al., 2004). 영유아가 물건 혹은 공간을 원하고 그것을 얻고자 할 때 방해가 되는 사람을 밀치거나 소리치거나 공격하는 행동을 하는 것은 흔한 일이다. 2세 이후에도 1세 때와 같이 장난감을 차지하려는 다툼이 일어나지만 싸움보다는 타협이나 서로 나누어 갖는 것으로 대처하는 경우가 많아진다(Caplan et al., 1991). 영유아가 초기의 갈등을 통해서 타협하는 방법을 배워 가는 것이라고 볼 수 있다.

2, 3세의 유아는 친구가 자신을 공격하거나 화나게 하면 신체적으로 보복하는 경우가 더 많아진다(Goodenough, 1931). 그러나 유아가 3~5세로 성장하면서 신체적 공격성은 대부분의 유아에게서 감소된다. 이는 자신의 충동을 조절하는 것을 배우기 때문이기도 하고 다툼을 해결하는 더 좋은 전략인 타협을 배우기 때문이다. 또한 어른들이 신체적 공격에 대하여 부정적인 반응을 보이기 때문이다(Emmerich, 1966).

유아의 신체적 공격성은 감소하지만 욕하거나 흉보는 등의 언어적 공격은 점차 증가한다. 연령이 높은 유아는 악의적인 의도를 더 잘 인식하고 종종 더 적대적인 방식으로 복수하기도 한다. 7~11세 아동은 의도적 공격과 비의도적인 공격을 구분하지만 의도적이 아닌 경우에도 자신을 화나게 하면 공격적으로 반응할 수 있다(Sancilio, Plumert, & Hartup, 1989). 적대적 공격 행동은 청소년 초기인 13~15세에 절정을 이루다가 그 이후 감소한다(Cairns et al., 1989). 그러나 청소년들의 외적인 공격적 행동이 줄어드는 것이 바람직한 행동으로 발달한다는 의미는 아니다. 사춘기 소녀들은 적개심을 감추고 집단 따돌림과 험담으로 관계적 공격성을 표현하기도 하고(Cairns et al., 1989), 사춘기 소년들은 무단결석, 술이나 약물남용, 절도, 성적 비행 등의 반사회적 형태로 공격성을 표출하기도 한다(Newcomb & Bentler, 1989).

유아의 공격성발달과 정서조절능력은 서로 연관이 있다. 공격적인 아동은 또래보다 부정적인 정서를 더 많이 표현하는 것으로 나타났고(Cook et al., 1994; Hubbard, 2001), 공격행동을 보이는 아동이 정서를 조절하는 데 어려움이 있었다(Eisenberg et al., 1994; Eisenberg et al., 1996). 자신의 정서를 잘 조절하지 못하여 분노 같은 부정적 정서를 공격적으로 표출하는 유아는 자신의 의견을 주장하는 것으로 분노를 다루는 유아에 비해 또래에게 덜 인기 있는 경향이 있었으며 성인에 의해 사회적으로 유능하지 못한 것으로 평가받는다(Eisenberg & Fabes, 1992).

또한 성차(gender)에 따라 공격성은 다르게 나타난다. 공격성은 남성 호르몬인 테스토스테론의 영향을 받는다. 평균적으로 남성이 여성보다 더 공격적이며, 사춘기 이후에 높은 테스토스테론 호르몬을 가진 남성은 낮은 수준의 테스토스테론 호르몬을 가진 남성보다 더 공격적이다(Archer, 2004; Carney & Mason, 2010). 유아기의 남아는 여아보다 더욱 신체적으로 공격적이다(Dodge et al.,

2006; Ostrov & Godleski, 2010). 남아는 여아보다 다른 남아를 향해 더 공격하는 경향이 있기 때문에 여아를 때리려고 하지는 않는다(Maccoby & Jacklin, 1980). 남아와 성인 남성은 신체적으로 공격적이고, 여아와 성인 여성은 언어적 · 관계적으로 공격적이다(Crick & Grotpeter, 1996; Harris, 1992). 남성과 여성이 다르게 행동하도록 기대된다는 성역할을 인식하게 되면서 남아보다 여아에게서 신체적 공격이 현저하게 감소한다. 대중매체는 남성 모델의 공격성으로 가득하다. 부모는 남아의 공격적인 행동에 대해 수용적이고, 신체적인 싸움에 대해 남아보다는 여아에게 더 부정적으로 반응한다. 또한 딸보다는 아들에게 더 신체적인 처벌을 가하는 경향이 있다(Block, 1976; Condry & Ross, 1985). 여아는 친구들 간의 친밀한 결속을 단절시킴으로써 타인을 고립시키는 간접적인 관계적 전략을 더 자주 사용하여 또래를 공격한다.

공격성은 비교적 안정적이고 오랫동안 지속된다. 공격적인 2세 유아가 공격적인 5세 유아로 성장할 가능성이 많으며(Cummings, Iannotti, & Zahn-Waxler, 1989), 6~10세 아동의 공격성으로 성인이 된 이후의 공격성을 예측할 수 있다(Cairns et al., 1989). 공격적인 8세 아동이 높은 적대감의 30대 성인이 될 가능성이 높았다(Huesmann, Lagerspitz, & Eron, 1984). 공격적인 아동은 청소년기를 지나면서 사회적으로 적응하기 어렵고 성인 범죄를 저지를 수 있다(오채미, 공인숙, 2007).

3) 친사회적 행동 및 공격성과 환경

친사회적 행동과 공격성은 유전적, 환경적 영향에 의해 발달한다. 일란성 쌍둥이는 이란성 쌍둥이보다 더 유사한 이타적 행동, 공감, 공격성을 나타내는 것으로 알려져 있어서 이러한 특성이 어느 정도 유전적인 영향을 받음을 알 수 있다(Eisenberg, Fabes, & Spinrad, 2006; Huesmann, Dubow, & Boxer, 2011). 그러나 유전적 성향과 관계없이 그러한 사회적 환경에서 키워졌기 때문에 공격적이 될 수도 있다(Bandura, 1991; Dodge, 1993).

Bandura(1986)와 Hoffman(2000)에 따르면, 도덕적 규칙이나 행동 기준은 직관, 타인의 평가, 모델과 같은 여러 정보에 의해서 형성된다. 도덕성발달은 인지적 요소와 환경의 복합적인 상호작용에 의한 것으로 간주되고 있다. 사람들은 경험을 토대로 어떤 요인들이 도덕적으로 연관되며 그 각각에 어떤 가치가 있는지를 배운다. 부모는 다양한 행동에 대한 대안과 기대 및 관련 상황의 정보를 제공하며, 도덕적 행동의 시범을 보이고, 자녀의 여러 행동을 강화하며, 죄책감과 같은 자기 평가 반응의 발달에 영향을 미친다. 더구나, 사고와 행동 및 환경이 모두 상호작용을 하며 영향을 미치고, 개인의 관심과 조절 과정도 도덕적 행동의 학습에 중요한 역할을 한다.

(1) 부모와 가족

부모가 자녀와 상호작용하는 방식에 따라 유아의 친사회적 또는 공격적 경향성은 영향을 받는다. 생애 초기에 유아와 주 양육자 사이에 형성되는 애착의 질은 이러한 행동에 영향을 준다. 양육자가 영아의 신호에 민감하고 반응적일 때 영아는 자신이 세상에 영향을 끼칠 수 있음을 느끼고 자율성을 획득하지만, 그렇지 못할 때 좌절을 경험하고 공격성을 일으킨다(Berkowitz, 1993). 불안정한 애착을 형성한 유아는 부정적 감정에 더욱 민감하고 자신과 타인에 대해 부적응적 관점을 가지게 되어 공격적인 행동을 발달시킬 수 있다(Laible & Thompson, 1998; Simon et al., 2001). 우리나라에서도 어머니와의 애착과 공격성은 관련이 있는 것으로 보고되었다(유혜경, 남현우, 2010).

부모의 양육태도도 중요하다. 온정적인 부모를 가진 유아는 다른 사람에 대해 더 공감하고 협조적이며 도움을 주는 경향이 있었다(Thompson & Newton, 2010). 따뜻하고 긍정적인 정서를 많이 표현하는 부모의 자녀는 감정이입을 잘하고 친사회적 성향을 보였다(Zhou et al., 2002). 부모가 자율성을 강조하고 격려를 많이 할 때 유아는 덜 공격적이었고, 신체 · 언어 공격 모두 감소하였다. 유아는 권위적인 양육방식(authoritative parenting style)을 가진 부모의 친사회적 행동을 모방하는 경향이 있었다. 부모가 자녀를 사랑하고, 행동에 대해 엄격하고 높은 기준을 가지며 어떠한 행동이 사회에서 받아들여지지 않는지에 대해 이유를 설명하는 것은 유아의 친사회적 행동에 영향을 미친다(Baumrind, Larzelere, & Owens, 2010). "네가 밀어서 병욱이가 우는 거야."와 같이 행동과 행동의 결과를 연결지어 명확하게 설명하는 것은 유아의 친사회적 행동을 돕는다. 부모의 애정적이지만 분명한 행동 기준을 제시하는 양육방식이 자아통제 능력을 길러 주기 때문이다.

그러나 반대로 잔소리가 많거나 유아에게 무관심한 부모를 가진 유아는 더욱 공격적이 되었다. 온정적인 부모는 유아가 분노나 실망에 대해 효과적으로 대처하도록 돕는 반면, 적대적 부모는 유아가 불만을 더 키우거나 다른 사람들에게 화풀이하는 것을 방치하여 공격적으로 대처하도록 한다(Fite et al., 2010). 부모가 너무 엄격할 때 유아의 자아통제는 낮은 경향을 보이는데(Donovan, Leavitt, & Walsh, 2000), 이는 유아가 통제를 내재화할 수 있는 기회를 부모가 주지 않았기 때문이다(Kochanska, Coy, & Murray, 2001). 무조건 "하지마! 안 돼!"라고 행동을 제지하기만 하고 안 되는 이유를 설명해 주지 않는 것은 유아의 친사회적 행동을 유발하지 못한다. 특히 신체적 처벌이나 학대가 이루어지는 독재적 양육방식(authoritarian parenting style)의 부모나 때때로 유아가 부정적인 충동을 자기 자신의 방법으로 표출하도록 놔두는 허용적인 부모(permissive parenting style)도 유아의 공격성을 키운다(Chan, 2010; Harris, 2006).

부모와의 상호작용뿐 아니라 가족 구성원들이 서로 공격적인 강압적 가정환경(coercive home environment) 역시 유아를 공격적으로 만든다. Patterson(1982)은 공격적인 유아의 가족 구성원들은 대화를 꺼리고, 대화를 하더라도 다른 가족을 괴롭히고 위협하며 자극하는 경향이 많음을 발견하였다. 강압적 가정환경에서 어머니들은 설명이나 칭찬 같은 긍정적 방법을 사용하지 않았으며, 잘못된 행동이라고 생각되면 대부분 소리를 지르거나 때리는 등의 강압적 방법을 사용하였다. 이러한 가정환경에서 자란 유아는 부모의 강압적 방법에 대처하기 위해 부모에게 반항하고 부모의 강압적 행동을 되풀이하게 된다. 이러한 유아는 자라면서 더욱 공격적이며 자기통제가 결여될 수 있다(Feldman & Weinberger, 1994).

(2) 모델링

공감적이고 너그러운 모델을 관찰한 유아는 그러한 모델에 노출되지 않은 유아보다 더 친사회적 행동을 한다(Mares, Palmer, & Sullivan, 2008). 어머니가 다른 사람을 돕는 것을 보면서 성장한 유아는 더욱 친사회적 행동을 하였다(Zahn-Waxler, Radke-Yarrow, & King, 1979). Bandura(1965)는 보보인형 실험(Bobo doll experience)을 통해 공격적인 행동을 하는 성인의 모습을 관찰한 3~6세의 유아가 인형에게 공격적인 행동을 하며, 공격적인 행동을 하고 난 후 모델이 벌을 받지 않는 비디오를 본 유아가 더욱 공격적이었음을 보여 주었다.

모델의 형태에 따라 공격성을 모방하는 수행 정도는 달라질 수 있는데 실제 모델이 공격적인 행동을 하는 것을 보는 경우 유아가 공격성을 모방하는 빈도가 가장 높았고, 그 다음으로 영화 등의 영상물, 만화에서 유아가 공격성을 모방하는 것으로 나타났다. 유아는 부모나 교사 등 자신이 존경할 만하다고 지각하는 사람을 모방할 가능성이 크다. 따라서 부모나 교사가 폭력을 행사하는 것은 유아들이 폭력성을 학습하는 데 가장 크게 영향을 미칠 수 있으며, TV와 같은 영상물을 통해 유아는 특별한 노력이나 수고를 기울이지 않고도 쉽게 공격성을 학습할 수 있다. 미국의 한 연구 팀은 아동이 '파워레인저'를 시청한 즉시 폭력적인 주인공의 행위를 그대로 흉내 내는 폭력적인 놀이가 7배나 증가했다는 연구결과를 발표한 바 있다(Boyatzis, Matillo, & Nesbitt, 1995). 모델링은 반대의 경우에도 작용하므로 이타적 행위에 대한 뉴스와 영상은 유아에게 친사회적 모델(prosocial model)을 통해 이타성, 도덕성 등을 키워 줄 수 있다.

공격성을 모방하는 것과 관련하여 유아는 자신과 관찰하는 모델 간의 유사점이 있다고 인식할 때 그 모델의 행동을 모방할 가능성이 높다(Schunk, 1987). 즉, 성(gender), 연령, 문화 등이 자신의 상황과 유사하여 감정이입이 가능한 모델일수록 모방을 통한 학습이 일어날 가능성이 높다. 똑같은 공격적 영화를 보고 성장한 성인 남자가 여자보다 더 공격성을 보였다. 이는 공격성을 보여 주는 영상 속 모델이 남성이었기 때문에 남아의 모방률이 더 높았기 때문이다.

4. 도덕성발달을 위한 시사점

유아가 공격적 행동을 줄이고 친사회적 행동을 하도록 방법을 제시하고 자아통제능력을 발달시키도록 이끌어 가는 것은 부모와 교사가 해야 할 일이다. 그렇다면 친사회적 행동을 증가시키기 위해 부모와 교사는 어떤 환경을 제공해야 하는가?

첫째, 유아의 공격성을 낮추기 위해서는 갈등의 가능성을 최소화하는 것이 바람직하다. 공격적인 행동을 유발하는 장난감을 치우거나 넓은 공간을 확보하여 친구와 부딪치거나 장난감에 걸려 넘어지는 것을 피하게 하면 갈등과 공격성을 줄이는 데 기여할 수 있다.

둘째, 부모와 교사는 일관성 있는 규칙을 논리적이고 지지적인 방식으로 설명함으로써 유아의 도덕성발달을 증진할 수 있다. Piaget는 부모나 교사가 무조건적으로 성인이 정한 규칙에 따를 것을 요구한다면 유아의 도덕성발달이 지체되고, 이 단계에 유아를 머물게 할 수 있다고 보았다(DeVries & Zan, 1995). 만일 부모가 "시키는 대로 해! 아빠가 하라는데 무슨 말이 많아!"와 같이 위협적이고 독재적으로 부모가 정한 규칙을 따르도록 강요한다면, 유아는 규칙이란 부모의 강한 요구에서 나오는 절대적인 것이라고 인식하고 도덕성발달을 늦추게 된다. 또한 이런 때는 허락해 주고 저런 때는 안 된다고 하면서 일관되지 않은 규칙으로 유아를 혼란스럽게 하면 유아는 다음 도덕성 단계로 발달하는 데 어려움을 겪을 수 있다.

셋째, 모델링은 도덕성발달에 중요한 역할을 한다. 배려하고 너그러운 성인 모델을 가진 아동은 다른 사람의 권리와 감정에 대해 더욱 관심을 가졌다(Cook & Cook, 2005; Eisenberg & Fabes, 1998). 도덕적 사고가 발달한 유아의 부모는 유아가 이해할 수 있는 수준에서 도덕적 시사점이 담긴 이야기를 들려주며, 유아가 깊이 있게 생각해 보도록 격려하며 친사회적 행동을 격려하였다(Walker & Taylor, 1991). 공정하고 책임감 있으며 민주적인 부모와 교사의 모습을 통해 유아는 도덕적 가치와 도덕관을 배운다. 규칙 잘 지키기, 공공장소에서 예의 지키기, 높임말 쓰기, 어른들에게 인사 잘하기 등 부모와 교사가 유아에게 기대되는 행동과 원칙을 자신이 준수하고 있음을 유아에게 보여 주는 것은 좋은 모델링이다.

넷째, 공격은 보상을 받지 못하며 친사회적 행동이 자신의 목표를 획득하는 데 더 효과적인 방식임을 가르친다. 이를 위하여 사용할 수 있는 방법은 양립불능 반응 기법(incompatible-response technique)인데, 이는 협동이나 공유와 같은 행동을 강화하고 가장 심각한 공격적 행동을 무시하는 기법이다. 장난감을 뺏기 위해 동생을 때린 유아의 어머니는 단지 장난감을 동생에게 되돌려주고 유아의 공격을 무시해야 한다. 공격적 행동이 원하는 장난감을 얻지 못한다는 것을 가르치고, 만일 어머니의 주의를 끌기 위해 동생을 공격했다면 자신의 행동이 주목받지 못함을 알게 하는 것이다. 이 기법은 유아의 친사회적 행동을 증가하고 그에 상응하는 적대성을 감소시키는 것으로 알려져 있다(Brown & Elliot, 1965; Conduct Problems Prevention Research Group, 1999).

다섯째, 타임아웃 기법(time-out technique)도 공격적인 행동을 강화하지 않고 적대성을 통제하는 데 효과적인 방법이다(Parke & Slaby, 1983). 부모나 교사는 공격적인 행동을 한 유아가 스스로 자아를 통제하고 바람직한 행동을 할 준비가 될 때까지 그 장면으로부터 떠나서 자기 방에 보내거나 벽을 바라보고 앉아 있도록 한다. 이는 성인이 유아를 신체적으로 학대하지 않고, 공격적 모델이 되지 않으며, 주의를 끌기 위해 공격적 행동을 하는 유아를 더 이상 강화시키지 않는 기술이다.

TIPS

공격 행동에 대처하는 방법

• 깨무는 경우

많은 아이들이 만 1~3세에 공격적으로 깨무는 행동을 시작한다. 깨무는 것은 아이가 자신의 힘을 시험하거나 관심을 얻는 방법이 될 수 있다. 어떤 아이들은 슬픔, 불안 또는 질투를 느끼기 때문에 깨무는 경우도 있다. 지나치거나 엄격한 훈육 또는 신체적 폭력에 노출되었던 결과로 물기도 한다. 이가 나고 있는 아이들이 정상적인 발달과정에서 물 수도 있다.

유아가 물 때는 눈을 똑바로 쳐다보면서 단호하고 인정할 수 없다는 어조로 "안 돼."라고 즉각적으로 말한다. 만 1~2세의 아이는 꽉 껴안거나 꼼짝 못하게 하고, 만 2~3세의 아이는, "물면 안 돼! 물리면 아프단다."라고 말한다. 물면 아프다는 것을 가르쳐 주려고 어른들이 유아를 물어서는 안 된다. 이러한 행동은 어떻게 물면 되는지 깨무는 행동을 아이에게 가르쳐 주는 결과를 초래한다. 만약 깨무는 행동이 계속된다면 유아가 문 후 5분 동안은 같이 놀아 주지 않거나 안아 주지 않는 등 깨무는 행동으로 부정적인 결과가 일어난다는 것을 알려 준다.

• 물건을 훔친 경우

어린이집이나 유치원에서 친구의 물건을 훔친 유아는 "선물 받았어." 또는 "친구에게 빌렸어."라고 이야기한다. 남의 물건을 가지는 것이 나쁘다는 것을 잘 몰라서 훔치기도 하고, 빌리는 것과 훔치는 것의 구별을 못하기도 한다. 부모나 친구에게서 사랑과 관심을 충분히 받지 못하는 경우 관심을 끌기 위해 훔치기도 한다. 사고 싶은 물건이 있는데 용돈이 부족할 수도 있다.

훔치는 행동을 무시하거나 사소한 일로 생각해서는 안 되며, 훔치는 행동의 원인을 파악하고 이해해야 한다. 남의 것을 들고 오는 것은 나쁜 일임을 명확하게 설명하고 부모가 직접 동행해 친구에게 돌려주고 사과하도록 하는 것이 좋다. 심하게 꾸짖거나 체벌을 해서 다시는 그런 행동을 안 하겠다는 약속을 받아내는 것은 유아가 자신이 나쁜 아이라는 강한 수치심을 가지게 하므로 바람직하지 않다.

• 화내는 경우

유아는 자신의 요구와 정서적 느낌을 더 잘 표현하는 방법을 모르기 때문에 화내는 행동으로 표현하는 경우가 많다. 부모나 교사는 "화내지 마!" "시끄러워!"와 같이 행동을 억제하는 표현을 하기보다 "좀 더 천천히 말해 보렴." "조용히 이야기하면 좋겠어."라고 하면서 긍정적인 행동을 알려 주도록 한다. 또한 상습적으로 화내는 행동은 무시하고, 또래와 긍정적인 상호작용을 하는 바람직한 행동을 했을 때 칭찬함으로써 바람직한 행동을 강화한다. 화내는 행동을 하지 않을 때 유아가 존중받을 수 있다는 것을 인식시킴으로써 자아통제능력이 발달하도록 돕는 것이다.

• 공격을 당했을 경우

공격적인 유아로부터 맞았을 경우에는 어떻게 할까? 폭력을 행사한 것이 나쁜 것이지 폭력에 당한 아이가 나쁜 게 아니다. "바보같이 맞았느냐!"라고 몰아세우거나 "다 맞으면서 크는 거니까 별일 아니야."라고 무시하면 주눅들어 있는 유아는 더 위축된다. 다투고 싶지 않아서 무조건 참는 수동적인 반응을 보이는 유아는 지속적인 폭력의 대상이 되며, 당한 유아가 울고 도망간다면 공격한 유아는 성취감을 갖게 된다.

부모와 교사는 일단 그동안 힘들었을 유아를 충분히 자주 안아 주고 맞은 것이 자신의 잘못이 아니라고 이야기한다. 그리고 단호한 행동을 할 수 있도록 충분히 연습시킨다. 다른 유아가 폭력을 행사하려는 자리를 최대한 빨리 피하도록 하고, 괴롭히는 아이를 흥분하지 않은 눈빛으로 바라보는 연습을 한다. 큰 소리로 고함을 지르는 연습을 충분히 해서 필요한 경우 도움을 요청하도록 한다. 부모나 교사가 무작정 뛰어들어 유아가 스스로 해결할 기회를 주지 않는다면 또래 간의 갈등을 혼자 대처해 나가는 방법을 터득하지 못한다. 그러나 반복적으로 공격적인 행동을 하는 유아는 공격을 당하는 유아가 해결할 수 없으므로 부모나 교사가 개입하여 때리지 못하도록 하고 공격적인 행동을 수정하도록 도와야 한다.

CHAPTER **10**

지능

1. 지능의 의미와 지능이론
2. 지능의 측정
3. 지능 관련 쟁점

Chapter 10

지능

영유아가 지닌 다양한 지적 능력의 발현은 출생 직후부터 꾸준히 관찰된다. 영아는 신체 및 운동, 인지 및 언어 발달을 통해 환경과의 적응을 기꺼이 시도하며, 영아기 전반에 걸쳐 문제해결능력을 포함한 더욱 높은 수준의 정신 능력을 키워나간다. 전조작기에 들어선 유아는 이전 시기인 영아에 비해 더욱 다양한 지적 능력의 개인차를 보인다. 유아의 강점 혹은 약점 지능은 학습 활동뿐 아니라 놀이를 통해서도 드러난다. 또래들과 함께하는 퍼즐 놀이를 유난히 좋아하고 잘하는 유아가 있는 반면, 노래나 율동을 선호하고 잘 표현하는 유아도 있다. 영유아가 지닌 특정 영역의 지적 능력은 학습이나 놀이에 대한 그들의 동기 수준에도 영향을 미친다. 자신이 잘할 수 있는 영역에 대하여 아이들은 더욱 흥미를 보일 것이고 그만큼 해당 부분의 지능은 향상될 수 있다. 그러므로 부모나 교사는 영유아의 활동을 주의 깊게 관찰하여 아이가 지닌 우수한 능력은 무엇인지, 나아가 약점 영역은 무엇인지에 대한 정보를 수집해야 한다. 지속적인 관찰을 통하여 알게 된 아이의 강점 지능은 그에 적합한 교수학습 과정 및 프로그램을 통해 더욱 활성화시키고 약점 지능은 보완함으로써 보다 다양한 영역에서 유능함을 지닌 영유아를 만날 수 있을 것이다.

1. 지능의 의미와 지능이론

인간이 지닌 지적 능력의 속성에 대한 견해는 다양하다. 지능은 타당성이 입증된 지능검사가 보고하는 점수를 의미하거나, 인간의 학습 역량, 한 인간이 획득한 총 지식, 새로운 상황과 환경에 적응하는 능력, 특정 문화권에서 요구하는 방식으로 새롭고 도전적인 과제를 해결하는 문제해결능력 등으로 규정된다(McDevitt & Ormrod, 2013).

심리학자들이 본 지능의 중요한 측면									
추상적 사고 및 추리 능력 99.3%	문제 해결 능력 97.7%	지식 획득 역량 96.0%	기억력 80.5%	적응력 77.2%	정신 속도 71.7%	언어 적성 71.0%	수학 적성 67.9%	일반 지식 62.4%	창의성 59.6%

지능의 의미에 대한 의견을 심리학자들에게 물었다(Snyderman & Rothman, 1987). 대부분의 심리학자들이 추상적 사고 및 추리능력(99.3%), 혹은 문제해결능력(97.7%)이라고 답변하였다. 다음으로 지식 획득 역량이라는 답변 비율(96.0%)이 높았고, 그 외에 기억력(80.5%), 적응력(77.2%), 정신 속도(71.7%), 언어 적성(71.0%), 수학 적성(67.9%), 일반 지식(62.4%), 창의성(59.6%)의 순으로 답변하였다.

지능의 의미에 관한 학자들의 견해가 다양하듯이 그것이 단일의 속성인지 혹은 복수의 속성인지에 대한 의견 역시 분분하다. 전문가들의 의견이 다양할 수밖에 없는 이유는 지능의 기저에 있는 세부 특성 자체가 우리 눈에 정확하게 관찰될 수 없는 것으로서 단지 인간의 추정에 의하여 정의되는 속성이기 때문이다. 지능의 속성에 대한 다양한 견해는 크게 일반요인이론, 다요인이론, 위계이론, 다중지능이론이라는 네 가지의 관점으로 수렴된다. 지능검사 측정 문항 간의 상관이 높아서 결국 지능은 하나의 요인으로 구성된다는 관점이 일반요인이론이며, 지능은 한 개가 아닌 몇 개의 기본정신능력으로 구성된다는 관점이 다요인이론이다. 지능 속성 간의 위계를 강조하는 관점이 위계이론이며, 지능의 기저능력은 처음부터 서로 별개의 것으로서 개별적 능력이 모두 고유한 영역이라는 관점이 다중지능이론이다.

일반요인이론

지능은 단일 요인으로 구성되어 있다고 보는 이론

g요인

모든 지능검사에 적용 가능한 하나의 정신 속성

일반요인(g-factor)이론의 대표적인 학자인 Charles Spearman(1863~1945)은 여러 종류의 성취도 검사와 정신작업 검사 간의 상관연구를 통하여 인간의 지능이 g요인(a general factor)과 s요인(specific factors)으로 구성되어 있다고 하였다(Spearman, 1904, 1927). 즉, 어떠한 종류의 지능검사에도 적용 가능한 하나의 정신 속성인 g요인이 있고, 각각의 지능검사 영역에서 요구하는 특수한 능력이 이러한 g요인에 덧붙여 있는 것이라고 제안하였다. Spearman은 일반지능과 특수능력 모두에서 인간의 개인차가 나타나며, 이 두 요인이 함께 정신과제에 대한 수행을 결정한다고 하였다.

다요인이론

지능은 한 개가 아닌 몇 개의 기본정신능력으로 구성되어 있다고 보는 이론

기본정신능력(PMA)

언어이해, 기억, 추리, 공간시각화, 수, 단어유창성, 지각속도의 7가지 요인

다요인(multi factorial intelligence)이론의 대표적인 학자는 Louis Thurstone(1887~1955)과 Joy Guilford(1897~1987)다. 먼저, Thurstone(1938)은 모든 지적 기능에 작용하는 단일능력으로서의 일반지능을 제안한 Spearman의 견해와는 달리, 지능은 하나가 아닌 여러 가지의 기본정신능력(primary mental ability: PMA)으로 구성되어 있다고 주장하였다. 그는 지능이 서로 독립적인 별개의 요인으로 존재하므로 지능에 대한 기술은 각 지능 요인에 대한 개별화된 점수로 제시되어야 한다고 제안하였다. 그가 제안한 7가지의 기본정신능력은 '언어이해, 기억, 추리, 공간시각화, 수, 단어유창성, 지각속도' 요인이다.

다음으로, Guilford(1988)는 인간의 지능에는 세 가지의 필수적인 지적 국면이 있다고 주장하면서 지능구조 모델(structure of intellect model)을 제안하였다. 세 가지의 필수적 차원이란 정신능력에 포함되는 내용(content) 차원과 그 요인에서 요구하는 조작(operation) 차원, 그리고 그러한 조작이 내용에 작용하여 나타나는 산출(product) 차원을 말한다. 내용 차원은 '시각, 청각, 상징, 의미, 행동'의 5개 하위 요인으로 구성되며, 조작 차원은 '인지, 기억파지, 기억부호화, 확산적 사고, 수렴적 사고, 평가'의 6개 하위 요인으로 구성된다. 결과로 나올 수 있는 산출 차원은 '단위, 유목, 관계, 체계, 변환, 함축'의 6개 하위 요인으로 구성된다. 내용, 조작, 산출의 세 차원은 처음에는 내용 차원 4개, 조작 차원 5개, 산출 차원 6개로 총 120개의 하위 요인이 제시되었으나, 이후에 제시된 지능구조 모델에서는 5개 내용 차원과 6개 조작 차원, 6개 산출 차원을 구성하는 요인이 상호 결합하여 얻어지는 180개의 상이한 정신능력으로 구성되었다.

내용 차원

시각, 청각, 상징, 의미론, 행동의 5개 하위 요인

조작 차원

인지, 기억파지, 기억부호화, 확산적 사고, 수렴적 사고, 평가의 6개 하위 요인

산출 차원

단위, 유목, 관계, 체계, 변환, 함축의 6개 하위 요인

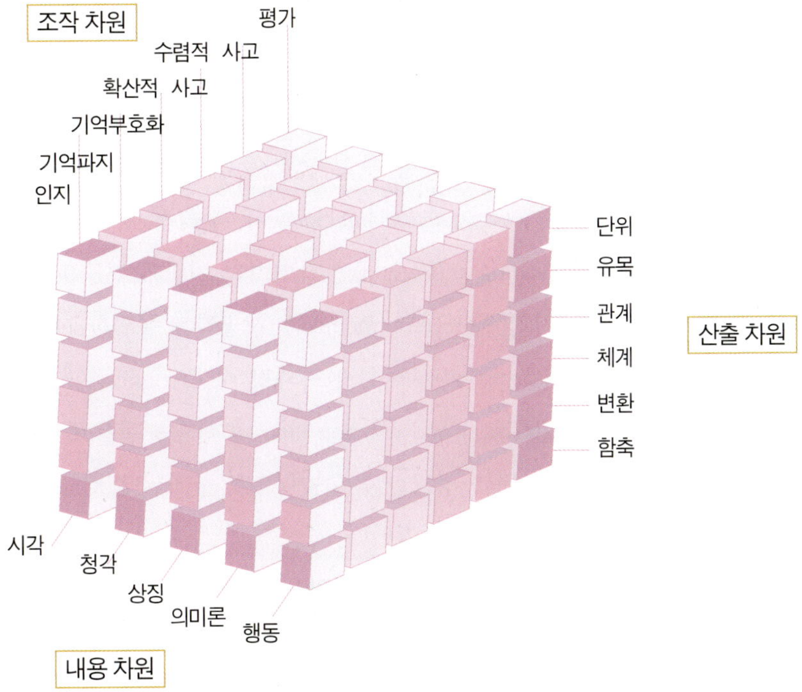

[그림 10-1] Guilford의 지능구조 모델

위계이론(hierarchical model)의 대표적인 학자는 Raymond Bernard Cattell(1905~1998), John Bissell Carroll(1916~2003), John L. Horn(1929~2006) 등이다. 먼저, Cattell은 Thurstone이 제시한 기본정신능력 검사를 세밀하게 분석한 후, 지능의 일반요인으로 유동적 지능과 결정적 지능을 제안하였다(Cattell, 1963). 유동적 지능(fluid intelligence)은 신경생리적 영향에 의하여 발달하는 지능으로 생리적 발달이 지속되는 청소년기까지는 꾸준히 그 수준이 증가하나, 생리적 발달이 쇠퇴하기 시작하는 성인기 이후부터는 그 수준이 지속적으로 감퇴한다. 유동적 지능은 지각 및 일반적 추리 능력, 기계적 암기, 속도 등의 능력에서 잘 나타난다. 이에 비하여 결정적 지능(crystallized intelligence)은 특정한 환경과 개인적 경험, 문화적 영향에 의해 발달하는 지능으로 가정환경 및 교육의 정도, 직업 등의 영향을 받는다. 논리적 추리능력, 언어능력, 문제해결력, 상식 등의 능력에서 잘 나타나는 결정적 지능은 환경적인 자극이 지속되는 한 성인기 이후까지 꾸준히 발달한다. Cattell의 이론에 따르면, 영유아기는 유동적 · 결정적 지

위계이론
지능 속성 간의 위계를 강조한 이론

유동적 지능
신경생리적 영향에 의하여 발달하는 지능으로 지각 및 일반적 추리능력, 기계적 암기, 속도 등의 능력에서 잘 나타남

결정적 지능
특정 환경과 개인적 경험, 문화적 영향에 의해 발달하는 지능으로 논리적 추리능력, 언어능력, 문제해결력, 상식 등의 능력에서 잘 나타남

능 모두에서 지속적으로 발달 가능한 시기임을 알 수 있다.

CHC 모델
지능의 속성을 상층, 중간층, 하층의 위계 구조로 설명한 이론

CHC(Cattell-Horn-Carroll) 모델은 Cattell 및 Horn의 이론과 Carroll의 이론을 결합한 것이다. 위계적 지능이론으로 불리는 CHC 모델은 위계 구조에서 가장 상층(계층 III)에 일반지능(g)을 두고, 중간층(계층 II)에 유동적 추론(fluid reasoning), 결정적 지능(crystallized intelligence), 수리적 지식(quantitative knowledge), 읽기와 쓰기(reading and writing), 장기기억 저장과 복구(long-term storage and retrieval), 단기기억(short-term memory), 시공간적 능력(visual-spatial abilities), 청각적 처리(auditory processing), 인지과정 속도(cognitive processing speed), 결정과 반응 시간(decision and reaction time)의 특수능력을 둔다. 또한 하층(계층 I)은 중간층에 포함되는 정교한 특수능력으로 구성된다. CHC 모델에서 보듯이 인간의 지적 능력은 위계를 지닌다.

최근 지능이론에 따르면, 지능은 하나의 일반능력이나 서로 분리된 몇 개의 능력으로 구성되는 것이 아니라 처음부터 서로 별개의 것이다.

Howard Gardner(1943~)는 지능을 일컬어 일정한 문화에서 유용하게 쓰일 수 있는 정보를 처리하는 생물적 · 심리적 잠재력이라고 정의하면서, 인간 두뇌

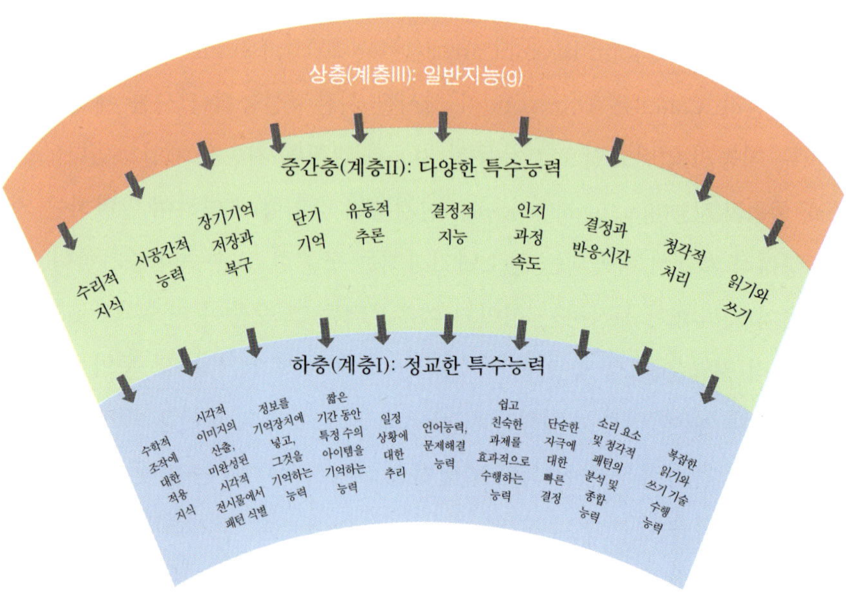

[그림 10-2] CHC 모델

의 해부학적 구조와 개인이 속한 문화의 관점에서 지능을 분석하여 다중지능이론을 제시하였다. 그는 자연스러운 교수-학습 상황과 관련 없는 인위적인 과제를 해결하도록 하여 인간의 지능을 판단하는 전통적인 지능검사 방법의 타당성에 대하여 의문을 던졌다. 그의 이론은 전통적인 지능검사 점수에서 탈피하여 인간 개인이 지닌 고유한 잠재능력의 가치와 범위를 더욱 확장시켰다는 점에서 의미가 있다. 그가 제안한 8가지의 지능은 '언어 지능, 논리-수학 지능, 공간 지능, 신체-운동 지능, 음악 지능, 대인간 지능, 개인내 지능, 자연 지능'이다.

다중지능이론
지능의 속성은 서로 별개의 것으로서 개별적 능력이 모두 고유한 영역이라고 주장하는 이론

다중지능
언어 지능, 논리-수학 지능, 공간 지능, 신체-운동 지능, 음악 지능, 대인간 지능, 개인내 지능, 자연 지능의 8가지 지능

Gardner의 8가지 다중지능

- 언어 지능(linguistic intelligence): 언어를 효과적으로 사용할 수 있는 능력. 말하기, 읽기, 작문, 듣기 영역에 대한 민감성

- 논리-수학 지능(logical-mathematical intelligence): 특정 문제를 논리적으로 분석하고 추론하는 능력. 특히 수학적 조작과 과학적인 방법을 활용한 문제해결능력

수학 퍼즐을 맞추고 있는 유아
(논리-수학 지능의 활성화)

다양한 재료와 도구를 사용하여 미술활동을 하는 유아
(공간 지능의 활성화)

- 공간 지능(spatial intelligence): 공간을 인지하고 다루는 잠재능력. 시각적인 세계를 잘 지각하고, 지각된 것을 변형하는 능력. 균형과 구성에 대한 민감성. 유사한 양식을 감지하는 능력

- 신체-운동 지능(bodily-kinesthetic intelligence): 문제를 해결하거나 사물을 아름답게 꾸미기 위하여 몸 전체나 손, 얼굴표정을 포함한 신체의 일부분을 기술적으로 활용할 수 있는 능력

삽과 신체를 활용하여 모래놀이를 하는 유아
(신체-운동 지능의 활성화)

- 음악 지능(musical intelligence): 음악을 이해하고 적용하며 창작할 수 있는 능력. 연주, 작곡, 지휘 기술과 관련된 능력

소고 연주를 하는 유아(음악 지능의 활성화)

- 대인간 지능(interpersonal intelligence): 타인의 욕구와 동기, 의도를 이해하고 다른 사람과 효과적으로 일할 수 있는 능력

역할놀이를 통하여 또래들과 의견을 교환하는 유아
(대안간 지능 및 개인내 지능의 활성화)

- 개인내 지능(intrapersonal intelligence): 자신을 이해하고 자신의 욕구, 불안, 두려움 등을 잘 통제하여 효율적인 삶을 살 수 있는 잠재능력

- 자연 지능(natural intelligence): 자연에 존재하는 여러 종을 잘 구분하고 종 사이의 관계성을 인식하고 규정하며 자연과의 교감을 능숙하게 할 수 있는 능력

손수 뿌린 씨앗을 돌보는 유아(자연 지능의 활성화)

다중지능의 측정은 검사를 받는 유아 혹은 그들의 부모 및 담당교사가 영역별 지능과 관련된 질문에 대하여 답하는 자기보고식 체크리스트를 활용한다. 체크리스트의 내용을 읽을 수 없는 유아의 경우에는 그 부모나 보육교사가 질문에 답할 수 있다. 체크된 문항의 수가 많을수록 해당 영역의 지능이 발달된 것이며, 체크된 문항의 수가 적으면 그 영역의 지능이 덜 계발된 것을 의미한다.

다중지능검사의 결과는 아이들의 학습 과정에 적용될 수 있다. 만약 특정 유아에게 실시한 다중지능검사의 결과, 공간 지능과 대인간 지능이 높은 수준이라면 해당 유아의 개인차를 고려하여 강점 지능을 더욱 향상시킬 수 있는 교수-학습을 실시한다. 또한 상대적으로 언어 지능과 음악 지능이 낮은 수준이라면 그 유아의 강점인 공간 지능과 대인간 지능을 활용하여 약점 지능인 언어 지능과 음악 지능 또한 향상시킬 수 있는 교수-학습을 실시한다. 결국 유아의 강점 지능은 더욱 강화시키고 약점 지능은 강점 지능을 통하여 보완하는 것이 다중지능 교수-학습의 최종 목표다.

다중지능검사 체크리스트(유아용) 사례

• 언어 지능
- 동화책을 읽고 내용을 잘 이해한다.
- 다른 사람의 말을 잘 듣고 그대로 전달할 수 있다.
- 글을 읽고 나의 생각이나 느낌을 조리 있게 말할 수 있다.
- 글 쓰는 것을 좋아하고 논리적으로 잘 쓴다.

• 논리-수학 지능
- 수 세기나 덧셈, 뺄셈을 쉽게 한다.
- 어떤 일이 발생했을 때 왜 그런 일이 일어났는지 논리적으로 설명할 수 있다.
- 보드게임을 할 때 전략을 세워서 할 줄 안다.

• 공간 지능
- 여러 종류의 블록을 입체적으로 잘 쌓는다.
- 낙서하기나 그림 그리기를 좋아한다.
- 사물의 색이나 명암, 원근감 등을 잘 구별한다.
- 퍼즐이나 조립 완구들을 다른 사람의 도움 없이 잘 다룬다.

• 음악 지능
- 음정이나 박자를 잘 맞추어 노래한다.
- 여러 가지 악기 연주하는 것을 좋아한다.
- 음악 감상하는 것을 좋아한다.
- 주변의 소리들에 민감하다.
- 스스로 노래를 만들어 노래하거나 연주하는 것을 좋아한다.

- 신체-운동 지능
  - 다른 사람이 하는 동작들을 쉽게 따라한다.
  - 몸을 많이 움직이는 운동을 좋아한다.
  - 손을 움직이는 블록이나 오려 붙이기 등의 섬세한 작업을 좋아한다.
  - 춤이나 연기, 표정짓기 등을 감각적으로 잘한다.

- 대인간 지능
  - 다른 사람의 기분을 쉽게 알아차린다.
  - 친구들과 놀이를 할 때 양보하고 배려한다.
  - 어떤 놀이를 할 때 리더가 되어 다른 친구들을 잘 이끌며 논다.
  - 친구들이 어려울 때나 곤란한 상황일 때 잘 도와준다.

- 개인내 지능
  - 자신의 감정이나 기분을 잘 조절한다.
  - 자기가 해야 할 일을 스스로 하려고 노력한다.
  - 자신의 장점과 단점을 잘 안다.

- 자연 지능
  - 자연세계에 대해 관심이 많다.
  - 동물이나 식물을 키우는 것을 좋아한다.
  - 동물이나 식물의 공통점과 차이점을 구별할 수 있다.

최근 들어 다중지능이론이 유아 및 아동 교육에 활발히 적용되고 있다. 예를 들어, 미국 인디애나폴리스에서는 유치원부터 초등학교 6학년까지의 유아 및 아동을 대상으로 다중지능이론을 적용한 키스쿨(Key school)을 운영 중이다(Goleman, Kaufman, & Ray, 1993). 키스쿨의 유아들은 매일 다양한 지능 영역을 자극하도록 구성된 교수-학습 자료를 경험하면서 자신의 강점 지능을 강화하고 약점 지능을 보완한다. 우리나라 유치원에서도 다중지능이론은 이미 널리 활용되고 있다. 언어 지능 및 논리-수학 지능, 음악 지능, 대인간 지능 등, 가급적 여러 영역별 지능이 활성화되도록 제작된 다양한 유아 교수-학습 자료들이 유치원 교육에 적용되고 있는데, 이는 유아의 지능발달을 촉진시키는 고무적인

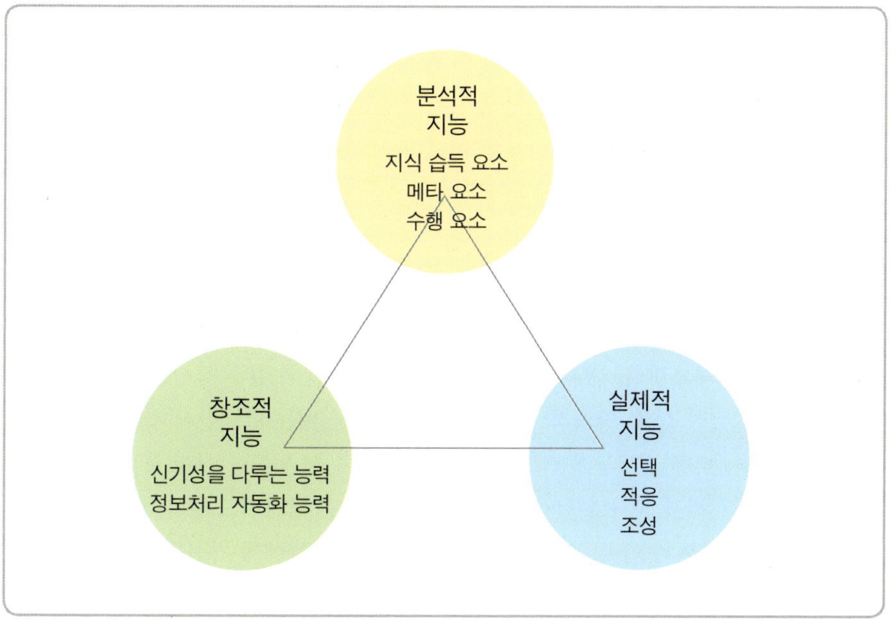

[그림 10-3] Sternberg(1985, 1999)의 삼원 지능과 성공 지능

현상이다.

Robert Sternberg(1949~)는 인간이 특정한 문제를 해결하고 지적으로 행동하기 위해 정보를 어떻게 모으고 사용하는지의 관점에서 지능을 조명하였다(Sternberg, 1999). 그가 제안한 '지능 삼원론(triarchic theory of intelligence)'에서 삼원에 해당되는 지능은 '분석적 지능(analytical intelligence), 창조적 지능(creative intelligence), 실제적 지능(practical intelligence)'이다. 그는 이후 이 세 가지 능력으로 구성된 지능을 일컬어 성공 지능(successful intelligence)이라 명명하였다(Sternberg & Grigorenko, 2007). 즉, 성공 지능은 인간이 자신의 목표를 향해 분석적, 창조적, 실제적 지능을 통합할 수 있는 일련의 능력을 말한다.

분석적 지능

메타 요소, 수행 요소, 지식 습득 요소로 구성

분석적 지능은 인간의 정신과정과 관련된 것으로서 흔히 학문적 영역의 지능을 의미한다. 특정 정보나 문제를 분석하고 대조하며 평가하는 일련의 정신작용이다. 이 지능은 기본적인 정보처리를 위한 메타 요소, 수행 요소, 지식 습득 요소로 구성된다. 메타 요소는 어떠한 일을 사전 계획하거나 일이 진행되는 동안 점검하는 것, 일을 통제하기 위하여 평가하는 것과 같은 정신과정을 말한다. 수행 요소는 메타 요소인 고등정신과정을 이행하기 위한 하위 수준의 과정을 의

유아에게 관찰되는 분석적 지능, 창조적 지능, 실제적 지능의 발달 사례와 특성

- 분석적 지능이 발달한 윤지: 윤지는 유치원 교사의 희망이다. 모든 수업에 모범적이고 성실하게 참여하며, 일반적으로 교사들이 머리 좋은 아이들에게 기대하는 모든 행동을 한다. 햇살반에서 윤지는 가장 똑똑한 친구로 주목받는다. 대부분의 유치원 교과 활동에서 높은 수준의 성취도를 보인다. 윤지와 같은 분석적 유형은 '높은 학업성취도, 높은 검사점수, 일반적으로 유치원 생활을 좋아함, 선생님을 좋아함, 유치원 환경에 비교적 잘 적응함, 교사나 부모의 지시에 잘 따름, 아이디어의 결점 찾기를 선호함, 타고난 비판가, 스스로 구조화하기보다 지시받는 것을 선호함' 등과 같은 특성을 보인다.
- 창조적 지능이 발달한 철재: 창의적 사고능력이 우수한 철재는 달님반에서 엉뚱한 아이로 취급받는다. 다른 친구들과는 달리, 교사의 질문에 늘 엉뚱한(어찌 보면 기발하고 새로운) 대답을 해서 교사로부터 지적을 받거나 무시를 당하기도 한다. 어느 날 달님반에서 우주에 관한 수업이 있었고, 교사는 달님반 친구들에게 자신들을 우주비행사라고 상상하도록 했다. 유아들은 우주비행사처럼 옷을 입고 그들이 목성에 착륙했을 때 무엇을 할 것인지 결정해야 했다. 철재의 대답은 '내가 목성인 옷차림을 하고 목성인들과 인사를 한다.'였다. 교사는 즉시 목성에는 아무도 살고 있지 않으므로 철재의 답변이 틀렸다고 지적했다. 그러나 수업 후, 친구인 민우가 철재의 답변에 흥미를 보이자, 철재는 목성인과 단순히 인사를 하는 차원을 넘어서 자신이 목성에서 하고 싶은 수많은 재미난 일들에 관하여 민우에게 열심히 설명해 주었다. 철재와 같은 창조적 유형은 '상상력이 뛰어남, 새로운 일을 만드는 것을 선호함, 가상놀이를 좋아함, 사물들이 서로 다르다고 가정하는 것을 좋아함, 또 다른 해결책을 생각해 보는 것을 선호함, 연기나 역할놀이 등을 좋아함' 등과 같은 특성을 보인다.
- 실제적 지능이 발달한 동준: 샛별반의 동준이는 다른 친구들로부터 '해결사'라는 말을 자주 듣는다. 특별히 잘하는 교과는 없지만 샛별반 친구들 간에 갈등이 생길 때마다 동준이의 중재로 친구들은 평화로운 교실생활을 할 수 있다. 동준이는 어린 나이임에도 불구하고 자신이 잘할 수 있는 것을 분명하게 알고 있다. 친구들이 서로 싸우려는 기미가 보이면, 교사의 개입에 앞서 동준이가 먼저 나서서 화해의 분위기를 만든다. 동준이의 능력으로 인하여 샛별반은 다른 학급에 비해 유치원 내에서 가장 화목한 학급으로 주목받는다. 친구들 또한 갈등 상황이 발생하면 해결사인 동준이를 먼저 찾는다. 동준이와 같은 실제적 유형은 '물건을 분해하고 고치는 것을 좋아함, 활동을 통해 직접 배우는 것을 선호함, 친구를 사귀고 친구관계를 오래 유지하는 것을 좋아함, 배운 것을 실제로 해보는 것을 선호함, 갈등을 해결하는 것을 좋아함, 내 지식을 적용하는 것을 좋아함' 등의 특성을 보인다.

출처: Sternberg & Grigorenko (2007).

미하며, 지식 습득 요소는 메타와 수행 요소가 하는 것을 실제로 어떻게 해야 하는지에 대한 학습을 말한다. 창조적 지능은 인간의 경험과 연관된 것으로서 상상력, 발명, 종합적 능력을 포괄하는 창의적인 능력을 의미한다. 이 지능은 신기성을 다루는 능력과 정보처리를 자동화하는 능력으로 구성된다. 신기성이란 통찰력 혹은 새로운 상황을 효과적으로 다루는 창조적인 능력을 의미하며, 자동화 능력은 새로운 해결책을 신속하게 일상적인 과정으로 바꾸어서 많은 인지적인 노력 없이도 적용할 수 있는 능력을 의미한다. 실제적 지능은 전통적인 지능검사의 점수나 학업성취도와는 무관한 지능으로 적응, 선택, 조성의 세 부분으로 구성된다. 실제 적응력이나 사회적 유능성 등의 능력을 의미하는 실제적 지능은 일상 속에서 개인의 경험을 통하여 향상된다.

창조적 지능

신기성을 다루는 능력, 정보처리를 자동화하는 능력으로 구성

실제적 지능

적응, 선택, 조성으로 구성

성공 지능은 앞서 언급한 세 가지 지능으로 구성된다. 인간이 개인의 목표를 달성하는 데에 도움을 주는 지능으로서 분석적 · 창조적 · 실제적 지능과 그에 해당되는 특별한 능력들 간의 균형이 유지될 때 인간은 자신의 목표를 성취하고 그에 따른 성공적인 경험을 한다. 즉, Sternberg에 따르면, 성공이란 자신이 지닌 잠재능력을 최대한 발현시키는 것이며, 성공 지능이란 분석적 지능 · 창조적 지능 · 실제적 지능을 특정 목적과 목표의 실현을 위해 집결시키고 통합할 수 있는 일련의 능력을 의미한다. 영유아는 자신이 목표한 바를 성취하기 위하여 다양한 측면의 능력을 사용한다(McDevitt & Ormrod, 2013). 사례에서 보듯이 윤지는 분석적 지능을 즐겨 쓰는 반면, 철재나 동준이는 창조적 지능 혹은 실제적 지능을 즐겨 사용한다. 그러므로 부모나 교사는 영유아가 스스로 설정하고 선택한 목표를 달성함으로써 성공 지능이 발달될 수 있도록 다양하고 지지적인 교육환경을 제공해야 한다. 특히 넓은 범위의 활동을 구성하여 영유아가 서로 다른 능력을 발휘할 수 있는 기회, 자신의 강점 및 약점을 발견할 기회, 나아가 각 능력을 신장할 수 있는 다양한 기회를 준다.

성공 지능

분석적 지능, 창조적 지능, 실제적 지능을 특정 목적과 목표의 실현을 위해 집결시키고 통합할 수 있는 일련의 능력

<표 10-1> 영유아의 분석적 · 창조적 · 실제적 사고를 촉진하는 교수-학습 사례

		분석적 사고의 촉진	창조적 사고의 촉진	실제적 사고의 촉진
국어	그림책『무지개물고기와 신기한 친구들』읽기 활동	가장 재미있었던 부분을 생각한 후, 친구들 앞에서 조리있게 이야기한다.	『무지개물고기와 신기한 친구들』의 결론을 바꿔 본다.	수족관을 방문하여 실제 무지개물고기를 찾아본다.
수학	동그라미와 네모, 세모의 조합 퍼즐	제시된 그림 도면에 동그라미, 네모, 세모의 도형을 맞추어 특정 모양을 만든다.	동그라미, 네모, 세모 도형을 조합하여 친구들의 것과는 구별되는 나만의 동물 모양을 만든다.	유치원을 포함한 생활 주변에서 동그라미, 네모, 세모의 형태로 구성된 물건을 찾는다.
음악	전래동요 〈대문놀이〉 가창 활동	전래동요 〈대문놀이〉를 정확한 가락과 박자로 부른다.	〈대문놀이〉의 가사나 선율을 바꾸어 부른다.	우리 주위에서 볼 수 있는 다양한 형태의 대문 모양을 관찰한다.
체육	유아를 위한 사방치기 놀이 활동	사방치기의 방법을 익히고 친구들과 함께 사방치기 놀이를 한다.	유치원에서 배운 사방치기 방법 외에 또 다른 놀이 방법을 만든다.	사방치기 놀이의 규칙 중 일부를 유치원 생활에 적용해 본다.
		▼ [촉진 어구] 분석하다, 평가하다, 생각하다, 비교하다, 대조하다, 판단하다, 비판하다	▼ [촉진 어구] 창조하다, 상상하다, 가정하다, 발명하다, 발견하다, 형성하다	▼ [촉진 어구] 사용하다, 고용하다, 적용하다, 실제로 하다, 이행하다

2. 지능의 측정

지능은 키나 몸무게와 같이 간단하게 측정하여 명확한 숫자로 표현될 수 있는 속성의 것이 아니기 때문에, 영유아가 보이는 외현화된 행동을 관찰하여 추론할 수밖에 없다. 아무리 타당도와 신뢰도가 높은 검사도구라 할지라도 단 한 번의 검사 시행으로 특정 영유아의 지적 능력을 정확하게 측정했다고 볼 수 없다. 지능검사의 결과는 검사 당일 영유아의 동기 및 상황을 포함한 각종 변수에 의해 영향을 받기 때문에 우리는 지능검사의 결과와 그 해석에 대하여 신중하게 접근해야 한다.

최초의 지능검사는 1905년 프랑스의 심리학자인 Alfred Binet(1857~1911)와 그의 동료 Theodore Simon(1872~1961)이 개발한 지능검사에 의하여 이루어졌다. 이들은 특수한 교육과정이 필요한 아동의 구분을 위한 검사지를 고안하였고, 소위 학습부진아로 가정되어 차별받는 학생의 학습 권리를 보호하고자 노력하였다. 이들이 개발한 지능검사는 정신연령(mental age: MA)이라는 개념을 바탕으로 제작되었고, 그에 따라 각 연령 집단을 기준으로 표준화된 점수를 산출하였다. 예를 들어, 검사 결과 7세 문항을 성공적으로 수행한 유아는 그의 실제 연령이 5세, 6세 혹은 8세라 할지라도 결국 7세 유아의 정신연령을 지닌 것으로 간주된다. 이 지능검사는 코 혹은 눈을 가리킬 수 있는 기초적 능력에서부터 기억하고 그리는 능력, 추상적 개념을 정의하는 능력에 이르기까지 총 30개의 문항으로 구성된다.

정신연령
해당 연령집단의 평균능력에 기초한 지능점수

소위 'IQ'라고 불리는 지능지수(intelligence quotient)의 개념은 독일 심리학자 William Stern(1871~1938)이 제안한 것을, 미국 스탠퍼드 대학 교수인 Lewis Madison Terman(1877~1956)이 Binet 검사를 미국 문화에 맞게 개정한 Stanford-Binet 검사에서 채택하여 발전시켰다. 지능지수는 정신연령을 실제 생활연령(chronological age: CA)과 비교하여 계산한 것으로서, 생활연령에 대한 정신연령의 비율에 100을 곱한 것을 의미한다. 만약 5세 유아의 정신연령이 7세를 나타냈다면, 그 유아의 지능지수는 (7÷5)×100, 즉 140이 된다. Stanford-Binet 검사는 2세용부터 성인용까지 개발되어 있다. 이 검사는 지적 능력을 측정하기 위한 광범위한 문항들로 구성되어 있는데, 일부 항목은 언어적 반응을 요구하고 또 다른 항목은 비언어적 반응을 요구한다. 예를 들어, 6세 유아의 검사 항목에는 Orange, Envelop과 같이 적어도 6개 음절 이상을 정의하는 언어적 능력과, 미로 찾기와 같은 비언어적 능력을 측정하는 문항이 포함된다(Santrock, 2007). 그런데 사람의 정신연령은 특정 연령 이후에는 거의 증가되지 않으나 실제 생활연령은 지속적으로 증가하므로, 비율지능지수[피험자의 (정신연령÷실제 생활연령)×100]를 활용하여 측정하는 방법을 성인에게 적용하는 데에는 문제가 있었다.

지능지수
(정신연령÷실제 생활연령)×100

이와 같은 문제점을 극복하기 위하여 도입된 지능지수가 편차지능지수

편차지능지수
개인의 수행을 모집단 내 다른 사람과의 평균 수행과 통계적으로 비교한 것에 기초한 점수

(deviation IQ)다. 이 지능지수는 현재 가장 널리 쓰이고 있는 것으로서, 검사 점수를 받은 특정 유아가 같은 연령의 집단, 즉 모집단 내에서 다른 또래들과 비교하여 얼마나 위 혹은 아래에 있는지를 나타내 주는 수치다. 편차지능지수는 검사점수가 모집단에 정규 분포되어 점수의 분포가 종 모양의 곡선을 이룬다는 것을 가정한다. 이때 지능지수의 평균은 100, 표준편차는 15 혹은 16이다. 어떤 유아가 평균보다 2표준편차 위의 점수를 받았다면 그 유아의 지능지수는 130~132 정도다. 표준편차 ±2 수준까지가 정상 지능에 속하며 그 외의 영역들은 비정상 지능을 의미한다. 즉, +2 이상은 영재, -2 이하는 장애를 지닌 지능에 해당된다. 하지만 이러한 해석에는 경계선상에 속하는 영유아의 지능을 어떻게 해석해야 하는지와 관련된 문제점이 내포되어 있다. 예를 들어, 지능지수 69와 70이 장애를 지닌 영유아의 지능과 정상지능을 구분해 주는 절대적인 조건이 될 수는 없다.

Wechsler 검사는 Stanford-Binet 검사와 함께 유아의 지능을 타당하게 측정해 줄 수 있는 검사도구다. David Wechsler(1896~1981)에 의하여 처음 개발된 지능검사는 성인용 검사도구(Wechsler Adult Intelligence Scale: WAIS)였다. 이후 그는 아동용 지능검사(Wechsler Intelligence Scale for Children: WISC)와 유아용 지능검사(Wechsler Preschool and Primary Scale of Intelligence: WPPSI)를 추가로 제작하였다. 특히 6세 유아에서 16세 청소년까지의 지능을 측정하는 WISC-IV(Wechsler Intelligence Scale for Children-IV)와, 3세에서 7세까지를 측정하는

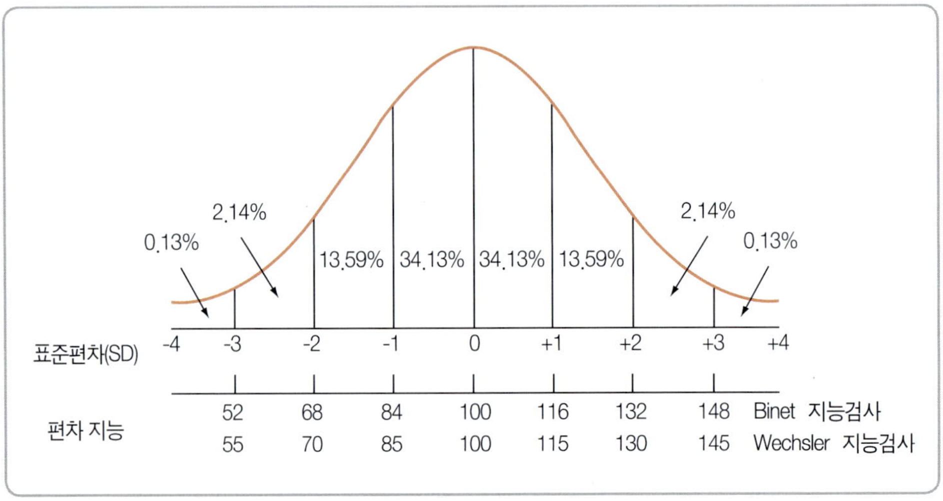

[그림 10-4] 편차지능검사 점수의 분포(신명희, 2014)

WPPSI-IV(Wechsler Preschool and Primary Scale of Intelligence-IV)는 현재 널리 활용되고 있다.

WISC-IV의 한국판인 K-WISC-IV는 언어이해, 지각추론, 작업기억, 처리속도의 네 영역으로 구성된다. 언어이해 영역의 하위 척도는 '공통성, 어휘, 이해'의 주 검사와 '상식, 단어추리'의 부가적 검사로 구성되며, 지각추론 영역의 하위 척도는 '토막짜기, 공통그림찾기, 행렬추리'의 주 검사와 '빠진곳찾기'의 부가적 검사로 구성된다. 작업기억 영역의 하위 척도는 '숫자, 순차연결'의 주 검사와 '산수'의 부가적 검사로 구성되며, 처리속도 영역의 하위 척도는 '기호쓰기, 동형찾기'의 주 검사와 '선택'의 부가적 검사로 구성된다.

WPPSI-IV의 한국판인 K-WPPSI-IV는 전반적인 지능지수(전체 IQ)의 측정과 더불어 특정 영역의 지적 능력을 측정하는 소검사로 구성되어 있다. 우리나라 연령으로 만 2세 6개월부터 3세 11개월의 유아를 대상으로 하는 검사는 7개의 하위 검사로 구성되며 3개의 기본지표척도(언어이해, 시공간, 작업기억) 및 3개의 추가지표척도(어휘획득, 비언어, 일반능력)가 제공된다. 4세 0개월부터 7세 7개월의 유아를 대상으로 하는 검사는 15개의 하위 검사로 구성되며 5개의 기본지표척도(언어이해, 시공간, 유동추론, 작업기억, 처리속도) 및 4개의 추가지표척도(어휘획득, 비언어, 일반능력, 인지효율성)가 제공된다.

검사의 결과가 지능지수로 표현되는 Wechsler 지능검사는 평균 이하, 평균, 평균 이상에 속하는 정신수행능력을 비교적 빠르게 보고해 주는 장점을 지닌 검사도구다.

한국판 유아 및 아동용 지능검사

◈ 한국 Wechsler 아동지능검사 4판(K-WISC-IV)

개인 지능검사인 K-WISC-IV는 Wechsler가 개발한 WISC-IV(2003)를 한국판으로 표준화한 지능검사다(곽금주, 오상우, 김청택, 2011). 종합적 인지능력 평가를 목적으로 하는 K-WISC-IV는 만 6세 0개월부터 만 16세 11개월의 유아 및 아동, 청소년을 대상으로 투입된다. K-WISC-IV에서 측정하는 네 영역은 언어이해, 지각추론, 작업기억, 처리속도이며 구체적인 내용은 다음과 같다.

■ 언어이해

• 주 검사

- 공통성: 언어적 추론과 개념 형성 측정. 청각적 이해, 기억, 본질적 특성과 비본절적 특성의 구분, 언어적 표현과 관련
- 어휘: 언어지식과 언어적 개념 형성 측정. 지식축적, 학습능력, 장기기억, 언어발달 정도 측정
- 이해: 언어적 추론과 개념화, 언어적 이해와 표현, 과거 경험을 평가하고 사용하는 능력으로 표현력, 문화적 경험 및 도덕성 수준 등의 영향을 받음. 실제 지식을 발휘하는 능력 측정

• 부가적 검사

- 상식: 일반적이고 사실적인 지식의 획득 및 유지, 인출 능력 측정
- 단어추리: 언어적 이해, 유추 및 일반적 추론 능력, 언어적 추상화, 특정 분야의 지식, 서로 다른 유형의 정보를 통합 및 종합하는 능력, 대체 개념의 형성 능력 측정

■ 지각추론

• 주 검사

- 토막짜기: 추상적 시각 자극을 분석하고 종합하는 능력 측정. 비언어적 개념 형성, 시지각 및 시각적 조직화, 시공간적 문제해결, 시각적 비언어적 추론, 동시처리, 시각-운동 협응, 학습, 시각적 자극에서 전경과 배경의 분리 능력 측정
- 공통그림찾기: 추상화와 범주적 추론 능력 측정
- 행렬추리: 유동적 지능, 비언어적 추론, 유추적 추론, 비언어적 문제해결, 공간시각화에 대한 측정

• 부가적 검사

- 빠진곳찾기: 본질과 비본질의 구분 능력으로 지각적 예민성 측정. 시지각 및 시각적 조직화, 집중력, 사물의 본질적인 세부에 대한 시각적 재인 측정

■ 작업기억

• 주 검사

- 숫자: 청각적 단기기억, 계열화능력, 주의력, 집중력 측정
- 순차연결: 계열화, 정신적 조작, 주의력, 청각적 단기기억, 시공간적 형상화, 처리속도와 관련

• 부가적 검사

- 산수: 청각적 언어 이해, 정신적 조작, 집중력, 주의력, 작업기억, 수와 관련된 추론 능력 측정

■ 처리속도

• 주 검사

- 기호쓰기: 처리속도, 단기기억, 학습능력, 시지각, 시각-운동 협응, 시각적 주사능력, 인지적 유연성, 주의력, 동기 측정
- 동형찾기: 시각적 단기기억, 시각-운동 협응, 인지적 유연성, 시각적 변별, 집중력 측정

• 부가적 검사

- 선택: 처리속도, 시각적 선택 주의, 각성, 시각적 무시 측정

◈ 한국 Wechsler 유아지능검사 4판(K-WPPSI-IV)

K-WPPSI-IV는 Wechsler가 개발한 WPPSI-IV를 한국판으로 표준화한 지능검사다(박혜원, 이경옥, 안동현, 2016). 만 2세 6개월부터 7세 7개월의 유아를 대상으로 투입되는 개인지능검사로, 검사 소요 시간은 30분에서 1시간이다. 하위 검사의 구체적인 내용은 다음과 같다.

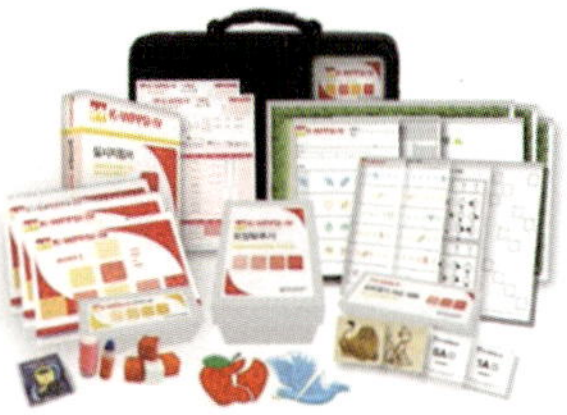

- 토막짜기: 제한시간 내에 제시된 모형 또는 토막그림을 보고 한 가지나 두 가지 색으로 된 토막을 사용하여 똑같은 모양을 만듦
- 상식: 그림문항의 경우, 일반 상식에 관한 질문에 가장 적절한 보기를 선택. 언어문항의 경우, 일반 상식에 관한 광범위한 주제를 다루는 질문에 답함
- 행렬추리: 완성되지 않은 행렬을 보고 행렬을 완성시키기 위해 적절한 보기를 선택
- 동형찾기: 제한시간 내에 제시된 벌레그림과 같은 벌레그림을 보기 중에서 찾아서 표시
- 그림기억: 일정 시간 동안 1개 이상의 그림이 있는 자극페이지를 본 후 반응페이지의 보기에서 해당 그림을 찾음
- 공통성: 그림문항의 경우, 제시된 2개의 사물과 같은 범주의 사물을 보기 중에서 선택. 언어문항의 경우, 공통된 사물이나 개념을 나타내는 2개의 단어를 듣고 공통점을 말함
- 공통그림찾기: 2줄 또는 3줄의 그림을 보고 각 줄에서 공통된 특성의 그림을 하나씩 선택
- 선택하기: 제한시간 내에 비정렬 또는 정렬된 그림을 훑어보고 목표그림을 찾아서 표시
- 위치찾기: 일정시간 동안 울타리 안에 있는 1개 이상의 동물카드를 본 후 각 카드를 보았던 위치에 동물카드를 배치
- 모양맞추기: 제한시간 내에 사물의 표상을 만들기 위해 조각을 맞춤
- 어휘: 그림문항의 경우, 검사책자에 있는 그림의 이름을 말함. 언어문항의 경우, 검사자가 읽어 준 단어의 정의를 말함
- 동물짝짓기: 제한시간 내에 동물과 모양의 대응표를 보고 동물그림에 해당하는 모양에 표시
- 이해: 그림문항에서 일반적인 원칙이나 사회적 상황을 가장 잘 나타내는 보기를 선택. 언어문항에서 일반적인 원칙과 사회적 상황에 대한 이해를 기초로 질문에 답함

■ 수용어휘: 검사자가 읽어 주는 단어를 가장 잘 표현하는 보기를 선택
■ 그림명명: 그림으로 제시된 사물의 이름을 말함

◈ 한국 Kaufman 아동지능검사(K-ABC)

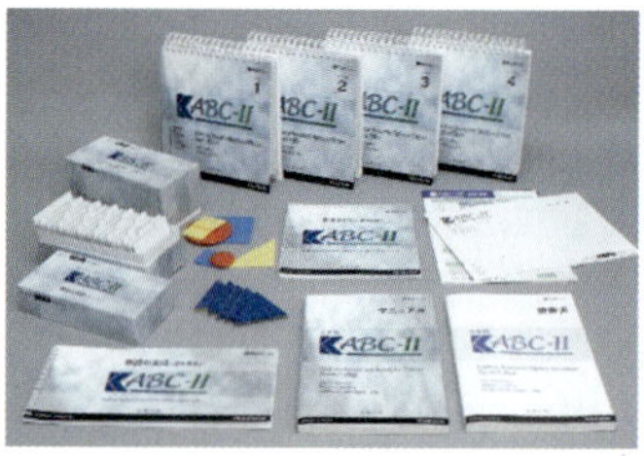

K-ABC는 1983년 A. S. Kaufman과 N. L. Kaufman이 아동의 지능과 습득도를 측정하기 위해 개발한 검사도구를 우리나라의 문화적 특성을 고려하여 한국판으로 표준화한 검사도구다(문수백, 2000). K-ABC의 검사 대상은 만 2세 6개월부터 12세 5개월까지의 유아 및 아동이다. 일대일 개인 지능검사이며, 총 검사에 소요되는 시간은 연령에 따라 45~75분 정도로 차이가 난다.

K-ABC는 문제해결능력(동시 및 순차 처리능력 척도)과 사실적 지식(습득도 척도)을 구별하여 측정하는데, 이는 기존 지능검사와의 구별되는 점이다. 즉, 유아의 문제해결능력을 지능으로 규정하고 사실에 관한 지식을 습득도로 정의한다. 유아 및 아동의 동시처리능력 측정을 위해 그림 통합, 마법의 창, 삼각형, 얼굴기억, 시각유추, 위치기억, 사진검사를 하위 검사로 구성하였다. 또한 순차처리능력의 측정을 위해 수 회생, 단어배열, 손동작을 하위 검사로 구성하여 전반적인 인지처리 능력을 평가한다. 습득도 척도는 표현어휘, 인물과 장소, 산수, 수수께끼, 문자해독, 문장이해의 하위 검사를 통해 읽기 및 언어발달, 산수 등에 대한 유아 및 아동의 현재 수준을 파악한다.

K-ABC를 바탕으로 구성된 K-ABC-II(The Kaufman Assessment Battery for Children, Second Edition)는 인간의 인지기능을 뇌의 세 가지 영역(blocks) 혹은 기능단위(functional units)로 특징짓는 Luria(1966, 1970, 1973)의 신경심리학적 모델과 광범적 능력(broad abilities)군과 한정적 능력(narrow abilities)군들 간의 위계적 구조로 특징짓는 Cattell-Horn-Carroll(CHC) 모델 구조에 입각하여 개발되었다(문수백, 2014 재인용). Luria 모델 관점에서 접근하면 K-ABC-II는 습득된 지식보다 정보처리능력에 초점을 두며, 순차처리/Gsm, 동시처리/Gv, 학습력/Glr, 계획력/Gf을 통해 인지처리지수(mental processing index: MPI)로 명명되는 전체척도 지수를 산출한다. CHC 모델 관점에서 접근하면 Luria 모델에 없는 지식/Gc척도를 포함하여 단기기억/Gsm, 시각적 처리/Gv, 장기저장-회생/Glr, 유동성추리/Gf를 통해 유동성-결정성 지수(fluid-crystallized index: FCI)로 명명되는 전체점수(global score)를 산출한다.

현재 우리나라에서 활용되는 유아 및 아동용 개인 지능검사로는 한국 Wechsler 아동지능검사(K-WISC-IV)와 한국 Wechsler 유아지능검사(K-WPPSI-IV), 한국 Kaufman 아동지능검사(Korean Kaufman Assessment Battery for Children: K-ABC), KISE-한국형 개인지능검사(Korean Institute for Special Education-Korean Intelligence Test for Children: KISE-KIT) 등이 있다.

영유아의 지적 능력은 일상 속에서도 비교적 쉽게 관찰된다. 타당도가 높은 검사지를 통하여 지능을 측정할 수 있다면 좋겠지만, 검사를 받을 수 없는 상황이라면, 특정 영유아가 즐겨하고 다른 친구들에 비하여 상대적으로 잘하는 행동 및 동기 수준을 통해 그의 강점 및 약점 지능에 대한 정보를 얻을 수 있다. <표 10-2>는 평범한 일상 속에서 영유아의 강점 및 약점 지능을 관찰하는 방법이다.

<표 10-2> 영유아의 강점 및 약점 지능 관찰방법(McDevitt & Ormrod, 2013)

특성	다음과 같은 세부 행동 특성을 관찰하라	교육적 함의
말하기 기술	영유아가, • 정교한 어휘를 사용하는가 • 유창한 언변을 지니고 있는가 • 창조적인 스토리텔링을 하는가 • 재치 있는 농담과 익살을 떠는가	말하기를 통해 영유아의 언어발달과 창의성을 관찰한다.
학습능력	영유아가, • 새로운 정보를 빠르게 배우는가 • 다양한 주제에 대한 지식을 지니고 있는가 • 다양한 사고들 간의 관계성을 잘 찾는가 • 기억력이 우수한가	영유아의 빠른 학습과 이해 능력이 관찰될 때마다 기록한다.
문제해결능력	영유아가, • 도전적인 문제를 해결하는가 • 새로운 문제를 만났을 때 그것을 해결하기 위하여 자신이 지닌 사전 지식을 융통성 있게 활용하는가 • 흔한 물건을 앉은 자리에서 즉흥적으로 만들거나 새롭게 고안하는가	비일상적인 과제나 문제에 영유아가 준비 없이 참석하는 기회를 준다.

인지능력과 상위인지능력	영유아가, • 정교한 학습전략을 사용하는가 • 기억보다는 이해하려고 노력하는가 • 효과적인 이해를 위한 모니터링을 하는가	영유아가 배우고 기억하기를 원하는 것들에 관하여 스스로 어떻게 생각하는지 기술하도록 요청한다.
호기심과 질문	영유아가, • 지식에 대한 열정을 지니고 있는가(무언가를 더 많이 알려고 열심히 노력하는가) • 질문을 많이 하는가 • 도전적인 과제의 완성에 대한 스스로의 내적 동기를 지니고 있는가	영유아가 그들의 자유시간에 무엇을 하고 싶어 하는지 찾는다. 또한 그 일들과 관련된 다양한 자료를 준다.
리더십과 사회적 기술	영유아가, • 타인을 설득하고 동기화시키는 능력을 지니고 있는가 • 타인의 느낌과 신체적 언어에 민감하게 반응하는가 • 중재능력을 지니고 타인이 합리적인 타협에 도달할 수 있도록 돕는가	영유아가 놀이 및 협동과제 혹은 과외 활동에서 다른 친구와 어떻게 상호작용하는지 관찰한다.

3. 지능 관련 쟁점

1) 유전 대 환경

지능이 유전적 요인의 영향을 더 받는지 혹은 환경적 요인의 영향을 더 받는지의 문제는 여전히 논쟁거리다. 인간의 지능은 유전적 요인과 환경적 요인의 영향을 모두 받지만, 어떠한 방식으로 상호작용하는지에 대한 학자들의 견해는 다양하다.

Wolf(1964) 연구에 따르면, 지능과 유전과의 상관계수는 .50 정도이지만, 지능과 환경과의 상관계수는 .76 정도로 나타났다. 지능과 유전 요인 간의 상관계수(r=.50)를 통하여 출생 시 타고난 지능이 영유아기를 포함하여 성인기까지도 꾸준히 영향을 미칠 수 있음을 예측할 수 있다. 그러나 지능과 환경과의 상관계수(r=.76)는 지능이 부모로부터 타고난 유전적 요인보다 후천적인 환경 요인에 의해 더 큰 영향을 받을 수 있음을 시사한다. 3세 유아의 가정환경 자극과 발달 수준이 7세 유아의 지능발달에 미치는 영향을 분석한 결과(김수정, 곽금주,

2013), 3세 유아의 가정환경과 유아의 발달은 매우 유의미한 상관을 보였으며, 유아발달과 지능, 가정환경과 지능 역시 유의미한 정적 상관을 보였다. 특히 가정환경 자극의 하위 영역 중에서 학습적 자극, 온정적 반응성, 언어적 자극 등이 유아의 지능과 유의미한 정적 상관을 보였고, 유아발달의 하위 영역 중 소근육 발달, 언어발달, 인지발달 등이 유아의 지능과 정적 상관을 나타냈다. 또한 3세 유아의 가정환경 자극은 근소하게 7세 유아의 지능에 영향을 주며, 유아발달을 통해 간접적으로 지능에 정적인 영향을 미쳤다. 이와 같은 연구 결과는 영유아기 지능발달에 영향을 미치는 구체적인 환경 조건에 대한 정보를 준다.

함께 거주하는 형제자매 간의 지능지수를 형제자매 유형과 연령대에 따라 추적한 연구 결과가 있다(McDevitt & Ormrod, 2013). <표 10-3>에 제시한 상관계수는 지능이 유전의 영향을 기본적으로 받음과 동시에 환경의 영향 또한 받음을 보여 준다. 예를 들어, 1세의 지능지수 간 상관계수가 형제자매(r=.38) → 이란성 쌍둥이(r=.40) → 일란성 쌍둥이(r=.59)의 순으로 점차 높아지는 것은 유전의 중요성을 반영한다. 또한 형제자매 유형이 일란성 쌍둥이의 경우, 1세에 보이는 높은 상관계수(r=.59)는 지능에 대한 유전의 영향을 확연히 보여 준다. 그러나 그들이 성장하면서 더욱 높아지는 지능지수 간의 상관계수(3세=.77, 7세=.76, 9세=.80)는 상대적으로 지능에 대한 환경의 영향을 지지해 준다. 나아가 형제 유형이 입양된 형제자매의 경우, 연령이 높아질수록 지능지수 간의 상관계수가 점차 높아지는데, 이러한 현상 역시 지능에 대한 환경의 중요성을 대변해 준다.

<표 10-3> 함께 상주하는 형제자매 간의 연령별 IQ 상관계수(McDevitt & Ormrod, 2013)

연령	일란성 쌍둥이	이란성 쌍둥이	형제자매	입양된 형제자매
1세	.59	.40	.38	.07
3세	.77	.51	.37	.26
7세	.76	.40	.47	.04
9세	.80	.21	.40	.24

Herrnstein과 Murray(1994)는 『종형곡선(The Bell Curve)』의 발간을 통해 지능은 40~80%의 범위 안에서 유전적 영향을 받는다고 제안하였다. 환경보다 유전

Herrnstein과 Murray의 저서 『종형곡선』

의 중요성을 거론한 이들은 빈부 양극화의 원인을 IQ에서 찾았고, 지능이 인간의 삶을 결정한다는 'IQ 결정론'을 주장했다. 지능과 유전, 인종에 따른 지능의 차이라는 매우 민감한 주제를 연구한 이들은 미국인의 인종별 평균 IQ를 제시하였다. 즉, 흑인 85, 라틴계 89, 백인 103, 아시아계 106, 유태인계 113이라는 인종 평균 IQ 수치를 구체적으로 제시함으로써 이후 수많은 논쟁의 대상이 되었다.

미국심리학회(APA)에 따르면, 인간의 지능은 유전과 환경, 두 요인의 영향을 모두 받는다. 결국 유전은 지능의 범위를 정하고, 환경은 그 범위 내에서의 발달 수준을 결정한다고 볼 수 있다.

<표 10-4> 영유아기 지능과 환경적 요인과의 상관에 대한 다양한 연구결과(McDevitt & Ormrod, 2013)

영역		연구 결과
태아기와 발달적 영향	출산, 분만합병증	산부인과 합병증은 지능과 상관관계 없음
	출생 시 저체중	출생 시 저체중은 지능과 매우 낮은 상관을 보임 (7세와 상관계수 r=.08)
	출생 시 무산소증	무산소증은 지능과 매우 낮은 상관을 보임(r=-.05~-.06)
	영유아기 질병	홍역 및 백일해, 풍진, 성홍열 등은 상관관계 없음
	납 중독	소량의 납 중독 영향은 아직 밝혀지지 않았음
	영양실조	미미한 영양실조는 상관관계 없음. 그러나 심한 영양실조는 지적 발달 저해 및 성장 부진, 사망을 초래함
	유아기 발달	유아기 소근육발달, 언어발달, 인지발달은 지능과 유의미한 정적 상관을 보임
가족 배경	생물학적 가족	가정의 수입, 교육, 직업, 분위기는 지능과 상관관계 있음 (r=.18~.58)
	비생물학적 가족	가정환경은 입양아의 지능에 어느 정도 상관관계 있음(r=.09~.21)
교육	가정환경 변수들	성취 동기 및 언어발달에 대한 기대, 학습적 자극, 온정적 반응성, 언어적 자극 등의 가정환경 요인은 유아의 지능과 유의미한 정적 상관을 보임
	학령 전 증진 프로그램	학령 전 증진 프로그램은 지능에 영향을 미치기는 하지만, 장기적인 영향은 적은 것으로 나타남

2) 플린 효과

지능과 관련된 여러 논의들은 여전히 쟁점으로 남아 있다. 그중 하나가 플린 효과(Flynn effect)인데, 이는 해가 거듭될수록 지능검사 점수의 평균점이 점차 높아지는 현상을 의미한다. James Robert Flynn(1934~)은 미국 군입대 지원자의 IQ 검사 결과를 분석하여 신병의 평균 IQ가 10년마다 대략 3점씩 올라간다는 사실을 밝혀냈다. 또한 벨기에, 네덜란드, 이스라엘에서는 한 세대, 즉 30년 만에 평균 IQ가 20점이 올랐고, 13개국 이상의 개발도상국에서도 5~25점 증가하였다(Flynn, 1999).

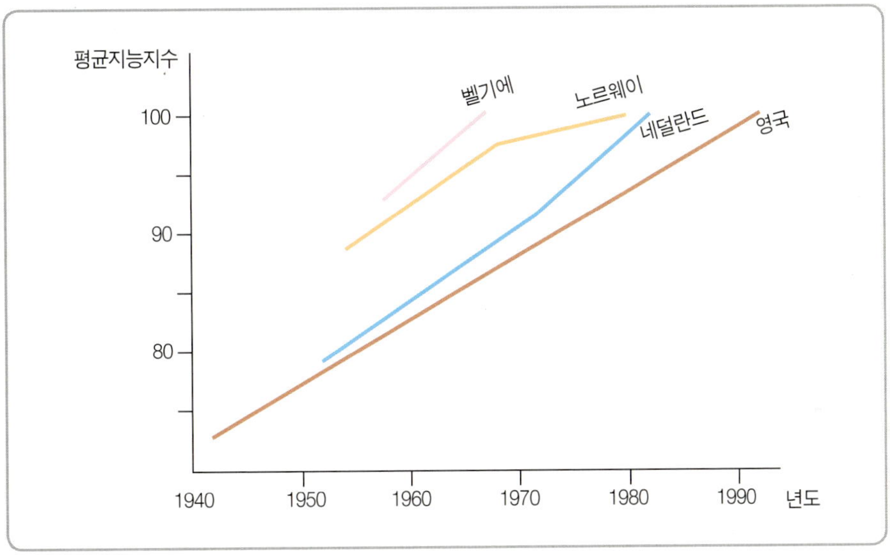

[그림 10-5] 해마다 상승하는 지능지수(Flynn, 1999)

IQ의 증가가 실질적인 지적 능력의 향상인가에 대한 의견은 분분하다. Flynn은 정신적인 활동을 더 많이 하도록 요구하는 현 사회 현상에 그 원인이 있다고 보았으며, 다른 학자들 역시 IQ의 증가가 지적 능력의 발전에 기인하기보다는 TV나 인터넷, 스마트폰 등을 포함한 다양한 시청각 매체의 증가, IQ 검사의 반복 효과, 더 좋은 조건의 학교와 가정환경, 질 높은 영양섭취 등, 인간의 환경적 요인에 기인한다고 보았다(Flynn, 2003).

3) 지능지수에 대한 해석

지능지수에 대한 해석 또한 많은 쟁점을 지니고 있다. Wechsler 검사의 경우, 피험자인 유아가 1시간 정도를 전문가 앞에서 검사를 받아야 하는 개인 지능검사임에도 불구하고 검사의 결과를 해석함에 있어서 신중한 접근이 필요하다. 예를 들어, 검사 당일 피험자의 정서 상태를 포함한 다양한 변인들이 검사 결과에 영향을 미칠 수 있다는 점 등이 문제점으로 거론된다. 게다가 현재 교육기관에서 다수의 유아나 아동을 대상으로 실시되는 집단 지능검사는 피험자의 언어적 능력과 검사 당일의 건강 및 정서 상태 등 여러 요인들에 의하여 영향을 받기 때문에 그 결과를 해석함에 있어서 더욱 신중해야 한다.

지능검사 점수의 의미에 대한 해석도 다양하다. 지능검사의 점수는 학업성취도 수준을 비교적 잘 예언해 주는데, 이는 지능검사 자체가 처음부터 학업성취도 수준을 예언하기 위하여 고안되었기 때문이다. 하지만 지능지수가 높은 사람이 실제 생활에서 성공적인 삶을 살고 있는지의 여부에 대해서는 여전히 불투명하다.

4) 지능검사의 문화적 편향

초기의 지능검사는 피험자가 도시권 출신인지 비도시권 출신인지, 또는 높은 수준의 사회경제적 환경에 속한 사람인지 혹은 그 반대인지 등의 문화적 요인에 의한 영향을 많이 받았다(Miller-Jones, 1989; Provenzo, 2002; Watras, 2002). 그 이유는 초기에 고안된 지능검사 자체가 특정한 문화권에 사는 사람에게 유리한 문항으로 제작되었기 때문이다. 바꾸어 말하면, 지능검사의 내용이 특정 문화권의 피험자에게 익숙하지 않은 내용으로 구성되었기에 그러한 문항이 보고하는 지능지수의 편향성이 문제점으로 거론되었다. 예컨대 초기 지능검사 문항 중에 '만약 길거리에서 혼자 있는 3세 아동을 보면 어떻게 할 것인가'의 내용이 있고 그것의 정답은 '경찰에게 알린다'였지만, 이와 같은 정답이 모든 문화권의 대상에게 적용될 수 있는 정답은 아니다. 즉, 경찰을 적대시하는 사람에겐 그것이 정답이 될 수 없다(Santrock, 2007). 이후 지능검사 개발자들은 문화적 편향성으로부터 보다 자유로운 검사지를 제작하고자 노력하였다. 그중 하나가 문화-공평 검사(culture-fair test)인데, 이것 또한 피험자의 사회경제적 지위와 그에 따른 교육 수준의 영향으로부터 자유롭지 못하다는 제한점을 보였다. 즉, 교육 경험이 많은 사람의 지능지수가 그렇지 못한 사람보다 더 높았다. 문화-공평 검사의 제작이 어려운 이유는 대부분의 검사가 문화적 사고를 주요 요인으로 간주하는 경향이 있기 때문이다(Sax, 1997). 만약 시간제한이 있는 검사라면, 주어진 시간에 집중도가 떨어지는 영유아에게는 편파적인 검사가 될 수 있으며, 검사지의 언어가 다르다면 동일한 언어권 내에서의 의미와 다른 언어권 내에서의 의미가 다를 수 있다. 동일한 문화권에서조차 각 집단마다 태도 및 가치관, 동기를 지니고 있고, 이러한 변수들은 지능지수에 영향을 주므로, 결국 지능검사가 지닌 문화적 편향성은 여전히 쟁점으로 남아 있다.

CHAPTER **11**

창의성과 영재성

1. 창의성
2. 영재성

Chapter 11

창의성과 영재성

영유아는 성장하면서 호기심이 왕성해지고 끊임없는 질문을 하는 등의 창의적 행동을 보인다. 어린이집이나 유치원 생활을 시작하면서 창의성의 개인차는 비교적 구체적으로 관찰되는데, 예를 들면 또래 친구에 비해 더 많은 아이디어를 내는 아이도 있고 특정 문제를 새로운 방식으로 스스로 해결하는 아이도 있다. 또한 자신이 선호하는 특정 영역에 대하여 또래에 비해 민감하게 반응하는 아이도 있는데, 이러한 특성들은 모두 아이에게 잠재되어 있는 창의성을 반영해 준다. 잠재되어 있는 영유아의 창의성은 후천적으로 투입되는 창의성 촉진 교육이나 교수법에 따라 실제 창의성으로 발현되고, 유아기에 발현된 창의성은 이후 지속적인 교육을 통해 더욱 극대화된다. 그러므로 부모나 교사가 창의성을 이해하는 것은 영유아 창의성의 발현과 촉진을 위한 필수적인 요인이다. 창의성에 대한 올바른 이해는 창의성으로 인하여 드러나는 다양한 행동 특성을 정확하게 파악하고 그것을 극대화하는 데 도움을 줄 수 있을 것이다.

영재성 또한 유아기부터 구체적으로 관찰되는 속성이다. 어린 시기부터 수·과학 및 예술을 포함한 특정 영역에 대한 높은 수준의 성취를 보이는 유아도 있지만, 대부분의 유아 영재성은 그 시기 동안 구체적인 성취나 산출물로 가시화되기보다 잠재되어 있는 상태를 유지한다. 부모나 교사가 꾸준한 관찰을 통하여 어린 연령의 유아 영재에게 내재되어 있는 잠재성과 그에 따른 영재성의 징후를 발견하고 그에 적합한 지원을 해 준다면 그만큼 유아 영재성은 더욱 극대화될 수 있다.

1. 창의성

1) 창의성의 의미

창의성이 학계의 관심을 받게 된 계기는 1950년 Guilford의 연설에 있다. 그는 미국 심리학회 기조 강연에서 창의성의 중요성과 연구의 필요성을 언급하였고, 그 이후부터 창의성은 많은 심리학자들의 연구 주제로 다루어졌다. Guilford(1956, 1986)는 창의성을 일컬어 창조적인 산출물을 만들어 내는 정신능력이라고 정의하였다. 그가 제안한 지능구조(structure of intelligence) 모델에서 창의성은 확산적 사고(divergent thinking)로 구성된 지능의 한 측면을 의미하며, 확산적 사고는 많은 수의 답을 내는 유창성(fluency)과 다양한 측면에서 답을 산출하는 유연성(flexibility), 남들과 다른 독특한 답을 내는 독창성(originality)과 아이디어를 세심하게 발전시키는 정교성(elaboration)의 하위 요인으로 구성된다. 또한 Guilford는 확산적 사고와 함께 문제에 대한 민감성(sensitivity to problems)과 재정의(redefinition) 능력을 창의성의 주요 요인으로 보았다.

확산적 사고
많은 수의 답을 내는 유창성, 다양한 측면에서 답을 산출하는 유연성, 남들과 다른 답을 내는 독창성, 아이디어를 세심하게 발전시키는 정교성의 하위 요인으로 구성

창의성 연구의 대표적인 학자인 Ellis Paul Torrance(1915~2003)는 경험적 연구를 통해 창의성의 하위 속성으로 유창성과 유연성, 독창성과 정교성을 제안하고, 그러한 속성을 측정하는 창의성 검사지(Torrance tests of creative thinking: TTCT)를 개발하였다(Torrance, 1988). 그가 제안한 네 가지의 하위 속성은 확산적 사고라는 창의성의 일면에 불과하지만, 창의성이 구체적으로 무엇을 의미하는지 그 규정 자체가 어려웠던 상황을 감안해 볼 때, 창의성 평가를 위한 타당한 지표를 설정하였다는 점에서 의미가 있다. 최근까지도 영재성 판별을 비롯하여 일반인의 창의성 측정 시 그가 개발한 창의성 검사가 널리 활용되고 있는데, 이러한 점은 그가 제안한 네 가지의 하위 요인이 창의성을 설명해 주는 타당한 요인임을 보여 준다.

Edward de Bono(1933~)는 창의성을 일컬어 측면적 사고(lateral thinking)라

측면적 사고
판단을 유보하고 다양한 아이디어를 탐색하며 수많은 사고의 통로를 생성하는 창의적인 사고

규정하였다. 측면적 사고는 수직적 사고의 상대적인 의미로서 판단을 유보하고 다양한 아이디어를 탐색하며 수많은 사고의 통로를 생성하는 창의적인 사고를 말한다. 이에 반하여 수직적 사고(vertical thinking)는 명확하고 정교한 문제해결 방법을 모색하며 개연성 있는 정보와 자료를 가지고 논리적으로 계열적 형태를 따라 단계적으로 사고하는 것을 의미한다. 창의성은 보다 도발적이고 가치 있는 정보를 탐색하며 개연성을 가지고 자유롭게 접근하는 정신과정으로 측면적 사고와 밀접한 관계가 있다(de Bono, 1990).

수직적 사고

명확하고 정교한 문제해결 방법을 모색하며 개연성 있는 정보와 자료를 가지고 논리적으로 계열적 형태를 따라 단계적으로 사고하는 것

2) 창의성 연구에 대한 다면적 접근

창의성의 의미에 대한 학자들의 견해가 다양하듯이 창의성 연구의 접근 방식 또한 다면적이다. 창의성 연구의 전개는 크게 고전적인 요소인 4P와 통합적 접근으로 구분된다. Mel Rhodes(1916~1976)가 제안한 4P는 창의적 인물(the creative person), 창의적 환경이나 풍토(the creative place, press, environment), 창의적 사고과정(the creative process), 창의적 산출물(the creative product)을 말하며, 각 요소의 입장에서 창의성을 설명한다. 또한 Mihaly Csikszentmihalyi(1934~)가 제안한 통합적 접근은 이러한 요소들을 함께 고려하여 창의성을 사회문화적 맥락에서 설명한다.

4P

창의적 인물, 창의적 환경이나 풍토, 창의적 사고과정, 창의적 산출물

(1) 창의성의 고전적 요소인 4P

① 창의적 인물

창의적인 사람이 지닌 성격 특성에 관한 연구 결과(Sternberg, 1988)에 따르면, 그들은 모호함을 잘 인내하며 장애물을 극복하려는 의지가 강하고 성장하려는 의지 및 내적 동기, 적절한 모험심 및 인정받으려는 욕구, 특정 활동에 대한 관심과 몰입 등의 공통된 특성을 보였다.

Guilford(1960)는 창의성과 정적 상관이 있는 성격 특성으로 '사고의 유창성, 표현의 유창성, 독창성, 자발적 융통성, 자유에 대한 욕구, 다양성의 욕구, 충동성, 모험심, 심미적 표현에 대한 관심'의 9가지 요인을 제안하였다.

MacKinnon(1961)은 '틀에 박힌 양식을 싫어함, 보통 이상의 지능, 언어 및 공

간 지각력이 높음, 기억력이 뛰어남, 인생 경험을 잘 활용함, 예리한 분별력과 관찰력, 예민함, 주의집중력이 뛰어남, 생각을 정리하는 데 능숙함, 주어진 과제를 해결하기 위한 풍부한 정보를 소유, 감정을 억제하기보다 자연스럽게 표현함, 경험에 대해 개방적, 판단보다 감지하는 것을 선호함, 지성과 감성을 겸비, 독립적인 성격, 하찮은 것에 무관심하고 중요한 것에 의미를 부여함, 복잡하고 도전할 만한 일을 선호함' 등을 창의적 인물의 특성으로 제시하였다.

Csikszentmihalyi(1996)에 따르면, 창의적인 사람은 상반되는 특성을 함께 지니고 있다. 상황에 따라 때로는 공격적이고 때로는 협조적이며, 매우 활기차면서도 조용한 휴식을 즐긴다. 상상과 공상을 즐기면서 때로는 매우 현실적이기도 하며, 반항적이고 개혁적인 동시에 보수적이고 전통적인 성향 또한 지니고 있다. 그는 창의적인 사람은 이러한 양면성을 조화롭게 활용할 수 있기 때문에 창의적인 새로움을 산출하는 것이라고 설명하였다.

Torrance(1995)는 87명의 유아 보육교사를 대상으로 창의적인 유아의 특성에 관한 설문조사를 실시하였다. 창의적인 유아는, '동기 유발 없이도 자신의 시간을 가질 수 있음, 주어진 과제를 능가함, 왜 혹은 어떻게 등의 단순한 질문의 수준을 넘어섬, 어떤 일을 하는 데 색다른 해결책을 제시함, 교사가 수업을 하거나 어떤 지시를 하는 동안에도 낙서나 그림을 즐김, 관찰력이 예민함, 자신이 남에게 색다르게 비치더라도 마음에 두지 않음, 실험을 할 때 주어진 재료보다 주변의 친숙한 재료로 실험을 즐김' 등의 특성을 보였다.

② 창의적 환경이나 풍토

창의적인 환경이나 풍토는 가정 및 특정 교육기관이라는 단순한 요인을 넘어서 새로운 아이디어를 자극할 수 있는 다양한 기회, 풍부한 교수-학습 매체, 정서적인 분위기, 지식의 상태, 사회문화적 분위기 등을 포함하는 것으로, 창의성을 촉진할 수 있는 물리적인 환경, 가정 및 교육기관, 다양한 작업장 및 문화 등을 포괄하는 총체적인 환경 요인을 의미한다. 영유아의 경우, 창의적 자극을 받을 수 있는 책, 잡지, 장난감 등, 다양한 교재 및 교구가 있으면 더욱 많은 아이디어를 낼 수 있다. 또한 창의적 아이디어를 산출하기까지의 심리적인 환경, 즉 자유로움과 도전감, 모험심을 격려하는 풍토 및 창의적인 아이를 정서적으로 지지해 주는 부모나 친구, 교사를 포함한 자원은 영유아의 창의성 발현을 위한 주요 요인이다.

창의적인 인물을 직간접적으로 만나는 것 역시 창의적인 환경 제공의 대표적인 사례다. 창의적인 인물과의 만남은 유아의 창의성 발달에 큰 영향을 주므로 교사나 부모는 작가나 과학자, 음악가, 미술가 등 유아의 창의성 촉진에 영향을 미치는 다양한 인물을 만날 수 있는 기회를 적극적으로 제공하는 것이 좋다. 유아는 미술가를 직접 만나면서 창조적인 미술가를 꿈꾸기도 하고, 창의적인 과학자와 함께하는 실험에 참여하면서 지금까지와는 전혀 다른 새로운 과학적 경험을 하기 때문이다.

또래들과 함께하는 과학 수업 중, '뜻밖의 발견'으로 기쁨을 느끼는 유아. 이러한 경험이 많을수록 유아의 창의성은 촉진된다.

최근 연구결과(Owen, 2010)에 따르면, 창의적인 사람이 되기 위해서는 유아기의 환경 조건이 중요하다. 특히 부모나 교사가 일방적으로 설정해 놓은 특정 과제를 수행하는 것보다, 유아가 어떠한 과제에 몰두하다가 우연히 경험하는 '뜻밖의 발견'의 순간이 유아의 창의성을 더욱 촉진시키는 것으로 나타났다. 흥미로운 점은 유아가 또래들 혹은 교사나 부모와 함께 '협력 과제'를 수행하면서 경험하는 발견의 순간이 창의성 촉진의 주요 요인이라는 점이다. 우리는 보통 미술, 음악, 무용, 드라마 등 예술 계통의 과제들이 유아의 창의성을 촉진할 것이라는 통상적인 신념을 가지고 있다. 그러나 이 연구결과는 특정 교과 수업의 투입이 우선시되기보다, 오히려 활발한 대인관계 속에서 자연스럽게 경험하는 다양한 문제해결의 순간들이 유아의 창의성 신장에 더욱 효과적인 방법이라는 정보를 준다.

Amabile(1989)은 창의적 활동에서의 즐거움이나 문제를 해결하려는 내적 동기가 창의성의 발현에 중요한 영향을 미치며, 외적 동기는 활동 자체를 목적이 아닌 수단으로 인식시키기 때문에 오히려 부정적인 영향을 줄 수 있다고 하였다. 그러나 그녀는 후속 연구(Amabile, 1989)를 통해 내적 동기와 외적 보상의 상승효과가 있을 수 있음을 제안하였다. 즉, 교사나 부모에게 통제당하고 있다는 느낌의 조정적 피드백을 사용한 외적 보상의 경우는 창의성의 발현에 부정적인 영향을 미치지만, 특정한 정보를 주거나 과제를 더 잘 수행하도록 정보적 피드백을 사용한 외적 보상의 경우는 오히려 창의성의 발현에 긍정적인 영향을 줄 수 있다. 최근 들어 창의적 결과물을 많이 산출한 기업인을 대상으로 연구한 결과, 성취감이 창의성의 발현과 발전에 영향을 줄 수 있음이 밝혀졌다. 즉, 내적 동기 및 적절한 외적 보상, 성취감은 인간의 창의성을 더욱 촉진시키는 주된 요인이다.

그렇다면 창의성을 저해하는 환경적 요인에는 무엇이 있을까? Amabile(1989)은 '평가될 것이라는 생각, 감시 감독의 눈, 보상만을 추구, 경쟁, 제한된 선택의 범위, 외적 동기 유발'의 여섯 가지를 창의성 발달의 저해 요인으로 제시하였다.

- 평가될 것이라는 생각: 과제 내용이 평가될 것이라는 것에 대해 지나치게 신경을 쓰는 사람이 그렇지 않은 사람에 비해 창의성이 떨어짐
- 감시 감독의 눈: 과제를 할 때 누군가 감시한다는 생각을 하는 사람이 감시에 별로 신경을 쓰지 않는 사람에 비해 창의성이 떨어짐

TIPS

영유아의 창의성을 촉진시키는 환경

- 아이의 의견을 존중하고, 자신의 의견을 자유롭게 표현하도록 격려한다.
- 작은 일이라도 아이 스스로 결정할 수 있는 기회를 준다.
- 아이가 자기 나름대로 생각하고 상상한다고 믿어 준다.
- 언제든지 사물에 대한 호기심과 관심을 갖도록 격려한다.
- 내적 동기화를 유발한다. 특정 과제에 몰두하고 있을 때 방해하거나 간섭하지 않는다.
- 정보적 피드백을 준다. 교사나 부모가 부여한 과제를 지시한 대로 완료했을 때보다, 아이 스스로 선택하여 과제를 완료했을 때 더욱 칭찬한다.
- 많은 부분에서 성취감을 맛보도록 유도한다. 즉, 성취감을 느낄 수 있는 과제를 제시한다.
- 일방적으로 특정 과제를 지시하기보다 독립적으로 할 수 있도록 격려한다.

- 보상만을 추구: 눈에 보이는 보상만을 추구하며 일하는 사람이 보상에 별로 신경을 쓰지 않는 사람에 비해 창의성이 저조함
- 경쟁: 경쟁을 해야 한다는 위협적인 분위기 속에서 일하는 사람이 경쟁을 강조하지 않는 사람보다 창의성이 저조함
- 선택이 제한된 경우: 과제를 수행할 때 선택이 제한되어 있는 사람보다 자유롭게 선택할 수 있는 사람의 창의성이 높음
- 외적인 동기 유발: 과제 수행 시 외적인 이유에 집착하는 사람이 내적 요인에 대해 생각하는 사람보다 창의성이 떨어짐

③ 창의적 사고과정

창의성을 일련의 사고과정으로 보고 문제해결 및 통찰 과정으로 해석하는 연구들도 있다. Torrance(1988)는 창의성을 '창의적 사고과정'으로 정의하였다. 나아가 창의적 사고과정이란 특정 문제와 정보의 부족한 요소와 잘못된 부분을 지적하고, 가능하다면 이러한 가설을 다시 수정하고 재검증하여 최종적인 결과를 제시하기까지의 모든 과정을 포괄하는 것이라고 하였다. 즉, 창의성은 유창성 및 유연성 등을 포함한 확산적 사고(divergent thinking)뿐만 아니라 수렴적 사고(convergent thinking) 능력도 포함한다. Torrance에 의하여 개발된

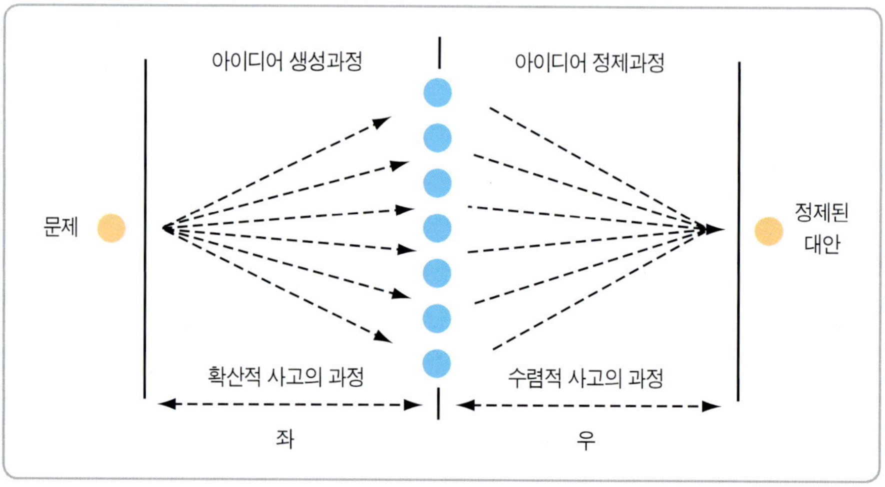

[그림 11-1] Torrance(1988)의 창의적 사고과정

창의적 사고과정은 좌측의 확산적 사고와 우측의 수렴적 사고를 모두 아우르는 과정이다.

TTCT(Torrance Test of Creative Thinking)는 주로 확산적 사고능력의 측정에 초점을 둔 창의성 검사지다. 그에 따라 대부분의 사람들은 Torrance가 확산적 사고만을 강조한 학자로 생각하지만, 실제로 그는 창의적 사고의 과정으로 확산적 사고와 수렴적 사고를 모두 강조하였다. 이것은 창의성이 주로 확산적 사고 능력을 다루는 우뇌의 영역이며, 그에 따라 창의적 사고의 활성화를 위해서는 확산적 사고 훈련이 우선시되어야 한다는 견해와는 구분된다.

Graham Wallas(1858~1932)는 그의 저서 『생각의 기술(The art of thought)』에서 창의적 사고과정으로 '준비 → 배양 → 영감 → 검증'의 단계를 제시하였다(Wallas, 1926).

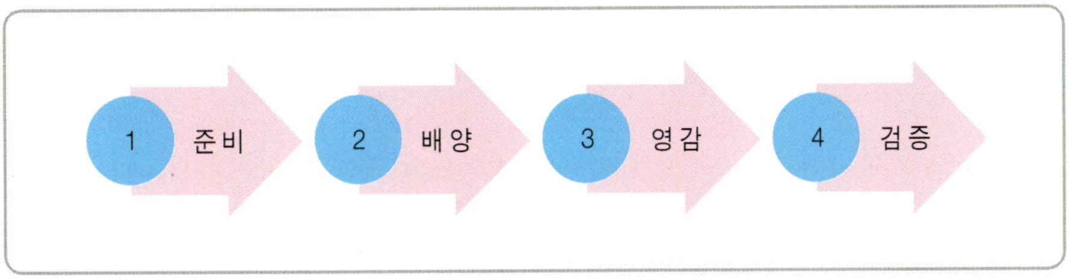

[그림 11-2] Wallas(1926)의 창의적 사고과정

준비(preparation) 단계는 다양한 가능성을 탐색하고 그 해결 방법을 모색하는 단계다. 이 단계에서 부모나 교사는 영유아로 하여금 알고자 하는 욕구를 일으키고 기대감을 고양시키며 주의를 집중하도록 유도한다. 아이의 호기심을 자극하며 낯선 것을 익숙하게 하거나 익숙한 것을 낯설게 하는 등 개방적이고 유연한 사고를 갖도록 격려한다. 부모나 교사는 창의성이 아무것도 없는 것에서 저절로 생겨나는 것이 아님을 알아야 한다. 영유아에게 다양한 체험 학습의 기회를 제공하고, 보다 건설적이고 도전적인 태도를 지닐 수 있도록 격려하며, 적극적으로 사고할 수 있도록 도와주어야 한다.

> **준비 단계**
> 다양한 가능성을 탐색하고 그 해결 방법을 모색하는 단계

배양(incubation) 단계는 일정 기간 동안 특정 주제나 문제에 대해 곰곰이 생각하거나, 때로는 의식 수준에서 인식하지 못한 채 무의식 수준에서 아이디어나 해결 방법을 모색하고 탐색하는 단계다. 논리적인 의식 상태를 넘어서 지적·정서적 기능을 결합하고, 온 신경을 집중하여 열중하며, 참여와 헌신을 통해 새로운 치환이나 병렬을 시도한다. 배양은 한때 퇴행적인 사고 과정으로 간주되

> **배양 단계**
> 일정 기간 동안 특정 주제나 문제에 대해 곰곰이 생각하거나, 때로는 의식 수준에서 인식하지 못한 채 무의식 수준에서 아이디어나 해결 방법을 모색하는 단계

스스로 선택한 놀이에 집중하는 아이. 부모에 의해 제공된 다양한 체험학습의 기회 및 허용적인 분위기는 영유아 창의성 발현의 토대가 된다.

었으나, 이후 창의적 사고 과정에서 매우 중요한 단계로 인식되고 있다.

영감 단계
새롭고 기발한 아이디어나 고민했던 문제에 대한 해결 방법이 갑자기 의식 수준에 나타나는 단계

검증 단계
문제의 해결 방법이 적절성을 지녔는지의 여부를 검증하거나 영감 단계에서 떠오른 아이디어가 실제 작품이나 산출물로 실행되는 단계

영감(inspiration) 단계는 새롭고 기발한 아이디어나 고민했던 문제에 대한 해결 방법이 갑자기 의식 수준에 나타나는 단계다. 보통 예술가에게서 발견되는 현상이지만 최근 들어 과학자도 영감을 통해 문제를 해결하는 경우가 많다.

검증(verification) 단계는 문제의 해결 방법이 적절성을 지녔는지의 여부를 검증하거나 영감 단계에서 떠오른 아이디어가 실제 작품이나 산출물로 실행되는 단계다. 수학이나 과학 분야의 연구결과가 학계에 수용되기 위해서는 실험실에서 일정 기간 동안의 검증과정을 거쳐야 한다. 문학을 포함한 예술 작품도 지속적인 수정 및 정교화 과정을 거치면서 검증 단계를 밟아야 그것이 창의적인 산출물로 인정받을 수 있다. 이 단계에서는 확산적 사고능력 외에 수렴적 사고능력 또한 중요하다.

④ 창의적 산출물

창의적인 산출물에는 유형, 무형의 것이 모두 포함된다. 즉, 특정 물건을 만들어 낸 경우뿐만 아니라 삶의 형태를 바꾸거나 대인관계가 개선되는 등 무형의 것도 포함된다. 유형의 산출물은 말 그대로 형체가 있는 것으로 그림, 조각품, 책, 건축 등을 의미하며, 무형은 형체가 없는 것으로서 음악, 무용, 연극, 기

술 및 기능 등을 말한다. 창의적인 산출물은 다양한 방식으로 존재하기 때문에 그것을 평가하는 기준 역시 다양하다.

(2) 창의성에 대한 통합적 접근

최근 들어 창의성을 사회문화적인 맥락에서 통합적으로 접근하여 연구하는 학자들도 있다. Csikszentmihalyi(1996)는 지금까지의 창의성 연구가 개인의 성격이나 사고과정에 집중되어 있었다고 지적하면서, 창의적인 환경 및 영역이 함께 고려되어야 한다고 제안하였다. 그가 제안한 창의성 체계 모델은 [그림 11-3]과 같다.

첫 번째 요소인 영역(domain)은 일련의 상징적 규칙과 절차로 구성된다. 국어는 하나의 영역이며 시와 수필 또한 각각 하나의 영역이라고 볼 수 있다. 영역은 우리가 보통 문명이라고 부르는 특별한 공동체나 인류 전체가 공유하는 상징적 지식을 의미한다.

두 번째 요소인 활동 현장(field)은 영역으로 가는 길목에서 문지기의 역할을 담당하는 사람들로 구성된다. 활동 현장은 새로운 창작물을 영역 속에 포함시킬지의 여부를 결정한다. 예를 들어, 과학의 활동 현장은 과학 교사, 과학관 관장, 과학 관련 연구재단 및 정부기관 등이 될 수 있다. 활동 현장은 창의성을 발현시키고 더욱 발전시키는 역할을 담당한다. 바꾸어 말하면, 활동 현장이 없다면 특정인이 지닌 창의성은 사장될 가능성이 있다.

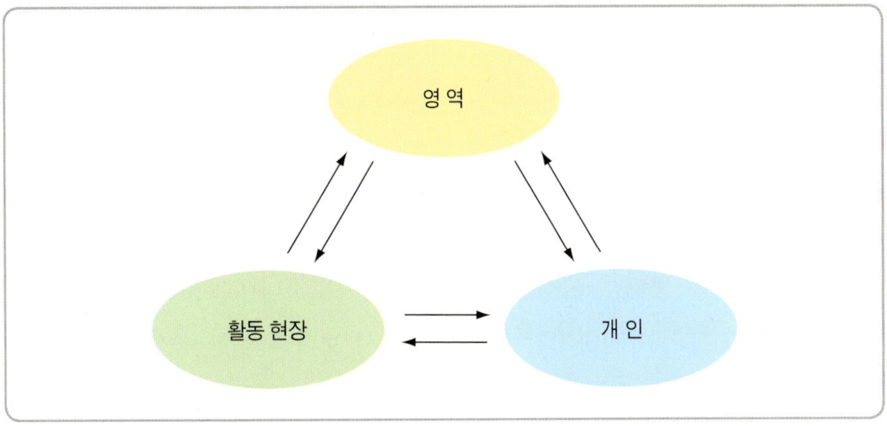

[그림 11-3] Csikszentmihalyi(1996)의 창의성 체계 모델

세 번째 요소인 개인(person)은 창의성을 지닌 사람을 의미한다. 창의적인 사람은 경험에 대해 개방적이며 주변 환경에서 일어나는 일에 주의를 기울여 새로움을 인식하는 잠재적인 능력을 지니고 있다.

Csikszentmihalyi(1988)에 의하면, 창의적인 사람은 해당 영역에 대한 유전적인 소질을 지니고 있을 뿐만 아니라 그를 둘러싼 물질적 · 환경적 혜택을 경험하고, 현장과 자주 접할 수 있는 기회를 가지고 있다. 따라서 창의성은 단지 개인의 역량으로만 볼 수 없으며 활동 현장의 개방성과 창의성을 지지하는 사회적 환경이 조성될 때 더욱 발전한다.

3) 창의성 검사도구

지금까지 창의성을 측정하기 위한 다양한 검사도구들이 개발되었다. Torrance(1966)가 확산적 사고에 기초하여 개발한 TTCT(Torrance Tests of Creative Thinking)는 언어검사(verbal A형, B형)와 도형검사(figure A형, B형)로 구성된다. 언어검사는 질문하고 추측하기, 산출물 개선하기, 색다른 용도 생각하기, 가정하기 등을 포함한 7개 하위 검사로 구성되어 있고, 도형검사는 그림 구성하기, 도형 완성하기, 반복적이고 닫힌 도형의 3개 하위 검사로 구성되어 있다. 이 하위 검사들은 초기에는 유창성 · 융통성 · 독창성 · 정교성의 네 가지 속성을 모두 평가하였으나, 이후 점차 개선되면서 언어적 활동 검사는 유창성 · 융통성 · 독창성을, 비언어적 활동 검사는 유창성 · 독창성 · 정교성 · 제목의 추상성 · 성급한 종결에 대한 저항 등을 평가한다. 현재 국내외에서 가장 활발하게 사용되고 있는 TTCT는 유치원 연령에서부터 대학생, 성인에 이르기까지 적용할 수 있는 대표적인 창의성 검사도구다.

TCT-DP(Test for Creative Thinking Drawing Production)는 6개의 도형 조각을 피험자에게 주고 자유로운 상상과 독창적인 사고를 기반으로 하여 그들이 표현해 내는 그림을 통해 창의성을 평가하는 검사도구다(Jellen & Urban, 1986). Torrance의 TTCT와 유사하지만 평가 준거에서 보다 다양한 속성의 창의적 사고를 평가한다. 즉, 연속성, 완성도, 새로운 요소의 첨가, 연결성, 주제 관련성, 경계선 밖 도형의 종속성, 경계선의 해체, 원근감, 유머, 비습관성, 속도 등의 평

[그림 11-4] 도형검사의 예 (도형 완성)

장난감 가게에서 볼 수 있는 천으로 만든 토끼인형입니다. 크기는 15cm, 무게는 200g 정도입니다. 이제 이 장난감을 아동이 재미있게 놀 수 있도록 변화시켜 보세요. 비용에 대해서는 걱정할 필요가 없습니다. 어떻게 하면 아동이 더 재미있게 가지고 놀 장난감이 될 수 있는지만 생각해 보십시오.

[그림 11-5] 언어검사의 예(작품 향상)

가 기준에 따라 창의성의 정도를 측정한다.

인지나 사고 능력을 중심으로 창의성을 측정하는 것과는 달리 인성이나 태도 등을 포함한 창의적 성격에 초점을 두어 평가하는 검사도구도 있다. 주로 피험자의 자기보고식 평가나, 교사 혹은 학부모의 평가를 통해 피험자의 창의적 성향을 점검하는 수준의 검사를 의미한다. Rimm(1976, 1980)이 개발한 GIFT(Group Inventory for Finding Creative Talent)는 창의적 성격 검사로서 호기심, 독립심, 융통성, 인내심, 다양한 흥미 등을 측정하며, 유아부터 초등학생까지 적용 가능하다.

국내에서 제작된 유아 창의성 검사로 전경원(1999)이 개발한 유아 종합 창의성 검사(Korean-Comprehensive Creativity Test for Young Children: K-CCTYC)가 있다. K-CCTYC는 만 4~6세를 대상으로 언어, 도형, 신체의 영역별 하위 검사를 통해 유창성, 융통성, 독창성, 상상력 등의 창의성 구인을 평가한다.

〈표 11-1〉 유아 종합 창의성 검사: K-CCTYC(전경원, 1999)

하위 요인	검사 내용	검사 분석
유창성	• 빨간색 연상하기 • 도형 완성하기 • 색다른 나무치기	특정한 상황에서 가능한 한 많은 수의 아이디어를 산출하는 능력
융통성	• 빨간색 연상하기 • 도형 완성하기 • 색다른 나무치기	고정적인 사고방식을 변환시켜 다양한 영역에서 아이디어를 산출하는 능력
독창성	• 빨간색 연상하기 • 도형 완성하기 • 색다른 나무치기	기존의 사고에서 탈피하여 참신하고 독특한 아이디어를 산출하는 능력
상상력	• 동물 상상하기	과거의 경험을 기초로 앞으로의 새로운 표상을 만드는 능력

● **K-CCTYC의 실제**

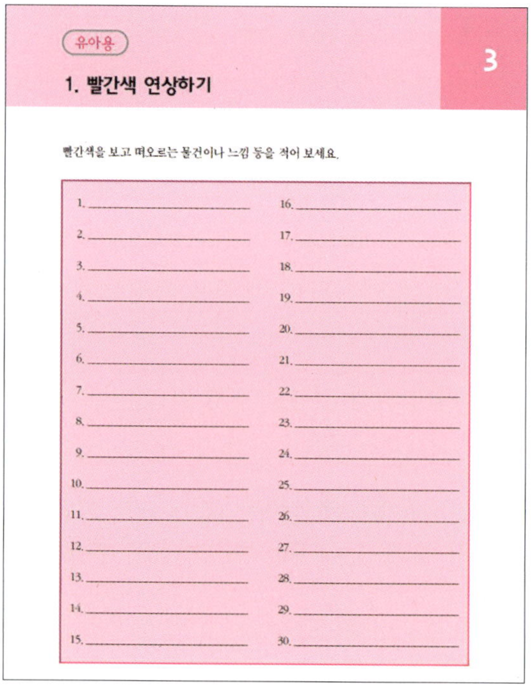
유아용

3

1. 빨간색 연상하기

빨간색을 보고 떠오르는 물건이나 느낌 등을 적어 보세요.

1. ______ 16. ______
2. ______ 17. ______
3. ______ 18. ______
4. ______ 19. ______
5. ______ 20. ______
6. ______ 21. ______
7. ______ 22. ______
8. ______ 23. ______
9. ______ 24. ______
10. ______ 25. ______
11. ______ 26. ______
12. ______ 27. ______
13. ______ 28. ______
14. ______ 29. ______
15. ______ 30. ______

유아용

2. 도형 완성하기

4

어떤 친구가 S를 이용하여 눈사람을 그렸어요. 여러분은 무엇을 그릴 수 있을까요?
단, 보기와 다른 모양으로 그려 보세요.

보기

제목: 눈 사 람

5

S S S

1. 제목: ________ 2. 제목: ________ 3. 제목: ________

S S S

4. 제목: ________ 5. 제목: ________ 6. 제목: ________

S S S

7. 제목: ________ 8. 제목: ________ 9. 제목: ________

교사용

3. 동물 상상하기

7

5가지 동물에 대한 유아의 반응 정도를 보고 점수에 체크해 주세요.

무반응형	부적절한 반응형	기본(음성이나 동작) 반응형	정교한 반응형
0점	1점	2점	3점

동물	상상하기	점수
1. 강아지	강아지가 푸른 들판에서 놀고 있는 모습을 상상해 보세요. 진짜 강아지가 된 것처럼 모습을 흉내내 보세요.	⓪ ① ② ③
2. 개구리	개구리가 연못에서 놀고 있는 모습을 상상해 보세요. 진짜 개구리가 된 것처럼 모습을 흉내내 보세요.	⓪ ① ② ③
3. 원숭이	원숭이가 나무에서 놀고 있는 모습을 상상해 보세요. 진짜 원숭이가 된 것처럼 모습을 흉내내 보세요.	⓪ ① ② ③
4. 토 끼	토끼가 숲 속에서 놀고 있는 모습을 상상해 보세요. 진짜 토끼가 된 것처럼 모습을 흉내내 보세요.	⓪ ① ② ③
5. 호랑이	호랑이가 산 속에서 놀고 있는 모습을 상상해 보세요. 진짜 호랑이가 된 것처럼 모습을 흉내내 보세요.	⓪ ① ② ③

교사용

4. 색다른 나무치기

9

7분 동안 유아가 나무를 쓰러뜨리는 방법을 관찰하고, 〈채점기준표〉에서 해당되는 반응번호를 찾아 아래 칸에 차례대로 적어 주세요.

보기

유아의 반응: 이마에 올려 놓고 가서 던진다.

번호	반응번호
1	13

번호	반응번호	번호	반응번호
1		16	
2		17	
3		18	
4		19	
5		20	
6		21	
7		22	
8		23	
9		24	
10		25	
11		26	
12		27	
13		28	
14		29	
15		30	

4) 영유아의 창의성 발달

de Bono(1987, 1990)는 창의성이란 재능이 아니라 사고의 기술이므로, 그것을 향상하기 위해서는 단순히 창의적 사고 기법을 가르치는 것으로부터 탈피하여 실생활에서 발생하는 여러 문제를 해결할 수 있는 다양한 사고 방법을 연습해야 한다고 하였다. 즉, 창의성은 체계적 논리의 기술이므로 훈련을 통하여 향상될 수 있다.

영유아의 측면적 사고 기법 연습 예시(de Bono, 1994)

de Bono는 영유아의 측면적 사고능력 촉진을 위하여 다음과 같은 4가지의 질문을 제시하였다.

- 재미있는 질문(fun items): 이 유형의 연습 질문을 통하여 영유아의 상상력과 도발적 답변을 유도한다. 심각하지 않게, 재미난 분위기 속에서 질문한다. 예를 들어, "우리 몸의 중심부(가슴 중간 부위)에 세 번째 팔이 있다면 무슨 일이 일어날까?
- 동떨어진 질문(remote items): 이 유형의 연습 질문은 현재는 없지만, 현실적으로 접근 가능한 문제다. 예컨대, "내가 만약 새로운 햄버거 가게를 새로운 지역에 연다면, 어떠한 점을 고려하여 만들 것인가?"
- 실생활과 관련된 질문(backyard items): 이 유형의 연습 질문은 영유아의 실제 활동과 직접적으로 관련된 문제다. 예를 들어, "유치원에서 가장 친한 친구가 나를 피한다면, 그리고 그 이유를 모르겠다면, 나는 어떻게 할 것인가?"
- 심각하고 중요한 질문(heavy items): 이 유형의 연습 질문은 영유아의 실제 생활과 관련된 심각하고 어렵고 고민되는 문제다. 예를 들어, "만약 어린이들이 담배를 피운다면 어떤 일이 발생할 것인가?"

또한 de Bono(1990)는 여섯 가지 색깔의 사고 모자(six thinking hats) 기법을 통해 사고 훈련의 새로운 방향을 제시하였다. 이는 습관적인 사고에서 벗어나 여섯 방향에서 생각하도록 훈련시킴으로써 실생활에서 발생하는 여러 문제를 새롭고 독창적으로 해결하는 데 도움을 준다. 여섯 가지 색깔의 사고 모자가 의미하는 바는 [그림 11-6]과 같다. 여섯 가지 색깔의 사고 모자 기법 프로그램이 유아의 창의성 증진에 미치는 효과를 검증한 연구 결과, 유아의 유창성, 독창성, 정교성 및 개방성 증진에 효과가 있었다. 나아가 여섯 가지 색깔의 사고 모자 기법에 기초한 사고 활동 프로그램에 대한 유아의 반응을 분석한 결과, 유아의 사고와 감정의 폭이 확장되어 창의성이 증진되었으며, 의사소통능력도 향상되었다(소순희, 2000).

한편, 창의적 사고 기능의 하위 요소로 민감성과 상상력을 들 수 있다. 뛰어난 관찰력을 바탕으로 하여 발달하는 민감성은 오감(시각, 청각, 후각, 미각, 촉각)이 뛰어나서 남들이 쉽게 지나치는 것을 예민한 감각으로 포착하여 새로운 아이디어를 낼 수 있는 능력을 의미한다. 영유아의 민감성 향상을 위해서는 오감을 촉진하는 활동이 필요하다. 예를 들면, '큰 상자에 10개 정도의 물건을 넣고 5초 정도 보여 준 다음, 한 가지 물건을 제거한 후, 어떠한 물건이 없어졌는지 이야기하기'(시각 경험 촉진), '샤워기에서 쏟아지는 물소리와 비가 내리는 소리가 어떻게 다른지 표현하기'(청각 경험 촉진), '칫솔, 사포, 솜, 가는 모래 등 다양한 느낌을 가진 물건들을 직접 만져 보고 그것들의 이름을 떠올려 보기'(촉각 경

민감성
오감이 뛰어나서 남들이 쉽게 지나치는 것을 예민한 감각으로 포착하여 새로운 아이디어를 낼 수 있는 능력

• 빨간 모자: 문제에 대한 감정, 느낌, 직관, 육감만 표현

• 파란 모자: 목표, 개관, 순서, 규율 선정, 결론 및 요약

• 흰색 모자: 중립적이고 객관적인 정보와 사실만 제공

• 노란 모자: 문제와 관련된 긍정적, 희망적 측면만 표현

• 초록 모자: 창의적 아이디어, 새로운 해결책의 제시

• 검은 모자: 문제 관련 부정적 측면, 잠재적 위험요소만 표현

[그림 11-6] 여섯 가지 사고 모자

험 촉진), '눈을 가리고 오렌지, 사과, 바나나 등 여러 가지 과일의 향기를 구별하기'(후각 경험 촉진), '설탕물과 소금물 등 다양한 맛을 직접 체험하기'(미각 경험 촉진) 등의 체험 활동은 영유아의 오감능력을 촉진한다. 이 밖에 '여름은 왜 더울까? 겨울에는 왜 눈이 올까?'와 같이 이미 분명한 현상에 대해 의문을 가질 수 있는 태도를 가지도록 격려하며, '상자처럼 네모난 물건을 모두 찾아보기, 크레파스와 수채화 물감, 아크릴 물감 등을 살펴보고 공통점을 찾아보기'와 같이 공통적인 사물의 속성을 생각하거나 발견하도록 유도하는 활동이 영유아의 민감성 발달을 촉진한다.

상상력
경험을 기초로 하여 새로운 표상을 만드는 능력

상상력은 경험을 기초로 하여 새로운 표상을 만드는 능력이다. 상상력이 발달하려면 이전의 경험이 축적되어야 하고, 여러 가지 다양한 심상을 새로운 상황 속에서 통합할 수 있어야 한다. 유아는 '상상해서 이야기하기, 상상하면서 이야기 듣기, 상상을 통한 창의적 신체표현, 상상화 그리기' 등의 활동을 통해 상상력을 기를 수 있다.

영유아기의 다양한 경험 축적은 상상력 발현의 기반이다.

영유아의 상상력 촉진을 위한 활동의 예시

- 현재 있는 것을 없는 것처럼, 혹은 그 반대로 생각하기
  : 만약 낮만 있고 밤이 없다면 무슨 일이 일어날까? 만약 친구의 마음을 들여다 볼 수 있는 거울이 생긴다면 어떤 일이 일어날까?
- 현존하는 것들을 축소 또는 확대하여 생각하기
  : 만약 개미가 고양이만 해지고, 고양이가 개미만 해진다면 어떤 일이 생길까?
- 현존하는 것들의 입장을 바꿔서 생각하기
  : 내가 만약 새처럼 날개가 있다면? 새의 다리가 사람의 다리처럼 굵다면 어떻게 될까?
- 동물, 식물, 사물 등을 의인화하여 생각하기
  : 우리 집 강아지가 나처럼 말을 할 수 있다면? 내가 앉아 있는 의자가 나처럼 말을 하거나 생각할 수 있다면?
- 가상적인 상황을 현실에 적용하기
  : 갑자기 호랑이가 나한테로 막 달려온다면, 어떻게 하면 멈출 수 있을까?

2. 영재성

1) 영재와 영재성의 의미

우리는 주변에서 뛰어난 재능을 보이는 유아를 관찰할 수 있다. 6세임에도 불구하고 모차르트의 피아노 소나타를 전문가 수준으로 연주하는 유아도 있고, 5세인 유아가 수 시간 동안 수십 장의 그림 그리기에 집중하는 경우도 볼 수 있다. 또한 말하기 및 수·과학 능력, 신체운동 및 대인간 능력 등의 모든 지적 영역에서 골고루 우수성을 보이는 다재다능한 유아를 만나기도 한다. 4~6세가 심리검사를 통해 유아의 영재성에 관한 타당한 정보를 얻는 데 결코 어린 나이가 아니라는 점은 다양한 유아 영재들이 보이는 특성에 기초한 제안이다. 4~5세에 얻은 지능점수와 그 이후의 지능점수 간의 관련성은 비록 9세에서 얻은 관련성보다 약간 낮기는 했지만 많이 낮지는 않았다(Silverman, 1986).

영재
재능이 뛰어난 사람으로서 타고난 잠재력을 계발하기 위해 특별한 교육이 필요한 사람

영재성의 조기 징후로는 새로움을 선호(Fisher, 1990), 민첩성(Rogers, 1986), 인

미술신동으로 불렸던 중국의 왕야니(Wang Yani)가 5세 때 그린 그림. 매우 어린 연령임에도 불구하고 그림에서 강한 역동성이 느껴진다. 왕야니는 유아 시절 수천 장의 그림을 그렸다고 한다[Winner(1996). Gifted Children: Myths and realities에서 발췌].

식과 강도(Maxwell, 1995), 반사적 행동에서 의도적 행동으로의 빠른 진전(Berche Cruz, 1987) 등이 제안되었고, 심지어 '신생아의 높은 울음 횟수'를 제시한 학자(Robinson, 1993)도 있다. 이렇듯 영재성의 조기 징후는 다양한 양상으로 드러나는데, 이는 영재성의 속성 자체가 매우 복잡한 심리학적 구인이기 때문이다.

〈표 11-2〉 영유아 영재의 공통적 특징(Silverman, 2003)

- 연령에 비하여 우수한 어휘력
- 높은 수준의 기억력
- 예리한 관찰력
- 끝없는 호기심
- 추론을 잘함
- 빨리 배움
- 흥미가 있는 것에 대해 아주 오랫동안 주목함
- 관심 있는 활동을 할 때, 방해 요인에 대하여 전혀 방해받지 않음
- 감성적(감정이 쉽게 상처를 받음)
- 동정심을 보여 줌
- 한 가지 과제에 대하여 열성적인 관심을 보임(열정)
- 완벽주의적 성향
- 도덕적으로 예민함
- 강한 흥미 영역을 가지고 있음. 또한 흥미 영역이 광범위함
- 자기보다 나이가 많은 사람이나 어른을 좋아함
- 높은 수준의 에너지를 지님

- 유머 감각이 있음
- 풍부한 상상력
- 일찍 책 읽기를 시작했거나 책 읽기를 좋아함(너무 어려 책을 읽을 수 없는 나이의 경우는 어머니나 다른 누군가가 책 읽어 주는 것을 좋아함)
- 정의, 공정심 등에 관심 있음
- 권위에 의문을 제기하는 경향이 있음
- 수에 대한 재능을 지님
- 조각 그림 맞추기를 잘함

영재를 선별하고 그에 적합한 교육과정 및 프로그램을 실시하기 위해서는 영재란 누구를 지칭하며, 그가 지닌 구체적인 속성이 무엇인지에 대한 조작적 정의를 내려야 한다. 미국연방정부「영재교육법」(1988)에서는 "지능, 창의성, 예술적 능력, 리더가 될 수 있는 역량, 수학 및 과학을 포함한 학문적 영역에서 높은 수준의 수행능력을 보이는 아동으로, 정규 교육과정과는 차별화된 교육을 필요로 하는 아동"을 영재라고 정의한다. 또한 미국연방교육부는 "전문가에 의하여 판별되고, 높은 수행 능력을 보이는 아동, 자기 자신과 사회로의 공헌을 위하여 특별한 교육 프로그램을 필요로 하는 아동"을 영재로 규정하고 있는데, 이러한 영재의 개념 규정은 현재 우리나라에도 많은 영향을 주고 있다. 즉, 2011년 7월 21일 일부 개정된 우리나라「영재교육진흥법」제2조에서 지칭하는 영재란, "재능이 뛰어난 사람으로서 타고난 잠재력을 계발하기 위하여 특별한 교육이 필요한 사람"을 의미한다.

발레 영재 이야기를 다룬 영화 〈Billy Elliot〉의 한 장면. Billy는 유아 시절부터 뛰어난 리듬감각과 춤에 대한 높은 수준의 열정을 지니고 있었다. 사진은 권투를 배우라는 아버지의 권유를 마다하고 발레연습실에 몰래 와서 매일 권투연습 복장을 한 채 춤을 배우고 연습하는 Billy의 모습이다.

Abraham J. Tannenbaum(1924~2014)은 상위 2% 이내의 높은 수준의 지능과 특수 적성이 뛰어난 사람을 영재로 보았고, 시대의 가치가 알아주지 않으면 그들이 지닌 영재성은 사장되어 버린다고 하였다(Tannenbaum, 2004). 또한 영재성의 지속과 발달을 위하여 가정 및 학교, 또래 집단을 포함한 환경적 지원이 결정적인 요인이며, 성격, 내적 동기, 열성, 몰입, 자아개념, 능력에 대한 스스로의 확신과 같은 비인지적 요인들을 영재성의 주요 조건으로 보았다.

Winner(1996)는 영재의 특성을 '조숙(precocity), 자기 방식대로 하기(marching to their own drummer), 숙달을 향한 열정(a passion to master)'의 세 가지 지표로 설명하였다. 영재는 또래에 비하여 일찍 특정한 영역에 대한 숙달을 보인다. 또한 자기 스스로 문제를 발견하고 독특한 방법으로 그것을 해결하며, 남들에 비해 자신이 더 잘하거나 높은 수준의 능력을 지녔다고 생각하는 영역을 이해하는데 집중하고 지속적인 흥미를 느낀다.

Kurt A. Heller(1931~)에 따르면, 영재성이란 다양한 변인들에 의하여 발현되고 지속된다. 즉, 영재성은 특정 분야에 대한 재능뿐만 아니라 영재가 지닌 성취 동기 및 스트레스 대처능력과 같은 비인지적 성격 특성 요인, 가정과 학교를 포함한 환경적 요인에 의하여 형성되므로, 결국 영재 판별 시 그와 같은 다면적인 요인들을 평가 준거로 고려해야 한다고 제안하였다. 그는 영재성을 수·과학을 포함하여 지적으로 우수한 영역에 국한시키는 것을 경계하였다. 나아가 극소수의 우수한 능력을 지닌 지적 우수 집단으로 훈련시키는 것을 지양하고, 영재가 한 인간으로서 전인적인 인간으로 성장할 수 있도록 폭넓은 교육의 기회를 주어야 한다고 주장하였다(Heller, 2005). 그가 제안한 뮌헨 영재성 유형 모델(Muenchener Hochbegabungsbtterie: MHBT)은 [그림 11-7]과 같다.

Heller는 몇 개의 변인군을 통하여 영재성을 보다 종합적으로 진단하였다. 그가 제시한 변인군은 재능 영역으로 구성된 예언 변인, 성취 및 실행 영역으로 구성된 준거 변인, 그리고 이 둘 사이를 매개하는 비인지적 성격 특성 요인과 환경조건 요인을 의미한다. 뮌헨 영재성 유형 모델에 따르면, 영재성이란 비인지적이고 사회환경적인 매개 변인과 특수한 영역에 대한 성취 준거의 그물망 안에서의 다요인적 능력 구인을 의미한다고 볼 수 있다. Heller의 영재성 유형 모형은 잠재적 능력을 의미하는 예측 변인과 가시화된 성취 변인, 그리고 그 둘을 이어

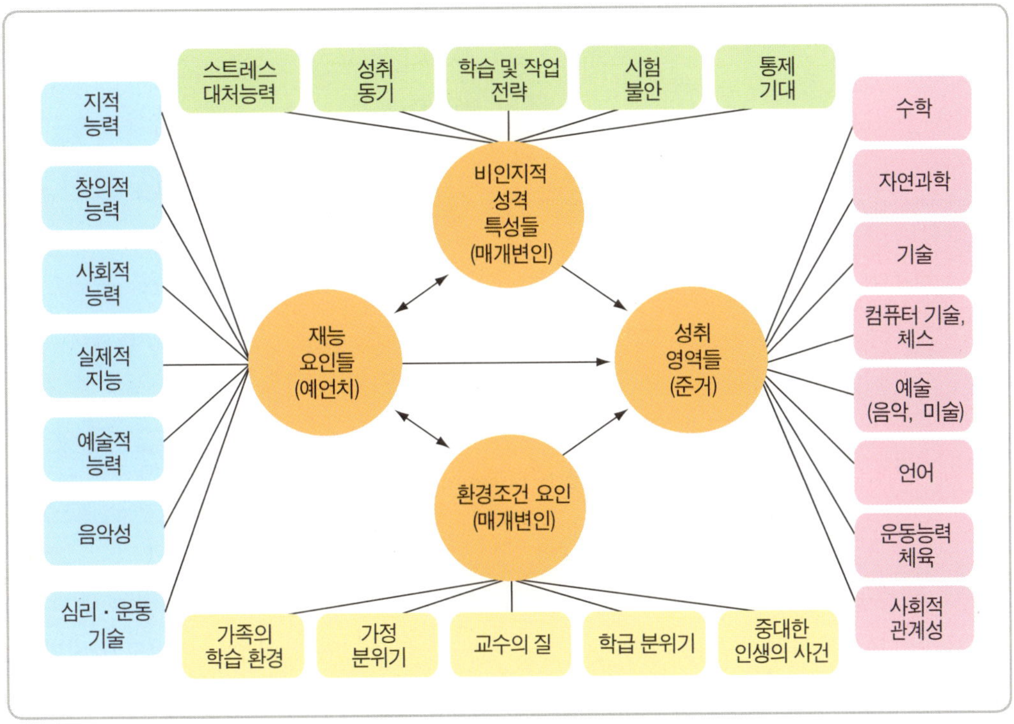

[그림 11-7] 뮌헨 영재성 유형 모델

주는 매개 변인으로 영재성을 설명함으로써 복잡한 속성인 영재성을 보다 객관적이고 정교하게 조명하고, 영재성에 대한 교육적 개입 및 처치를 가능하게 함으로써 영재의 전인적 발달을 촉진시키는 모형이라는 점에서 의미가 있다.

영재성의 개념을 규정함에 있어서 가장 널리 인지되는 것은 Renzulli의 영재성 이론이다. 그에 따르면, 영재성이란 특정한 영역에 대한 평균 이상의 높은 능력과 창의성, 강한 과제집착력이 서로 복합적으로 상호작용하는 심리적인 특성을 의미한다.

Renzulli의 영재성

특정 영역에 대한 평균 이상의 높은 능력과 창의성, 강한 과제집착력이 서로 복합적으로 상호작용하는 심리적인 특성

그러므로 영재란 특정 영역에 대하여 평균 수준의 능력을 지닌 사람보다 높은 수준의 능력과 창의력, 강한 과제집착력이라는 세 가지의 특성을 잠재적으로 보유하고 있는 사람으로서 그에 적합한 특수한 교육과정이 필요한 사람이라고 볼 수 있다. 그러나 특정 분야의 영재라고 하여 이러한 세 가지의 속성을 모두 높은 수준으로 항상 보유하고 있는 것은 아니다. 개인이 처한 특수한 상황에 따라, 어떤 영재는 음악에 대한 높은 수준의 능력 및 기술, 과제집착력을 보유하고

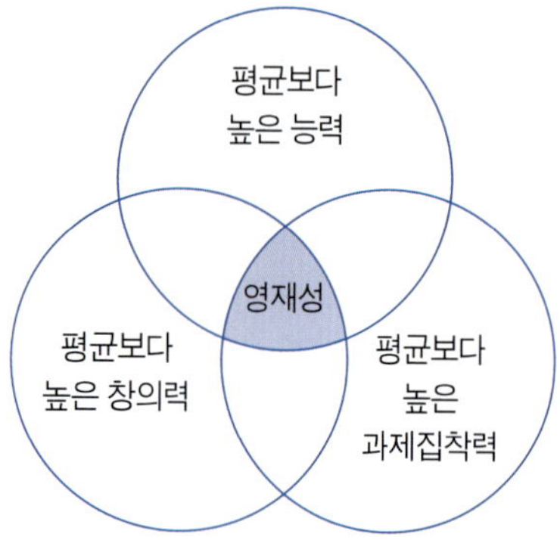

[그림 11-8] Renzulli(1978)의 영재성

있지만 그 분야에서 요구하는 음악 창의성의 수준은 그다지 높지 않을 수도 있다. 또 어떤 영재는 과학에 대한 높은 수준의 동기와 창의성을 지니고 있지만 과학적 능력에 해당되는 다양한 지식은 뛰어나지 않을 수도 있고, 또 다른 영재는 축구에 대한 높은 수준의 능력과 창의적인 기술을 보유하고 있지만 과도한 연습으로 인하여 그 분야에 대한 동기가 하락되어 있을 가능성도 있다. 이렇듯 모든 영재가 세 가지의 특성을 항상 높은 수준으로 유지하는 것은 아니기 때문에 영재의 부모와 교사는 영재가 지닌 세부 잠재능력의 균형이 유지되도록 주의 깊게 관찰하고 그에 적합한 교육적 처치와 환경을 제공해야 한다. 특히 어린 연령의 영재는 다른 요인보다, 우수한 영역에 대한 동기 수준을 지속적으로 유지하는 것이 중요하다. 수 · 과학 및 예술, 그 밖에 다양한 영역에 대한 우수성은 영유아기부터 꾸준히 관찰되는 속성이다. 예를 들어, 수학 영재성을 지닌 영유아는 또래에 비해 수와 관련된 놀이 및 학습에 흥미를 느끼며 수학적 개념에 대한 이해가 빠르고 적용능력 또한 뛰어나다. 음악 영재성을 지닌 영유아는 아주 어린 시기부터 멜로디와 리듬에 대한 예민한 지각능력을 지니고 있다. 또한 무용 영재성을 지닌 영유아는 음악에 잘 어울리는 창의적인 몸동작을 스스로 만들기도 하며, 미술 영재성을 지닌 영유아는 하루에 수십 장이 넘는 그림을 기꺼이 그리기도 한다. 이들이 지닌 잠재된 영재성을 사장시키지 않고 발현 및 계발하기 위해서는 그에 적합한 전문적인 교육적 처치가 필요하다. 우수한 영역에 대한 과도

한 훈련 혹은 선행학습을 강요함으로써 어린 영재가 지닌 해당 분야에 대한 열정 및 집중, 흥미를 포함한 동기 수준이 하락되는 일이 없어야 할 것이다.

2) 영유아의 영재성 발달

영재성의 발달은 유전적으로 타고난 영유아의 잠재능력과 가정 및 교육기관을 포함한 후천적 환경 조건의 적절한 상호작용에 의하여 발현되고 극대화된다. 즉, 우수한 잠재능력을 보유하고 있을지라도 성장하면서 환경 요인의 적극적인 지원과 도움이 없다면 잠재되어 있는 영재성은 미처 발현되지 못한 채 사장된다. 이와 같은 이유로 인하여 부모나 교사는 영유아의 잠재성을 이끌어 내고 더욱 발전시키기 위한 지속적인 관심과 노력을 기울이는 것이다. 부모가 자녀의 우수성을 발견하고 지원하기 위해서는 영재성이 잘 키워지는 영유아기의 발달 패턴을 이해하고, 나아가 자녀의 학습을 최적화시키는 방법에 대한 지식을 지니고 있어야 한다.

영유아 영재는 실제 나이에 비해 1/4 내지 1/2을 더한 능력을 보인다(Robinson, 1993). 즉, 4세 유아에게서 5세나 6세 유아가 보이는 능력이 관찰된다면 4세 유아는 영재로 볼 수 있다. 이 시기 가장 쉽게 식별되는 영재의 특징은 읽기를 포함한 언어능력의 조기 발달이다. 또한 또래에 비하여 앞선 추론능력과 긴 집중력, 풍부한 상상력, 호기심과 기꺼이 위험을 감수하는 행동들은 모두 영재성의 조기 징후들이다. 영유아 영재는 전형적으로 높은 수준의 에너지를 보유하고 있으며, 잠을 덜 자고, 어린 나이임에도 불구하고 좀 더 복잡한 활동에 참여한다(Clark, 2008).

영유아의 영재성 발달을 위하여 부모는 그에 적합한 양육 방법을 알아야 한다. 자녀에게 풍부한 언어적 환경을 경험하게 하고, 그들이 스스로 탐구할 수 있는 학습 환경을 제공하며, 자녀가 보인 성취에 대해 아낌없이 칭찬한다. 또한 과제를 실행하도록 도와주고 영재성 발달의 기반이 되는 기초능력들을 배양할 수 있도록 격려한다. 또래에 비하여 조숙성을 보이는 영유아의 영재성을 부인하거나 호기심이 왕성한 아이를 비난하고 체벌하는 행동은 삼간다(Clark, 2008). 탁월한 음악가와 미술가, 과학자와 운동선수로 성장한 영재의 부모는 그들의 자녀가 어린 시절부터 '성공과 우승, 최선을 다할 것, 인내, 탁월함, 생산성' 등을 자녀에게 강조하였다(Bloom, 1985). 또한 창의적인 건축가로 성장한 영재의 부모는 어린 자녀에게 '문화적이고 지적인 것의 추구, 성공, 야망, 성실함, 재능의 발달' 등을 강조하였고(MacKinnon, 1965), 높은 수준의 지능을 보유한 어린 영재의 부모는, 자녀에게 높은 수준의 성취를 위해서는 힘든 노력의 대가가 필요하지만 여전히 성취를 우선적으로 강조하였다(Herskovits, 2000). 신념과 가치가 반영된 부모의 실제 행동은 영재의 성취에 긍정적 영향을 미친다. 부모는 어린 영재의 학습을 위한 다양한 프로그램을 제공하고, 어린 자녀가 우수성을 보이는 영역에서 독립적인 활동을 하도록 적극적으로 격려하며, 과제를 기꺼이 돕고, 텔레비전 시청을 제한하며, 유치원 및 유치원 밖에서 자녀의 영재성이 계발될 수 있는 다양한 기회를 찾는다(Bloom, 1985; Corbin & Denicolo, 1998; Gottfried, Gottfried, Bathurst, & Guerin, 1994; Van Tassel-Baska, 1989). 상대적으로 자녀에게 강조하는 신념 및 가치와 불일치하는 부모의 행동은 영재의 성취에 부정적 영향을 줄 수 있다. 특히 자신의 일을 만족스러워하고 즐기기보다 업무에 대한 스트레스와 불만을 표출하는 전문직 부모를 둔 자녀에게서 미성취 영재가 발견되는 경향이 있다는 연구결과(Rimm & Lowe, 1988)는 흥미롭다. 또한 신념과 가치에 기반한 영재 부모의 지원과 과잉 개입이 혼돈되어서는 안 될 것이다. 특정 과제의 성취에 대한 부모의 지나친 개입과 규율은 오히려 영재의 성취에 부정적인 영향을 미친다는 보고가 있다(Konstantopoulos, Modi, & Hedges, 2001).

영유아 영재의 가족은 다른 가족에 비해 좀 더 아동 중심적이며 응집력이 있고 가족 구성원 간의 관계가 밀접한 경향이 있다. 친밀하고 지지적인 가족은 영재로 하여금 자신의 에너지와 주의를 도전적인 과제를 찾고 활동하는 데 집중할 수 있도록 하고, 결국 그 분야에 대한 지식과 기술을 잘 습득하고 형성할 수 있도록 도와준다(Pfeiffer, 2008). 영유아 영재성의 발달을 촉진하는 환경 조건으로 '생산적 활동을 위한 독립적인 시간(혼자 있는 시간), 스트레스와 긴장에 대한 대처, 비관습적인 가정의 분위기, 영유아의 정서적 욕구를 충족시키는 다양한 재능 활동' 등의 요인이 제안되었다(Pfeiffer, 2008). 그러므로 높은 수준의 성취를 기대하는 영재의 부모는 보다 안정적이고 친밀한 가족 관계를 유지함으로써 어린 자녀가 도전적인 학습 욕구와 그에 따른 심리적 압박감에 대처할 수 있도록 지원해야 할 것이다. 영재 부모는 내적인 상상을 포함하여 스트레스와 자신의 정서를 건강하고 창조적인 산출물로 생산할 수 있도록 자녀를 격려하고, 부모 스스로 효과적인 대처 기술의 모델이 되어 주어야 한다.

TIPS

영유아 영재를 양육하는 부모를 위한 제안(Clark, 2008)

만약 당신의 어린 자녀가 영재라면, 그리고 그 영재성을 지속시키기 원한다면,

- 개방적이고 허용적인 의사소통을 한다. 들어주고 들어주고 또 들어주어라. 그러면 어린 영재는 부모가 자신을 가치 있게 생각한다고 느낄 것이다.
- 혼자 흥미를 느끼는 일에 몰두할 수 있고, 아무런 평가를 받지 않고, 자유롭게 말할 수 있으며, 아이디어를 공유할 수 있는 아이만을 위한 특별한 시간을 만든다.
- 부모가 자녀에게 원하는 것이 아니라, 아이 스스로 하고 싶어 하는 것을 기꺼이 허락한다.
- 우수한 자녀를 친구처럼 존중한다.
- 영유아 영재가 상황을 이해하고 있다는 생각이 들 때에는 그가 최대한 많은 결정을 할 수 있도록 허용한다.
- IQ와 영재를 혼동하지 마라. 영재는 IQ 그 이상이다.
- 영유아 영재가 이미 가지고 있는 것과 갖고자 하는 것을 스스로 이해할 수 있도록 도와준다. 특히 여아의 경우, 영재로서 견뎌 내어야 할 압박감이 더 클 수 있다. 남들과 다르다는 것이 괜찮다는 것을 느낄 수 있도록 도와준다.
- 완벽주의 혹은 자신의 이미지와 관련된 것들을 도와준다. 자신의 실수를 수용하고 어떻게 극복하는지에 대한 모범을 보여 준다.
- 현실적인 기준을 설정할 수 있도록 도와주고, 타인에게 자신의 기준을 강요하는 것이 바람직하지 못한 것임을 이해할 수 있도록 한다.
- 시간이나 에너지에 대한 우선순위를 정할 수 있도록 도와준다. 어린 영재에게는 모든 것이 흥미롭기 때문에 한번에 모든 것을 하려고 할 수 있다.
- 영재가 개인 간의 차이를 인정할 수 있도록 도와준다.
- 말보다는 행동으로 솔선수범한다.
- 다른 일을 시작하기에 앞서 하던 일의 마무리를 강요하지 마라. 영유아 영재는 하나의 프로젝트가 끝나기 전에 다른 분야에 매력을 느낄 수 있다.

- 어린 영재에 대한 교사의 실수(영재가 이미 2년 전에 학습한 내용에 대한 과제 제시 등)에 주의하라. 유치원 교사와 상담하여 그를 이해시키고, 만약 교사가 비합리적으로 나온다면 유치원 원장과 의논할 권리도 있다.
- 영재가 자신의 생각을 편안하게 이야기할 수 있는 안전한 공간을 제공한다. 영재는 자신이 다른 친구들과 다르다는 사실에 대하여 불편함을 느낄 수도 있다. 교사나 친구들이 이러한 것을 이해해 주지 못할 때, 영재는 있는 그대로의 자신을 인정해 주는 사람과 공간이 필요하다.
- 영재와 함께 시간을 보내는 것을 즐긴다. 부모의 삶은 멋진 모험이 될 것이다.

유치원을 포함한 유아교육기관은 가정과 더불어 영유아의 영재성 발현과 발전에 영향을 주는 주요 요인이다. 4세의 영재는 호기심, 주의집중력 및 활동성이 높아서 비교적 쉽게 학습의 즐거움에 빠져든다. 자신의 욕구와 흥미에 대해 적절한 학습 환경을 제공하는 유능한 교사에게 영재는 더 활발한 정서적 움직임을 보인다. 교사는 이들의 잠재성을 계발할 수 있는 적절한 수준의 도전적인 과제를 제공해야 한다. 그러나 일반적인 영유아를 대상으로 하는 유아교육기관의 교육과정은 영재의 수준에서 보았을 때 낮은 수준이며, 영재가 이미 알고 있는 것에만 초점을 둔다. 이러한 이유로 인하여 어린 영재는 자신보다 연상의 놀이친구를 선호하며, 또래보다 어른들 속에서 기쁨을 느끼는 경향이 있다(Dalzell, 1998). 어린 연령의 영재가 지닌 우수한 단어능력은 또래 친구와 교류를 어렵게 만들고, 그에 따라 영유아 영재는 왜 다른 친구들이 자신과 다른지에 대하여 이해하지 못한다. 또래와의 관계 속에서 좌절을 경험한 결과 영재는 자신의 우수한 잠재능력을 숨기기도 하고, 보조 교사의 도움을 받게 됨으로써 또래 친구들로부터 분리되기도 한다.

그러므로 교사는 영유아의 영재성을 올바르게 이해하고, 그것을 지속적으로 계발시키는 다양한 방법을 알아야 한다. 유치원 생활 속에서 발생하는 많은 의사결정의 과정에 영재를 동참시키고, 영재와 또래 친구들이 다르다는 점을 잘 이해시키며, 영재의 거침없는 질문과 호기심을 성장의 도구로 활용한다. '나-메시지(I-message)'를 통하여 의사소통함으로써 영재의 긍정적인 협조를 이끌어내며, 영재로 하여금 자발적이고 적극적인 활력을 가지고 학습에 임하도록 격려

나-메시지

어떤 상황이나 사건이 나에게 어떠한 영향을 미치고 있는지에 관하여 '나'라는 주어를 사용하면서 이야기하는 것

한다. 영유아 영재를 위한 프로그램은 그들의 잠재성을 촉진하는 풍부하고 다양한 내용으로 구성하고, 영재 개인의 차이를 고려하여 적절한 수준의 도전감을 느낄 수 있는 내용으로 구성하는 것이 좋다(Clark, 2008).

Kerr(1994)는 유아의 영재성을 촉진시키기 위하여 그들의 개인차를 인정해 주는 유치원을 찾아야 한다고 제안하였다. 남아와 여아를 구별하지 않고 독서를 자유롭게 할 수 있으며 퍼즐 및 장난감, 다양한 악기 및 미술작품을 다룰 수 있는 시간이 충분히 편성되어 있는 유치원이 좋다. 전문가의 이와 같은 제안이 우리나라 유아교육기관 운영에 주는 시사점은 크다. 영유아 영재의 특성 및 그들의 동기와 상관없이 부모나 교사에 의하여 마련된 특정한 교과나 프로그램에 초점을 두어 운영되는 교육 프로그램은 바람직하지 않다.

TIPS

영유아 영재를 위한 보육기관 선택 시, 부모가 고려해야 할 사항(Clark, 2008)

- 교사는 어떠한 방식으로 아이들과 상호작용하는가?
- 교사는 진짜로 아이를 좋아하는가?
- 교사가 진심으로 영유아를 인격체로 인정하고, 자신의 감정을 드러내는 데 있어서 진심이 있는가?
- 영유아 영재의 양육에 도움이 되는 환경인가? 어린 영재가 좋아할 것 같으며, 다양한 색상이 있고, 풍부한 사고를 위해 구조화되어 있는가? 학습 환경이 유연하며, 즐겁고 편안한가?
- 영재의 흥미를 지속시킬 수 있는 환경인가?
- 각기 다른 난이도와 다양한 활동으로 구성되어 있는가?
- 활동이 영재의 사고에 도전적이며 사고력, 감성, 직관력, 신체적 감각능력을 향상시킬 수 있는가?
- 창의적으로 학습할 수 있는 다양한 기법을 활용하는가?

CHAPTER 12
동기

1. 동기의 의미와 유형
2. 동기이론
3. 동기의 발달과 특징
4. 동기화 전략

Chapter 12

동기

영유아는 호기심을 갖고 자신의 주변 환경을 탐색하며 환경과 상호작용하려는 선천적인 욕구를 가지고 있다. 주변 환경에 대한 끊임없는 호기심은 많은 의문을 갖게 하고 이를 직접 경험하고 해결하기 위해 아이는 행동한다. 이러한 행동을 통해 아이는 무엇인가를 배우고 자연스럽게 지식을 습득한다. 아이와 주변 환경과의 상호작용은 무엇인가를 탐색하고 발견하는 과정을 통해 이루어진다. 이 과정 속에서 즐거움이나 기쁨을 얻는다면 아이는 이와 유사한 행동을 적극적으로 반복하려고 할 것이다. 어떤 아이는 활동이나 과제를 하는 데 있어 흥미를 갖고 열심히 탐색하고 열중하는 등 그 속에서 즐거움이나 기쁨을 찾고 이것이 보상으로 작용하여 특정한 행동을 한다. 또 다른 아이는 활동이나 과제와는 상관없이 부모의 칭찬이나 인정 등과 같은 외적 보상이 즐거움이나 기쁨으로 작용하여 특정한 행동을 한다. 이와 같이 특정한 행동을 하게끔 만드는 요소가 동기인 것이다.

1. 동기의 의미와 유형

동기

유기체로 하여금 특정한 행동을 하도록 만드는 요소

동기(motive)는 유기체로 하여금 특정 행동을 하도록 만드는 요소를 의미하고 동기화(motivation)는 동기를 제공해 준다는 의미를 지니고 있으며 많은 경우 두 가지의 용어를 혼용하여 사용한다.

이와 같이 동기는 행동의 시작점이 되고 유기체가 무엇을 원하는지에 따라 행동의 방향을 결정하는 역할을 한다. 또한 동기는 유기체의 행동을 지속시키며 어떠한 행동을 얼마만큼의 강도로 수행할지를 결정하는 역할을 한다.

동기는 크게 외재 동기와 내재 동기로 구분할 수 있다. 외재 동기와 내재 동기는 특정 활동이나 과제가 최종 목적의 수단으로 사용되거나 성공 또는 실패 시 주어지는 보상이나 벌에 의해서 행동을 하느냐 아니면 어떤 활동이나 과제 그 자체가 유기체에게 흥미를 주고 즐거워서 행동을 하느냐에 따라 분류된 동기 유형이다.

외재 동기

과제와 상관없이 외부의 환경적 요인(보상이나 처벌 등)에 의한 동기

외재 동기(extrinsic motive)는 과제와 상관없이 사회적 압력이나 보상 혹은 처벌과 같은 외부의 환경적 요인에 의해 동기화된 것을 말한다. 부모가 아이에게 특정한 행동을 할 것을 요구한다거나 특정 행동 후에 보상이 주어진다면 아이는 부모가 바라는 행동을 하게 될 것이고 벌이 주어진다면 아이는 부모가 싫어하는 행동은 하지 않을 것이다. 이러한 행동은 외부로부터 기인한 것이며 외재 동기라 할 수 있다. 예를 들어, "도현이가 가지고 놀았던 장난감을 깨끗이 치우면 엄마가 초콜릿 줄게!"라고 이야기를 했을 때, 도현이는 자신이 좋아하는 초콜릿을 먹기 위해 장난감을 치우게 된다. 외재 동기는 외부의 힘이나 보상 혹은 처벌에 의해 나타나기 때문에 외부의 환경적 요인이 지속적으로 주어지지 않을 경우 동기화된 행동은 지속되기 어렵다.

내재 동기

과제 그 자체를 즐기고 그 즐거움이 보상으로서 작용하는 동기

한편 내재 동기(intrinsic motive)는 외재 동기와 구별되는 개념으로 과제나 활동 그 자체를 즐기는 것을 말한다. 예를 들어, 예진이는 부모가 시키지 않아도 스스로 동화책 읽는 것을 즐기며 부모와 즐거운 여행을 갈 때도 차 안에서 동화책을 읽으려고 책을 가져가는 행동을 보였다. 이와 같은 예가 내재 동기라 할 수 있다. 영유아의 내재 동기는 주변 환경에 대한 강한 호기심을 통해 일어난다. 언어가 유창해진 유아는 "엄마! 저건 뭐예요?" "엄마! 달은 왜 떠요?"와 같이 끊임없이 질문을 하면서 주변 환경

유아가 그림책 보는 것을 즐거워하며 몰입하여 보고 있다.

에 대한 자신의 호기심을 충족시키려 한다. 내재 동기를 지닌 아이는 자신이 선택한 행동이기 때문에 과제나 활동으로부터 더 많은 즐거움을 경험하고 더 많은 지식이나 기술을 습득한다. 또한 아이는 만족감과 같은 긍정적인 정서를 갖게 되고 목적 지향적인 활동을 지속시켜 나갈 수 있다.

〈표 12-1〉과 같이 외재 동기와 내재 동기는 연속선상의 극단으로 보일 수 있으나 이 두 가지의 동기는 개별적으로 작용한다. 즉, 외재 동기가 높다고 해서 반드시 내재 동기가 낮은 것은 아니며, 반대로 외재 동기가 낮다고 해서 반드시 내재 동기가 높은 것은 아니다. 예를 들어, 장난감으로 어질러진 방을 치우는 것에 즐거움도 느끼고 엄마가 주는 초콜릿도 먹기 위해 방을 치우는 아이가 있는 반면, 오직 엄마가 주는 초콜릿을 먹기 위해 방을 치우는 아이도 있다. 전자는 두 가지 동기가 함께 작용하는 경우이고, 후자는 외재 동기는 높지만 내재 동기는 낮은 경우다.

〈표 12-1〉 외재 동기와 내재 동기의 특성(신명희 외, 2014)

외재 동기	내재 동기
• 사회적 압력, 보상 및 처벌과 같은 환경적 요인에 의한 동기화	• 개인의 욕구, 흥미, 호기심, 즐거움과 같은 심리적 요인에 의한 동기화
• 과제와 상관없이 외부의 보상을 얻으려는 것과 관련된 동기화	• 과제를 하거나 활동하는 그 자체가 보상이 되는 동기화
• 인간 유기체는 외부의 보상이나 처벌에 의하여 동기화되는 존재	• 인간 유기체는 자신의 능력을 발달시키고 자신의 성취를 즐기도록 동기 유발되는 존재

이와 같이 외재 동기와 내재 동기는 서로 대립적인 관계에 있는 것이 아니라 서로 얽혀 있는 심리 상태다. 외재 · 내재 동기는 아이에게 생산적 행동에 참여하고 새로운 지식과 기술을 습득하는 데 자극제가 될 수 있다. 상황에 따라서는 외재 동기도 필요하고 좋은 자극제가 될 수 있지만 내재 동기의 형성은 영유아가 훗날에 자신의 주변 환경이나 지식을 배우고 익히는 데 좋은 습관이나 태도의 기초를 마련해 준다. 내적으로 동기화된 아이는 학습 자료들을 배우고 익히는 데 열심히 노력하고 주어진 과제는 최선을 다해 수행하며 효과적인 학습 전

략을 사용하고 취학 후에도 학교에서 학업 성취를 높이는 데 열망을 갖는다. 그러나 외적으로 동기화된 아이는 주어진 과제를 수행하는 데 있어 보상이 필요하며 도전적인 과제보다는 쉬운 과제를 선택하여 수행한다(McDevitt & Ormrod, 2013; Ryan & Deci, 2009; Tsai, Kunter, Lüdtke, Trautwein, & Ryan, 2008).

2. 동기이론

인간의 행동에 대한 원인을 설명하려는 동기이론은 심리학의 역사적 흐름에 따라 크게 1900년대 초반~중반을 전후로 한 행동주의 접근, 1940~1950년대를 전후로 한 인본주의 접근 그리고 1960년대부터 대두된 인지주의 접근으로 살펴볼 수 있다.

'행동주의 접근'에서는 인간의 외현적 행동을 관찰하여 그러한 행동을 일으킨 구체적인 자극 또는 보상을 연구의 주 대상으로 삼았기 때문에 외재 동기에 많은 관심을 두었다. 인간의 바람직한 행동은 증가시키고 바람직하지 않은 행동은 감소시킬 수 있는 보상이나 벌에 대해 주로 연구하였다. 이러한 관점에서 보면 인간의 주된 행동은 그 행동 자체가 인간에게 즐거움을 주기 때문이 아니라 더 많은 보상을 받거나 벌을 회피하기 위해 특정한 행동을 한다고 볼 수 있다. 행동주의 접근은 칭찬, 인정, 상 등의 보상이나 좋아하는 장난감 뺏기, 손들고 서 있기, 꾸중 등의 벌을 통해 인간의 행동과 동기를 강화할 수 있는 '강화이론'이 대표적 이론이다.

그러나 인간은 보상이나 벌과 같은 어떤 외적 조건에 의해 행동하는 존재가 아니라 성장의 과정 속에서 자아실현을 위해 특정한 행동을 하는 존재다. 이러한 관점에서 접근한 것이 '인본주의 접근'이며, 인본주의 관점에서 동기의 주된 관심은 자아실현을 위한 욕구와 같은 내재 동기에 있다. 인본주의 관점에서의 동기란 자아실현, 자존감, 유능감, 자율성 등과 같은 인간의 내적 요인을 말한다. 인본주의 접근에서의 대표적인 동기이론으로는 '욕구위계이론'과 '자기결정성이론'이 있다.

인본주의 접근 이외에도 행동주의 접근을 비판하며 대두된 것이 '인지주의 접근'이다. 인지주의에서는 인간은 사고하는 존재이기 때문에 사고에 의해 행동이 이루어진다고 보았다. 즉, 인간은 목표, 기대, 계획, 귀인 등의 영향을 받아 행동한다. 인지주의 접근에서의 대표적인 동기이론으로는 '목표지향성이론'과 '귀인이론' 등이 있다.

1) 강화이론

강화이론에서는 인간에게 보상이나 처벌이 주어졌을 때 동기가 유발된다고 본다. 동기를 증가시키거나 유지하기 위해서는 바람직한 행동에 강화를 주면 된다. 강화(reinforcement)란 바람직한 행동을 습득하고 바람직한 행동의 발생 빈도를 높여주는 것을 말한다. 강화에는 정적 강화와 부적 강화가 있다. 정적 강화(positive reinforcement)는 어떤 행동 후에 만족스러운 강화물을 제공해 주어 바람직한 행동의 빈도와 강도를 증가시켜 주는 것을 말한다. 예를 들어, 저녁을 차리는 엄마를 돕기 위해 식탁에 수저 놓는 행동을 보인 아이에게 미소를 지어 주고 "우리 예원이가 최고네! 엄마도 도와주고, 고마워!"라고 칭찬을 해 주어 엄마를 돕는 행동이 지속적으로 일어날 수 있도록 해 주는 것이다. 부적 강화(negative reinforcement)는 어떤 행동 후에 싫어하는 자극을 제거해 주어 바람직한 행동의 빈도와 강도를 증가시켜 주는 것을 말한다. 예를 들어, 동생에게 장난감을 양보해 주고 동생과 사이좋게 노는 모습을 보인 아이에게 방 정리하는 것을 면제해 줌으로써 앞으로도 동생과 사이좋게 놀 수 있도록 하는 경우다.

강화
바람직한 행동의 빈도를 높이기 위해 유쾌한 자극을 제시하거나 불쾌한 자극을 제거하는 행위

정적 강화
바람직한 행동의 빈도를 증가시키기 위해 유쾌한 자극을 제공해 주는 행위

부적 강화
바람직한 행동의 빈도를 증가시키기 위해 불쾌한 자극을 제거해 주는 행위

강화물은 일차 강화물과 이차 강화물이 있다. 일차 강화물(primary reinforcer)은 주로 그 자체로 강화능력을 가지고 있어 자신의 생리적 욕구를 충족시켜 줄 수 있는 음식이나 물 등을 말한다. 영아는 일차 강화물에 관심을 갖고 기본적인 생리적 욕구가 충족되면 만족해한다. 영아기에서 유아기로 갈수록 유아는 일차 강화물을 어떤 다른 자극과 결합시키기 시작한다. 즉, 이차 강화물에 관심을 갖기 시작한다. 이차 강화물(secondary reinforcer)은 그 자체로 강화능력을 갖고 있지 않는 돈, 토큰(칭찬 도장, 스티커 등) 등이 일차 강화물과 결합되어 강화의 속성을 지닌 것을 말한다. 예를 들어, 영아는 돈을 사용한 경험이 없기 때문에 돈을 주는 것은 보상이 되지 않는다. 그런데 유아는 돈으로 자기가 좋아하는 사탕,

일차 강화물
그 자체로 강화능력이 있어 생리적 욕구를 충족시켜 줄 수 있는 강화물

이차 강화물
그 자체로는 강화능력이 없는데 일차 강화물과 결합되어 강화의 속성을 지닌 강화물

초콜릿, 아이스크림 등의 음식을 살 수 있다는 것을 학습하기 때문에 돈은 강화 속성을 지니게 된다. 이러한 이차 강화물은 유아의 선호에 따라 다르기 때문에 유아에게 어떠한 특정 행동이 습득되도록 하기 위해서는 이 점을 고려해야 한다. 한편 타인과의 교감을 통해 이루어지는 애착, 포옹, 미소와 같은 신체적인 행동들은 사회적 강화물(social reinforcer)로 사용된다(Harlow & Zimmerman, 1959; Vollmer & Hackenberg, 2001).

블록놀이를 잘한 유아 칭찬해 주기

보상은 동기가 결여되어 있거나 동기가 그리 크지 않을 때 사용하는 것이 적절하다. 특정 과제나 활동에 대해 관심과 흥미가 충분한 경우에 보상이 주어진다면 실제로 그 활동에 대한 동기는 감소되고 후에는 그 활동을 하지 않게 된다. 왜냐하면 이미 관심과 흥미가 있어 그 활동을 재미로 한다고 생각했는데 보상이 주어진다면 보상을 얻기 위해 활동을 한다라고 재해석하기 때문이다. 이는 Lepper, Greene과 Nisbett(1973)이 유치원의 아이들을 대상으로 한 실험에서 잘 나타난다. 이들은 유치원에 종이와 펜을 준비해 놓고 자유로운 환경에서 아이들이 얼마나 많은 시간을 그림 그리는데 보내는지를 관찰하였고, 그림 그리는데 많은 시간을 보내는 아이들을 연구 대상으로 삼았다. 연구자들은 이 아이들을 2개의 그룹으로 나누어, A 그룹에게는 "그림을 그리면 선물을 주겠다."고 이야기를 하였고, B 그룹에게는 어떠한 보상에 대한 언급 없이 "그림을 그려달라."고만 이야기를 하였다. 1~2주 후에 연구자들은 다시 유치원에 방문하여 연구 대상인 아이들에게 종이와 펜을 주면서 자유롭게 하고 싶은 것을 하도록 하였다. 친구들과 놀이터에서 놀아도 되고 그림을 그릴 수도 있고 다른 놀이를 할 수도 있었다. 그런데 B 그룹의 아이들은 예전과 마찬가지로 거의 동

두 그룹으로 나누어 그림 그리기 실험을 하는 모습

이차 강화물로 사용될 수 있는 칭찬 도장이나 스티커

일한 시간 동안 그림을 그렸지만, A 그룹의 아이들은 예전 시간의 절반 정도 수준에 머물렀고 그림의 질도 훨씬 낮은 결과를 보였다. 이러한 실험 결과, 자신이 누군가로부터 통제나 조정 당한다고 생각되면 그 활동에 대한 내재 동기가 감소된다는 것을 알 수 있다. 과도한 보상이나 칭찬이 주어졌을 때 아이가 내적인 것보다 외적인 것에 좋은 감정을 느낀다면 그것 또한 문제가 될 수 있다. 그리고 성취 자체에만 보상이 주어진다면 보상은 아이에게 부적합한 느낌을 줄 수 있고 자신의 능력이나 노력보다는 다른 것에 집중될 수 있다. 그러나 "블록으로 집 만드는 게 어려웠을 텐데 멋있는 집을 만들었구나!"와 같이 아이가 노력한 것에 대해 칭찬을 해 준다면 동기는 강화될 수 있고 자신에 대한 가치를 느낄 수 있도록 도와줄 수 있다(Cameron & Pierce, 1994; Deci, Vallerand, Pelletier, & Ryan, 1991; Lepper, 1983; Solomon, 1996).

처벌
바람직하지 않은 행동의 빈도를 감소시키는 행위

수여성 벌
바람직하지 않은 행동의 빈도를 감소시키기 위해 불쾌한 자극을 제공해 주는 행위

제거성 벌
바람직하지 않은 행동의 빈도를 감소시키기 위해 유쾌한 자극을 제거해 주는 행위

장난감 가게에서 장난감을 사 달라고 심하게 떼를 쓰거나 장시간 TV를 보는 등 바람직하지 못한 행동을 보였을 때 부모는 아이에게 꾸중을 하거나 벌을 준다. 처벌(punishment)은 바람직하지 않은 행동의 빈도를 감소시키는 역할을 한다. 처벌에는 수여성 벌과 제거성 벌이 있다. 수여성 벌(presentation punishment)은 바람직하지 않은 행동의 빈도를 감소시키기 위해 꾸중이나 체벌과 같은 싫어하는 자극을 제공해 주는 것을 말한다. 예를 들어, 식당에서 아이가 큰 소리를 내며 뛰어다니는 행동에 대해 부모가 따끔하게 꾸중을 하는 것이다. 제거성 벌(removal punishment)은 바람직하지 않은 행동의 빈도를 감소시키기 위해 좋아

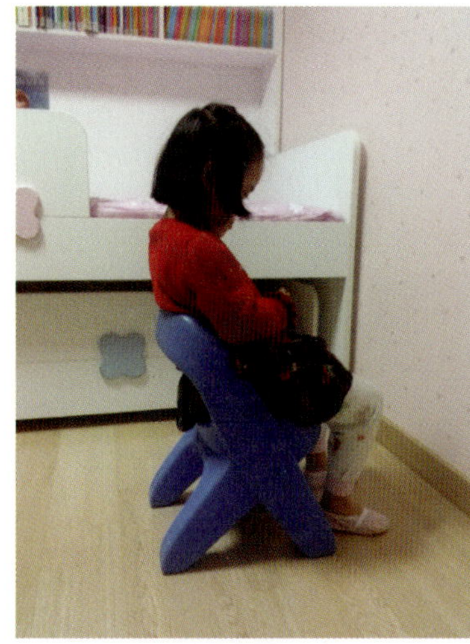
생각하는 의자에 앉아 있는 유아

하는 자극을 제거하는 것을 말한다. 예를 들어, 벽지에 크레파스로 낙서를 한 경우 밖에 나가서 놀지 못하게 하거나 타임아웃(time out)의 일종인 생각하는 의자(thinking chair)에 앉도록 하는 것이다. 처벌을 적절하게 사용하면 그 효과는 즉각적이며 아이가 바람직한 행동을 하도록 할 수 있다. 그러나 대부분의 학자들은 처벌에 따라 나타나는 행동의 결과를 예측하기 어렵기 때문에 처벌 사용에 대해 부정적인 견해를 가지고 있다. 즉, 처벌하는 사람에 대한 적대감이나 처벌하는 상황에 대한 공포 등이 생길 수 있으며 처벌받은 아이는 공격성, 우울, 낮은 자존감, 두려움 등이 나타날 수 있다.

부모는 처벌을 효과적으로 사용하기 위해 다음 네 가지 원리를 따라야 한다. 첫째, 바람직하지 않은 행동이 일어난 직후에 즉시 벌이 주어져야 하는 시간의 원리다. 예를 들어, "너, 사람 많은 장난감 가게에서 왜 그래? 집에 들어가서 보자!"라고 하고 집에 들어와서 처벌하게 되면 처벌의 효과는 급격히 저하된다. 그 이유는 즉각적인 처벌이 이루어질 경우 자신의 바람직하지 않은 행동과 처벌을 연합시키게 되는데 처벌이 지연되면 잘못된 행동과 처벌을 연합시키기가 어렵기 때문이다. 둘째, 가능한 한 엄한 벌이 주어져야 하며 벌을 피할 수 있는 상황이 제공되지 않도록 하는 강도의 원리다. 즉, 아이가 처벌을 처벌로 느낄 수 있도록 해야 한다. 예를 들어, 부모나 교사가 처음부터 약한 벌을 주게 되면 아이는 벌이 재미로 느껴질 수 있고 관심의 표시로 오해될 수 있다. 셋째, 바람직하지 않은 행동에 대해서는 벌이 일관성 있게 주어져야 하는 일관성의 원리다. 예를 들어, 동생과 싸웠는데 부모가 어제는 심하게 혼내고 오늘은 "어제 혼냈으니 봐주자!"라고 하면 아이는 혼란을 겪게 되고 잘못을 반성하기보다는 불만과 반항심을 갖게 될 수 있다. 넷째, 벌을 받는 이유를 명확하게 설명해 주어야 하고 벌을 받지 않을 행동이나 대안적 행동을 제시해 주는 정보성의 원리다. 예를 들어, 음식점에서 시끄럽게 뛰어다니는 아이에게 잘못을 지적하고 야단친 후에 "네가 뛰어다니면 뜨거운 음식에 델 수도 있고 다른 사람들에게 불편을 주고 또

부딪혀 다칠 수 있으니깐 위험한 일이야. 앞으로 음식점에서 놀고 싶으면 엄마한테 얘기하고 음식점 놀이방에서 놀자! 알았지?"라고 대안적 행동을 제시해 주어야 한다(Larzelere, 2000; 신명희 외, 2014).

이와 같이 보상과 벌은 행동과 동기를 강화시키는 역할을 한다. 그러나 바람

TIPS

타임아웃과 생각하는 의자

• 타임아웃 방법

바람직하지 않은 행동으로 인해 정적 강화를 받을 기회를 잃어버리도록 격리시키는 것을 의미하고, 실시 시간은 1~5분 정도가 적절하며 반드시 아이에게 이유를 설명해야 한다. 타임아웃은 바람직하지 않은 행동을 했을 때 수정할 수 있는 기회를 주고 그래도 수정이 안 될 경우 즉시 시행하는 것이 원칙이며, 타임아웃 장소에서 나오면 왜 거기에 가게 되었는지를 생각해 보게 한다. 또한 타임아웃 중 일어나는 저항이나 고함소리는 무시한다.

• 생각하는 의자 방법

- 의자 위치: 부모나 교사가 볼 수 있는 곳이면서 아이에게는 재미없는 공간에 있어야 한다. 주변에는 장난감이나 TV 등이 없는 구석 벽이 적당하며, 폐쇄적인 곳이나 갑갑한 곳은 아이가 불안감을 느끼거나 딴짓을 하게 만들 수 있다.
- 앉아 있는 시간: 영유아는 집중력이 길지 않기 때문에 1~5분 정도가 적당하다. 왜 생각하는 의자에 앉아 있어야 하는지, 얼마나 앉아 있어야 하는지를 아이가 이해하기 쉽게 설명해 주고 앉아 있는 동안에는 추가적인 어떠한 설명도 하지 않는다.
- 의자 형태: 의자는 딱딱하지 않고 몸에 잘 맞아야 하며, 푹신하거나 디자인이 화려한 것은 피하는 것이 좋다.
- 활용: 잘못했을 때 아이를 생각하는 의자로 바로 보내기보다는 가기 전 단계를 만들어 주어야 한다. 예를 들어, "엄마 말 안 들으면 생각하는 의자에 가야 하는 것 알지? 엄마가 숫자 셀 때까지 그만해! 숫자 센다. 하나, 둘, 셋."이라고 전 단계를 만들어 주면 아이는 생각하는 의자에 가기 싫어서 바람직하지 않은 행동을 하지 않게 된다. 이 외에도 바람직한 행동을 증가시키기 위한 강화물로서 '칭찬 의자'를 만들어 바람직한 행동을 했을 때 아이가 칭찬 의자에 앉아 자랑할 수 있도록 만들어 준다.

직한 행동을 증가 혹은 유지시키기 위해서 벌은 최소화하고 보상을 통한 강화를 사용하는 것이 좋다. 또한 강화물로 아이가 좋아하는 장난감이나 음식 등 물질적 보상도 좋지만, 포옹이나 미소 그리고 언어적 칭찬과 같은 비물질적인 보상도 좋은 강화물이 될 수 있음을 인식해야 한다.

2) Maslow의 욕구위계이론

Maslow(1954)의 욕구위계이론에 따르면, 인간의 다양한 욕구는 위계적으로 이루어져 있어 하위 단계의 욕구가 충족되어야 상위 단계의 욕구가 발현될 수 있다. [그림 12-1]에서 보는 바와 같이, Maslow는 인간이 무엇인가를 원하고 행동하게 만드는 다양한 욕구를 7단계로 구분하여 위계를 정하였다.

욕구위계이론
생리적 욕구에서 자아실현의 욕구까지 7개 단계로 인간의 욕구를 단계화한 Maslow의 이론

가장 하위 단계에 있는 생리적 욕구, 안전의 욕구, 소속감과 애정의 욕구, 자아존중감의 욕구는 결핍욕구(deficiency needs)이며, 지적 욕구와 심미적 욕구 그리고 자아실현의 욕구는 성장욕구(growth needs)다.

결핍욕구
욕구의 위계 중 우선적으로 충족되어야 하는 하위 4개 단계에 해당되는 욕구

성장욕구
결핍욕구가 충족되어야 비로소 발현되는 것으로서 욕구의 위계 중 상위 3개 단계에 해당되는 욕구

결핍욕구인 생리적 욕구는 음식, 물, 수면, 배설 등과 같이 인간의 생존을 위한 가장 기본적이면서도 강력한 욕구를 말하고, 안전의 욕구는 두려움이나 혼란스러움과 같이 위협적인 것이 아닌 평상심과 질서를 유지하고자 하는 욕구를 말한다. 소속감과 애정의 욕구는 사회적 조직에 소속되어 타인과의 상호작용을 통해 원활한 인간관계를 유지하고자 하는 욕구를 말하고, 자아존중감의 욕구는 타인으로부터 존중받고 가치 있는 존재가 되고자 하는 욕구를 말한다. 성장욕구인 지적 욕구는 알고 이해하고 탐색하려는 욕구를 말하고, 심미적 욕구는 질서와 아름다움을 추구하고자 하는 욕구를 말한

[그림 12-1] Maslow의 욕구위계

다. 마지막으로 자아실현의 욕구는 자신의 역량을 최대한 발휘하여 자신의 타고난 능력 또는 성장 잠재력을 실행하는 것을 말한다.

이러한 결핍욕구와 성장욕구는 질적으로 확연히 다르다. 결핍욕구는 긴장을 이완시키는 것이 최종 목표로 완전 충족이 가능하며 외부로부터 오는 타율적 충족을 요구한다. 이에 비해 성장욕구는 긴장을 지속적으로 일으켜 긴장 그 자체를 즐기는 것이 목표로 완전 충족이 불가능하기 때문에 끝이 없는 욕구이며 자기 자신으로부터 오는 자율적 충족을 요구한다. 이러한 질적인 차이로 인해 결핍욕구가 강한 사람은 타인 지향적이고 어려움에 직면했을 때 타인의 도움에 의존하지만, 성장욕구가 강한 사람은 자율적이고 자기 지시적이라 타인의 도움보다는 자기 주도적으로 행동한다.

욕구위계이론은 모든 사람들이 Maslow가 언급한 것처럼 행동하지 않는다는 점에서 비판을 받아 왔다. 하위 단계의 욕구가 충족되어야 상위 단계의 욕구가 반드시 발현되는 것은 아니며, 대부분의 사람들은 서로 다른 단계에 있는 욕구 사이를 옮겨 다니거나 다른 단계의 욕구가 동시에 나타남에 따라 동기화되기도 한다. 예를 들어, 배고픔과 같은 생리적 욕구가 충족되지 않았음에도 불구하고 자신이 좋아하는 일에 몰두하여 문제해결을 하는 것과 같은 지적 욕구가 발현되는 경우도 종종 발생한다.

그러나 이러한 비판에도 불구하고 Maslow의 욕구위계이론은 영유아교육에 시사점을 준다. 생리적 욕구는 음식이나 물과 같은 가장 기본적인 욕구다. 아침을 굶거나 균형 잡히지 않은 식사 등은 아이에게 신체 · 정서적으로 좋지 못한 영향을 미칠 수 있으며, 생리적 욕구가 결핍된 아이에게 지적 욕구를 갖도록 요구하는 것은 무리가 있다. 안전 욕구의 경우, 영아들은 신체를 스스로 통제할 수 없고 여러 가지 상황을 판단하고 예측할 수 있는 인지 능력이 충분히 발달하지 못해 항상 위험에 노출되어 있다. 또한 부모가 아이에게 신체 · 정신적으로 학대를 하거나 어린이집 · 유치원의 친구로부터 신체 폭력을 당하는 아이의 경우는 안전의 욕구에 결핍이 일어난 것이다. 이 경우 아이는 안전으로부터 위협을 받고 있기 때문에 가정 또는 어린이집 · 유치원에 가지 않으려 하고 이들에게 소속감이나 애정, 자아존중감 등은 무의미하다. 아이가 어린이집 · 유치원이나 가정으로부터 안전에 위협을 받고 있다면 부모, 이웃, 교사, 정부나 복지기관과 같은 주변의 개입이 필요하며, 아이가 안전감을 느낄 수 있도록 도와주어야 한다. 소속감과 애정의 욕구는 생리적 욕구나 안전의 욕구가 충족되면 발현될 수 있으며, 가정에서의 무관심과 어린이집·유치원에서 아이가 집단 따돌림을 당하지 않도록 부모나 교사는 각별히 신경써야 한다. 자아존중감의 욕구는 성인뿐만 아니라 영유아도 자신이 가치 있는 사람으로 존중되기를 원한다. 이를 위해 부모와 아이, 교사와 아이, 그리고 친구 간에 서로 사랑하고 존중하며 긍정적인 상호작용이 이루어지도록 노력해야 한다. 이상의 네 가지 결핍욕구가 충분히 충족되었을 때 영유아는 비로소 성장욕구인 지적 욕구 충족을 넘어 자아실현의 욕구를 향해 나갈 수 있다(신명희 외, 2014; 정재경, 성소영, 2011; 이다겸, 2008).

3) 자기결정성이론

자기결정성(self-determination)이란 자신의 의지를 사용하는 과정으로 활동이나 과제를 선택하고 수행할 때 자신이 어떠한 행동을 취할 것인가를 스스로 결정하는 것을 말한다. 내적으로 동기화된 행동은 자기결정이나 자율적 판단에 따른 것이다. 그러나 외적으로 동기화된 행동은 목적 지향적인 활동을 달성하기 위한 수단으로서 자기결정성의 정도는 감소한다(Cameron & Pierce, 1994; Harackiewicz, 1979; Karniol & Ross, 1977; Ryan, 1982; 김아영, 2003; 김아영, 오순애, 2001; 신명희 외, 2014). 아이는 자신이 하려고 하는 것을 자기가 선택할 수 있다는 자기결정성을 가질 때 더욱더 내적으로 동기화된다. 자기결정성이 높은 아이는 '나, 이거 하고 싶어!' 또는 '나, 저거 배우고 싶어!'라는 생각을 많이 갖고 있지만 자기결정성이 낮거나 부모에 의해 지시를 받은 아이는 '나, 이거 해야만 돼!' 또는 '엄마는 내가 이거 하는 거 좋아해!'라는 생각을 많이 갖고 있다.

자기결정성
환경에 대해 어떤 행동을 취할 것인가를 스스로 결정하는 것으로 개인의 의지를 사용하는 과정

자기결정성의 근원에는 자율성(autonomy), 유능감(competence), 관계성(relatedness) 등 세 가지 기본 심리욕구가 있으며, 인간은 이를 충족하기 위해 노력하고 이 욕구들은 인간의 발달을 이끈다.

인간은 타인의 간섭이나 통제 없이 자기 스스로 어떠한 목적을 세우고 그 목적을 달성하기 위해서 자신의 의지대로 특정 행동을 선택하고 결정하기를 원

자율성 욕구
스스로 결정하고 행동하려는 욕구

한다. 자율성 욕구란 자신이 어떤 행동을 하기 시작하고 조절하는 과정에서 자신의 의지에 따라 선택을 경험하고자 하는 욕구다. 만약 타인에게 의존할 것을 자신의 의지대로 선택했다면 그것은 자율적인 행동이라고 볼 수 있다(Ryan & Deci, 1985, 2002; 김아영, 2010). 이러한 자율성은 영유아가 성장해 감에 따라 더욱더 중요해진다. 자율성은 자신의 행동을 조절하고 통제하는 데 필수적이며, 자신의 행동에 대한 시작과 방향을 결정하는 데 중요한 역할을 한다. 아이는 자율성을 가진 활동을 선호한다. 예를 들어, 버튼을 누르면 음악이 나오는 장난감을 아이가 성공적으로 작동시켰을 때 예상치 않게 부모가 음악을 꺼 버리면 아이는 좌절하고 화를 낸다. 또한 아이가 자율적으로 자신이 목표한 것을 거의 다 이루어 갈 때쯤 부모가 이를 막으면 아이는 부모에게 적극적으로 저항한다(Braungart-Rieker, Hill-Soderlund, & Karrass, 2010; Dix, Stewart, Gershoff, & Day, 2007; Sullivan & Lewis, 2003). Erikson(1963)은 18~36개월의 연령대에 있는 영유아의 심리사회적 위기를 '자율성 대 수치 및 의심'이라고 언급하면서 자율성의 획득을 강조하였다. 이 시기의 영유아는 자기 발로 걷게 되면서 무엇인가를 스스로 열심히 탐색하고 자신만의 힘으로 특정 행동을 한다. 영유아는 여전히 많은 부분에 있어 다른 사람에게 의존하지만 여러 개의 상반되는 충동 가운데 어떤 것을 스스로 선택하려 하고 이를 통해 자신의 의지를 나타내는 자율성을 경험하기 시작한다. 부모가 아이로 하여금 자율적으로 무엇인가를 할 수 있도록 지지해 주고 잘 이끌어 준다면 아이는 자율성을 획득할 수 있다(Ryan & Powelson, 1991; 신명희 외, 2014). 예를 들어, 옷장에 있는 여러 벌의 옷 중에서 입고 싶은 옷을 아이 스스로 선택하도록 환경을 만들어 주는 것이다. 영유아기 동안 형성된 자율성은 이후 학교 상황으로까지 이어져 학습에 대한 자기결정성을 촉진시키고 지식을 이해하는 데 많은 도움이 되며, 아동기 · 청소년기의 자율성 형성에 기반이 된다. 결과적으로 자율성은 인간을 내적으로 동기화시키는 데 필수적이다. 영유아가 하고 싶은 활동이나 놀이를 스스로 선택하게 하

유아의 자율성 획득을 위한 활동

고 원하는 방식대로 활동이나 놀이를 할 때 영유아의 내재 동기는 높은 수준에 도달하게 된다(Deci & Ryan, 1987; Ryan, 1982; 김아영, 2008, 2010; 박찬옥, 안은정, 2008).

인간은 자신이 가진 능력을 최대로 발휘하고 싶어 하고 능력 있는 사람이기를 원하며 기회가 된다면 자신의 능력이나 재능 등을 향상시키기를 원한다. 이러한 것을 유능감 욕구라 하며, 이는 '과연 내가 이 과제를 할 수 있을까?'라는 물음에 대한 답으로, 자신이 얼마나 그 과제를 잘할 수 있는지, 타인과 비교했을 때 내가 얼마나 잘하는지, 다른 활동과 비교했을 때 내가 그 활동을 얼마나 잘하는지 등의 인식에 의해 형성된다(신명희 외, 2014). 예를 들어, 재민이는 민형이보다 달리기도 느리고 축구도 못하는 아이이다. 재민이는 민형이와 비교하면서 자신이 유능하지 못하다고 생각한다. 재민이의 어머니는 재민이의 유능감을 높여 주기 위해 "재민아! 너는 대신에 친구의 이야기도 잘 들어주고 동생도 잘 챙기잖아! 그래서 친구들과 동생이 너를 좋아하잖아!"라고 이야기를 해 주었다. 재민이는 어머니의 이야기를 듣고 자신의 장점이 무엇인지 알게 되었고 자신감이 생겼다. 아이의 유능감을 높이기 위한 또 한 가지 예로, 호용이는 농구도 못하고 배드민턴도 못 치기 때문에 운동을 못한다고 생각한다. 그러나 호용이는 운동 중에서 특정 운동을 못할 뿐이다. 이런 호용이에게 운동에 대한 유능감을 높여 주기 위해 호용이의 어머니는 "호용아! 너는 운동을 못 하는 게 아니야! 너는 자전거도 잘 타고 인라인도 잘 타잖아!"라고 이야기를 해 주었다. 이와 같이 자신의 능력에 대해 긍정적으로 인식을 하게 되면 유능감이 높아질 수 있다. 유능감 욕구를 충족하기 위해서는 자신의 능력이나 재능을 경험하고 사용할 수 있는 기회가 충분히 주어져야 한다. 부모나 교사는 일상생활 속에서 아이가 스스로 할 수 있는 일을 하도록 기회를 마련해 주고 그 과정에서의 격려가 필요하다. 영유아가 성공적으로 주변 환경과 상호작용을 하게 되면 유능감은 증대된다(Carlton & Winsler, 1998; Ford & Thompson, 1985).

유능감 욕구
자신이 능력 있는 사람이라는 믿음을 갖고 싶은 욕구

자전거를 스스로 잘 타는 유아

관계성 욕구
타인과 좋은 관계를 맺고 싶은 욕구

관계성 욕구란 자신이 타인과 상호 유대적인 관계를 맺고 그 관계 속에서 소속감과 존중감을 느끼고 싶어하는 욕구를 말한다. 관계성의 중점은 타인과의 관계 속에서 안정적인 교제나 조화를 이루고 있다는 심리적 지각에 관심을 둔다. 관계성은 자율성이나 유능감과 같이 내재 동기에 직접적인 영향을 미치진 않지만 내재 동기를 유지시켜 준다. 외적으로 동기화된 사람은 그 활동에 쉽게 흥미를 느끼지 못하여 어떤 특정 행동을 시작하거나 유지하는 데 어려움이 있지만 자신에게 중요하고 의미 있는 타인에 의해 외적으로 동기화된 사람은 상대적으로 그 활동을 보다 쉽게 시작하거나 유지할 수 있다. 예를 들어, 아이가 의미 있는 타인인 부모와 안정적인 관계일 경우, 긍정적인 행동을 더 많이 할 수 있고 외재 동기를 내재 동기로 전환하는 데 좀 더 수월할 수 있다. 부모와 안정적이고 안전한 관계를 형성한 아이는 부모를 안전지대로 생각하기 때문에 주어진 환경 내에서 더 많은 탐색을 시도하고 더 자유로워질 수 있다. 부모와 아이 간에 부드럽고 따뜻한 애착관계가 형성되면 부모 외에도 중요하고 의미 있는 타인과 관계 형성이 잘 이루어질 수 있다. 이와 같이 관계성은 영유아가 환경을 탐색하고 학습하는 데 도움을 줄 수 있고 내재 동기를 유발하는데 중요한 역할을 한다(Ryan & Deci, 2000; Ryan & Powelson, 1991; Ryan, Stiller, & Lynch, 1994; 김아영, 2010).

4) 목표지향성이론

인간의 행동에는 특정 목표가 포함되어 있다. "난 오늘 『아기돼지 삼형제』 책을 다 읽을 거야!"와 같이 일시적인 것도 있지만 "난 커서 과학자가 될 거야!"와 같이 상대적으로 오랜 기간 지속되는 목표도 있다. 영아기에는 주로 단기간의 목표가 나타난다. 영아기에서 유아기로 발달할수록 인간은 자신의 행동으로 인해 어떤 결과가 나타난다고 믿고 있기 때문에 환경을 탐색하고 이해하며 통제하려 한다. 이렇듯 연령이 증가할수록 아이는 장기적이고 더 폭넓은 목표를 선택하게 된다(McDevitt & Ormrod, 2013; Rovee-Collier, 1999; Rovee-Collier & Cuevas, 2009; Weiner, 1979; 백욱현, 1988).

각 개인의 목표는 어떤 가치에 중점을 두느냐에 따라 지향점이 달라진다. 어떤 사람은 배우고 습득하는 것 자체에 가치를 두는 반면, 또 어떤 사람은 자신의 능력을 타인이 인정해 주기를 바라는 것에 가치를 둔다. 자신의 유능감을 추구하는 데 있어, 전자는 과제 자체나 과거 자신의 수행과 비교하여 자신의 능력이나 기술에 대한 향상을 추구하는 것이고, 후자는 과제나 시험 등에서 타인보다 우수하게 보이는 것을 추구하는 것이다. 이와 같이 목표는 크게 두 가지로 구분되는데, 전자를 숙달목표라 하고 후자를 수행목표라 한다. 숙달목표(mastery goal)는 과제의 숙달 및 향상, 이해 증진 등 학습과정 자체에 가치를 부여하며 자신의 유능감을 높이는 것이 중요하고 배우는 과정 중에 있기 때문에 실수가 있을 수도 있다는 생각을 갖는 목표 유형이다. 수행목표(performance goal)는 자신의 능력이 타인에 의해서 어떻게 평가되느냐에 관심이 있으며 가능하다면 실패해서는 안 된다는 생각을 갖는 목표 유형이다. 숙달목표를 가진 아이는 도전적인 과제를 선호하며, 자신에게 도움이 된다고 생각하면 타인에게 적극적으로 도움을 요청하고, 과제에 대해 흥미나 즐거움을 느끼는 등 내재 동기가 높다. 그러나 수행목표를 가진 아이는 도전적인 과제를 회피하고 쉬운 과제를 선호하며, 능력의 부족함을 드러내지 않으려고 도움이 필요할 때 타인에게 도움을 요청하지 않는 경향을 갖고 있다(김아영, 2003; 신명희 외, 2014).

숙달목표
과제의 숙달 및 향상, 이해 증진 등 학습과정 자체에 가치를 부여하는 목표

수행목표
타인에게 보이기 위한 점수 중심의 목표

수행목표는 접근 또는 회피 성향에 따라 수행접근목표와 수행회피목표로 분류된다. 수행접근목표(performance-approach goal)는 타인과 비교하여 상대적으로 자신이 유능하다고 평가받으려는 목표이고, 수행회피목표(performance-avoidance goal)는 타인과 비교하여 상대적으로 자신이 무능하다고 평가되는 것을 회피하려는 목표다. 예를 들어, 유치원 선생님과 친구 앞에서 발표를 잘함으로써 유능해 보이려고 하는 것은 수행접근목표이고, 무능하게 보이는 것을 원하지 않기 때문에 어려운 퍼즐을 하지 않는 것은 수행회피목표다. 부모나 교사는 수행목표를 가진 아이가 새로운 과제나 더 도전적인 과제를 수행했을 때는 수행의 질과 상관없이 칭찬을 해 주는 등 지속적으로 강화를 해 주어야 한다. 이러한 숙달목표, 수행접근목표 그리고 수행회피목표는 연령에 따라 변한다. 대부분의 영유아는 주로 숙달목표에 관심을 갖지만 취학 연령이 되면 학업 성취 수준을 친구와 비교·평가하기 때문에 수행목표에 관심을 갖기 시작한다. 따라서 영유아기 동안 최선의 목표는 숙달목표를 획득하는 것이다(McDevitt & Ormrod, 2013).

수행접근목표
타인과 비교하여 자신이 유능하다고 평가받으려는 목표

수행회피목표
자신이 무능하게 보이는 것을 피하려는 목표

자신이 유능하게 보이는 것에 대해 지속적으로 실패했을 때 수행접근목표가 수행회피목표로 전환된다는 것을 부모나 교사는 유념해야 한다. 또한 수행회피목표를 가진 아이가 지속적으로 실패를 한다면 학습된 무기력 상태가 된다. 학습된 무기력(learned helplessness)이란 '난 못해!' 또는 '실패하는 것은 당연해!'라고 생각하고 어떠한 시도조차 하지 않는 상태를 말한다. 학습된 무기력 상태가 되면 아무리 노력해도 성공할 수 없다고 생각하기 때문에 목표 자체를 설정하지도 않고 쉽게 포기한다. 일부 아이는 5~6세 때 학습된 무기력이 나타나기도 한다. 이들은 도전적인 과제를 다루는 데 자신감이 부족하고 빨리 활동을 포기한다. 이런 경우 부모나 교사는 아이의 수준에 적합한 과제를 제시해 주어 성공을 조금씩 경험하도록 해 주고 자신감이 회복될 수 있도록 해 주어야 한다. 그러나 대체로 8세 이전에는 극심한 학습된 무기력이 나타나지 않는데 이는 아직까지 성공은 자신의 노력에 기인한다고 믿고 있기 때문이다(Eccles, Wigfield, & Schiefele, 1998; Lockhart, Chang, & Story, 2002; Ziegert, Kistner, Castro, & Robertson, 2001; 신명희 외, 2014).

학습된 무기력
자신의 실패가 당연하다고 생각하고 어떠한 시도조차 하지 않는 상태

5) 귀인이론

귀인(attribution)이란 자기 자신에게 일어난 행동의 결과를 어떻게 해석하는지, 즉 자신의 행동에 대한 결과의 원인을 무엇으로 돌리는지를 말한다.

귀인
자신의 성공이나 실패에 대한 원인을 무엇으로 돌리는지를 추론하고 결정하는 과정

일반적으로 가장 많이 하는 귀인은 노력, 능력, 운, 과제의 난이도이다. 이와 같은 귀인은 원인의 소재(locus of control), 안정성(stability), 통제 가능성(controllability)이라는 세 가지 차원이 있으며, 이들 모두가 동기에 영향을 줄 수 있다.

원인의 소재란 성공과 실패에 대한 원인을 자신의 내부로 돌리느냐, 아니면 자신의 외부로 돌리느냐에 따른 것이다. 성공과 실패에 대한 원인을 노력이나 능력 때문이라고 한다면 이는 내적으로 귀인한 것이고, 운이나 과제의 난이도 때문이라고 한다면 이는 외적으로 귀인한 것이다.

안정성이란 성공과 실패에 대한 원인이 변할 수 있는 것인지, 아니면 변할 수 없는 것인지에 따른 것이다. 노력이나 운은 변할 수 있으므로 불안정하지만, 능

력이나 과제의 난이도는 변할 수 없기 때문에 안정적이다.

통제 가능성이란 성공과 실패에 대한 원인이 자신의 의지에 따라 통제 가능한 것인지, 아니면 불가능한 것인지를 말한다. 노력은 자신이 통제 가능하지만 능력이나 운, 그리고 과제의 난이도는 자신이 통제할 수 없는 불가능한 것이다.

동기를 높이기 위해서는 성공과 실패에 대한 원인을 외적보다는 내적으로, 안정적이기보다는 불안정한 것으로, 통제 불가능한 것보다는 통제 가능한 것으로 귀인해야 한다. 결국 원인의 소재 측면에서는 내적이고, 안정성 측면에서는 불안정하며, 통제 가능성 측면에서는 통제 가능한 노력으로 귀인할 때 동기는 가장 높아지게 된다(신명희 외, 2014).

그러나 5세 때까지 아이는 성공과 실패에 대해 노력, 능력, 운, 과제의 난이도 등과 같은 가능한 원인들을 명확하게 식별하지 못한다. 약 6세쯤이 되어서야 아이는 노력과 능력이 질적으로 구분된다는 것을 인식하기 시작하여 누가 가장 열심히 하는지, 누가 가장 뛰어난 능력을 갖고 있는지에 대한 신념을 갖게 되며, 노력은 성공적인 결과의 주요한 원인이라는 것을 믿는다(Folmer, Cole, Sigal, Benbow, Satterwhite, Swygert et al., 2008; Graham & Williams, 2009; Nicholls, 1990; McDevitt & Ormrod, 2013).

한편, 귀인유형은 자아개념과도 관련이 있다. 성공했을 때에는 노력이나 능력과 같은 내적으로 귀인하고, 실패했을 때에는 운과 같은 외적으로 귀인할 때 긍정적인 자아개념을 형성하게 된다. 그리고 귀인유형은 자기유능감과도 관련이 있는데, 성공 시에는 능력에 귀인하고 실패 시에는 노력 부족으로 귀인하게 되면 자기유능감은 높아진다(신명희 외, 2014).

3. 동기의 발달과 특징

인간의 목적 지향적인 활동이 시작되도록 만드는 원천적인 에너지이자 그 활동이 지속되도록 만드는 과정인 동기는 영유아기 동안에도 발달한다. 제한된 행동을 통해 주변 환경을 통제하며 스스로 무엇인가를 하려고 했던 영아는 시간이 지남에 따라 혼잣말을 통해 자신의 활동을 직접적으로 시작하고 문제를 해결하는 자기 조절자로서 성장하게 되며, 혼잣말은 동기에 결정적인 요소로 작용한다. 그리고 영유아 동기의 강약 여부는 지속성, 도전에 대한 선택, 성인에 대한 의존도, 감정, 흥미 등의 행동 특징으로 파악될 수 있다(Carlton & Winsler, 1998; National Association of School Psychologist[NASP], 2014).

1) 동기의 발달

영아는 선천적으로 자신의 주변 환경에 대해 호기심을 갖고 무엇이든지 탐색하려는 내재 동기가 있다. 출생 후 영아는 비록 제한적인 움직임이긴 하지만 자신의 머리를 돌릴 수 있고 다리를 뻗거나 차는 행동을 하며 손으로 무엇인가를 움켜쥘 수 있는 등 자발적인 움직임을 할 수 있다. 9개월 이내의 영아는 울기, 발성, 얼굴표정, 빨기와 같은 제한된 행동을 통해 주변 환경을 통제하려고 한다. 영아가 자신의 행동으로 인해 나타난 결과나 반응을 직접 볼 수 있을 때 영아는 그 행동을 지속적으로 하려는 동기화된 행동을 보인다. 그리고 근육의 협응이 점점 발달할수록 영아는 좀 더 다양한 신체적 움직임을 통해 환경을 이전보다 더 빨리 통제할 수 있게 될 뿐만 아니라 환경과의 상호작용을 위해 좀 더 다양한 방법을 사용하기 시작한다. 한 실험 결과, 영아의 손목에 묶인 줄을 영아가 당겼을 때 그림이나 음악이 나오게 되면 영아는 지속적으로 줄을 당기는 반응을 보였지만 줄을 당겨도 더 이상 그림이나 음악이 나오지 않았을 때 영아는 화를 내거나 불행한 표정을 지었다(Lewis, Alessandri, & Sullivan, 1990). 이와 같이 영아는 자신의 주변 환경을 통제하기 위해 제한된 행동이긴 하지만 스스로 무엇인가를 하려고 한다. 이때 양육자의 행동이 영아의 동기 발달에 결정적인 역할을 할 수 있다. 즉, 양육자가 영아의 행동에 대해 꾸준히 반응을 보인다면 영아는 자신의 행동이 결국 환경에 영향을 미칠 수 있다는 기대를 발달시키게 된다(Lewis & Goldberg, 1969).

9~24개월 된 영아의 행동은 이전보다 자발적이고 목적적인 행동으로 변하여 자신의 주변 환경에 대한 통제를 더 잘 할 수 있게 된다. 이 시기의 영아는 주변에서 일어나는 상황을 통제하기 위해 지속적으로 노력하고 자신이 하고자 하는 특정 과제를 성취하기 위해 자신이 무엇을 해야 하는지를 더 잘 알고 이를 결

정할 수 있다. 양육자는 영아가 무엇인가를 하려고 하는 시도에 대해 '우리 예진이 잘 하네!'와 같은 언어적 보상이나 영아가 좋아하는 음식과 같은 물리적 보상을 하려고 한다. 그러나 이러한 양육자의 보상은 외적 기준에 의한 것이 아니라 영아 자신이 하고 싶어 하는 것을 성취할 수 있는 영아의 능력에 기반한 것이어야 한다. 영아는 자기 자신을 평가하기 시작하고 자신이 하고 싶어 하는 것들에 대해 동기화된다(Barrett & Morgan, 1995). 영아의 행동적 시도나 과제에 대한 부모의 반응적 행동은 영아의 탐색적 행동뿐만 아니라 영아의 향후 수행에 대한 능숙함을 결정짓는 중요한 요소다(Hendrickson & Hansen, 1977). 양육자가 영아의 모든 요청에 즉각적으로 답을 제공하지 않고 영아 스스로 답을 찾도록 유도할 때 영아는 동기화가 더 잘 되고 능숙해진다. 이러한 상황에서는 부모-영아의 상호작용은 더 적어지게 되며 영아가 독립적으로 탐색할 수 있고 필요할 때만 양육자가 알려주게 된다. 이와 같이 영아가 자유롭게 탐색할 수 있도록 해주었을 때 영아의 능숙함은 증대된다. 그러나 영아가 독립적으로 과제를 탐색하려고 할 때 부모가 지속적으로 그 활동에 개입한다면 활동에 대한 능숙함과 숙달 정도는 낮아지며 진전 속도도 늦어지게 된다. 이와 같이 양육자는 영아의 활동에 대해 개입을 최소화하고 영아가 새로운 영역에 주의를 돌릴 수 있도록 해줄 때 영아의 관심 및 흥미를 불러일으킬 수 있다.

대략 24~36개월 된 유아는 기준, 자아인식 그리고 자기평가에 대한 이해가 발달하기 때문에 자신에게 적합한 과제를 선택할 수 있고 성공과 실패에 대해 적합하게 반응할 수 있다. 즉, 이 시기의 유아는 어떤 활동이 자신에게 더 쉽고 힘든지를 알 수 있다. 도전적인 과제에서 성공했을 때 유아는 강한 자부심을 경험하고 실패했을 때에도 부끄러움을 덜 느낀다. 그러나 쉬운 과제에서 실패했을 때 유아는 부끄러움을 느끼고 성공했을 경우라도 최소한의 자부심만 느낀다(Busch-Rossnagel, Knauf-Jensen, & DesRosiers, 1995; Lewis, Alessandri, & Sullivan, 1992). 예를 들어, 36개월에 적합한 블록놀이보다는 블록의 크기가 상대적으로 작고 만드는 과정도 복잡한 42~48개월 수준의 블록놀이를 할 때, 이를 성공적으로 수행한 유아는 "엄마! 나 잘했지? 형도 하기 어려운 건데~"라고 하며 강한 자부심을 보인다. 그러나 자신의 연령보다 낮은 수준의 블록놀이에서 성공한 유아는 원래 쉬운 블록놀이라는 것을 알기 때문에 성공에 대한 만족감이 크지 않다. 36개월 무렵의 유아는 자신이 더 잘할 수 있는 것에 흥미를 갖게 되며 과도한 자신감을 보인다. 또한 신기한 것에 쉽게 끌리는 상황적 흥미가 나타난다. 이 시기의 유아는 유능성의 다양한 수준에 대해 생각을 하기 시작하고 자신이 설정한 기준으로 자신의 성공 여부를 판단한다.

36개월~6세의 취학 전 유아는 언어적인 문제해결 기술과 내면화된 언어 사용이 더 많아지게 된다. 이 시기의 유아는 혼잣말(private speech)을 통해 자신의 학습을 직접적으로 시작하게 되고, 이것은 동기에 결정적인 요소로 작용한다. 혼잣말은 사회적 대화로 시작된 후 자신의 행동에 대한 자기 조절 방법으로 발달한다. 유아는 문제해결을 위한 방법으로 혼잣말과 같은 언어적인 의사소통을 사용한다. 처음에는 특정 문제를 해결하기 위해 부모나 교사가 유아의 행동에 대해 도움이나 힌트를 제공해 주지만, 후에는 유아 스스로가 혼잣말을 사용하여 문제를 해결하도록 환경을 조성해 주어야 한다. 즉, 과제 수행 시 초반에는 부모나 교사의 역할이 유아의 행동에 많은 영향을 미치지만, 시간이 흐를수록 부모나 교사의 역할보다는 자기 조절자로서 유아 자신의 역할이 중요해진다. 유아가 자기를 조절할 수 있는 수준에 이르게 되면 유아는 자신의 주변 환경 중 일부분을 통제할 수 있고 이를 통해 자신의 유능함을 느낄 수 있게 된다. 그리고 이러한 과정은 내재 동기 발달에 필요한 자율성 및 유능감과 연결된다. 이와 같은 심리정서적 환경 조성은 유아의 내재 동기를 강화시킨다. 부모는 유아를 재촉하기보다는 유아가 활동에 몰두할 수 있도록 환경을 조성해 주어야 한다. 예를 들어, "파란색으로 칠하니까 근사한 배가 되었구나!"와 같이 부모나 교사는 유아의 활동에 대해 언어적으로 격려해 주고 적당한 수준에서 유아를 도와줄 수 있도록 시범이나 힌트를 제공해 주며 부모와 유아 간에 상호작용이 이루어지도록 해야 한다.

전두엽
이마 윗부분에 있는 고차원적인 기능을 다루는 뇌 영역

2) 동기와 관련된 뇌 영역

변연계
원초적인 정서 및 감정을 담당하는 피질 영역

기저핵
기분이나 신체의 움직임을 통합하며 대뇌 수질의 안쪽에 있는 신경 세포의 집단

뇌발달 측면에서 동기를 관장하는 곳은 [그림 12-2]와 같다. 전두엽은 이마 윗부분에 있는 고차원적인 기능을 다루는 곳으로 집중력과 실행 기능을 관장하는 부분이다. 변연계는 정서, 기억, 주의집중, 신체 조절, 호르몬 분비, 성욕 등 원초적인 정서 및 감정을 담당한다. 기저핵은 기분과 신체의 움직임을 통합하는 곳

으로 정교한 동작을 원활하게 하며, 신체에 부담을 주지 않을 정도의 속도 또는 불안 수준을 설정하고, 동기화를 증진시키며, 쾌감과 황홀감을 조절한다. 뇌의 이 세 가지 영역은 시간차를 두고 발달한다. 뇌의 안쪽에 위치하여 개인의 상태와 각성을 관장하는 기저핵이 가장 먼저 발달하고 그 다음은 정서 쪽을 담당하는 변연계가 발달하며 마지막으로 의식, 주의, 기억, 정보의 통합과 관련 있는 전두엽, 즉 뇌를 덮고 있는 바깥쪽 조직층이 가장 늦게 발달한다. 전두엽과 변연계 그리고 기저핵 모두가 조화롭게 기능을 잘해야 집중력도 생기고 주어진 문제를 효과적으로 해결해 나갈 수 있다. 동기를 관장하는 곳은 변연계와 그 안쪽 깊은 곳에 있는 기저핵이다. 뇌 발달의 순서에 따라 영유아기에 많이 발달하는 곳은 전두엽보다는 변연계와 기저핵이다. 변연계와 기저핵이 잘 발달하면 집중력도 생기고 동기도 생기게 된다. 그러나 일부의 부모는 자신의 아이를 똑똑하게 키우고 싶은 마음에 영아기부터 알파벳을 가르치거나 수학을 가르치는 등 전두엽과 관련된 영역을 자극하기도 하는데, 이는 매우 잘못된 교육이다.

영유아기에 변연계와 기저핵을 잘 발달시키기 위해 부모는 아이의 호기심과 정서적 욕구가 잘 충족될 수 있도록 해 주어야 한다. 부모는 아이가 자신의 주변 환경에 대해 적극적으로 보고 듣고 직접 무엇인가를 해 보도록 탐색의 기회를

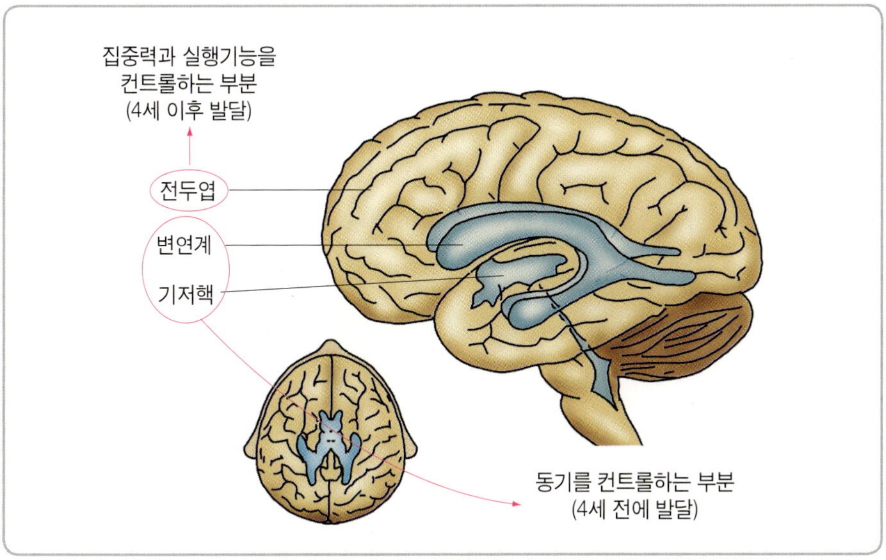

[그림 12-2] 동기를 관장하는 변연계와 기저핵

많이 제공해 주어야 한다. 그리고 부모는 아이가 탐색하고 타인과 상호작용할 때 접근 가능하고 자신을 보호해 준다고 믿는 안전기지로서의 역할을 해 주어야 하며, 아이의 행동에 대해 부모가 웃음이나 온화한 표정과 같은 일관성 있는 반응을 보여 줌으로써 긍정적인 사회적 상호작용이 일어날 수 있도록 해 주어야 한다.

3) 동기의 특징

동기의 강약 여부는 다음과 같은 다섯 가지 행동 특징들로 파악될 수 있다 (NASP, 2014).

첫째, 지속성이다. 이는 자신이 수행하는 과업에 오랜 시간이나 기간 동안 유지할 수 있는 능력을 말한다. 강한 동기를 가진 아이는 오랜 기간 동안 특정 과업에 참여하지만 동기가 약한 아이는 과업에 대한 즉각적인 성공이 없다면 매우 쉽게 포기한다. 아이는 도전적인 과업에 성공했을 때 지속성을 배우게 된다.

둘째, 도전에 대한 선택이다. 동기화된 아이는 적당히 도전적이고 자신에게 약간 어려운 과업을 선택한다. 도전적인 과업을 선택하여 성공했을 때, 아이는 높은 만족감을 얻는다. 그러나 동기가 약한 아이는 매우 쉽고 즉각적인 성공을 이룰 수 있는 과업을 선택하며 과업 자체가 어렵지 않다는 것을 알기 때문에 과업을 성공적으로 수행해도 매우 낮은 만족 수준을 갖게 된다.

셋째, 부모와 같은 성인에 대한 의존도다. 높은 동기 수준을 갖고 있거나 내재 동기를 가진 아이는 성인의 즉각적인 보살핌이나 활동에 대한 도움을 필요로 하지 않는다. 그러나 낮은 동기 수준을 갖고 있거나 외재 동기를 가진 아이는 성인의 지속적인 보살핌이 필요하고 독립적으로 과업을 수행하기 힘들다. 성인으로부터의 독립성은 학습의 질에 중요한 요소로 작용하며 성인에 대한 의존도가 높을수록 과업을 성공하는 데 많은 제약이 따르게 된다.

넷째, 감정이다. 강한 동기를 가진 아이는 긍정적인 감정 표현을 잘한다. 이들은 자신의 과업에 만족해하며 활동을 하는 데 있어 즐거움을 보여 준다. 그러나 낮은 동기 수준을 가진 아이는 과업을 수행하는 데 있어 조용하고 즐거움이 없으며 불평하고 지루해한다.

흥미
개인이 어떠한 것에 대해 느끼는 특별한 관심

다섯째, 흥미다. 아동 · 청소년은 행동의 유용한 가치와 중요성을 판단하여 행동 여부를 결정하지만, 영유아는 흥미가 행동의 방향 및 강도를 결정한다. 영유아의 언어 및 인지 기능의 제한성으로 인해 행동에 대한 유용한 가치와 중요성은 쉽게 파악되기 어렵다. 그러나 흥미는 과업에 대한 선택, 수행, 노력 등 외부적으로 나타나는 행동들을 통해 쉽게 파악될 수 있고 동기화 수준도 파악이 가능하다(Bjorklund, 2005; Wigfield, 1994). 흥미란 한 개인이 어떠한 것에 대해 느끼는 특별한 관심으로서 두 가지로 구분될 수 있다. 하나는 개인적 흥미이고 다른 하나는 상황적 흥미다. 개인적 흥미는 이전의 경험과 유사한 과업에 다시 참여하기를 바라는 욕구를 불러일으킴으로써 생긴다. 개인적 흥미를 가진 아이는 특정 과업 수행 시 더 높은 수준으로 상호작용하고 더 많은 정보를 얻기 위해 탐색하며, 강한 내재 동기를 가진 아이처럼 특정 주제에 대해 더 많은 학습을 할 수 있다. 상황적 흥미는 맥락을 기반으로 한 흥미로서 자연스럽게 과업에 열중할 수 있는 환경이 마련됨으로써 나타난다. 상황적 흥미는 환경적 맥락에 의존하기 때문에 일시적이고 변하거나 없어질 수 있지만 매우 강하다. 영유아의 흥미는 대부분 상황적이며 지속 기간이 짧다. 그리고 영유아는 신기한 것에 쉽게 끌리며 몇 초 혹은 몇 분 만에 자극 및 사건에 주의를 기울이고, 이는 개인적 흥미의 기반이 될 수 있다. 상황적 흥미를 위해 부모나 교사는 추상적인 활동보다는 실제적인 활동이 이루어질 수 있도록 해야 하고 새롭고 신기한 환경을 조성해 주어야 한다. 그러나 부모나 교사에 의해 이러한 상황적 요소들이 조성되었을지라도 영유아는 개인적 선호를 발달시키는 과정에 있기 때문에 탐색하는 과정을 거쳐야 한다. 영유아는 과업에 대한 성공 혹은 실패와 상관없이 모든 활동들을 탐색하며 여러 가지 활동 중에서 자신의 흥미에 맞는 과업을 선택하고 수행한다(Boekaerts & Boscolo, 2002; Courage, Reynolds, & Richards, 2006; Hidi & Renninger, 2006; Pérez-Edgar, McDermott, Korelitz, Degnan, Curby, Pine, & Fox, 2010; Pintrich & Schunk, 2002).

새롭고 신기한 환경 조성으로 유아의 상황적 흥미를 유발한다.

4. 동기화 전략

부모나 교사는 아이의 동기를 증진시키기 위해 적절한 보상 사용, 다양한 경험을 통한 욕구 충족, 아이 자신의 의지대로 특정 행동을 선택하고 결정하기 위한 성인의 지지와 지원, 목표에 대한 틀 제공과 목표 달성을 위한 활동 제공 등 다양한 노력이 필요하다.

부모나 교사는 아이가 특정 과제에 대해 수행을 잘했을지라도 과도한 보상을 주는 것은 바람직하지 않다. 이런 경우 아이는 외적 보상이 주어질 때만 성공감을 느낄 수 있게 되고 자신의 관심과 흥미 때문에 과제를 한다고 생각하기보다는 부모로부터의 칭찬을 받기 위해서 과제를 한다고 생각하게 된다. 또한 아이는 자신의 가치나 기준보다는 타인의 가치나 기준에 따라 판단하고 행동하게 될 것이다. 올바른 동기부여를 위해 부모나 교사는 아이에게 자유를 최대한 허용해 주고 성공 여부에 대한 판단은 부모나 교사의 기준이 아니라 아이의 기준에서 해야 한다. 보상은 과도하지 않게 적절해야 하며, 결과보다는 노력과 지속성에 대해 보상을 해 주어야 한다.

부모나 교사는 영유아기 시절의 다양한 경험들이 훗날 아이의 자아실현에 도움이 된다는 것을 알아야 한다. 영유아기 동안 아이가 적절한 사랑과 안전 그리고 존중을 받지 못했다면 자아실현은 어려워질 수 있다. 생리적 욕구, 안전의 욕구, 소속감과 애정의 욕구, 자아존중감의 욕구가 충족되게 부모나 교사가 도움을 줄 수 있다. 이러한 욕구들이 충족되었을 때 아이는 부모나 교사가 강요하지 않아도 스스로 자아실현을 위해 탐색하고 노력할 것이다.

아이가 무엇인가를 할 때마다 부모나 교사가 매번 개입을 하고 시도 때도 없이 지시하는 것은 바람직하지 않다. 바람직한 부모는 아이의 활동에 부모 자신의 개입을 체계적으로 감소시키고 도움이나 힌트 등을 사용한다. 즉, 부모는 아이가 스스로 문제를 해결할 수 있도록 도움을 주어야 한다. 예를 들어, "이렇게 해 보는 건 어때?"라고 제안을 할 수도 있고 해결책을 찾을 수 있도록 "다음엔 뭐가 필요할까?"와 같이 질문을 할 수도 있다. 부모나 교사가 아이에게 도움이나 힌트 등을 줄 때, 아이의 요구에는 "아~ 그랬구나!"와 같이 언어적으로 따뜻하게 반응해 주고 아이가 과업에 참여하여 상호작용이 활발히 이루어질 수 있도록 충분한 지지를 해 주어야 한다.

부모나 교사는 가능한 한 아이가 주도적으로 참여하고 성취할 수 있도록 도와줌으로써 과제를 향상시킬 수 있도록 유도해 주어야 한다. 예를 들어, 부모나 교사는 아이가 원한다면 몇 번이고 같은 것을 반복하게 하고 아이와 묻고 답함으로써 자신만의 기술을 익히고 자신감을 갖도록 해 주어야 한다. 아이가 활동에 깊이 몰입되어 있을 때는 중단 없이 끝마칠 수 있도록 시간을 충분히 주어야 한다. 부모나 교사는 놀이를 과도하게 인위적으로 구조화를 시키거나 조직화를 하지 말고 비구조화된 놀이를 통해 아이가 무엇인가를 자연스럽게 배우고 익힐 수 있도록 노력해야 한다. 예를 들어, 어떤 아이는 특정 놀이에 몰입하여 계속하고 싶어 하는데 30분마다 놀이 프로그램을 바꾼다거나, 부모나 교사가 과제를 주도하고 지시하며 아이는 이에 반응만 하는 등 인위적으로 놀이를 구조화하거나 조직화하지 말아야 한다. 대신 물감놀이, 자유놀이, 밀가루 놀이와 같이 덜 지시적이며 아이가 그 놀이를 즐기며 그 속에서 자신이 하고 싶은 다양한 활동을 할 수 있도록 놀이를 비구조화해야 한다.

부모나 교사는 아이에게 목표에 대한 틀을 제공해 주고 목표에 도달할 수 있도록 다양한 활동들을 제공해 주어야 한다. 영유아기에는 목표를 성취하기 위한 일련의 행동을 실행할 수 있는 능력이 발달하고 과업에 필요한 다양한 행동들이 있다는 것을 깨닫는다. 이러한 이유로 단순한 장난감보다는 복잡한 조합이 있거나 문제해결을 위해 일련의 행동들이 필요한 블록과 같은 장난감 놀이가 필요하다. 부모는 아이가 목표에 어떻게 도달할 수 있는지를 알려주어야 한다. 예를 들어, "이번에 여기까지 했으니까 다음번에는 그림에 나와 있는 여기까지 할 수 있겠다. 그렇지?"라고 아이가 도달할 수 있는 다음 단계가 무엇인지를 알려줄 수 있다. 목표가 아이에게 적합하고 활동이 잘 조직화되어 있다면 부모나 교사는 필요한 만큼만 지침을 제공해 주어 아이 스스로가 활동에 참여할 수 있도록

해 주어야 한다. 부모나 교사는 아이의 활동을 적절히 조직화시켜 주고 지지해 주는 역할이 필요하다.

아이의 독립적인 활동은 내재 동기나 유능감을 발달시키는 데 최적의 모델이 될 수 있다(Berk & Winsler, 1995; Carlton & Winsler, 1998). 이를 위해 부모나 교사는 아이가 스스로 세상을 탐색하고 발견할 수 있도록 아낌없는 지지와 지원을 해주어야 한다. 예를 들어, "핑크색 운동화 신을까? 아니면 빨간색 구두 신을까?"와 같이 아이가 선택할 수 있는 기회를 만들어 주거나 "와! 신기하지? 우리 이거 한번 해 볼까?"와 같이 아이가 새로운 것을 시도할 수 있도록 격려해 주어야 한다.

아이가 과제에 대해 실패했을 때 부모나 교사의 교육적 처치는 중요하다. 부모나 교사는 아이가 과제에 실패했을 때 지지를 더 많이 해 줌으로써 과제를 도와줄 수 있다(Pratt, Kerig, Cowan, & Cowan, 1988). 실수는 누구든지 할 수 있고 실패해도 괜찮다는 것을 알려 주어야 한다. 과제에 실패했을 때 "예전에는 이 정도밖에 못했었는데 지금은 예전보다 이만큼 더 많이 했잖아! 잘한 거야!"라고 언어적인 격려로 도와줄 수 있다.

영유아의 동기는 흥미나 호기심으로 나타나며 무엇인가에 대해 궁금해하고, 좀 더 알아보고 싶고, 계속해서 지속적으로 무엇인가를 해 보고 싶은 마음 등으로 표현된다. 이와 같은 동기의 표현이 지속적으로 잘 일어나기 위해서는 부모나 교사의 올바른 지지와 지원이 필요하다. 아이에게 많은 것을 빨리 가르치려고 하기보다는 바르게 가르치려는 부모나 교사의 노력이 올바른 동기 형성에 도움을 준다. 즉, 속도보다는 방향이 중요한데, 아이가 무엇인가를 하고 싶어 하고 꾸준히 어떠한 것을 지속하도록 유도하는 것이 올바른 동기 형성의 방향이다. 또한 부모나 교사는 아이가 하려고 하는 것에 대해 조력자로서의 역할을 해야 한다. 부모나 교사의 눈높이에 아이를 맞추려고 하면 부모나 교사는 아이의 행동 하나하나에 간섭하게 되어 동기 형성에 문제를 일으킬 수 있다. 부모나 교사는 아이의 눈높이에 맞추어 아이 스스로가 무엇인가를 해낼 수 있도록 조력자로서의 역할을 충분히 해 주어야 한다. 부모나 교사가 올바른 동기 형성을 위한 방향 설정과 조력자로서의 역할을 충실히 할 때, 영유아의 동기는 훗날 학업뿐만 아니라 평생토록 성공적인 삶을 영위하는 데 중요한 밑거름이 될 것이다.

TIPS

내재 동기 강화를 위한 10가지 전략(Carlton & Winsler, 1998)

1. **반응하는 환경 조성하기**: 영유아가 환경에 실제적으로 영향을 미칠 수 있다는 것을 알 수 있는 활동이나 장난감을 제공한다.
2. **일관적이고 반응적인 양육 제공하기**: 부모가 아이의 행동에 대해 일관성 있게 반응해 주면 아이의 기대감은 발달한다. 울음이나 발성에 대해 부모가 반응하는 것은 영아에게 행위주체감(sense of agency: 자신의 행동이 결과를 야기한다는 주관적 경험)을 갖도록 한다.
3. **자율성 지지하기**: 자유로운 탐색과 선택을 허락한다.
4. **밀접한 관계 맺음 형성하기**: 부모와 아이가 따뜻하고 편안한 관계일 때, 아이는 환경을 안전하게 탐색하고 도전한다.
5. **공동관심 형성하기**: 어떤 사물이나 사건을 부모와 아이가 함께 공유하고 이에 대해 이야기를 하도록 기회를 제공한다. 이를 통해 관계성이나 행위주체감은 증진되고 언어발달은 촉진되며 후에는 동기 조절을 위한 도구로 사용된다.
6. **역할 모델 제시하기**: 부모나 교사 스스로 능력에 대한 자신감, 긍정적이고 감성적인 태도 유지, 도전을 즐기는 모습, 학습에 대한 열정 등을 보여 준다.
7. **도전 제공하기**: 도전적인 과제 성공 시 자기효능감은 증가한다. 과제에 능숙해지면 점진적으로 어려운 수준의 활동을 제시하여 도전감을 제공한다.
8. **문제해결과정에서 도움이나 힌트 제공해 주기**: 아이가 목적 지향적인 과제에 참여하기를 바라고 도전적인 과제에 성공하기를 바란다면 부모나 교사의 도움이나 힌트 등이 필요하다. 이는 어려운 과제를 완성하는 데 도움을 주며 문답법과 같은 언어적 지원을 통해 부모와 아이의 상호작용을 촉진한다.
9. **자기평가 촉진하기**: 자신의 활동에 대해 자신이 평가할 수 있는 기회를 제공한다. 예를 들어, "직접 만들어 보니 어렵지 않았지?" "재미있지?" "뿌듯하지?"와 같이 명백하게 질문한다.
10. **조심스럽게 보상 사용하기**: 외적 보상은 자칫 내재 동기를 감소시킬 수 있어 조심스럽게 제공해야 한다. 결과보다는 노력, 지속성 그리고 과정에 대한 보상이 이루어지도록 해야 하고 통제보다는 정보 제공으로서 주어져야 한다.

CHAPTER 13

발달장애

1. 자폐 범주성 장애
2. 지적장애
3. 주의력결핍 과잉행동장애
4. 의사소통장애
5. 정서 · 행동장애
6. 기초 신체 기능 장애

Chapter 13

발달장애

언어, 사고, 사회성, 정서 등이 발달하는 전형적인 속도와 순서는 발달에 있어 무엇이 잘못되었는지 평가하는 기준이 된다. 아이가 정상적인 발달에서는 나타나지 않는 행동을 하거나, 연령에 맞는 발달이 정상적으로 이루어지지 않거나, 연령에 맞는 행동이라도 강도가 너무 세거나 약하거나, 문제 행동이 일정 기간 지속될 때 발달장애로 진단된다. 영유아의 인지적 · 정서적 · 행동적 · 신체적 기능이 저하되어 원활한 적응에 문제가 생길 때 발달 문제가 있는 것으로 판단한다.

부모나 교사는 영유아가 또래와 다른 발달을 보일 때 문제가 있는 것은 아닌지 걱정을 한다. 친구에게 관심이 없고 혼자만의 놀이를 즐기거나, 잠시도 가만히 앉아 있지 못하고 뛰어다니며 소리를 지르거나, 어린이집에 갈 때마다 어머니와 떨어지기 싫어하며 운다거나 할 때 이러한 행동이 기질이나 성격의 차이로 나타나는 것인지 아니면 정상 발달에서 벗어난 것인지 판단하기가 쉽지 않다. 발달장애의 유형과 특성, 발생원인 등에 대한 부모나 교사의 이해는 영유아의 발달 문제를 예방하고, 발달장애아를 이른 시기에 발견하고 전문가에게 의뢰할 수 있게 하여 조기 개입이 이루어지도록 하는 데 도움을 줄 것이다. 장애를 가진 영유아를 방치하는 경우 발달이 더욱 지체되고 부수적인 장애가 발생될 수 있으므로 조기 발견과 조기 개입이 중요하다.

1. 자폐 범주성 장애

자폐 범주성 장애(autism spectrum disabilities: ASD)는 사회적 상호작용과 의사소통 기술에 문제를 보이고 비정상적인 반복 행동을 보이는 장애다. 1943년 Kanner는 아주 심한 고립을 보이는 11명의 사례를 보고하면서 이들이 보이는 증상을 유아 자폐증(infantile autism)이라고 명명하였다. 최근에는 자폐뿐 아니라 자폐와 비슷한 임상적 특징을 나타내는 아동기 붕괴성 장애, 아스퍼거 장애 등도 포함하여 자폐 범주성 장애라는 용어를 사용하고 있다.

자폐 범주성 장애
사회적 상호작용과 의사소통 기술에 문제를 보이고 비정상적인 반복 행동을 보이는 장애

1) 자폐 범주성 장애의 특성

자폐 범주성 장애는 생애 초기에 발생하는 사회성 및 의사소통에 있어서의 결함과 융통성 없는 행동을 보이는 발달장애로 DSM-5의 진단 기준은 〈표 13-1〉에 제시되어 있다.

자폐 범주성 장애아는 사회적 상호작용에 결함을 보인다. 다른 사람의 정서를 인식하는 데 어려움이 있으며 관계를 형성하는 데 어려움이 있다. 눈 맞춤을 하지 않으며 대화를 할 때 제스처를 사용하거나 표정을 짓는 것과 같은 비언어적 행동을 적절히 사용하지 못한다. 공동관심(joint attention)의 결함은 자폐증에

〈표 13-1〉 DSM-5에 기술된 자폐 범주성 장애의 특성(APA, 2013)

A. 사회적 의사소통과 상호작용의 결함
   1. 사회적 · 정서적 상호작용의 결함
   2. 사회적 상호작용을 위해 사용되는 다양한 비언어적 의사소통 행동에 결함
   3. 대인관계를 발전시키고 유지하며 이해하는 데 결함

B. 행동, 흥미 또는 활동에 있어서 제한적이고 반복적인 패턴
   1. 정형화된 혹은 반복적인 운동 동작, 물체 사용이나 언어 사용
   2. 동일한 것에 대한 고집, 일상적인 것에 대한 완고한 집착, 또는 언어적 · 비언어적 행동의 의식화된 패턴
   3. 매우 제한적이고 고정된 흥미를 지님. 그 강도나 초점이 비정상적
   4. 감각적 자극에 대한 과도한 혹은 과소한 반응성을 나타내거나 환경의 감각적 측면에 대해서 비정상적인 관심을 나타냄

흔히 나타나는데, 공동관심은 어느 누군가가 바라보고 있는 곳을 자신도 바라보는 행동을 말하며 이것은 언어와 사회적 기술발달에 있어 중요한 요소다. 다른 사람과 즐거움을 나누려고 하지 않고, 다른 사람에게 반응을 보이지 않으며 협동놀이를 하지 못한다.

자폐 범주성 장애아는 말을 하지 못하는 경우가 많고, 알아들을 수 없는 발성을 하거나 다른 사람이 말한 단어나 문장을 의미 없이 반복하는 반향어(echolalia: 예, "이름이 뭐니?"라고 물으면 "이름이 뭐니?"라고 대답함)를 사용하기도 한다. 의사소통을 할 때 비정상적인 높이, 리듬, 구문을 사용한다. 다른 사람을 '나'라고 표현하고 자신을 '너'라고 표현하는 대명사 역전(pronoun reversal)이 나타나기도 한다. 언어가 발달된 자폐 범주성 장애아는 사회적 맥락과 의사소통 맥락에서 언어를 적절하게 사용하는 화용론에 심각한 손상을 보여서, 말 이면의 뜻을 이해하거나 상황에 맞게 자신의 언어를 조정하는 데 어려움을 보인다.

반향어
다른 사람이 말한 단어나 문장을 의미 없이 반복하는 것

자폐 범주성 장애아는 제한된 관심을 가지며, 행동이나 일과를 반복하는 모습을 보인다. 손을 흔드는 것과 같이 상동적이고 반복적인 운동기능상의 습관을 보이기도 하고 사물의 특정 부분에 대한 집착을 보이는 등의 행동 특성을 보인다. 날씨나 자동차, 숫자 등에 지나치게 몰두하며 그 관심이 비정상적으로 과도하다. 반복적인 놀이를 하며, 같은 것을 지속적으로 질문하기도 하고, TV에서 본 것을 상황과 상관없이 얘기하기도 한다. 늘 하던 순서대로 하려고 하기 때문에 일정이 변경되거나 환경이 달라져 있을 때 폭발적으로 화를 내기도 한다.

Temple Grandin(1947~)
자폐 범주성 장애를 가진 미국의 동물학자

자폐 범주성 장애아는 다양한 범위의 IQ를 가지고 있으나 70~80% 정도는 지적 장애를 함께 보이며, 일부는 기억이나 음악, 미술 분야 같은 특정 영역에서 뛰어난 능력을 보이는 서번트 증후군(savant syndrome)을 보이기도 한다. 자폐 범주성 장애아는 감각 자극에 대한 과민감성(hyper-sensitivity)이나 저민감성(hypo-

서번트 증후군
장애를 가지고 있음에도 특정 영역에서 뛰어난 재능을 보이는 증후군

sensitivity)을 보이기도 한다. 과민감성을 가진 아동은 특정 소리를 견디지 못하고, 어떤 옷감에 대한 감촉을 싫어할 수 있으며, 특정 냄새를 피하는 모습을 보이며, 저민감성을 가진 아동은 주변의 자극에 전혀 주의를 기울이지 않는다.

2) 자폐 범주성 장애의 원인과 치료

자폐 범주성 장애가 발생하는 원인을 명확히 알 수 없으나 현재까지 밝혀진 바에 따르면, 자폐 범주성 장애는 유전, 신경생리학적 이상 등과 같은 선천적 요인에 의해 발생된다고 본다. 부모가 자폐증의 발생과 유지에 영향을 미쳤을 것이라고 주장하는 견해도 있었으나, 현재는 이러한 견해들이 잘못되었고 부적절하며 부당한 것임이 밝혀졌다(Rosenberg, Westling, & McLeskey, 2010). Bettleheim(1967)은 무관심하고 냉정한 부모가 자녀와 정서적 유대를 발달시키지 못해서 자폐증이 발생한다고 주장하였다. Ferster(1961)는 부모가 어렸을 때 적절한 행동을 무시하거나 강화를 주지 않아서 자폐아들이 의사소통 기술과 적절한 행동을 발달시키지 못한다고 하였다. 그러나 자폐증 아동의 부모도 정상 아동 혹은 다른 발달장애 아동의 부모와 다르지 않다. 자폐증처럼 일찍 발병하는 장애에서 자폐적 행동의 심각성이나 기이함을 부모-자녀 상호작용으로 설명하려는 것은 타당성이 별로 없다(Wicks-Nelson & Israel, 2004).

자폐 범주성 장애의 원인으로는 유전적 요인이 있는데, 자폐증 아동의 형제나 자매 중에 자폐증이 있는 경우가 2~7%에 이른다. 일란성 쌍생아의 경우 자폐증이 동시에 나타날 확률이 이란성 쌍생아에 비해 더 높게 나타나는데, 일치율이 60~90%에 이른다(Rutter, 2005). 소뇌, 전두엽, 편도체 등 두뇌의 다양한 영역이 자폐 범주성 장애와 연관된 것으로 보고된다(Bauman & Kemper, 2005; Ozonoff, South, & Provencal, 2005; Schulkin, 2007). 신경전달물질의 비정상적인 과다 분비나 과소 분비도 자폐증과 상관이 있는데, 특히 세로토닌은 많은 자폐아에게서 과다 분비되는 것으로 밝혀졌다(Anderson & Hoshino, 2005).

자폐 범주성 장애아를 위한 중재는 감각문제, 의사소통 기술, 사회적 행동과 같은 문제들에 초점을 맞추고 있으며, 행동치료가 이러한 영역에서 아동의 기능을 향상시키기 위하여 일반적으로 적용되고 있다. 행동치료에서는 조작적 조건

형성과 모방학습을 통해 말하는 것, 타인의 말을 경청하는 것, 또래와 어울리는 법 등을 가르치고, 반향어나 자해행동, 상동행동을 제거하거나 다른 행동으로 대체시킨다. Lovaas(1987)는 19명의 자폐아를 대상으로 약 2년간 행동치료 프로그램을 매주 40시간 이상 실시하고 결과를 보고하였는데, 치료 전 평균 IQ가 55점이었으나 치료 후에는 평균 IQ가 83점으로 나타났다.

행동치료 외에 애착, 소속감을 촉진해 줌으로써 자폐 범주성 장애아의 사회적 · 정서적 발달에 도움을 주는 인간관계 중심의 치료가 있다. 자폐 범주성 장애아가 자신의 행동과 수행을 스스로 감독하여 적절한 반응을 강화하고 적절하지 않은 경우에는 자신의 행동을 조절하도록 교수하는 인지적 치료를 하기도 하며, 신경학적 기능의 변화를 위해 약물치료를 하기도 한다.

자폐 범주성 장애의 위험 징후(홍강의, 2014)

- 눈 맞춤과 사회적 미소를 보이지 않는다.
- 이름을 불러도 돌아보지 않는다.
- 언어를 잘 이해하지 못한다.
- 제스처 등 비언어적 의사소통을 하지 않는다.
- 다른 사람의 행동을 모방하지 않는다.
- 공동관심에 대한 반응이 없거나 유아가 공동관심을 유도하기 위한 행동(보여주기, 가리키기 등)을 하지 않는다.

2. 지적장애

지적장애는 명칭이 지속적으로 변화되어 왔다. 백치(idiot), 정신박약(mental deficiency), 정신지체(mental retardation)를 거쳐 현재는 지적장애(intellectual disability)라는 용어를 사용하고 있다. 지적장애 용어는 정신지체보다 장애의 범위를 구체적으로 언급하고 있고 지원의 범위를 명확하게 지칭해 주며 존엄성을 덜 훼손하는 용어로 받아들여지고 있다. 우리나라의 경우 2008년 「장애인복지법」이 개정되면서 기존에 사용하던 정신지체를 대신하여 지적장애를 사용하고 있다.

1) 지적장애의 특성

지적장애는 지적 기능과 개념적 · 사회적 · 실제적 적응기술로 표현되는 적응행동에 상당한 제한을 보이는 것이 특징인 장애이며, 18세 이전에 출현한다[American Association on Intellectual and Developmental Disabilities(AAIDD), 2010]. 지적 기능은 IQ 검사에 의해서 결정되며, 적응행동은 개인이 생활환경에 적응하는 데 필요한 기술로 의사소통, 자기관리, 사회성 기술 등이 포함된다. 개념적 적응행동은 언어 · 읽기 · 쓰기 · 돈 개념 등이고, 사회적 적응행동은 인간관계 · 책임감 · 자존감 등이며, 실제적 적응행동은 식사 · 화장실 이용 · 청소 등이다. DSM-5의 지적장애 진단기준을 〈표 13-2〉에 제시하였다.

지적장애
지적 기능과 적응행동에 상당한 제한을 보이는 장애

〈표 13-2〉 DSM-5에 기술된 지적장애의 특성(APA, 2013)

A. 심하게 평균 수준 이하인 지적 기능: 개별적으로 실시된 지능검사에서 70 이하의 지능지수
B. 적응 기능의 결함: 의사소통, 자기 돌봄, 가정생활, 사회적 기술과 대인관계 기술, 지역사회 자원의 활용, 자기 관리, 기능적 학업 기술, 직업, 여가, 건강 및 안전 영역에서의 문제
C. 지적 결함과 적응 기능의 결함은 발달 시기 동안에 시작됨

지적장애의 분류 중 가장 많이 쓰이는 것은 경도(mild), 중등도(moderate), 중도(severe), 최중도(profound) 분류다. 경도 지적장애는 IQ가 50~55에서 70까지, 중등도 지적장애는 35~40에서 50~55까지, 중도 지적장애는 20~25에서 35~40까지, 최중도 지적장애는 20~25 미만인 경우를 말한다.

지적장애아는 선택적 주의집중 능력과 주의를 유지하는 능력이 부족하다. 장기기억이나 단기기억도 부족한데 특히 단기기억력이 많이 부족한 것으로 알려져 있다. 효과적인 전략을 사용해서 정보를 머릿속으로 조직하거나 초인지를 활용하거나 학습내용을 새로운 상황에 일반화하는 데 있어 결함을 나타낸다(Wicks-Nelson & Israel, 2004). 지적장애아는 정보처리 속도가 느리기 때문에 주어진 정보를 인지하는 데 시간이 오래 걸리고 실행에 옮기는 데에도 어려움을

〈표 13-3〉 지적 기능의 정도에 따른 지적장애의 분류(이소현, 박은혜, 2011)

정도	발달 특성		
	학령 전기(만 0~5세)	학령기(만 6~20세)	성인기(만 21세 이상)
경도 정신지체	진단되지 않을 수 있다.	기초적 학업 기술과 직업적 기술을 배울 수 있다.	지역사회에서 살면서 직업을 가질 수 있다. 지적장애로 낙인찍히지 않고 지낼 수도 있다.
중등도 정신지체	임상적 진단(예: 다운증후군)을 받을 가능성이 있다.	자조 기술과 기능적 학업 기술을 배울 수 있다. 익숙한 환경에서는 독립적으로 행동할 수 있다.	감독하에 어느 정도의 기술을 요하는 일을 할 수 있다.
중도 정신지체	운동발달이 늦다. 약간의 의사소통이 가능하다. 지체장애가 있을 수 있다.	개인적 필요를 스스로 돌볼 수도 있다. 의사소통을 배울 수 있다.	직장과 주거 환경에서 감독하에 기능할 수 있다.
최중도 정신지체	반응이 별로 없다. 중복장애가 흔히 있다.	운동발달이 느리다. 기초적 자조 기술을 배울 수 있다.	약간의 의사소통을 할 수 있다. 기초적 필요를 돌볼 수 있다.

겪는다. 관찰이나 모방을 통하여 배우는 모방학습능력이 부족하고, 학습된 무기력과 같은 동기 문제를 보인다.

언어발달에 있어서도 어려움을 보이는데, 조음의 문제가 흔히 나타나고 제한된 어휘를 사용하며 의사소통의 방법이나 내용에 문제를 보인다. 낮은 수준의 인지발달과 빈약한 언어발달은 다른 사람과의 상호작용을 어렵게 만들기 때문에 지적장애아는 또래 관계를 형성하고 유지하는 것이 어렵다. 부적절한 얼굴 표정이나 신체 접촉을 하고 부적절한 말을 하는 등 인간관계를 껄끄럽게 할 수 있는 의사소통 방식을 사용하기도 하고, 다른 사람의 관점을 이해하지 못하고 사회적 상황과 사회적 단서를 이해하는 능력이 부족하다. 공격 행동이나 자해 행동과 같은 문제행동을 보이기도 하는데 지적장애 정도가 심할수록 문제행동이 일어날 확률이 높다.

2) 지적장애의 원인과 치료

지적장애의 원인은 다양하며 정확하게 어떤 원인에 의해서 발생되었는지 알기 어렵다. 심한 지적장애의 경우는 두뇌손상이나 특정한 질병에 의한 것이 많으며, 경도 지적장애의 경우는 환경적인 요인에 의한 것이 많다. AAIDD(2010)에서는 지적장애의 원인을 〈표 13-4〉와 같이 생의학적 · 사회적 · 행동적 · 교육적 요인으로 나누어 제시하고 있다.

〈표 13-4〉 지적장애의 원인(AAIDD, 2010)

시기	생의학적	사회적	행동적	교육적
출생 전	• 염색체 이상 • 유전자 장애 • 대사장애 • 뇌발생장애 • 산모 질환 • 부모 연령	• 빈곤 • 산모 영양결핍 • 가정 폭력 • 출생 전 관리 결여	• 부모의 약물 복용 • 부모의 음주 및 흡연 • 부모의 미성숙	• 외부의 지원을 받지 못하는 부모의 인지적 장애 • 부모 역할을 위한 준비 결여
출생 시	• 조산 • 출생 시 손상 • 신생아 질환	• 출산 관리 결여	• 부모의 양육 거부 • 부모의 아동 유기	• 중재 서비스를 위한 의료적 의뢰의 결여
출생 후	• 외상성 뇌손상 • 영양실조 • 뇌수막염 • 발작장애 • 퇴행성 질환	• 아동-양육자 상호작용의 손상 • 가정의 빈곤 • 가족의 만성 질환 • 시설 수용	• 아동 학대 및 방치 • 가정 폭력 • 부적절한 안전 조치 • 사회적 박탈 • 다루기 힘든 아동의 행동 방치	• 부모의 잘못된 양육 • 지체된 진단 • 부적절한 조기 중재 • 조기 중재의 부재 • 부적절한 특수교육 서비스 및 가족 지원

다운증후군(Down syndrome)은 가장 흔한 지적장애 유발요인으로 염색체 이상에 의해 발생한다. 21번째 염색체가 3개인 삼체형이거나, 21번째 염색체 하나가 15번 또는 22번에 걸쳐 길게 누적되어 있는 전위형일 때 나타난다. 다운증후군을 가진 아동은 위로 올라간 눈꼬리, 평평한 얼굴, 작은 코와 귀 등 서로 비슷한 외모를 갖고 있고 예전에는 몽골리즘이라고 불리기도 했다. 이들은 신체 및 건강상의 문제도 함께 지니고 있는 경우가 많고, 전반적으로 발달 수준이 지체되

다운증후군
21번째 염색체의 이상으로 발생하는 질환

영화 〈미 투(Me, too)〉의 다운증후군 주인공

지만 성격이 명랑하고 사람을 잘 따르는 특성이 있다.

X결함 증후군
X 염색체가 구부러져 있거나 너무 가늘어서 나타나는 이상 장애

X결함 증후군(fragile X syndrome)은 다운증후군 다음으로 많이 나타나는 지적장애 유발 요인이다. X 염색체 이상으로 발생하며, 여아보다 남아에게서 더 많이 나타난다. 이들의 외현적 특징은 길고 좁은 얼굴, 돌출된 이마와 턱, 큰 귀, 유난히 큰 고환 등이다. 아동기 때에는 경도에서 중등도의 지적장애를 보이다가 성인이 되면 중등도와 중도의 지적장애를 보인다.

윌리엄스 증후군
7번째 염색체의 유전자 결손으로 인해 나타나는 장애

윌리엄스 증후군(Williams syndrome)은 7번째 염색체의 유전자 결손으로 인해 나타나며, 요정 같은 외모(치켜 올라간 코, 작은 턱)를 가지고 있으며 심장질환이 흔하고 칼슘 대사의 이상이 나타난다. 낯선 사람들에 대한 호기심이 많고 사교적인 성격을 가지고 있으며 때로는 지나치게 친절한 모습을 보인다. 윌리엄스 증후군을 가지고 있는 아동은 어휘나 말하기 등은 잘하면서 시공간적 기술에 어려움을 보인다. 힘든 일이나 놀림을 참지 못하고 과잉행동을 보이며 과제집중에 어려움을 보인다.

프라더-윌리 증후군
15번째 염색체 부족으로 인해 발생하는 장애

프라더-윌리 증후군(Prader-Willi syndrome)은 15번째 염색체의 부족으로 인해

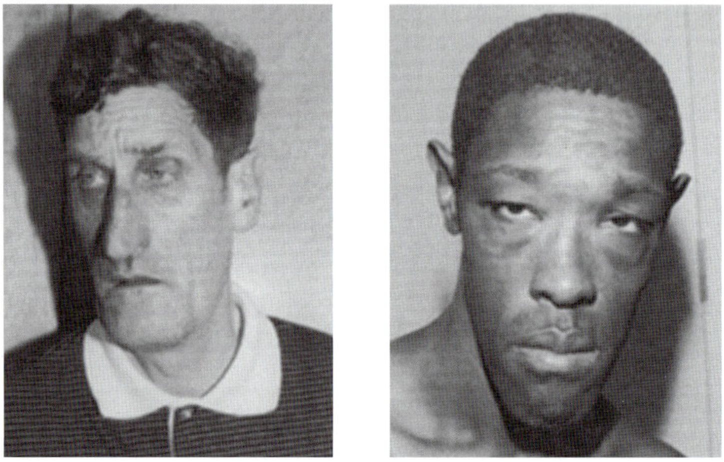

X결함 증후군

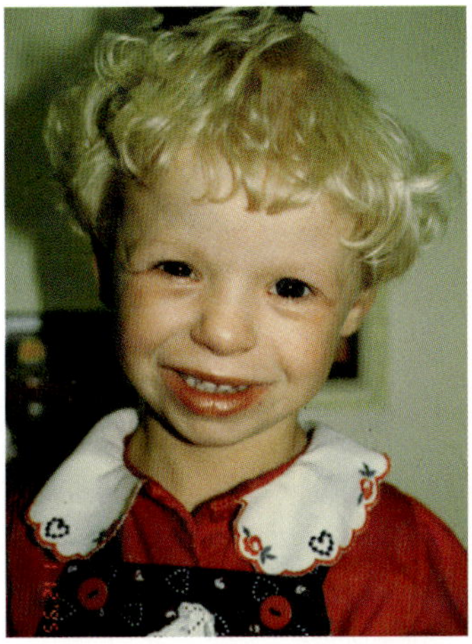
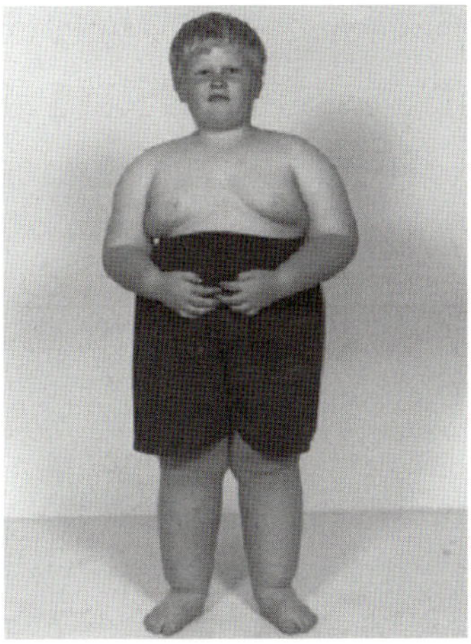

윌리엄스 증후군(왼쪽)과 프라더-윌리 증후군(오른쪽)

발생하는데, 신생아 때에는 낮은 근육긴장도를 보이고 먹는 것이 힘들지만 생후 1년 정도가 지나면서 과도한 식욕을 보이기 때문에 비만의 위험이 높다. 성장 호르몬 이상으로 키가 작고 심장 문제나 척추측만 등의 문제를 가지고 있으며 지나친 손톱 물어뜯기가 나타나거나 자해를 하기도 한다.

임신 중 임산모가 풍진이나 매독 등의 질병을 앓았을 때 태아가 지적장애가 될 가능성이 높으며, 약물남용, 영양실조, 방사선 노출, 담배, 술 등은 태아에게 치명적 영향을 끼친다. 태아 알코올 증후군(fetal alcohol syndrome)은 임신 중 어머니의 과도한 알코올 섭취가 태아의 신체적 결함과 발달지체를 가져 오는 것으로서 중추신경계 기능장애(예: 경도 · 중등도 지적장애), 두개-안면기형(예: 구개파열, 소뇌증) 그리고 출산 전후의 성장 발달 지체(예: 출산 시 저체중)의 세 가지 주요 특징으로 구분될 수 있다(Beirne-Smith, Patton, & Kim, 2006). 또한 출산 시 조산, 산소 결핍, 출산 후 뇌염이나 뇌막염 같은 질병으로 인한 뇌손상, 학대나 방임, 환경적 박탈 등도 지적장애의 원인으로 지적된다.

태아 알코올 증후군
임신 중 어머니의 알코올 섭취로 인해 태아의 신체적 결함과 발달지체가 나타나는 증후군

지적장애는 여러 가지 신체적 이상에 기인할 수 있으므로 신경학적 평가와 더불어 지능을 비롯한 심리평가를 받은 후에 적절한 치료 프로그램을 적용하는 것이 바람직하다. 지적장애아의 치료는 지적장애의 수준에 따라 목표와 방법이 달라지지만 일반적으로 일상생활에 필요한 다양한 적응 기술을 학습시키고 이러한 적응 기술이 유지되도록 하는 것을 목표로 한다. 지적장애아는 학습에서

다양한 어려움을 경험하기 때문에 일상생활에 참여하는 데 필요한 기술이나 지역사회 중심 교육과정을 가르쳐야 한다. 독립적인 생활이 가능하도록 옷 입기, 위생 및 용변 처리 등을 가르쳐야 하고, 사고나 재해를 피할 수 있도록 안전에 대한 교육이 이루어져야 하며, 길을 건너거나 특정 장소까지 걷는 것과 같은 기술을 익히도록 해야 한다.

지적장애의 예방적 조치

- 임신 전 풍진에 대한 면역 여부를 확인하고, 항체 형성이 안 되어 있는 경우 풍진 예방 주사를 맞는다.
- 임신 기간 동안 엽산을 복용한다. 엽산은 태아의 신경관 결함을 예방하는 주요 요인이다.
- 임신 중 알코올을 섭취하지 않는다. 태아 알코올 증후군은 지적장애를 발생시키는 주요 원인이다.
- 산전진단 검사를 실시한다. 양수 검사, 융모막 검사, 초음파 검사 등을 통해 태아가 다운증후군과 같이 심각한 장애로 이어질 수 있는 유전적 이상이 있는지 검사한다.
- 신생아 대사검사를 실시한다. 신생아가 페닐케톤뇨증, 선천성 갑상선기능저하증, 갈락토스혈증 등과 같은 대사질환이 있는지 검사한다.

3. 주의력결핍 과잉행동장애

1) 주의력결핍 과잉행동장애의 특성

주의력결핍 과잉행동장애
부주의, 과잉행동, 충동성을 특징으로 하는 장애

주의력결핍 과잉행동장애(attention deficit hyperactivity disorder: ADHD) 아동은 일반 아동에게서 관찰되는 행위와 비교했을 때 주의력결핍, 과잉행동과 충동성의 지속적 패턴이 더 빈번히 나타나고 더욱 심각한 상황을 보인다. 주의력결핍 과잉행동장애아는 과제를 수행하거나 놀이 활동을 할 때 주의를 지속시키는 데 어려움이 있으며, 생각하기 전에 행동하고 질문하기 전에 대답하고, 제자리에 가만히 앉아 있지 못하며 모터가 달려있는 것처럼 계속해서 움직인다. ADHD

는 DSM-5의 준거에 따라 진단되며, 진단 기준은 〈표 13-5〉와 같다.

부주의　　　　과잉행동　　　　충동성

〈표 13-5〉 DSM-5에 기술된 ADHD 특성(APA, 2013)

A. 부주의

1. 자주 학교 과제, 일 혹은 다른 활동에서 주의를 기울이지 않아 실수를 하거나 세세한 사항에 주의를 기울이는 데 실패한다.
2. 자주 과제나 놀이 활동에 주의집중을 유지하지 못한다.
3. 자주 다른 사람이 직접 말을 할 때 경청하지 않는 것처럼 보인다.
4. 자주 지시사항을 따라 하지 않으며, 숙제나 간단한 일 또는 직장에서의 업무를 완결하는 데 실패한다.
5. 자주 활동을 조직화하지 못한다.
6. 자주 정신적으로 노력을 기울여야 하는 과제(예: 학교 과제나 숙제)에 참여하기를 꺼려하거나 싫어하며 회피한다.
7. 과제나 활동에 필요한 물건이나 사항을 잊어버린다.
8. 외부 자극에 의해 쉽게 산만해진다.
9. 일상적인 활동에서 기억을 잘하지 못한다.

B. 과잉행동과 충동성

1. 자주 손과 발을 만지작거리거나 의자에 앉아서도 쉴 새 없이 꼼지락거린다.
2. 교실의 자기 자리에서 이탈하거나 착석할 것이 기대되는 상황에서 이탈한다.
3. 부적절한 상황에서 과도하게 뛰어다니거나 높은 곳에 올라간다.
4. 조용한 여가활동에 참여하는 것에 어려움을 보인다.
5. 끊임없이 움직이거나 모터로 움직이는 것과 같은 행동을 보인다.
6. 쉴 새 없이 말한다.
7. 질문이 끝나기도 전에 불쑥 답을 말한다.
8. 자신의 순서를 기다리는 데 어려움을 가진다.
9. 타인의 활동을 방해하고 간섭한다(다른 사람들의 대화나 게임에 끼어듦).

ADHD를 극복하고 베이징 올림픽 수영 종목에서 8관왕을 달성한 펠프스

주의력결핍 과잉행동장애아는 과제와 관련된 자극에 집중하는 선택적 주의집중에 어려움을 보이며, 과제 주의집중 시간이 짧다. 또한 한 가지 과제에서 다음 과제로 연속적으로 주의집중을 이동하는 데 어려움을 보인다. 행동 억제와 실행 기능에서 문제를 보이는데, 행동 억제(behavioral inhibition)는 의도하였던 반응을 멈추고, 진행 중인 반응을 방해하는 것을 경계하고, 즉각적으로 반응하는 것을 삼가는 능력으로 실행 기능이 발생하도록 허용한다. 실행 기능(executive function)은 작업기억, 내적 언어, 감정과 각성 수준의 통제, 문제 분석하기, 문제해결에 대해 다른 사람들과 의사소통하기를 통해 자신의 행동을 조절하는 능력이다.

ADHD 증상이 있는 경우 또래와 어울리는 데 어려움을 겪으며 상당수가 사회적응 문제를 가지고 있기 때문에 정서 · 행동장애로 판별된다. 7세 무렵까지 ADHD 아동의 54~67%가 적대적 반항장애로 판별되고, ADHD 아동의 20~50%, ADHD 청소년의 44~50%는 품행장애로 판별된다(Barkley, 2003).

품행장애

지속적으로 타인의 기본 권리를 침해하고 사회규칙을 반복적으로 어기는 장애

2) 주의력결핍 과잉행동장애의 원인과 치료

ADHD의 원인 중 하나는 뇌손상으로, 전두엽 부분 손상이 과잉행동, 충동성, 주의력결핍을 유발한다. 그러나 대부분의 ADHD 아동은 뇌손상을 입지 않았으며, ADHD 아동의 5~10%만이 외상, 독소 혹은 질병에 의해 뇌손상을 입은 것으로 보고되었다(Barkley, 2000). 도파민과 노르에피네프린과 같은 신경전달물질이 뇌의 특정 부위에서 적게 나타나는 것도 ADHD에 영향을 미치는 것으로 보인다.

유전도 ADHD에 영향을 미치는데, Barkley(2003)는 일란성 쌍생아 중 하나가 ADHD이면 다른 한쪽도 ADHD일 가능성이 67~81%나 된다고 보고하였다. 부모의 잘못된 관리 기술은 ADHD와 관련된 행동을 더욱 악화시킬 수 있고, 일

시적으로 가족 내에서 발생하는 극단적인 스트레스 상황은 ADHD 증상을 불러올 수도 있다. 하지만 부모의 양육이나 비기능적인 가족 관계 및 상황이 ADHD와 관련된 극단적인 행동을 유발하는 계기가 된다는 증거는 없다(Rosenberg, Westling, & McLeskey, 2010).

ADHD 치료에는 약물치료와 행동치료가 주로 활용된다. ADHD의 약물치료에는 중추신경자극제가 주로 사용되는데, 중추신경자극제는 도파민이나 노르에피네프린과 같은 신경전달물질을 활성화한다. 약물을 복용하게 되면 충동성과 과잉행동이 감소되고 공격성이나 반항행동 등도 줄어들며, 과제를 할 때 더 계획적으로 하고, 오류가 감소한다. 그러나 약물치료는 수면장애나 식욕 감퇴, 두통, 복통과 같은 부작용이 나타나는데, 아동에 비해 유아가 더 많은 부작용을 경험할 가능성이 있다(Wicks-Nelson & Israel, 2003). 약물치료만으로는 자기조절능력을 향상시키지 못하고, 대인관계를 개선시키지 못하며, 약물치료에 대한 부정적 인식이 ADHD 아동의 사회적 고립을 증가시키기도 한다.

행동치료는 아이의 문제행동을 없애고 바람직한 행동을 증가시키기 위해 보상과 처벌을 활용하는 것이다. 아이가 적절한 행동을 했을 때는 칭찬이나 선물을 주는 것과 같은 정적 강화를 제공하고, 부적절한 행동을 했을 때는 벌점을 부과하거나 생각하는 의자와 같이 격리된 장소에서 일정 시간 혼자 있도록 하는 타임아웃을 활용한다.

4. 의사소통장애

1) 의사소통장애의 특성

의사소통은 감정, 생각, 정보 등을 상호 교환하는 것으로 말이나 언어를 통해 이루어진다. 말(speech)은 명확하게 조음하고, 유창하게 말하며, 상대방에게 불쾌하지 않은 음성으로 전달하는 것이고, 언어(language)는 말소리와 낱말, 즉 단어 그리고 그 단어들이 내포하는 의미를 언어의 규칙체계에 맞추어 표현하는 시스템을 말한다(김희규 외, 2010). 의사소통장애는 말과 언어의 결함으로 인해 어려

의사소통장애
말과 언어의 결함으로 인해 어려움을 보이는 장애

움을 겪는 것을 의미한다.

조음장애

말소리를 산출할 때 어려움을 지니는 장애

유창성 장애

부적절한 속도나 부적절한 리듬으로 말하는 장애

음성장애

목소리의 질, 높낮이, 크기 등에 있어서의 문제가 나타나는 장애

언어장애

음운론, 형태론, 구문론, 의미론, 화용론 중에 문제가 있는 장애

말장애는 말소리를 산출하거나(조음), 말의 흐름을 유지하거나(유창성), 목소리를 조절하는 데 있어서(발성) 어려움을 보이는 것이다. 조음장애(articulation disorder)는 말소리를 산출할 때 어려움을 지니는 장애로 생략(예: 파랑을 아랑으로 발음), 대치(예: 사자를 바자로 발음), 왜곡(예: 아버지를 아봐지로 발음), 첨가(예: 사람을 사호람으로 발음) 등 단어를 산출하는 데 오류를 보이는 것이다. 유창성 장애(fluency disorder)는 부적절한 속도나 부적절한 리듬으로 말하는 것을 의미한다. 말이 너무 빠르거나, 문장의 잘못된 곳에서 쉬거나, 부적절한 형태의 강세를 사용하거나, 흐름이 부드럽지 못하여 음절이나 단어를 반복하는 모습을 보인다. 말더듬(stuttering)과 말빠름증(cluttering)이 유창성 장애에 해당하는데, 말더듬은 소리나 음절의 비정상적인 멈춤이나 반복, 오래 끌기 등에 의해 말의 흐름이 끊어지는 것이다. 말빠름증은 말의 속도가 너무 빠르고 음을 추가하거나 잘못 발음함으로써 말을 이해하기 힘든 경우다. 음성장애(voice disorder)는 성대, 호흡기관 등의 결함으로 인하여 목소리의 질, 높낮이, 크기에 있어서의 변형으로 나타나는 발성장애(phonation disorder)와 발성 시 코와 입 사이를 폐쇄하지 못해서 나타나는 공명장애(resonance disorder)를 모두 포함한다.

언어장애는 언어의 다섯 가지 영역인 음운론, 형태론, 구문론, 의미론, 화용론의 다섯 가지 하위 체계에 있어 하나 혹은 그 이상의 문제가 있는 것이다. 음운론적 장애를 가진 아동은 음소를 적절한 정신적 표상으로 발전시키지 못하거나 음소 간의 구분을 명확히 하지 못한다. 말소리를 식별하지 못하거나 말소리를 만들어서 분명하게 발음하는 데 문제를 보인다. 형태론적 장애를 가진 아동은 의도한 바를 전달하기 위해서 형태소를 적절하게 사용하는 데 어려움을 보인다. '우유를 컵에 따랐다.'는 뜻으로 '우유를 컵을 따랐다.'고 표현하는 것과 같이 조사를 사용하는 데 오류를 보인다. 구문론적 문제를 가진 경우 의도한 바를 청자가 정확하게 이해할 수 있도록 하기 위해 적절하게 단어를 연결하는 규칙을 사용하는 데 문제가 있다. 예를 들어, '아파서 병원에 갔다.'라는 문장을 만들지 못하고 '아팠다. 병원에 갔다.'와 같이 단순한 문장을 만든다. 의미론적 문제를 가진 아동의 경우 단어를 찾거나 추상적인 언어를 이해하고 사용하는 데 문제를 보이거나 연령에 맞는 어휘를 발달시키지 못하기도 한다. 바람에 부러진 나무

를 보고 '부러졌다.'는 단어를 사용하지 못하고 나무가 '이렇게 되었다.'고 하면서 제스처로 표현하는 것과 같은 경우다. 화용론상의 문제를 가진 아동은 언어의 형태와 내용에는 문제가 없다 하더라도 사회적 목적에 적합한 언어를 사용하는 데 문제가 있다(Rosenberg, Westling, & McLeskey, 2008). 누군가에게 '빌려 달라.'고 해야 하는 상황에서 '빌려 줄까?'로 표현하기도 한다.

2) 의사소통장애의 원인과 치료

의사소통장애는 구개파열, 구어 근육의 마비, 비정상적인 두개 및 안면, 인두편도라고도 하는 아데노이드 비대 등의 문제로 인해 나타날 수 있다. 또한 호흡, 발성, 공명, 조음에 필요한 신경근육 손상에 의해 의사소통장애가 나타나기도 한다. 수용 언어와 표현 언어에서의 심각한 결함은 뇌손상이 원인일 수 있으며, 만성적인 중이염도 결정적인 언어 발달 시기에 청각손상을 일으키면서 언어발달에 심각한 영향을 미치기도 한다.

발달 초기에 제공되는 언어의 질과 양은 영유아의 어휘 및 언어 발달에 분명한 영향을 미친다. Ratner(2004)에 따르면, 가정에서 자극이 부족하거나 다른 사람과 상호작용하는 기회를 거의 갖지 못한 아이는 의사소통에 대한 동기가 생기지 않을 것이고, 언어발달이 지체된다.

말장애의 치료는 음성학적 문제를 유발하는 신체적 기관을 치료하기 위해 수술을 할 수도 있고, 언어치료사를 통해 정확한 발음을 가르치고 올바른 발성을 위한 호흡조절능력을 키워 줄 수도 있다. 말더듬의 경우 말을 더듬는 것에 대한 두려움과 말을 하지 않고 피하려는 것을 감소시키는 데 치료의 초점이 있다.

영화 〈킹스 스피치〉의 말더듬을 극복한 조지 6세

언어장애를 나타내는 영유아는 이비인후과, 소아과 등에서 감각적, 신체적 문제가 있는지를 점검하는 것이 필요하다. 아울러 아이가 지니고 있을지 모르는 정서적 문제나 부모-자녀 관계의 문제를 잘 탐색하여 이를 해결해 주는 것이 중요하다. 그리고 언어치료사나 교사를 통해 체계적인 언어교육을 실시해야 한다. 부모가 자녀에게 적절한 언어적 자극을 제시하고 자녀의 언어적 표현을 격려하고 강화하는 꾸준한 노력을 통해서 영유아의 언어 발달을 촉진할 수 있다(권석만, 2013).

5. 정서 · 행동장애

1) 정서 · 행동장애의 특성

정서 · 행동장애
정서 반응이나 행동이 또래 집단의 규준을 심하게 벗어나서 사회적 관계, 일상생활, 학업에 부정적인 영향을 미치는 장애

정서 · 행동장애는 정서 반응이나 행동이 또래 집단의 규준을 심하게 벗어나서 사회적 관계, 일상생활, 학업에 부정적인 영향을 미치는 상태다. 정서 · 행동장애는 행동의 유형이 나타나는 정도에 따라 외현화 문제와 내면화 문제로 분류된다. 외현화 문제는 사물이나 사람을 향한 공격적 양상을 반복적으로 보이고, 과도한 언쟁을 하며, 신체적이거나 언어적인 방법으로 다른 사람의 복종을 강요하고, 지속적으로 성질을 부리거나 거짓말을 하는 모습을 보인다. 또한 자기조절 능력이 부족하고 과도한 행동을 자주 보이며, 원만한 인간관계를 맺고 유지하는 데 방해가 될 정도로 다른 사람을 방해하는 행동을 보이기도 한다.

내면화 문제는 우울함, 자기비하 등을 보이고, 환청이나 환각을 경험하며, 특정 생각이나 의견, 상황에서 벗어나지 못하고, 반복적이고 쓸모없는 행동에서 벗어나지 못한다. 갑자기 울거나, 자주 울거나, 특정 상황에서 전혀 예측하지 못한 비전형적인 감정을 보이고, 공포나 불안의 결과로 심각한 두통 및 복통, 현기증과 같은 신체적인 문제를 보인다. 이전에 흥미를 보였던 활동에 대한 관심이 줄어들고, 자살에 대하여 말하며, 활동 수준이 심각하게 제한되기도 한다.

2) 정서 · 행동장애의 원인

정서 · 행동장애의 생리학적 발생 원인으로는 기질, 질병, 영양 부족, 뇌손상, 생화학적 이상 등이 있다. 기질은 출생 시부터 가지고 태어나는 행동 양상으로 까다로운 기질(difficult temperament)을 보이는 아이가 정서 · 행동장애를 갖기

쉽다고 주장하기도 한다(Teglasi, 2006). 정신분열증, 기분장애, 불안장애, 우울증, 반항장애, 품행장애, 뚜렛장애 등이 유전적인 요소에 의하여 영향을 받는 것으로 알려져 있다(이소현, 박은혜, 2011). 세로토닌과 같은 신경전달물질의 이상, 전두엽의 이상 징후 등이 원인이 되기도 한다.

정서 · 행동장애를 유발하는 환경적 요인으로는 부모의 양육방법, 학대, 방치, 가족의 스트레스 등이 있는데, 부모가 비일관적인 훈육을 하고, 행동문제를 다루기 위해 지나친 벌을 사용하며, 자녀들과 친사회적 활동을 하는 데 전혀 시간을 보내지 않고, 자녀의 활동과 장소를 감시하지 않으며, 올바른 행동에 애정을 보이지 않는 가정에서 반사회적 아동이 나오는 경향이 있다(Heward, 2013). 학대를 경험한 아동은 빈약한 자아상을 형성할 뿐 아니라 타인을 신뢰하지 못하고 수동적이고 위축된 모습을 보이거나 공격적이고 파괴적인 행동을 보이기도 한다. 대중매체의 폭력성이 아동의 공격성에 영향을 미치기도 하고, 또래로부터 배척당하거나 일탈된 또래집단에 속하게 되는 것 등도 정서 · 행동 문제를 유발한다.

3) 정서 · 행동장애의 유형 및 치료

(1) 불안장애

불안장애(anxiety disorder)는 지나친 두려움과 걱정 등에 의하여 부적응적인 정서적 상태나 행동을 보이는 것으로 분리불안장애, 일반화된 불안장애, 공포증, 사회불안장애, 선택적 함구증 등이 포함된다.

> **불안장애**
> 지나친 두려움과 걱정 등에 의하여 부적응적인 정서적 상태나 행동을 보이는 장애

분리불안장애(separation anxiety disorder)는 가정이나 애착 대상으로부터 분리되는 것에 과도한 불안을 나타내는 장애다. 아이가 주 양육자와의 분리에 불안을 느끼는 것은 영유아기에는 발달적으로 적절한 것이지만 불안이 과도하면 분리불안장애로 진단된다. 분리불안장애는 애착대상과 분리되는 것에 대해 극심한 스트레스를 느끼고, 애착 대상으로부터 분리되어야 하는 상황을 회피하려고 한다. DSM-5에 따르면 분리불안장애아는 〈표 13-6〉과 같은 특성을 보인다.

> **분리불안장애**
> 가정이나 애착 대상으로부터 분리되는 것에 과도한 불안을 나타내는 장애

〈표 13-6〉 DSM-5에 기술된 분리불안장애 특성(APA, 2013)

- 집 또는 주된 애착 대상과 분리되거나 분리가 예상될 때 반복적으로 심한 불안을 느낀다.
- 주된 애착 대상을 잃거나 그에게 해로운 일이 일어날 거라고 계속적으로 심하게 걱정한다.
- 운 나쁜 사고가 생겨 주된 애착 대상과 분리될 거라는 비현실적이고 지속적인 걱정을 한다(예: 길을 잃거나 납치되는 것).
- 분리에 대한 불안 때문에 학교나 그 외의 장소에 지속적으로 가기 싫어하거나 거부한다.
- 혼자 있거나 주된 애착 대상 없이 지내는 데 대해 지속적이고 과도하게 두려움을 느끼거나 거부한다.
- 주된 애착 대상이 가까이 있지 않은 상황이나 집을 떠나는 상황에서는 잠자기를 지속적으로 싫어하거나 거부한다.
- 분리의 주제를 포함하는 반복적인 악몽을 꾼다.
- 주된 애착 대상과의 분리가 예상될 때 반복적인 신체 증상을 호소한다(예: 두통, 복통, 오심, 구토).

일반화된 불안장애

과도한 불안이나 걱정을 하고 걱정을 통제하는 데 있어서 어려움을 경험하는 장애

공포증

특정 대상이나 상황에 대한 심한 두려움을 느끼거나 회피하려는 장애

선택적 함구증

다른 상황에서는 말을 할 수 있음에도 불구하고 특정한 사회적 상황에서는 지속적으로 말을 하지 않는 장애

일반화된 불안장애(generalized anxiety disorder)는 과도한 불안이나 걱정을 하고 걱정을 통제하는 데 있어서 어려움을 경험하는 장애다. 안절부절못하는 모습을 보이고, 주의집중이 곤란하며, 근육 통증이나 불면증을 경험하기도 한다. 공포증(phobia)은 특정 대상이나 상황에 대한 심한 두려움을 느끼거나 회피하려는 장애로, 두려움의 수준이 그 상황에 부적절하고 타인이 볼 때 비합리적인 것으로 보인다. 동물이나 폐쇄된 장소 등에 대해 지속적인 두려움을 보이는 '특정공포증'과 사회적 활동과 상황을 두려워해서 피하는 '사회불안장애'가 있다. 선택적 함구증(selective mutism)은 다른 상황에서는 말을 할 수 있음에도 불구하고 특정한 사회적 상황에서는 지속적으로 말을 하지 않는 장애다. 선택적 함구증 아동은 수줍음을 잘 타며, 위축되어 있고, 겁이 많고 다른 사람에게 매달리는 특징을 보인다.

불안장애를 치료하는 효과적인 방법으로는 인지행동치료와 약물치료가 있다. 인지행동치료는 체계적 둔감법, 모델링, 인지적 재구조화 등을 활용하는 것이다. '체계적 둔감법'은 두려움을 야기하는 사물이나 상황에 점진적으로 노출하는 방법이다. '모델링'은 다른 사람이 불안해하지 않거나 무서워하지 않는 것

을 보여 줌으로써 불안과 공포를 감소시키는 것이다. 예를 들어, 개구리 공포증이 있는 아이에게 개구리를 만지는 친구의 모습을 보여 줌으로써 개구리에 대한 두려움을 감소시키는 것이다. '인지적 재구조화'는 불안이나 공포가 비합리적인 사고에 기인한 것이므로 현실적이고 합리적인 사고를 하도록 하는 것이다. 예를 들어, 개구리가 자신을 공격할 것이라고 생각하기 때문에 무서워한다면 개구리가 달려들더라도 크게 해를 당하지 않는다는 것을 인식하도록 돕는 것이다.

(2) 적대적 반항장애

적대적 반항장애(oppositional defiant disorder)는 뚜렷하게 반항적이고 불복종적이고 도발적인 행동을 보이지만, 규칙을 어기거나 타인의 권리를 침해하는 반사회적 행동 또는 공격적 행동이 두드러지지 않는 특징을 갖는다. 일부 학자들은 품행장애와 질적으로 다른 질병이 아니고, 품행장애의 경미한 형태로 간주하기도 한다. DSM-5에서는 적대적 반항장애의 핵심 증상을 분노하며 짜증내는 기분, 논쟁적이고 반항적인 행동, 복수심으로 기술한다. 적대적 반항장애아들은 화를 잘 내고, 어른과 자주 말다툼을 하고, 어른의 요구나 규칙을 무시하며, 고의적으로 다른 사람의 기분을 상하게 한다든지 귀찮게 한다. 자신의 실수나 잘못된 행동에 대해서는 다른 사람을 탓하며 심술을 잘 부리고, 복수심이 강하다. 부모나 교사의 말을 잔소리라고 생각하여 심하게 짜증을 내고 예의 없는 행동을 하며 자신의 요구를 들어줄 때까지 고집을 피우는 경우가 많다. 이러한 행동이 자신에게 해로운 것임에도 불구하고 계속해서 반항적 행동을 한다.

적대적 반항장애
뚜렷하게 반항적이고 불복종적이고 도발적인 행동을 보이지만, 규칙을 어기거나 타인의 권리를 침해하는 반사회적 행동 또는 공격적 행동이 두드러지지 않는 특징을 갖는 장애

발달적 특성으로 보아 정상적인 거부 행동은 18~24개월에 절정에 달하는데, 이 시기의 아이는 자기주장을 고집하고 작은 일에도 화를 내며 성질을 부린다. 이 시기에 보이는 자기주장과 거부적 행동은 정상적인 것으로 이러한 과정을 통해 아이는 자율성, 주도성, 자기조절을 확립해 간다. 청소년 시기에도 거부 행동이 증가하기 때문에 영유아기, 청소년기에 반항장애를 진단할 때 신중해야 한다.

부모훈련 프로그램은 적대적 반항장애아를 둔 가족을 돕는 데 효과적인 것으로 알려져 있다. 부모는 프로그램을 통해 자녀와 상호작용하는 법을 배우고, 문

제행동을 하는 원인과 문제행동이 유지되는 기제가 무엇인지 파악하여 자녀의 문제행동을 잘 다룰 수 있게 된다. 즉, 자녀가 적절하게 행동할 때 긍정적인 결과를 주고, 바람직하지 않은 행동을 할 때 타임아웃과 같은 부정적인 결과를 주는 것을 배우게 된다. 적대적 반항장애아를 대상으로 문제해결 훈련, 분노조절 훈련, 사회적 기술 훈련과 같은 인지행동치료를 하는 것도 도움이 된다.

(3) 반응성 애착장애

반응성 애착장애
영유아가 양육자와의 애착 및 상호작용에 어려움을 보이고 이상행동을 하는 장애

반응성 애착장애(reactive attachment disorder)는 영유아가 양육자와의 애착 및 상호작용에 어려움을 보이고 이상행동을 하는 장애다. 반응성 애착장애를 지닌 아이는 부모를 비롯하여 타인과의 접촉을 두려워하고 회피하며 사회성 발달에 어려움을 겪는다. 생후 8개월 정도가 되면 영아들은 친숙한 사람과 낯선 사람에게 선별적으로 낯가림을 하지만, 반응성 애착장애아는 아무에게나 강한 애착을 보이거나 반대로 지속적으로 접촉을 거부한다. 반응성 애착장애는 심리적 안정, 적절한 자극, 애정 등 기본 욕구의 좌절, 생리적 욕구에 대한 방치, 주 양육자의 반복적인 교체로 인한 불안정한 애착 형성과 관련이 있다.

반응성 애착장애아는 눈 맞춤이 어렵고 혼자서 놀려고 하며 이름을 불러도 반응이 없는 듯 자폐장애와 유사한 행동특성을 보이지만 자폐장애처럼 심각한 의사소통장애가 없으며 상동 행동을 보이지 않는다. 사회적 상호작용에 대한 욕구는 있기 때문에 바람직한 환경이 주어지면 정상 발달을 할 수도 있다.

반응성 애착장애는 억제형(inhibition type)과 탈억제형(disinhibited type)으로 분류된다. 억제형은 애착 형성이 되지 않아 대인관계에서 상호작용이 없고 자폐장애와 유사한 사회성의 발달 이상을 보인다. 사회적 관계를 맺음에 있어서 지나치게 억제적이고 경계를 하며 심하게 양가감정적인 반응을 보인다. 탈억제형은 선택적인 애착관계가 형성되지 않아 무분별한 애착행동을 보인다. 이 유형의 영유아는 낯선 사람에 대해서도 지나치게 친근감을 나타내는 등 애착 대상을 제대로 분별하여 선택하지 못한다. DSM-5에서는 애착장애의 억제형을 반응성 애착장애로, 탈억제형은 탈억제 사회관여 장애(disinhibited social engagement disorder)로 지칭한다. DSM-5의 반응성 애착장애의 특성을 〈표 13-7〉에 제시하였다.

〈표 13-7〉 DSM-5에 기술된 반응성 애착장애의 특성(APA, 2013)

A. 아동이 성인 양육자에 대해서 거의 항상 정서적으로 억제되고 위축된 행동을 나타낸다. 즉, 괴로움을 느낄 때에도 양육자에게 위안을 구하지 않으며 양육자의 위안에도 반응하지 않는다.
B. 사회적 · 정서적 장애를 나타낸다. 즉, 다른 사람에 대해서 사회적 · 정서적 반응을 나타내지 않으며 긍정적인 정서를 거의 느끼지 못하고 성인 양육자와 상호작용 중에 이유 없이 갑작스럽게 짜증, 슬픔, 공포를 나타낸다.
C. 아동은 다음 중 한 가지 방식으로 제대로 양육을 받지 못한 극단적인 경험을 해야 한다.
  1. 기본적인 정서적 욕구(위로, 자극, 애정)가 성인 양육자에 의해서 충족되지 않은 사회적 방임이나 박탈
  2. 주된 양육자가 자주 바뀜으로 인해서 안정된 애착을 형성할 기회가 없었음
  3. 특정한 사람과 선택적인 애착을 형성할 기회가 현저하게 제한된 비정상적 장면(예: 고아원)에서 양육됨

탈억제 사회관여 장애는 낯선 어른에게 접근하거나 상호작용하는 것에 대해 거리낌이 없으며, 언어적으로나 신체적으로 과도하게 친밀감을 나타낸다. 낯선 상황이라도 주변을 탐색하고 나서 보호자가 있는지 확인하지 않으며, 낯선 어른을 주저함 없이 따라간다. 생후 9개월 이상 된 영유아가 애착 외상에 해당하는 경험을 하고 나서 이런 증상을 나타내는 경우 탈억제 사회관여 장애로 진단된다.

탈억제 사회관여 장애
낯선 어른에게 접근하거나 상호작용하는 것에 대해 거리낌이 없으며, 언어적으로나 신체적으로 과도하게 친밀감을 나타내는 장애

반응성 애착장애아의 치료는 자녀에 대한 부모의 민감성을 증진시켜 자녀와 친밀한 관계를 맺도록 하는 데 초점을 두고 있다. 치료 회기에 양육자가 직접 참여하기도 하는데, 일반적으로 양육자의 참여는 애착장애아의 양육에 관한 심리교육, 지원, 안내의 형태로 이루어진다(Pearce, 2011). 또한 놀이치료를 통해 영유아가 자신의 생각과 감정을 탐색하고 돌보아주는 치료자와 긍정적 관계를 경험하게 하는 것도 도움이 된다.

(4) 틱장애

틱(tic)은 아무런 목적 없이 갑작스럽고, 빠르고, 반복적이고, 비율동적이고, 상동적인 운동 또는 음성이 나타나는 것을 말한다. 틱은 스트레스를 받으면 악화되고 차분하게 활동하는 동안에는 감소되며 수면 중에 현저히 감소된다.

틱장애
아무런 목적 없이 갑작스럽고, 빠르고, 반복적이고, 비율동적이고, 상동적인 운동 또는 음성이 나타나는 장애

틱 증상은 운동틱과 음성틱으로 분류할 수 있으며, 단순형과 복합형으로도 분류할 수 있다. 단순 운동틱은 눈 깜짝거리기, 어깨 움츠리기, 얼굴 찡그리기 등이며, 단순 음성틱은 헛기침하기, 킁킁거리기, 콧바람 불기 등이고, 복합 운동틱은 얼굴표정 짓기, 손짓하는 행동, 뛰어오르기, 발 구르기 등이고, 복합 음성틱은 관계없는 단어나 구절을 반복하기, 외설적인 단어 사용하기, 반향어 등이 있다.

뚜렛장애
근육틱과 음성틱이 동시에 1년 이상 나타나는 장애

틱장애는 음성틱이나 근육틱 중 하나가 4주 이상 1년 이내 계속되는 일과성 틱장애, 음성틱이나 근육틱 중 하나가 1년 이상 나타나는 만성 운동/만성 음성 틱장애, 근육틱과 음성틱이 동시에 1년 이상 나타나는 뚜렛장애가 있다. 틱장애를 가진 아동은 사회적 불만족, 수치심, 우울 기분이 빈번하게 나타나며 사회적 상황에서 틱이 나타나는 데 대한 불안 때문에 사회, 학업 기능이 손상될 수 있다.

틱장애의 원인은 아직 확실하게 밝혀진 바는 없지만 여러 연구 결과를 종합해 볼 때, 틱장애는 유전적 질환이며 도파민(dopamine)이 전두엽(frontal lobe)—기저핵(basal ganglia)—시상(thalamus)을 연결하는 신경회로에서 작용하는 데 이상을 보이는 증거들이 보고되고 있다(조수철, 2005).

증상이 심하지 않은 일과성 틱장애의 경우에는 부모나 교사가 틱 증상을 지적하거나 혼내게 되면 증상이 악화될 수 있으므로 틱에 대해 언급하지 않고 아이가 환경에 잘 적응할 수 있도록 돕는 것이 필요하다. 틱 증상이 심하지 않은 경우는 약물을 사용하지 않으며, 뚜렛장애나 만성 틱장애의 심한 틱 증상이 있는 경우에는 약물치료로 증상을 완화시킬 수 있다.

6. 기초 신체 기능 장애

1) 배설장애

생의 초기 몇 년 동안 배설을 조절하는 법을 배우는 것은 자율성을 발달시키는 과정에서 중요한 과업이 된다. 배변훈련은 걷고 말하는 것과 같이 영유아의 성공적인 발달에 있어 핵심적인 요소다. 대부분의 유아는 4~5세가 되면 대소변을 스스로 가릴 수 있지만 그 나이가 되었음에도 가리지 못하는 경우를 배설장애(elimination disorders)라고 하며, 유뇨증과 유분증이 있다.

배설장애
대소변을 가릴 수 있는 나이가 되었음에도 가리지 못하는 경우를 말하며 유뇨증과 유분증이 있음

유뇨증은 당뇨나 요도 감염과 같은 다른 문제가 없는데도 밤에 혹은 낮에 잠자리나 옷에 소변을 보는 것을 말한다. 배설 억제가 가능해지는 5세 이전에는 소변을 가리지 못하더라도 유뇨증으로 진단을 내리지 않으며, 또한 소변을 통제하지 못하는 빈도가 어느 정도에 이르러야만 유뇨증으로 진단한다. 5~6세 유아의 경우 한 달에 적어도 두 번 정도 잠자리에 오줌을 싸는 것이 기준이다. 밤에 소변을 못 가리는 야뇨증과 낮에 소변을 못 가리는 유뇨증이 있으며, 처음부터 소변을 가리지 못하는 일차적 유뇨증과 한동안 소변을 가리다가 다시 못 가리게 되는 이차적 유뇨증이 있다.

유뇨증
당뇨나 요도 감염과 같은 다른 문제가 없는데도 밤에 혹은 낮에 잠자리나 옷에 소변을 보는 것

유뇨증의 원인으로는 수면각성 패턴의 문제, 소변억제 호르몬(ADH)이 야간에 증가하는 것이 정상이나 이것이 결여된 경우, 가족력, 잘못된 배변훈련 등이 있다. 동생이 태어나거나 부모가 이혼하는 것과 같은 스트레스가 유뇨증을 유발하기도 한다.

유뇨증 치료를 위해서는 우선 소변 보는 것과 관련된 의학적 문제가 없는지를 먼저 확인해야 하고, 야뇨 경보기를 이용하는 것과 같은 행동주의적 방법을 활용할 수 있다. 야뇨 경보기는 고전적 조건형성에 기반한 것으로 방광이 가득 찼을 때 감각을 느낄 수 있도록 고안된 것이다. 잠자리 요나 속옷에 수분을 감지하는 센서가 있어서 유아가 오줌을 싸자마자 벨이 울려서 잠을 깨게 되고, 유아는 소변을 마저 보기 위해 화장실에 간다. 이러한 과정을 지속하면 유아는 방광이 가득 찼을 때 이것을 감지하고 벨이 울리기 전에 깰 수 있게 된다.

유분증은 아무런 신체적 장애가 없는데도 입고 있는 옷이나 부적절한 장소에 대변을 보는 것을 말한다. 4세 이상의 유아가 적어도 한 달에 한 번씩 이런 일을 일으키면 유분증으로 진단한다.

유분증
아무런 신체적 장애가 없는데도 입고 있는 옷이나 부적절한 장소에 대변을 보는 것

유분증은 고통스러운 배변, 부적절하거나 지나치게 엄격한 배변훈련 혹은 변기에 대한 두려움에 의해 유발될 수 있다. 유분증의 치료에는 대변 가리기 훈련, 행동치료 등이 활용된다. 규칙적인 시간에 대변을 보는 습관을 기르는 훈련을 시키거나 대변을 잘 가리는 행동에 대해서 보상을 주는 행동치료 기법이 효과적이다.

2) 수면장애

부모들은 흔히 아이를 재우기 어렵다거나 아이가 밤에 자꾸 잠에서 깬다고 호소하는데 그 정도가 심각하고 만성적으로 일어나게 되면 수면 이상에 해당한다. 수면 이상을 치료하기 위해 수면을 방해하는 요인을 제거하고 어둠을 두려워하는 아동을 위해 야간 조명을 켜는 것과 같이 수면을 돕는 환경을 조성해야 한다. 불면증 때문에 아이가 얻게 되는 이차적 이점(밤에 부모의 관심을 받게 되는 것)을 제거하고, 아이가 자신의 방에 조용히 있는 것에 대해 정적 강화를 제공하는 행동수정도 도움이 된다(Dulcan & Lake, 2013).

수면 중 보행장애

수면 중에 일어나서 걸어 다니는 일이 반복되는 장애

수면 중에 걸어 돌아다니는 일이 자주 일어나면 수면 중 보행장애(몽유병)라고 한다. 중추신경계의 미성숙이 수면 중 보행장애의 원인일 수도 있고, 스트레스, 신체적 질병, 피로의 영향을 받기도 한다. 수면 중 보행은 아이에게 상해를 줄 가능성이 있기 때문에 부모는 창문이나 문을 잠그는 것처럼 안전하지 못한 상황을 최소화하는 노력을 해야 한다. 수면 중 보행을 하는 자녀와 상호작용을 할 때는 소리를 지르거나 자녀를 흔들어서는 안 되며 천천히 방으로 안내하는 것이 좋다.

수면 중 경악장애

수면 중에 심장이 빨리 뛰고 호흡이 가빠지며 진땀을 흘리는 등의 자율신경계 흥분과 더불어 강렬한 공포를 느껴 자주 잠에서 깨는 장애

수면 중 경악장애(야경증)와 악몽장애는 모두 수면 중에 발생하는 공포 반응이다. 수면 중 경악장애는 조용히 잠자던 아이가 갑자기 벌떡 일어나 소리를 지르므로 사람들을 놀라게 한다. 얼굴표정에 긴장이 나타나고 숨을 가쁘게 쉰다거나 동공이 확장되는 등 자율신경계의 각성을 시사하는 증후들이 보이며 잠에서 깨어났을 때 상세한 꿈 내용을 회상하지 못한다. 수면 중 경악은 발달적인 것으로 간주하며, 정신질환에 의해 발병하지 않으므로 이것이 정신과적 또는 신경학적 문제를 시사하지 않음을 부모에게 알려 안심시키는 것이 중요하다(Dulkan &

Lake, 2013). 야경증이 일어나는 시간 전에 아이를 깨우는 것은 도움이 되지만 경악 도중 아이를 깨우는 것은 경악을 악화시키거나 연장시키므로 피해야 한다.

악몽장애는 생존, 안전, 자존감을 위협하는 무서운 꿈을 자세히 기억하면서 반복해서 깨는 경우를 말한다. 수면 악몽장애는 공포 반응으로 렘(REM)수면 단계 때 나타난다. 악몽은 스트레스, 수면 박탈, 피로, 수면 환경의 변화에 의해 증가될 수 있으나 발달의 일반적인 부분으로 여겨진다. 아이가 악몽에 대해 이야기하도록 강요해서는 안 되며 스스로 두려움에 대해 말할 수 있는 기회를 제공하는 것이 좋다. 악몽으로 인해 잠자는 것에 대한 공포나 불안을 가지게 되는 경우에는 체계적 둔감화와 같은 불안장애 중재방법을 활용할 수 있다.

악몽장애
생존, 안전, 자존감을 위협하는 무서운 꿈을 자세히 기억하면서 반복해서 깨는 경우

3) 섭식장애

섭식 및 수유와 관련된 여러 가지 문제는 소식, 편식, 과식 그리고 씹거나 삼키는 것과 관련된 문제들, 기이한 식습관, 좋지 않은 식사 행동, 스스로 먹을 수 있을 때가 지났는데도 그렇게 못하는 경우다.

반추장애(rumination disorder)는 기질적 문제가 없는데도 음식이나 액체를 고의로 계속 토하는 것을 말하는데, 반추장애는 일반적으로 지적장애 진단을 받은 아이나 성인 집단에서 가장 일반적으로 관찰된다. 발달상 문제가 없는 정상아의 경우는 반추장애가 주로 생후 첫 1년 동안 발생한다. 반추장애는 스트레스가 많은 생활환경, 부모의 무관심, 정서적 자극의 결핍 등으로 인해 유발될 수 있다. 반추장애의 치료에는 일반적으로 행동중재를 적용하여 반추하지 않는 경우에는 강화물을 주고, 반추행동을 하는 경우 타임아웃과 같은 벌을 사용하는 것이다.

반추장애
기질적 문제가 없는데도 음식이나 액체를 고의적으로 계속 토하는 장애

이식증(pica)은 보통 사람들은 먹을 수 없는 페인트나 먼지, 종이, 헝겊, 머리카락, 벌레 등을 아무렇지도 않게 먹는 것을 말한다. 생후 첫 1년 동안, 대부분

이식증
보통 사람들은 먹지 않는 것을 먹는 장애

의 영아들은 여러 가지 물건들을 가리지 않고 입에 넣는데 이것은 환경을 탐색하는 한 가지 방법이기도 하다. 만 1세가 지나면 아기들은 대개 주변을 탐색하는 다른 방법들을 학습하게 되고, 따라서 먹을 수 있는 것과 먹을 수 없는 것을 구분하게 된다. 이식증 진단은 이 나이가 지나도록 보통은 먹을 수 없는 것들을 계속 먹을 때 내려지며 2~3세 사이에 가장 많다. 납 중독이나 장 폐쇄의 위험 때문에 이식증은 영유아기에 큰 문제가 될 수 있다(Mash & Wolfe, 2011). 어머니가 자녀가 먹는 것에 대해 관심을 가지고 적절하게 양육하는 것이 필요하며, 조작적 조건형성 절차를 사용해서 적절한 음식물을 먹은 것에 대해 강화를 하고, 음식물이 아닌 것을 먹은 것에 대해 처벌을 한다.

회피적/제한적 음식섭취 장애
6세 이하의 유아가 오랫동안 제대로 먹지 않아서 1개월 이상 심각한 체중 감소를 보이는 것

회피적/제한적 음식섭취 장애(avoidant/restrictive food intake disorder)는 6세 이하의 영유아가 오랫동안 제대로 먹지 않아서 1개월 이상 심각한 체중 감소를 보이는 것을 말한다. 이 장애가 있는 아이는 특히 안절부절못하고 먹는 동안에 달래기가 어려우며 무감동과 위축을 나타내고 발달 지연을 보이기도 한다. 공격적인 태도로 부적절하게 음식을 주는 것과 같은 부모-자녀의 상호작용 문제가 아이의 섭식 문제를 일으키거나 악화시킬 수 있다.

TIPS

식사문제의 해법: 부모를 위한 안내(Gimpel & Holland, 2007)

- **식사시간의 환경을 즐겁게 만든다:** 섭식의 주변 환경을 아이의 먹는 것과 가족 간의 긍정적인 상호작용에 초점을 맞추어 자녀를 즐겁게 하는 것이 중요하다. 식사시간에는 자녀가 편안하게 앉도록 유도하고 TV와 같이 주의를 산만하게 하는 것은 없애야 한다.
- **적절한 섭식행동에 대해 긍정적인 언어적 관심을 제공한다:** 아이가 적절한 섭식행동을 보였을 때 그 행동을 칭찬한다.
- **좋아하는 음식을 강화물로 사용한다:** 자녀가 먹는 음식의 종류를 위해서 아이가 싫어하는 음식과 좋아하는 음식을 짝지을 수 있다. 예를 들어, 아이가 포도

를 좋아하고 콩을 싫어한다면 콩을 먹도록 하는 강화물로 포도를 활용할 수 있다.

- **보상 프로그램을 만든다**: 식사시간의 규칙을 만들고 자녀가 이 규칙을 잘 지켰을 때 보상을 한다.
- **부적절한 섭식행동에 대해 후속결과를 제공한다**: 긍정적인 접근법만으로는 효과가 없거나, 자녀가 과격한 행동을 계속한다면 부적절한 행동에 대해 후속결과를 실행할 것을 고려한다. 후속결과는 TV 못 보기, 좋아하는 음식 못 먹기, 타임아웃 등과 같이 어떤 특권을 상실하도록 하는 것이다. 그러나 먹기를 거부하는 자녀에게 타임아웃을 사용할 때는 주의해야 하는데, 자녀가 음식을 혐오적인 것으로 인식하게 될 수도 있고 먹는 상황으로부터 회피할 수 있는 상황을 제공하게 되어 문제행동이 강화될 수도 있기 때문이다.

CHAPTER 14
가족, 또래, 교사, 미디어

1. 가족
2. 또래
3. 유아교육기관과 교사
4. 미디어

Westminster
Child Care Center

Chapter 14

가족, 또래, 교사, 미디어

사회의 급격한 변화로 가족 구성원 간의 관계가 변화하고 있다. 세계 최저 수준의 출산율로 외동이 늘어나고 맞벌이 부모와 다양한 형태의 가족이 늘어나면서 영유아기 경험이 과거와 많이 달라지고 있다. 특히 미디어의 급격한 발달로 인해 부모 세대는 전혀 경험해 보지 못했던 새로운 매체를 가지고 아이들이 시간을 보내게 되어 그 영향력에 대한 우려가 크다. 부모와 형제, 유아교육기관에서 만나게 되는 또래와 교사, 미디어가 영유아 발달에 어떤 영향을 미치는지 알아본다.

1. 가족

1) 사회체계로서 가족

영유아가 신체적, 심리적으로 건강하게 성장하기 위해서는 부모나 보호자의 역할이 중요하다. 부모나 보호자는 자녀의 성장과 발달을 위해 그들을 먹이고 재우고 입히는 것과 같은 기본적인 욕구 충족은 물론 자녀의 사회화에 중요한 역할을 담당한다. 가족과의 관계를 통해 영유아는 친밀감을 형성하고, 세상을 탐색하며, 다른 사람과 관계 맺는 능력을 형성하게 된다. 부모나 보호자는 자녀

하는 조손 가정이 급격하게 증가하고 있다. 조손 가정은 책임 있는 부모로서 자녀를 돌볼 능력이 없는 2세대 성인자녀 대신 1세대 조부모가 3세대인 손자녀를 돌보며 성인자녀의 부모역할을 수행하는 가족을 일컫는다(Fulker-Thompson, Minkler, & Driver, 1997). 서구에서는 1990년대 이후 조부모-손자녀 가족이 겪는 경제적 · 신체적 · 심리적 어려움이 사회문제로 인식되기 시작하였다. 우리나라의 경우 IMF 이후 이혼율 증가와 경제적 파탄으로 인한 가족해체가 급증하면서 조손 가정이 증가하였다(박화옥, 2013). 우리나라 조손 가정은 1995년 35,194가구에 비해 2000년에는 45,225가구, 2005년에 58,101가구, 2010년에 69,175가구로 15년 동안 약 2배가 증가하였다(여성가족부, 2010). 2015년 기준으로 조손 가정은 전체 가정의 0.8%정도이며 농어촌(전체 가구의 1.4%)에 거주하는 비율이 도시(전체 가구의 1.0%)나 중소도시(전체 가구의 0.5%) 보다 높다(http://kosis.kr).

조손 가정
조부모가 손자녀를 돌보며 성인자녀 대신 부모역할을 수행하는 가족

3) 부모와 자녀의 상호작용

절제되고 합리적인 부모의 통제와 따뜻한 배려는 자녀의 성장과 발달에 중요하다. 부모의 사랑과 통제는 영유아가 자신의 행동을 조절하고 평가하는 데 영향을 미친다. 부모가 아이를 방치하거나 냉담하게 대하면 아이는 자기통제를 배울 기회가 없고 이기적이고 반항적이 되며 성취 목표가 없게 된다. 또한 부모가 독재적이고 강요하거나 융통성이 없으면 아이는 자신감과 자신에 대한 신뢰감을 가질 수 없다. 부모는 아이 스스로 선택할 자유와 자율성을 발휘할 기회를 제공하고 자신에 대한 신뢰와 자존감을 가질 수 있도록 양육하는 것이 필요하다.

대부분의 부모는 영유아의 행동에 대해 민감하게 반응하고 정서적 지원을 제공하며, 성취에 대해서 칭찬하면서 자녀와 상호작용한다. 자녀에게 따뜻하게 사랑으로 대하며 요구에 대해 즉각 반응하는 부모의 태도는 자녀와 좋은 관계로 발전한다. 그러나 부모가 자녀의 요구에 따르기만 하는 것은 좋지 않다. 아이는 나름대로 욕구를 가지고 있지만 대부분 통찰력과 자제력이 부족하다. 그래서 부모는 자녀가 자신의 충동을 억제하고 자신의 행동 결과에 대해 예측하게 하고, 원칙을 따르고, 나쁜 행동을 하지 않도록 옆에서 도와줘야 한다. 부모의 자

통제하지도 않는다. 허용적 양육 태도를 가진 부모는 자녀에게 요구하지 않고 무관심하고 거절하는 말투로 응답하는 태도를 보인다. 자녀에게 관용을 베풀지 않으며 무관심하다. 허용적인 부모 밑에서 자란 자녀는 여러 상황에서 어려움을 경험하는데, 학교에서 감정 조절을 하지 못하거나, 쉽게 좌절하며 비행행동을 할 가능성이 높다(Lamborn et al., 1991; Simons, Robertson, & Downs, 1989). 또한 충동적이고 공격적이며 자기중심적이고 독립심과 통제력이 부족하고 성취 정도가 낮다(Baumrind, 1967).

부모가 자녀를 통제하지 않기 때문에 자녀는 어떻게 행동해야 되는지 알지 못해 힘들 수 있다. 이러한 부모는 상당히 어린 자녀인데도 불구하고 부모가 통제하지 않고 자녀에게 중요한 결정을 내리도록 한다. 예를 들어, 잠자는 시간, 집 안의 해야 할 일, 부모의 어떤 요구를 따라야 하는지 등을 아이에게 맡긴다(예: "그냥 네가 알아서 해"). 이런 가정 환경에서 자란 아이는 일반적으로 미숙하고, 충동적이고 부모에게 의존적이다. 또래를 공격하거나 비행행동을 하여 학교생활에서 어려움을 겪는다(Lamborn et al., 1991; Pulkkinen, 1982).

Baumrind(1971)는 자녀가 8~9세가 되었을 때 부모의 양육 방식을 다시 관찰하였는데, 권위적 부모의 자녀는 여전히 독창적 사고와 높은 성취동기를 가지고 있으며 사회적이고 외향적이며 지도력을 가지고 있었다. 그러나 독재적 부모의 자녀는 인지능력과 사회적 기술에서 평균 이하였으며, 허용적 부모의 자녀도 인지능력과 사회적 기술이 높지 않았다.

Baumrind(1991)는 청소년과 부모의 양육 방식과의 관계를 비교했는데 권위적 부모의 십대 자녀는 독재적 부모나 허용적 부모의 십대 자녀에 비해 자신감이 있고 성취 지향적이고 사회적 능력이 있으며 문제행동이 적었다.

Maccoby와 Martin(1983)은 Baumrind의 허용적 양육 방식을 다시 자애로우나 거의 통제를 하지 않고 무조건 받아주는 부모와 애정도 없고 통제도 하지 않는 무관심하고 방임적인 부모로 구분하였다.

권위적인 양육은 자녀가 성취할 수 있는 현실적 기준을 세우고 자녀가 선택할 자유와 자율성을 허용하여 자기 신뢰와 성취 동기, 자존감을 가질 수 있도록 기회를 제공하는 가장 바람직한 양육 방식이다.

자애로움도 낮고 통제도 낮은 무관심한 부모의 방임적 양육은 가장 문제가 심각하다. 방임적 양육을 하는 부모는 냉담하고 적대적이거나 지나치게 허용적인 양육을 하며 자녀에게 거의 관심이 없다. 자녀를 거부하거나 자신의 일과 스트레스로 인해 자녀양육에 시간과 관심을 가지지 못하며 자녀에 대해 관심과 요구가 없는 양육 방식이라고 할 수 있다(Maccoby & Martin, 1983). 방임적 부모의 아이는 3세가 되면 이미 공격성이 높고 짜증을 부리거나 품행장애를 보이기도 한다(Kilgore et al., 2003). 이들은 미래에 대한 목표가 없고 알코올이나 약물, 성적 비행, 무단결석 등 반사회적 행동에 가담하는 경향이 높은 것으로 나타났다(Weiss & Schwarz, 1996).

(2) 문화에 따른 부모의 양육 방식

권위적인 양육 태도와 독재적인 양육 태도의 장기적인 영향은 문화적 요인에 따라 상당히 복잡하다(Baumrind, 1982; Deater-Deckard, Dodge, Bates, & Pettit, 1996; Rowe, Vazsonyi, & Flannery, 1994; Steinberg, Lamborn, Darling, Mounts, & Dornbusch, 1994). 예를 들어, 미국의 아시안 가정에서는 부모에 대한 순종 요구가 강하고 서로 간에 협상을 시도하지 않지만 그들은 서로 가깝고 지지해 주는 부모-자녀 관계를 갖는다(Chao, 1994, 2000). 유교적 가정에서는 가정의 평화를 위해 순종과 정서적 자제가 필수적인 요소라고 가르친다(Chao, 1994). 실제로 중국계 미국 아이는 부모가 사랑하지만 지시적인 양육 방식을 가지는 것을 선호하며 이런 부모 밑에서 자란 아이들이 학교에서도 적응을 잘 한다(Chao, 1994; Dornbusch et al., 1987).

중동 지역에서도 독재적 양육 태도를 지닌 부모를 쉽게 볼 수 있다(Chao, 2000; Dwairy et al., 2006; Kagitcibasi, 2007; Rudy & Grusec, 2006). 집단주의 문화의 엄격한 통제와 즉각적인 명령에 대한 요구가 따뜻하고 수용적인 양육 태도와 관련성이 있고 이를 바탕으로 아이들이 사회에서 잘 적응한다.

미국과 서유럽의 많은 가정에서는 자녀를 개인주의적인 문화 속에서 교육하기 때문에 권위적인 양육 태도가 자녀의 자율성을 기르는 데 더 적절할 수 있다. 개인주의를 선호하는 부모는 엄격한 통제보다는 자녀의 적응 수준을 이해하려고 노력하고 자녀가 자율적으로 판단할 수 있도록 융통성 있게 양육한다.

서로 다른 아시아 부모의 양육방식: 중국의 타이거맘 Chua와 한국 부모의 사랑과 격려를 보여 준 전혜성 박사

두 딸을 모두 하버드대학교에 보낸『타이거 마더의 승전가(Battle Hymn of the Tiger Mother)』의 저자인 Amy Chua는 뭔가를 잘하려면 노력해야 하는데 아이들은 스스로 노력하지 않기 때문에 부모의 결정이 아이의 선호보다 우선해야 한다고 주장한다. 연습, 또 연습, 끈질긴 연습만이 잘할 수 있는 지름길이라고 하면서, 양육은 365일 헌신과 오뚝이 정신, 각종 술책으로 버텨야 하는 끝없는 총력전이라고 고백하였다. 그녀가 자녀에게 금지한 것이 있는데 다음과 같다.

- 친구 집에서 자는 것
- 아이들끼리만 노는 것
- 학교 연극에 참여하는 것
- 학교 연극에 참여하지 못한 것에 대해 불평하는 것
- 텔레비전 보는 것과 컴퓨터 게임하는 것
- 정규 수업 외의 활동을 마음대로 정해서 하는 것
- A보다 낮은 점수를 받는 것
- 체육과 연극 외의 수업에서 1등을 놓치는 것
- 피아노와 바이올린 외에 다른 악기를 연주하는 것
- 피아노나 바이올린을 연주하지 않는 것

Chua의 이와 같은 엄격하게 훈육하고 혹독하게 시키는 호랑이 엄마의 훈육방법이 자녀의 자율성을 지나치게 억제한다는 점에서 비판을 받았다. Chua는 같은 예일대학교 법과대학 교수인 그녀의 남편 Jed Rubenfeld와 함께 미국 사회에서 다른 집단보다 탁월한 성과를 낸 8개 집단의 성공요인을 분석한『The Triple Package』(2014)에서 우월감과 불안감, 절제력의 균형이 중요함을 강조하기도 하였다.

그러나 미국 교육부에서 지정한 동양계 미국인 가정의 성공적인 자녀교육 사례로 뽑힌 우리나라 전혜성 박사 부부는 여섯 남매를 모두 하버드대학교와 예일대학교에서 공부시키고 두 아들을 미국 오바마 행정부의 차관보로 키웠다. 부모는 자녀에게 강요하기보다는 자녀에게 목표를 설정하고 동기를 부여할 수 있도록 도와주는 것이 중요함을 강조하였다. 목표를 위해 열심히 노력하는 것이 습관이 되도록 하는 것과 가족들 간에 서로 관심과 감정을 함께 나누는 것의 중요성을 강조하였다. 부모는 자녀가 공부하기를 바라기보다는 먼저 열정적인 모습을 보여 주고 자녀들이 재능을 계발할 수 있도록 도와주며 부족한 것을 채워 주는 부부의 팀워크가 중요함을 강조하였다. 사랑과 애정은 부모에게 가장 중요한 임무다. 칭찬과 격려를 통한 긍정의 힘은 자녀의 인생에 중요하다. 그녀는 교육은 하나의 예술이며, 오직 사랑과 헌신만이 자녀의 강점과 능력을 발전시킬 수 있음을 강조하였다. 전혜성 박사의 자녀교육 노하우 세 가지는 다음과 같다.

- 자녀와 둘만의 대화시간을 가져라.
- 가족회의를 열어라.
- 온 가족이 같은 경험을 공유해라.

문화에 따라 자녀를 양육하는 방식은 어느 정도 차이가 있지만, 가장 중요한 것은 서로를 이해하고 자신감을 키워 줄 때 자녀가 건강하게 성장할 수 있다는 점에서 공통적이다.

(3) 부모의 양육 방식이 아이에게 미치는 영향

같은 부모라도 첫째 아이와 둘째 아이에 대한 양육 방식이 다를 수 있으며 한 아이에 대해서도 상황에 따라 부모의 통제방식이 다를 수 있다. 무엇보다 자녀의 기질과 성격에 따라 부모의 양육 태도가 잘 조화되는지가 중요하다. Coplan과 그의 동료들(2009)은 부모의 양육방식이 자녀의 성격특질과 잘 맞을 때 자녀의 성장과 발달이 바람직하게 이루어진다고 주장하였다. 부모의 양육 방식이 허용적이라고 해도 매우 독립적이고 자율적인 성향을 가진 자녀에게는 문제가 되지 않는다. 때로는 부모와 자녀가 갈등을 겪기도 하지만 부모가 상황에 따라 다양한 전략을 사용하고 자녀에게 관심을 보이고 자녀를 잘 납득시키면 자녀는 부모의 권위를 존중하고 받아들일 수 있다. 부모는 자녀와 자주 소통하면서 서로 존중하고 예의를 보이고 서로의 요구에 대해 즉각적으로 반응하는 관계를 형성하길 원한다는 것을 인식시켜 주는 것이 중요하다(Grusec & Dacidov, 2007; Maccoby, 2007; Martinez & Forgatch, 2001). 이에 반해 자녀가 부모를 엄한 훈육과 모욕적이고 잔인하고 적대적인 존재로 생각한다면 부모가 실제로 옆에 있을 때에만 부모의 요구를 따르고, 혼자 있게 될 때 자녀는 분한 감정을 느끼고 부모의 말을 무시하기 쉽다.

양육 스트레스
부모가 자녀를 양육하면서 반복적이고 지속적으로 경험하는 스트레스로 부모 자신에게는 물론 자녀에게도 부정적 영향을 줄 수 있음

부모가 자녀를 양육하는 과정에서 경험하는 반복적이고 지속적인 양육 스트레스는 부모와 자녀에게 다양한 측면에서 부정적 영향을 미칠 수 있다. 부모 자신의 심리적 건강에 영향을 미치는 것은 물론 자녀의 행동을 부정적으로 지각하게 되고 보다 강압적인 양육 태도를 보이게 되어 부모-자녀 관계가 악화될 수 있다(오현숙, 2006). 유아의 기질과 부모의 양육 스트레스와의 관계에 대한 연구 결과(이정숙, 문보경, 2011) 침착 집단의 유아는 문제행동을 가장 적게 보이고, 이들의 어머니는 양육 스트레스가 적고 부적응적 정서조절 전략도 가장 적게 사용하였다. 반면, 예민 집단의 유아는 내재화 문제행동을 가장 많이 보이며, 이들의 어머니는 양육 스트레스가 높고 부적응적 정서조절 전략을 많이 사용하였다. 자극 추구 성향이 높은 탐색 집단의 유아는 외현화 문제행동을 가장 많이 보이며, 이들의 어머니는 침착 집단의 어머니보다 양육 스트레스가 높고 부적응적 정서조절 전략을 사용하는 것으로 나타났다. 호기심이 많고 적극적인 탐색 활동을 하지만 욕구가 좌절될 때 쉽게 흥분할 수 있기 때문에 어머니의 스트레스가 클 수 있다. 자녀를 양육하는 과정에서 스트레스를 줄이기 위해서는 부모가 유아의 기질적 특성을 조기에 파악하고 이해할 수 있는 지원이 필요하다(이정숙, 문보경, 2011).

(4) 아버지의 양육 참여

과거에 비해 아버지의 자녀양육 참여가 점점 증가하는 추세다. 전통적으로 아버지는 자녀양육에 소극적으로 참여하였으나 점차 여성의 사회적 참여가 늘어나면서 아버지의 자녀양육 지원이 증가하고 있다. 아버지가 자녀에게 주는 자극은 어머니의 자극과는 차이가 있으며, 유아의 지적·사회적 발달에 효과적이다(Mekee & O'Brien, 1982). 아버지는 어머니에 비해 자녀와의 신체적 활동을 많이 하기 때문에 신체적 능력의 발달에 중요한 영향을 미칠 수 있다. 대체로 젊은 아버지일수록 자녀 양육에 더 많이 참여하며(Binger, 1979) 아버지의 학력이 높고 전문직일수록 자녀양육에 더 많이 참여하였다(Volling & Belsky, 1991; 김희화, 2005).

아버지가 적극적이고 능동적으로 유아와 상호작용하며 다양한 활동에 참여하는 것이 유아의 놀이성과 자기조절능력의 발달 및 향상에 긍정적 영향을 미치

는 것으로 나타났다(이배, 김경숙, 2013). 자녀교육에 참여해 본 경험이 있는 아버지는 자녀와 상호작용이 많다(최경순, 1990). 아버지가 자녀양육에 관심을 가지고 적극적으로 참여할 수 있도록 유아교육 프로그램에서 아버지 참여 프로그램을 적극적으로 운영할 필요가 있다. 스웨덴과 한국 아버지의 보육시설 참여 실태와 자녀와의 관계에 관한 비교연구에 따르면(이진숙 외, 2004), 우리나라 아버지는 스웨덴 아버지에 비해 전반적으로 부모 참여 수준이 낮으며 발표회 참관이나 가정통신문을 활용하는 정도의 교류가 이루어지고 있는 것으로 나타났다. 스웨덴 아버지는 학급도우미, 수업관찰, 발표회 참관, 가정통신문, 전화상담, 개별상담, 학부모회 등 모든 활동에서 한국 아버지보다 참여율이 높았다. 스웨덴 아버지의 경우 수업관찰 정도가 높을수록 아버지와 자녀 간의 친밀한 관계를 형성하는 경향이 있으며, 한국 아버지의 경우 발표회 참관 정도가 높고 가정통신문 활용 정도가 높을수록 자녀와 친밀한 관계를 맺고 있는 것으로 나타났다. 아버지의 적극적 양육 및 교육 참여는 유아의 바람직한 성장과 발달에 중요한 요인이므로 아버지들이 보다 적극적으로 유아교육에 참여할 수 있는 교육 프로그램이 다양하게 운영될 필요가 있다.

(5) 부모의 양육 방식에 대한 교사의 이해

유아가 가정에서 경험한 부모의 훈육 방식이 교육기관과 다를 때 교사와 새로운 적응이 필요하다. 특히 가정에서 허용적이거나 독재적 훈육에 익숙한 유아는 교사의 권위적 훈육에 적응해야 한다. 예를 들어, 교사는 교실에서 유아를 왜 통제하며 어떻게 다루는지 이해시킬 필요가 있다. 특히 가정에서 제대로 훈육을 받지 못한 유아에 대해 다른 원생들이 잘 이해할 수 있도록 교사의 지도가 필요하다.

4) 형제자매 관계

(1) 형제자매 관계의 긍정적 영향

발달에서 형제자매는 서로에 대한 지원을 통해 신뢰하고 보호하며 지지적 관계를 맺게 된다. 형제자매 관계는 경쟁심이나 질투심(sibling rivalry)으로 인해 서로 갈등을 겪기도 하지만 어머니와 안정애착 관계를 형성한 유아는 동생을 잘 돌보아 주고 또래의 무시나 거부로 인한 불안이나 부적응을 예방하는 긍정적 경험을 갖는다. 형은 동생을 돌보는 경험을 가지며 동생에게 새로운 기술을 가르쳐 주기도 한다. 동생은 형이나 언니로부터 잘 배우고, 형(언니)은 책임감을 가지고 동생을 가르치고 또래들보다 더 자세한 지도와 격려를 해 준다. 동생은 또래보다 형(언니)의 행동을 따라하고 형(언니)이 사용하던 장난감을 사용해 많은 것을 배울 수 있다. 형이나 언니가 없는 아이들에 비해 나이 든 형제나 자매가 있을 때 그들은 더 많은 것을 배우는 경향이 있다(Azmitia & Hesser, 1993). 형제자매가 학교놀이를 하며 글자를 배울 때 동생은 더 쉽게 읽기를 배우며(Norman Jackson, 1982), 가르쳐 본 경험이 없는 아이보다 동생을 가르쳐 본 경험이 있을 때 학업적성 검사와 성취도 검사에서 점수가 더 높다(Paulhus & Shaffer, 1981; Smith, 1990). 형제자매들과의 놀이를 통해 효율적인 의사소통 기술을 배우게 되고 더 성숙한 조망수용능력을 발전시키며 타협과 화해, 정서적 이해능력을 발전시키게 된다.

동생이 태어나는 것이 아이에게 늘 좋은 경험은 아니다. 동생이 생기면 부모로부터 따뜻한 관심과 주목

을 덜 받게 되어 속상하고 아기에게 적개심을 가지며 이로 인해 부모로부터 야단을 맞기도 한다. 어린 형제자매 간의 충돌은 시간당 거의 56건이나 된다고 한다(Dunn, 1993).

이와 같은 형제자매 간의 갈등을 줄이기 위해서는 아기가 태어나기 전에 부모는 아이와 안정된 애착관계를 형성하고 계속해서 아이에게 사랑과 관심을 주며 아이가 동생을 돌보는 경험을 하도록 하는 것이 바람직하다(Howe & Ross, 1990). 부부간의 갈등은 형제자매 간의 적대적 상호작용을 예측할 수 있으며 정서적 불안을 야기할 수 있다. 형제자매 간의 갈등은 정상적인 가족생활의 일부이지만 형제자매 간의 갈등과 경쟁보다는 서로에게 좋은 일을 해 주고 친절을 베푸는 일이 훨씬 더 많다.

부모가 자녀의 활동을 지속적으로 모니터링하면 형제자매는 더 친밀해질 수 있다. 그러나 학령기 형제자매들 간의 갈등에 대해 부모가 적극적으로 중재하지 않으면 형제자매 간의 싸움이 공격적이고 반사회적 행동으로 옮겨갈 수 있다. 부모는 형제자매 모두에게 따뜻하고 민감하게 반응하여야 하며, 어떤 특정 자녀를 편애하지 말아야 한다. 특히 부모가 동생을 편애한다고 생각할 경우 아이는 적응상의 문제를 보일 수 있다(McHale et al., 1995). 부모는 아이에 대한 사랑과 관심을 지속적으로 유지하면서 동생의 행동에 대해서도 민감한 반응을 보여야 한다.

5) 가족의 다양성

(1) 이혼 가정

예전에는 이혼 가정이 흔치 않았지만 지금은 상당수의 자녀가 이혼 가정에서 생활하고 있다. 평균이혼 연령은 2016년 기준으로 남자가 47.19세 여자가 43.64세로 2003년 남자 41.3세, 여자 37.9세에 비해 연령이 점차 높아지고 있는 추세다. 혼인 지속 기간별 이혼 건수를 보면 2016년 기준 20년 이상 이혼이 30.3%로 가장 높고 그 다음이 4년 이하가 22.9%, 5~9년이 20.6%이다(2016, 통계청). 과

반수 이상의 이혼 부부가 미성년 자녀가 있는 상태에서 이혼을 하며 이로 인해 많은 영유아들이 부모의 이혼을 경험하고 있다.

부모의 이혼은 아이에게 힘든 경험이지만 아이가 극복할 수 있도록 관심을 갖고 도와주면 잘 이겨 낼 수 있다. 부모의 이혼이 아이에게는 한 번 지나가는 사건이 아니며 지속적으로 여러 측면에서 적응을 필요로 한다. 이혼 전부터 자녀는 부모의 갈등과 마찰로 인한 고통을 경험하게 되며 부모가 자녀에게 이혼하지 않을 것이라고 하다가 어느 순간 이혼을 결정할 때 자녀는 더 큰 고통을 경험할 수 있다. 이혼이 결정되면 자녀는 부모 중 어느 한쪽과 살게 되고, 경제적 상황의 변화로 인한 어려움과 새로운 곳으로 옮겨 가게 되어 친한 친구와 멀어지게 되거나 유치원을 옮기는 등 새로운 환경에 적응해야 되는 어려움을 겪게 된다. 이혼으로 인해 때로는 부모 중 한 사람과 접촉을 못하는 경우도 있지만, 지속적으로 부모가 모두 각자의 역할을 계속하면서(함께 놀이동산에 가거나 유치원 프로그램에 참여하는 등) 아이의 양육을 위해 함께 노력하여야 한다.

아이가 부모의 이혼이 자기의 나쁜 행동 때문이라는 잘못된 죄책감을 가지는 경우 이혼이 아이에게 심한 고통이 되기도 한다. 이혼 전 좋은 대처능력을 가진 아이는 좀 더 잘 적응하는 경향이 있는데, 효과적인 대처 기술을 가르치면 아이는 자신을 탓하지 않고 미래에 대한 희망을 가지며 부모의 이혼을 잘 수용할 수 있다. 자녀가 부모의 이혼에 대해 좀 더 잘 적응할 수 있도록 부모는 자녀에 대한 지속적인 사랑과 기대를 가지며 그들의 고민에 귀 기울여 주어야 한다. 친구, 양육하지 않는 친부나 친모 그리고 다른 가족 구성원들과도 계속 연락할 수 있도록 하는 것이 바람직하다. 이혼한 부모라도 계속해서 자녀의 양육에 대해 서로 의논하고 훈육 방법에 대해 동의할 때 자녀가 잘 자랄 수 있다. 이혼으로 인해 부모의 심한 갈등에서 벗어날 수 있고 부모의 학대를 피할 수 있다면 오히려 이혼은 아이의 발달에 도움이 될 수도 있다.

(2) 한부모 가정

한부모 가정
이혼이나 별거, 배우자의 사망으로 부모 중 한 사람이 자녀를 양육하는 가정

한부모 가정은 이혼이나 미혼, 별거, 배우자의 사망 등으로 인해 부모 중 한 사람이 자녀를 양육하는 경우다. 2015년 기준 한부모 가정 중 한부모의 연령은 40대가 61.2%로 가장 많았으며 30대 이하는 25.3%였다. 한부모 가정의 이유로는

이혼이 77.1%가 가장 많았고, 가구 구성은 모자 구성 비율이 47.3%로 가장 많았다. 한 부모가 된 기간은 5년에서 10년 미만이 40.8%로 가장 많았다(통계청, 2016). 한부모는 양육에 대한 책임을 혼자서 모두 지고 있다는 생각을 가지고 있어서 부모는 자녀의 요구를 가장 중요한 우선순위로 생각하는 경향이 있다. 이러한 특성으로 인해 안정적으로 가족과 친구의 도움을 받을 수 있다면 자녀양육을 성공적으로 잘해 나갈 수도 있다. 한부모 가정 구조의 단순함이 오히려 자녀양육의 이점으로 작용하기도 한다. 유아는 부모 사이의 심한 갈등으로부터 오히려 보호될 수 있으며, 양육하는 아버지 또는 어머니의 극복하려는 노력과 대처기술을 관찰할 수 있고 가족 구성원들끼리 더욱 친밀해질 수도 있다.

그러나 대부분은 한부모 가정을 꾸려 나가는 것이 쉽지 않다. 한부모가 피곤하거나 아플 때 또는 감정적으로 힘들 때 이를 이겨 내는 것이 쉽지 않으며, 자녀에게 바람직한 역할모델이나 관계를 만들어 나가기 어려울 수 있다. 한부모 가정의 양육의 어려움은 조부모의 양육 지원이나 지역사회 복지 프로그램을 활용하여 극복하거나 여러 한부모 가정이 함께 공동양육을 하면 부담을 줄일 수 있다.

(3) 복합 가정

많은 이혼 부모들은 결국 재혼하게 되고, 그들의 자녀들은 가족 구조가 확대되어 새로운 부모와 새로운 형제들과 복합 가정(step family)의 구성원으로 생활하게 된다. 미국의 경우 대략 열 명의 아이 중 한 명이 입양 또는 양부모(step parents) 가정에서 살고 있다.

복합 가정
부 또는 모, 부모 모두 재혼으로 이전 남편이나 아내와의 자녀들로 구성된 가족

복합 가정에서 아이들은 이점과 도전을 경험하게 되는데 새로운 아버지 또는 어머니는 추가적인 수입과 가정 일을 도와줄 수 있다. 아이들은 새로운 부모의 자녀들과 새로운 형제자매 관계를 형성할 수 있다. 반면 자녀는 부모의 시간과 애정을 이제부터는 부모의 새로운 배우자와 나누어야만 한다고 느낄 수 있으며, 새아버지나 새어머니가 이혼한 부모의 재결합을 방해할 수 있다고 생각하거나 자신이 새 부모를 사랑하는 것은 친부모에게 배신하는 것이라고 생각할 수도 있다.

복합 가정이 성공적이 되기 위해서는, 그 가족만의 정체성과 전통을 만들어

야 한다. 갈등을 표현하고 해결하는 생산적인 방법을 발전시켜야 하고 규칙과 훈육을 위한 기술을 정해야 한다. 새롭게 결혼한 부모와 친부모는 아이의 요구에 주의를 기울일 필요가 있다. 건강한 복합 가정을 유지하기 위해 유연성, 상호 존중, 인내, 바람직한 의사소통, 유머 감각 등이 필요하다. 양부모는 자녀 훈육에 더 많은 어려움을 겪을 수 있다. 새 부모를 친부모의 대체로서 생각하지 않도록 주의해야 친밀한 관계를 형성할 수 있다.

(4) 확대 가정

확대 가정

부모와 자녀 외에 조부모나 사촌들로 구성된 가족

조부모, 고모, 이모, 삼촌 등을 포함한 친척들이 아이를 양육하거나 보살펴 주는 경우가 있는데, 이를 확대 가정(extended family)이라고 한다. 일반적으로 아이들은 조부모와 특별히 밀접한 관계를 가진다. 한국의 경우 5%의 아이가 적어도 조부모 한 분과 함께 살고 있으며(통계청, 2016), 미국의 경우 전체 아이의 8%가 적어도 한 사람의 조부모와 함께 살고 있다. 조부모는 종종, 아이의 부모가 어리고 경제적으로 빈곤하고, 태만하며, 수감되었거나 병으로 인해 불편하거나 약물 남용을 하거나 사망했을 때 아이들의 보호자가 된다. 조부모는 때로 그들이 손자를 키우는데 필요한 적절한 에너지와 경제력에 대해 걱정을 하지만, 조부모의 성숙한 인생관과 양육 경험 및 기술로 인해 부모보다 더 능숙하게 보호자 역할을 잘 해 낼 수 있다.

조부모의 양육은 손자녀에게 지지적 가족 분위기와 훈육을 제공하여 손자녀의 삶의 질을 향상시킬 수 있으며(Brian, 2000), 부모로부터 학대나 방임을 경험했던 아동에게 조부모가 개입하여 심리적 안녕과 사회적 적응에 긍정적 영향을 주기도 한다(Solomon & Marx, 1995). 조부모의 양육은 다른 형태의 위탁이나 시설 보호에 비해 상대적으로 양육의 지속성이 보장되어 정서적 안정감을 줄 수 있으며(Geen, 2004), 바쁜 부모 대신 손자녀에게 의미 있는 상호작용과 여러 가지 도움과 사랑을 줌으로써 손자녀 발달에 바람직한 지원체제가 될 수 있다(장희경, 조병은, 1995).

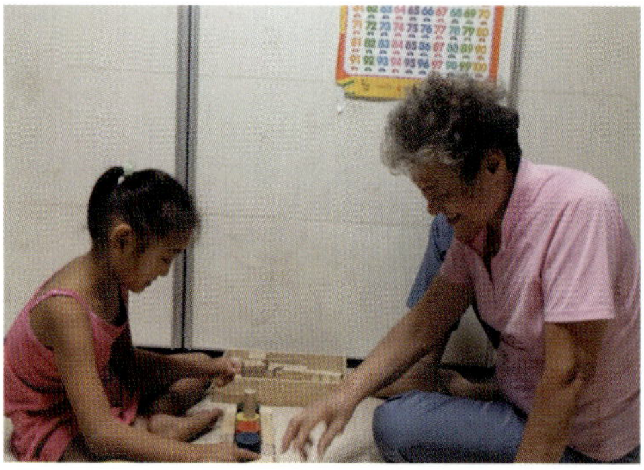

2. 또래

1) 또래의 중요성 및 또래 사회성발달

또래(peer)란 비슷한 연령대와 사회 속에서의 지위가 비슷한 사람들을 말하며 영유아 발달에 있어 중요한 역할을 한다. 나이가 들면서 영유아는 부모와의 접촉에 비해 점차 또래의 접촉이 중요해지고 또래들과 더 많은 시간을 보낸다.

또래는 부모-자녀 관계와는 다르게 사회성발달에 중요한 경험을 제공한다. 부모-자녀 관계에서 영유아는 부모의 권위를 따라야 하지만 또래 관계에서는 같은 지위와 힘을 가지고 공동의 목표를 달성하려 하기 때문에 서로의 관점을 인정하고 협상하며 타협하고 서로 협력하는 것을 배우면서 사회적 능력을 발달시키게 된다.

같은 나이 유아 간 상호작용뿐만 아니라 서로 다른 연령의 영유아(혼합 연령 또래) 간의 상호작용에서도 사회적 능력을 발달시킬 수 있다. 유아는 자기보다 어린 영유아를 통해 동정심, 보살핌, 친사회적 경향, 자기주장, 리더십의 발달을 촉진하며(Whiting & Edwards, 1988), 나이 어린 유아는 큰 유아로부터 도움을 얻는 방법과 적절하게 따르는 방법을 배울 수 있다. 24개월 유아는 18개월 된 영아와 놀 때 좀 더 주도적이고 지도력을 보여 주었으며 단순하고 반복적인 놀이를 해 주려고 노력하였다(Brownell, 1990).

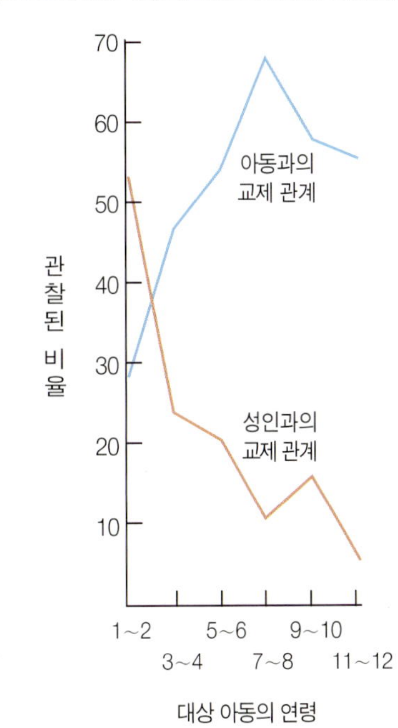

[그림 14-2] 발달에 따른 아동과 성인의 교제 변화(Ellis, Rogoff, & Cromer, 1981)

형제는 출생순위에 의해 서로의 지위가 고정되어 있지만 혼합 연령 또래 간에는 달라질 수 있다. 집에서는 형인 아이가 혼합 또래 간에서는 상대적으로 나이 어린 또래가 되기도 하고 집에서는 늘 동생이던 아이가 나이 많은 또래가 되어 주도하고 배려하는 것을 배우기도 한다. 이런 점에서 혼합 연령의 또래 경험은 아이의 사회성발달에 매우 중요하다.

Harlow의 원숭이 또래 연구

Harlow와 동료들(Alexander & Harlow, 1965; Suomi & Harlow, 1978)은 여러 집단의 레수스 원숭이를 어미와 키우면서 또래들과 놀 기회를 전혀 주지 않았다. 어미하고만 지내고 또래와는 어떤 접촉도 없었던 원숭이들(mother-only monkeys)은 정상적인 사회적 행동패턴이 발달하지 못했다.

같은 또래에게 노출되었을 때 원숭이들은 또래 원숭이들을 피하고 싶어 했고 공격적인 성향을 가지고 있었으며 어른 원숭이가 될 때까지 반사회적 성향이 지속되었다.

반면, 또래들하고만 지낸 원숭이(peer-only monkeys)들은 서로 끌어안고 놓지 않으며 강한 상호 애착을 보였고 자기 또래 집단 외의 원숭이에게는 공격적 성향을 보였다. 이 원숭이들은 어미-새끼 관계의 안전이 결여되어 있어 서로 끌어안고 있고 탐색을 꺼리며 외부 원숭이에 대해 두려워하거나 공격적 성향을 보였다. 그러나 그들 관계 내에서는 유능한 상호작용 습관을 발달시켰고, 정상적인 사회적 행동패턴을 보여 주었다(Suomi & Harlow, 1978).

또래의 사회성을 키워 주는 데 부모의 역할도 중요하다. 놀이터나 놀이 친구가 없는 지역에 거주하는 것은 또래와의 접촉을 제한할 수 있으며 부모가 어린이집이나 유치원에 아이를 보내거나 어린이 프로그램 등록 여부에 따라 또래와의 상호작용 경험이 달라질 수 있다. 부모가 또래와의 관계에 대해 긍정적이고 지지적이며 낙관적이고 친사회적 책략을 강조하면 아이는 또래와의 친사회적 관계를 발달시킨다. 반면 까다롭고 화를 잘 내며 부정적인 반응을 유발하는 부모는 자녀의 미숙한 사회적 기술과 또래와의 갈등을 유발한다. 부정적인 또래 상호작용은 정서 조절의 미숙함을 조장할 수 있다(Pope & Bierman, 1999). 부모가 자녀를 자기만 알게 가르치는 경우 사회성발달이 억제되고 또래와의 접촉이 즐겁지 않게 된다(Mackinnon-Lewis, Rabiner, & Starnes, 1999).

부모의 양육 태도는 유아의 또래 관계에 중요한 영향을 미친다. 부모는 자녀에게 효과적인 사회적 기술을 가르치고 사회적 관계의 모범을 보이며 또래와 활기찬 상호작용을 하도록 자율성을 허용하는 것이 좋다. 권위적 양육 방식의 부모는 유아가 또래하고 잘 지낼 수 있도록 돕는다. 그러나 주로 힘을 사용해 통제하거나 자녀에게 공격적인 독재적 부모는 사회적으로 미숙하고 거부당하기 쉬운 아이로 키우는 경향이 있다(Mackinnon-Lewis et al., 1994). 유아를 지도하고 통제하는 데 힘보다는 논리적 추론을 사용하고 따뜻하며 민감하고 권위적인 부모는 자녀를 성인과 또래가 좋아하는 아이로 키운다. 반면 독재적이고 무관심한 부모는 자녀를 무뚝뚝하고 비협조적이며 공격적이고 또래들이 싫어하는 아이로 키운다(Rubin, 1998).

2) 또래의 역할

또래와의 우정은 아이의 중요한 우선순위 중 하나다. 발달 단계에서 또래 관계는 다양한 역할을 수행한다. 또래의 역할은 다음과 같다.

- 또래는 감정적 지지를 한다: 친한 또래친구가 있으면 아이는 새로운 환경에서 덜 긴장하고, 친구의 조롱과 육체적 공격에 대처할 수 있다. 친한 또래가 있으면 자존감이 더 높고, 우울감과 같은 감정적 문제를 덜 경험한다.
- 또래는 사회적 기술을 연습할 수 있는 파트너이다: 아이는 또래 친구들과 상호작용을 할 때 사회적 기술을 이용한다. 친구와 좋은 관계를 유지하기 위해 사회적인 기술(예: 사회적 조망수용능력, 자기조절능력, 효과적인 갈등 해결 기술 등)을 습득하게 된다.

- 또래끼리 서로 사회화 역할을 한다: 아이들은 여러 측면에서 서로 사회화 역할을 한다. 또래끼리 서로 역할 모델이 되기도 하고 어느 것이 옳은지, 어떤 것은 해서는 안 되는지 서로 의견을 나누면서 적절한 행동에 대해 판단할 수 있게 된다. 서로 자신의 나이, 성별, 문화적 배경에서 적합하다고 여겨지는 행동을 하도록 도와주기도 하고 해서는 안 되는 행동에 대해서 서로 못하게 하기도 한다.
- 또래는 정체성 형성에 기여한다: 특정한 또래 집단과의 유대는 자신이 누구인지 그리고 어떻게 되기를 원하는지 결정하는 데 도움을 준다.
- 또래는 그들의 삶을 이해하는 것을 돕는다: 또래끼리의 일상적 대화는 혼란스럽고 복잡한 일을 해결하는 데 도움을 준다. 교사에게 벌을 받거나 부모와의 갈등과 같은 비슷한 경험에 대해 또래끼리 서로 이야기하면서 서로의 경험을 공유하고 공감할 수 있다.

3) 또래 수용

앞서 언급한 또래 관계의 역할은 대부분 또래로부터 좋은 평가를 받는 아이들에게 해당된다. 대체로 신체적 특성과 인지, 학업, 운동에서 뛰어난 유아는 또래로부터 인기가 높다. 학업에서 또래가 자신을 우수하게 평가한다고 믿는 유아는 높은 자존감을 가지고 행복한 유치원 생활을 하며 문제행동이 적고 출석률이 높다. 그러나 아무리 똑똑하고 매력적인 유아도 행동이 부적절하거나 반사회적이면 인기가 없다(Dodge, 1983).

유아에게 함께 어울리고 싶은 친구와 피하고 싶은 친구를 지목하게 하여 또래 수용을 확인할 수 있다. 일반적으로 또래 수용은 인기 있는 아이(popular children), 거부된 아이(rejected children), 무시된 아이(neglected children), 논란이 많은 아이(controversial children children)와 평균 지위 아이(average status children)의 다섯 유형으로 분류한다. 각각의 특성은 다음과 같다.

(1) 인기 있는 아이

또래가 좋아하는 친구는 친사회적 행동을 많이 하고 따뜻하고 협조적이며 동정적인 아이다(Chen et al., 2000). 연구자가 유아에게 유치원 교실 안에서 함께 하고 싶은 친구가 누구인지 물었을 때, 유아는 교사와 친구가 칭찬하는 반장이나 회장을 어쩔 수 없이 선택하지는 않는다. 인기 있는 유아는 어떻게 대화를 시작하고 지속하는지 잘 알고, 과도하게 자신에 대해 말하는 것을 피하며, 다른 사람의 미세한 사회적 암시에 대해 민감하고 변화하는 상황에 잘 적응한다. 그들은 친사회적이고 다른 사람을 잘 도와주며 나누어 주고 협력하고 공감한다.

(2) 거부된 아이

거부된 아이는 사회적 기술이 부족한 경우가 대부분이다. 계속해서 친구의 관심을 끌려고 하며 충동적이고 수업에 지장을 주기도 한다. 거부된 아이는 공격적인 아이(rejected-aggressive children)와 위축된 아이(rejected-withdrawn children)로 구별된다. 거부된 공격적 아이는 또래를 지배하기 위해 강력한 행동 수단을 사용하여 또래와 멀어지고 또래들과의 집단 활동에 상당히 비협조적이고 친사회적 수준이 낮다. 또래들로부터 배척되는 아이는 또래보다 미숙하고 둔감하며 부주의하고, 특히 소심한 아이다. 또래 집단의 기대에 둔감하고 친구가 자신을 좋아하지 않는다는 것을 알며 또래와의 활동에서 배제되기 때문에 점점 더 위축된다. 거부된 아이의 이와 같은 성향은 필요한 사회적 기술을 배울 수 있는 친구가 없어 외로움과 불행을 느끼거나 다른 아이의 괴롭힘의 대상이 되기도 한다.

(3) 무시된 아이

무시된 아이는 또래가 어울리고 싶지도 않고 함께하기도 싫지 않은 아이다. 무시되는 아이는 조용하고 남과 잘 어울리지 않는 경향이 있다. 혼자 있는 것을 선호하거나, 어떻게 친구들을 사귀고 어울려야 하는지 모르는 경우가 많다. 때로는 한 명이나 두 명 정도의 절친한 친구에게 만족하는 것으로 보인다. 방치된 상태는 종종 일시적인 상황으로 어떤 시점에서는 방치되었다고 분류되었던 아이가 이후의 평가에서는 그렇지 않은 경우도 있다.

(4) 논란이 많은 아이

논란이 많은 아이는 어떤 친구들은 아주 좋아하는데 다른 친구들은 아주 싫어하는 아이이다. 논란이 많은 아이는 인기가 있는 아이와 거부된 아이 양쪽 모두의 특징을 가지고 있다. 그들은 어떤 상황에서는 공격적이지만 다른 상황에서는 기꺼이 돕고 협력할 때도 있다.

(5) 평균 지위 아이

평균 지위 아이는 또래가 좋아하는 아이의 중간 정도 숫자의 지명을 받고, 싫어하는 아이로도 중간 정도의 지명을 받는 아이이다. 몇몇은 그들을 좋아하고 몇몇은 좋아하지 않지만, 인기 있거나 배척되거나 논쟁적인 아이에게서 보이는 강렬한 느낌이 없으며 거부된 아이의 특성도 눈에 띄지 않는다.

또래로부터의 수용과 인기는 쾌활한 성격과 잘생긴 얼굴, 우수한 학업 성적도 어느 정도 작용하지만 가장 중요한 것은 사회 인지적 기술과 유능한 사회적 행동이다. 또래에게 일찍부터 거부된 아이는 이후에도 계속 거부되거나 적응상의 어려움을 겪기 때문에 사회적 기술을 향상시키고 또래 사이에서 좀 더 나은 지위를 가질 수 있도록 일찍부터 도와줄 필요가 있다.

4) 우정

우정은 다양한 형태로 존재한다. 잠시 동안 유지되기도 하지만 평생 지속되기도 한다. 상당히 깊고 친밀한 관계를 갖기도 하지만 별로 친밀하지 않은 관계도 있다. 어떤 유아는 많은 친구를 가지고 있지만 적은 수의 가까운 친구와 오랫동안 변함없이 함께 하기도 한다. 다양한 형태에도 불구하고, 우정은 다른 또래 관계와 구분되는 네 가지의 공통적인 특성이 있다.

- 우정은 자발적인 관계다: 또래는 우연히 함께 시간을 보내게 되지만(예: 같은 유치원 버스를 탈 수도 있고 같은 학급일 수도 있으며 같은 운동 팀에 소속될 수도 있다), 우정관계에서는 자신의 친구를 스스로 선택한다. 둘 또는 그 이

상의 아이들은 서로의 동행을 즐기고 성공적으로 그들의 차이를 극복할 때 일반적으로 친구로 남게 된다.

- 우정은 공유된 일상으로 인해 깊어진다: 친구는 즐거운 시간과 힘든 시기를 함께 보내며 상호 간에 의미 있고 즐거운 활동을 모색한다. 시간이 흐르면서 친구는 공통의 경험을 서로 나누게 되며 인생에 대한 관점을 공유할 수 있고 다양한 주제에 대해 쉽게 소통할 수 있게 된다.
- 우정은 상호 간의 관계다: 함께 보내는 시간 속에서 친구는 서로를 필요로 한다. 자라면서 친구는 조금씩 다른 역할을 맡게 되지만, 계속해서 동등한 동반자다. 서로 다른 성격적 특징을 가지고 있어도 서로 배려하고 보완하는 관계를 통해 우정을 유지해 간다.
- 우정은 지속적이고 신뢰할 수 있다: 친구는 감정적인 지지를 통해 스트레스 상황에서도 잘 대처할 수 있도록 서로를 돕는다.

(1) 발달에 따른 우정의 특징

영유아는 친구를 주로 오락을 위한 친구로 묘사한다. 영유아의 우정에 대한 이해는 간단하고 실제적이다. 초등학교 고학년이 되면, 친구는 서로 도와주고 의지할 수 있는 존재임을 이해하게 된다. 청소년기가 되면 내면 속 비밀을 친구와 함께 나누기 시작한다. 우정의 발달 단계를 보면 우정은 상호 간의 즐거움과 함께 시작하며 서서히 충성, 신뢰, 타협과 친밀감 같은 특징들을 발전시킨다.

- 영아기(출생~2세): 또래 간의 초기 우정 관계는 영아기 동안 서서히 발달한다. 영아는 친밀한 사회적 접촉을 위해 서로를 향해 기어가기 시작한다. 영아는 성장하고 서로 친숙해지게 되면 서로 미소 짓고 서로의 얼굴과 행동을 쳐다본다. 비록 그들은 깊은 대화를 할 수 없지만 분명히 서로의 행동에 적절히 반응한다. 두 살 무렵이 되면 사회적 접근을 더욱 지속적으로 하며

복잡한 상호작용을 계속하고 서로 아는 아이에게 긍정적 감정을 보인다.

- 유아기(2~6세): 취학 전 유아는 친밀한 또래와의 사회적 상호작용에 언어, 판타지 그리고 놀이가 포함된다. 3~4세의 유아는 낯선 아이들이 아닌 그들이 이미 알고 있는 아이들과 상호작용할 때, 인사를 하고 대화를 하며 다양한 놀이를 하고 좋은 사회적 기술을 보인다. 초기 우정은 의견 충돌과 논쟁을 보이기도 하지만 친구와 함께 갈등을 극복해 가는 과정 속에서 유아는 친구를 향한 배려를 보이는 동시에 자기주장을 하는 방법을 배운다.
- 아동기(6~10세): 아동기에는 친구에게 감정을 표현하며 서로의 감정 상태를 추측할 수 있다. 이 시기에 우정은 유아기보다 좀 더 안정되고 좀 더 의도적으로 자신과 비슷한 놀이 친구를 선택하게 된다. 주로 동성의 친구를 선택하는데, 이것은 일정 부분 동성의 또래들이 흥미와 취미를 좀 더 많이 공유하고 있기 때문이다. 그러나 다른 이성 친구와의 우정을 발전시키는 아동도 많으며, 이러한 관계를 통해 사회적 관점과 유연한 의사소통 기술을 발전시키게 된다.

(2) 우정을 키우는 교사의 지도

어린이집이나 유치원은 유아가 우정을 키우는 데 좋은 환경이다. 사회적으로 고립되거나 또래로부터 배척된 유아에게 교사는 특히 신중하게 개입해야 한다. 교사는 다음과 같은 점에 주의해야 한다.

- 유아가 사회적 집단에 친숙해지도록 도와준다.
- 유아가 서로 친밀한 상호작용을 즐길 수 있는 상황을 만들어 준다.
- 유아의 또래와의 관계에 영향을 미치는 가족 요인에 대해 잘 알아야 한다.
- 사회적 상호작용의 방해 요인을 제거하거나 최소화하여야 한다.

- 유아에게 특수아동에 대한 공감능력을 갖게 한다.
- 거부된 아이들에게 필요한 구체적인 도움을 제공한다.
- 타인에 대한 존중의 감정을 장려한다.
- 친구와의 갈등에서 유아가 정직하고 친사회적일 수 있도록 격려한다.
- 또래 사이의 관계가 잘 풀리지 않을 때 도와준다.

3. 유아교육기관과 교사

1) 좋은 유아교육기관

맞벌이 가정이 늘어나면서 어머니가 아닌 다른 사람이 아이를 돌보는 경우가 증가하고 있다. 영유아가 가정보다도 어린이집이나 유치원 같은 기관에서 보내는 시간이 점점 늘어나면서 기관에서의 하루 일과가 영유아 생활에 미치는 영향은 점점 더 커지게 되었다. 교육기관에서의 생활은 영유아의 가치관을 형성하고 사회생활에 필요한 규범을 내면화하며 사회화의 기능을 수행한다는 점에서 중요하다(Hartup, 2005).

영유아가 이 시기에 인식한 경험이나 행동은 아동기와 청소년기의 성장과 발달에 의미 있는 영향을 미치기 때문에(Hartman & Betz, 2007), 부모는 영유아의 교육기관을 정하는 데 주의를 기울일 필요가 있다. NICHD(National Institute of Child Health and Human Development)가 1,300여 명 아동을 대상으로 한 연구에 의하면 유아교육의 질은 구조의 질과 과정의 질이 서로 상관이 있는 것으로 나타났다(Vandell & Wolfe, 2000). 학급당 유아의 수가 적을수록 덜 제한적이고 더 민감한 교사가 유아의 요구에 수용적이다. 교사가 교육과 훈련을 더 받을수록 교구를 더 잘 만들고 연령에 좀 더 적합한 활동을 제공하며 유아와 상호작용할 때 풍부한 언어를 사용한다. 이와 같이 민감하고 연령에 적합한 교육활동을 하는

유아교육 구조의 질
유치원 규모, 아동과 교사의 비율, 양육자의 교육과 훈련 등 보육 환경의 특성

유아교육 과정의 질
유아와 교사의 상호작용, 풍부한 대화, 자극이 되는 자료와 활동 등 교육적 활동의 질

교사에게 교육받은 유아는 기억, 어휘, 수학 점수가 높았으며 이후 초등학교에서도 더 높은 성취를 보인다. 반면 교육의 질이 좋지 않으면 어휘, 언어 이해, 기억발달이 좋지 않은 것으로 나타났다(NICHD ECCRN, 2005).

유네스코(UNESCO Institute for Statistics, 2011)는 전 세계의 다양한 교육체계와 단계를 총괄하여 국제적으로 통용될 수 있는 교육 단계를 제시하면서 초기 아동교육을 2개 단계로 구분하는 'ISCED 2011 개정안'을 채택하였다. 유네스코가 제정한 국제표준교육분류(International Standard Classification of Education)의 'ISCED level 0' 단계는 0세부터 취학 전 교육을 포함하는데 이는 다시 두 단계로 구분된다. 0~2세의 영아기 단계(early childhood educational development: ISCED 01)와, 3세부터 초등교육이 시작되기 전까지의 유아를 대상으로 하는 취학 전 교육(pre-primary education: ISCED 02)이다.

ISCED level 0 또는 영아교육(early childhood education) 프로그램의 주요 특징은 다음과 같다. 첫째, 영아의 조기 인지, 신체, 사회 및 정서 발달을 지원하고 가족 맥락의 외부에서 조직화된 교육을 어린 영아가 접할 수 있도록 하기 위해 전형적인 총체적 접근법(holistic approach)으로 설계되는 것이 주요 특징이다. 둘째, ISCED level 0은 학교와 사회생활에서 필요한 사회 정서적 기술을 발전시키고, 학업 준비에 필요한 기술을 발전시키며, 초등교육기관에 들어가는 데 필요한 것을 준비시키는 것을 목표로 한다. 셋째, ISCED level 0 프로그램이 반드시 구조화되어야 하는 것은 아니지만, 안전한 물리적 환경에서 조직적이고 목적 지향적 학습 활동을 제공하도록 고안되어야 한다. 이런 프로그램을 통해 영아는 교사의 지도 아래 창의적인 활동 및 놀이 중심의 활동으로 다른 아동과의 상호작용을 배울 수 있다.

> **누리과정**
> 국가가 공평한 교육기회를 제공하기 위해 만 3~5세 유아에게 보육과 교육과정을 제공하는 유아교육 지원 정책

우리나라는 2013년부터 3, 4, 5세 전 연령에 누리과정이 적용되면서 본격적으로 3~5세 유아교육의 공교육 시대가 열렸다. 누리과정은 만 3~5세의 모든 유아에게 하루 3~5시간의 보편 교육을 제공하는 제도로, 양질의 교육과 보육을 제공하게 되어 유아교육이 전면적인 공적 체제로 전환되고 유치원의 교육과정과 어린이집 보육과정이 통합되었다는 점에서 의의가 크다.

선진국에서는 일찍부터 유아교육 및 보육기관에 대한 질적 관리시스템을 체계화하는 노력을 통해 교육적 효과를 거두고 있다. 미국에서는 1987년 국가유아교육협회(National Association for the Education of Young Children: NAEYC)

가 유아교육기관에 대한 평가인증제를 실시하여 2007년까지 9,000여 개의 유아교육기관이 인증평가를 받았으며, 호주의 경우 1995년부터 종일제 프로그램을 운영하는 4,000여 개 유아교육기관 인증을 통해 질관리를 하고 있다(National Childcare Accreditation Council[NCAC], 2007). 영국에서도 평가전문기관인 교육표준청(Office for Standards in Education: OFSTED, 2007)에서 체계적인 질 관리를 하고 있다. 우리나라에서도 2004년 「영유아보육법」 개정으로 2005년부터 정부 차원의 평가인증체제가 확립되었다.

우리나라 우수 유치원으로 인증 받은 유치원의 특징은 다음과 같다(이대균, 백경순, 박옥자, 2007). 첫째, 교육과정 운영 계획서가 전년도 운영 결과에 대한 체계적 분석을 통해 미비점을 보완하여 계획하고 있으며, 유아에 대한 발달평가가 충실히 이루어져 개별적인 지도에 힘쓰고 있다. 둘째, 교직원의 근무성적 평가를 실시하고 그에 따른 보상을 통해 교사의 의욕을 고취하고 부담임 제도를 실시하여 교사 대 원아의 비율을 낮추었다. 셋째, 물리적 환경 개선을 위해 학급별로 환경 구성을 개선한 자료를 모아 '학급 운영 개선 자료'를 누가기록하고 '교실 돌아보기'를 하여 우수 사례를 일반화하고 충분한 자료실을 확보하고 있다. 마지막으로, 가정 및 지역사회 연계 측면에서 학부모 만족도 평가를 하여 교육개선에 반영하고 유아를 관찰한 내용과 학부모와 상담한 내용을 개인별로 누가기록을 하고 있다.

TIPS

유치원 선택 시 고려해야 할 사항

- 시설의 안전 및 청결도
- 집과의 거리 또는 부모의 직장과의 거리 등 등하교에 어려움이 없는지 고려
- 직장을 가진 부모가 아침 또는 저녁에 유아를 맡길 수 있는지 여부
- 유치원의 교육철학과 수업 내용, 방법을 확인(유아 중심, 교사 주도, 영어 유치원 등)
- 원장의 전문성(유아교육 전공 여부)
- 인증 받은 유치원
- 기타 확인해 두어야 할 사항
  - 교사 및 보조교사의 이직 정도
  - 교사 1인당 학생 비율

2) 교사의 유아에 대한 영향

유아는 발달특성상 초등학생보다 교사의 영향을 더 많이 받을 수 있다. 어린이집과 유치원 교사의 영유아에 대한 영향력은 어느 교육기관보다도 중요하다. 유아의 유치원 생활에서의 적응은 유치원에서의 심리적 환경 요인과 더불어 교사 행동의 영향이 크다(Murray & Greenberg, 2000; 김은영, 박은혜 2006). 유치원 교육은 교과 위주가 아니라 생활 속의 경험 중심으로 이루어지기 때문에 유아는 교사의 행동 및 특성을 모방하며 교사가 유아에게 기대하는 정도에 따라 발달에 영향을 많이 받는다(이금란, 2002). 유아교육기관의 교사는 유아가 새롭고 낯선 교육환경에 적응하도록 돕는 역할을 수행한다. 교사는 마치 부모와 같은 안전기지가 된다. 유아가 어떤 대상으로부터 위협을 느끼거나 질병으로부터 고통받을 때 애착체계가 활성화되고 애착 대상은 안전기지를 제공하여 유아에게 환경에 대한 적극적인 탐색과 문제해결을 촉진하는 역할을 한다. 따라서 유아와 교사는 유아의 자율성과 자존감 형성을 위해 밀접한 관계를 형성하는 것이 필요하다(Kochanska & Aksan, 2004). 유아의 교사에 대한 안정애착 정도는 유아의 대인관계와 유아교육기관 적응 정도와 밀접한 관계가 있다. 유아가 지각한 교사 행동이 수용적이고 자율적일수록 애착안정성이 높게 나타났으며, 유아가 지각한 교사 행동이 수용적일 경우 유아가 교육기관에 잘 적응하는 것으로 나타났다(김희수, 조은정, 최정선, 홍성훈, 2011).

교사와 안정애착을 형성한 유아는 낯선 상황에서 교사와의 만남을 망설이지 않으며 유아가 원할 때 교사는 일관성 있는 태도를 통해 유아 행동의 모델이 된다. 안정애착을 가진 유아는 성공적으로 적응하며 학습할 준비가 되어 있다(Aksan, Kochanska, & Ortmann, 2006). 반면 교사와 불안정 애착을 형성한 유아는 교사를 거부하거나 간섭하는 존재로 받아들이며 자신이 원할 때 주위에 있지 않는 모델로 인식하는 경향이 있다. 불안정 애착을 형성한 유아는 또래와의 관계에서도 수동적이거나 또래들과 어울리지 못하고 의존성을 보이며 반사회적 행동 또는 사회적 고립과 관련된 성향이 있어 유아교육기관 적응이나 또래와의 관계에서 어려움을 겪을 수 있다(유효순, 2003).

3) 교사의 직무 만족

유치원 교사의 행복감은 자신과 일에 대한 긍정적 정서 및 직무 만족에 영향을 주며 유아교육 현장에서의 역할수행 능력과 관계가 깊다(이경민, 최윤정, 이경애, 2012). 행복감이 높은 교사는 유아와의 상호작용 수준이 높으며(곽희경, 2011), 교사효능감과 직무 만족도가 높고 직무에 헌신적이다(배성희, 2009). 회복탄력성이 높은 유치원 교사는 교직생활의 역경과 갈등 상황에서도 잘 적응하고 소진(burnout)과 스트레스를 예방하며 역할갈등을 적게 느끼고 역할갈등이 미치는 영향도 적다(권수현, 이승연, 2011). 따라서 유치원 교사가 행복해야 유아가 행복하며 바람직한 교육 서비스를 제공할 수 있다.

회복탄력성
스트레스나 역경을 극복하고 오히려 이것을 새로운 기회로 삼아 자신을 발전시키는 능력

그러나 일부 유치원 교사는 적지 않은 직무 스트레스(job stress)를 경험하고 있다. 유치원 교사는 원장이나 원감, 동료 교사, 학부모와의 관계의 어려움, 열악한 근무환경 및 근무조건, 낮은 사회적 인식 등으로 인해 직무만족도가 낮으며 유아교육의 질에 나쁜 영향을 미친다. 자기 의식이 높은 유치원 교사는 자신의 직업에 대한 만족도가 높으며(Herring, 2008), 직무 스트레스로부터도 덜 소진되는 것으로 나타나 교사의 긍정적 자기인식을 높일 수 있는 교육 프로그램(최정선, 김희수, 2014)과 근무환경, 근무조건 개선이 필요하다. 우리나라 유치원 교사는 경력이 많을수록 의사결정권과 전문성(재교육), 자기효능감, 자율성 및 영향력이 높으며, 공립 유치원 교사가 사립 유치원 교사들에 비해 의사결정성, 전문성, 지위, 자기효능감, 자율성, 영향력에서 전반적으로 더 높은 경향이 있다(이철수, 2007).

4. 미디어

정보화 사회로 변화되면서 영유아의 매체 사용 경험이 많이 바뀌고 있다. 얼마 전까지만 해도 TV나 미디어 노출로 인한 영유아에 대한 발달적 영향에 관심을 가졌지만, 최근 스마트폰과 같은 새로운 매체 사용이 급격하게 증가하면서 이에 대한 우려가 더욱 증가하고 있다.

1) TV 시청과 영향

대부분의 가정에 TV가 없는 가정은 거의 없으며 영아기부터 이미 부모와 함께 TV 시청을 시작한다. [그림 14-3]에서와 같이 우리나라 대부분의 가정에 TV, 컴퓨터, 스마트폰이 있는 것으로 나타났으며(97% 이상), 영유아의 TV 이용률은 95% 정도로 영유아는 매체 중 TV에 가장 많이 노출되어 있는 것으로 나타났다. 미국의 경우 1997년 연구에서 3~11세 아동의 하루 TV 시청 시간은 평균 3~4시간인 것으로 나타났으나(Bianchi & Robinson, 1997), TV 외에 다른 미디어 사용이 증가하면서 TV 시청 시간은 상대적으로 줄었다. 〈표 14-1〉 Common Sense Media(2013)에 의하면 미국 0~8세 아동의 TV 시청 시간은 1시간 30분 정도이나 DVD, 비디오, 미디어 게임 등을 합하면 2~3시간 정도 미디어를 활용하는 것으로 보인다. 우리나라의 경우 15세 이상을 대상으로 한 조사(통계청, 2009)에서 96.4%가 TV를 시청하며 1주일 동안 TV 시청 시간은 평균 21.9시간에 달하는 것으로 나타났다. 소년이 소녀보다 TV를 더 많이 시청하며, 빈곤 가정의 경우 TV 시청시간이 더 많은 경향이 있다(Huston et al., 1999). 평균적으로, TV 시청 시간은 어린 시절부터 급속히 증가하고 중학교와 청소년기까지 계속 증가하다가 14세 이후에 서서히 줄어든다(Roberts & Foehr, 2008). 너무 많은 TV 시청은 부적절한 내용에 대한 심한 노출, 낮은 수준의 신체 활동, 또래와의 교제 시간이 줄어들 수 있기 때문에 부모의 적절한 관리가 필요하다(Caroli, Argentieri,

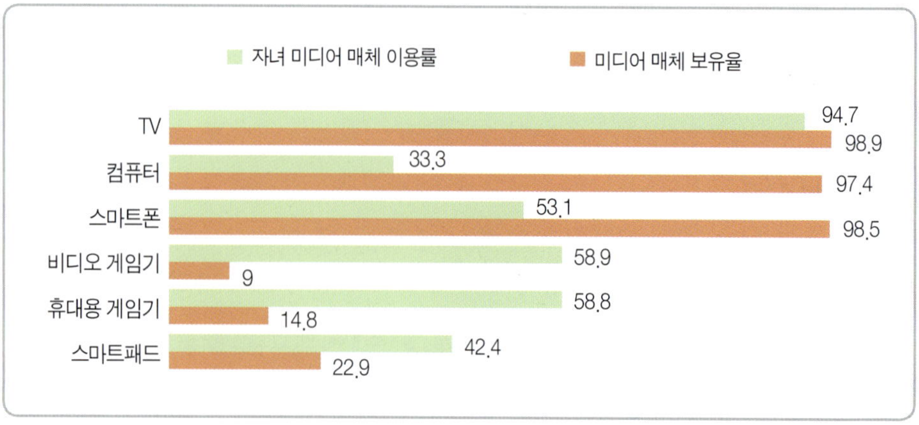

[그림 14-3] 가정 내 미디어 매체 보유율, 영유아 이용률(이정림, 2013)

Cardone, & Masi, 2004).

TV의 전반적인 영향에 관한 연구로 TV를 중간 정도 보는 아동과 TV가 나오지 않는 지역아동을 비교한 연구가 있다. 캐나다의 고립된 마을인 노텔에 TV가 들어오기 전에는 TV가 들어온 다른 지역의 동년배 아동과 비교했을 때 창의성과 읽기 능력 수준이 더 높았다. 그러나 TV가 보급된 지 2년이 지난 후 노텔의 아동들은 읽기 기술과 창의성이 낮아졌고, 지역사회 참여가 줄었으며, 공격성과 성 고정관념에서 극적인 증가를 보였다(Corteen & Williams, 1986). 그러나 이와 같은 결과는 TV 자체의 부정적 영향보다는 TV 대신에 다른 활동을 하지 않았기 때문일 수 있다(Huston et al., 1999).

TV 시청에 대한 종단연구에서 아동은 실제로 TV의 교육 프로그램에서 유용

〈표 14-1〉 미국 0~8세 영유아의 미디어 시청 시간(Common Sense Media, 2013)

	2011	2013
TV, DVD, 또는 비디오 시청	1:44	1:27
TV 수신기를 통한 TV 시청	1:09	:57
DVD	:31	:22
컴퓨터로 TV/비디오 시청	:03	:03
모바일 기기를 통한 TV/비디오 시청	:01	:05
미디어 게임	:25	:23
비디오 게임(게임기)	:10	:06
비디오 게임(소형기기)	:04	:04
컴퓨터 게임	:08	:05
모바일 게임	:03	:08
기타 컴퓨터 활동	:06	:03
교육용 소프트웨어	:03	:02
과제	:02	:01
모바일 기기에서 기타 앱 사용	:01	:02
음악 감상	:29	:20
독서	:29	:28

한 정보를 많이 배운다(Anderson et al., 2001). 1968년 미국 정부는 아동 TV 워크숍(Children's Television Workshop: CTW)을 만들고 아동의 인지발달을 촉진하는 TV 프로그램을 만들 것을 요구하였다. CTW의 첫 번째 작품이 〈세서미 스트리트(Sesame Street)〉인데 3~5세의 유아들을 대상으로 셈하기, 숫자와 철자를 인식하고 변별하기, 사물을 순서대로 놓고 분류하기, 간단한 문제풀기 등의 내용으로 구성되었다. 〈세서미 스트리트〉를 정기적으로 본 학령 전 아동은 어휘와 읽기전 기술(pre-reading skill)에서 큰 향상이 있었으며, 불리한 배경 출신의 아동들을 대상으로 한 연구에서도 〈세서미 스트리트〉를 많이 본 아동들은 보지 않은 아동들보다 후에 초등학교에서 학습에 대한 준비도가 더 높고 학교 활동에 흥미를 가지는 것으로 교사들이 평가하였다(Bogatz & Ball, 1972). 유치원에서 많은 시간 동안 〈세서미 스트리트〉를 시청한 아동은 10~13년 이후인 고등학교에서의 학업수행능력과 관계가 있었으며 창의적 활동 개입을 증가시켰다(Anderson et al., 2001). 그러나 이후에 제작된 좀 더 높은 연령의 아동을 대상으로 하는 프로그램들은 시청률이 높지 않아 TV의 교육적 효과를 보지 못하였다.

읽기전 기술
유아나 아동이 문자의 형태나 소리, 운율(rhyme) 등을 알면 쉽게 글을 읽을 수 있는데 부모나 교사가 책을 읽어주면 이런 능력을 쉽게 발달시킬 수 있음

〈세서미 스트리트〉와 같은 교육 프로그램의 효과는 부모가 자녀들에게 이런 프로그램을 보도록 격려함으로써 다른 프로그램을 보지 못하도록 제한하는 효과가 있다(Hudson et al., 1999). 그러나 이런 방송을 볼 때 수동적으로 시청만 하기보다는 어른들이 친사회적 행동을 모델링하고 행동할 것을 격려하는 것이 바람직하다(Friedrich & Stein, 1975).

유아의 TV 시청이 긍정적 측면만 있는 것은 아니다. 어린 유아들의 과다한 TV 시청은 사회적 고정관념을 강화시키거나 왜곡된 인식을 갖게 할 수 있다. TV를 많이 보는 아이들은 거의 보지 않는 아이들보다 더 성역할 고정관념을 가지고 있다. 운동선수나 배우, 가수 등을 TV에서 자주 보게 되면, 아이들은 특정한 신체 매력에 대한 기준을 형성하게 된다(Anderson et al., 2001). TV나 인터넷 웹사이트의 광고는 특정한 음식이나 패스트푸드, 의류, 장난감, 디지털 기기 등에 대한 관심을 불러일으킬 수 있고

(Buijzen & Vlkenburg, 2003; Calvert, 2008; Wartella, Caplovitz, & Lee, 2004), 약물이나 알코올 사용을 매력적으로 묘사하는 광고는 음주, 투약, 약물 사용의 위험한 행동 결과를 과소평가하게 할 수 있다(Tinsley, 1992). TV 상업 광고의 해로운 영향이 TV 폭력보다도 더 큰 문제가 될 수 있다(Shaffer, 2005).

지난 40년간 TV와 다른 매체에 대한 연구결과, 미국 어린이의 대부분이 엄청난 폭력에 노출되어 있으며 이런 폭력물을 많이 시청하는 사람들이 더 공격적인 태도와 행동을 보였다. 폭력물의 시청과 공격적 행위 간의 상관관계는 시대나 장소, 계층에 공통되는 일반적인 현상을 보였다(Donnerstein, Slaby, & Eron, 1994). 종단연구에서 TV 폭력과 공격성 간의 관계는 상호적인 것으로 나타났는데, TV 폭력 시청은 아동의 공격적 성향을 증가시키고 공격적 성향은 폭력적 프로그램에 대한 흥미를 자극하고 공격적 프로그램은 다시 공격성을 증가시킨다(Eron, 1982).

TV와 비디오 게임에 대한 부모의 가장 큰 걱정은 지나친 폭력성이다. Bandura(1965)는 성인과 아동이 모델을 관찰하는 것만으로 새로운 행동을 하도록 할 수 있다고 주장하였다. 폭력적인 사람을 우상시하고 정당화하기 때문에 폭력적 등장 인물과 자신을 동일시하는 사람은 이들을 역할 모델로 하여 폭력적 행동을 학습하게 된다. TV의 폭력적 등장인물을 동일시하는 유치원의 유아들은 이후 10~13년에 걸쳐 더 공격적이 되었고, 폭력 프로그램을 좋아하는 유치원 여아들은 폭력 프로그램을 덜 보았던 여아들보다 고등학교에서 학업성취도가 더 낮았다(Anderson et al., 2001).

따라서 TV나 비디오를 통해 폭력에 반복적으로 노출되면 아이는 더 공격적이 될 수 있다. 특히 폭력적인 성향이 있는 아이들에게 폭력물은 더욱 해로울 수 있다(Anderson & Huesmann, 2005; Comstock & Scharrer, 2003; Eron, 1980; Huesmann, Moise-Titus, Podolski, & Eron, 2003). 갈등 해결을 신체적 공격으로 하는 성향이 있는 아이들은 주로 폭력적인 프로그램을 선호하는 경향이 있으며, 이런 프로그램을 시청한 후에 더욱 폭력적으로 행동할 수 있다.

TV의 폭력에 오랫동안 노출된 아동은 폭력에 둔감해질 수 있다. Thomas 등(1977)은 둔감화 가설(desensitization hypothesis)을 검증하였다. 폭력 프로그램을 본 유치원 아동은 비폭력적 스포츠를 보았던 다른 참가자 보다 TV에서 본 싸움

둔감화 가설

어떤 자극에 많이 노출되면 그 자극에 대한 신체적·정서적 반응이 감소된다는 가설

미국에서도 0~8세 아이의 모바일 미디어 디바이스 사용이 급격하게 늘고 있다. 2013년 1,463명의 부모를 대상으로 한 'Zero to Eight: Children's Media Use In America'의 조사 결과에 따르면, 0~8세 아이의 약 75%가 어떤 형태든 모바일 디바이스를 사용하고 있는데 그중 63%가 스마트폰을 사용하고 있으며 40%가 태블릿을 사용하는 것으로 나타났다.

〈표 14-5〉와 같이 미국의 경우 연령에 따른 모바일 앱 사용 유형을 보면 교육용 게임이나 창의적인 앱, TV 캐릭터에 기반한 앱 등은 이미 2~4세 유아가 5~8세 아동보다도 모바일 앱의 사용이 더 많거나 거의 차이가 없어 스마트폰 노출 시기가 점차 빨라지는 것을 알 수 있다.

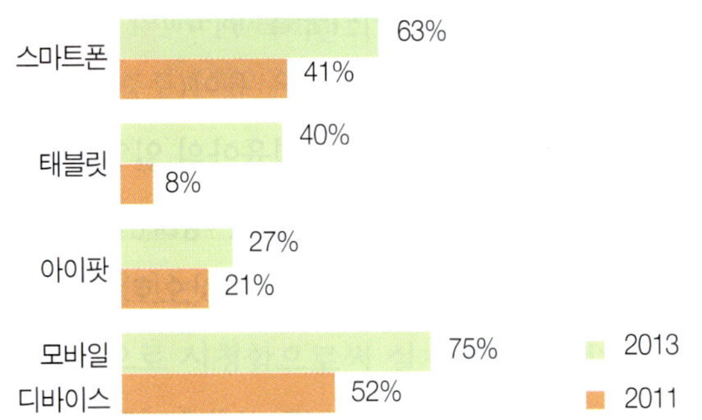

[그림 14-4] 미국 0~8세 아동의 모바일 미디어 디바이스 사용 추세(Common Sense Media, 2013)

〈표 14-5〉 미국 0~8세 아동의 연령별 사용하는 모바일 앱의 유형(Common Sense Media, 2013)

모바일 앱 유형	아동 연령			
	전체	0~1세	2~4세	5~8세
교육용 게임	43%	13%	52%	51%
오락용 게임	42%	15%	43%	55%
창의적인 앱*	38%	19%	45%	43%
TV 캐릭터에 기반한 앱	28%	13%	39%	29%
기타 유형의 앱	18%	11%	15%	25%

* 그리기, 음악 만들기 또는 비디오 제작하기와 같은 것들을 위한 앱

〈표 14-6〉 우리나라 영유아가 선호하는 스마트폰 서비스(이정림, 2013) (단위: %)

구분	전체	영아	유아
전체	100.0(1,043)	100.0(286)	100.0(757)
만화	30.5	35.0	28.8
게임	26.0	16.1	29.7
음악(노래)	13.1	17.8	11.4
교육용 콘텐츠	12.1	13.3	11.6
카메라, 사진첩	11.7	12.2	11.5
TV 프로그램(DMB)	2.9	3.5	2.6
영화 중계	1.4	0.7	1.7
검색	0.9	0.7	0.9
일반적인 웹서핑	0.6	-	0.8
채팅, 메신저(카카오톡, 라인 등)	0.6	0.7	0.5
커뮤니티(카페/클럽)	0.2	-	0.3
SNS(트위터, 페이스북 등)	0.1	-	0.1

*복수응답임

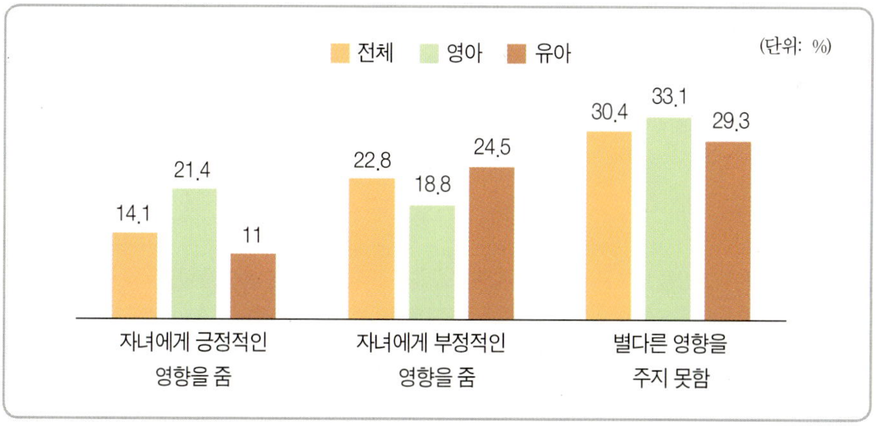

[그림 14-6] 우리나라 부모가 인식하는 스마트폰이 자녀에게 미치는 영향

〈표 14-6〉에서 볼 수 있듯이, 우리나라 영유아가 주로 선호하는 스마트폰 서비스는 만화와 게임이 가장 많다. 부모들은 영유아 자녀의 스마트폰 사용에 대해 22.8%가 부정적 영향을 준다고 생각하고 있었고, 긍정적 영향이 14.1%이며

별다른 영향을 주지 않는다는 응답이 30.4%로 자녀의 스마트폰 사용의 부정적 영향에 대한 인식이 높지 않아 이에 대한 부모교육이 필요하다.

어린 영유아의 스마트폰 사용은 주로 부모가 아이의 관심을 다른 곳에 돌리기 위한 목적으로 활용하는 경우가 많다. [그림 14-7]을 보면, 영유아가 영상물을 시청할 때 부모는 가사 일을 하며 아이 혼자 영상물을 보게 한다가 33.4%로 가장 많았다(이경숙, 2013). 스마트폰이 부모 대신 베이비시터의 역할을 하는 것으로 부모가 스마트폰에 대한 통제를 별로 하지 않는 것으로 나타났다. 부모의 스마트폰에 대한 인식과 태도가 아이의 스마트폰 이용에 중요한 영향을 미치므로 스마트폰 사용에 대한 부모의 인식개선이 필요하다.

인터넷 중독에 걸린 청소년과 성인은 뇌가 쉬지 못하고 뇌세포의 연결고리가 해체되며 뇌기능발달에 중요한 도파민 수용체가 줄어들고 도파민 방출이 증가하며 유전자의 변형이 일어난다. 그런데 영유아는 뇌세포가 더 왕성한 시기이기 때문에 영유아가 오랫동안 스마트폰에 노출되면 사회적 상황에 대한 판단능력, 감정소통 능력 등 부모나 주변인과의 사회적 소통과 인내심, 양보심과 관계있는 뇌의 연결고리가 해체되고, 직관적인 동물적 기능을 담당하는 뇌의 연결고리들만 남게 되어 충동적이고 비이성적이며 난폭하고 이기적인 사람이 될 수 있다(www.aap.org/en-us/advocacy).

유아의 인터넷 게임중독 경향성에 관한 연구결과 남아가 여아보다 유의미하게 게임 과몰입 성향이 높았으며 어머니의 취업여부는 유아의 인터넷 게임중독

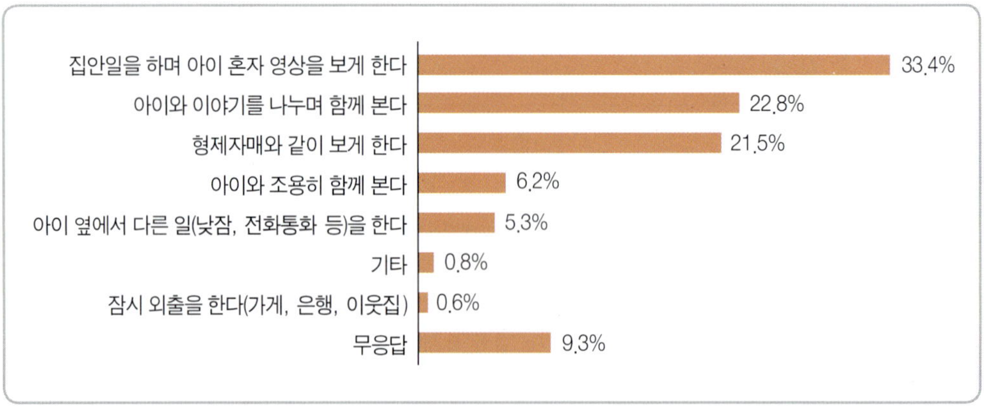

[그림 14-7] 우리나라 부모의 미디어 관리 지도

환경특성과 상관관계가 있는 것으로 나타났다. 부모의 인터넷 중독 정도는 유아의 인터넷 게임중독 경향성과 유의미한 상관관계가 있는 것으로 나타나(강정원 외, 2011) 인터넷 사용과 관련하여 부모가 자녀에게 바람직한 모델이 되기 위한 노력이 필요하다. 부모의 우울증이나 극심한 양육 스트레스로 인한 자녀방임 및 병리적 애착 관련 부모의 역기능적 양육 태도가 0~3세 영유아 영상물 과몰입과 관계가 있는 것으로 나타났다(이경숙 외, 2005). 영상물 과몰입군은 정상집단에 비해 어머니가 양육 스트레스, 우울, 불안이 높고 삶의 만족도, 부모-자녀 관계의 상호작용이 낮아 자녀가 가족이나 이웃과 상호작용을 하지 않고 인터넷이나 영상물에 과몰입하게 되는 결과를 가져왔다(이경숙, 2013). 스마트기기 몰입경향성은 유아의 신체, 인지, 사회성, 정서발달 수준과 전체 발달 수준에 부적 상관이 있는 것으로 나타났다(이수기, 이현경, 2014).

3) 바람직한 미디어 사용

미국 소아과학회(The America Academy of Pediatrics: AAP)는 많은 연구결과에 기초하여 과도한 매체 사용은 집중력 문제, 학교에서의 부적응 문제, 수면 및 섭식장애, 비만 등을 가져올 수 있음을 경고하고 있다. 더불어 인터넷과 스마트폰은 불법 음란물과의 접촉을 가능하게 한다고 지적하였다. 부모는 스크린 시간을 제한하고 책이나 신문, 보드 게임과 같은 비전자적 방식(non-electronic format)을 제공하거나 부모와 자녀가 함께 TV를 보면서 이야기를 나누거나 비판적 시각을 가지도록 하여 아이의 미디어 경험을 지도 관리하는 것이 바람직하다.

AAP는 부모가 집에서 TV를 치우든지 컴퓨터나 비디오 게임을 아이의 방에서 없애고 식사시간 동안에는 TV를 끄는 것과 같은 'Screen-free zone(스크린 없는 구역)'을 만들 것을 제안하였다. 0~2세의 영아는 미디어 사용을 금지하고, 2~5세 유아는 하루에 1시간 이내, 5~12세 이상의 아동은 하루에 2시간 이내만 사용할 것을 권고하고 있다. 가능하면 아이들이 밖에서 더 많은 시간을 보내도록 하고 독서를 하거나 취미활동을 하도록 하며 자유롭게 놀면서 상상력을 키우도록 하는 것이 바람직하다. TV와 오락 미디어는 뇌가 급격하게 발달하는 2세 이하의 영아는 사용하게 해서는 안 되며 스크린이 아닌 사람들과의 상호작용을 통해 배울 수 있는 경험을 주는 것이 필요하다(www.aap.org).

캐나다의 Zone'in Programs Inc는 아동의 여러 가지 문제는 TV, 비디오게임, 인터넷, 스마트폰이나 태블릿 사용의 증가와 밀접한 관계가 있다고 보고 가정에서 가능하면 이와 같은 기기들의 사용을 제한할 것을 권고하고 있다. 운동과 놀이는 아동 발달과 학습에 필수적일 뿐만 아니라 생존을 위해서도 필수적이다. 매체의 과도한 사용으로 아동의 운동과 놀이가 줄어들고 가족 간의 소통이 줄어드는 반면 공격성 증가, 발달지체, 비만, 수면장애, 불안, 우울, 집중력 장애, 학습의 어려움 등을 겪고 있다. 이와 같은 문제를 해결하기 위해 가능한 매체의 사용을 줄이고 운동(move)과 접촉(touch), 사람들과의 연결(connection), 자연(nature)과의 접촉을 늘릴 것을 제안하고 있다(www.zonein.ca).

참고문헌

강정원, 장수진, 김승옥(2011). 유아의 인터넷 게임중독 경향성에 미치는 유아와 가족변인의 영향. 어린이미디어연구, 10(3), 205-224.

곽금주, 성현란, 장유경, 심희옥, 이지연, 김수정, 배기조(2005). 한국영아발달연구. 학지사.

곽금주, 오상우, 김청택(2011). 한국 Wechsler 아동지능검사 4판(K-WISC-IV). 학지사 심리검사연구소.

곽희경(2011). 유치원 교사의 행복감 및 자아정체감과 교사효능감, 교사-유아 상호작용의 관계. 전북대학교 대학원 박사학위논문.

국민건강보험공단 비만대책위원회(2016). 2016 비만백서. 국민건강보험공단.

국민건강영양조사(2012). 2012 국민건강통계. 보건복지부 · 질병관리본부.

국민건강영양조사(2013). 2013 국민건강통계. 보건복지부 · 질병관리본부.

국민건강영양조사(2016). 2015 국민건강통계. 보건복지부 · 질병관리본부.

권석만(2013). 현대 이상심리학. 학지사.

권수현, 이승연(2011). 유치원 교사가 인식하는 역할갈등 및 역할갈등이 역할수행에 미치는 영향 분석: 회복탄력성 상, 하 집단을 중심으로. 유아교육연구, 31(2), 311-331.

김수정, 곽금주(2013). 3세 아동의 가정환경 자극과 발달수준이 7세 아동의 지능발달에 미치는 영향. 한국심리학회지: 발달, 26(4), 41-57.

김아영(2003). 교실에서의 동기. 교육심리연구, 17(1), 5-36.

김아영(2008). 한국 청소년의 학업동기 발달. 한국심리학회지: 사회문제, 14(1), 111-134.

김아영(2010). 자기결정성이론과 현장 적용 연구. 교육심리연구, 24(3), 583-609.

김아영, 오순애(2001). 자기결정성 정도에 따른 동기유형의 분류. 교육심리연구, 15(4), 97-119.

김영천(2013). 질적연구방법론 II-Methods 2. 아카데미프레스.

김영태, 김경희, 윤혜련, 김희수(2003). 영유아 언어발달 검사. 도서출판 특수교육

김영태, 성태제, 이윤경(2003). 취학 전 아동의 수용언어 및 표현언어 발달 척도. 서울장애인종합복지관.

김영태, 신문자(2004). 우리말 조음 음운 평가. 학지사심리검사연구소.

김영태, 장혜성, 임선숙, 백현정(2003). 그림 어휘력 검사. 서울장애인종합복지관.

김영희(1996). 기질 및 양육행동과 아동의 적응과의 관계. 아동학회지, 17(2), 19-32.

김예성(2013). 조손가정 아동의 심리적 사회적 적응 상태 및 심리사회적 적응에 영향을 미치는 요인. 청소년문화포럼, Vol. 37, 8-30.

김은영, 박은혜(2006). 유치원 교사의 직무 분석. 한국교원교육연구, 23(2), 303-323.

김정서(2006). 인공와우 이식 영유아의 수술 후 기간에 따른 음소 발달. 이화여자대학교 대학원 석사학위논문.

김지은, 진건(2005). 남녀 성 차이를 고려한 의학. 여성건강, 6(2), 75-90.

김향희, 나덕필(2007). 아동용 한국판 보스톤 이름대기 검사. 학지사심리검사연구소.

김희규, 강정숙, 김은영, 김의정, 김주영, 김형일, 박계신, 오세철, 옥정달, 정동일, 정동훈, 정해진, 채희태, 홍은숙, 황복선(2010). 특수교육학개론. 학지사.

김희수, 조은정, 최정선, 홍성훈(2011). 유아가 지각한 교사행동과 유아의 애착안정성이 유아교육기관 적응에 미치는 영향. 열린유아교육연구, 16(4), 339-355.

김희화(2005). 아버지의 양육참여 실태 및 청소년의 자아존중감에 대한 아버지의 양육참여의 영향. 한국아동학회지, 26(5), 311-330.

문수백(2000). 한국판 K-ABC의 이론적 배경 및 심리측정적 특성 분석. 미래유아교육학회지, 7(1), 47-84.

미래창조과학부, 한국정보화진흥원(2013). 2013년 인터넷 중독 실태조사.

박은숙, 안채순, 김은경, 성경숙, 원정완, 오원옥, 윤영미, 석민현, 박창승, 임여진, 조헌하, 임혜상(2011). 한국 아동의 대소변 가리기 성취 시기 및 순서. 한국모자보건학회지, 15(2), 186-205.

박찬옥, 안은정(2008). 3세 유아에게 적합한 자율성 교육 방향 모색. 아동과 권리, 12(3), 331-360.

박태섭(2002). 유아의 기초운동기능 발달에 맞춘 유아체육 프로그램의 개발. 한국유아체육학회지, 3(1), 79-100.

박혜원, 이경옥(2016). 한국아동의 지적 특성: 한국 Wechsler 유아지능검사 4판(K-WPPSI-IV)의 수행분석. *Korean Journal of Child Studies, 37* (6), 157-168.

박혜원, 이경옥, 안동현(2016). 한국 Wechsler 유아지능검사 4판(K-WPPSI-IV). 학지사.

박혜원, 이경옥, 이상희, 박민정(2016). 한국 웩슬러 유아지능검사 4판(K-WPPSI-IV)의 표준화 연구: 신뢰도와 타당도 분석. 한국보육지원학회지, 12(4), 111-130.

박화옥(2013). 대리양육 조부모의 우울감과 양육의지에 영향을 미치는 요인연구. 사회과학연구, 39(1), 1-28.

방송통신위원회 · 한국인터넷진흥원(2013). 2012 인터넷 이용실태조사.

배성희(2009). 보육교사의 행복이 교사의 효능감과 직무만족도에 미치는 영향. 부산교육학연구, 22, 25-44.

배소영, 임선숙, 이지희(2000). 언어문제 해결력 검사. 서울장애인종합복지관.

배소영, 임선숙, 이지희, 장혜성(2000). 구문의미 이해력 검사. 서울장애인종합복지관.

배소영, 장유경, 곽금주, 성현란, 심희옥(2001). MCDI-K를 통해 본 한국유아의 표현어휘발달과 성차. 언어청각장애연구, 9(1), 45-56.

백욱현(1988). 아동의 내재적 동기개발과 교육. 공주대학교교육연구소, 교육연구, 제5집, 31-51.

보건복지부 보건사회연구원(2006). 국민건강영양조사 제3기(2005).

서유헌(2003). 뇌 발달에 따른 학습. 제1회 뇌기반 학습과학 심포지엄: 과학교육의 혁신 방안 발표 자료집, 1-33.

소비자안전국 위해정보팀(2015). 어린이 안전사고 동향분석. 소비자안전센터.

소순희(2000). 여섯 가지 색깔의 사고 모자 기법 프로그램이 유아의 창의성 증진에 미치는 효과. 동아대학교 교육대학원 석사학위논문.

손유진, 이규진, 이정주(2008). 유아교사 이미지에 대한 유치원 교사와 어머니의 인식에 관한 연구. 문화콘텐츠연구소, 제14집, 63-100.

신명희, 강소연, 김은경, 김정민, 노원경, 서은희, 송수지, 원영실, 임호용(2014). 교육심리학(3판). 학지사.

신명희, 서은희, 송수지, 김은경, 원영실, 노원경, 김정민, 강소연, 임호용(2017). 발달심리학(2판). 학지사.

여성가족부(2010). 2010년 조손가족 실태조사.

오채미, 공인숙(2007). 아동이 지각한 부모의 양육행동이 아동의 공격성에 미치는 영향. 한국가정관리학회지, 25(4), 139-149.

오현숙(2006). 유아의 기질 및 성격, 어머니의 만족도와 양육행동의 관계: 유아의 자율성과 연대감발달을 중심으로. 한국심리학회지: 여성, 11(2), 211-226.

우남희, 백혜정, 김현신(2005). 조기 사교육이 유아의 인지적, 정서적, 사회적 발달에 미치는 영향 분석: 유치원 원장들의 인식을 중심으로. 유아교육연구, 25(1), 5-24.

원영미(1990). 유아의 기질 및 그 관련변수와 유치원 아동의 적응과의 관계. 이화여자대학교 대학원 박사학위논문.

유혜경, 남현우(2010). 초등학교 고학년의 부 · 모 애착, 또래애착, 성역할 정체감과 공격성의 관계. 청소년학연구, 17(6), 215-238.

유효순(2003). 아동의 애착안정성과 정서지능의 관계. 인간발달연구, 10(2), 9-30.

이경민, 최윤정, 이경애(2012). 유치원 교사의 행복과 역할수행 능력과의 관계. 유아교육연구, 32(6), 509-523.

이경숙(2013) 영유아의 스마트폰 노출 실태 및 보호대책 토론 글. 영유아 및 아동 · 청소년의 스마트폰 중독 예방을 위한 정책. 한국청소년정책연구원 · 육아정책연구소. 73-76.

이경숙, 신의진, 전연진, 박진아, 정유경(2005). 과도한 영상물 노출 양육이 영유아의 심리적 발달에 미치는 영향. 한국심리학회지: 발달, 18(2), 75-103.

이경옥, 박혜원, 이상희(2016). 한국 웩슬러 유아지능검사 4판(K-WPPSI-IV)의 지능구조에 관한 연구. *Korean Journal of Child Studies, 37* (6), 107-117.

이금란(2000). 유치원 교사의 이미지에 관한 연구. 이화여자대학교 교육대학원 석사학위논문.

이다겸(2008). 모래와 음악놀이를 통한 유아상담기법. 부산광역시 유아교육진흥원.

이대균, 백경순, 박옥자(2007). 우수 유치원으로 인증 받은 W유치원의 특성에 관한 연구. 열린유아교육연구, 12(4), 137-163.

이배, 김경숙(2013). 아버지 양육참여도와 유아의 놀이성 및 자기조절능력과의 관계. 아동교육, 22(3), 191-206.

이석구(2012). 전국 예방접종률 조사. 질병관리본부.

이소현, 박은혜(2011). 특수아동교육(3판). 학지사.

이수기, 이현경(2014). 유아의 스마트기기 몰입경향성과 발달수준에서 자아탄력성의 매개효과. 어린이미디어연구, 13(3), 227-243.

이영은, 송현주(2014). 영아의 도움 행동과 방해 행동의 의도 이해. 인지과학, 25(2), 135-157.

이윤진, 이정원, 김문정, 황은숙(2010). 가구유형별 육아지원 요구와 정책방안연구: 맞벌이 및 한부모 가구를 중심으로. 육아정책연구보고서 2010-03.

이은화, 이상금, 이정환, 이경우, 이기숙(1995). 한국 4세 유아의 발달에 관한 연구-청삼아동문제연구소. 창지사.

이정림(2013). 영유아의 스마트폰 노출 실태. 영유아 및 아동 · 청소년 스마트폰 중독 예방을 위한 정책. 한국청소년정책연구원 · 육아정책연구소. 1-36.

이정숙, 문보경(2011). 유아의 기질과 어머니의 양육 스트레스 및 정서조절 방략이 유아의 문제행동에 미치는 영향 · 기질 하위 요인들에 따른 군집을 중심으로. 한국아동심리치료학회지, 6(1), 81-97.

이정순(2010). 부부관계가 어머니와 유아의 행동 및 유아의 정서불안 행동에 미치는 영향. 유아교육학논집, 14(3), 37-56.

이종욱, 최한희, 박병기(2012). 부모양육방식과 자녀발달 특성의 관계에 대한 메타분석. 아동교육, 21(4), 275-296.

이지희, 문혁준(2008). 아동의 정서성, 정서조절 능력 및 어머니 양육행동이 아동의 또래 유능성에 미치는 영향. 아동학회지, 29(4), 1-14.

이진숙, 한유미, 박은숙, 이영환, 오연주, 권정윤(2004). 스웨덴과 한국 아버지의 보육시설 참여 실태 및 자녀와의 관계에 대한 비교연구. 한국생활과학회 학술대회, 103-104.

이철수(2007). 유치원 교사의 변인에 따른 임파워먼트 인식 차이 연구. 중앙대학교 대학원 박사학위논문.

임경희, 손승남(2008). 한국형 MHBT 영재판별 검사의 개발 및 타당화. 영재교육연구, 18(3), 371-400.

임말자, 최경순(2003). 유아의 성 · 연령 · 기질 및 가정환경자극과 유아교육기관적응과의 관계. 유아교육연구, 23(1), 189-207.

장유경(2004). 한국 영아의 초기 어휘발달: 8개월~17개월. 한국심리학회지: 일반, 23(1), 77-99.

장혜성, 임선숙, 백현정(1994). 문장이해력 검사. 서울장애인종합복지관.

장휘숙(1997). 애착의 전생애 모델과 대물림: 전생애 발달심리학적 조망에서 애착연구의 개관. 한국심리학회지, 16(1), 80-97.

장희경, 조병은(1994). 맞벌이 가족의 조모-손자녀 관계가 아동의 자아존중감에 미치는 영향. 아동학회지, 16(1), 211-224.

전경원(1999). 유아 종합 창의성 검사. 학지사.

전현주(2011). 인공와우이식 영아의 발성 및 음소 발달 종단연구. 이화여자대학교 대학원 석사학위논문.

정재경, 성소영(2011). 영아안전에 대한 보육교사의 인식과 실천 및 지식. 미래유아교육학회지, 18(2), 125-149.

정현빈(2010). 유아의 사회적 기술이 유아의 또래놀이 상호작용에 미치는 영향. 덕성여자대학교 대학원 석사학위논문.

조수철(2005). 틱장애. 서울대학교 출판부.

질병관리본부(2007). 2007년 소아 및 청소년 표준성장도표(해설).

질병관리본부(2010). 영유아 건강검진에서의 영양 상담.

천희영(1993). 기질과 어머니의 양육태도에 따른 아동의 사회적 능력. 아동학회지, 14(2), 17-34.

최경순(1990). 아동-아버지 관계에 관한 연구(II)-우리나라 연구의 동향. 부산여자대학교 논문집, 30, 491-518.

최은진(2016). 국내 모유수유 실태조사. 한국보건사회연구원.

최은희, 서상규, 배소영(2001). 1;1-2;6세 한국 아동의 표현어휘 연구. 언어청각장애연구, 6(1), 1-16.

최정선, 김희수(2014). 유치원 교사가 지각한 자기의식 수준, 직무 스트레스 및 직무만족도와의 관계. 열린유아교육연구, 19(5), 387-404.

통계청 사이트(2009). TV 시청 시간 통계 결과. http://www.kostat.go.kr

하정훈(2006). 삐뽀삐뽀 119소아과. 그린비 출판사.

한국교육평가학회(2004). 교육평가 용어사전. 학지사.

한국소비자원 어린이안전넷(http://isafe.go.kr).

한국영양학회(2010). 한국인 영양섭취기준(개정판).

홍강의 외 공저(2014). 소아정신의학. 학지사.

홍계옥(2001). 어머니의 자기-지각, 양육행동 및 유아의 기질과 유아의 사회적 능력. 아동학회지, 22(2), 2-14.

홍계옥, 정옥분(1995). 유아의 기질 및 어머니의 양육행동과 모자 애착행동 간의 관계. 아동학회지, 16(1), 99-112.

A Common Sense Media Research Study(2013). Zero to Eight: Children's Media Use in America 2013.

Agbenyega, J. (2009). The Australian early development index, Who dose it measure: Piaget or Vygotsky's child?. *Australasian Journal of Early Childhood, 34*(2), 31-38.

Ainsworth, M. D. S. (1973). The development of infant-mother attachment. In B. Caldwell & H. Ricciuti (Eds.), *Review of child development research* (Vol. 3, pp. 1-94). Chicago: University of Chicago Press.

Ainsworth, M. D. S. (1985). Attachment across the life-span. *Bulletin of the New York Academy of Medicine, 61*, 792-812.

Ainsworth, M. D. S., Blechar, M., Waters, E., & Wall, S. (1978). *Patterns of attachment*. Hillsdale, NJ: Erlbaum.

Ainsworth, M. D. S., Blehar, M. C., Waters, E., & Wall, S. (1978). *Patterns of attachment: A psychological study of the strange situation*. Hillsdale, NJ: Erlbaum.

Aksan, N., Kochanska, G., & Ortmann, M. R. (2006). Mutually responsive orientation between parents and their children: Toward methodological advances in the science of relationships. *Developmental Psychology, 42*(5), 833-848.

Alexander, B. K., & Harlow, H. F. (1965). Social behavior in juvenile rhesus monkeys subjected to different rearing conditions during the first 6 months of life. *Zooloqische Jarbucher Phvsioloqie, 60*, 167-174.

Alexander, P. (2006). *Psychology in learning and instruction*. Upper Saddle River, NJ: Prentice Hall.

Amabile, T. M. (1989). *Growing up creativity: Nurturing a lifetime of creativity*. NY: Crown Publishing Group.

Amabile, T. M. (1993). Commentary. In D. Goleman, P. Kaufman, & M. Ray (Eds.), *The creative spirit*. NY: Plume.

Amabile, T. M., & Hennesey, B. A. (1992). The motivation for creativity in children. In A. K. Boggiano & T. S. Pittman (Eds.), *Achievement and motivation*. NY: Cambridge University Press.

American Academy of Pediatrics(1999a). *Lead screening for children*. Elk Grove, IL: American Academy of Pediatrics.

American Academy of Pediatrics(1999b). *2 to 4 years: Safety for your child*. Elk Grove, IL: American Academy of Pediatrics.

American Association on Intellectual and Developmental Disabilities (2010). *Intellectual disability: Definition, classification, and systems of supports* (11th ed.), Washington, DC: Author.

American Psychiatric Association (2013). *Diagnostic and Statistical Manual of Mental Disorders-5th edition(DSM-5)*. Washington, DC: Author.

Anderson, C., & Heusmann, R. (2005). The evidence that media violence stimulates aggression in young viewers remains 'unequivocal'. *APS Observer, 18*(10), 7-8.

Anderson, C. A., & Dill, K. E. (2000). Video games and aggressive thoughts, feelings, and behavior in the laboratory and in life. *Journal of Personality and Social Psychology, 78*, 772-790.

Anderson, D. R., Huston, A. C., Schmitt, K. L., Linebarger, D. L., & Wright, J. C. (2001). Early childhood television viewing and adolescent behavior: The recontact study. *Monographs of the Society for Research in Child Development, 66*(1), 1-147.

Anderson, G. M., & Hoshino, Y. (2005). Neurochemical studies of autism. In F. R. Volkmar, R. Paul, A. Klin, & D. Cohen (Eds.). *Handbook of autism and pervasive developmental disorders: Vol. 2. Assessment, interventions, and policy* (4th ed.). Hoboken, NJ: Wiley.

Anderson, P. J., & Graham, S. M. (1994). Issues in second language phonological acquisition among children and adults. *Topic in Language Disorder, 14*, 84-100.

Archer, J. (2004). Sex differences in aggression in real world settings: A Meta-analytic review. *Review of General Psychology, 8*, 291-322.

Asher. J., & Garcia. G. (1969). The optimal age to learn a foreign language. *Modern Language Journal, 31*, 334-341.

Atkinson, R. C., & Shiffrin, R. M. (1968). Human memory: A proposed system and its control processes. In K. W. Spence & J. T. Spence (Eds.), *The psychology of learning and motivation* (Vol. 2). New York: Academic Press.

Ayduk, O., Mendoza-Denton, R., Mischel, W., Downey, G., Peake, P. K., & Rodriguez, M. (2000). Regulating the interpersonal self: Strategic self-regulation for coping with rejection sensitivity. *Journal of Personality and Social Psychology, 79*, 776-792.

Azmitia, M., & Hesser, J. (1993). Why Siblings Are Important Agents of Cognitive Development: A Comparison of Siblings and Peers. *Child Development. 64*, 430-444.

Bandura, A. (1965). Influence of models' reinforcement contingencies on the acquisition of imitative responses. *Journal of Personality and Social Psychology, 1*, 589-595.

Bandura, A. (1977). *Self-efficacy: The exercise of control*. New York: W. H. Freeman.

Bandura, A. (1986). *Social foundations of thought and action: A social cognitive theory*. Englewood Cliffs, NJ: Prentice-Hall.

Bandura, A. (1989). Social cognitive theory. In R. Vasta (Ed.), *Annals of child development: Vol. 6 Six theories of child development* (pp. 1-60). Greenwich, CT: JAI.

Bandura, A. (1991). Social cognitive theory of self-regulation. *Organizational Behavior and Human Decision Process, 50*, 248-287.

Barkley, R. (2000). *Taking charge of ADHD*. New York: Guilford.

Barkley, R. (2003). Attention-deficit/hyperactivity disorder. In E. J. Mash & R. Barkley (Eds.), *Child psychopathology* (2nd ed.). New York: Guilford.

Barrett, K. C., & Morgan, G. A. (1995). Continuities and discontinuities in mastery motivation during infancy and toddlerhood. A conceptualization and review. In R. H. MacTurk & G. A. Morgan (Eds.), *Mastery motivation: Origins, conceptualization and application* (pp. 57-94). Norwood, NJ: Ablex.

Bauer, P. J. (2002). Long-term recall memory: Behavioral and neuro-developmental changes in the first 2 years of life. *Current directions in psychological science, 11*, 137-141.

Bauman, M. L., & Kemper, T. L. (2005). Structural brain anatomy in autism: What is the evidence? In M. L. Bauman & T. L. Kemper (Eds.), *The neurobiology of autism* (2nd ed.). Baltimore: Johns Hopkins University Press.

Baumrind, D. (1967). Child care practices anteceding three patterns of preschool behavior. *Genetic Psychology Monographs, 75*(1), 43-88.

Baumrind, D. (1971). Current patterns of parental authority. *Developmental Psychology Monograph, 4*, 1-103.

Baumrind, D. (1980). Current patterns of parental authority. *Development Psychology Monographs, 4*, 1-2.

Baumrind, D. (1982). Are androgynous individuals more effective persons and parents?. *Child Development, 53*(1), 44-75.

Baumrind, D. (1989). Rearing competent children. In W. Damon (Ed.), *Child development today and tomorrow* (pp. 349-378). San Francisco: Jossey-Bass.

Baumrind, D. (1991). The influence of parenting style on adolescent competence and substance use. *Journal of Early Adolescence, 11*(1), 56-95.

Baumrind, D., Larzelere, R. E., & Owens, E. B. (2010). Effects of preschool parents' power assertive patterns and practices on adolescent development. *Parenting: Science and Practice, 10*(3), 157-201.

Bayley, N. (1969). *Manual for the Bayley Scales of Infant Development*. NY: Psychology Corporation.

Begley, S. (1997). How to builds a baby's brain. *Newsweek Special Issue, spring/summer*, 28-32.

Beirne-Smith, M., Patton, J. R., & Kim S. H. (2006). *Mental retardation? An introduction to intellectual disabilities* (7th ed.). New Jersey: Prentice Hall.

Bem, S. L. (1981). Gender schema theory: A cognitive account of sex typing. *Psychological Review, 88*(4), 354-364.

Bem, S. L. (1985). Androgyny and gender schema theory: A conceptual and empirical integration. In T. B. Sondregger (Ed.), *Nebraska Symposium on motivation, 1984: Psychology and gender*. Lincoln: University of Nebraska Press.

Bengtsson, H. (2003). Children's cognitive appraisal of others' distressful and positive experiences. *International Journal of Behavioral Development, 27*, 457-466.

Berche Cruz, X. (1987). *Developmental differences*

in gifted and average children. Paper presented at the Seventh World Conference on Gifted and Talented Children, Salt Lake City: UT.

Berk, L. E. (1992). Children's private speech: An overview of theory and the status of research. In R. M. Diaz & L. E. Berk (Eds.), *Private speech: From social interaction to self-regulation* (pp. 17-53). Hilsdale, NJ: Erlbaum.

Berk, L. E. (1996). *Infants, children, and adolescents* (2nd ed.). Needham Heights, MA: Allyn & Bacon.

Berk, L. E. (2001). *Development Through the Lifespan*. Pearson Education Inc.

Berk, L. E. (2004). *Infants and Children: Prenatal Through Middle Childhood* (2nd ed.). Allyn & Bacon.

Berk, L. E. (2006). *Child development*. Pearson Education Inc.

Berk, L. E. (2009). *Child development* (8th ed.). Boston: Ally and Bacon.

Berk, L. E. (2012). *Infants, children, and adolescents*. Allyn & Bacon.

Berk, L. E., & Winsler, A. (1995). Scaffolding children's learning: Vygotsky and early childhood education. Washington, DC: National Association for the Education of Young Children.

Berk. L. E. (2009). 생애발달 I (이옥경, 박영신, 이현진, 김혜리, 정윤경, 김민희 공역). 시그마프레스. (원저는 2006년 출판)

Berkowitz, L. (1993). *Aggression: Its causes consequences, and control*. New York: McGraw-Hill.

Berlin, L. J., Cassidy, J., & Appleyard, K. (2008). The influence of early attachments on other relationships. In J. Cassidy & P. R. Shaver (Eds.), *Handbook of attachment: Theory, research, and clinical applications* (2nd ed.). New York: Guilford Publications.

Berndt, T. J., & Keefe, K. (1995). Friends influence on adolescents adjustment in school. *Child Development, 66*, 1312-1329.

Bettleheim, B. (1967). *The empty fortress: Infantile autism and the birth of the self*. New York: Free Press.

Bianchi, S., & Robinson, J. (1997). What did you do Today? Children's Use of Time, Family Composition, and the Acquisition of Social Capital. *Journal of Marriage and the Family, 59*, 332-244.

Binger, J. J. (1979). *Parent-child relations*. NY: Macmillan Publishing.

Birdsong, D., & Molis, M. (2001). On the evidence for maturational constraints in second-language acquisition. *Journal of Memory and Language, 44*, 235-249.

Bithoney, W. G., & Newberger, E. H. (1987). Child and family attributes of failure to thrive. *Journal of Developmental and Behavioral Pediatrics, 8*, 32.

Bjorklund, D, F., & Coyle, T. R. (1995). Utilization deficiencies in the development of memory strategies. In F. E. Weinret & W. Schneider (Eds.), *Memory performance and competencies: Issues in growth and development*. Hillsdale, NJ: Erbaum.

Bjorklund, D. F. (2005). *Children's thinking: Cognitive development and individual differences* (4th ed.). Belmont: Wadsworth Thomson Learning.

Blakemore, C. (1976). The conditions required for the maintenance of binocularity in the kitten's visual cortex. *Journal of Physiology, 261*, 423-444.

Block, J. H. (1976). Issues, problems, and pitfalls in assessing sex differences: A critical review of the psychology of sex differences. *Merrill-Palmer Quarterly, 22*(4), 285-308.

Bloom, B. S. (1985). *Developing talent in young people*. NY: Ballantine.

Blum, N. J., Taubman, B., & Osborne, M. L. (1997). Behavioral characteristics of children with stool toileting refusal. *Pediatrics, 99*, 50-53.

Boekaerts, M., & Boscolo, P. (2002). Interest in learning, learning to be interested. *Learning and Instruction, 12*, 375-382.

Bogatz, G. A., & Ball, S. J. (1972). *The impact of "Sesame Street" on children's first school experiences*. Princeton, NJ: Educational Testing Service.

Bongaerts, T., van Summeren, C., Planken, B., & Schils, E. (1997). Age and ultimate attainment in the pronunciation of a foreign language. *Studies in Second Language Research Acquisition, 19*, 447-465.

Bowlby, J. (1951). Maternal care and mental health. *WHO Monograph Series, No 2*. Geneva: WHO.

Bowlby, J. (1969). *Attachment and loss* (Vol. 1. Attachment). New York: Basic Books.

Boyatzis, C. J., Matillo, G. M., & Nesbitt, K. M. (1995). Effects of the "Mighty Morphin Power Rangers" on children's aggression with peers. *Child Study Journal, 25*, 45-55.

Boyd, D., & Bee, H. (2013). *The growing child*. Allyn & Bacon.

Bradley, R. H., Corwyn, R. F., McAdoo, H. P., & Garcia Coll, C. (2001). The home environments of children in the United States: Part 1, Variations by Ethnic and Income Group. *Child Development, 72*, 1844-1867.

Brainerd, C. J., & Poole, D. A. (1997). Long-term survival of children's false memories: A review. *Learning and Individual Differences, 9*, 125-152.

Braungart-Rieker, J. M., Hill-Soderlund, A. L., & Karrass, J. (2010). Fear and anger reactivity trajectories from 4 to 16 months: The roles of temperament, regulation, and maternal sensitivity. *Developmental Psychology, 46*(4), 791-804.

Brian S. T. (2000). A cross cultural study of the school performance of children bring raised by their frand parents. PhD. Dissertation Arizona University.

Brody, G. H., & Shaffer, D. R. (1982). Contributions of parents and peers to children's moral socialization. *Developmental Review, 2*, 31-75.

Bronfenbrenner, U. (1979). *The ecology of human development*. Cambridge, MA: Harvard University Press.

Bronfenbrenner, U. (1989). Ecological systems theory. In R. Vasta (Ed.), *Six theory of child development*, CT: JAI Press.

Bronfenbrenner, U., & Ceci, S. J. (1994). Nature-nurture reconceptualized in developmental perspective: A bioecological model. *Psychological Review, 101*, 568-586.

Brooks, R., & Meltzoff, A. N. (2005). The development of gaze following and its relation to language. *Developmental Science, 8*(6), 535-543.

Brown, K. H., Robertson, A. D., & Akhtar, N. A. (1986). Lactational capacity of marginally nourished mothers: infants' milk nutrient consumption and patterns of growth. *Pediatrics, 78*, 920-927.

Brown, L. M., Tappan, M. B., & Gilligan, C. (1995). Listening to different voices. In W. M. Kurtines & J. L. Gewirtz (Eds.), *Moral development: An introduction*. Boston: Allyn & Bacon.

Brown, P., & Elliot, R. (1965). Control of aggression in a nursery school class. *Journal of Experimental Child Psychology, 2*, 103-107.

Brownell, C. A. (1990). Peer Social skills in toddlers: Competencies and constraint illustrated by same-age and mixed-age interaction. *Child Development, 61*, 838-848.

Bruck, M., & Ceci, S. J. (2004). Forensic developmental psychology: unveiling four scientific misconceptions. *Current Directions in Psychology, 13*, 229-232.

Bruner, J. (1983). *Child's Talk: Learning to use language*. New York: W. W. Norton & Company.

Buijzen, M., & Valkenburg, P. (2003). The effects of television advertising on materialism, parent-child conflict, and unhappiness: A review of research.

Journal of Applied Developmental Psychology, 24(4), 437-456.

Bukatko, D. (2008). *Child and Adolescent Development: A chronological approach*. Houghton Mifflin company.

Burd, B. (1986). Infant swimming classes: Immersed in controversy. *The physician and Sports Medicine, 14*(3), 239-244.

Busch-Rossnagel, N. A., Knauf-Jensen, D. E., & DesRosiers, F. S. (1995). Mothers and others: The role of the socializing environment in the development of mastery motivation. In R. H. MacTurk & G. A. Morgan (Eds.), *Mastery motivation: Origins, conceptualization and application* (pp. 117-145). Norwood, NJ: Ablex.

Bussey, K., & Perry, D. G. (1977). The imitation of resistance to deviation: Conclusive evidence for an elusive effect. *Developmental Psychology, 13*, 438-443.

Butterworth, G. (2004). Joint visual attention in infancy. In G. Bremner & A. Slater (Eds.), *Theories of infant development*. Malden: Blackwell Publishing.

Cairns, R. B., Cairns, B. D., Neckerman, H., Fergusen, L. L., & Gariepy, J. L. (1989). Growth and aggression: Childhood to early adolescence. *Developmental Psychology, 25*, 320-330.

Calvert, S. L. (2008). The Children's Television Act. In S. L. Calvert & B. J. Wilson (Eds.), *Blackwell Handbook of Child Development and the Media*. Boston, MA: Wiley Blackwell.

Cameron, J., & Pierce, W. D. (1994). Reinforcement, reward, and intrinsic motivation: A meta-analysis. *Review of Educational Research, 39*, 363-423.

Campos, J. J., Frankel, C. B., & Camras, L. (2004). On the nature of emotion regulation. *Child Development, 75*(2), 377-394.

Campos, J. J., Kermoian, R., & Zumbahlen, M. R. (1992). Socioemotional transformations in the family system following infant crawling onset. In N. Eisenberg & R. A. Babes (Eds.), *Emotion and its regulation in early development* (pp. 25-40). San Francisco: Jossey-Bass.

Campos, J. J., Langer, A., & Krowitz, A. (1970). Cardiac responses on the visual cliff in prelocomotor human infants. *Science, 170*, 196-197.

Caplan, M., Vespo, J. E., Pedersen, J., & Hay, D. F. (1991). Conflict over resources in small groups of 1 and 2-year olds. *Child Development, 62*, 1513-1524.

Carlton, M. P., & Winsler, A. (1998). Fostering intrinsic motivation in early childhood classrooms. *Early Childhood Education Journal, 25*(3), 159-166.

Carney, D. R., & Mason, M. F. (2010). Decision making and testosterone: When the ends justify the means. *Journal of Experimental Social Psychology, 46*(4), 668-671.

Caroli, M., Argentieri, L., Cardone, M., & Masi, A. (2004). Role of television in childhood obesity prevention. *International Journal of Obesity & Related Metabolic Disorders: Journal of the International Association for the Study of Obesity, 28*(Suppl. 3), S104-S108.

Carroll, J. B. (1993). *Human cognitive abilities: A survey of factor-analytic studies*. NY: Cambridge University Press.

Carroll, J. B. (2003). The higher stratum structure of cognitive abilities: Current evidence supports g and about ten broad factors. *The scientific study of general intelligence: Tribute to Arthur Jensen* (pp. 5-21). Oxford, England: Elsevier.

Case, R. (1985). *Intellectual development: Birth to adulthood*. Orlando, FL: Academic Press.

Case, R. (1985). *Managing human resources: productivity, quality of work life, profits*. NY: McGraw-Hill.

Casey, P. H. (1992). Failure to thrive. In M. D. Levine, W.

B. Carey, & A. C. Crocker (Eds.), *Develop- mental-behavioral pediatrics* (pp. 375–383). Philadelphia: Saunders.

Cassell, W. S., Roebers, C. E. M., & Bjorklund, D. F. (1996). Developmental patterns of eyewitness responses to repeated and increasingly suggestive questions. *Journal of Experimental Child Psychology, 61*, 116–133.

Cattell, R. B. (1963). Theory of fluid and crystallized intelligence: A critical experiment. *Journal of Educational Psychology, 54*, 1–22.

Ceci, S. J., & Bruck, M. (1995). *Jeopardy in the courtroom*. Washington, DC: American Psychological Association.

Centers for Disease Control(1999). *Immunization and infectious disease*. Washington, DC: Centers for Disease Control.

Cervantes, C. A., & Callanan, M. A. (1998). Labels and explanations in mother-child emotion talk: Age and gender differentiation. *Developmental Psychology, 34*, 88–98.

Chan, S. M. (2010). Aggressive behavior in early elementary school children: Relations to authoritarian parenting, children's negative emotionality and coping strategies. *Early Child Development and Care, 180*(9), 1253–1269.

Chao, R. K. (1994). Beyond parental control and authoritarian parenting style: Understanding Chinese parenting through the cultural notion of training. *Child Development, 65*, 1111–1120.

Chao, R. K. (2000). The parenting of immigrant Chinese and European American mothers: Relations between parenting styles, socialization goals, and parental practices. *Journal of Applied Developmental Psychology, 21*, 233–248.

Chen, C., Li, D., Li, Z., Li, B., & Liu, M. (2000). Sociable and prosocial dimensions of social competence in Chinese children: Unique contributions to social, academic, and psychological adjustment. *Developmental Psychology, 36*(3), 302–314.

Chi, M. T. H. (1976). Short-term memory limitations in children: Capacity or processing deficits? *Memory & Cognition, 4*(5), 559–572.

Chi, M. T. H. (1978). Knowledge structure and memory development. In R. S. Siegler (Ed.), *Children's Thinking: What develops?* Hillsdale, NJ: Lawrence Erlbaum Associates, Inc.

Chin, S. B. (2003). Children's consonant inventories after extended cochlear implant use. *J Speech Lang Hear, 46*, 849–862.

Cho, K. Y., Park, H. S., & Seo, J. W. (2009). The relationship between lifestyle and metabolic syndrome in obese children and adolescents. *Korean Journal of Pediatric Gastroenterology and Nutrition, 11*, 150–159.

Chomsky, N. (1957). *Syntactic structures*. The Hague: Mouton.

Cicchetti, D. (2001). How child builds a brain. In W. W. Hartup & R. A. Weinberg (Eds.), *Child psychology in retrospect and prospect*. Mahwah, NJ: Erlbrum.

Clark, B. (2008). *Growing up gifted: Developing the potential of children at home and at school* (7th ed.). Pearson Education, Inc, publishing as Merrill.

Cohen, S. (1972). *Folk devils and moral panics*. London: Macgibbon and Kee.

Coie, J. D., & Dodge, K. A. (1998). Aggression and antisocial behavior. In W. Damon (Ed.), *Handbook of child psychology* (Vol. 3., pp. 779–862). New York: Wiley.

Cole, M., & Cole, S. R. (1993). *The development of children*. New York: W. H. Freeman.

Cole, M., Cole, S. R., & Lightfoot, C. (2005). *The development of children* (5th ed.). New York: W. H. Freeman.

Cole, P. M., Denis, T. A., Smith-Simon, K. E., & Cohen, L. H. (2008). Preschoolers' emotion regulation strategy understanding: Relations with emotion socialization and child self-regulation. *Social Development, 18*, 324-352.

Common Sense Media (2013). Zero to eight: Children's media use in america. Common Sense Media Research Study.

Comstock, G., & Scharrer, E. (2003). Meta-analyzing the controversy over television violence and aggression. In D. A. Gentile (Ed.), *Media violence and children* (pp. 205-226). Greenwood Publishing.

Conde-Agudelo, A., D.iaz-Rossello, J., & Belizan, J. (2003). Kangaroo mother care to reduce morbidity and mortality in low birthweight infants (Cochrane Review). In: Cochrane Library, Issue 2. Oxford: Update Software.

Condry, J. C., & Ross, D. F. (1985). Sex and aggression: The influence of gender label on the perception of aggression in children. *Child Develop-ment, 56*, 225-233.

Conduct Problems Prevention Research Group (1999). Initial impact of the fast track prevention trial for conduct problems: I. The high-risk sample. *Journal of Consulting and Clinical Psychology, 67*(5), 631-647.

Cook, E. T., Greenberg M. T., & Kusche, C. A. (1994). The relations between emotional understanding, intellectual functioning, and disruptive behavior problems in elementary-school-aged children. *Journal of Abnormal Child Psychology, 22*(2), 205-219.

Cook, J. L., & Cook, G. (2005). *Child development: Principles and perspectives*. Boston: Allyn and Bacon.

Cook, J. L., & Cook, G. (2007). *The world of children*. Boston: Person/Allyn and Bacon.

Coopersmith, S. (1967). Parental characteristics related to self-esteem. In *The antecedents of self-esteem* (chap. 6, pp. 96-117). San Francisco: Freeman.

Coplan, R., Reichel, M., Rowan, K. (2009). Exploring the associations between maternal personality, child temperament, and parenting: A focus an emotions. *Personality and Individual Differences, 46*(2), 241-246.

Corbin, H. L., & Denicolo, P. (1998). Portraits of the able child: Highlights of case study research. *High Ability Studies, 9*(2), 207-218.

Corteen, R. S., & Williams, T. M. (1986). Television and reading skills. In T. M. Williams (Ed.), *The impact of television: A natural experiment in three communities* (pp. 39-86). Orlando: Academic Press.

Courage, M. L., Reynolds, G. D., & Richards, J. E. (2006). Infants' attention to patterned stimuli: Developmental change from 3 to 12 months of age. *Child Development, 77*, 680-695.

Cratty, B. J. (1986). *Perceptual and motor development in infants and children*. Englewood Cliffs, NJ: Prentice-Hall.

Crick, N. R., & Grotpeter, J. K. (1996). Relational aggression, overt aggression, and friendship. *Child Development, 67*, 2328-2338.

Crockenberg, S., Jackson, S., & Langrock, A. M. (1996). Autonomy and goal attainment: Parenting, gender, and children's social competence. *New Directions for Children Development, 73*, 41-55.

Cropley, A. J. (2004). 창의성 계발과 교육(이경화, 최병연, 박숙희 공역). 학지사. (원저는 2001년 출판)

Csikszentmihalyi, M. (1988). Society, culture, and person: A systems view of creativity. In R. J. Sternberg (Ed.), *The nature of creativity* (pp. 325-339). NY: Cambridge University Press.

Csikszentmihalyi, M. (1996). *Creativity*. NY: Harper Collins.

Cummings, E. M., Iannotti, R. J., & Zahn-Waxler, C. (1989). Aggression between peers in early childhood: Individual continuity and developmental change. *Child Development, 72*, 887-895.

Dalzell, H. J. (1998). Giftedness: Infancy to adolescence: A developmental perspective. *Roeper Review, 20*(4), 259-264.

Dapretto, M., & Song, Y. K. (1994). Input vs. constraints: Early word acquisition in Korean and English. *Journal of Memory and Language, 33*, 567-582.

Davis, B. E., Moon, R. Y., Sachs, H. C., & Ottolini, M. C. (1998). Effects of sleep position on infant motor development. *Pediatrics, 102*, 1135-1140.

De Lisi, R., & Wolford, J. L. (2002). Improving children's mental rotation accuracy with computer game playing. *Journal of Genetic Psychology, 163*, 272-282.

De Vries, R. (1969). Constancy of genetic identic identity in the years three to six. *Monographs of the Society for Research in Child Development, 34*(127). Chicago: University of Chicago Press.

Deater-Deckard, K., Dodge, K. A., Bates, J. E., & Pettit, G. S. (1996). Physical discipline among African American and European American mothers: Links to children's externalizing behaviors. *Developmental Psychology, 32*, 1065-1072.

de Bono, E. (1987). *Teaching thinking*. NY: Penguin Books.

de Bono, E. (1990). *Lateral thinking: Creativity step-by-step*. NY: Harper Collins Publisher.

de Bono, E. (1994). *Teach your child how to think*. NY: Penguin Books.

Deci, E. L., & Ryan, R. M. (1985). *Intrinsic motivation and self-determination in human behavior*. New York: Plenum.

Deci, E. L., & Ryan, R. M. (1987). The support of autonomy and the control of behavior. *Journal of Personality and Social Psychology, 53*, 1024-1037.

Deci, E. L., Vallerand, R. J., Pelletier, L. G., & Ryan, R. M. (1991). Motivation and education: The self-determination perspective. *Educational Psychologist, 26*, 325-346.

DeLoache, J. S., & Brown, A. L. (1984). Where do I go next? Intelligent searching by very young children. *Developmental Psychology, 20*, 37-44.

Dempster, F. N. (1981). Memory span: Source of individual and developmental differences. *Psychological Bulletin, 89*, 63-100.

DeVries, R. (1969). Constancy of genetic identity in the years three to six. *Monographs of the society for research in child development, 34* (Serial No. 127).

DeVries, R., & Zan, B. (1995). Constructing a constructivist classroom atmosphere. *Young Children, 51*(1), 4-14.

Dix, T., Stewart, A. D., Gershoff, E. T., & Day, W. H. (2007). Autonomy and children's reactions to being controlled: Evidence that both compliance and defiance may be positive markers in early development. *Child Development, 78*, 1204-1221.

Dodge, K. (1993). The future of research on conduct disorder. *Development and Psychopathology, 5*, 311-320.

Dodge, K. A. (1983). Behavioral antecedents of peer social status. *Child Development, 54*(6), 1386-1399.

Dodge, K. A., Coie, J., & Lynam, D. (2006). Aggression and antisocial behavior in youth. In W. Damon & R. M. Lerner (Series Eds.) & N. Eisenberg (Vol. Eds.). *Handbook of child psychology: Vol. 3. Social, emotional, and personality development* (6th ed., pp. 719-788). New York: Wiley.

Domjan, M., Cusato, B., & Krause, M. (2004). Learning with arbitrary versus ecological conditioned stimuli: Evidence from sexual conditioning. *Psychonomic Bulletin & Review, 11*, 232-246.

Donnerstein, E., Slaby, R. G., & Eron, L. D. (1994). The mass media and youth aggression. In L. D. Eron, J. H. Gentry, & P. Schlegel (Eds.), *Reason to hope: A psychosocial perspective on violence and youth* (pp. 219-250). Washington, DC: American Psychological Association.

Donovan, W. L., Leavitt, L. A., & Walsh, R. O. (2000). Maternal illusory control predicts socialization strategies and toddler compliance. *Developmental Psychology, 36*, 402-411.

Donvoan, W. L., & Leavitt, L. A. (1989). Maternal self-efficacy and infant attachment: integrating physiology, perceptions, and behavior. *Child Development, 60*, 460-472.

Dornbusch, S. M., Ritter, P. L., Leidermann, P. H., Roberts, D. F., & Fraleigh, M. J. (1987). The relation of parenting style to adolescent school performance. *Child Development, 58,* 1244-1257.

Doyle, L. W., Rickards, A. L., Kelly, E. A., Ford, G. W., & Callana, C. (1992). *Breastfeeding and intelligence. Lancet, 339*, 744-745.

Dulcan, M. K., & Lake, M. (2013). 아동과 청소년을 위한 정신건강(김정민 역). 학지사. (원저는 2012년 출판)

Dunn, J. (1993). *Young children's close relationships: Beyond attachment.* Newbury Park, CA: Sage.

Dwairy, M., Achoui, M., Abouserie, R., & Farah, A. (2006). Parenting styles, individuation, and mental health of Arab adolescents. A third cross-regional research study. *Journal of Cross-Cultural Psychology, 37*, 262-272.

Eaton, W. O., & Ritchot, K. F. M. (1995). Physical maturation and information processing speed in middle childhood. *Developmental Psychology, 31*, 967-972.

Eccles, J. S., Wigfield, A., & Schiefele, U. (1998). Motivation to succeed. In W. Damon (Series Ed.) & N. Eisenberg (Vol. Ed.), *Handbook of child psychology: Vol 3. Social, emotional, and personality development* (5th ed., pp. 1017-1095). New York: Wiley.

Eisenberg, N. (1982). The development of reasoning regarding prosocial behavior. In N. Eisenberg (Ed.), *The development of prosocial behavior.* New York: Academic Press.

Eisenberg, N. (1983). Children's differentiations among potential recipients of aid. *Child Development, 54*, 594-602.

Eisenberg, N. (1995). Prosocial development: A multifaceted model. In W. M. Kurtines & J. L. Gewirtz (Eds.), *Moral development: An introduction.* Boston: Allyn & Bacon.

Eisenberg, N., & Fabes, R. A. (1992). Emotion, regulation, and the development of social competence. In M. S. Clark (Ed.), *Review of personality and social psychology* (Vol. 14). Newbury Park, CA: Sage.

Eisenberg, N., & Fabes, R. A. (1998). Prosocial development. In W. Damon (Series Ed.) & N. Eisenberg (Vol. Ed.), *Handbook of child psychology, Vol. 3. Social, emotional, and personality development* (5th ed., pp. 701-778). New York: Wiley.

Eisenberg, N., Fabes, R. A., & Spinard, T. L. (2006). Prosocial development. In W. Damon & R. Lerner (Eds.), *Handbook of child psychology, Vol. 3, Social, emotional, and personality development* (6th ed., pp. 647-702). Hoboken, NJ: John Wiley & Sons.

Eisenberg, N., Fabes, R. A., Guthrie, I. K., Murphy, B. C., Maszk, P., Holmgren, R., & Suh, K. (1996). The relations of regulation and emotionality to problem behavior in elementary school children. *Development and Psychopathology, 8*, 141-162.

Eisenberg, N., Fabes, R. A., Schaller, M., Carlo, G., & Miller, P. A. (1991). The relations of parental characteristics and practices to children's vicarious emotional responding. *Child Development, 62*, 1393-1408.

Eisenberg, N., Fabes, R., Nyman, M., Bernzweig, J., &

Pinuelas, A. (1994). The relations of emotionality and regulation to children's anger-related reactions. *Child Development, 65*(1), 109-128.

Eisenberg, N., Smith, C. L., Sadovsky, A., & Spinrad, T. L. (2004). Effortful control: Relations with emotion regulation, adjustment, and socialization in childhood. In R. F. Baumeister & K. D. Vohs (Eds.), *Handbook of self regulation: Research, theory, and applications* (pp. 259-282). New York: Guilford Press.

Elkind, D. (1986). Article 11, Formal education and early childhood education: An essential difference. *Phi Delta Kappan,* 631-636.

Emerson, M. J., & Miyake, A. (2003). The role of inner speech in task switching: A dual-task investigation. *Journal of Memory and Language, 48,* 148-168.

Emmerich, W. (1966). Continuity and stability in early social development: II. Teacher ratings. *Child Development, 37*(1), 17-27.

Erikson, E. H. (1963). *Childhood and society* (2nd ed.). New York: Norton.

Erikson, E. H. (1968). *Identity: Youth and crisis.* New York: Norton.

Erikson, E. H. (1980). *Identity and the life cycle.* New York: Norton.

Eron, L. D. (1980). Prescription for reduction of aggression. *American Psychologist, 35,* 244-252.

Eron, L. D. (1982). Parent child interaction, television violence, and aggression of children. *American Psychologist, 37,* 197-211.

Fabes, R., & Martin, C. L. (2003). *Exploring Child Development.* MA: Allyn and Bacon.

Fagan, J. F. (1973). Infants' delayed recognition memory and forgetting. *Journal of Experimental Child Psychology, 16,* 424-450.

Fagan, J. F. (1992). Intelligence: A theoretical viewpoint. *Current directions in psychological science, 1,* 82-86.

Fagot, B. I. (1978). Reinforcing contingencies for sex role behaviors: Effect of experience with children. *Child Development, 49,* 30-36.

Fagot, B. I. (1984). The child's expectations of differences in adult male and female interactions. *Sex Roles, 11,* 593-600.

Fanti, K. A., & Henrich, C. C. (2010). Trajectories of pure and co-occurring internalizing and externalizing problems from age 2 to age 12: Findings from the National Institute of Child Health and Human Development Study of Early Child Care. *Developmental Psychology, 46*(5), 1159-1175.

Fantuzzo, J. W., Manz, P. H., & McDermott, P. (1998). Preschool version of the social skills rating system: An empirical analysis of its use with low-income children. *Journal of School Psychology, 36*(2), 199-214.

Fantz, R. L. (1961). *The origin of form perception. Scientific America, 204,* 66-72.

Farrant, K., & Reese, E. (2000). Maternal style and children's participation in reminiscing: Stepping stones in children's autobiographical memory development. *Journal of Cognition and Development, 1,* 193-225.

Feldman, R. S. (2003). *Development across life-span* (3rd ed.). NJ: Prentice Hall.

Feldman, R. S. (2004). *Child Development* (3rd ed.). Upper Saddle River, NJ: Prentice-Hall.

Feldman, S., & Weinberger, D. (1994). Self-restraint as a mediator of family influences on boys' delinquent behavior: a longitudinal study. *Child Development, 65,* 195-211.

Fenson, L., Dale, P. S., Reznick, J. S., Bate, E., Thal, D. J., & Pethick. S. J. (1994). *Variability of early communicative development: Monographs of the Society for Research in Child Development, 59*(Serial No. 242).

Ferber, S. G., & Makhoul, I. R. (2004). The effect of

skin-to-skin contact (Kangaroo Care) shortly after birth on the neuro-behaviroal responses of the term newborn: A randomized, controlled trial. *Pediatrics, 113*, 858-865.

Fergusson, D. M., Beautrais, A. L., & Silva, P. A. (1982). Breast-feeding and cognitive development in the first seven years of life. *Social Science Medicine, 16*, 1705-1708.

Ferster, C. B. (1961). Positive reinforcement and behavioral deficits of autistic children. *Child Development, 61*, 437-456.

Fisher, K. (1980). A theory of cognitive development: The control and construction of hierarchies of skills. *Psychological Review, 87*, 477-531.

Fisher, K. (1990). *Interaction with infants is linked to later abilities*. The APA Monitor, p. 10.

Fisher, K. W., & Rose, S. P. (1994). Dynamic development of coordination of components in brain and behavior: A framework for theory and research. In G. Dawson & K. W. Fischer (Eds.), *Human behavior and the developing brain* (pp. 3-66). New York: Guilford Press.

Fite, P. J., Vitulano, M., Wynn, P., Wimsatt, A., Gaertner, A., & Rathert, J. (2010). Influence of perceived neighborhood safety on proactive and reactive aggression. *Journal of Community Psychology, 38*(6), 757-768.

Fivush, R. (1989). Exploring sex differences in the emotional content of mother-child conversations about the past. *Sex Roles, 20*, 675-691.

Fivush, R., & Hammond, N. R. (1990). Autobiographical memory across the preschool years: Toward reconceptualizing childhood amnesia. In R. Fivush & J. Hudson (Eds.), *Knowing and Remembering in Young Children*. New York: Cambridge University Press.

Fivush, R., & Nelson, K. (2004). Culture and language in the emergence of autobiographical memory. *Psychological Science, 15*, 573-577.

Fivush, R., & Reese, E. (2002). Reminiscing and relating: The development of parent-child talk about the past. In J. D. Webster & B. K. Haight (Eds.), Critical advances in reminiscence work. NY: Springer.

Flavell, J. H. (1970). Developmental studies of mediated memory. In H. W. Reese & L. P. Lipsitt (Eds.), *Advances in child development and behavior* (Vol. 5). New York: Academic Press.

Flavell, J. H., Beach, D. R., & Chinsky, J. M. (1966). Spontaneous verbal rehearsal in a memory task as a function of age. *Child Development, 37*, 283-299.

Flavell, J. H., Friedrichs, A. G., & Hoyt, J. D. (1970). Developmental changes in memorization processes. *Cognitive Psychology, 1*, 324-340.

Flavell, J. H., Miller, P. H., & Miller, S. A. (2003). 인지발달(정명숙 역). 시그마프레스. (원저는 2002년 출판)

Flom, R., & Pick, A. D. (2003). Verbal encouragement and joint attention in 18-month-old infants. *Infant Behavior and Development, 26*, 121-134.

Flynn, J. R. (1999). Searching for justice: The discovery of IQ gains over come. *American Psychologist, 54*, 5-20.

Flynn, J. R. (2003). Movies about intelligence: The limitations of g. *Current Directions in Psychological Science, 12*, 95-99.

Folmer, A., Cole, D., Sigal, A., Benbow, L., Satterwhite, L., Swygert, K., et al. (2008). Age-related changes in children's understanding of effort and ability: Implications for attribution theory and motivation. *Journal of Experimental Child Psychology, 99*(2), 114-134.

Ford, M. E., & Thompson, R. A. (1985). Perceptions of personal agency and infant attachment: Toward a life-span perspective on competence development. *International Journal of Behavioral Development, 8*, 377-406.

Forman, D., & Kochanska, G. (2001). Viewing

imitations as child responsiveness: A link between teaching and discipline domains of socialization. *Developmental Psychology, 37*, 198-206.

Freedman, R., Adler, L. E., & Leonard, S. (1999). Alternative phenotypes for the complex genetics of schizophrenia. *Biological Psychiatry, 45*, 551-558.

Freedman, R., Adler, L. E., & Leonard, S. (1999). Alternative phenotypes for the complex genetics of schizophrenia. *Biological Psychiatry, 45*, 551-558.

Freud, S. (1964). An outline of psycho-analysis. In J. Strachey(Ed. and trans). *The standard edition of the complete psychological works of Sigmund Freud* (Vol. 23, pp. 209-253). London: Hogarth Press (Original work published 1937).

Friedrich, L. K., & Stein, A. H. (1975). Prosocial television and young children: The effects of verbal labeling and role playing on learning and behavior. *Child Development, 46*, 27-38.

Fulker-Thompson, E., Minkler, M., & Driver, D. (1997). A Profile of grand parents raising grandchildren in the United States. *The Gerontologist, 37*, 406-411.

Gallahue, D. L., & Ozmun, J. C. (1995). *Understanding motor development*. Madison, WI: Brown & Benchmark.

Gardner, H. (1999). *Intelligences reframed: Multiple intelligences for the 21st century*. New York: Basic Books.

Geen, R. (2004). The evolution of kinship care policy and practice. *Children, Families, and Foster Care, 14*(1), 131-149.

Gehlbach, H. (2004). A new perspective on perspective taking: A multidimensional approach to conceptualizing an aptitude. *Educational Psychology Review, 16*, 207-234.

Gelman, R. (2000). Domain specificity and variability in cognitive development. *Child Development, 71*, 854-856.

Gentile, D. A., & Gentile, J. R. (2008). Violent video games as exemplary teachers: A conceptual analysis. *Journal of Youth and Adolescence, 9*, 127-141.

Georgieff, M. K., & Rao, R. (2001). The role of nutrition in cognitive development. In C. Nelson & M. Luciana (Eds.), *Handbook of developmental cognitive neuroscience* (pp. 491-504). Cambridge, MA: MIT Press.

Gervai, J. (2009). Environmental and genetic influences on early attachment. *Child Adolescent Psychiatry and Mental Health, 3*, 25.

Gesell, A. (1928). *Infancy and human growth*. New York: Macmillan.

Gesell, A. (1928). *Infancy and human growth*. New York: Macmillan.

Gesell, A. (1934). *An atlas of infant behavior*. New Haven, CT: Yale University Press.

Gibson, E. J., & Walk, R. D. (1960). The "visual cliff". *Scientific American, 202*, 64-71.

Gilligan, C., & Attanucci, J. (1988). Two moral orientations: gender differences and similarities. *Merrill-Palmer Quarterly, 34*(3), 223-237.

Gilligan, D. (1982). *In a different voice: Sex differences in the expression of moral judgment*. Cambridge, MA: Harvard University Press.

Gilliom, M., Shaw, D. S., Beck, J. E., et al. (2002). Anger regulation in disadvantaged preschool boys: starategies, antecedents, and the development of self-control. *Developmental Psychology, 38*, 222-235.

Gillman, M. W., Rifas-Shiman, S. L., Camargo, C. A., Berkey, C. S., Frazier, A. L., Rockett, H. R., Field, A. E., & Colditz, G. A. (2001). Risk of overweight among adolescents who were breastfed as infants. *Journal of the American Medical Association, 285*, 2461-2467.

Gimpel, G. A., & Holland, M. L. (2007). 유아기 정서 및 행동장애(방명애, 이효신 공역). 시그마프레스. (원저는 2003년 출판)

Goleman, D., Kaufman, P., & Ray, M. (1993). *The creative spirit*. NY: Plume.

Golinkoff, R. M. (1993). When is communication a 'meeting of minds'? *Journal of Child Language, 20*, 199-207.

Golinkoff, R. M., Jacquet, R., Hirsh-Pasek, K., & Nandakumar, R. (1996). Lexical principles may underlie the learning of verbs. *Child Development, 67*, 3101-3119.

Gonzalez, A. L., & Wolters, C. A. (2006). The relationship between perceived parenting practices and achievement motivation in mathematics. *Journal of Research in Childhood Education, 21*(2), 203-217.

Goodenough, F. L. (1931). *Anger in young children*. Oxford, England: Univ. of Minnesota.

Gopnik, A., & Choi, S. (1990). Do linguistic differences lead to cognitive differences? A cross-linguistic study of semantic and cognitive development. *First Language, 10*, 199-215.

Gopnik, A., & Meltzoff, A. (1997). *Words, Thoughts, and theories*. Cambridge, MA: MIT Press.

Goswami, U. (2010). 인지발달(정명숙, 박영신, 이현진, 김경미 공역). 시그마프레스. (원저는 2008년 출판)

Gottfried, A. W., Gottfried, A. E., Bathurst, K., & Guerin, D. W. (1994). *Gifted IQ: Early developmental aspects-The Fullerton Longitudinal Study*. NY: Plenum Press.

Gottman, J. M., Katz, L. F., & Hooven, C. (1997). Meta-emotional determinants of aggression among African-American and Latino young adolescents. *Developmental Psychology, 28*, 731-740.

Graham, S. (1997). Using attribution theory to understand social and academic motivation in African American youth. *Educational Psychologist, 32*, 21-34.

Graham, S., & Williams, C. (2009). An attributional approach to motivation in school. In K. R. Wentzel & A. Wigfield (Eds.), *Handbook of motivation at school* (pp. 11-33). New York: Routledge.

Greenfield, P. M., DeWinstanley, P., Kilpatrick, H., & Kaye, D. (1996). Action video games and informal education: Effects on strategies for dividing visual attention. *Interacting with Video, 11*, 187-205.

Grossmann, K., Grossmann, K. E., Spangler, G., Suess, G., & Unzer, L. (1985). Maternal sensitivity and newborns' orientation responses as related to quality of attachment in northern Germany. In I. Bretherton & E. Waters (Eds.), Growing points of attachment theory and research. *Monographs of the Society for Research in Child Development, 50*(1-2, Serial No. 209).

Gruber, H. E., & Wallace, D. B. (1999). The case study method and evolving systems approach of understanding unique creative people at work. In R. J. Sternberg (Ed.), *Handbook of creativity* (pp. 93-115). NY: Cambridge University Press.

Grusec, J. E., & Davidov, M. (2007). Socialization in the family. The roles of parents. In J. E. Grusec & P. D. Hastings (Eds.), *Handbook of socialization: Theory and research* (pp. 284-308). New York: Guilford Press.

Guilford, J. P. (1956). *Structure of intellect. Psychological Bulletin, 53*, 267-293.

Guilford, J. P. (1959). *Personality*. NY: McGraw-Hill.

Guilford, J. P. (1960). Basic conceptual problems of the psychology of thinking. *Proceedings of the New York Academy of Science, 91*, 6-21.

Guilford, J. P. (1986). *Creative talents: Their nature, uses and development*. Buffalo, NY: Bearly Limited.

Guilford, J. P. (1988). Some changes in the structure of the intellect model. *Educational and psychological measurement, 40*, 1-4.

Gur, R. C., Richard, J., Calkins, M. E., Chiavacci, R., Hansen, J. A., Bilker, W. B., Loughead, J., Connolly, J. J., Qiu, H., Mentch, F. D., Abou-Sleiman, P. M., Hakonarson, H., & Gur, R. E. (2012).

aggressive and violent behavior in young adulthood: 1977-1992. *Developmental Psychology, 39*(2), 201-221.

Hughes, C., & Dunn, J. (2007). Children's relationships with other children. In C. Brownell & C. Kopp (Eds.), *Socioemotional development in the toddler years: Transitions and transformation* (pp. 177-200). New York: Guilford Press.

Hurlock, E. B. (1981). *Developmental psychology a life span approach*. New Delhi: Tata McGraw-Hill Pub. Co., Ltd.

Hurtado, E. K., Claussen, A. H., & Scott, K. G. (1999). Early childhood anemia and mild/moderate mental retardation. *American Journal of Clinical Nutrition, 69*, 115-119.

Huston, A. C., Wright, J. C., Marquis, J., &Green, S. B. (1999). How young children spend their time: Television and other activities. *Developmental psychology, 35*(4), 912.

Hutman, T., & Depretto, M. (2009). The emergence of empathy during infancy. *Cognition, Brain, Behavior: An Interdisciplinary Journal, 13*(4), 367-390.

Ingalhalikara, M., Smitha, A., Parkera, D., Satterthwaiteb, T. D., Mark, A., Elliottc, M, A., Ruparelb, K., Hakonarsond, H., Gurb, R. E., Gurb, R. C., & Verma, R. (2013). Sex differences in the structural connectome of the human brain. *PNAS, 111*(2), 823-828.

Jellen, H., & Urban, K. (1986). The TCP-DP: An instrument that can be applied to most age and ability groups. *Creative Child and adult Quarterly, 3*, 138-155.

Johnson, S. C., Dweck, C. S., Chen, F. S., Stern, H. L., Ok, S., & Barth, M. (2010). At the intersection of social and cognitive development: Internal working models of attachment in infancy. *Cognitive Science, 34*(5), 807-825.

Justice, E. M. (1985). Categorisation as a preferred memory strategy: Developmental changes during elementary school. *Developmental Psychology, 6*, 1105-1110.

Kagan, J. (1997). Temperament and the reactions to unfamiliarity. *Child Development, 68*, 139-143.

Kagan, J., & Fox, N. (2006). Biology, culture, and temperamental biases. In W. Damon & R. Lerner (Series Eds.), & N. Eisenberg (Vol. Ed.), *Handbook of child psychology, Vol. 3. Social, emotional, and personality development* (6th ed., pp. 99-166). New York: Wiley.

Kagan, J., & Herschkowitz, N. (2005). *A young mind in a growing brain*. Mahwah, NJ: Erlbaum.

Kagitcibasi, C. (2007). *Family, self, and human development across cultures: Theory and applications* (2nd ed.). Mahwah, New Jersey: Lawrence Erlbaum. 12

Kail, R. (1990). *The development of memory in children* (3rd ed.). New York: Freeman.

Kail, R. (2007). Longitudinal evidence that increases in processing speed and working memory enhance children's reasoning. *Psychological Science, 18*, 312-313.

Kail, R. V. (1991). Processing time declines exponentially during childhood and adolescence. *Developmental Psychology, 27*, 256-266.

Kail, R. V. (2008). 아동과 발달(권민균, 김정민, 최형성 공역). 시그마프레스. (원저는 2007년 출판)

Kail, R. V. (2009). *Children and Their Development* (5th ed.). Upper Saddle River, NJ: Prentice-Hall.

Karniol, R., & Ross, M. (1977). The effect of performance relevant and performance irrelevant rewards on children's intrinsic motivation. *Child development, 48*, 482-487.

Keogh, J., & Sugden, D. A. (1985). *Movement skill development*. Macmillan.

Kerr, B. (1994). *Smart girls two: A new psychology of*

girls, women, and giftedness. Dayton, OH: Ohio Psychology Press.

Kilgore, K., Snyder, J., & Lentz, C. (2000). The contribution of parental discipline, parental monitoring, and school risk to early-onset conduct problems in African American boys and girls. *Developmental psychology, 36*(6), 835.

Kim, M., McGregor, K. K., & Thompson, C. K. (2000). Early lexical development in English and Korean speaking children: Language general and language specific patterns. *Journal of Child Language, 27*, 225-254.

Killen, M., & Nucci, L. P. (1995). Morality, autonomy, and social conflict. In M. Killen & D. Hart (Eds.), *Morality in everyday life* (pp. 52-86). Cambridge: Cambridge University Press.

Kochamska, G. (1990). Maternal beliefs as longterm predictors of mother-child interaction and report. *Child Development, 61*, 1934-1943.

Kochanska, G., & Aksan, N. (2004). Developmental of mutually responsiveness between parents and their young children. *Child Development, 75*(6), 1657-1676.

Kochanska, G., & Murray, K.T. (2000). Mother-child mutually responsive orientation and conscience development: From toddler to early school age. *Child Development, 71*, 417-431.

Kochanska, G., Coy, K. C., & Murray, K. T. (2001). The development of self-regulation in the first four years of life. *Child Development, 72*, 1091-1111.

Kochanska, G., Gross, J. N., Lin, M., & Nichols, K. E. (2002). Guilt in young children: Development, determinants, and relations with a broader system of standards. *Child Development, 73*, 461-482.

Kochanska, G., Murray, K. T., & Harlan, E. T. (2000). Effortful control in early childhood: Continuity and change, antecedents, and implications for social development. *Developmental Psychology, 36*, 220-232.

Kochanska, G., Tjebkes, T. L., & Forman, D. R. (1998). Children's emerging regulation of conduct: Restraint, compliance, and internalization from infancy to the second year. *Child Development, 69*, 1378-1389.

Kohlberg, L. (1963). The development of children's orientations toward moral order, Pt 1 Sequence in the development of moral thought. *Vita Humane, 6*, 11-33.

Kohlberg, L. (1966). A cognitive-developmental analysis of children's sex role concepts and attitudes. In E. E. Maccoby (Ed.), *The development of sex differences*. Stanford, CA: Stanford University Press.

Kohlberg, L. (1969). Stage and sequence: The cognitive-developmental approach to socialization. In D. A. Goslin (Ed.), *The development of sex differences*. Stanford, CA: Stanford University Press.

Kohlberg, L. (1984). *The psychology of moral development: The nature and validity of moral stages*. San Francisco: Harper & Row.

Konstantopoulos, S., Modi, M., & Hedges, L. V. (2001). Who are America's gifted? *American Journal of Education, 109*, 344-382.

Kopp, C. B. (1982). The antecedents of self-regulation. *Developmental Psychology, 18*, 199-214.

Kopp, C. B. (1987). The growth of self-regulation: Caregivers and children. In N. Eisenberg (Ed.), *Contemporary topics in developmental psychology*. New York: Wiley.

Kostelnik, M. J., Whiren, A. P., Soderman, A. K., Stein, L. C., & Gregory, K. (2002). *Guiding children's social development: Theory to practice* (4th ed.). Albany, NY: Delmar.

Kreutzer, M. A., Leonard, S. C., & Flavell, J. H. (1975). An interview study of children's knowledge about memory. *Monographs of the Society for Research in Child Development, 40*, No. 159.

Kuczynski, L. (1983). Reasoning, prohibitions and

motivations for compliance. *Developmental Psychology, 19*, 126–134.

Kuhlmeier, V., Wynn, K., & Bloom, P. (2003). Attribution of dispositional states by 12-month-olds. *Psychological Science, 14*, 402–408.

Kutner, L. A., Olson, C. K., Warner, D. E., & Hertzog, S. M. (2008). Parents' and sons' perspectives on video game play: A qualitative study. *Journal of Adolescent Research, 23*, 76–96.

Lagattuta, K. H. (2005). When you shouldn't do what you want to do: Young children's understanding of desires, rules, and emotions. *Child Development, 76*, 713–733.

Laible, D. J., & Thompson, R. A. (1998). Attachment and emotional understanding in preschool children. *Developmental Psychology, 34*, 1038–1045.

Laible, D. J., & Thompson, R. A. (2002). Mother-child conflict in the toddler years: Lessons in emotion, morality, and relationships. *Child Development, 73*(4), 1187–1203.

Laible, D. J., & Thompson, R. A. (2007). Early socialization: A relational perspective. In J. Grusec & P. Hastings (Eds.), *Handbook of socialization* (pp. 181–207). New York: Guilford.

Lamb, S., & Feeny, N. C. (1995). *Early moral sense and socialization. In W. M. Kurtines & J. L. Gewirtz* (Eds.), Moral development: An introduction. Boston: Allyn & Bacon.

Lamborn, S. D., Mounts, N. S., Steinberg, L., & Dornbusch, S. M. (1991). Patterns of competence and adjustment among adolescents from authoritative, authoritarian, indulgent, and neglectful families. *Child Development, 62*, 1049–1065.

Lange, G., & Pierce, S. H. (1992). Memory strategy learning and maintenance in pre-school children. *Developmental Psychology, 28*, 453–62.

Langendorfer, S. (1987). Separating fact from fiction in preschool aquatics. *National Aquatics Journal, 3*, 2–4.

Larzelere, R. E. (2000). Child outcomes of non-abusive and customary physical punishment by parents: An updated literature review. *Clinical Child and Family Psychology Review, 3*(4), 199–221.

Leichtman, M. D., & Ceci, S. J. (1993). The problem of infantile amnesia: Lessons from fuzzytrace theory. In M. L. Howe & R. Pasnak (Eds.), *Emerging themes in cognitive development* (Vol. 1. Foundations). New York: Springer-Verlag.

Lenneberg, E. H. (1967). *Biological foundations of language*. New York: John Wiley.

Lepper, M. R. (1983). Extrinsic reward and intrinsic motivation: Implications for the classroom. In J. M. Levine & M. C. Wang (Eds.), *Teacher and student perceptions: Implications for learning* (pp. 281–317). Hillsdale, NJ: Erlbaum.

Lepper, M. R., Greene, D., & Nisbett, R. E. (1973). Undermining children's intrinsic interest with extrinsic reward: A test of the "overjustification" hypothesis. *Journal of Personality and Social Psychology, 28*, 129–137.

Levina, R. E. (1938). Voprosy Psikhologii, 14, 105–115.

Levina, R. E. (1968). Idei L. S. Vygotskogo o planiruyushchej rechi rebenka [Ideas of L. S. Vygotsky about the planning speech of the child]. *Voprosy psikhologii, 4*, 105–115.

Lewis, M., & Brooks-Gunn, J. (1979). *Social cognition and the acquisition of self*. New York: Plenum.

Lewis, M., & Goldberg, S. (1969). Perceptual-cognitive development in infancy: A generalized expectancy model as a function of the mother-infant interaction. *Merrill-Palmer Quarterly, 15*, 81–100.

Lewis, M., & Ramsey, D. (2004). Development of self-recognition, personal pronoun use, and pretend play during the second year. *Child Development, 75*, 1821–1831.

Lewis, M., Alessandri, S. M., & Sullivan, M. W. (1990).

Violation of expectancy, loss of control, and anger expressions in young infants. *Developmental Psychology, 26*, 745-751.

Lewis, M., Alessandri, S. M., & Sullivan, M. W. (1992). Differences in shame and pride as a function of children's gender and task difficulty. *Child Development, 63*, 630-638.

Lewis, M., Feiring, C., & Rosenthal, S. (2000). Attachment over time. *Child Development, 71*(3), 707-720.

Liben, L. S., & Bigler, R. S. (2002). The developmental course of gender differentiation: Conceptualizing, measuring, and evaluating constructs and pathways. *Monographs of the Society for Research in Child Development, 67*(2, Serial No. 269).

Lifshitz, F., Finch, N. M., & Lifshitz, J. Z. (1991). *Children's nutrition*. Boston: Jones and Bartlett.

Little, A. H., Lipsitt, L. P., & Rovee-Collier, C. (1984). Classical conditioning and retention of the infant's eyelid response: Effects of age and interstimulus interval. *Journal of Experimental Child Psychology, 37*, 512-524.

Lockhart, K. L., Chang, B., & Story, T. (2002). Young children's beliefs about the stability of traits: Protective optimism? *Child Development, 73*, 1408-1430.

Loftus, E. F., & Palmer, J. C. (1974). Reconstruction of auto-mobile destruction: An example of the interaction between language and memory. *Journal of Verbal Learning and Verbal Behaviour, 13*, 585-589.

Lovaas, O. I. (1987). Behavioral treatment and normal educational and intellectual functioning in young autistic children. *Journal of Consulting and Clinical Psychology, 55*, 3-9.

Lynch, M., & Cicchetti, D. (1997). Children's relationships with adults and peers: An examination of elementary and junior high school students. *Journal of School Psychology, 35*, 81-99.

Maccoby, E. E. (2007). Historical overview of socialization research and theory. In J. E. Grusec & P. D. Hastings (Eds.), *Handbook of socialization: Theory and research* (pp. 13-41). New York: Guilford Press.

Maccoby, E. E., & Jacklin, C. N. (1980). Sex differences in aggression: A rejoinder and reprise. *Child Development, 51*, 964-980.

Maccoby, E. E., & Martin, J. A. (1983). Socialization in the context of the family: Parent-child interaction. In P. H. Mussen (Ed.), *Handbook of child psychology* (Vol. 4, pp. 1-101). New York: Wiley.

MacDermott, S. T., Gullone, E., Allen, J. S., King, N. J., & Tonge, B. (2010). The emotion regulation index for children and adolescents (ERICA): A psychometric investigation. *Journal of Psychopathology and Behavioral Assessment, 32*(3), 301-314.

MacKinnon, D. W. (1965). Personality and the realization of creative potential. *American Psychologist, 20*, 273-281.

MacKinnon, D. W. (Ed.). (1961). *The creative person*. Berkeley: University of California Extention.

Mackinnon-Lewis, C. M., Rabiner, D. L., & Starnes, R. (1999). Predicting boys' social acceptance and aggression: The role of mother-child interactions and boys' beliefs about peers. *Developmental Psychology, 35*, 632-639.

Mackinnon-Lewis, C. M., Volling, B. L., Lamb, M. E., Dechman, K., Rabiner, D., & Curtner, M. E. (1994). A cross-contextual analysis of boy's social competence: From family to school. Developmental *Psychology, 30*, 325-333.

MacKinnon-Lewis. C., Starnes, R., Volling, B., & Johnson, S. (1997). Perceptions of parenting as predictors of boys' sibling and peer relations. *Developmental Psychology, 33*, 1024-1031.

MacLean, P. (1990). *The triune brain in evolution: role in paleocerebral functions*. New York: Plenum press.

Main, M., & Cassidy, J. (1988). Categories of response to reunion with parent at age six: Predictable from infant attachment classification and stable over a one-month period. *Developmental Psychology, 24*, 415-426.

Main, M., & Solomon, J. (1990). Procedures for identifying infants as disorganized/disoriented during the Ainsworth strange situation. In M. Greenberg, D. Cicchetti, & M. Cummings (Eds.), *Attachment in the preschool years: Theory, research, and intervention* (pp. 121-160). Chicago: University of Chicago Press.

Mares, M., Palmer, E., & Sullivan, T. (2008). Prosocial effects of media exposure. In S. L. Calvert & B. J. Wilson (Eds.), *The handbook of children, media, and development. Handbooks in communication and media* (pp. 268-289). Malden, MA: Blackwell Publishing.

Martin, C. L., & Fabes, C. A. (2001). The stability and consequences of young children's same-sex peer interactions. *Developmental Psychology, 37*, 431-446.

Martinez, C. R., Jr., & Forgatch, M. S. (2001). Preventing problems with boys' noncompliance: Effects of a parent training intervention for divorcing mothers. *Journal of Consulting and Clinical Psychology, 69*, 416-428.

Mash, E. J., & Wolfe, D. A. (2011). 아동이상심리학(송영혜, 김귀남 공역). 센게이지러닝코리아. (원저는 2009년 출판)

Maslow, A. H. (1954). Motivation and personality. New York: Harper & Row.

Maxwell, E. (1995). The changing developmental needs of the gifted: Birth to maturity. In J. L. Genshaft, M. Bireley, & C. L. Hollinger (Eds.), *Serving gifted and talented children: A resource for school personnel* (pp. 17-30). Austin, TX: Pro-Ed.

McDevitt, T. M., & Ormrod, J. E. (2013). Child development and education (5th ed.). NJ: Pearson.

McHale J. P. (1995). Coparenting and triadic interactions during infancy: The roles of marital distress and child gender. *Developmental Psychology, 31*, 985-996.

McHale, S. M., Crouter, A. C., McGuire, S. A., & Updegraff, K. A. (1995). Congruence between mothers' and fathers' differential treatment of siblings: Links with family relations and children's well-being. *Child development, 66*(1), 116-128.

Mekee, I., & O'Brien, M. (Eds.). (1982). *The Father Figure*. NY: Tavistock.

Miller, P. H. (1990). The development of strategies of selective attention. In D. F. Bjorklund (Ed.), *Children's strategies: Contemporary views of cognitive development*. Hillsdale, NJ: Erlbaum.

Miller-Jones, D. (1989). Culture and testing. *American Psychologist, 44*, 360-366.

Miner, J. L., & Clarke-Stewart, K. A. (2008). Trajectories of extermnalizing behavior from age 2 to age 9: Relation with gender, temperament, ethnicity, parenting, and rater. *Developmental Psychology, 44*, 771-786.

Mischel, W. A. (1970). Sex-typing and socialization. In P. H. Mussen (Ed.), *Carmichael's manual of child psychology*. New York: Wiley.

Mischel, W., Ebbesen, E. B., & Zeiss, A. R. (1972). Cognitive and attentional mechanisms in delay of gratification. *Journal of Personality and Social Psychology, 21*, 204-218.

Mischel, W., Shoda, Y., & Peake, P. K. (1988). The nature of adolescent competencies predicted by preschool delay of gratification. *Journal of personality and social psychology, 54*(4), 687.

Mischel, W., Shoda, Y., & Rodriguez, M. I. (1989). Delay of gratification in children. *Science, 244*(4907), 933-938.

Moller, A. C., Deci, E. L., & Elliot, A. J. (2010). Person-level relatedness and the incremental value of relating. *Personality and Social Psychology Bulletin, 36*, 754-767.

Montessori, M. (1949). *The absorbent mind* (M. J. Costelloe trans.). New York: Holt, Rinehart & Winston.

Moyer, A. (1999). Ultimate attainment in L2 phonology. *Studies in Second Language Acquisition, 21*, 251-286.

Murray, C., & Greenberg, M. T. (2000). Children's relationship with teachers and bonds with school: An investigation of patterns and correlates in middle childhood. *Journal of School Psychology, 38*, 423-445.

Murray, C., & Greenberg, M. T. (2000). Children's relationships with teachers and bonds with school. *Journal of school psychology, 35*, 91-99.

National Association of School Psychologist(2014). http://www.nasponline.org/resources/home_school/earlychildmotiv_ho.aspx

National Childcare Accreditation Council(NCAC)(2007). Putting Children First, the Newsletter of the National Childcare Accreditation Council(NCAC).

Neitzel, C., & Stright, A. D. (2003). Relations between parents' scaffolding and children's academic self-regulation: Establishing a foundation of self-regulatory competence. *Journal of Family Psychology, 17*, 147-159.

Nelson, K. (1986). *Event knowledge: Structure and function in development*. Hillsdale, NJ: Lawrence Erlbaum Associates, Inc.

Newcomb, M. D., & Bentler, P. M. (1989). Substance use and abuse among children and teenagers. *American Psychologist, 44*, 242-248.

Newcombe, N., & Fox, N. A. (1994). Infantile amnesia: Through a glass darkly. *Child development, 65*, 31-40.

NICHD Early Child Care Research Network (Ed.) (2005). Child Care and Child Development: Results from the NICHD Study of Early Child Care and Youth Development. New York: Guilford Press.

Nicholls, J. G. (1990). What is ability and why are we mindful of it? A developmental perspective. In R. J. Sternberg & J. Kolligian (Eds.), *Competence considered*. New Haven, CT: Yale University Press.

Nievar, M. A., & Becker, B. J. (2008). Sensitivity as a privileged predictor of attachment: A second perspective on De Wolff and van IJzendoorn's meta-analysis. *Social Development, 17*(1), 102-114.

Norman-Jackson. J. (1982). Family interactions, language development, and primary reading achievement in black children in families of low income. *Child Development, 53*(2), 349-358.

Nucci, L. P. (2009). *Nice is not enough: Facilitating moral development*. Upper Saddle River, NJ: Pearson Education.

O'Sullivan, J. T. (1997). Effort, interest, and recall: Beliefs and behaviors of preschoolers. *Journal of Experimental Child Psychology, 65*(1), 43-67.

Office for Standards in Education(2007). The foundation stage: A survey of 144 settings. London: DfES/Ofsted.

Ostrov, J. M., & Godleski, S. A. (2010). Toward an integrated gender-linked model of aggression subtypes in early and middle childhood. *Psychological Review, 117*(1), 233-242.

Owen, N. (2010). Creative development. In *The early years foundation stage: theory and practice* edited by Ioanna Palaiologou, SAGE Publications Ltd.

Owens, R. E. (2005). *Language development: An introduction* (6th ed.). Boston: Allyn & Bacon.

Oyama, S. (1976). A sensitive period for the acquisition of a non-native phonological system. *Journal of Psycholinguistics Research, 5*, 261-285.

Ozonoff, S., South, M., & Provencal, S. (2005). Executive functions. In F. R. Volkmar, R. Paul, A. Klin, & D. Cohen (Eds.), *Handbook of autism and pervasive developmental disorders* (3rd ed.). New York: John Wiley & Sons.

Papalia, D. E., Olds, S. W., & Feldman, R. D. (2009). *Human development*. McGraw-Hill.

Parke, R. D. (1977). Punishment in children: Effects, side effects and alternative strategies. In H. Hom & P. Robinson (Ed.), *Psychological processes in early education* (pp. 71-97). New York: Academic.

Parke, R. D., & Slaby, R. G. (1983). The development of aggression. In E. M. Hetherington (Ed.), *Handbook of child psychology: Vol. 4. Socialization, personality and social development*. New York: Wiley.

Parker-Cohen, N. Y., & Bell, R. Q. (1988). The relationship between temperament and social adjustment to peer. *Early Childhood Research Quarterly, 3*, 179-192.

Parten, M. B. (1932). Social participation among pre-school children. *Journal of Abnormal and Social Psychology, 27*, 243-269.

Pascual-Leone, J. A. (1989). Constructive problems for constructive theories: The current relevance of Piaget's work and a critique of information processing simulation psychology. In H. Spada & R. Kluwe (Eds.), *Developmental models of thinking*. New York: Academic Press.

Patterson, G. R. (1982). *Coercive family process*. Eugene, OR: Castalia Press.

Paulhus, D. L., & Shaffer, D. R. (1981). Sex differences in the impact of number of older and younger siblings on scholastic aptitude. *Social Psychology Quarterly, 44*, 363-368.

Pavey, L., Greitemeyer, T., & Sparks, P. (2011). Highlighting relatedness promotes prosocial motives and behavior. *Personality and Social Psychology Bulletin, 37*, 905-917.

Pavlov, I. P. (1927). In G. V. Anrep (trans.), *Conditioned reflexes*. London: Oxford University Press.

Pearce, C. (2011). 애착장애의 이해와 치료(이민희 역). 시그마프레스. (원저는 2009년 출판)

Pearson, B. Z., Fernandez, S. C., Lewedeg, V., & Oller, D. K. (1997). The relation of input factors to lexical learning by bilingual infants. *Applied Linguistics, 18*, 41-58.

Pellegrini, A. D., & Glickman, C. D. (1990). Measuring kindergarteners's social competence. *Young Children, 45*(4), 40-44.

Pérez-Edgar, K., McDermott, J. N. M., Korelitz, K., Degnan, K. A., Curby, T. W., Pine, D. S., & Fox, N. A. (2010). Patterns of sustained attention in infancy shape the developmental trajectory of social behavior from toddlerhood through adolescence. *Developmental Psychology, 46*(6), 1723-1730.

Pfeiffer, S. I. (2008). *Handbook of Giftedness in children*. Springer US.

Piaget, J. (1932). *The moral judgement of the child*. London: Kegan, Paul, Trench, Trubner & Co.

Piaget, J. (1952). *The origins of intelligence in children*. New York: International Universities Press.

Piaget, J. (1962). *Play, dreams, and imitation in childhood*. New York: Norton.

Piaget, J. (1965). *The moral judgment of the child*. New York: The Free Press.

Piaget, J. (1983). Piaget's theory. In P. H. Mussen (Ed.), Handbook of child psychology. New York: Wiley.

Pintrich, P. R., & Schunk, D. H. (2002). *Motivation in education: theory, research, and applications* (2nd ed.). New Jersey: Merrill Prentice Hall.

Plomin, R., & McClearn, G. E. (Eds.). (1993). *Nature, nurture, and psychology*. Washington, DC: American Psychological Association.

Plomin, R., & McClearn, G. E. (Eds.). (1993). *Nature,*

nurture, and psychology. Washington, DC: American Psychological Association.

Policastro, E., & Gardner, H. (1999). From case studies to robust generalizations: An approach to the study of creativity. In R. J. Sternberg (Ed.), *Handbook of creativity* (pp. 213-225). NY: Cambridge University Press.

Pope, A. W., & Bierman, K. L. (1999). Predicting adolescent peer problems and antisocial activities: The relative roles of aggression and dysregulation. *Developmental Psychology, 35*, 335-346.

Povinelli, D. J. (2001). The self: Elevated in consciousness and extended in time. In C. Moore & K. Lemmon (Eds.), *The self in time: Developmental perspectives* (pp. 75-95). Mahwah, NJ: Erlbaum.

Powell, G. F., Low, J. F., & Speers, M. A. (1987). Behavior as a diagnostic aid in failure to thrive. *Journal of Developmental Behavioral Pediatrics, 8*, 18-24.

Powlishta, K. K., Serbin, L. A., Doyle, A. B., & White, D. R. (1994). Gender, ethnic, and body type biases: The generality of prejudice in childhood. *Developmental Psychology, 30*, 526-536.

Pratt, M. W., Kerig, P., Cowan, P. A., & Cowan, C. P. (1988). Mothers and fathers teaching 3-year-olds: Authoritative parenting and adult scaffolding of young children's learning. *Developmental Psychology, 24*, 832-839.

Premack, D., & Premack, A. J. (1997). Infants attribute value±to the goal-directed actions of self-propelled objects. *Journal of Cognitive Neuroscience, 9*, 848-856.

Priel, B., & de Schonen, S. (1986). Self-recognition: A study of a population without mirrors. *Journal of Experimental Child Psychology, 41*, 237-250.

Provenzo, E. F. (2002). *Teaching, learning, and schooling in American culture: A critical perspective*. Boston: Allyn & Bacon.

Pulkkinen, L. (1982). Self-control and continuity from childhood to late adolescence. In B. P. Baltes & O. G. Brim, Jr. (Eds.), *Life-span development and behavior* (Vol. 4, pp. 63-105). Orlando, FL: Academic Press.

Purves, D., Augustine, G. J., Fitzpatrick, D., Hall, W. C. LaMantia, A., & White L. E. (2012). *Neuroscience* (5th ed.). Sinauer Associates, Inc.

Ratner, N. B. (2004). Caregiver-child interactions and their impact on children's fluency: Implications for treatment. *Language, Speech, and Hearing Service in Schools, 35*, 45-56.

Reese, E., Haden, C. A., & Fivush, R. (1993). Mother-child conversations about the past: Relationships of style and memory over time. *Cognitive Development, 8*, 403-430.

Reese, H. W. (1962). Verbal mediation as a function of age level. *Psychological Bulletin, 59*(6), 502-509.

Reis, H. T., Collins, W. A., & Berscheid, E. (2000). The relationship context of human behavior and development. *Psychological Bulletin, 126*, 844-872.

Renzulli, J. S. (1978). What makes giftedness? Reexamining a definition. *Phi Delta Kappan, 60*, 180-184, 261.

Renzulli, J. S. (1986). *Systems and Models for developing programs for the gifted and talented*. Mansfield Center, CT: Creative Learning Press.

Rheingold, H. L., Hay, D. F., & West, M. J. (1976). Sharing in the second year of life. *Child Development, 47*, 1148-1158.

Richards, J. E., & Anderson, D. R. (2004). Attentional inertia in children's extended looking at television. In R. V. Kail (Ed.), *Advances in child development and behavior*. Sandiego, CA: Elsevier.

Rimm, S., & Davis, G. A. (1976). GIFT an instrument for the identification of creativity. *Journal of Creative Behavior, 10*, 178-182.

Rimm, S., & Davis, G. A. (1980). Five years of international research with GIFT: an instrument for the identification of creativity. *Journal of Creative Behavior, 14*, 35-46.

Rimm, S., & Lowe, B. (1988). Family environments of underachieving gifted students. *Gifted Child Quarterly, 32*, 353-359.

Roberts, D. F., & Foehr, U. G. (2008). Trends in media use. *The Future of Children, 18*(1), 11-37.

Robins, R. W., Gosling, S. D., & Craik, K. H. (1999). An empirical analysis of trends in psychology. *American psychologist, 54*, 117-128.

Robinson, N. (1993). *Parenting the very young, gifted child*. Research-Based Decision Making Series No. 9308. Storrs, CT: National Research Center on the Gifted and Talented.

Robinson, N. M. (1993). Identifying and nurturing gifted, very young children. In K. A. Heller, F. J. Monks, & A. H. Passow (Eds.), *International handbook of research and development of giftedness and talent* (pp. 507-524). Oxford: Pergamon Press.

Rochat, P., & Hespos, S. J. (1997). Differential rooting response by neonates: Evidence for an early sense of self. *Early Development and Parenting, 6*, 105-112.

Rogers, M. T. (1986). *A comparative study of developmental traits of gifted and average youngsters*. Unpublished doctoral dissertation, University of Denver, CO.

Rohner, R. P., & Rohner, E. C. (1981). Parental acceptance-rejection and parental control: Cross-cultural codes. *Ethnology, 20*, 245-260.

Rosenberg, M. S., Westling, D. L., & McLeskey, J. (2010). 특수교육개론(박현옥, 이정은, 노진아, 권현수, 서선진, 윤현숙 공역). 학지사. (원저는 2008년 출판)

Rosenzweig, M. R. (1969). Effect of heredity and environment on brain chemistry, brain anatomy, and learning ability in the rat. In M. Monosevitz, G. Lindzey, & D. D. Thiessen (Eds.), *Behavioral genetics*. New York: Appleton-Century-Crofts.

Routledge, S. S. (2009). *Introducing Vygotsky: A guide for practitioners and students in early years education*. London and New York.

Rovee-Collier, C. (1987). Learning and memory in infancy. In J. D. Osofsky (Ed.), *Handbook of infant development* (2nd ed.). New York: Wiley.

Rovee-Collier, C. (1999). The development of infant memory. *Current Directions in Psychological Science, 8*, 80-85.

Rovee-Collier, C., & Cuevas, K. (2009). Multiple memory systems are unnecessary to account for infant memory development: An ecological model. *Developmental Psychology, 45*(1), 160-174.

Rowe, D. C., Vazsonyi, A. T., & Flannery, D. J. (1994). No more than skin deep: Ethnic and racial similarity in developmental process. *Psychological Review, 101*(3), 396-417.

Rubin, K. H. (1998). Social and emotional development from a cross-cultural perspective. *Developmental Psychology, 34*, 611-615.

Rudy, D., & Grusec, J. E. (2006). Authoritarian parenting in individualist and collectivist groups: Associations with maternal emotion and cognition and children's self-esteem. *Journal of Family Psychology, 20*, 68-78.

Ruff, H. A., & Capozzoli, M. C. (2003). Development of attention and distractibility in the first 4 years of life. *Developmental Psychology, 39*, 877-890.

Rust, J., Golombok, S., Hines, M., Johnston, K., Golding, J., & the ALSPAC Study Team. (2000). The role of brothers and sisters in the gender development of preschool children. *Journal of Experimental Child Psychology, 77*, 292-303.

Rutter, M. (1987). Continuities and discontinuities from infancy. In J. D. Osofsky (Ed.), *Handbook of infant development* (2nd ed.). New York: Wiley.

Rutter, M. (2005). Genetic influences and autism. In F. R. Volkmar, R. Paul, A. Klin, & D. Cohen (Eds.), *Handbook of autism and pervasive developmental disorders* (3rd ed.). New York: John Wiley & Sons.

Ryan, A. S. (1997). The resurgence of breastfeeding in the United States. *Pediatrics, 99*, 1-6.

Ryan, R. M. (1982). Control and information in the intrapersonal sphere: An extension of cognitive evaluation theory. *Journal of Personality and Social Psychology, 43*, 450-461.

Ryan, R. M., & Deci, E. L. (2000). Self-determination theory and the facilitation of intrinsic motivation, social development, and well-being. *American Psychologist, 55*, 68-78.

Ryan, R. M., & Deci, E. L. (2002). An overview of self-determination theory: An organismic-dialectical perspective. In E. L. Deci & R. M. Ryan (Eds.), *Handbook of self-determination research* (pp. 3-33). Rochester, New York: University of Rochester Press.

Ryan, R. M., & Deci, E. L. (2009). Promoting self-determined school engagement. In K. R. Wentzel & A. Wigfield (Eds.), *Handbook of motivation at school* (pp. 171-195). New York: Routledge.

Ryan, R. M., & Powelson, C. L. (1991). Autonomy and relatedness as fundamental to motivation and education. *Journal of Experimental Education, 60*, 49-66.

Ryan, R. M., Stiller, J., & Lynch, J. (1994). Representations of relationships to teachers, parents, and friends as predictors of academic motivation and self-esteem. *Journal of Early Adolescence, 14*, 226-249.

Samuels, H. R. (1980). The effect of an older sibling on infant locomotor exploration of a new environment. *Child Development, 51*, 607-609.

Sancilio, M. F., Plumert, J. M., & Hartup, W. W. (1989). Friendship and aggressiveness as determinants of conflict outcomes in middle childhood. *Developmental Psychology, 25*(5), 812-819.

Santrock, J. W. (2004). Child development: An introduction (10th ed.). New York: McGraw-Hill.

Santrock, J. W. (2007). 아동발달심리학(제10판)(곽금주, 정윤경, 김민화, 송현주 공역). 박학사. (원저는 2004년 출판)

Santrock, J. W. (2010). *Child development* (12th ed.). Boston: McGraw Hill.

Santrock, J. W. (2010). *Children* (11th ed.). McGraw-Hill Education.

Sax, G. (1997). *Principles of educational and psychology measurement* (4th ed.). Belmont, CA: Wadsworth.

Scarr, S. (1992). Developmental theories for the 1990's: Development and individual differences. *Child Development, 63*, 1-19.

Schickedanz, J. (1995). 읽기와 쓰기를 즐기는 어린이로 기르는 방법(이영자 역). 이화여자대학교 출판부. (원저는 1986년 출판)

Schickedanz, J. A., Schickenanz, D. I., Forsyth, P. D., & Forsyth, G. A. (2001). *Understanding children and adolescents* (4th ed.). Boston: Allyn and Bacon.

Schickedanz, J. (1990). *Adam's righting revolutions*. Portsmouth, NHL Heinemann.

Schneider, B. (2002). Social capital: A ubiquitous emerging conception. In D. L. Levinson, P. W. Cookson, Jr., & A. R. Sadovnik (Eds.), *Education and sociology: An encyclopedia* (pp. 545-550). New York: Routledge Falmer.

Schneider, W., & Bjorklund, D. F. (1998). Memory. *Handbook of Child Psychology, Vol. 2: Cognition, perception, and language* (5th ed.). New York: Wiley.

Schneider, W., & Pressley, M. (1997). *Memory development between two and twenty* (2nd ed.). Mahwah, NJ: Erlbaum.

Schneider, W., Korkel, J. & Weinert, F. E. (1989). Domain-specific knowledge and memory performance: A comparison of high-and low-aptitude children. *Journal of Educational Psychology, 81*, 306-312.

Schulkin, J. (2007). Autism and the amygdala: An endocrine hypothesis. *Brain and cognition, 65*(1), 87-99.

Schultz, R. T., Grelotti, D. J., & Pober, B. (2001). Genetics of childhood disorders: Williams syndrome and abrain-behavior relationships. *Journal of American Academy of Child & Adolescent psychiatry, 40*, 606-609.

Schunk, D. H. (1987). Peer models and children's behavioral change. *Review of Educational Research, 57*, 149-174.

Selman, R. L. (1980). *The growth of interpersonal understanding*. New York: Academic Press.

Selman, R. L. (1981). The Child as a friendship philosopher. In S. Asher & J. M. Gottaman (Eds.), *The development of child's friendship* (pp. 49-75). New York: Cambridge University Press.

Serbin, L. A., Powlishta, K. K., & Gulko, J. (1993). The development of sex typing in middle childhood. *Monographs of the Society for Research in Child Development, 58*(2, Serial No. 232).

Shaffer, D. R. (1999). *Developmental psychology: Childhood and Adolescence* (5th ed.). CA: Brooks/Cole.

Shaffer, D. R. (2005). 발달심리학(송길연, 장유경, 이지연, 정윤경 공역). 시그마프레스. (원저는 2002년 출판)

Shaffer, D. R., & Kipper. K. (2010). *Developmental psychology: Childhood and Adolescence*. Wadsworth. Gengage Learning.

Sheingold, K., & Tenney, Y. J. (1982). Memory for a salient childhood event. In U. Neisser (Ed.), *Memory observed* (pp. 201-212). San Francisco, CA: Freeman.

Shields, A., Dickstein, S., Seifer, R., Giusti, L., Mage, K. D., & Spritz, B. (2001). Emotional competence and early schol adjustment: A study of preschoolers at risk. *Early Education & Development, 12*(1), 74-96.

Shoda, Y., Mischel, W., & Peake, P. K. (1990). Predicting adolescent cognitive and self-regulatory competenceis from preschool delay of gratification: Identifying diagnostic conditions. *Developmental Psychology, 26*, 978-986.

Siegler, R. S. (1991). *Children's thinking* (2nd ed.). Englewood Cliffs, NJ: Prentice-Hall.

Siegler, R. S. (1996). *Emerging minds: The process of change in children's thinking*. New York: Oxford University Press.

Siegler, R. S. (2006). Microgenetic analysis of learning. In D. Kuhn & R. S. Siegler (Eds.), *Handbook of child psychology, Vol. 2: Cognition, perceptions, and language* (6th ed., pp. 464-510). Hoboken, NJ: John Wiley & Sons.

Siegler, R. S., & Alibali, M. W. (2007). 아동사고의 발달(박영신, 이현진, 정윤경, 최영은 공역). 아카데미프레스. (원저는 2005년 출판)

Silverman, L. K. (1986). An interview with Elizabeth Hagen: Giftedness, intelligence and the new Stanford-Binet. *Roeper Review, 8*, 168-171.

Silverman, L. K. (2003). *Characteristics of Giftedness Scale: Research and review of the literature*. Available from the Gifted Development Center website: http://www.gifteddevelopment.com.

Simeon, D. T., & Grantham-McGregor, S. (1990). Nutritional deficiencies and children's behavior and mental development. *Nutrition Research Reviews, 3*, 1-24.

Simons, K. J., Paternite, C. E., & Shore, C. (2001). Quality of parent/adolescent attachment and aggression in young adolescents. *Journal of Early adolescence, 21*(2), 182-203.

Simons, R. L., Robertson, J. F., & Downs, W. R. (1989). The nature of the association between parental rejection and delinquent behavior. *Journal of Youth and Adolescence, 18*, 297-310.

Simons, R. L., Whitbeck, L. B., Conger, R. D., & Conger, K. J. (1991). Parenting factors, social skills, and value commitments as precursors to school failure, involvement with deviant peers, and delinquent behavior. *Journal of Youth and Adolescence, 20*(6), 645-664.

Singer, D. G., & Revenson, T. (1978). *A Piaget primer: How a child thinks*. New York: International University Press.

Sizer, F., & Whitney, E. (1997). *Nutrition: concepts and controversies*. Belmont, CA: West.

Skinner, B. F. (1953). *Science and human behavior*. New York: Macmillan.

Skinner, B. F. (1957). *Verbal behavior*. Englewood Cliffs, NJ: Prentice-Hall.

Smilansky, S. (1968). *The effects of sociodramatic play on disadvantaged preschool children*. New York: Wiley.

Smith, C. L. (1979). Children's understanding of natural language hierarchies. *Journal of Experimental Psychology, 27*, 437-458.

Smith, T. W. (1990). Academic achievement and teaching younger siblings. *Social Psychology Quarterly, 53*(4), 352-363.

Smolin, L. A., & Grosvenor, M. B. (2000). *Nutrition: Science and applications*. Fort Worth: Sauders.

Snyderman, M., & Rothman, S. (1987). Survey of expert opinions on intelligence and aptitude testing. *American Psychologist, 42*, 137-144.

Solomon, J. C., & Marx, J. (1995). To Grandmother's house we go: Health and school adjustment of children raised solely by grandparents. *The Gerontologist, 35*(3), 386-394.

Solomon, M. A. (1996). Impact of motivational climate on students' behaviors and perceptions in a physical education setting. *Journal of Educational Psychology, 88*, 731-738.

Spearman, C. (1904). General intelligence, objectively determined and measured. *American Journal of Psychology, 15*, 201-293.

Spearman, C. (1927). *The abilities of man: Their nature and measurement*. NY: Macmillan.

Spencer, J. P., Blumberg, M. S., McMurray, B., Robinson, S. R., Samuelson, L. K., & Tomblin, J. B. (2009). Short arms and talking eggs: Why we should no longer abide the nativist-empiricist debate. *Child Development Perspectives, 3*(2), 79-87.

Sprenger, M. (2008). *The developing brain*. Corwin Press.

Sroufe, L. A., Egeland, B., Carlson, E., & Collins, W. A. (2005). *The development of the person: The minnesota study of risk and adaptation from birth to adulthood*. New York: Guilford Publications.

Stein, N. L., & Jewett, J. (1986). A conceptual analysis of the meaning of negative emotions: Implications for a theory of development. In C. Izard & P. Read (Eds.), *Measuring emotions in infants and children* (pp. 238-267). Cambridge, England: Cambridge University Press.

Steinberg, L., Lamborn, S., Darling, N., Mounts, N., Dornbusch, S. M. (1994). Over-time changes in adjustment and competence among adolescents from authoritative, authoritarian, indulgent, and neglectful families. *Child Development, 65*, 754-770.

Stephan, R., & Hopper, W. U. (2011). 영유아 특수교육(노진아, 김연하, 김정민 공역). 학지사. (원저는 2008년 출판)

Sternberg, C. R., & Campos, J. (1990). The development of anger expressions in infancy. In N. Stein, B. Leventhal, & T. Trabasso (Eds.), *Psychological and biological approaches to emotion*. Hillsdale, NJ: Erlbaum.

Sternberg, R. J. (1985). *Beyond IQ: A triarchic theory of human intelligence*. New York: Cambridge University Press.

Sternberg, R. J. (1988). Applying the triarchic theory of human intelligence in the classroom. In Sternberg, R. J. & Williams, W. M. (Eds.), *Intelligence, instruction, and assessment, vol. 2.* (rev. ed., pp. 79-84). Alexandria, VA: Association for Supervision and Curriculum Development.

Sternberg, R. J. (1999). Intelligence. In M. A. Runco & S. Pritzker (Eds.), Encyclopedia of creativity. San Diego: Academic Press.

Sternberg, R. J., & Grigorenko, E. L. (2007). *Teaching for successful intelligence: To increase student learning and achievement*. Corwin Press.

Stiles, J. (2008). *The fundamentals brain development: Integrating nature and nurture*. Cambridge, MA: Harvard University Press.

Sullivan, M. W., & Lewis, M. (2003). Contextual determinants of anger and other negative expressions in young infants. *Developmental Psychology, 39*, 693-705.

Suomi, S., & Harlow, H. (1978). Early experience and social development in rhesus monkies. In M. Lamb (Ed.), *Social and personality development* (pp. 252-271). New York: Holt, Rinehart, & Winston.

Tabors, P. O. (1997). *One child, two languages: A guide for preschool educators of children learning English as a second language*. Baltimore: Paul H. Brookes Pub.

Takahhashi, K. (1990). Are the key assumption of the 'strange situation' procedure universal? A view from Japanese research. *Human Development, 33*, 23-30.

Tannenbaum, A. J. (2004). 영재교육: 심리학과 교육학에서의 조망(김태련, 김정휘, 조석희 공역). 이화여자대학교 출판부. (원저는 1983년 출판)

Tanner, J. M., Healey, M. J. R., & Cameron, N. (2001). *Assessment of Skeletal Maturity and Predication of Adult Height [TW3 Method]* (3rd ed.). Philadelphia: Saunders.

Tardif, T. Z., & Sternberg, R. J. (1988). What do we know about creativity? In R. J. Sternberg (Ed.), *The nature of creativity* (pp. 429-440). NY: Cambridge University Press.

Teglasi, H. (2006). Temperament. In G. G. Bear & K. M. Minke (Eds.), *Children's needs III: Development, prevention, and intervention*. Bethesda, MD: National Association of School Psychologists.

Terman, L. M. (1916). *The measurement of intelligence*. Boston: Houghton Mifflin.

Terman, L. M. (1925). *Genetic studies of genius: Vol. 1. Mental and physical traits of a thousand gifted children*. Stanford, CA: Stanford University Press.

The AAIDD Ad Hoc Committee on Terminology and Classification (2010). Intellectual disability: definition, classification, and system of supports?(11th ed.). Washington, DC: American Association on Intellectual and Developmental Disabilities, p. 60.

Thomas, A., & Chess, S. (1986). The New York Longitudinal Study: From infancy to early adult life. In R. Plomin, & J. Dunn (Eds.), *The study of temperament: Change, continuities, and challenges*. Hillsdal, NJ: Erldaum.

Thomas, J. R., & French, K. E. (1985). Gender differences across age in motor performance: A meta-analysis. *Psychological Bulletin, 98*, 260-282.

Thomas, R. M. (2001). *Recent human development theories*. Thousand Oaks, CA: Sage.

Thompson, R. A. (2006). The development of the person: Social understanding, relationships, conscience, self. In W. Damon & R. M. Lerner (Eds.

in chief) & N. Eisenberg(Vol. Ed.), *Handbook of child psychology, Vol. 3. Social, emotional, and personality development* (6th ed., pp 24-98). New York: Wiley.

Thompson, R. A., & Nelson, C. A. (2001). Developmental science and the media. *American Psychologist, 56*, 5-15.

Thompson, R. A., & Newton, E. K. (2010). Emotions in early conscience. In W. F. Arsenio & E. A. Lemerise (Eds.), *Emotions, aggression, and morality in children: Bridging development and psychopathology* (pp. 6-32). Washington, DC: American Psychological Association.

Thurstone, L. L. (1938). *Primary mental abilities*. Chicago: University of Chicago Press.

Tinsley, B. J. (1992). Children's health socialization: Multiple influences and new directions for research. Division 7 Newsletter. Washington, DC: American Psychological Association.

Tisak, M. (1993). Preschool children's judgements of moral and personal events involving physical harm and property damage. *Merrill-Palmer Quarterly, 39*, 375-390.

Torrance, E. P. (1966). *The Torrance Tests of Creative Thinking: Technical-norms manual* (research ed.). Princeton, NJ: Personnel Press.

Torrance, E. P. (1988). The nature of creativity as manifested in its testing. In R. J. Sternberg (Ed.), *The nature of creativity: Contemporary psychological perspectives* (pp. 43-75). NY: Cambridge University Press.

Torrance, E. P. (1995). *Why fly?: A philosophy of creativity*. Norwood, NJ: Ablex publishing Co.

Tremblay, R. E., Nagin, D. S., Seguin, J. R., Zoccolillo, M., Zelazo, P. D., Boivin, M., Perusse, D., & Japel, C. (2004). Physical aggression during early childhood: Trajectories and predictors. *Pediatrics, 114*, E43-E50.

Trilling, B., & Fadel, C. (2009). Learning and innovation skills. *21st century skills learning for life in our times*. (pp. 45-60). San Francisco: Jossey-Bass.

True, M. M., Pisani, L., & Oumar, F. (2001). Infant-mother attachment among the Dogon of Mali. *Child Development, 72*(5), 1451-1456.

Tsai, Y. M., Kunter, M., Lüdtke, O., Trautwein, U., & Ryan, R. M. (2008). What makes lessons interesting? The role of situational and individual factors in three school subjects. *Journal of Educational Psychology, 100*, 460-472.

Uauy, R., & Peirano, P. (1999). Breast is best: Human milk is optimal food for brain development. *American Journal of Clinical Nutrition, 70*, 433-434.

UNESCO Institute for Statistics (2011). International standard classification of education. Montreal, Canada, UNESCO Institute for Statistics.

UNICEF(2001). *The state of the world's children*. New York: UNICEF.

Usher, J. A., & Neisser, U. (1993). Childhood amnesia and beginnings of memory for four early life events. *Journal of experimental psychology: General 122*, 155-165.

Vaillant, G. E. (2002). *Aging well*. Boston: Little, Brown.

Vallotton, C. D. (2009). Do infants influence their quality of care? Infants' communicative gestures predict caregivers' responsiveness. *Infant Behavior and Development, 32*, 351-365.

Van IJzendoorn, M. H., & Sagi-Schwartz, A. (2008). Cross-cultural patterns of attachment: Universal and contextual dimensions. In J. Cassidy & P. Shaver (Eds.), *Handbook of attachment* (2nd ed., pp. 880-905). New York: Guilford.

Van IJzendorn, M. H., & Kroonenberg, P. M. (1998). Cross cultural patterns of attachment: A mata-analysis of the strange situation. *Child Development, 59*, 147-156.

Van Tassel-Baska J., & Stambaugh, T. (2007). 최신 영재교육과정론(강현석, 정정희, 박창언, 박은영, 황윤세, 장사형, 이신동, 이경화, 최미숙, 이순주, 이효녕, 문병상 공역). 시그마프레스. (원저는 2005년 출판)

Van Tassel-Baska, J. (1989). The role of family in the success of disadvantaged gifted learners. *Journal of the Education of the Gifted, 13*, 22-36.

Vandell, D. L., & Wolfe, B. (2000). *Child care quality: Does it matter and does it need to be improved?* Washington, D.C.: Office of the Assistant Secretary for Planning and Evaluation: U.S. Department of Health and Human Services.

Vaughn, B. E., Kopp, C. B., & Krakow, J. B. (1984). The emergence and consolidation of self-control from eighteen to thirty months of age: Normative trends and indivisual differences. *Child Development, 55*, 990-1004.

Volling B., & J. Belsky (1991). Multiple Determinants of Father Involvement During Infancy in Dual-earner and single-earner families. *Journal of marriage and the family*, 461-474.

Vollmer, T. R., & Hackenberg, T. D. (2001). Reinforcement contingencies and social reinforcement: Some reciprocal relations between basic and applied research. *Journal of Applied Behavior Analysis, 34*, 241-253.

Vurpillot, E. (1968). The development of scanning strategies and their relation to visual differentiation. *Journal of Experimental Child Psychology, 6*, 632-650.

Vygotsky, L. S. (1926/1997). *Educational Psychology*. Delray Beach, FL: St.Lucie Press.

Vygotsky, L. S. (1956). Izbrannye psikhologicheskie issledovaniya [Selected psychological investigations]. Moscow: Izdatel'stvo Akademii Pedagogi-cheskikh Nauk.

Vygotsky, L. S. (1979). *Mind in society: The development of higher mental processes.* Cambridge, MA: Harvard University Press.

Wachs, T. D. (1995). Relation of mild-to-moderate malnutrition to human development: Correlational studies. *Journal of Nutrition Supplement, 125*, 2245-2254.

Walker, L. J., & Taylor, J. H. (1991). Family interaction and the development of moral reasoning. *Child Development, 62*, 264-283.

Wallach, M. M., & Kogan, N. (1965). Modes of thinking in young children. NY: Holt, Rinehart, & Winston.

Wallas, G. (1926). *The art of thought*. NY: Harcourt Brace.

Wargo Aikins, J., Howes, C., & Hamilton, C. (2009). The stability of attachment and emergence of disorganized/unresolved representations during adolescence. *Attachment and Human Development, 11*, 491-512.

Wartella, E., Caplovitz, A. G., & Lee, J. (2004). From Baby Einstein to Leapfrog, from Doom to the Sims, from instant messaging to internet chat rooms: Public interest in the role of interactive media in children's Lives. *Social Policy Report, 18*(4), 3-19.

Waters, S. F., Vimani, E. A., Thompson, R. A., Meyer, S., Raikes, H. A., & Jochem, R. (2010). Emotion regulation and attachment: Unpacking two constructs and their association. *Journal of Psychopathology and Behavioral Assessment, 32*(1), 37-47.

Watras, J. (2002). *The foundations of educational curriculum and diversity: 1565 to the present*. Boston: McGraw-Hill.

Watson, J. B. (1970). *Behaviorism* (Rev. ed.). New York: Norton(Original work published 1924).

Waxman, S. R., Shipley, E. F., & Shepperson, B. (1991). Establishing new subcategories: The role of category labels and existing knowledge. *Child Development, 62*, 127-138.

Weiner, B. (1979). A theory of motivation for some classroom experiences. *Journal of Educational*

Psychology, 71, 3-25.

Weiss, L. H., & Schwarz, J. C. (1996). The relationship between parenting types and older adolescents' personality, academic achievement, adjustment, and substance use. *Child Development, 67*(5), 2101-2114.

Wellman, H. M. (1977). The development of intentional memory behavior. *Human development, 20*, 86-101.

Werner, J. S., & Perlmutter, M. (1979). Development of visual memory infants. In H. W. Reese & L. P. Lipsitt (Eds.), *Advances in child development and behavior* (Vol. 14, pp. 2-56). New York: Academic Press.

Wertsch, J. B. (1984). *The zone of proximal development: Some conceptual issues children's learning in the zone of proximal development: New directions for child development.* (No.23), San Francisco: Jossey-Bass.

Wertsch, J. V., & Tulviste, P. (1994). Lev Semyonovich Vygotsky and contemporary developmental psychology. In R. D. Parke, P. A. Ornstein, J. J. Rieser, & C. Zahn-Waxler (Eds.), *A century of developmental psychology* (pp. 333-356). Washington, DC: American Psychological Association.

Whitbourne, S. K., Zuschlag, M. K., Elliot, L. B., & Waterman, A. S. (1992). Psychological development in adulthood: A 22-year sequential study. *Journal of Personality and Social Psychology, 63*, 260-271.

Whiting, B. B., & Edwards, C. P. (1988). *Children of different worlds: The formation of social behavior.* Cambridge, MA: Harvard University Press.

Wicks-Nelson, R., & Israel, A. C. (2004). 아동기행동장애 (정명숙, 손영숙, 정현희 공역). 시그마프레스. (원저는 2003년 출판)

Wigfield, A. (1994). Expectancy-Value theory of achievement motivation: A developmental perspective. *Educational Psychology Review, 6*(1), 49-78.

Williams, K. G., & Goulet, L. R. (1975). The effects of cueing and constraint instructions on children's free recall performance. *Journal of Experimental Child Psychology, 19*, 464-475.

Winner, E. (1996). *Gifted children: myths and realities.* NY: Basic Books.

Wohlwill, J. F. (1973). *The study of behavioral development in children.* New York: Academic Press.

Wolf, R. M. (1964). *The identification of measurement of environmental process variables related to intelligence.* unpublished doctoral dissertation, University of Chicago.

Wong, M. S., Mangelsdorf, S. C., Brown, G. L., Neff, C., & Schoppe-Sullivan, S. J. (2009). Parental beliefs, infant temperament, and marital quality: Associations with infant-mother and infant-father attachment. *Journal of Family Psychology, 23*(6), 828-838.

Wood, D. (1980). Teaching the young child: Some relationships between social interaction, language, and thought. In D. Olson (Ed.), *The social foundation of language and thought* (pp. 280-296). New York: Norton.

Wood, K., Bruner, J. C., & Ross, G. (1976). The role of tutoring in problem solving. *Journal of Child Psychology and Psychiatry, 17*, 89-100.

Woolfolk, E. (2010). *Educational psychology* (11th ed.). Pearson education international. www.aap.org/en-us/advocacy

Yendovitskaya, T. V. (1971). Development of memory. In A. V. Zaporozhets & O. B. Elkonin (Eds.), *The Psychology of preschool children.* Cambridge, MA: MIT Press.

Youniss, J. (1978). *A relational analysis of children's*

friendships. San Francisco: Jossey-Bass.

Zahn-Waxler, C., Radke-Yarrow, M., & King (1979). Child rearing and children's prosocial initiations toward victims of distress. *Child Development, 50*(2), 319-330.

Zahn-Waxler, C., Radke-Yarrow, M., Wagner, E., & Chapman, M. (1992). Development of concern for others. *Developmental Psychology, 28*, 126-136.

Zauszniewski, J. A., & Martin, M. H. (1999). Develop mental task achievement and learned resourcefulness in healthy older adults. *Archives of Psychiatric Nursing, 13*, 41-47.

Zhou, Q., Eisenberg, N., Losoya, S. H., Fabes, R. A., Reiser, M., Guthrie, I. K., et al., (2002). The relations of parental warmth and positive expressiveness to children's empathy-related responding and social functioning: A longitudinal study. *Child Development, 73*, 893-915.

Ziegert, D. I., Kistner, J. A., Castro, R., & Robertson, B. (2001). Longitudinal study of young children's responses to challenging achievement situations. *Child Development, 72*, 609-624.

Zilberstein, K., & Messer, E. A. (2010). Building a secure base: Treatment of a child with disorganized attachment. *Clinical Social Work Journal, 38*(1), 85-97.

www.aap.org

www.zonein.ca

찾아보기

[인 명]

A

Ainsworth, M. D. S. 250
Amabile, T. M. 368
Aristotle 26

B

Baldwin 28, 29
Bandura, A. 39, 200, 296, 487
Barkley, R. 436
Bauer, P. J. 180
Baumrind, D. 458, 460, 461
Beach, D. R. 184
Bettleheim, B. 427
Binet, A. 349
Bjorklund, D. F. 190
Bowlby, J. 49, 247
Bronfenbrenner, U. 51, 53
Brooks, R. 177
Brooks-Gunn, J. 272

C

Carroll, J. B. 339
Cassell, W. S. 190
Cattell, R. B. 339
Ceci, S. J. 181
Chao, R. K. 461
Chinsky, J. M. 184
Chomsky, N. 201
Chua, A. 462
Comenius 27
Conger, R. D. 459
Coopersmith, S. 459
Csikszentmihalyi, M. 366

D

Darwin, C. 28, 49
de Bono, E. 365
de Schonen, S. 273
Dornbusch, S. M. 459
Driver, D. 457

E

Eisenberg, N. 320
Erikson, E. H. 32, 35, 237, 406

F

Fagan, J. F. 180
Fantz, R. L. 118
Ferster, C. B. 427

Fivush, R. 188
Flavell, J. H. 184, 192
Flynn, J. R. 359
Fraleigh, M. J. 459
Freud, S. 30, 35, 180, 231, 323
Friedrichs, A. G. 192
Fulker-Thompson, E. 457

G

Gardner, H. 340
Gesell, A. 28
Gibson, E. J. 119, 120
Gilligan, C. 316
Gonzalez, A. L. 459
Greene, D. 399
Guilford, J. P. 338

H

Hagen, J. W. 177
Hall 28
Halliday, M. A. K. 197
Hammond, N. R. 188
Harlow, H. F. 255, 280, 472
Harter, S. 277
Hasselhorn, M. 184
Heller, K. A. 384
Herrnstein, R. J. 357
Hobbes 28
Horn, J. L. 339
Hoyt, J. D. 192

J

Justice, E. M. 192

K

Kanner 425
Kohlberg, L. 296, 297, 311
Korkel, J. 187

L

Lamborn, S. D. 459
Leichtman, M. D. 181
Leiderman, P. H. 459
Lenneberg, E. H. 202
Lepper, M. R. 399
Lewis, M. 272
Lipsitt, L. P. 180
Little, A. H. 180
Loftus, E. F. 190
Lorenz, K. 25
Lovaas, O. I. 428

M

Maccoby, E. E. 460
MacKinnon, D. W. 366
Martin, J. A. 460
Maslow, A. 403
Meltzoff, A. 177
Minkler, M. 457
Mischel, W. 317
Montessori, M. 48
Murray, C. 357

N

Neisser, U. 180
Nelson, K. 188
Nisbett, R. E. 399

O

O'Sullivan, J. T. 192

P

Palmer, J. C. 190
Parten, M. B. 285, 287
Pavlov, I. P. 36
Perlmutter, M. 179
Pestalozzi, J. H. 28
Piaget, J. 23, 29, 41, 47, 136, 137, 145, 147, 148, 151, 154, 165, 179, 203, 282, 286, 307
Pike, R. 277
Plato 26
Priel, B. 273

R

Ratner, N. B. 439
Renzulli, J. S. 385, 386
Rhodes, M. 366
Rimm, S. 375
Ritter, P. L. 459

Roberts, D. F. 459
Roebers, C. E. M. 190
Rousseau, J. J. 27
Rovee-Collier, C. 180
Rubenfeld, J. 462

S

Schickedanz, J. 219
Schneider, B. 187
Selman, R. L. 283, 289
Shepperson, B. 184
Shipley, E. F. 184
Siegler, R. S. 24, 185
Simons, R. L. 459
Skinner, B. F. 37, 200
Smilansky, S. 285, 286
Smith, T. W. 466
Spearman, C. 338
Spencer, J. P. 23
Stanovich, K. G. 177
Stern, W. 349
Sternberg, R. J. 345

T

Tannenbaum, A. J. 384
Terman, L. M. 349
Thurstone 338
Torrance, E. P. 365, 370

U

Usher, J. A. 180

V

Vurpillot, E. 178
Vygotsky, L. S. 45, 47, 136, 155, 156, 161, 162, 165, 203, 288

W

Walk, R. D. 119, 120
Wallas, G. 371
Waxman, S. R. 184
Wechsler, D. 350
Weinert, F. E. 187
Werner, J. S. 179
Whitbeck, L. B. 459
Winner, E. 384
Wolf, R. M. 356
Wolters, C. A. 459

Y

Yendovitskaya, T. V. 177
Youniss, J. 289

Z

Zimmerman, R. R. 255

[내 용]

ㄱ

가상놀이 142
가설 64
가소성 99
가역성 144
가족 300
가족의 다양성 467
각인 25
간접적 영향 455
감각 간 지각 272
감각기억 44, 174
감각운동기 43, 137
감기 132
감정적 지지 473
감정 조절 460
강화 38, 398
강화이론 397, 398
같은 해에 태어난 사람들 78
개방형 질문 72
개인내 지능 341
개인적 흥미 417

객관적 자아 271, 272
거부된 아이 475, 476
거시체계 51
걷기 반사 104
검사법 74
게임 과몰입 성향 492
결정적 시기 25, 108, 122, 202
결정적 지능 339
결핍욕구 403
경화 93
고위험 부담 검사 75
고전적 조건화이론 36
고착 31
고형식 125
공간 지능 341
공감능력 479
공격성 324, 487
공격성 증가 494
공격적이고 반사회적 행동 467
공격적인 아이 475
공동관심 176
공동양육 456, 469
공유된 일상 477
공포증 442
과잉규칙화 214
과잉언어증 207
과잉축소 213
과잉확대 213
과정의 질 479
관계성 405
관계성 욕구 408
관찰법 70
관찰자의 편견 70
교사 301, 479
교사의 영향 482
교육 단계 480
교육적 효과 486
구강기 31
구성놀이 286
구속의 도덕성 309
구조의 질 479
구조화된 관찰 71
구조화된 면접 74
구체적 조작기 43
국제표준교육분류 480
권위적 양육 458
귀인 410
귀인이론 398, 410
규범 내면화 479
규칙이 있는 게임 287
근원 반사 103, 120, 272
근원 방향 18
근원 방향 발달의 원리 93
근접발달영역 46, 155
긍정적 정서 483
기능놀이 286
기능적 자기공명영상 76
기본정신능력 338
기술 58
기술 연구 66
기억 479
기저핵 414
기질 241
기질과 성격 463
김경숙 465
깊이지각 119
까꿍놀이 140

ㄴ

남근기 31
낮은 수준의 신체 활동 484
내재 동기 395
논란이 많은 아이 476
논리-수학 지능 341
논리적 추론 473
뇌 90
뇌간 97
뇌량 99
뇌세포의 연결고리 492
뇌의 편재화 99
뇌파기록장치 76
뉴런 94

ㄷ

다요인이론 338
다운증후군 431
다중애착 258
다중지능검사 체크리스트 343
다중지능이론 341
단기기억 44, 174
단기 종단 설계 77, 79
대뇌피질 97
대리조건형성 39
대립가설 64
대립전략 154
대상영속성 139
대인간 지능 341

대중매체 302
도구적 상대주의 313
도덕적 딜레마 311
도덕적 추론 307, 311
도식 41
도파민 수용체 492
독립 변인 65
독재적 양육 458, 459, 461
동기 394
동기화 40, 394
동물행동학 49
동성의 친구 478
동일성 144
동일시 295
동정심 471
동화 42
두 단어 단계 211
두미 방향 18
두미 방향 발달의 원리 93, 103
두정엽 97, 98
둔감화 가설 487
따뜻한 배려 457
또래 471, 473
또래 경험 472
또래 수용 277
또래의 사회성 472
또래의 역할 473
또래의 중요성 471
또래 집단 302
뚜렛장애 446

ㄹ

리더십 471
리비도 30

ㅁ

만족지연능력 317
메타 요소 345
면접법 73
모로 반사 104
모바일 디바이스 및 인터넷 사용 488
모유 121, 123, 126
목격자 기억 190
목표지향성이론 398, 408
몬테소리학교 48
몰입되지 않은 놀이 287
몽고반점 91
무시된 아이 475
무의식 30
무조건 반응 36
무조건 자극 36
문해능력 216
문화-공평 검사 361
문화기술지 연구 68
문화에 따른 부모의 양육 방식 461
물활론 150
뮌헨 영재성 유형 모델 384
미국 소아과학회 493
미국의 아시안 가정 461
미디어 483
미디어의 급격한 발달 454
미시체계 51
민감 473
민감기 25, 48, 225

ㅂ

바람직한 의사소통 470
바빈스키 반사 104
반복적 양식 189
반복적 노출 487
반사운동기 137
반응성 애착장애 444
반추장애 449
반향어 210, 426
발달 17
발달에 따른 우정의 특징 477
발달지체 494
발달평가 481
방관자놀이 287
방치 457
배설장애 447
배척되는 아이 475
백지상태 28
범주화 147
베이비시터 492
변연계 97, 98, 414
보살핌 471
보존 개념 143
복합 가정 469
부모와 자녀의 상호작용 457
부모의 양육 방식 458
부모의 양육 태도 473
부모의 인식개선 492

부모의 인터넷 중독 493
부모의 통제 457
부부간의 갈등 467
부부의 팀워크 463
부적 강화 38, 398
부호화 173
분류 147
분리불안 249
분리불안장애 441
분석적 지능 345
분한 감정 463
분할된 주의 176
불안 494
불안장애 441
불안정 애착 482
불연속적 변화 23
비계설정 46, 157, 164
비만 123, 128, 494
비실험 연구 66
비전자적 방식 493
비행행동 460
빈곤 가정 484
빨간 립스틱 실험 273
빨기 반사 103

ㅅ

사람들과의 연결 494
사랑과 훈육 간의 적절한 균형 458
사례 연구 67
사적 언어 46, 160, 161
사회문화적 이론 45
사회성 279
사회성발달 471, 472
사회인지 283
사회인지학습이론 39
사회적 강화물 399
사회적 기술 473, 475
사회적 미소 261
사회적 언어 220
사회적 조망수용능력 283
사회적 참조 262
사회체계 455
사회체계로서 가족 454
사회화 479
사회화 역할 474
삼각화 연구 69
삼차순환반응기 140
상관계수 66
상관 연구 66
상보성 144
상세기억표상 181
상위기억 191
상징놀이 286
상호 간의 관계 477
상호작용 464, 494
상호작용이론 203
상호 존중 470
상호 협력과 갈등해결 456
상황에 따라 부모의 통제방식 463
상황적 흥미 417
생각하는 의자 401, 402
생리적 욕구 403
생물학적 관점 48
생애사 연구 67
생존 반사 103
생태학적 관점 51
서로의 경험을 공유 474
서번트 증후군 426
서술 형식 70
선택적 소멸 95, 100, 102
선택적 주의 176
선택적 함구증 442
설명 59
설명적 연구 69
성공적인 자녀교육 462
성공 지능 345
성기기 31
성도식이론 297
성도식화 297
성숙 29
성역할 고정관념 298, 303
성역할 사회화 299
성장모형 29
성장욕구 403
성장장애 127
성장 호르몬 90
성조숙증 22, 93
성희롱 489
세 단어 단계 212
소속감과 애정의 욕구 403
수면장애 494
수면 중 경악장애 448
수면 중 보행장애 448
수여성 벌 400
수영 반사 104
수용언어 208

수직적 사고 366
수초화 94, 95, 96, 97, 98, 100, 102
수평적 격차 145
수학 점수 479
수행목표 409
수행 요소 345
수행접근목표 409
수행회피목표 409
숙달목표 409
스마트폰 484, 488, 494
스마트폰 보급률 489
스크립트 188
습관화 179
시각벼랑 실험 119
시간체계 51
시냅스 94, 98, 100, 102
시연 183
신뢰 477
신뢰도 72
신속표상대응 213
신체발달 18
신체-운동 지능 341
신체적 능력 277
신피아제학파 45
실제 생활연령 349
실제적 발달 수준 155
실제적 지능 345
실험실 실험 연구 65
실험집단 65
심리사회이론 33
심리사회적 발달 18, 33, 237
심리생리적 방법 75
심리성적 발달 31
심리성적 이론 30, 231
심미적 욕구 403

ㅇ

아동기 478, 479
아동대상화법 205
아동의 보육시설 이용률 455
아버지의 양육 참여 464
아버지의 자녀양육 456
아버지의 학력 464
아토피 피부염 126, 133
악몽장애 449
안전기지 482
안전사고 114, 116
안전의 욕구 403
안정성 410
안정애착 482
암묵기억 175
애착 246
애착유형 250
애착이론 49
야뇨증 130
양수 122
양육 22
양육 스트레스 464
양적 변화 23
양적 접근 60
어린이집 478
어머니 수용 277
어머니의 취업여부 492
어휘 479
어휘급증 212
억제과정 178
언어발달 226
언어발달장애 222
언어발달 지연 221
언어습득능력 199
언어습득장치 201
언어습득 지원체계 205
언어의 기능 197
언어장애 438
언어 지능 341
엄한 훈육 463
엘렉트라 콤플렉스 295
여섯 가지 색깔의 사고 모자 378
연구 윤리 80
연속적 변화 23
영가설 64
영아기 477
영아기 기억상실증 180
영양 89, 122
영양결핍 127
영양실조 127
영유아의 매체 사용 483
영유아의 영재성 발달 387
영유아의 창의성 발달 378
영재 381
영재성 386
영재성의 의미 381
영재성의 조기 징후 381
예방접종 131
예측 59
오이디푸스 콤플렉스 295
옹알이 210

외재 동기 395
외체계 51
외현기억 175
욕구위계이론 397, 403
우리나라 아버지 465
우울 494
우울증 493
우정 476
운동 494
운동과 놀이 494
원숭이 대리모 실험 280
원숭이 또래 연구 472
원시 반사 103, 104
원인의 소재 410
원초아 30
위계이론 339
위기 33
위축된 아이 475
윌리엄스 증후군 432
유네스코 480
유뇨증 447
유능감 405
유능감 욕구 407
유동적 지능 339
유머 감각 470
유분증 447
유아교육기관 479
유아교육의 질 479
유아기 478
유아의 또래 관계 473
유아 종합 창의성 검사 375
유연성 470
유전 대 환경 356
유창성 장애 438
유치원 478
음성장애 438
음악 지능 341
음운론 198
의도성 139
의미기억 175
의미론 199
의사소통장애 437
의식 30
이식증 449
이차 강화물 398
이차순환반응기 138
이차순환반응의 협응기 139
이혼 가정 455, 467
이혼율 455
인공론 150
인공 와우 202
인기 있는 아이 474
인내 470
인본주의 접근 397
인증평가 481
인지발달 18, 136
인지적 능력 277
인지주의적 관점 41
인지주의 접근 397
인출 173
인터넷 488
인터넷 게임중독 492
일반요인이론 338
일반화된 불안장애 442
일차 강화물 398
일차순환반응기 138
일화기억 175
임상적 면접 74

ㅈ

자기결정성 405
자기결정성이론 397, 405
자기보고식 방법 72
자기조절능력 473
자기주도적 학습 45
자기주장 471
자기중심적 언어 149
자기통제 457
자녀교육 노하우 463
자녀의 성격특질 463
자동처리능력 178
자발적인 관계 476
자서전적 기억 189
자아 30
자아개념 274
자아실현의 욕구 403
자아인식 271
자아인식 발달 274
자아존중감 275, 277
자아존중감의 욕구 403
자아중심성 148
자아통제 316
자아효능감 40
자연 494
자연 관찰 71
자연선택 28, 49
자연 지능 341
자율성 405

자율성 대 수치 및 의심 406
자율성 욕구 406
자제력 457
자폐 범주성 장애 425
작업기억 44, 174
잘못된 죄책감 468
잠재기 31
잠재적 발달 수준 155
잡기 반사 103, 120
장기기억 44, 174
재생 40
재인 174
저장 173
적대적 반항장애 443
적대적인 존재 463
적응 41
적응가소성 99, 100
적응상의 문제 467
적응적 전략선택 모델 185
적자생존 28
전두엽 95, 96, 97, 98, 101, 414
전문직 464
전보식 언어 211
전 생애 발달 17
전성설 26
전 언어 단계 209
전의식 30
전인과적 사고 150
전조작기 43, 141
전체-세분화 방향 18
전체-세분화 방향 원리 103, 111, 112
전통 469
전형적인 가정 456
절차기억 175
점화 175
접촉 494
정교화 184
정교화 양식 189
정보처리이론 43, 173
정서 260
정서적 안정감 470
정서 조절 264
정서 조절의 미숙함 473
정서 · 행동장애 440
정신분석적 관점 30
정신연령 349
정신적 표상 142
정신적 표상기 140
정적 강화 38, 398
정체성 469
정체성 형성 474
정향 반응 176
제거성 벌 400
조건반응 36
조건자극 36
조망수용능력 466
조부모 469
조손 가정 455, 457
조음장애 438
조작적 조건화 37
조절 42
조직화 41, 184
조화의 적합성 244
존중의 감정 479
종단 설계 77
종단연구 487
종속 변인 65
주관적 자아 271, 272
주의력 결핍 127
주의력결핍 과잉행동장애(ADHD) 434
주의집중 40, 176
중간체계 51
중성자극 36
중심화 142
지능 123, 337
지능검사 349
지능검사의 문화적 편향 360
지능구조 모델 338
지능 삼원론 345
지능의 측정 348
지능이론 337
지능지수 349
지능지수에 대한 해석 360
지속적 주의 176
지식 습득 요소 345
지역사회 복지 프로그램 469
지연모방 141, 179
지적 공감 153
지적 욕구 403
지적장애 428
직관적 사고 142
직무 스트레스 483
직접적 영향 455
직접 조건화 39
진화론적 관점 49
질문지법 72
질적 변화 23

질적 접근 62
질투심 466
집단적 독백 149
집중력 장애 494
집행기능 178
집행적 주의 176

ㅊ

창의성 485
창의성 검사도구 374
창의성 검사지 365
창의성에 대한 통합적 접근 373
창의성의 의미 365
창의성 체계 모델 373
창의적 사고과정 370, 371
창의적 사고 기법 378
창의적 산출물 372
창의적 인물 366
창의적 환경이나 풍토 367
창작 글자 218
창조적 지능 345
처벌 38, 400
천성 22
청소년과 부모의 양육 방식 460
청소년기 479
초유 124
초자아 30
출산율 455, 456
출생동시집단 78
출생동시집단 계열 설계 77, 79
출생동시집단 효과 78
측두엽 97, 98, 101
측면적 사고 365
친밀한 상호작용 478
친사회적 경향 471
친사회적 행동 319
친사회적 행동을 모델링 486

ㅋ

캥거루 케어 120
컴퓨터 484
쾌락원칙 30
키스쿨 344

ㅌ

타당도 72
타이거맘 462
타임아웃 401, 402
타자주도적 학습 45
탈억제 사회관여 장애 445
탐색적 연구 69
태블릿 494
태아 알코올 증후군 433
통계청 456
통사론 198
통제 59
통제 가능성 410, 411
통제 관찰 71
통제집단 65
통찰력 457
통합적 접근 62
틱장애 445

ㅍ

파지 40
편차지능지수 349
평가인증제 480
평균발화길이 214
평균 지위 아이 476
평정척도 형식 70
평행놀이 287
평형화 41, 42
폐쇄형 질문 72, 73
폭력 487
표상적 사고 141
표절 489
표준화 검사 75
표현언어 209
풍부한 언어 479
프라더-윌리 증후군 432
플린 효과 359

ㅎ

학습된 무기력 410
학습의 어려움 494
학습장애 127
학업적성 검사와 성취도 검사 466
한국 부모 462
한국 Kaufman 아동지능검사 354
한국 Wechsler 아동지능검사 4판 351
한국 Wechsler 유아지능검사 4판 61, 353
한 단어 단계 210

한부모 455, 469
한부모 가정 468
항문기 31
핵심기억표상 181
행동목록 형식 70
행동수정 38
행동유전학 49
행동조형 38
행동주의 36
행동주의 접근 397
행동주의 학습이론 200
허용적 양육 458, 459
현실원칙 31
현장 실험 66
현장 실험 연구 65
협동놀이 288
협력의 도덕성 309
협응 108, 111
형식적 조작기 43
형제자매 관계 466
형제자매들 간의 갈등 467
형태론 198
혼자놀이 287
혼잣말 414
화용론 199
확대 가정 470
확산적 사고 365
확산텐서영상 293
환경체계 51
황달 132
회복가소성 99
회상 174
회피적/제한적 음식섭취 장애 450
횡단 설계 77, 78
효과적인 갈등 해결 기술 473
후두엽 97, 98, 101
흥미 417

저자 소개

신명희 (Synn, Myunghi)
연세대학교 문과대학 교육학과(학사)
경북대학교 대학원 교육심리학과(석사)
미국 오하이오 주립대학교 심리학 전공(Ph.D.)
현 연세대학교 교육학과 퇴임교수

강소연 (Kang, Soyeon)
연세대학교 문과대학 영어영문학과(학사)
연세대학교 대학원 교육학과(석사)
연세대학교 대학원 교육심리 전공(교육학 박사)
현 연세대학교 공과대학 공학교육혁신센터 부교수

김은경 (Kim, Eunkyung)
연세대학교 교육과학대학 교육학과(학사)
연세대학교 대학원 교육학과(석사)
연세대학교 대학원 교육심리 전공(교육학 박사)
현 숭실대학교 교직과 교수

김정민 (Kim, Jungmin)
연세대학교 문과대학 국어국문학과(학사)
연세대학교 대학원 교육학과(석사)
연세대학교 대학원 교육심리 전공(교육학 박사)
현 연세대학교 강사, 학습치료사

노원경 (Noh, Wonkyung)
영남대학교 사범대학 교육학과(학사)
연세대학교 대학원 교육학과(석사)
연세대학교 대학원 교육심리 전공(교육학 박사)
현 한국교육과정평가원 연구위원

서은희 (Seo, Eunhee)
연세대학교 교육과학대학 교육학과(학사)
연세대학교 대학원 교육학과(석사)
연세대학교 대학원 교육심리 전공(교육학 박사)
현 가천대학교 교육대학원 교육학과 부교수

송수지 (Song, Sooji)
서울여자대학교 사회과학대학 교육심리학과(학사)
연세대학교 대학원 교육학과(석사)
연세대학교 대학원 교육심리 전공(교육학 박사)
현 명지전문대학 유아교육과 교수

원영실 (Won, Youngsil)
서울대학교 음악대학 국악과(학사)
서울대학교 대학원 음악학과(석사)
연세대학교 대학원 교육심리 전공(교육학 박사)
현 연세대학교, 이화여자대학교,
한국예술종합학교 강사

임호용 (Lim, Hoyong)
한성대학교 사회과학대학 경영학과(학사)
연세대학교 대학원 교육학과(석사)
연세대학교 대학원 교육심리 전공(교육학 박사)
현 한국대학교육협의회 선임연구원

영유아발달

Early Childhood Development

2018년 2월 20일 1판 1쇄 발행
2023년 4월 20일 1판 2쇄 발행

지은이 • 신명희 · 강소연 · 김은경 · 김정민 · 노원경
서은희 · 송수지 · 원영실 · 임호용

펴낸이 • 김 진 환

펴낸곳 • (주) 학지사

04031 서울특별시 마포구 양화로 15길 20 마인드월드빌딩 5층

대표전화 • 02) 330-5114 팩스 • 02) 324-2345

등록번호 • 제313-2006-000265호

홈페이지 • http://www.hakjisa.co.kr

페이스북 • https://www.facebook.com/hakjisabook

ISBN 978-89-997-1489-4 93370

정가 27,000원